Der Einsatz zentraler Servicefunktionen in entflochtenen Unternehmen am Beispiel des Eisenbahnregulierungsrechts

Schriften zum Privat-, Wirtschafts- und Verfahrensrecht

Herausgegeben von Barbara Völzmann-Stickelbrock

Band 10

Heiko Weuster

Der Einsatz zentraler Servicefunktionen in entflochtenen Unternehmen am Beispiel des Eisenbahnregulierungsrechts

PETER LANG
Berlin · Bruxelles · Chennai · Lausanne · New York · Oxford

Bibliografische Information der Deutschen Nationalbibliothek
Die Deutsche Nationalbibliothek verzeichnet diese Publikation in der Deutschen Nationalbibliografie; detaillierte bibliografische Daten sind im Internet über http://dnb.d-nb.de abrufbar.

Zugl.: Hagen, Fernuniv., Diss., 2025

DE-708
ISSN 2193-262X
ISBN 978-3-631-94185-0 (Print)
ISBN 978-3-631-94202-4 (ePDF)
ISBN 978-3-631-94203-1 (ePUB)
DOI 10.3726/b23127

Verlegt durch Peter Lang GmbH, Berlin, Deutschland

info@peterlang.com

www.peterlang.com

Kontakt zur Verordnung über die allgemeine Produktsicherheit (GPSR):
gpsr@peterlang.com

Vorwort

Die vorliegende Arbeit wurde im Wintersemester 2024/2025 von der Rechtswissenschaftlichen Fakultät der FernUniversität in Hagen als Dissertation angenommen. Die Disputation fand am 18. Februar 2025 statt.

Mein besonderer Dank gilt meiner Doktormutter, Frau Professorin Dr. Barbara Völzmann-Stickelbrock, für die engagierte Betreuung und den stets konstruktiven fachlichen Austausch während der Bearbeitung des Themas. Zugleich danke ich ihr herzlich für die Möglichkeit, diese Arbeit in der vorliegenden Schriftenreihe veröffentlichen zu dürfen.

Herrn Professor Dr. Bernhard Kreße, LL.M., Maître en droit, danke ich für die freundliche Übernahme des Zweitgutachtens sowie für den anregenden wissenschaftlichen Austausch im Rahmen der Disputation.

Ein besonderer Dank gilt schließlich all jenen, die mich auf diesem Weg begleitet und unterstützt haben, insbesondere meiner Familie und meinen Freunden.

Inhaltsverzeichnis

Abbildungs- und Tabellenverzeichnis

Abkürzungsverzeichnis

a. F.	alte Fassung
ABl.	Amtsblatt der Europäischen Union
Abs.	Absatz
AdR	Ausschuss der Regionen
AEG	Allgemeines Eisenbahngesetz
AEUV	Vertrag über die Arbeitsweise der Europäischen Union
AG	Aktiengesellschaft
AktG	Aktiengesetz
Alt.	Alternative
Anl.	Anlage
Aufl.	Auflage, Auflage
BBP	Betriebswirtschaft im Blickpunkt
BCM	Business Continuity Management
BeckOK	Beck'sche Online-Kommentare
Begr.	Begründer
Beschl.	Beschluss
BEV	Bundeseisenbahnvermögen
BEVVG	Bundeseisenbahnverkehrsverwaltungsgesetz
BEZNG	Bundeseisenbahnneugliederungsgesetz
BGBl.	Bundesgesetzblatt
BHO	Bundeshaushaltsordnung
BMDV	Bundesministerium für Digitales und Verkehr
BPO	Business Process Outsourcing, Business Process Outsourcing

BSWAG	Bundesschienenwegeausbaugesetz
BT-Drs.	Bundestagsdrucksache
BVerfG	Bundesverfassungsgericht
BVerfGE	Entscheidungen des Bundesverfassungsgerichts
BVerfGG	Bundesverfassungsgerichtsgesetz
BVerwG	Bundesverwaltungsgericht
BVerwGE	Entscheidungen des Bundesverwaltungsgerichts
bzgl.	bezüglich
bzw.	beziehungsweise
ca.	circa
CDU	Christlich Demokratische Union Deutschlands
CELEX	Communitatis Europeae Lex
CoE	Center of Expertise
CoS	Center of Scale
CSU	Christlich-Soziale Union
d. h.	das heißt
dass.	dasselbe
DB	Deutsche Bundesbahn
DB AG	Deutsche Bahn Aktiengesellschaft
DBGrG	Deutsche Bahn Gründungsgesetz
Def.	Definition
ders.	derselbe
Dir	Directive
DM	Deutsche Mark
DÖV	Die Öffentliche Verwaltung
DR	Deutsche Reichsbahn
DStR	Deutsches Steuerrecht
DVBl	Deutsches Verwaltungsblatt
EBA	Eisenbahn-Bundesamts
ECLI	European Case Law Identifier
EG	Europäische Gemeinschaft
Einf.	Einführung
EIU	Eisenbahninfrastrukturunternehmen
ENeuOG	Eisenbahnneuordnungsgsetz
ENIM	European Network of Infrastructure Managers
ENRRB	European Network of Rail Regulatory Bodies

EnWG	Energiewirtschaftsgesetz
ERA	Europäischen Eisenbahnagentur
ERegG	Eisenbahnregulierungsgesetz
erf.	erforderlich
ERP	Enterprise-Resource-Planning
etc.	et cetera
EU	Europäische Union
EuGH	Europäischer Gerichtshof
europ.	europäisch
EuZW	Europäische Zeitschrift für Wirtschaftsrecht
EVG	Eisenbahn- und Verkehrsgewerkschaft
EVU	Eisenbahnverkehrsunternehmen
EW	Erwägungsgrund
EWG	Europäische Wirtschaftsgemeinschaft
EWSA	Europäischer Wirtschafts- und Sozialausschuss
f.	folgende
FDP	Freie Demokratische Partei, Freie Demokratische Partei
Fn.	Fußnote
GG	Grundgesetz
GmbH	Gesellschaft mit beschränkter Haftung
GmbH & Co. KG	Gesellschaft mit beschränkter Haftung & Compagnie Kommanditgesellschaft
GWB	Gesetz gegen Wettbewerbsbeschränkungen
Hrsg.	Herausgeber
i. V. m.	in Verbindung mit
IKS	Internes Kontrollsystem
IoT	Internet of Things
IR	InfrastrukturRecht
ISO	Independent System Operator
IT	Informationstechnologie
ITO	Independent Transmission Operator
JA	Juristische Arbeitsblätter
KI	Künstliche Intelligenz
KStG	Körperschaftsteuergesetz
lit.	littera

LuFV	Leistungs- und Finanzierungsvereinbarung
Mrd.	Milliarde
N&R	Netzwirtschaften und Recht
NE	nichtbundeseigene Eisenbahnen
notw.	notwendig
Nr.	Nummer
NVwZ	Neue Zeitschrift für Verwaltungsrecht
NZKart	Neue Zeitschrift für Kartellrecht
ÖBB	Österreichischen Bundesbahnen
ÖGesAusG	Gesellschafter-Ausschlussgesetz (Österreich)
OVG	Oberverwaltungsgericht
PCGK	Public Corporate Governance Kodex
PostG	Postgesetz
RDA	Robotic Desktop Automation
RegG	Regionalisierungsgesetz
Rn.	Randnummer
RPA	Robotic Process Automation
Rs.	Rechtssache
S.	Seite oder Satz
SGV	Schienengüterverkehr
SLA	Service Level Agreement
Slg.	Sammlung der Rechtsprechung des Gerichtshofes und des Gerichts Erster Instanz
sog.	sogenannt
SPD	Sozialdemokratische Partei Deutschlands
SPFV	Schienenpersonenfernverkehr
SPNF	Schienenpersonennahverkehr
SPS	Stationspreissystem
SSC	Shared Service Center
SSO	Shared Service Organisation
TKG	Telekommunikationsgesetz
Tz.	Textziffer
u.	und
u. a.	unter anderem
UmwG	Umwandlungsgesetz
Urt.	Urteil

v.	vom
VDV	Verband Deutscher Verkehrsunternehmen
VG	Verwaltungsgericht
VGH	Verwaltungsgerichtshof
VIU	vertikal integriertes Unternehmen
vs.	versus
VwGO	Verwaltungsgerichtsordnung
VwVfG	Verwaltungsverfahrensgesetz
wesentl.	wesentlich, wesentliche
WuW	Wirtschaft und Wettbewerb
z. B.	zum Beispiel
ZfbF	Schmalenbachs Zeitschrift für betriebswirtschaftliche Forschung
zit.	zitiert
ZPO	Zivilprozessordnung
ZRP	Zeitschrift für Rechtspolitik

A. Einleitung: Zentrale Servicefunktionen und Entflechtung

Im Januar 2024 jährte sich die erste Stufe der Bahnreform zum 30. Mal. Diese gliederte 1994 den unternehmerischen Teil des Bundeseisenbahnvermögens auf die Deutsche Bahn AG aus und privatisierte hierdurch die Eisenbahnen des Bundes.

Den 20. Jahrestag hatte die Deutsche Bahn AG zum Anlass genommen, das Beratungsunternehmen Roland Berger Strategy Consultants mit einer Untersuchung der Entwicklung des Schienenverkehrs in Deutschland seit 1994 zu beauftragen. Die Einordnung der Bahnreform fand ihren Ausdruck bereits im Untertitel „Erfolge und künftige Herausforderungen".[1] Herausforderungen stellen sich auch zehn Jahre später zum 30. Jubiläum, unter anderem

- ist die Infrastruktur alt, störanfällig und hat in vielen Teilen zu wenig Kapazität.[2]
- Der Investitionsrückstau im Schienennetz wird auf rund 90 Mrd. Euro geschätzt.[3]

---

1 *Schwilling/Bunge*, 20 Jahre Bahnreform und Deutsche Bahn AG – Erfolge und künftige Herausforderungen, https://www.deutschebahn.com/resource/blob/6859984/07d47d8eefcbcefd9e98d3a063dce541/Broschuere_20_Jahre_Bahnreform-data.pdf (aufgerufen am 23.05.2024).

2 *Deutsche Bahn AG*, 30 Jahre Bahnreform, S. 3, https://www.deutschebahn.com/resource/blob/267436/b82841899961f6eccf0336316d3c8851/bahnreform_dt-data.pdf (aufgerufen am 24.05.2024).

3 *Der Spiegel (Hrsg.)*, Deutsche Bahn braucht bis 2027 knapp 90 Milliarden Euro, 28.05.2024, https://www.spiegel.de/wirtschaft/unternehmen/deutsche-bahn-braucht-bis-2027-knapp-90-milliarden-euro-a-45adeb7b-ca1f-4ae1-9269-7263a155b8fc (aufgerufen am 22.04.2024); *Deutsche Bahn AG*, 30 Jahre Bahnreform, S. 25, https://www.

- Die Konzerntochter DB Cargo AG erwirtschaftete im Schienengüterverkehr in den Geschäftsjahren 2022 und 2023 einen Verlust nach Steuern in Höhe von 1,4 Milliarden Euro.[4]

Gleichzeitig rückt auch der gesellschaftliche Nutzen des Eisenbahnsektors stärker in den Fokus:

- Insbesondere Personentransportdienstleistungen werden stärker nachgefragt,[5]
- Pandemie und Krieg zeigen der Bedarf an resilienten Transportketten auf[6] und
- der ökologische Beitrag des Eisenbahnsektors rückt stärker in den Blickpunkt beispielsweise im „Grünen Deal“[7] der Europäischen Kommission.

Reagiert wurde unter anderem mit der „grösste[n] Reform des Eisenbahnsektors in Deutschland seit der Bahnreform vor dreissig Jahren“.[8] Deren wesentlicher gesellschaftsrechtlicher Bestandteil ist die Verschmelzung der beiden Eisenbahninfrastrukturunternehmen DB Netz AG und DB Station&Service AG zur DB InfraGO AG.

In Zeiten wirtschaftlicher Herausforderungen greifen Unternehmen außerdem häufig zum Mittel der Zentralisierung von Geschäftsprozessen.

---

deutschebahn.com/resource/blob/267436/b82841899961f6eccf0336316d3c8851/bahnreform_dt-data.pdf (aufgerufen am 24.05.2024).

4 *DB Cargo AG*, Geschäftsbericht 2023, S. 25, https://ir.deutschebahn.com/fileadmin/user_upload/DB23_Cargo_web_01.pdf (aufgerufen am 25.05.2024).

5 *Bundesnetzagentur (Hrsg.)*, Marktuntersuchung Eisenbahnen 2023, S. 6.

6 Roderick Kefferpütz, Senior Fellow beim Atlantic Council, zitiert in *Bungert*, DB Schenker: Verkauf an Staatsfonds aus Abu Dhabi im Gespräch, Verkehrsrundschau vom 13.12.2023, http://www.verkehrsrundschau.de/nachrichten/transport-logistik/db-schenker-verkauf-an-staatsfonds-aus-abu-dhabi-im-gespraech-3463853 (aufgerufen am 21.04.2024).

7 *Kramer*, N&R 2023, 212 (212). Zum Grünen Deal: *Europäische Kommission*, Der europäische Grüne Deal, https://commission.europa.eu/strategy-and-policy/priorities-2019-2024/european-green-deal_de (aufgerufen am 25.05.2024).

8 Bundesverkehrsminister Wissing zitiert von *Höltschi*, Die Deutsche Bahn setzt zur «grössten Bahnreform seit dreissig Jahren» an, Neue Züricher Zeitung vom 23.01.2024, https://www.nzz.ch/wirtschaft/deutsche-bahn-groesste-bahnreform-seit-30-jahren-ist-am-start-ld.1775373 (aufgerufen am 23.05.2024).

Dies erfolgt durch eine Konzentration unternehmensweit ähnlicher Geschäftsprozesse in einer zentralen Servicefunktion. Hierbei kann es sich beispielsweise um einen zentralen Finanz-, Personal-, IT-, Kommunikations-, Einkaufs-, Vertriebs- oder Rechtsbereich handeln. Mit der Einführung zentraler Servicefunktionen ist regelmäßig die Erwartung verbunden, Personalmengen und -kosten zu reduzieren.

Um die mit ihnen verbundenen Erwartungen erfüllen zu können, sind Zentralisierungen sorgfältig zu planen. Die Machbarkeit und wirtschaftliche Auswirkungen sind zu prüfen. Hierbei ist die Prozesssicherheit zu gewährleisten (auch) durch ein vernünftiges Zusammenwachsen „ohne Schnellschüsse".[9] Teil der Machbarkeitsprüfung ist ferner die Berücksichtigung rechtlicher Möglichkeiten und Grenzen von Zentralisierungen.

- Diese werden zunächst durch das rechtsformabhängige Gesellschaftsrecht, vor allem das Aktienrecht, bestimmt.
- Unterliegt mindestens eines der beteiligten Unternehmen Vorgaben des Eisenbahnregulierungsrechts zur Entflechtung (Unbundling), können diese den Einsatz zentraler Servicefunktionen ebenfalls beeinflussen oder begrenzen. Solche Vorgaben an die Aufbauorganisation eines Unternehmens müssen nicht ausdrücklich geregelt sein. Sie können sich auch aus der Auslegung prozessualer, ablauforganisatorischer Anforderungen des Eisenbahnregulierungsrechts ergeben.

Ziel der Analyse ist daher, zunächst die regulierungsrechtlichen Vorgaben für den Einsatz zentraler Servicefunktionen herauszuarbeiten. Hieran anschließend sind die Möglichkeiten und Grenzen aufzuzeigen, die das Zusammenwirken der beiden Rechtssysteme – Aktienrecht und Eisenbahnregulierungsrecht – für den Einsatz zentraler Servicefunktionen schafft. Hierzu

- wird zunächst die Problematik natürlicher Monopole sowie mögliche wettbewerbspolitische Reaktionsmöglichkeiten aus volkswirtschaftlicher Perspektive aufgezeigt (B.).

---

9 *Eisenbahn- und Verkehrsgewerkschaft (EVG)*, DB Station&Service + DB Netz = InfraGO - GBRe und EVG sichern die Interessen der Beschäftigten, https://www.evg-online.org/fileadmin/user_upload/23-09-15-Aushang_InfraGO_230915.pdf (aufgerufen am 30.10.2023).

- Anschließend wird auf das Eisenbahnregulierungsrecht eingegangen (C.). Die Entwicklung des Eisenbahnrechts wird aus europarechtlicher Perspektive dargestellt. Hieran anknüpfend folgt eine Betrachtung der verfassungsrechtlichen Stellung der Eisenbahn in Deutschland sowie eine Übersicht über das Eisenbahnregulierungsgesetz (ERegG)[10] und seiner Entflechtungsregelungen. Es wird untersucht, ob das ERegG die europarechtlichen Entflechtungsvorgaben vollständig umgesetzt hat. Zudem wird die Kritik an den aktuellen Entflechtungsregelungen des ERegG aufgezeigt.
- Danach folgt eine Darstellung der betriebswirtschaftlichen Motive für den Einsatz zentraler Servicefunktionen in Unternehmen sowie der sich ergebenden Risiken (D.).
- Hierauf aufbauend werden die Wirkungen der Entflechtungsregelungen auf den Einsatz zentraler Servicefunktionen untersucht (E.).
- Auf der Basis der vorgenannten Feststellungen werden schließlich Eignung und Angemessenheit der Entflechtungsregelungen bewertet (F.).

---

[10] Eisenbahnregulierungsgesetz vom 29. August 2016 (BGBl. I S. 2082) zuletzt geändert durch Artikel 2 des Gesetzes vom 9. Juni 2021 (BGBl. I S. 1737).

B. Monopole aus volkswirtschaftlicher Perspektive

Im Eisenbahnmarkt besteht aufgrund eines natürlichen Monopols des Netzbetreibers ein spezifischer gesetzgeberischer Handlungsbedarf zu dessen Ausgestaltung. Die Gründe dieses Handlungsbedarfs werden zunächst in diesem Kapitel aufgezeigt. In den folgenden Kapiteln wird darauf eingegangen, wie dieser auf europäischer und deutscher Ebene umgesetzt wurde.

I. Die Marktform des Monopols

Aus der Perspektive der Mikroökonomie als Teilgebiet der Volkswirtschaft besteht im Eisenbahnsektor ein natürliches Monopol des Netzbetreibers. Bei Monopolen handelt es sich um eine spezielle Marktform. Im Gegensatz zur vollständigen Konkurrenz ist ein (Angebots-) Monopol dadurch gekennzeichnet, dass nur ein Produzent ein einziges undifferenziertes Gut anbietet, also ein Gut, dass nicht durch ein nahes Vergleichsprodukt (Substitut) ersetzt werden kann.[11]

1. Entstehung von Monopolen

Die Entstehung und Aufrechterhaltung eines Monopols setzt Markteintrittsschranken voraus, die potenzielle Wettbewerber daran hindern, in den

---

[11] *Krugmann/Wells*, Volkswirtschaftslehre, S. 400 f.; *Mankiw/Taylor*, Grundzüge der Volkswirtschaftslehre, S. 376; ähnlich *Sievering* in: Drewello/Sievering/Kupferschmidt, Markt und Staat, S. 92.

Markt einzusteigen. Bei solchen Marktschranken kann es sich beispielsweise handeln um

- Kontrolle des Monopolisten über knappe Produktionsfaktoren,
- technologische Überlegenheit des Monopolisten,
- Netzwerkeffekte wie eine steigende Anziehung von Nutzern aufgrund einer hohen Verbreitung eines Produkts,
- Eintrittsschranken aufgrund von staatlichen Maßnahmen oder
- zunehmende Skaleneffekte (economies of scale), also das Sinken der durchschnittlichen Gesamtkosten bei einer steigenden Produktionsmenge.[12] Dies führt dazu, dass größere Unternehmen profitabler agieren und kleinere Unternehmen vom Markt verdrängen können.[13]

2. Natürliche Monopole

Monopole, die aufgrund solcher zunehmenden Skaleneffekte bestehen, bezeichnet die Volkswirtschaft als natürliche Monopole.[14] Natürliche Monopole sind charakteristisch für viele leitungsgebundene Netzwirtschaften wie der Telekommunikation, der Energiewirtschaft und auch den Eisenbahnsektor. Diese weisen das gemeinsame Merkmal auf, dass sie durch hohe Fixkosten[15] zum initialen Aufbau des Leitungsnetzes gekennzeichnet sind. Die Kosten für die Bereitstellung einer zusätzlichen Leitungseinheit (Grenzkosten) sind dagegen vergleichsweise gering.[16]

Netzbetreiber mit größeren Absatzmengen können diese Fixkosten über ein höheres Volumen verteilen als kleinere Betreiber. Die Produktionsmenge steigt hierdurch stärker an als die Produktionsfaktoren und der Netzbetreiber

---

[12] *Piekenbrock*, Gabler Kompakt-Lexikon Volkswirtschaftslehre, Stichwort „Economies of Scale".

[13] *Krugmann/Wells*, Volkswirtschaftslehre, S. 403; *Kupferschmidt* in: Drewello/Sievering/Kupferschmidt, Markt und Staat, S. 220; *Mankiw/Taylor*, Grundzüge der Volkswirtschaftslehre, S. 376 f.; *Pindyck/Rubinfeld*, Mikroökonomie, S. 509.

[14] *Krugmann/Wells*, Volkswirtschaftslehre, S. 404; *Pindyck/Rubinfeld*, Mikroökonomie, S. 509.

[15] Im Falle der Leitungswirtschaft handelt es sich hier meist um versunkene Kosten (sunk costs), die durch eine vollständige Irreversibilität gekennzeichnet sind. *Engelkamp/Sell/Sauer*, Einführung in die Volkswirtschaftslehre, S. 531.

[16] *Kupferschmidt* in: Drewello/Sievering/Kupferschmidt, Markt und Staat, S. 223; *Varian*, Grundzüge der Mikroökonomik, S. 521.

kann positive Skaleneffekte realisieren. Neue Wettbewerber hätten dagegen hohe initiale Kosten zum Aufbau der Netze bei zunächst geringen Produktionsmengen. Die Netzdurchleitung kann somit durch einen Netzbetreiber kostengünstiger bereitgestellt werden als durch mehrere Unternehmen (Subadditivität).[17]

II. Volkswirtschaftliche Wirkungen eines Monopols

Die Analyse von Ursache-Wirkungs-Zusammenhängen von wettbewerblichen Marktprozessen ist Gegenstand der volkswirtschaftlichen Wettbewerbstheorie.[18]

1. Marktmacht des Monopolisten

Diese geht davon aus, dass ein Monopol einem Unternehmen Marktmacht verleiht. Marktmacht bezeichnet die Fähigkeit des Unternehmens, den Preis seiner Güter zu beeinflussen,[19] da seine Produktionsmenge mit dem Stückpreis korreliert.

a) Korrelation von Produktionsmenge und Preis

Das Unternehmen kann durch Reduktion der Produktion den Stückpreis anheben.[20] Bietet es dagegen größere Mengen an, erhöht sich sein Erlös (Mengeneffekt), dafür sinkt jedoch der Preis pro Einheit für alle Einheiten (Preiseffekt). Bei leitungsgebundenen Netzwirtschaften kann die Produktionsmenge beispielsweise aus der Menge der verfügbaren Leitungseinheiten bestehen.

Ein Unternehmen, das in einem Markt mit vollständiger Konkurrenz tätig ist, hat dagegen nicht die gleiche Möglichkeit, über seine Produktionsmenge

---

17 *Knieps*, Netzökonomie, S. 5; *Mankiw/Taylor*, Grundzüge der Volkswirtschaftslehre, S. 378 f.; *Pindyck/Rubinfeld*, Mikroökonomie, S. 509.

18 *Piekenbrock*, Gabler Kompakt-Lexikon Volkswirtschaftslehre, Stichwort „Wettbewerbstheorie".

19 *Pindyck/Rubinfeld*, Mikroökonomie, S. 487; *Kupferschmidt* in: Drewello/Sievering/Kupferschmidt, Markt und Staat, S. 220.

20 *Krugmann/Wells*, Volkswirtschaftslehre, S. 402; *Mankiw/Taylor*, Grundzüge der Volkswirtschaftslehre, S. 381; ähnlich *Sievering* in: Drewello/Sievering/Kupferschmidt, Markt und Staat, S. 92.

auf die Stückpreise einzuwirken, da dasselbe Produkt auch von Konkurrenten angeboten wird.

b) Prämisse: Gewinnmaximierendes Verhalten

Bei der Frage, mit welchem Ziel ein Unternehmen seine Marktmacht ausübt, unterstellt die Volkswirtschaft die Prämisse, dass es stets das Ziel der Gewinnmaximierung verfolgt.[21] Aus Sicht der Volkswirtschaft führt das eigennützige Streben des Einzelnen nach dem höchsten Wertzuwachs zwangsläufig durch eine „unsichtbare Hand" (invisible hand)[22] zudem zu dem größtmöglichen Volkseinkommen und damit zu einem Nutzen für die Allgemeinheit.

Um die unterschiedlichen Vorgehensweisen zur Gewinnmaximierung beim Monopol bzw. bei vollständiger Konkurrenz zu vergleichen, sind die jeweiligen Produktionsmengen und Gewinne von Produzenten (Produzentenrente) und Konsumenten (Konsumentenrente) gegenüberzustellen.

2. Märkte mit vollständiger Konkurrenz

In Märkten mit vollständiger Konkurrenz bestimmen Angebot und Nachfrage den Stückpreis. Aus Sicht eines einzelnen Unternehmens ist dieser als gegebener Faktor unabhängig von der eigenen Produktionsmenge gesetzt.[23]

a) Produktionsmenge bei vollständiger Konkurrenz

Kann das Unternehmen den Stückpreis durch seine eigene Produktionsmenge nicht wirksam beeinflussen, würde es zur Gewinnmaximierung die (optimale Produktions-) Menge produzieren, bei der seine Grenzkosten dem Stückpreis entsprechen.[24] Hierbei handelt es sich um die größtmögliche Menge, die noch nicht zu Verlusten führt.

---

21 *Mankiw/Taylor*, Grundzüge der Volkswirtschaftslehre, S. 376; *Pindyck/Rubinfeld*, Mikroökonomie, S. 487; *Sievering* in: Drewello/Sievering/Kupferschmidt, Markt und Staat, S. 92; *Varian*, Grundzüge der Mikroökonomik, S. 507 f.

22 *Smith*, An Inquiry into the Nature and Causes of the Wealth of Nations, Buch IV, Kapitel II, S. 593., https://ebookcentral-proquest-com.ub-proxy.fernuni-hagen.de/lib/fuhagen-ebooks/reader.action?docID=3008435# (aufgerufen am 31.05.2024).

23 *Krugmann/Wells*, Volkswirtschaftslehre, S. 415.

24 *Krugmann/Wells*, Volkswirtschaftslehre, S. 415 ff.; *Mankiw/Taylor*, Grundzüge der Volkswirtschaftslehre, S. 390 ff.; *Pindyck/Rubinfeld*, Mikroökonomie, S. 511 f.

Das Marktmodell der vollständigen Konkurrenz bewirkt daher eine Pareto-Optimierung der Produktionsmenge, d. h. einen Zustand, bei dem jede Veränderung für einen der Marktteilnehmer (Produzent oder Konsument) nachteilig wäre.[25] Eine Abweichung von diesem Zustand wird als Marktversagen bezeichnet.[26]

b) Renten bei vollständiger Konkurrenz

Bei Märkten mit vollständiger Konkurrenz gibt es nur eine Konsumentenrente. Die Produzentenrente ist null, da die Grenzkosten des Produzenten dem Stückpreis entsprechen.[27]

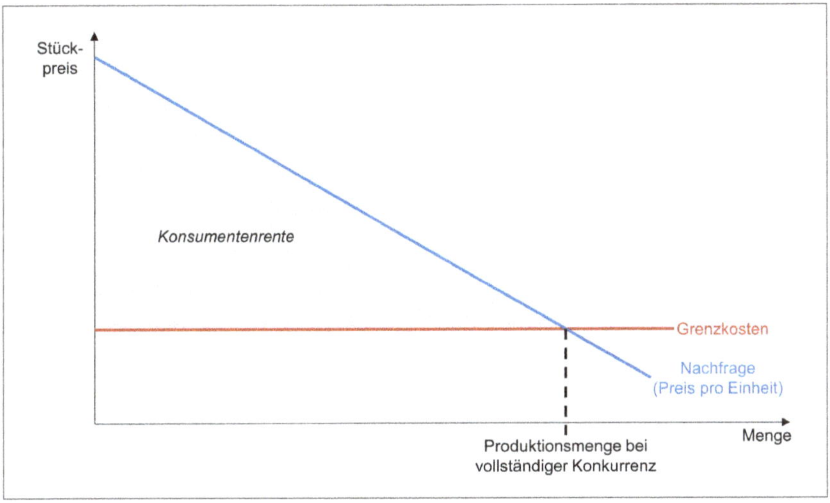

Übersicht 1: Gesamtrente bei vollständiger Konkurrenz

3. Monopolmärkte

In einem Monopolmarkt verhält sich ein Unternehmen dagegen anders zur Gewinnmaximierung.

---

25 *Varian*, Grundzüge der Mikroökonomik, S. 515 f.

26 *Piekenbrock*, Gabler Kompakt-Lexikon Volkswirtschaftslehre, Stichwort „Marktversagen".

27 *Krugmann/Wells*, Volkswirtschaftslehre, S. 423.

a) Produktionsmenge in Monopolmärkten

Hier wird es seine Outputmenge so wählen, dass die Kosten für die Produktion einer zusätzlichen Mengeneinheit (Grenzkosten, marginal cost) genau dem Erlös (Grenzerlös,[28] marginal revenue) entsprechen.[29] Bei dieser Menge handelt es sich um die gewinnmaximierte Outputmenge (sog. Cournotscher Punkt).[30] Verkauft es weniger, entgeht ihm Gesamterlös aufgrund der niedrigen Verkaufsmenge (Mengeneffekt); verkauft es mehr, entgeht ihm Gesamterlös aufgrund des sinkenden Stückpreises für die gesamte Verkaufsmenge (Preiseffekt).[31]

b) Renten in Monopolmärkten

Die gewinnmaximierte Outputmenge hat auch Auswirkungen auf die Verteilung der Renten.

aa) Erhöhte Produzentenrente

Die unterschiedlichen Produktionsmengen führen dazu, dass ein Unternehmen im Falle eines Monopols weniger, dafür aber zu höheren Preisen produziert, als wenn es in einem Markt mit vollständiger Konkurrenz agiert.[32] Hierdurch erwirtschaftet es eine höhere Produzentenrente. Diesem Vorteil für das Unternehmen stehen aber – verglichen mit Märkten mit vollständiger Konkurrenz – zwei Effekte gegenüber.

bb) Reduzierte Konsumentenrente

Der Gewinn beruht teilweise darauf, dass das Unternehmen durch die reduzierte Produktionsmenge höhere Stückpreise realisieren kann (Preiseffekt) als in Märkten mit vollständiger Konkurrenz. Dieser Teil seines Gewinns

---

[28] *Pindyck/Rubinfeld*, Mikroökonomie, S. 487.

[29] *Mankiw/Taylor*, Grundzüge der Volkswirtschaftslehre, S. 383; *Pindyck/Rubinfeld*, Mikroökonomie, S. 487; *Varian*, Grundzüge der Mikroökonomik, S. 507 f.

[30] *Krugmann/Wells*, Volkswirtschaftslehre, S. 409; *Mankiw/Taylor*, Grundzüge der Volkswirtschaftslehre, S. 385; *Pindyck/Rubinfeld*, Mikroökonomie, S. 486; *Sievering* in: Drewello/Sievering/Kupferschmidt, Markt und Staat, S. 92.

[31] *Mankiw/Taylor*, Grundzüge der Volkswirtschaftslehre, S. 383 f.; *Pindyck/Rubinfeld*, Mikroökonomie, S. 488; *Sievering* in: Drewello/Sievering/Kupferschmidt, Markt und Staat, S. 92.

[32] *Krugmann/Wells*, Volkswirtschaftslehre, S. 419; *Pindyck/Rubinfeld*, Mikroökonomie, S. 486; *Varian*, Grundzüge der Mikroökonomik, S. 520.

korrespondiert mit Nachteilen auf der Seite der Konsumenten, deren Konsumentenrente entsprechend sinkt.

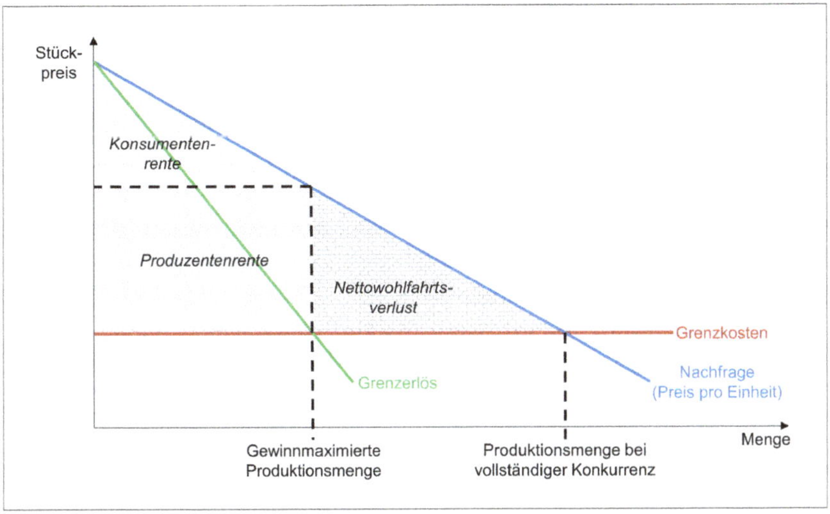

Übersicht 2: Gesamtrente im Monopolmarkt

cc) Volkswirtschaftliche Nettowohlfahrtsverluste

Die Reduktion der Produktionsmenge führt jedoch auch dazu, dass Transaktionen nicht erfolgen, die bei einer vollkommenen Konkurrenz für Produzenten und Konsumenten wechselseitig vorteilhaft gewesen wären.[33] Hierdurch entfällt ein weiterer Teil der Konsumentenrente. Diesem Teil steht keine Erhöhung der Produzentenrente im Monopolmarkt gegenüber.

Die Summe der erwirtschafteten (Produzenten- und Konsumenten-) Renten ist also in Märkten mit vollständiger Konkurrenz größer als in Monopolmärkten. Aus gesellschaftlicher Perspektive kommt es daher zu einem Verlust. Dieser wird als (Netto-) Wohlfahrtsverlust (deadweight loss) bezeichnet.[34] Das Monopol führt daher zu volkswirtschaftlichen Ineffizienzen.[35]

---

33 *Krugmann/Wells*, Volkswirtschaftslehre, S. 420.

34 *Krugmann/Wells*, Volkswirtschaftslehre, S. 419; *Mankiw/Taylor*, Grundzüge der Volkswirtschaftslehre, S. 390 ff.; *Pindyck/Rubinfeld*, Mikroökonomie, S. 512; *Varian*, Grundzüge der Mikroökonomik, S. 517.

35 *Krugmann/Wells*, Volkswirtschaftslehre, S. 422; *Pindyck/Rubinfeld*, Mikroökonomie, S. 512.

Diese würden sich noch zusätzlich verstärken, wenn das Unternehmen unproduktiven Aufwand betreibt, um Monopolmacht zu erlangen, zu erhalten oder auszuüben z. B. in Form von Ausgaben für Kampagnen, Lobbyarbeit oder politische Aktivitäten.[36]

4. Vertikale Integration von Unternehmen

Die Effekte eines Monopols, das Marktversagen und die Nettowohlfahrtsverluste, können sich verschärfen, wenn es sich bei dem Monopolisten um ein vertikal integriertes Unternehmen handelt. Vertikal integrierte Unternehmen sind Vereinigungen von Betrieben oder Unternehmen, die auf aufeinander folgenden Produktionsstufen einer Wertschöpfungskette tätig sind und in einem Käufer-Verkäufer-Verhältnis stehen.[37]

Ist ein Monopolist Teil eines solchen Unternehmens, kann er aus wirtschaftlichem Interesse versucht sein, andere Teile des vertikal integrierten Unternehmens im Wettbewerb zu bevorzugen.[38] Dann besteht die Gefahr, dass Wettbewerber vom Markt ausgeschlossen werden und sich das Marktversagen im Monopolmarkt auf weitere vor- oder nachgelagerte Märkte ausdehnt.

5. Zusammenfassung der Wirkungen von Monopolen

Monopole können daher sowohl zu einem Marktversagen führen als auch die Wohlfahrt der Gesellschaft insgesamt beeinträchtigen.[39] Die gesellschaftlichen Wirkungen eines Monopols hat von Hayek folgendermaßen charakterisiert:

> *„Unsere Bewegungsfreiheit in einer auf dem Wettbewerb beruhenden Gesellschaft steht und fällt damit, daß, wenn eine Person die Befriedigung unserer Wünsche ablehnt, wir uns an eine andere wenden können. Haben wir es aber mit dem Besitzer eines Monopols zu tun, so sind wir ihm auf Gnade und Ungnade ausgeliefert [...]“*[40]

---

36 *Pindyck/Rubinfeld*, Mikroökonomie, S. 512.

37 *Piekenbrock*, Gabler Kompakt-Lexikon Volkswirtschaftslehre, Stichwort „Unternehmenskonzentration“.

38 *Bundesrechnungshof (Hrsg.)*, Bericht an den Haushaltsausschuss des Deutschen Bundestages nach § 88 Absatz 2 BHO über die geplante Umsetzung der Richtlinie 2012/34/EU durch das Gesetz zur Stärkung des Wettbewerbs im Eisenbahnbereich, 29.06.2016, S. 44 f., https://www.bundesrechnungshof.de/SharedDocs/Downloads/DE/Berichte/2016/umsetzung-der-richtlinie-2012-34-eu-volltext.html (aufgerufen am 21.11.2023).

39 *Krugmann/Wells*, Volkswirtschaftslehre, S. 421.

40 *Von Hayek*, Der Weg zur Knechtschaft, S. 125.

In der Konsequenz spräche dies dafür, möglichst bereits das Entstehen von Monopolen zu verhindern. Andererseits führt ein natürliches Monopol, das dadurch gekennzeichnet ist, dass ein Anbieter eine Leistung günstiger anbieten kann als viele Anbieter (Subadditivität), zu geringeren Gesamtkosten der Produktion und das Produkt kann günstiger angeboten werden.[41] Daher stellt sich aus wirtschaftspolitischer Sicht die Frage, wie mit natürlichen Monopolen umzugehen ist.

III. Wettbewerbspolitische Reaktionsmöglichkeiten

Gegenstand der Wettbewerbstheorie ist auch, aus den analysierten Ursache-Wirkungs-Zusammenhängen eine wissenschaftliche Grundlage für staatliche Wettbewerbspolitik abzuleiten.[42] Bei Märkten, die durch Unvollkommenheiten gekennzeichnet sind, führt eine möglichst weitgehende Beseitigung dieser Unvollkommenheiten nicht immer und nicht notwendig zu guten ökonomischen Ergebnissen. Vielmehr könne es auch erforderlich sein, vorhandene Unvollkommenheiten durch Schaffung weiterer Unvollkommenheiten („Gegengift") zu bekämpfen,[43] d. h. andere staatliche Eingriffe in den freien Markt. Der Wettbewerbspolitik stehen hierzu eine Reihe von Handlungsoptionen zur Verfügung.

1. Überführung in öffentliches Eigentum

Eine Reaktionsmöglichkeit ist die Überleitung des Monopols auf eine durch den Staat geschaffene öffentliche Einrichtung, die die Versorgung mit dem Gut sicherstellt und die Interessen der Verbraucher schützt.[44] In Deutschland wurden zum Beispiel Post- und Telekommunikationsdienste, die Strom-,

---

41 *Pindyck/Rubinfeld*, Mikroökonomie, S. 514.

42 *Piekenbrock*, Gabler Kompakt-Lexikon Volkswirtschaftslehre, Stichwort „Wettbewerbstheorie".

43 *Emmerich*, Kartellrecht, § 1 Rn. 20 (Das Werk liegt mittlerweile in einer Neuauflage vor: Emmerich, Volker / Lange, Knut Werner, Kartellrecht, 15. Aufl., München 2021. In dieser wurden die Ausführungen zur Wettbewerbstheorie, § 1 C., S. 3 ff., allerdings verdichtet.); *Piekenbrock*, Gabler Kompakt-Lexikon Volkswirtschaftslehre, Stichwort „Wettbewerbstheorie".

44 *Krugmann/Wells*, Volkswirtschaftslehre, S. 423; *Mankiw/Taylor*, Grundzüge der Volkswirtschaftslehre, S. 401 f.; *Varian*, Grundzüge der Mikroökonomik, S. 521 f.

Gas- und Wasserversorgung sowie die Eisenbahn lange vollständig durch die öffentliche Hand betrieben.[45]

Ein im öffentlichen Eigentum stehendes Monopolunternehmen muss nicht zwingend allein die Gewinnmaximierung verfolgen, sondern kann Preise nach Effizienzgesichtspunkten festsetzen. Damit wäre eine Wirkung des Marktmodells der vollständigen Konkurrenz wieder hergestellt.[46]

Unter anderem die hohen Fixkosten für Einrichtung und Betrieb von Leitungsnetzen können jedoch eine Subventionierung durch den Staat erforderlich machen.[47] Diese kann andere Ineffizienzen verursachen, z. B. wenn die öffentliche Einrichtung in geringerem Maß Kostenkontrolle, Qualitätssicherung oder Innovation betreibt als private Unternehmen. Ferner können auch strategische Entscheidungen und Personalentscheidungen durch politische Erwägungen beeinflusst sein.[48]

2. Wettbewerbsförderung durch Regulierung

Insbesondere der Ordoliberalismus der Freiburger Schule tendierte jedoch nicht mehr zu Verstaatlichungen natürlicher Monopole, sondern zu einer staatlichen Missbrauchsaufsicht.[49] Der hierfür erforderliche rechtliche Rahmen kann durch Regulierung der Unternehmen geschaffen werden.

Häufig wird daher der Monopolist in privatem Eigentum belassen, aber zur Förderung des Wettbewerbs auf vor- oder nachgelagerten Märkten entlang der Wertschöpfungskette einer Regulierung unterworfen. Ziel ist, auf diesen Märkten einen funktionierenden Wettbewerb der Dienstleister zu gewährleisten,[50] um eine Ausweitung des Marktversagens zu verhindern. Im Fokus der Regulierung ist dabei, ob und unter welchen Bedingungen der Monopolist anderen Unternehmen Zugang zu seinen Gütern oder Dienstleistungen gewährt, die für ihrer unternehmerische Tätigkeit auf diesen Zugang angewiesen sind.

---

45 *Krugmann/Wells*, Volkswirtschaftslehre, S. 422.

46 *Krugmann/Wells*, Volkswirtschaftslehre, S. 422.

47 *Engelkamp/Sell/Sauer*, Einführung in die Volkswirtschaftslehre, S. 529; *Varian*, Grundzüge der Mikroökonomik, S. 522.

48 *Krugmann/Wells*, Volkswirtschaftslehre, S. 422.

49 *Piekenbrock*, Gabler Kompakt-Lexikon Volkswirtschaftslehre, Stichwort „Wettbewerbstheorie“.

50 Für den Umgang mit Netzwirtschaften durch das Unionsrecht *Möstl* in: Dürig/Herzog/Scholz, GG, Art. 87e [Stand: 06/2017] Rn. 51.

Eine Regulierung ist beispielsweise für den Postsektor sowie für die leitungsgebundenen Netzwirtschaften im Bereich der Telekommunikation, Energiewirtschaft und Eisenbahn erfolgt.[51]

a) Preis- und Zugangsregulierung

Häufiger Ansatzpunkt zum Umgang mit einem natürlichen Monopol ist eine Regulierung der Preise,[52] z. B. durch die Festsetzung einer Preisobergrenze. Die Höhe der Preisgrenze sollte es dem Monopolisten hierbei zumindest erlauben, kostendeckend zu operieren, d. h. jedenfalls seine durchschnittlichen Gesamtkosten berücksichtigen.[53]

Eine Herausforderung bei der Preisfestsetzung ist, der Regulierungsstelle die notwendigen, qualitativ belastbaren Informationen zur Festlegung der Preisobergrenze verfügbar zu machen. Ferner könnte bei der Festsetzung der Preisobergrenze unzulässiger Einfluss auf die Regulierungsstelle ausgeübt werden.[54]

Weitergehend können auch explizit Zugangsansprüche zu Gütern oder Dienstleistungen des Monopolisten festgeschrieben sowie Prozesse und Zuständigkeiten geregelt werden, nach denen Zugangsentscheidungen getroffen werden.

b) Entflechtung (Unbundling)

Ist der Monopolist Teil eines vertikal integrierten Unternehmens,[55] kann es sinnvoll sein, die Zugangs- und Preisregulierung zu ergänzen um Regelungen zur Entflechtung (Unbundling) des Unternehmens. Diese sollen Abhängigkeiten zwischen dem Monopolisten und den anderen Unternehmensteilen reduzieren bzw. im Idealfall ausschließen. Im Falle natürlicher Monopole wird hierbei regelmäßig das Ziel verfolgt, den Betrieb des Netzes – d. h. das

---

51 Für diese Märkte wurde eine sektorspezifische Regulierung geschaffen durch das Postgesetz (PostG) bzw. das Telekommunikationsgesetz (TKG), das Energiewirtschaftsgesetz (EnWG) und das Eisenbahnregulierungsgesetz (ERegG).

52 *Mankiw/Taylor*, Grundzüge der Volkswirtschaftslehre, S. 401; *Pindyck/Rubinfeld*, Mikroökonomie, S. 514.

53 *Krugmann/Wells*, Volkswirtschaftslehre, S. 422 f.; *Mankiw/Taylor*, Grundzüge der Volkswirtschaftslehre, S. 401.

54 *Krugmann/Wells*, Volkswirtschaftslehre, S. 423; *Pindyck/Rubinfeld*, Mikroökonomie, S. 515.

55 Siehe oben B. III. 4 Vertikale Integration von Unternehmen, S. 12.

natürliche Monopol – von dem Betrieb auf dem Netz zu trennen[56] und dort den Wettbewerb zu fördern.

Eine Entflechtung kann durch eine Vielzahl verschiedener Maßnahmen erfolgen, die unterschiedlich auf das vertikal integrierte Unternehmen einwirken. Es haben sich einige typische Formen herausgebildet. Für diese existieren jedoch keine allgemeingültigen Legaldefinitionen, so dass diese Formen in der Literatur nicht immer einheitlich bezeichnet werden.

aa) Eigentumsrechtliche Entflechtung

Die weitgehendste Möglichkeit ist eine eigentumsrechtliche Entflechtung (ownership unbundling) des Monopolisten aus einem vertikal integrierten Unternehmen.[57] Synonym wird auch von Zerschlagung oder vertikaler Trennung gesprochen. Die Begriffe institutionelle Entflechtung bzw. Trennung (institutional separation) werden teilweise ebenfalls für Maßnahmen verwendet, die auch eine eigentumsrechtliche Entflechtung umfassen.[58] Das Adjektiv „institutionell" wird allerdings im Kontext der Regulierung nicht einheitlich mit einem eindeutigen Begriffsverständnis verwendet.[59] Für sich genommen sagt es noch nichts darüber aus, welche Institutionen wie getrennt werden. Daher wird im Folgenden von eigentumsrechtlicher Entflechtung gesprochen.

Eine eigentumsrechtliche Entflechtung bewirkt eine Auflösung der vertikal integrierten Struktur, indem der Monopolbereich – z. B. der Netzbetrieb – von den vor- und nachgelagerten Bereichen des vertikal

---

[56] *Kupferschmidt* in: Drewello/Sievering/Kupferschmidt, Markt und Staat, S. 224.

[57] *Bundesrechnungshof (Hrsg.)*, Bericht an den Haushaltsausschuss des Deutschen Bundestages nach § 88 Absatz 2 BHO über die geplante Umsetzung der Richtlinie 2012/34/EU durch das Gesetz zur Stärkung des Wettbewerbs im Eisenbahnbereich, 29.06.2016, S. 45, https://www.bundesrechnungshof.de/SharedDocs/Downloads/DE/Berichte/2016/umsetzung-der-richtlinie-2012-34-eu-volltext.html (aufgerufen am 21.11.2023); *Emmerich*, Kartellrecht, § 38 Rn. 24; *Monopolkommission*, 7. Sektorgutachten Bahn (2019), K2.

[58] Kommission, Anhänge zum Bericht über die Durchführung des ersten Eisenbahnpakets, Annex 5: "If this independence is not guaranteed by means of institutional separation into two separate legal entities which do not belong to the same holding company ..."; *Martinez* in: Calliess/Ruffert, EUV/AEUV, Art. 91 Rn. 57.

[59] *Möstl* in: Dürig/Herzog/Scholz, GG, Art. 87e [Stand: 06/2017] Rn. 127: „... institutionell abzusichern, dass zwischen Infrastruktur- und Verkehrsanbietern ein Mindestmaß an rechnungsmäßiger und organisatorischer Trennung ...".

integrierten Unternehmens getrennt wird. Dies kann beispielsweise durch eine Variante der Spaltung nach §§ 123 ff. Umwandlungsgesetz (UmwG) erfolgen (Aufspaltung, Abspaltung, Ausgliederung).

Mit der Auflösung der vertikal integrierten Struktur entfallen

- wirtschaftliche Vorteile einer Bevorzugung der auf den vor- oder nachgelagerten Märkten tätigen (ehemals verbundenen) Unternehmensteilen sowie
- rechtliche oder faktische Einflussmöglichkeiten auf den Monopolisten mit dem Ziel der Bevorzugung dieser Unternehmensteile.

bb) Entflechtung nur von Teilbereichen

Eine andere Form der Entflechtung ist, das vertikal integrierte Unternehmen fortbestehen zu lassen und nur bestimmte Bereiche innerhalb des vertikal integrierten Unternehmens zu entflechten. Handelt es sich bei den betroffenen Unternehmen um Aktiengesellschaften, die sich durch Beherrschungsverträge (§ 291 AktG) der Leitung durch eine Holdinggesellschaft unterstellt haben, kann diese Entflechtung durch eine Teilentherrschung erfolgen.

(1) Buchhalterische Entflechtung

Die buchhalterische Entflechtung (accounting unbundling) stellt die schwächste Form der Entflechtungsmaßnahmen dar. Sie erfordert jedenfalls eine getrennte Rechnungslegung zwischen den Funktionsbereichen eines vertikal integrierten Unternehmens.[60] Diese Transparenz kann Basis sein für weitere Maßnahmen der buchhalterischen Entflechtung wie beispielsweise Verbote der Quersubventionierung, Darlehensverbote oder Regelungen zum Umgang mit Gewinnen.

(2) (Gesellschafts-) Rechtliche Entflechtung

Der Begriff rechtliche Entflechtung (legal unbundling) wird hier im Sinne einer gesellschaftsrechtlichen Entflechtung verstanden, d. h. das Monopolgeschäft und die übrigen Bereiche des vertikal integrierten Unternehmens sind in unterschiedlichen Rechtssubjekten – in der Regel Kapitalgesellschaften – zu organisieren. Die rechtliche Entflechtung wird daher als die schärfte

[60] *Martinez* in: Calliess/Ruffert, EUV/AEUV, Art. 91 Rn. 50.

Trennungsstufe innerhalb eines vertikal integrierten Unternehmens angesehen.[61] Auch der Begriff der rechtlichen Entflechtung wird in der Literatur nicht immer einheitlich verwendet.[62] Dies liegt auch darin begründet, dass jegliche Entflechtungsmaßnahmen durch Rechtsnormen – regelmäßig Gesetze – eingeführt werden müssen, um die Maßnahmen verbindlich zu machen.

Im Gegensatz zur eigentumsrechtlichen Entflechtung dürfen die Anteile der Rechtssubjekte aber einem gemeinsamen Eigentümer gehören, z. B. einer Holdinggesellschaft. Das vertikal integrierte Unternehmen kann bei einer (gesellschafts-) rechtlichen Trennung also fortbestehen. Die Holdinggesellschaft kann ihren Einfluss auf ihre Beteiligungen auch in Form von Beherrschungs- und Gewinnabführungsverträgen (§ 291 AktG) ausüben. Formal ist eine rechtliche Entflechtung damit immer noch gegeben. In ihrer wirtschaftlichen Wirkung ist sie hierdurch jedoch eingeschränkt.

Eine rechtliche Entflechtung formalisiert Interessen und Entscheidungsprozesse innerhalb eines vertikal integrierten Unternehmens und macht diese transparenter.

(3) Operationelle Entflechtung

Die operationelle Entflechtung (management unbundling) wird auch als operative oder organisatorische Entflechtung bzw. Trennung bezeichnet. Die operationelle Entflechtung greift in interne Wertschöpfungsketten und Prozesse eines vertikal integrierten Unternehmens ein zur Verhinderung wettbewerbshindernder Einflussnahmen. Hierzu können beispielsweise Regelungen gehören, von wem und nach welchen Kriterien Zugangs- oder Preisentscheidungen getroffen werden. Auch Entscheidungsprozesse über die Einstellung oder Entlassung von Personal des Monopolisten können durch Maßnahmen der operationellen Entflechtung gestaltet werden.

---

[61] *Martinez* in: Calliess/Ruffert, EUV/AEUV, Art. 91 Rn. 55.

[62] *Bundesrechnungshof (Hrsg.)*, Bericht an den Haushaltsausschuss des Deutschen Bundestages nach § 88 Absatz 2 BHO über die geplante Umsetzung der Richtlinie 2012/34/EU durch das Gesetz zur Stärkung des Wettbewerbs im Eisenbahnbereich, 29.06.2016, S. 46, https://www.bundesrechnungshof.de/SharedDocs/Downloads/DE/Berichte/2016/umsetzung-der-richtlinie-2012-34-eu-volltext.html (aufgerufen am 21.11.2023): „Rechtliche Entflechtung (legal unbundling) [...] Dabei werden rechtliche, organisatorische, buchhalterische und den Informationsaustausch innerhalb des Konzerns beschränkende Maßnahmen getroffen."

Hinsichtlich ihrer Eingriffsintensität wird sie zwischen der buchhalterischen und rechtlichen Entflechtung eingeordnet.[63] Je nach konkreter Ausgestaltung der Maßnahmen und deren Überwachung kann sie ein tatsächlich wirkmächtiges Instrument sein.

(4) Informationelle Entflechtung

Maßnahmen der informationellen oder auch informatorischen Entflechtung (informational unbundling) sollen die Vertraulichkeit wirtschaftlich sensibler Informationen sicherstellen.[64]

Im Zuge der Verhandlungen über den Zugang zu seinen Gütern oder Dienstleistungen erhält der Monopolist häufig wirtschaftlich sensible Informationen über die Konsumenten wie Betriebs- und Geschäftsgeheimnisse, ihre wirtschaftliche Lage oder künftige Geschäftsstrategien. Würde der Monopolist diese Informationen innerhalb des vertikal integrierten Unternehmens mit konzerninternen Wettbewerbern der Konsumenten teilen, hätte das vertikal integrierte Unternehmen Wettbewerbsvorteile.

Maßnahmen der informationellen Entflechtung sind insbesondere dann relevant, wenn der Monopolist mit anderen Bereichen des vertikal integrierten Unternehmens gemeinsame Informationssysteme nutzt, da hier die Gefahr des Austauschs wirtschaftlich sensibler Daten von Konsumenten erhöht ist.

(5) Auswahl der Entflechtungsmaßnahmen

Bei der Wahl der Regulierungsmaßnahmen unterliegt der Gesetzgeber teilweise rechtlichen Vorgaben. Diese können dem primären oder sekundären Europarecht oder auch dem nationalen Recht entstammen. Soweit ein vertikal integriertes Unternehmen dem persönlichen Schutzbereich der Grundrechte der Berufsfreiheit, Art. 12 Abs. 1 GG, oder der Eigentumsfreiheit, Art. 14 Abs. 1 GG, unterfällt, muss die Rechtmäßigkeit von Entflechtungsmaßnahmen sich an diesen Normen messen lassen. Insbesondere eine eigentumsrechtliche Entflechtung bzw. eine Zerschlagung kann ein gewichtiger Eingriff in die Grundrechte des Unternehmens darstellen.[65]

---

63 *Martinez* in: Calliess/Ruffert, EUV/AEUV, Art. 91 Rn. 52.

64 *Ernert* in: Schmitt/Staebe, Einführung in das Eisenbahnregulierungsrecht, Rn. 230.

65 Becker, ZRP 2010, 105 (106 f.).

3. Akzeptanz des Monopols

Ein Vorgehen gegen das Monopol mit dem Ziel seiner vollständigen Beseitigung führt nicht immer zu guten ökonomischen Ergebnissen. Daher ist auch ein Nichtvorgehen gegen das Monopol[66] unter Inkaufnahme seiner Ineffizienzen eine mögliche Handlungsalternative.

4. Zusammenfassung zu den Reaktionsmöglichkeiten

Bei der Entscheidung, ob und wie gegen ein Monopol vorgegangen wird, sind die Vor- und Nachteile aus gesellschaftlicher Perspektive abzuwägen. Zu den Vorteilen zählt die Reduzierung der Wohlfahrtsverluste. Bei den Nachteilen sind unter anderem mögliche Regulierungsaufwände und -kosten zu berücksichtigen.[67]

Das Unternehmen kann auf diese Abwägung Einfluss nehmen, indem es aus eigener Initiative Wohlfahrtsverluste reduziert bzw. im Idealfall beseitigt. Dies kann beispielsweise dadurch geschehen, dass es nicht von allen Konsumenten den gleichen Preis verlangt (Einheitspreismonopol), sondern bei der Preisfestsetzung differenziert. Kriterien für eine Differenzierung können z. B. der Zeitpunkt des Kaufs oder auch Eigenschaften der Konsumenten selbst sein wie Preissensibilität.[68] Durch preisdifferenzierte Angebote können Konsumenten, die ohne Preisdifferenzierung das Gut nicht erworben hätten, möglicherweise für einen Kauf gewonnen werden. Dies würde die Anzahl der Transaktionen erhöhen und so Ineffizienzen eines Monopols reduzieren bzw. im Idealfall beseitigen.[69]

IV. Kritik an der Wettbewerbstheorie

Die Analysen, Thesen und Empfehlungen der Wettbewerbstheorie waren Grundlage vor allem der europäischen und als auch der deutschen Wettbewerbspolitik in den Netzwirtschaften seit Beginn der 1990er Jahre.[70] Sie prägten wesentlich den Umgang mit natürlichen Monopolen der Netzbetreiber im Eisenbahnsektor. Ihnen begegnet allerdings auch Kritik.

---

66 *Mankiw/Taylor*, Grundzüge der Volkswirtschaftslehre, S. 403.

67 *Varian*, Grundzüge der Mikroökonomik, S. 524.

68 *Krugmann/Wells*, Volkswirtschaftslehre, S. 431.

69 *Krugmann/Wells*, Volkswirtschaftslehre, S. 434 f.

70 *Emmerich*, Kartellrecht, § 1 Rn. 33.

1. Vollkommene Konkurrenz als nichtexistentes Idealbild

Vorgebracht wird unter anderem, das Modell der vollkommenen Konkurrenz sei zwar zum wettbewerbspolitischen Leitbild erhoben worden. Die Voraussetzungen einer vollkommenen Konkurrenz seien jedoch irreal, so dass Märkte, die diesem Idealbild entsprechen, nahezu nirgends anzutreffen seien.[71]

Die Eigenschaft vollkommener Märkte, dass sich die Produzentenrente auf null beschränkt,[72] ist jedenfalls ein Zustand, den viele (gewinnorientierte) Unternehmen in der Realität häufig erfolgreich vermeiden können.

2. Fehlender Nachweis kausaler Zusammenhänge

Weiter wird an der Wettbewerbstheorie kritisiert, dass Kausalbeziehungen zwischen Marktstruktur, Marktverhalten und Marktergebnissen nicht nachgewiesen seien.[73] Hierbei ist zunächst festzuhalten, dass die Wettbewerbstheorie insofern einen hohen Abstraktionsgrad hat, als ihre Prämissen und Thesen nicht zwischen verschiedenen Arten von Unternehmen und Gütern differenzieren.

Für private Unternehmer, die aus Profitgründen mit klassischen privaten Gütern handeln, mögen die Prämissen und Thesen plausibel sein. Ihrer Definition nach handelt es sich bei den im Eisenbahnsektor angebotenen Verkehrsleistungen um private Güter, d. h. der Eigentümer kann – beispielsweise durch die Festsetzung von Entgelten – Dritte von der Nutzung des Gutes ausschließen (Ausschlussprinzip)[74] und die Nutzer schränken sich gegenseitig durch ihren Konsum ein (Rivalitätsprinzip).[75]

Netzwirtschaften wie der Eisenbahnsektor sind zwar privatwirtschaftlich organisiert, haben aber darüber hinaus auch eine Funktion in der öffentlichen Daseinsvorsorge. Die Güter im Eisenbahnsektor weisen daher Eigenschaften von meritorischen Gütern auf. Hierbei handelt es sich um Güter, bei deren Bereitstellung der Staat unterstützt, da Marktmechanismen nicht allein zu dem gesellschaftlich wünschenswerten Versorgungsgrad führen.[76] Bei der

---

71 *Emmerich*, Kartellrecht, § 1 Rn. 18.

72 Siehe oben B. II. 2. b) Renten bei vollständiger Konkurrenz, S. 9.

73 *Emmerich*, Kartellrecht, § 1 Rn. 28 und 31.

74 *Kupferschmidt* in: Drewello/Sievering/Kupferschmidt, Markt und Staat, S. 206 f.

75 *Kupferschmidt* in: Drewello/Sievering/Kupferschmidt, Markt und Staat, S. 207.

76 *Engelkamp/Sell/Sauer*, Einführung in die Volkswirtschaftslehre, S. 532 f.; *Piekenbrock*, Gabler Kompakt-Lexikon Volkswirtschaftslehre, Stichwort „meritorische Güter“.

Festlegung, bei welchen Gütern und in welchem Umfang der Staat unterstützen soll, handelt es sich um eine politische Entscheidung,[77] die für den Eisenbahnsektors verfassungsrechtlich durch Art. 87e Abs. 3 und 4 GG abgesichert ist.

Dass es Einrichtungen geben kann, an deren Einführung private Unternehmer kein wirtschaftliches Interesse haben, die aber in gesellschaftlichem Interesse liegen und daher vom Staat bereitgestellt werden sollten, hatte schon Adam Smith, ein Klassiker der Nationalökonomie,[78] anerkannt:

> *"According to the system of natural liberty, the sovereign has only three duties to attend to [...] the duty of erecting and maintaining certain public works and certain public institutions, which it can never be for the interest of any individual [...]; because the profit could never repay the expence [...], though it may frequently do much more than repay it to a great society."*[79]

Aufgrund seiner Funktion für die öffentlichen Daseinsvorsorge und der Rolle des Staates bei der Bereitstellung der Güter, bedarf der Eisenbahnsektor daher einer differenzierten wettbewerbstheoretischen Betrachtung. Die Übertragbarkeit einiger für rein private Güter plausiblen Prämissen und Thesen der Wettbewerbstheorie auf den Eisenbahnsektor ist zu hinterfragen. So basiert die These, Monopole führten zu gesellschaftlichen Nettowohlfahrtsverlusten, auf der Prämisse, Unternehmen handeln stets gewinnmaximierend und können ihre Produktionskapazitäten hierauf ausrichten.[80]

a) Gewinnmaximierung nicht allein handlungsleitend

Für Eisenbahnen des Bundes ist zudem die besondere verfassungsrechtliche Gewährleistungspflicht des Bundes aus Art. 87e Abs. 4 S. 1 GG zu berücksichtigen, dass diese den Verkehrsbedürfnissen der Allgemeinheit Rechnung tragen. Eine Gewinnmaximierung kann daher für öffentliche Unternehmen, die eine Funktion in der Daseinsvorsorge haben, jedenfalls nicht das allein handlungsleitende Motiv sein. Es hätte seine Funktion verfehlt, würde es

---

77 *Engelkamp/Sell/Sauer*, Einführung in die Volkswirtschaftslehre, S. 533.

78 *Emmerich*, Kartellrecht, § 1 Rn. 13.

79 *Smith*, An Inquiry into the Nature and Causes of the Wealth of Nations, Buch IV, Kapitel IX, S. 915 f., https://ebookcentral-proquest-com.ub-proxy.fernuni-hagen.de/lib/fuhagen-ebooks/reader.action?docID=3008435# (aufgerufen am 31.05.2024).

80 Siehe oben B. II. 1. b). Prämisse: Gewinnmaximierendes Verhalten, S. 8.

seine Leistungen allein an dem Ziel der Gewinnmaximierung ausrichten. Verfassungsrechtliches Ziel ist es dagegen, möglichst effizient einen qualitativ guten Beitrag zur Daseinsvorsorge zu erbringen.

b) Nur begrenzte Anpassungsmöglichkeiten der Produktion

Soweit die Wettbewerbstheorie unterstellt, ein Produzent könne den Umfang seiner Produktion zur Gewinnmaximierung auf die Marktsituation hin anpassen, ist die Situation bei leitungsgebundenen Netzwirtschaften differenziert zu betrachten.

- Einerseits dienen die Verkehre auf den Leitungsnetzen zur Sicherung der Daseinsvorsorge. Die Produktion, d. h. die Bereitstellung von Leitungskapazitäten, wird sich daher nicht ohne weiteres aus Gründen der Gewinnmaximierung reduzieren lassen bzw. ganz entfallen können.
- Andererseits sind die Kapazitäten der Leitungsnetze begrenzt. Sind diese erst einmal ausgeschöpft, können theoretisch zwar neue Leitungen geschaffen werden. Dies benötigt aber – schon im Hinblick auf die Inanspruchnahme von Grund und Boden – mitunter Jahrzehnte Vorlauf sowie einen erheblichen finanziellen Aufwand.

Besteht die Fähigkeit eines Unternehmens, die Produktionskapazitäten zur Gewinnmaximierung anzupassen aber nur sehr eingeschränkt, reduziert sich auch der Nettowohlfahrtsverlust und damit entsprechend der Handlungsdruck zur Beseitigung des Monopols.

Insoweit ist der Kritik, Kausalbeziehungen zwischen Marktstruktur, Marktverhalten und Marktergebnissen seien nicht nachgewiesen, jedenfalls einzuräumen, dass diese Kausalbeziehungen in der Realität jedenfalls vielschichtiger sind, als die idealtypischen mathematischen Modelle der Wettbewerbstheorie suggerieren.

3. Fazit zur volkswirtschaftlichen Perspektive

Wettbewerb kann dazu beitragen, volkswirtschaftliche Ineffizienzen zu verringern. Zur Gewährleistung der Daseinsvorsorge darf sich der Staat aber nicht allein im Sinne eines „marktwirtschaftlich-liberalen Glaubensbekenntnisses“[81]

---

[81] *Fehling*, DÖV 2002, 793 (794).

auf die Wettbewerbsfunktionen verlassen. Vielmehr bedarf es auch einer sektorspezifischen Prüfung, ob und wie Marktmechanismen geeignet sind, den Staat bei der Gewährleistung seiner Aufgaben zu unterstützen. Diese wirtschaftspolitische Suche nach adäquaten Wegen im Spannungsfeld zwischen Wettbewerb und gemeinwohlorientierter Daseinsvorsorge begleitet den Eisenbahnsektor seit den 1990er Jahren und dauert an.

C. Das Eisenbahnregulierungsrecht

Die volkswirtschaftlichen Analysen und Empfehlungen zum Umgang mit natürlichen Monopolen wurden von der europäischen und deutschen Legislative aufgegriffen. In diesem Kapitel

- werden zunächst zentrale Begriffe des Eisenbahnregulierungsrechts eingeführt (I.). Dies erfolgt aus der Perspektive des deutschen Rechts. Auf relevante Abweichungen im Europarecht wird eingegangen.
- Im Anschluss wird die Entwicklung des Eisenbahnrechts aus europäischer Perspektive aufgezeigt (II.). Europarechtliche Regulierungsvorgaben waren regelmäßig Anlass für die Fortschreibung des deutschen Eisenbahnrechts.
- Danach wird der verfassungsrechtliche Rahmen im Grundgesetz für das Eisenbahnwesen aufgezeigt (III.). Dabei wird auch auf die Frage der Grundrechtsberechtigung der Deutschen Bahn AG eingegangen.
- Auf dieser Grundlage werden die Entflechtungsregelungen des Eisenbahnregulierungsrechts in Deutschland analysiert (IV.),
- mit den europarechtlichen Vorgaben abgeglichen (V.) und
- die Kritik an den Entflechtungsregelungen ausgeführt (VI.).

I. Zentrale Begriffe des Eisenbahnregulierungsrechts

Die zentralen Begrifflichkeiten des Eisenbahnregulierungsrechts unterlagen mit der fortschreitenden Entwicklung des Eisenbahnrechts einem Wandel. Die nachfolgenden Definitionen orientieren sich am Eisenbahnregulierungsgesetz

(ERegG)[82] und dem Allgemeinen Eisenbahngesetz (AEG)[83] jeweils mit Stand zum 31.12.2023.

Im ERegG finden nach § 1 Abs. 4 ERegG die Begriffsbestimmungen des § 2 AEG Anwendung, soweit das ERegG keine eigenen Definitionen enthält. Der Gesetzgeber beabsichtigte, mit dem Verweis bei der Überführung der Materie aus dem AEG in das ERegG im Jahr 2016 ein Auseinanderfallen der Begrifflichkeiten beider Gesetze zu vermeiden.[84]

1. Eisenbahnen, § 2 Abs. 1 AEG

Unter einem technischen Blickwinkel bezeichnet der Begriff Eisenbahn das durch einen festen Spurweg gekennzeichnete separate Rad-Schiene-System in Abgrenzung zu anderen Verkehrsmitteln und anderen Schienenbahnen.[85]

Das AEG definiert in § 2 Abs. 1 AEG Eisenbahnen als öffentliche Einrichtungen oder privatrechtlich organisierte Unternehmen, die Eisenbahnverkehrsdienste erbringen (Eisenbahnverkehrsunternehmen, EVU) oder eine Eisenbahninfrastruktur betreiben (Eisenbahninfrastrukturunternehmen, EIU). Damit hebt das AEG zwei für den Eisenbahnsektor wesentliche Aspekte hervor: den Unternehmensgegenstand und die rechtliche Organisationsform der Unternehmen.

2. Unternehmensgegenstand

Der Gegenstand der im Eisenbahnsektor tätigen Unternehmen kann – unter anderem – bestehen

- im Betrieb von Eisenbahninfrastruktur oder
- in der Erbringung von Eisenbahnverkehrsdiensten.

---

[82] Eisenbahnregulierungsgesetz vom 29. August 2016 (BGBl. I S. 2082) zuletzt geändert durch Artikel 2 des Gesetzes vom 9. Juni 2021 (BGBl. I S. 1737).

[83] Allgemeines Eisenbahngesetz vom 27. Dezember 1993 (BGBl. I S. 2378, 2396; 1994 I S. 2439) zuletzt geändert durch Artikel 10 des Gesetzes vom 10. September 2021 (BGBl. I S. 4147).

[84] Gesetzentwurf der Bundesregierung, Entwurf eines Gesetzes zur Stärkung des Wettbewerbs im Eisenbahnbereich, BT-Drs. 18/8334, S. 168; *Otte* in: Kühling/Otte, AEG/ERegG, § 1 ERegG Rn. 66.

[85] *Möstl* in: Dürig/Herzog/Scholz, GG, Art. 87e [Stand: 06/2017] Rn. 144; *Otte* in: Kühling/Otte, AEG/ERegG, § 2 AEG Rn. 5. § 1 Abs. 2 S. 1 AEG nimmt vom Anwendungsbereich des AEG bestimmte Schienenbahnen aus wie z. B. Magnetschwebebahnen, Straßenbahnen und Bergbahnen.

Diese Unternehmensgegenstände schließen sich gegenseitig nicht aus. Ist ein Unternehmen in beiden Bereichen tätig, kann es sich um ein vertikal – entlang der Wertschöpfungskette – integriertes Unternehmen (VIU) handeln.

a) Eisenbahninfrastruktur

Der Begriff Eisenbahninfrastruktur wird im europäischen und im deutschen Eisenbahnrecht nicht deckungsgleich mit demselben Begriffsverständnis verwendet.

aa) Der Eisenbahninfrastrukturbegriff des AEG, § 2 Abs. 6 AEG

Nach § 2 Abs. 6 AEG umfasst die Eisenbahninfrastruktur die Betriebsanlagen der Eisenbahnen. Zu den Betriebsanlagen zählen

- nach § 2 Abs. 6a AEG die in Anlage 1 des ERegG aufgeführten Eisenbahnanlagen. Eine wichtige Untergruppe sind die Schienenwege.
- Serviceeinrichtungen, d. h. Anlagen, die erforderlich sind, um eine in Anlage 2 Nr. 2 bis 4 ERegG genannte Serviceleistung zu erbringen, § 2 Abs. 9 AEG.[86]
- Bahnstromfernleitungen (§ 2 Abs. 6 AEG). Regulierungsrechtlich unterliegen diese dem Energiewirtschaftsgesetz (EnWG),[87] dem gemäß § 3a EnWG eine Auffangfunktion zukommt, soweit im Eisenbahnrecht nichts anderes geregelt ist.

Vor der Verlagerung des Eisenbahnregulierungsrechts aus dem AEG in das ERegG im Jahr 2016[88] verfolgte der Gesetzgeber das Ziel eines einheitlichen, funktionalen Begriffs der Betriebsanlage im AEG im zugangsrechtlichen (§ 14 AEG a. F.)[89] und planfeststellungsrechtlichen (§ 18 AEG) Sinn.[90] Der Begriff der Eisenbahninfrastruktur war somit auch Anknüpfungspunkt des Regulierungsrechts. Eisenbahninfrastrukturunternehmen waren nach Art. 14 Abs. 1 S. 1 AEG a. F. verpflichtet, die diskriminierungsfreie Benutzung der von ihnen betriebenen Eisenbahninfrastruktur zu gewähren. Dieser

---

86 *Otte* in: Kühling/Otte, AEG/ERegG, § 2 AEG Rn. 40 und 108.

87 *Otte* in: Kühling/Otte, AEG/ERegG, § 2 AEG Rn. 56.

88 Gesetz zur Stärkung des Wettbewerbs im Eisenbahnbereich, BGBl. 2016 I 2082.

89 § 14 Abs. 1 S. 1 AEG in den Fassungen vom 21.04.2007 bis zum 02.09.2016.

90 Gesetzentwurf der Bundesregierung, Entwurf eines Dritten Gesetzes zur Änderung eisenbahnrechtlicher Vorschriften, BT-Drs. 15/3280, S. 14.

Versuch eines einheitlichen Begriffs der Eisenbahninfrastruktur erwies sich jedoch als zu unscharf, da

- Fachplanungsrecht und Regulierungsrecht unterschiedliche Zielsetzungen verfolgen[91] und
- sich innerhalb des Regulierungsrechts die Regulierungsintensität für Schienenwege und Serviceeinrichtungen grundlegend unterscheidet.[92]

Seit Einführung des ERegG 2016 ist daher der Begriff der Eisenbahninfrastruktur nicht mehr Anknüpfungspunkt des Regulierungsrechts. Bezugspunkte der Regulierung im ERegG sind stattdessen differenzierend Eisenbahnanlagen und Serviceeinrichtungen. An diese knüpfen beispielsweise die in § 10 Abs. 1 und 2 ERegG statuierten Zugangsrechte zu angemessenen, nichtdiskriminierenden und transparenten Bedingungen an.

bb) Eisenbahnanlagen

Zunächst ist auf die Eisenbahnanlagen als eine Variante der Infrastruktur einzugehen.

(1) Definition, § 2 Abs. 6a AEG i. V. m. Anlage 1 ERegG

Nach § 2 Abs. 6a AEG sind Eisenbahnanlagen die in der Anlage 1 des ERegG unter Nr. 1 bis 10 aufgeführten Infrastrukturen. Gemeinsame Voraussetzung ist jeweils, dass diese zu Haupt- und Nebengleisen gehören und sich nicht innerhalb von bestimmten Werken befinden. Die Eisenbahnanlagen umfassen unter anderem folgende wichtige Anlageklassen

- Grundstücke (Nr. 1),
- Bahnkörper, Personenbahnsteige und Laderampen auch in Personenbahnhöfen und Güterterminals (Nr. 2),
- Kunstbauten wie Brücken, Bahnüberführungen, Tunnel (Nr. 3),
- Schienen und Weichen als Teil des Oberbaus (Nr. 5),
- Zugangswege für Passagiere und Güter (Nr. 6).

---

[91] *Lerche* in: Schmitt/Staebe, Einführung in das Eisenbahnregulierungsrecht, Rn. 70 f.
[92] *Otte* in: Kühling/Otte, AEG/ERegG, § 2 AEG Rn. 46.

Personenbahnsteige und Laderampen (Nr. 2) sowie die Zugangswege für Passagiere und Güter (Nr. 6) waren im ERegG ursprünglich nicht als Eisenbahnanlagen in der Anlage 1 enthalten, sondern im Kontext mit den Serviceeinrichtungen Personenbahnhöfen bzw. Güterterminals (Anlage 2 Nr. 2. a) und 2. b) ERegG) als Teil dieser Serviceeinrichtungen klassifiziert.[93] Der EuGH hat jedoch in seiner WESTbahn-Entscheidung[94] – bezogen auf Personenbahnsteige – entschieden, dass diese europarechtlich keine Serviceeinrichtung darstellen.[95] Der deutsche Gesetzgeber setzte dies 2021 durch das Gesetz zur Weiterentwicklung des Eisenbahnregulierungsrechts[96] um und ordnete Personenbahnsteige, Ladestraßen und die entsprechenden Zuwegungen nunmehr den Eisenbahnanlagen zu.

(2) Der Eisenbahninfrastrukturbegriff im Europarecht

Mit diesen Änderungen hat der Gesetzgeber den Begriff der Eisenbahnanlage im ERegG (Anlage 1 ERegG) an die europarechtliche Definition der „Eisenbahninfrastruktur" (Art. 3 Nr. 3 der Recast-Richtlinie 2012/34/EU i. V. m. deren Anhang I[97]) angeglichen. Der Begriff der Eisenbahnanlage im ERegG entspricht seither dem der „Eisenbahninfrastruktur" im Europarecht.[98]

Ein einheitliches Verständnis des Begriffs der Eisenbahninfrastruktur durch Übernahme der europarechtlichen Definition in das deutsche

---

93 Gesetzentwurf der Bundesregierung, Entwurf eines Gesetzes zur Stärkung des Wettbewerbs im Eisenbahnbereich, BT-Drs. 18/8334, S. 230 sowie *Maas/ter Steeg* in: Kühling/Otte, AEG/ERegG, Anl. 1 ERegG Rn. 8 f.

94 *EuGH*, Urt. v. 10.07.2019 - Rs. C-210/18 (WESTbahn Management GmbH/ÖBB-Infrastruktur AG) ECLI:EU:C:2019:586, http://curia.europa.eu/juris/document/document.jsf?text=&docid=216045&pageIndex=0&doclang=DE&mode=lst&dir=&occ=first&part=1&cid=4951106 (aufgerufen am 07.03.2022).

95 Kritisch u. a. *Klinge*, N&R 2019, 304 (308), der auf Abgrenzungsschwierigkeiten der Schnittstelle zwischen Schienenweg und Personenbahnhof hinweist, sowie *Staebe*, N&R 2021, 104 (105), der eine Differenzierung vorschlägt zwischen dem „Personenbahnsteig" im Sinne des Grund und Bodens und dem „Hochbahnsteig", der die Aufbauten auf dem Grund und Boden umfasst.

96 Gesetz zur Weiterentwicklung des Eisenbahnregulierungsrechts, BGBl. 2021 I 1737 ff.

97 Richtlinie 2012/34/EU des Europäischen Parlaments und des Rates vom 21.11.2012 zur Schaffung eines einheitlichen europäischen Eisenbahnraums, ABl. 2012 L 343, 32 („Recast-Richtlinie") – konsolidierte Fassung Stand 01.01.2019, Art. 3 Nr. 3.

98 Grundlegend zum Begriff der Eisenbahninfrastruktur im deutschen und europäischen Eisenbahnrecht *Wolf*, IR 2021,40 (41).

Eisenbahnrecht ist grundsätzlich wünschenswert, zumal der Anspruch bestand, die Richtlinie 1:1 in das deutsche Recht umzusetzen.[99] Da der Begriff der Eisenbahninfrastruktur im AEG allerdings schon vorgeprägt war, ist die Entscheidung des Gesetzgebers nachvollziehbar, den Begriff der Eisenbahninfrastruktur innerhalb des deutschen Eisenbahnrechts (AEG und ERegG) einheitlich zu verwenden und als regulierungsrechtlichen Bezugspunkt stattdessen den Begriff der Eisenbahnanlage zu verwenden.

(3) Betreiber: Differenziertes Begriffsverständnis

Bis zum Gesetz zur Weiterentwicklung des Eisenbahnregulierungsrechts[100] im Jahr 2021 differenzierten AEG und ERegG nicht zwischen den Betreibern von Eisenbahnanlagen und Schienenwegen. Voraussetzung für die Klassifizierung der in der Anlage 1 des ERegG verzeichneten Anlagen als Eisenbahnanlagen ist, dass sie zu den Haupt- oder Nebengleisen gehören. Daher wurden sie als Teil des Schienenwegs gesehen,[101] so dass AEG und ERegG terminologisch nur vom „Betreiber der Schienenwege" sprachen (z. B. § 2 Abs. 7 AEG in der vor dem 18.06.2021 geltenden Fassung).

Mit der Aufnahme von Personenbahnsteigen und Laderampen als Eisenbahnanlagen in die Anlage 1 des ERegG[102] wird nunmehr differenziert zwischen dem Betreiber von Eisenbahnanlagen als Oberbegriff und – als spezielle Ausprägung der Eisenbahnanlage – den Betreibern von Schienenwegen bzw. Personenbahnsteigen und Laderampen.

Im Europarecht besteht keine Notwendigkeit, zwischen Betreibern von Eisenbahnanlagen, Schienenwegen, Personenbahnsteigen und Laderampen zu differenzieren. Die Recast-Richtlinie 2012/34/EU[103] spricht terminologisch in Art. 3 Nr. 2 vom „Infrastrukturbetreiber". Die Regelungen seiner Zuständigkeiten in Art. 3 Nr. 2 - 2e stimmen im Übrigen jedoch weitgehend

---

99 Gesetzentwurf der Bundesregierung, Entwurf eines Gesetzes zur Stärkung des Wettbewerbs im Eisenbahnbereich, BT-Drs. 18/8334, S. 1.

100 Gesetz zur Weiterentwicklung des Eisenbahnregulierungsrechts, BGBl. 2021 I 1737 ff.

101 Gesetzentwurf der Bundesregierung, Entwurf eines Gesetzes zur Weiterentwicklung des Eisenbahnregulierungsrechts, BT-Drs. 19/27656, S. 74.

102 Siehe oben C. I. 2. a) bb) (1) Definition, § 2 Abs. 6a AEG i. V. m. Anlage 1 ERegG, S. 28.

103 Richtlinie 2012/34/EU des Europäischen Parlaments und des Rates vom 21.11.2012 zur Schaffung eines einheitlichen europäischen Eisenbahnraums, ABl. 2012 L 343, 32 („Recast-Richtlinie") – konsolidierte Fassung Stand 01.01.2019, Art. 3 Nr. 2.

mit den Regelungen des § 2 Abs. 7 - 7e AEG bzw. § 1 Abs. 4a und b ERegG überein.

(4) Betreiber von Eisenbahnanlagen, § 2 Abs. 7 AEG

Die Vorschrift des § 2 Abs. 7 AEG definiert den Betreiber von Eisenbahnanlagen als jedes Eisenbahninfrastrukturunternehmen, das für den Betrieb, die Instandhaltung, den Ausbau und die Erneuerung von Eisenbahnanlagen zuständig ist. Die gesamten Eisenbahnanlagen, die von einem Betreiber von Eisenbahnanlagen betrieben werden, werden als Netz oder Schienennetz bezeichnet, § 1 Abs. 20 AEG.

(a) Definition der Zuständigkeiten

Die genannten Zuständigkeiten des Betreibers von Eisenbahnanlagen sind im AEG und ERegG näher definiert:

- Als Betrieb der Eisenbahnanlagen definiert § 1 Abs. 4a ERegG die Kapazitätszuweisung, das Verkehrsmanagement und die Erhebung von Entgelten.
- Die Instandhaltung sind Arbeiten zur Erhaltung des Zustands und der Kapazität der bestehenden Eisenbahnanlagen, § 2 Abs. 7c AEG.
- Der Ausbau der Eisenbahnanlagen ist die darauf bezogene Netzplanung, die Finanz- und Investitionsplanung sowie der Bau und die Umrüstung, § 2 Abs. 7b AEG. Umrüstung bezeichnet umfangreiche Arbeiten zur Änderung der Infrastruktur, mit denen deren Gesamtleistung verbessert wird (§ 2 Abs. 7e AEG).
- Die Erneuerung der Eisenbahnanlagen sind umfangreiche Arbeiten zum Austausch bestehender Infrastrukturen, mit denen die Gesamtleistung nicht verändert wird, § 2 Abs. 7d AEG.

(b) Wesentliche Funktionen, § 1 Abs. 4b ERegG

Im Rahmen der Umsetzung Richtlinie (EU) 2016/2370 des 4. Eisenbahnpakets wurde der Begriff der „wesentlichen Funktionen" des Betriebs von Eisenbahnanlagen in das ERegG aufgenommen.[104] Dieser dient als Anknüp-

---

104 Gesetz zur Umsetzung der Richtlinie (EU) 2016/2370 vom 14. Dezember 2016 zur Änderung der Richtlinie 2012/34/EU bezüglich der Öffnung des Marktes für inländische Schienenpersonenverkehrsdienste und der Verwaltung der Eisenbahninfrastruktur, BGBl. 2019 I 1040.

fungspunkt, um besonders wettbewerbsrelevante Funktionen höheren Regulierungsmaßstäben zu unterwerfen. Dem Unionsgesetzgeber ging es in Bezug auf diese Funktion um die Absicherung des Unabhängigkeitsmaßstabes.[105] Wesentliche Funktionen des Betriebs von Eisenbahnanlagen sind nach § 1 Abs. 4b ERegG Entscheidungen über die Zugtrassenzuweisung sowie die Entgelte für die Nutzung einschließlich ihrer Festlegung und Erhebung.

Im Europarecht ist der Begriff der wesentlichen Funktionen in Art. 3 Nr. 2f. der Recast-Richtlinie 2012/34/EU[106] definiert.

(5) Betreiber der Schienenwege, § 2 Abs. 7a AEG

Betreiber der Schienenwege ist nach § 2 Abs. 7a AEG jeder Betreiber von Eisenbahnanlagen, der für den Bau, den Betrieb, die Unterhaltung, die Instandhaltung und die Erneuerung der Schienenwege, einschließlich Verkehrsmanagement, Zugsteuerung, Zugsicherung und Signalgebung zuständig ist mit Ausnahme der Schienenwege in Serviceeinrichtungen.

(6) Betreiber der Personenbahnsteige, § 1 Abs. 5 ERegG, und Betreiber der Laderampen, § 1 Abs. 5a ERegG

Analog der Regelung für den Betreiber von Schienenwegen ist Betreiber von Personenbahnsteigen (§ 1 Abs. 5 ERegG) bzw. Laderampen (§ 1 Abs. 5a ERegG) jeder Betreiber von Eisenbahnanlagen, der für den Bau, den Betrieb, die Unterhaltung, die Instandhaltung und die Erneuerung der jeweiligen Anlagen einschließlich der Zugangswege zuständig ist.

cc) Serviceeinrichtungen

Serviceeinrichtungen sind neben den Eisenbahnanlagen der zweite wesentliche Bezugspunkt der Regulierung im ERegG.

(1) Definition, § 2 Ab 9. AEG i. V. m. Anl. 2 Nr. 2 - 4 ERegG

Serviceeinrichtungen sind nach § 2 Abs. 9 AEG die Anlagen unter Einschluss von Grundstück, Gebäude und Ausrüstung, um eine in Anlage 2 Nr. 2 bis 4

---

105 *Otte* in: Kühling/Otte, AEG/ERegG, § 1 ERegG Rn. 68.

106 Richtlinie 2012/34/EU des Europäischen Parlaments und des Rates vom 21.11.2012 zur Schaffung eines einheitlichen europäischen Eisenbahnraums, ABl. 2012 L 343, 32 („Recast-Richtlinie") – konsolidierte Fassung Stand 01.01.2019, Art. 3 Nr. 2f.

ERegG genannte Serviceleistung erbringen zu können. Dort werden unter Nr. 2 unter anderem folgende besonders wesentliche Serviceeinrichtungen aufgezählt

- Personenbahnhöfe (lit. a)),
- Güterterminals (lit. b)),
- Rangierbahnhöfe (lit. c)),
- Wartungseinrichtungen (lit. e)).

Nr. 3 und 4 der Anlage 2 führen weitere Zusatz- und Nebenleistungen auf.

(2) Betreiber einer Serviceeinrichtung, § 2 Abs. 11 AEG

Ein Betreiber einer Serviceeinrichtung ist jedes Eisenbahninfrastrukturunternehmen, das für den Betrieb einer oder mehrerer Serviceeinrichtungen zuständig ist, § 2 Abs. 11 AEG. Die Regelungen des ERegG zu den Serviceeinrichtungen orientieren sich an Art. 3 Nr. 11 sowie an Art. 3 Nr. 12 der Recast-Richtlinie 2012/34/EU i V. m. Anhang II Nr. 2 bis 4.

b) Eisenbahnverkehrsdienste, § 2 Abs. 2 S. 1 AEG

Verkehrsdienste sind nach § 2 Abs. 2 S. 1 AEG der Schienengüterverkehr und der Schienenpersonenverkehr. Bei Letzterem wird zwischen Schienenpersonenfern- und -nahverkehr unterschieden.

Eisenbahnverkehrsunternehmen sind demnach alle Eisenbahnen, deren Tätigkeit im Erbringen von Eisenbahnverkehrsdiensten zur Beförderung von Gütern oder Personen besteht, § 2 Abs. 3 S. 1 AEG.

Das Unionsrecht verwendet in diesem Kontext den Begriff „Eisenbahnunternehmen“, wenn es sich bei der Erbringung von Eisenbahnverkehrsdiensten um die Haupttätigkeit des Unternehmens handelt.[107] Nach deutschem Recht genügt es dagegen, wenn eine der Tätigkeiten zu den Eisenbahnverkehrsdienstleistungen zählt.[108]

---

[107] Richtlinie 2012/34/EU des Europäischen Parlaments und des Rates vom 21.11.2012 zur Schaffung eines einheitlichen europäischen Eisenbahnraums, ABl. 2012 L 343, 32 („Recast-Richtlinie“) – konsolidierte Fassung Stand 01.01.2019, Art. 3 Nr. 1.

[108] *Otte* in: Kühling/Otte, AEG/ERegG, § 2 AEG Rn. 20.

c) Vertikal integriertes Unternehmen, § 1 Abs. 25 ERegG

Ein vertikal – entlang der Wertschöpfungskette – integriertes Unternehmen besteht nach § 1 Abs. 25 ERegG in folgenden Konstellationen:

- Ein Unternehmen kontrolliert[109] gleichzeitig einen Betreiber von Eisenbahnanlagen und ein Eisenbahnverkehrsunternehmen (§ 1 Abs. 25 Nr. 1 ERegG),
- ein Eisenbahnverkehrsunternehmen kontrolliert einen Betreiber von Eisenbahnanlagen (Nr. 2) oder
- ein Betreiber von Eisenbahnanlagen kontrolliert ein Eisenbahnverkehrsunternehmen (Nr. 3).

Die Verkehrsdienstleistungen müssen dabei auf dem Netz des Betreibers der Schienenwege durchgeführt werden.

Diese Regelung folgt Vorgaben von Art. 3 Nr. 31 Recast-Richtlinie 2012/34/EU.[110]

3. Unternehmensorganisation

Das AEG enthält ferner Definitionen zu Organisationsformen und Organen von Eisenbahnunternehmen.

a) Eisenbahnen des Bundes, § 2 Abs. 15 AEG

Eisenbahnen können nach § 2 Abs. 1 AEG als öffentliche Einrichtungen oder privatrechtlich organisierte Unternehmen geführt werden. Differenziert wird nach den Eigentumsverhältnissen an den Unternehmen:

Als Eisenbahnen oder Unternehmen des Bundes definiert § 2 Abs. 15 AEG Unternehmen, die sich überwiegend in der Hand des Bundes oder eines mehrheitlich dem Bund gehörenden Unternehmens befinden. Das Grundgesetz enthält in Art. 73 Abs. 1 Nr. 6a GG eine vergleichbare Definition der Eisenbahnen des Bundes.

Andere Eisenbahnen werden als nichtbundeseigene Eisenbahnen (NE) bezeichnet.[111]

---

[109] Kontrolle im Sinne der Verordnung (EG) Nr. 139/2004 des Rates vom 20.01.2004 über die Kontrolle von Unternehmenszusammenschlüssen („EG-Fusionskontrollverordnung"), ABl. 2004 L 24, 1.

[110] *Otte* in: Kühling/Otte, AEG/ERegG, § 1 ERegG Rn. 139.

[111] *Otte* in: Kühling/Otte, AEG/ERegG, § 2 AEG Rn. 16.

b) Vorstand, § 1 Abs. 22b AEG, und Aufsichtsrat, § 1 Abs. 22c AEG

„Vorstand“ definiert § 1 Abs. 22b ERegG als das Leitungsorgan eines Unternehmens, das Führungs- und Verwaltungsaufgaben wahrnimmt und für das Tagesgeschäft des Unternehmens verantwortlich und rechenschaftspflichtig ist.

„Aufsichtsrat“ ist das oberste Aufsichtsorgan eines Unternehmens. Er nimmt Aufsichtsaufgaben wahr, einschließlich der Kontrolle über den Vorstand und allgemeiner strategischer Entscheidungen in Bezug auf das Unternehmen, § 1 Abs. 22c ERegG.

Das ERegG setzt damit die Vorgaben der Recast-Richtlinie 2012/34/EU (Art. 3 Nr. 33 und Art. 34) um. Die Funktionen von Vorstand und Aufsichtsrat werden hierbei unabhängig von ihrer Rechtsform beschrieben, so dass sie sich von den Definitionen beispielsweise des Aktiengesetzes (§§ 76 ff. bzw. §§ 95 ff. AktG) unterscheiden.[112]

II. Die Entwicklung des Eisenbahnrechts aus europarechtlicher Perspektive

Als maßgeblicher Impulsgeber für die Entwicklung des Eisenbahnrechts in den EUMitgliedstaaten kommt dem Europarecht eine wichtige Funktion zu. Auch das Eisenbahnregulierungsrecht ist stark von unionsrechtlichen Vorgaben geprägt.[113] Im Folgenden werden die primärrechtlichen Grundlagen des Europarechts sowie die wichtigsten sekundärrechtlichen Meilensteine und ihre Umsetzung in Deutschland aufgezeigt.[114]

1. Primärrechtliche Grundlagen

Die Verträge der Europäische Wirtschaftsgemeinschaft, der Europäischen Gemeinschaft und Europäischen Union beinhalten unter anderem drei Vorgaben für die Eisenbahnpolitik und das Eisenbahnrecht:

- Die Dienstleistungsfreiheit als eine der vier Grundfreiheiten ist ein zentrales Element des Binnenmarktes der Europäischen Union. Ihre Grundlage

[112] *Otte* in: Kühling/Otte, AEG/ERegG, § 1 ERegG Rn. 133 f.

[113] *Kühling/Weinbeck* in: Kühling/Otte, AEG/ERegG, Einf. Rn. 1 ff.

[114] Hierzu *Kühling/Weinbeck* in: Kühling/Otte, AEG/ERegG, Einf. Rn. 2 ff. und 40 ff.; *Staebe*, in: ders., ERegG, Einführung Rn. 18 ff.; *Staebe/Ernert* in: Schulte/Kloos, Handbuch Öffentliches Wirtschaftsrecht, § 12 Rn. 1 ff.

fand die Dienstleistungsfreiheit zunächst in Art. 59 ff. des EWG-Vertrags.[115] Ab dem 01.11.1993 war sie in Art. 49 ff. des EG-Vertrags[116] und seit dem 01.12.2009 ist sie in Art. 56 ff. des Vertrags über die Arbeitsweise der Europäischen Union (AEUV)[117] geregelt. Für den freien Dienstleistungsverkehr auf dem Gebiet des Verkehrs verweist Art. 58 Abs. 1 AEUV auf die Bestimmungen der gemeinsamen Verkehrspolitik.

- Die gemeinsame Verkehrspolitik war bereits ein Element des EWG-Vertrags (Art. 74 ff. EWG-Vertrag), des EG-Vertrags (Art. 70 ff. EG-Vertrag) und ist derzeit in Art. 4 Abs. 2 lit. g und Art. 90 ff. des Vertrags über die Arbeitsweise der Europäischen Union (AEUV) geregelt. Die Ziele der Verkehrspolitik ergeben sich aus den allgemeinen Vertragszielen, insbesondere die Verwirklichung des Binnenmarktes (Art. 3 Abs. 3 des EU-Vertrags, Art. 26 AEUV).[118]
- Im Bereich der Wettbewerbsregelungen gewährt Art. 102 AEUV (früher Art. 82 des EG-Vertrags) zudem jedem Unternehmen, das zum Transport seiner Produkte oder zum Angebot seiner Dienstleistungen auf die Nutzung von natürlichen Monopolen angewiesen ist, einen diskriminierungsfreien Zugang zu den „essential facilities“.[119]

Verstärkt in den Fokus rückten Verkehrspolitik und Dienstleistungsfreiheit im Verkehrsbereich, nachdem 1985 der EuGH im Rahmen einer Untätigkeitsklage nach Art. 175 EWG-Vertrag feststellte, der Rat habe es unter Verletzung des Vertrages unterlassen, die Dienstleistungsfreiheit auf dem Gebiet des internationalen Verkehrs sicherzustellen und Bedingungen für die Zulassung von Verkehrsunternehmern festzulegen.[120]

---

[115] Inkrafttreten des Vertrags zur Gründung der Europäischen Wirtschaftsgemeinschaft („Vertrag von Rom“) vom 25.03.1957 zum 01.01.1958.

[116] Inkrafttreten des Vertrags über die Europäische Union („Vertrag von Maastricht“) vom 07.02.1992 mit Wirkung zum 01.11.1993.

[117] Inkrafttreten des Vertrags zur Änderung des Vertrags über die Europäische Union und des Vertrags zur Gründung der Europäischen Gemeinschaft („Vertrag von Lissabon“) vom 13.12.2007 mit Wirkung zum 01.12.2009.

[118] *Kühling/Weinbeck* in: Kühling/Otte, AEG/ERegG, Einf. Rn. 4.

[119] *Emmerich* in: Dauses/Ludwigs, Handbuch des EU-Wirtschaftsrechts, H. Wettbewerbsregeln, I. Kartellrecht, § 3. Art. 102 AEUV – Missbrauchsverbot [Stand: 10/2014], Rn. 112; *Säcker*, IR 2018, 198 (199).

[120] *EuGH*, Urt. v. 22.05.1985 – Rs. 13/83 (Europäisches Parlament gegen Rat der Europäischen Gemeinschaften), Slg. 1958, 1556 (1603), ECLI:EU:C:1985:220, http://

2. Sekundärrecht: Wesentliche Rechtsakte und deren Umsetzung

Seit Anfang der 1990er Jahre wird die Entwicklung des Eisenbahnrechts maßgeblich durch Initiativen der Europäischen Gemeinschaft (EG) bzw. der Europäischen Union (EU) bestimmt.[121] Als Handlungsform kommen dabei vorwiegend die Rechtsakte Richtlinien und Verordnungen (Art. 288 AEUV) zur Anwendung. Während die Richtlinie hauptsächlich auf eine Rechtsangleichung heterogener Regelungen der Mitgliedstaaten abzielt, dient die Verordnung mit ihrer unmittelbaren Wirkung in den mitgliedstaatlichen Rechtsordnungen der Rechtsvereinheitlichung.[122]

Gemeinsame Leitlinie der Initiativen ist, dass für die Vollendung des Binnenmarktes das Zusammenwachsen des Verkehrsmarktes von wesentlicher Bedeutung ist. Eisenbahnen sieht die EU dabei als einen wichtigen Bestandteil. Das Eisenbahnsystem soll sich hierzu in den Wettbewerbsmarkt einfügen. Um dies zu erreichen, soll die Leistungsfähigkeit des Eisenbahnsystems gestärkt werden.[123]

Zur Förderung der künftigen Entwicklung und wirtschaftlichen Nutzung des Eisenbahnsystems ist eine Trennung zwischen dem Betrieb

---

curia.europa.eu/juris/liste.jsf?oqp=&for=&mat=or&critereEcli=ECLI%253AEU%253AC%253A1985%253A220&lgrec=de&jge=&td=%3BALL&jur=C%2CT%2CF&page=1&dates=&pcs=Oor&lg=&pro=&nat=or&cit=none%252CC%252CCJ%252CR%252C2008E%252C%252C%252C%252C%252C%252C%252C%252C%252C%252Ctrue%252Cfalse%252Cfalse&language=de&avg=&cid=8972128 (aufgerufen am 26.01.2022). *Kühling/Weinbeck* in: Kühling/Otte, AEG/ERegG, Einf. Rn. 11; *Staebe/Ernert* in: Schulte/Kloos, Handbuch Öffentliches Wirtschaftsrecht, § 12 Rn. 2.

121 Hierzu *Eisenbahn-Bundesamt*, Recht und Regelwerk, EU-Recht, https://www.eba.bund.de/DE/RechtRegelwerk/EU-Recht/eu-recht_node.html (aufgerufen am 26.01.2022); European Commission, Railway packages, https://transport.ec.europa.eu/transport-modes/rail/railway-packages_en (aufgerufen am 28.08.2022); *Kühling/Weinbeck* in: Kühling/Otte, AEG/ERegG, Einf. Rn. 9 ff.; *Staebe/Ernert* in: Schulte/Kloos, Handbuch Öffentliches Wirtschaftsrecht, § 12 Rn. 2 ff.

122 *Nettesheim*, in: Grabitz/Hilf/Nettesheim, Das Recht der Europäischen Union, AEUV, Art. 288 [Stand: 08/2012] Rn. 104.

123 Richtlinie 91/440/EWG des Rates vom 29.07.1991 zur Entwicklung der Eisenbahnunternehmen der Gemeinschaft, ABl. 1991 L 237, 25, Erwägungsgründe 1 und 2; Richtlinie 2012/34/EU des Europäischen Parlaments und des Rates vom 21.11.2012 zur Schaffung eines einheitlichen europäischen Eisenbahnraums, ABl. 2012 L 343, 32, Erwägungsgründe 2 und 3.

der Eisenbahninfrastruktur und der Erbringung der Verkehrsdienste vorgesehen.[124]

Der Grundsatz der Dienstleistungsfreiheit soll auf den Eisenbahnverkehr unter Berücksichtigung der Besonderheiten dieses Verkehrsträgers Anwendung finden.[125] Wichtige Meilensteine der Entwicklung sind:

Übersicht 3: Meilensteine der Entwicklung des Eisenbahnrechts

Jahr	Europarecht	Deutsches Recht
1985	EuGH: Untätigkeitsklage (Europäisches Parlament gegen Rat der Europ. Gemeinschaften)	
1991	Richtlinie 91/440/EWG zur Entwicklung der Eisenbahnunternehmen der Gemeinschaft	
1994		Erste Stufe Bahnreform
1999		Zweite Stufe Bahnreform
2001	Erstes Eisenbahnpaket	
2004	Zweites Eisenbahnpaket	
2005		Umsetzung Erstes Eisenbahnpaket: Drittes Gesetz zur Änderung eisenbahnrechtlicher Vorschriften („Dritte AEG-Novelle“)
		Umsetzung Zweites Eisenbahnpaket: Erstes Gesetz zur Änderung des Allgemeinen Eisenbahngesetzes
2006	Kommissionsbericht: Umsetzung Erstes Eisenbahnpaket (u. a. „Anhang 5“)	
2007	Drittes Eisenbahnpaket	

[124] Richtlinie 91/440/EWG des Rates vom 29.07.1991 zur Entwicklung der Eisenbahnunternehmen der Gemeinschaft, ABl. 1991 L 237, 25, Erwägungsgrund 4; Richtlinie 2012/34/EU des Europäischen Parlaments und des Rates vom 21.11.2012 zur Schaffung eines einheitlichen europäischen Eisenbahnraums, ABl. 2012 L 343, 32, Erwägungsgrund 6.

[125] Richtlinie 2012/34/EU des Europäischen Parlaments und des Rates vom 21.11.2012 zur Schaffung eines einheitlichen europäischen Eisenbahnraums, ABl. 2012 L 343, 32, Erwägungsgrund 7.

Jahr	Europarecht	Deutsches Recht
2009		Umsetzung Drittes Eisenbahnpaket: Viertes Gesetz zur Änderung des Allgemeinen Eisenbahngesetzes
2012	Recast-Richtlinie 2012/34/EU	
2013	EuGH: Vertragsverletzungsverfahren (Kommission gegen die Bundesrepublik Deutschland)	
2016		Umsetzung Richtlinie 2012/34/EU: Eisenbahnregulierungsgesetz
	Viertes Eisenbahnpaket (u. a. Richtlinie (EU) 2016/2370)	
2019		Umsetzung Viertes Eisenbahnpaket: Gesetz zur Umsetzung der Richtlinie (EU) 2016/2370
2021		Gesetz zur Weiterentwicklung des Eisenbahnregulierungsrechts

a) 1991: Richtlinie 91/440/EWG

Die Richtlinie 91/440/EWG zur Entwicklung der Eisenbahnunternehmen der Gemeinschaft vom 29.07.1991[126] hatte u. a. die Ziele, die unternehmerische Führung der Eisenbahnen unabhängiger von staatlichen Einflüssen zu machen und den Betrieb von Eisenbahninfrastruktur und Verkehrsleistungen zu trennen, Artikel 1 i. V. m. Art. 4 und 7 der Richtlinie.[127] Für diese Bereiche schrieb Art. 6 Ab. 1 eine getrennte Rechnungsführung vor. Artikel 10 sah darüber hinaus Zugangsrechte zur Infrastruktur vor für den grenzüberschreitenden kombinierten Güterverkehr von Eisenbahnverkehrsunternehmen.

aa) 1994: Strukturreform und Eisenbahnneuordnungsgesetz

Der deutsche Gesetzgeber arbeitete Anfang der 1990er Jahre parallel an einer grundlegenden Strukturreform des Eisenbahnwesens. Die Bundeseisenbahnen wurden zu diesem Zeitpunkt in bundeseigener Verwaltung geführt (Art. 87

[126] Richtlinie 91/440/EWG des Rates vom 29.07.1991 zur Entwicklung der Eisenbahnunternehmen der Gemeinschaft, ABl. 1991 L 237, 25.

[127] Richtlinie 91/440/EWG des Rates vom 29.07.1991 zur Entwicklung der Eisenbahnunternehmen der Gemeinschaft, ABl. 1991 L 237, 25, Erwägungsgründe 3, 4 und 10; Staebe/Ernert in: Schulte/Kloos, Handbuch Öffentliches Wirtschaftsrecht, § 12 Rn. 4.

Abs. 1 GG in der bis zum 20.12.1993 geltenden Fassung[128]). Die Strukturreform sollte die getrennten Sondervermögen Deutsche Bundesbahn (DB) und Deutsche Reichsbahn (DR) zusammenführen, die Leistungsfähigkeit der Eisenbahnen erhöhen und die dem Bund erwachsende Haushaltsbelastung in berechenbaren Grenzen halten.[129]

Die Finanzsituation von Bundesbahn und Reichsbahn signalisierte Handlungsbedarf: Nach dem Bericht der Regierungskommission Bundesbahn summierten sich 1991 die „Bilanzierungssünden" der Vergangenheit auf ca. 149 Mrd. DM.[130] Für den Zeitraum von 1991 bis 2000 prognostizierten die Wirtschaftspläne der Bahnen einen Verlust von 266 Mrd. DM und damit eine kumulierte Belastung des Bundes von 417 Mrd. DM.[131]

Bei dieser Strukturreform wurden auch die Vorgaben der Richtlinie 91/440/EWG berücksichtigt, die ähnliche Zielsetzungen verfolgte.

Mit dem Eisenbahnneuordnungsgsetz (ENeuOG)[132] schuf der Gesetzgeber Ende 1993 ein Artikelgesetz zur einfachgesetzlichen Umsetzung der Reform. Wesentliche Inhalte waren:

(1) Bundeseisenbahnneugliederungsgesetz (BEZNG)

Artikel 1 ENeuOG: Das Gesetz zur Zusammenführung und Neugliederung der Bundeseisenbahnen (Bundeseisenbahnneugliederungsgesetz – BEZNG)[133] führte zunächst die Deutsche Bundesbahn (West) und die Deutsche Reichsbahn (Ost) im einem nicht rechtsfähigen Sondervermögen Bundeseisenbahnvermögen (BEV) zusammen, § 1 BEZNG. Dies wurde zum 01.01.1994 realisiert.

---

[128] Gesetz zur Änderung des Grundgesetzes vom 20.12.1993, BGBl. 1993 I 2089 f.

[129] Gesetzentwurf der Bundesregierung, Entwurf eines Gesetzes zur Neuordnung des Eisenbahnwesens (Eisenbahnneuordnungsgesetz — ENeuOG), BT-Drs. 12/5014, S. 11.

[130] Es handelt sich v. a. um fehlende Pensionsrückstellungen, zu hoch bewertete Sachanlagen und fehlende Sozialplanrückstellungen. Regierungskommission Bundesbahn, S. 56.

[131] *Regierungskommission Bundesbahn*, S. 58.

[132] Eisenbahnneuordnungsgesetz vom 27. Dezember 1993 (BGBl. 1993 I 2378; 1994 I S. 2439), zuletzt geändert durch Artikel 107 des Gesetzes vom 8. Juli 2016 (BGBl. I S. 1594).

[133] Bundeseisenbahnneugliederungsgesetz vom 27. Dezember 1993 (BGBl. 1993 I 2378; 1994 I S. 2439), zuletzt geändert durch Artikel 332 der Verordnung vom 19. Juni 2020 (BGBl. I S. 1328).

(2) Deutsche Bahn Gründungsgesetz (DBGrG)

Artikel 2 ENeuOG: Das Gesetz über die Gründung einer Deutsche Bahn Aktiengesellschaft (Deutsche Bahn Gründungsgesetz – DBGrG)[134] legte die Grundlagen für die nachfolgende Privatisierung.

(a) 1994: Erste Stufe Bahnreform

Die Vorschrift des § 1 DBGrG schuf die Verpflichtung zur Ausgliederung der Teile, die zum Erbringen von Eisenbahnverkehrsleistungen und zum Betreiben der Eisenbahninfrastruktur notwendig sind, auf die Deutsche Bahn Aktiengesellschaft (DB AG). Die Eintragung der Ausgliederung ins Handelsregister erfolgte zum 05.01.1994.[135] Die Privatisierung von Deutscher Bundesbahn und Deutscher Reichsbahn durch Überführung in die DB AG bildete den Abschluss der ersten Stufe der Bahnreform als eine Übergangsphase der Neuordnung des Eisenbahnwesens.

(b) 1999: Zweite Stufe Bahnreform

Nach der ersten Stufe der Bahnreform war eine zweite Stufe vorgesehen: § 2 Abs. 1 DBGrG i. V. m. § 25 DBGrG beinhaltete die Verpflichtung der DB AG, binnen 5 Jahren mindestens die Bereiche Personennahverkehr, Personenfernverkehr, Güterverkehr und Fahrweg auszugliedern und damit organisatorisch und rechnerisch voneinander zu trennen.

In Umsetzung der zweiten Stufe der Bahnreform wurden die genannten Bereiche aus der Deutschen Bahn AG in neu gegründete 100-prozentige Tochtergesellschaften ausgegliedert. Die Eintragung ins Handelsregister fand zum 01.06.1999[136] statt mit wirtschaftlicher Wirkung zum 01.01.1999.[137]

---

[134] Deutsche Bahn Gründungsgesetz vom 27. Dezember 1993 (BGBl. 1993 I 2378, 2386; Berichtigung durch 1994 I 2439), zuletzt geändert durch Artikel 334 der Verordnung vom 19. Juni 2020 (BGBl. I S. 1328).

[135] *Bundeseisenbahnvermögen*, Bahnreform, https://www.bev.bund.de/DE/BegleiterDerBahnreform/Bahnreform/bahnreform_node.html (aufgerufen am 26.01.2022).

[136] *Bundeseisenbahnvermögen*, Bahnreform, https://www.bev.bund.de/DE/BegleiterDerBahnreform/Bahnreform/bahnreform_node.html (aufgerufen am 26.01.2022).

[137] *Deutsche Bahn AG*, Geschäftsbericht 1999, S. 14 https://ir.deutschebahn.com/fileadmin/Deutsch/vor_2000/1999_gb_dbkonzern_de.pdf (aufgerufen am 09.11.2023).

- Die Eisenbahnverkehrsaktivitäten wurden in der DB Regio AG (Personennahverkehr), DB Reise&Touristik AG (Personenfernverkehr) und DB Cargo AG (Güterverkehr) gebündelt. DB Reise&Touristik AG firmiert seit 2003 als DB Fernverkehr AG.[138]
- Als wesentlicher Betreiber der Eisenbahninfrastruktur wurde die DB Netz AG (Fahrweg) aus der DB AG ausgegliedert. Aufgrund einer unternehmerischen Entscheidung ebenfalls ausgegliedert wurde der Geschäftsbereich Personenbahnhöfe in die DB Station&Service AG.[139]

Der Bereich der Energieversorgung war bereits zum 01.01.1997 in die DB Energieversorgungs GmbH & Co. KG ausgegliedert worden.[140] Das Unternehmen firmiert seit dem Geschäftsjahr 1999 als DB Energie GmbH.[141]

- Die Deutsche Bahn AG übernahm als Muttergesellschaft die Funktion einer Managementholding und stellt ihren Geschäftsfeldern Governance- und Servicefunktionen zur Verfügung.[142]

Eine rechtliche und – dies ist bereits Konsequenz aus der Rechtsform der AG – buchhalterische Trennung von Eisenbahnverkehrsunternehmen (EVU) und Eisenbahninfrastrukturunternehmen (EIU) war damit realisiert. Damit wurde die Grundlage gelegt für eine Konzernstruktur, die lange Zeit Bestand hat.[143]

---

[138] *Deutsche Bahn AG*, Geschäftsbericht 2003, S. 76. https://ir.deutschebahn.com/fileadmin/Deutsch/2003/Berichte/2003_gb_dbkonzern_de.pdf (aufgerufen am 09.11.2023).

[139] *Kühling/Weinbeck* in: Kühling/Otte, AEG/ERegG, Einf. Rn. 47.

[140] *Deutsche Bahn AG*, Geschäftsbericht 1997, S. 60 f. https://www1.deutschebahn.com/resource/blob/1045174/3c668fba25ce6a2590b20bd1f6995a85/1997_gb_dbkonzern_de-data.pdf (aufgerufen am 09.11.2023).

[141] *Deutsche Bahn AG*, Geschäftsbericht 1999, S. 111 https://ir.deutschebahn.com/fileadmin/Deutsch/vor_2000/1999_gb_dbkonzern_de.pdf (aufgerufen am 09.11.2023).

[142] *Deutsche Bahn AG*, Integrierter Bericht 2022, S. 183, https://www.deutschebahn.com/resource/blob/10431118/7022b1241d1c0b4322ae6c752157c263/Integrierter-Bericht_Download-data.pdf (aufgerufen am 31.03.2024).

[143] *Deutsche Bahn AG*, Konzernabschluss zum Geschäftsjahr vom 01.01.2020 bis zum 31.12.2020, Konzernanhang (41) Anteilsbesitzliste, aufrufbar unter https://www.bundesanzeiger.de/ (aufgerufen am 26.01.2022); *Deutsche Bahn AG*, Integrierter Bericht 2022, Konzernanhang (42) Anteilsbesitzliste, S. 267 ff., https://www.deutschebahn.com/

(3) Bundeseisenbahnverkehrsverwaltungsgesetz (BEVVG)

Artikel 3 ENeuOG: Das Gesetz über die Eisenbahnverkehrsverwaltung des Bundes (Bundeseisenbahnverkehrsverwaltungsgesetz – BEVVG)[144] regelt Rechtsstellung und Aufgaben des Eisenbahn-Bundesamts (EBA) als Aufsichts- und Genehmigungsbehörde für die Eisenbahnen des Bundes.

(4) Regionalisierungsgesetz (RegG)

Artikel 4 ENeuOG: Das Gesetz zur Regionalisierung des öffentlichen Personennahverkehrs (Regionalisierungsgesetz – RegG)[145] definiert die Sicherstellung einer ausreichenden Bedienung der Bevölkerung mit Verkehrsleistungen im öffentlichen Personennahverkehr als eine Aufgabe der Daseinsvorsorge, § 1 Abs. 1 RegG. Die verantwortlichen Stellen werden durch Landesrecht bestimmt, § 1 Abs. 2 RegG. Hierzu erhalten die Bundesländer Regionalisierungsmittel aus dem Steueraufkommen des Bundes, § 5 RegG. Mit diesen Mitteln haben sie insbesondere den Schienenpersonennahverkehr zu finanzieren, § 7 RegG a. F. (heute geregelt in § 6 Abs. 1 RegG).

(5) Allgemeines Eisenbahngesetz (AEG)

Artikel 5 ENeuOG: Das Allgemeine Eisenbahngesetz (AEG)[146] wurde durch das ENeuOG neu gefasst. Regelungsgegenstand des AEG sind Vorgaben zur Durchführung des Eisenbahnbetriebs. In der Neufassung vom 27.12.1993 fanden sich bereits Grundideen der heutigen Eisenbahnregulierung:

- § 8 AEG a. F. regelte die Unabhängigkeit der Geschäftsführung der Eisenbahnen von staatlichen und kommunalen Gebietskörperschaften.
- § 9 Abs. 1 AEG a. F. schrieb eine getrennte Rechnungsführung für Eisenbahnverkehrsleistungen und Eisenbahninfrastruktur vor.

---

resource/blob/10431118/7022b1241d1c0b4322ae6c752157c263/Integrierter-Bericht_Download-data.pdf (aufgerufen am 31.03.2024).

[144] Bundeseisenbahnverkehrsverwaltungsgesetz vom 27. Dezember 1993 (BGBl. 1993 I 2378, 2394), zuletzt geändert durch Artikel 8 des Gesetzes vom 3. Dezember 2020 (BGBl. I S. 2694).

[145] Regionalisierungsgesetz vom 27. Dezember 1993 (BGBl. 1993 I 2378, 2395), zuletzt geändert durch Artikel 5 des Gesetzes vom 14. Juli 2020 (BGBl. I S. 1683).

[146] Allgemeines Eisenbahngesetz vom 27. Dezember 1993 (BGBl. I S. 2378, 2396; 1994 I S. 2439) zuletzt geändert durch Artikel 10 des Gesetzes vom 10. September 2021 (BGBl. I S. 4147).

- § 14 Abs. 1 und 2 AEG a. F. räumten Eisenbahnverkehrsunternehmen mit Sitz in Deutschland das Recht auf eine diskriminierungsfreie Benutzung der Eisenbahninfrastruktur ein. Das Recht der internationalen Gruppierungen (§ 2 Abs. 4 AEG a. F.) auf Zugang zur Infrastruktur für den grenzüberschreitenden kombinierten Güterverkehr wurde in. Art. 14 Abs. 3 Nr. 2 a. F. geregelt.

bb) Verfassungsrechtliche Rahmenbedingungen

Die flankierenden verfassungsrechtlichen Voraussetzungen für die Maßnahmen des ENeuOG schuf der Gesetzgeber mit dem Gesetz zur Änderung des Grundgesetzes vom 20.12.1993.[147] Mit Art. 87e GG wurde die zentrale Norm zur Rechtsstellung der Eisenbahnen des Bundes eingefügt.

cc) Reformziel und Umsetzung der Richtlinie 91/440/EWG

Die 1993 eingeleiteten Strukturreformen der Eisenbahn waren vor allem wirtschaftlich motiviert und gingen über eine bloße Umsetzung der Richtlinie 91/440/EWG hinaus.[148] Beispielsweise waren die Ausgliederung der Eisenbahninfrastruktur- und Eisenbahnverkehrsunternehmen als eigene Gesellschaften sowie die Zugangsregelungen zur Infrastruktur § 14 AEG Abs. 1 AEG i. d. F. vom 27.12.1993 seitens der Richtlinie 91/440/EWG nicht gefordert.[149] Diese gab lediglich eine Trennung der Rechnungsführung vor, ließ organische und institutionelle Trennungen aber fakultativ.[150]

Deutlich wird der weitergehende Regelungsgehalt der deutschen Strukturreform auch im Falle von § 1 Abs. 2 AEG i. d. F. vom 27.12.1993. Hiernach haben Bund und Länder darauf hinzuwirken, dass durch einen lauteren Wettbewerb der Verkehrsträger eine volkswirtschaftlich sinnvolle Aufgabenteilung möglich wird. Einen Einwand des Bundesrates im Gesetzgebungsverfahren, die Regelung zur Unabhängigkeit der Geschäftsführungen gehe über die Richtlinie 91/440/EWG hinaus,[151] wies die Bundesregierung zurück.

---

147 Gesetz zur Änderung des Grundgesetzes vom 20.12.1993, BGBl. 1993 I 2089 f.

148 *Möstl* in: Dürig/Herzog/Scholz, GG, Art. 87e [Stand: 06/2017] Rn. 54.

149 *Kühling/Weinbeck* in: Kühling/Otte, AEG/ERegG, Einf. Rn. 49.

150 Richtlinie 91/440/EWG des Rates vom 29.07.1991 zur Entwicklung der Eisenbahnunternehmen der Gemeinschaft, ABl. 1991 L 237, 25, Art. 1, 2. Spiegelstich.

151 Gesetzentwurf der Bundesregierung, Entwurf eines Gesetzes zur Neuordnung des Eisenbahnwesens (Eisenbahnneuordnungsgesetz – ENeuOG), BT-Drs. 12/5014, Stellungnahme des Bundesrates, Nummer 45, S. 17.

Eine über die Richtlinie hinausgehenden Öffnung der Netze aller Eisenbahnen der Bundesrepublik Deutschland untereinander sei beabsichtigt. Aus Wettbewerbsgründen müsse am Ziel der rechtlichen Verselbstständigung und Unabhängigkeit aller öffentlichen Eisenbahnen von staatlichem/kommunalem Einfluss festgehalten werden.[152]

Mit der Strukturreform stellte der Gesetzgeber das Eisenbahnwesen insoweit zukunftsorientiert auf, als dass einige der künftigen Anforderungen bereits antizipiert und vorweggenommen wurden.

b) 2001: Erstes Eisenbahnpaket („Infrastrukturpaket")

Im Jahr 2001 folge auf Basis der seit 1991 gesammelten Erfahrungen und Entwicklungen das Erste Eisenbahnpaket der EG, bestehend aus drei Richtlinien.[153]

- Die Richtlinie 2001/12/EG zur Änderung der Richtlinie 91/440/EWG betont das Ziel, einen gerechten und nichtdiskriminierenden Zugang zur Infrastruktur zu gewährleisten.[154] Hierzu wurde in Artikel 6 der Richtlinie 91/440/EWG ein neuer Absatz 3 eingefügt, der festlegt, dass Funktionen, die für einen gerechten und nichtdiskriminierenden Zugang zur Infrastruktur ausschlaggebend sind, an Stellen oder Unternehmen übertragen werden, die selbst keine Eisenbahnverkehrsleistungen erbringen.[155]

---

[152] Gesetzentwurf der Bundesregierung, Entwurf eines Gesetzes zur Neuordnung des Eisenbahnwesens (Eisenbahnneuordnungsgesetz – ENeuOG), BT-Drs. 12/5014, Gegenäußerung der Bundesregierung, zu Nummer 45, S. 45.

[153] „Erstes Eisenbahnpaket": Richtlinie 2001/12/EG des Europäischen Parlaments und des Rates vom 26.02.2001 zur Änderung der Richtlinie 91/440/EWG des Rates zur Entwicklung der Eisenbahnunternehmen der Gemeinschaft, ABl. 2001 L 75, 1; Richtlinie 2001/13/EG des Europäischen Parlaments und des Rates vom 26.02.2001 zur Änderung der Richtlinie 95/18/EG des Rates über die Erteilung von Genehmigungen an Eisenbahnunternehmen, ABl. 2001 L 75, 26; Richtlinie 2001/14/EG des Europäischen Parlaments und des Rates vom 26.02.2001 über die Zuweisung von Fahrwegkapazität der Eisenbahn, die Erhebung von Entgelten für die Nutzung von Eisenbahninfrastruktur und die Sicherheitsbescheinigung, ABl. 2001 L 75, 29.

[154] Richtlinie 2001/12/EG des Europäischen Parlaments und des Rates vom 26.02.2001 zur Änderung der Richtlinie 91/440/EWG des Rates zur Entwicklung der Eisenbahnunternehmen der Gemeinschaft, ABl. 2001 L 75, 1, Erwägungsgrund 2.

[155] Richtlinie 2001/12/EG des Europäischen Parlaments und des Rates vom 26.02.2001 zur Änderung der Richtlinie 91/440/EWG des Rates zur Entwicklung der Eisenbahnunternehmen der Gemeinschaft, ABl. 2001 L 75, 1, Art. 1 Nr. 7.

- Die Richtlinie 2001/14/EG legte detaillierte Grundsätze und Verfahren für die Festlegung und Berechnung von Wegeentgelten im Eisenbahnverkehr und die Zuweisung von Fahrwegkapazität fest, Art. 1 Abs. 1. Ist ein Antragsteller der Auffassung, ungerecht behandelt, diskriminiert oder auf andere Weise in seinen Rechten verletzt worden zu sein, sollte er sich an eine Regulierungsstelle wenden können. Diese Regulierungsstelle sollte rechtlich, organisatorisch, finanziell und in ihrer Entscheidungsfindung insbesondere von Betreibern der Infrastruktur unabhängig sein, Art. 30 Abs. 1 und 2.

In Deutschland führte dies – entsprechend den volkswirtschaftlichen Theorien zum Umgang mit natürlichen Monopolen[156] – zu Diskussionen über das im Rahmen der zweiten Stufe der Bahnreform gewählte Holdingmodell. Die DB Netz AG, verantwortlich für die Schieneninfrastruktur des Eisenbahnbetriebs,[157] ist als Aktiengesellschaft zwar rechtlich selbstständig. Als 100-prozentige Tochter der DB AG ist sie jedoch Teil des DB Konzerns, zu dem als vertikal integriertes Unternehmen auch Eisenbahnverkehrsunternehmen zählen. Thematisiert wurde, ob die Unabhängigkeit der DB Netz AG von Eisenbahnverkehrsunternehmen bei Zugangsentscheidungen ausreichend ist.[158] Als Alternative wurde eine Auslagerung der Entscheidungen über Zugang und Preis an eine Trassenagentur außerhalb der DB AG vorgeschlagen.[159]

Der Gesetzgeber entschied sich 2005 jedoch für Modifikationen innerhalb der bestehenden Struktur des DB Konzerns und beschloss das Dritte Gesetz zur Änderung eisenbahnrechtlicher Vorschriften („Dritte AEG-Novelle").[160]

---

156 Siehe oben B. III. Wettbewerbspolitische Reaktionsmöglichkeiten, S. 13.

157 *DB Netz AG*, Geschäftsbericht 2019, S. 8 https://ir.deutschebahn.com/fileadmin/Deutsch/2019/Berichte/DB19_Netz_AG_web.pdf (aufgerufen am 17.03.2021).

158 *Keuter/Waitschies*, Die AEG-Novelle – mehr Wettbewerb auf der Schiene, S. 1 f., https://www.bundestag.de/resource/blob/514376/be2ddc00a9da71ac8aa3c92e786fccb7/die-aeg-novelle-data.pdf (aufgerufen am 28.01.2022).

159 Beschlussempfehlung und Bericht des Ausschusses für Verkehr, Bau- und Wohnungswesen (14. Ausschuss) zu dem Gesetzentwurf der Bundesregierung – Drucksache 15/3280 – Entwurf eines Dritten Gesetzes zur Änderung eisenbahnrechtlicher Vorschriften, BT-Drs. 15/4419, S. 10 f.

160 Drittes Gesetz zur Änderung eisenbahnrechtlicher Vorschriften, BGBl. 2005 I 1138.

Artikel 1 implementierte Änderungen des Allgemeinen Eisenbahngesetz (AEG):

- Die Regelungen zur buchhalterischen Trennung, § 9 Abs. 1a bis 1e AEG a. F., und der Anspruch auf diskriminierungsfreien Zugang zur Infrastruktur, § 14 AEG a. F., wurden erweitert und verschärft.[161]
- Zur Sicherung eines diskriminierungsfreien Wettbewerbs enthielt § 9a AEG a. F. Vorgaben zur inneren Struktur integrierter Eisenbahnunternehmen.[162] Öffentliche Betreiber der Schienenwege sollten – soweit die Zuweisung von Zugtrassen und Wegeentgelte betroffen sind – rechtlich, organisatorisch und in ihren Entscheidungen von Eisenbahnverkehrsunternehmen unabhängig sein, § 9a Abs. 1 AEG a. F.

  Mit Blick auf die organisatorische Unabhängigkeit schrieb § 9a Abs. 1 Nr. 2 AEG a. F. vor, dass (Beherrschungs-) Verträge des Betreibers der Schienenwege mit Dritten so zu gestalten sind, dass dessen organisatorische Selbstständigkeit gewährleistet ist.

  Die Unabhängigkeit der Entscheidung des Betreibers der Schienenwege sollten § 9a Abs. 1 Nr. 3 bis 5 AEG a. F. sicherstellen u. a. durch unternehmensinterne Regelungen zur Unterbindung der Einflussnahme Dritter („Chinese Walls").[163]

  § 9a Abs. 1 Nr. 6 AEG a. F. normierte darüber hinaus das Gebot, Aufsichtsräte des Betreibers der Schienenwege getrennt zu besetzen von Aufsichtsräten der Eisenbahnverkehrsunternehmen oder sonstigen Beteiligungen des Mutterunternehmens („Verbot der Doppelmandate").

  Der Gesetzgeber beließ die Entscheidung über den Zugang zur Eisenbahninfrastruktur damit zwar der DB Netz AG, stellte aber für den DB Konzern Regeln zur Entflechtung (Unbundling) auf, wie diese Entscheidung zu treffen ist.

---

161 *Kühling/Weinbeck* in: Kühling/Otte, AEG/ERegG, Einf. Rn. 63.

162 Gesetzentwurf der Bundesregierung, Entwurf eines Dritten Gesetzes zur Änderung eisenbahnrechtlicher Vorschriften, BT-Drs. 15/3280, S. 16.

163 Gesetzentwurf der Bundesregierung, Entwurf eines Dritten Gesetzes zur Änderung eisenbahn-rechtlicher Vorschriften, BT-Drs. 15/3280, S. 17; *Keuter/Waitschies*, Die AEG-Novelle – mehr Wettbewerb auf der Schiene, S. 1 f., https://www.bundestag.de/resource/blob/514376/be2ddc00a9da71ac8aa3c92e786fccb7/die-aeg-novelle-data.pdf (aufgerufen am 28.01.2022).

Ferner nahm Artikel 2 des Dritten Gesetzes zur Änderung eisenbahnrechtlicher Vorschriften Modifikationen des Bundeseisenbahnverkehrsverwaltungsgesetzes (BEVVG) vor. Nach § 4 Abs. 1 BEVVG übernahm ab dem 01.01.2006 die Regulierungsbehörde für Telekommunikation und Post – heute Bundesnetzagentur für Elektrizität, Gas, Telekommunikation, Post und Eisenbahnen – die Funktion der Regulierungsbehörde. Diese war somit zuständig für die Überwachung der Einhaltung der Rechtsvorschriften über den Zugang zur Eisenbahninfrastruktur. Zuvor wurde diese Funktion vom Eisenbahn-Bundesamt (EBA) wahrgenommen, § 4 Abs. 7 BEVVG. Die Überwachung der Entflechtungsvorschriften sowie die sonstige Eisenbahnaufsicht nach § 5 Abs. 1 AEG a. F. verblieben jedoch beim EBA.[164]

c) 2004: Zweites Eisenbahnpaket

Ihre Vorstellungen zur Entwicklung der Verkehrspolitik bis 2010 hatte die Kommission im Jahr 2001 in einem Weißbuch niedergelegt und ein weiteres Eisenbahnpaket angekündigt.[165] Das folgende Zweite Eisenbahnpaket aus dem Jahr 2004 bestand aus drei Richtlinien und einer Verordnung.[166]

---

[164] *Kühling/Weinbeck* in: Kühling/Otte, AEG/ERegG, Einf. Rn. 72.

[165] Kommission der Europäischen Gemeinschaften, COM(2001) 370 final vom 12.09.2001, Weißbuch – Die europäische Verkehrspolitik bis 2010: Weichenstellungen für die Zukunft, CELEX 52001DC0370, S. 32 ff.

[166] „Zweites Eisenbahnpaket": Richtlinie 2004/49/EG des Europäischen Parlaments und des Rates vom 29.04.2004 über Eisenbahnsicherheit in der Gemeinschaft und zur Änderung der Richtlinie 95/18/EG des Rates über die Erteilung von Genehmigungen an Eisenbahnunternehmen und der Richtlinie 2001/14/EG über die Zuweisung von Fahrwegkapazität der Eisenbahn, die Erhebung von Entgelten für die Nutzung von Eisenbahninfrastruktur und die Sicherheitsbescheinigung („Richtlinie über die Eisenbahnsicherheit"), ABl. 2004 L 164, 44; Richtlinie 2004/50/EG des Europäischen Parlaments und des Rates vom 29.04.2004 zur Änderung der Richtlinie 96/48/EG des Rates über die Interoperabilität des transeuropäischen Hochgeschwindigkeitsbahnsystems und der Richtlinie 2001/16/EG des Europäischen Parlaments und des Rates über die Interoperabilität des konventionellen transeuropäischen Eisenbahnsystems, ABl. 2004 L 164, 114; Richtlinie 2004/51/EG des Europäischen Parlaments und des Rates vom 29.04.2004 zur Änderung der Richtlinie 91/440/EWG des Rates zur Entwicklung der Eisenbahnunternehmen der Gemeinschaft, ABl. 2004 L 164, 164;
Verordnung (EG) Nr. 881/2004 des Europäischen Parlaments und des Rates vom 29.04.2004 zur Errichtung einer Europäischen Eisenbahnagentur (Agenturverordnung), ABl. 2004 L 164, 1.

Diese nahmen das Ziel der Richtlinie 91/440/EWG zur Errichtung eines Binnenmarktes für Eisenbahnverkehrsdienste[167] und den Grundsatz des freien Dienstleistungsverkehrs[168] verstärkt ins Blickfeld. Hierzu konzentrierte sich das Zweite Eisenbahnpaket auf einen gemeinsamen Rahmen für die Eisenbahnsicherheit und die Interoperabilität, d. h. die Durchgängigkeit des Verkehrs auf den Schienennetzen der Mitgliedstaaten.[169] Außerdem erweiterte Artikel 1 Nr. 2 a) der Richtlinie 2004/51/EG die bestehende Öffnung der Infrastruktur über den grenzüberschreitenden Güterverkehr hinaus für alle Arten von Schienengüterverkehr.

Der deutsche Gesetzgeber reagierte 2005 auf diese Vorgaben durch das Erste Gesetz zur Änderung des Allgemeinen Eisenbahngesetzes.[170]

d) 2007: Drittes Eisenbahnpaket

Im Jahr 2007 folgte das Dritte Eisenbahnpaket, bestehend aus zwei Richtlinien und zwei Verordnungen.[171] Die Richtlinie 2007/58/EG erweiterte die bestehenden Öffnungen der Infrastruktur der Mitgliedstaaten für den Güterverkehr auf den grenzüberschreitenden Personenfernverkehr (Art. 1 Nr. 8).

---

[167] Richtlinie 2004/49/EG („Richtlinie über die Eisenbahnsicherheit"), ABl. 2004 L 164, 44, Erwägungsgründe 27 f.

[168] Richtlinie 2004/51/EG des Europäischen Parlaments und des Rates vom 29.04.2004 zur Änderung der Richtlinie 91/440/EWG des Rates zur Entwicklung der Eisenbahnunternehmen der Gemeinschaft, ABl. 2004 L 164, 164, Erwägungsgrund 81.

[169] *Staebe/Ernert* in: Schulte/Kloos, Handbuch Öffentliches Wirtschaftsrecht, § 12 Rn. 6 ff.

[170] Erstes Gesetz zur Änderung des Allgemeinen Eisenbahngesetzes, BGBl. 2005 I 2270.

[171] „Drittes Eisenbahnpaket": Richtlinie 2007/58/EG des Europäischen Parlaments und des Rates vom 23.10.2007 zur Änderung der Richtlinie 91/440/EWG des Rates zur Entwicklung der Eisenbahnunternehmen der Gemeinschaft sowie der Richtlinie 2001/14/EG über die Zuweisung von Fahrwegkapazität der Eisenbahn und die Erhebung von Entgelten für die Nutzung von Eisenbahninfrastruktur, ABl. 2007 L 315, 44; Richtlinie 2007/59/EG des Europäischen Parlaments und des Rates vom 23.10.2007 über die Zertifizierung von Triebfahrzeugführern, die Lokomotiven und Züge im Eisenbahnsystem in der Gemeinschaft führen, ABl. 2007 L 315, 51; Verordnung (EG) Nr. 1370/2007 des Europäischen Parlaments und des Rates vom 23.10.2007 über öffentliche Personenverkehrsdienste auf Schiene und Straße und zur Aufhebung der Verordnungen (EWG) Nr. 1191/69 und (EWG) Nr. 1107/70 des Rates, ABl. 2007 L 315, 1; Verordnung (EG) 1371/2007 des Europäischen Parlaments und des Rates vom 23.10.2007 über die Rechte und Pflichten der Fahrgäste im Eisenbahnverkehr, ABl. 2007 L 315, 14.

Die Änderungen setzte der deutsche Gesetzgeber durch das Vierte Gesetz zur Änderung des Allgemeinen Eisenbahngesetzes vom 19.05.2009 um.[172]

Die Vergabe gemeinwirtschaftlicher Leistungen regelt seither die Verordnung (EG) Nr. 1370/2007. Öffentliche Dienstleistungsverträge sind grundsätzlich nach Art. 5 Abs. 1 S. 1 und Abs. 3 der Verordnung (EG) Nr. 1370/2007 im Wege eines wettbewerblichen Vergabeverfahrens zu vergeben. Für Dienstleistungsaufträge im Eisenbahnverkehr enthält Artikel 5 Abs. 3 i. V. m. Abs. 6 allerdings die Möglichkeit einer Direktvergabe.[173]

e) 2012: Neufassung („Recast") des Ersten Eisenbahnpakets

Ausgehend von der Richtlinie 91/440/EWG zur Entwicklung der Eisenbahnunternehmen der Gemeinschaft bestand nach 20 Jahren mittlerweile eine Vielzahl von Änderungsrichtlinien und neuen, parallel geltenden Regelungen. Im Zuge des nächsten Änderungszyklus sollten die Inhalte unter anderem der Richtlinien 91/440/EWG und 2001/14/EG aus dem Ersten Eisenbahnpaket konsolidiert, vereinfacht, verschärft und in einem Rechtsakt verdichtet werden.[174] Dies wurde unter dem Begriff Neufassung („Recast") des Ersten Eisenbahnpakets zusammengefasst.[175]

aa) 2012: Recast-Richtlinie 2012/34/EU

Die Recast-Richtlinie 2012/34/EU zur Schaffung eines einheitlichen europäischen Eisenbahnraums legte den Fokus auf die Umsetzung der Trennung von Eisenbahnverkehrsunternehmen (EVU) und Eisenbahninfrastrukturunternehmen (EIU). Die Regelungen des Abschnitts zur Trennung zwischen Infrastrukturbetrieb und Erbringung von Verkehrsleistungen (Art. 6 und 7) wurden neu gefasst und verschärft. Die Regelungen zur getrennten Rechnungsführung sollten es ermöglichen, die Einhaltung des Verbots der

---

[172] Viertes Gesetz zur Änderung des Allgemeinen Eisenbahngesetzes, BGBl. 2009 I 1100.

[173] *Gersdorf* in: von Mangoldt/Klein/Starck, GG, Art. 87e Rn. 70.

[174] Richtlinie 2012/34/EU des Europäischen Parlaments und des Rates vom 21.11.2012 zur Schaffung eines einheitlichen europäischen Eisenbahnraums, ABl. 2012 L 343, 32, Erwägungsgrund 1. Siehe auch *Kühling/Weinbeck* in: Kühling/Otte, AEG/ERegG, Einf. Rn. 34; *Staebe*, in: ders., ERegG, Einführung Rn. 29.

[175] European Commission, Recast of the first railway package (Dir 2012/34/EU), https://transport.ec.europa.eu/transport-modes/rail/railway-packages/recast-first-railway-package-dir-201234eu_en (aufgerufen am 28.01.2022).

Überführung öffentlicher Gelder zu kontrollieren, Art. 6 Abs. 4. Regelungen zur organisatorischen und operationellen Entflechtung des Betreibers von Serviceeinrichtungen wurden in Art. 13 Abs. 3 neu statuiert. Weitergehende Entflechtungsforderungen der Berichterstatterin im Verkehrsausschuss des Europäischen Parlaments aus dem Bereich der buchhalterischen Entflechtung sowie zur Personal- und IT-Entflechtung wurden nicht übernommen.[176]

bb) 2016: Eisenbahnregulierungsgesetz (ERegG)

Nachdem 2013 das Gesetz zur Neuordnung der Regulierung im Eisenbahnbereich[177] an der fehlenden Zustimmung des Bundesrats gescheitert war,[178] legte die Bundesregierung 2016 den Entwurf eines Gesetzes zur Stärkung des Wettbewerbs im Eisenbahnbereich vor. Dieser hatte das Ziel, die Recast-Richtlinie grundsätzlich 1:1 umsetzen.[179]

Das Gesetz zur Stärkung des Wettbewerbs im Eisenbahnbereich[180] trat zum 02.09.2016 in Kraft. Die Materie des Eisenbahnregulierungsrechts wurde aus dem Allgemeinen Eisenbahngesetz (AEG) und der Eisenbahninfrastruktur-Benutzungsverordnung (EIBV)[181] ausgegliedert und in dem neu geschaffenen Eisenbahnregulierungsgesetz (ERegG)[182] zusammengefasst. Als Ziele der Regulierung nennt § 3 ERegG u. a. die Steigerung des Anteils des schienengebundenen Verkehrs am Verkehrsaufkommen (Nr. 1) und die Wahrung der Interessen der Zugangsberechtigten bei der Sicherstellung eines wirksamen Wettbewerbs in den Eisenbahnmärkten (Nr. 2). Die Aufgabe der Überwachung

---

176 *Lerche*, N&R 2013, 27 (29).

177 Gesetzentwurf der Bundesregierung, Entwurf eines Gesetzes zur Neuordnung der Regulierung im Eisenbahnbereich vom 13.03.2013, BT-Drs. 17/12726. Siehe auch *Staebe*, DVBl 2016, 1564 (1564 f.); *Neumann*, N&R 2013, 199 (200).

178 *Kühling/Weinbeck* in: Kühling/Otte, AEG/ERegG, Einf. Rn. 74 f.

179 Gesetzentwurf der Bundesregierung, Entwurf eines Gesetzes zur Stärkung des Wettbewerbs im Eisenbahnbereich, BT-Drs. 18/18334, S. 1.

180 Gesetz zur Stärkung des Wettbewerbs im Eisenbahnbereich, BGBl. 2016 I 2082.

181 Verordnung über den diskriminierungsfreien Zugang zur Eisenbahninfrastruktur und über die Grundsätze zur Erhebung von Entgelt für die Benutzung der Eisenbahninfrastruktur vom 17.12.1997, BGBl. 1997 I 3153 ff.), aufgehoben durch Art. 6 des Gesetzes zur Stärkung des Wettbewerbs im Eisenbahnbereich, BGBl. 2016 I 2082, 2129.

182 Eisenbahnregulierungsgesetz vom 29. August 2016 (BGBl. I S. 2082) zuletzt geändert durch Artikel 2 des Gesetzes vom 9. Juni 2021 (BGBl. I S. 1737).

der Entflechtungsvorschriften soll nicht mehr vom Eisenbahnbundesamt, sondern durch die Bundesnetzagentur als Regulierungsbehörde wahrgenommen werden, § 70 ERegG.[183]

Der Bundesrechnungshof nahm 2016 zu dem Gesetzentwurf Stellung. Ziele des Gesetzes seien, mehr Verkehr auf die Schiene zu leiten und mehr Wettbewerb zu schaffen. Die hierzu eingesetzten Mittel des diskriminierungsfreien Zugangs zur Infrastruktur und die Entflechtung stünden in einem Abhängigkeitsverhältnis. Je stärker die Entflechtungsvorgaben seien, desto geringer sei der Kontrollaufwand beim Infrastrukturzugang. Bei der Entflechtung werde allerdings auf Möglichkeiten verzichtet, den Wettbewerb konsequenter zu fördern, da nur der Mindeststandard der Richtlinie umgesetzt würde.[184]

In der Literatur gab es eine Bandbreite an Beurteilungen von einem „regulierungsrechtlichen Opus magnum"[185] bis hin zu dem Hinweis: „Nach der Reform ist vor der Reform!"[186]

f) 2016: Viertes Eisenbahnpaket

Der Hinweis „Nach der Reform ist vor der Reform!"[187] ging im europäischen Eisenbahnrecht selten fehl. Parallel zur verzögerten Umsetzung der Recast-Richtlinie 2012/34/EU in Deutschland – die Umsetzungsfrist (Art. 64 Abs. 1 der Recast-Richtlinie) war am 16.06.2015 abgelaufen – arbeitete die Kommission bereits an Vorschlägen zur ein Viertes Eisenbahnpaket. Hierzu knüpfte sie an ältere, bereits bestehende Überlegungen an.

---

183 *Ludwigs*, in: Kühling/Eschweiler/Hörster, Aktuelle Probleme des Eisenbahnrechts XXI, S. 37 (63), *Otte*, in: Kühling/Eschweiler/Hörster, Aktuelle Probleme des Eisenbahnrechts XXI, S. 65 (67).

184 *Bundesrechnungshof (Hrsg.)*, Bericht an den Haushaltsausschuss des Deutschen Bundestages nach § 88 Absatz 2 BHO über die geplante Umsetzung der Richtlinie 2012/34/EU durch das Gesetz zur Stärkung des Wettbewerbs im Eisenbahnbereich, 29.06.2016, S. 5, https://www.bundesrechnungshof.de/SharedDocs/Downloads/DE/Berichte/2016/umsetzung-der-richtlinie-2012-34-eu-volltext.html (aufgerufen am 21.11.2023).

185 *Gerstner*, N&R 2016, 211 (219).

186 *Ludwigs*, NVwZ 2016, 1655 (1672); *ders.*, in: Kühling/Eschweiler/Hörster, Aktuelle Probleme des Eisenbahnrechts XXI, S. 37 (63). Kritisch auch *Gerpott*, N&R 2016, 277 (283).

187 *Ludwigs*, NVwZ 2016, 1655 (1672).

aa) 2006: Bericht zur Umsetzung des Ersten Eisenbahnpakets

Das Zweite Eisenbahnpaket enthielt in Artikel 1 Nr. 2 d) der Richtlinie 2004/51/EG[188] eine Verpflichtung der Kommission, zum 01.01.2006 einen Bericht über die Umsetzung der Richtlinie 91/440/EWG[189] in den Mitgliedstaaten mit Stand des Ersten Eisenbahnpakets zu erstellen. Dieser sollte auch die Auswirkungen der Richtlinie auf die Marktöffnung des Eisenbahnsektors und die Stellung des Verkehrsträgers Eisenbahn analysieren und gegebenenfalls Vorschläge für weitere Maßnahmen unterbreiten.

Diesen Bericht legte die Kommission Anfang 2006 vor.[190] Er umfasste unter anderem 14 Anhänge („Annexes"), die in ein Commission Staff Working Document ausgegliedert wurden.[191] Im Fokus standen dabei unter anderem die Trennung der Rechnungsführung und der wesentlichen Funktionen, die Existenz einer unabhängigen Regulierungsstelle und die Gewährung von Zugangsrechten zur Infrastruktur.[192] Grundsätzlich attestierte die Kommission den Mitgliedstaaten die formelle Umsetzung des Ersten Eisenbahnpakets, betonte aber gleichzeitig, es gehe nicht nur um eine Umsetzung nach dem Wortlaut, sondern auch im Geiste der Gesetzgebung. Für den Fall nach diesem Verständnis unvollständiger oder fehlerhafter Umsetzungen behielt die Kommission sich Vertragsverletzungsverfahren vor.[193]

Hinsichtlich der Trennung der wesentlichen Funktionen kündigte die Kommission an, insbesondere dann die Neutralität des Infrastrukturbetreibers zu untersuchen, wenn die Funktionen von Eisenbahninfrastruktur- und Eisenbahnverkehrsunternehmen nicht institutionell voneinander getrennt seien. Hierfür formulierte die Kommission in den Anhängen 5 und 6 des Berichts Kriterien und stellte fest, in vielen Mitgliedstaaten seien weitere Anstrengungen erforderlich.[194]

---

188 Richtlinie 2004/51/EG des Europäischen Parlaments und des Rates vom 29.04.2004 zur Änderung der Richtlinie 91/440/EWG des Rates zur Entwicklung der Eisenbahnunternehmen der Gemeinschaft, ABl. 2004 L 164, 164.

189 Richtlinie 91/440/EWG des Rates vom 29.07.1991 zur Entwicklung der Eisenbahnunternehmen der Gemeinschaft, ABl. 1991 L 237. 25.

190 Kommission, Bericht über die Durchführung des ersten Eisenbahnpakets.

191 Kommission, Anhänge zum Bericht über die Durchführung des ersten Eisenbahnpakets.

192 Kommission, Bericht über die Durchführung des ersten Eisenbahnpakets, S. 4 f.

193 Kommission, Bericht über die Durchführung des ersten Eisenbahnpakets, S. 5.

194 Kommission, Bericht über die Durchführung des ersten Eisenbahnpakets, S. 5.

Anhang 5 führte aus, dass das Erste Eisenbahnpaket zwar formal keine institutionelle Trennung zwischen dem Infrastrukturbetreiber und dem Eisenbahnverkehrsunternehmen fordere, diese Trennung jedoch der beste Weg zu sein scheine, um eine faire und nichtdiskriminierende Behandlung aller Eisenbahnunternehmen zu gewährleisten.[195] Sei der Infrastrukturbetreiber, der wesentliche kommerzielle Informationen von allen zugangsinteressierten Eisenbahnverkehrsunternehmen erhalte, dagegen selbst Teil einer einheitlich verwalteten Gruppe mit Eisenbahnverkehrsunternehmen, habe diese Gruppe einen Wettbewerbsvorteil.[196]

Damit standen die Holdingmodelle und damit in Deutschland auch die Struktur der Deutschen Bahn AG im besonderen Fokus der Kommission. Um die Unabhängigkeit und das Fehlen eines Interessenkonflikts zu demonstrieren, legte die Kommission eine Reihe von Kriterien fest. Unter anderem

- sollte das Verbot von Doppelmandaten auch auf Vorstände der Holding und ihrer Tochtergesellschaften ausgedehnt werden. Diese sollten nicht gleichzeitig als Vorstände von Eisenbahninfrastrukturunternehmen fungieren dürfen.
- die Bestellung des Vorstands des Eisenbahninfrastrukturunternehmens in einer Art und Weise erfolgen, die die volle Unabhängigkeit seiner Entscheidungsfindung gewährleistet. Ernennungen und Entlassungen sollten unter der Kontrolle einer unabhängigen Behörde stehen.
- Karenzzeiten für den Wechsel von Vorständen und leitenden Mitarbeitern sollten für einen Wechsel aus einem Eisenbahninfrastrukturunternehmen eingeführt werden.
- Die mit den wesentlichen Funktionen betreute Stelle sollte über eigenes Personal mit geschützten Räumlichkeiten und geschützten IT-Systemen verfügen.
- Kontakte mit der Holding selbst und von der Holding kontrollierten Unternehmen sollten auf offizielle Mitteilungen beschränken sein.[197]

---

[195] Kommission, Anhänge zum Bericht über die Durchführung des ersten Eisenbahnpakets, Annex 5.

[196] Kommission, Anhänge zum Bericht über die Durchführung des ersten Eisenbahnpakets, Annex 5.

[197] Kommission, Anhänge zum Bericht über die Durchführung des ersten Eisenbahnpakets, Annex 5, 3. bis 6. Punkt.

bb) 2013: EuGH-Entscheidung im Vertragsverletzungsverfahren

In der Folgezeit leitete die Kommission gegen mehrere Mitgliedstaaten Vertragsverletzungsverfahren ein.[198] Eine auch auf Anhang 5 des Berichts gestützte Vertragsverletzungsklage der Kommission gegen die Bundesrepublik Deutschland nach Art. 258 AEUV wies der EuGH jedoch 2013 ab.[199] Der EuGH bestätigte hierbei unter anderem die Auffassung Deutschlands, dass die Anlage 5 rechtlich nicht verbindlich sei, da sie nie im Amtsblatt der Europäischen Union veröffentlicht und überhaupt erst fünf Jahre nach dem Inkrafttreten der Richtlinie 2001/14 kommuniziert wurde.[200] Eine weitergehende teleologische Auslegung oder eine Anwendung des Grundsatzes des „effet utile" nahm der EuGH nicht vor.[201]

Ihre über den Wortlaut des Ersten Eisenbahnpakets hinausgehenden Vorstellungen zum Geiste der Trennung von Infrastruktur und Verkehr aus dem Jahr 2006 nahm die Kommission im Vierten Eisenbahnpaket jedoch erneut auf.

cc) 2013: Initialer Kommissionsvorschlag

Im Jahr 2013 unterbreitete die Europäische Kommission einen Vorschlag für ein Viertes Eisenbahnpaket zur Vervollständigung des Binnenmarktes für den Schienenverkehr (einheitlicher europäischer Eisenbahnraum). Übergeordnetes Ziel sei die Wiederbelebung des Eisenbahnsektors und die Stärkung seiner Wettbewerbsfähigkeit gegenüber anderen Verkehrsträgern.[202]

---

[198] *Staebe/Ernert* in: Schulte/Kloos, Handbuch Öffentliches Wirtschaftsrecht, § 12 Rn. 10.

[199] *EuGH*, Urt. v. 28.02.2013 – Rs. C-556/10 (Kommission/Deutschland), ECLI:EU:C:2013:116, http://curia.europa.eu/juris/document/document.jsf?text=&docid=134373&pageIndex=0&doclang=DE&mode=lst&dir=&occ=first&part=1&cid=9181972 (aufgerufen am 29.01.2022);
Staebe/Ernert in: Schulte/Kloos, Handbuch Öffentliches Wirtschaftsrecht, § 12 Rn. 11.

[200] *EuGH*, Urt. v. 28.02.2013 – Rs. C-556/10 (Kommission/Deutschland), ECLI:EU:C:2013:116, Rn. 62, http://curia.europa.eu/juris/document/document.jsf?text=&docid=134373&pageIndex=0&doclang=DE&mode=lst&dir=&occ=first&part=1&cid=9181972 (aufgerufen am 29.01.2022).

[201] *Kühling*, N&R 2013, 139 (140); *Kühling/Weinbeck* in: Kühling/Otte, AEG/ERegG, Einf. Rn. 66.

[202] European Commission, Forth railway package of 2016, https://transport.ec.europa.eu/transport-modes/rail/railway-packages/fourth-railway-package-2016_en (aufgerufen am 29.01.2022).

Die dazu vorgesehenen Rechtsakte von drei Richtlinien und drei Verordnungen wurden in eine technische und eine politische Säule gruppiert. Die politische Säule wird auch als Marktsäule („market pillar") bezeichnet.[203] Die Maßnahmen der politischen Säule bzw. Marktsäule werden in der Literatur teilweise noch einmal unterteilt in eine Liberalisierungssäule ("liberalization pillar") und eine Infrastruktursäule („infrastructure pillar"), die sich auf die Unabhängigkeit des Infrastrukturmanagers bezieht.[204]

Die Modifikationen der Entflechtungsregelungen fanden vor allem in der politischen Säule ihren Niederschlag in dem Vorschlag zu einer Änderung[205] der Recast-Richtlinie 2012/34/EU.[206]

Neben der vorgesehenen institutionellen Trennung von Infrastrukturbetreiber und Verkehrsunternehmen sollten die Mitgliedstaaten zwar bestehende vertikal integrierte Unternehmen fortführen dürfen, Art. 7 Abs. 5. Die Unabhängigkeit des Infrastrukturbetreibers innerhalb dieser Unternehmen sollte jedoch durch signifikant erhöhte Unabhängigkeitsanforderungen der Art. 7a bis 7c gewährleistet werden.[207]

---

203 European Commission, Fourth railway package of 2016, https://transport.ec.europa.eu/transport-modes/rail/railway-packages/fourth-railway-package-2016_en (aufgerufen am 29.01.2022);
Kühling/Weinbeck in: Kühling/Otte, AEG/ERegG, Einf. Rn. 37.

204 *Dehousse/Marsicola*, The EU's fourth railway package: a new stop in a long regulatory journey, S. 19, https://www.egmontinstitute.be/content/uploads/2015/04/ep76.pdf?type=pdf (aufgerufen am 29.01.2022); *Staebe*, in: ders., ERegG, Einführung Rn. 32.

205 Europäische Kommission, COM(2013) 29 final vom 30.01.2013, Vorschlag für eine Richtlinie des Europäischen Parlaments und des Rates zur Änderung der Richtlinie 2012/34/EU des Europäischen Parlaments und des Rates vom 21. November 2012 zur Schaffung eines einheitlichen europäischen Eisenbahnraums bezüglich der Öffnung des Marktes für inländische Schienenpersonenverkehrsdienste und der Verwaltung der Eisenbahninfrastruktur, CELEX 52013PC0029.

206 Siehe zu den vorgeschlagenen Fassungen der Art. 7 bis Art. 7c auch Anlage 1: Abgleich Kommissionsvorschlag und Richtlinie 2012/34/EU, S. 383 ff.

207 Europäische Kommission, COM(2013) 29 final vom 30.01.2013, Vorschlag für eine Richtlinie des Europäischen Parlaments und des Rates zur Änderung der Richtlinie 2012/34/EU des Europäischen Parlaments und des Rates vom 21. November 2012 zur Schaffung eines einheitlichen europäischen Eisenbahnraums bezüglich der Öffnung des Marktes für inländische Schienenpersonenverkehrsdienste und der Verwaltung der Eisenbahninfrastruktur, CELEX 52013PC0029, Artikel 1 Nr. 3 und 4;
Kühling/Weinbeck in: Kühling/Otte, AEG/ERegG, Einf. Rn. 39.

(1) Anlage 5-Kriterien

Hierbei griff die Kommission zunächst die Kriterien zur Beurteilung der Unabhängigkeit des Infrastrukturbetreibers aus dem Kommissionsbericht von 2006 (Anlage 5)[208] wieder auf, um diese nunmehr in ein rechtlich verbindliches Format zu überführen:

- Doppelfunktionen von Aufsichtsräten, Verwaltungsratsmitgliedern und leitenden Mitarbeitern beim Infrastrukturbetreiber und in anderen rechtlichen Einheiten des vertikal integrierten Unternehmens sollten ausgeschlossen werden, Vorschlag zur Einfügung eines neuen Art. 7b Abs. 2 in die Recast-Richtlinie 2012/34/EU.[209]
- Der Aufsichtsrat des Infrastrukturbetreibers sollte sich aus Vertretern der Endeigentümer des vertikal integrierten Unternehmens zusammensetzen, Art. 7b Abs. 3 S. 1.
- Einstellungen und Entlassungen von Verwaltungsratsmitgliedern des Infrastrukturbetreibers müssen von einer Regulierungsstelle gebilligt werden, Art. 7b Abs. 3 S. 4 bis 6.
- Karenzzeiten („Cooling-down-Perioden") bei Wechseln von Aufsichtsräten, Verwaltungsratsmitgliedern und leitenden Mitarbeitern, die mit wesentlichen Funktionen betraut sind, sollten eingeführt werden Art. 7b Abs. 4.

Art. 7b Abs. 5 sah außerdem vor, dass

- der Infrastrukturbetreiber über eigenes Personal,
- separate oder geschützte Räumlichkeiten und
- einen geschützten Zugang zu IT-Systemen („IT-Unbundling") verfügt.

208 Kommission, Anhänge zum Bericht über die Durchführung des ersten Eisenbahnpakets, Annex 5 am Ende.

209 Europäische Kommission, COM(2013) 29 final vom 30.01.2013, Vorschlag für eine Richtlinie des Europäischen Parlaments und des Rates zur Änderung der Richtlinie 2012/34/EU des Europäischen Parlaments und des Rates vom 21. November 2012 zur Schaffung eines einheitlichen europäischen Eisenbahnraums bezüglich der Öffnung des Marktes für inländische Schienenpersonenverkehrsdienste und der Verwaltung der Eisenbahninfrastruktur, CELEX 52013PC0029, Artikel 1 Nr. 4 zur Einfügung der Art. 7a bis 7e in die Richtlinie 2012/34/EU.

- Kontakte mit den übrigen rechtlichen Einheiten des vertikal integrierten Unternehmens auf offizielle Mitteilungen im Zusammenhang mit der Ausübung derjenigen Funktionen des Infrastrukturbetreibers beschränkt werden, die dieser auch in Bezug auf Eisenbahnunternehmen außerhalb des vertikal integrierten Unternehmens ausübt.

(2) Weitergehende Ergänzungen

Über die Kriterien der Anlage 5 hinausgehend schlug die Kommission Ergänzungen im Bereich der buchhalterischen Entflechtung vor:

- Verbot der Gewinnabführung, Art. 7a Abs. 3 S. 1 und
- Verbot gegenseitiger Kreditvergabe, Art. 7a Abs. 3 S. 2.

Auch im Bereich der operationellen Entflechtung sah der Kommissionsentwurf Erweiterungen vor:

- Nach Art. 7b Abs. 1 sollte der Infrastrukturbetreiber hinsichtlich seiner Funktionen (Art. 3 Abs. 2) über effektive Entscheidungsbefugnisse verfügen und von allen übrigen rechtlichen Einheiten des vertikal integrierten Unternehmens unabhängig sein. Durch Verwaltungsstruktur und Unternehmenssatzung des Infrastrukturbetreibers sollte garantiert sein, dass keine Einheit aus dem vertikal integrierten Unternehmen weder direkt noch indirekt das Verhalten des Infrastrukturbetreibers bestimmt.
- Hierzu sollte der Infrastrukturbetreiber nach Art. 7b Abs. 6 über die erforderlichen organisatorischen Kapazitäten verfügen, um alle seine Funktionen unabhängig von den übrigen rechtlichen Einheiten des vertikal integrierten Unternehmens auszuüben. Es sollte ihm nicht gestattet sein, die Ausübung dieser Funktionen oder diesbezügliche Tätigkeiten auf diese Einheiten zu übertragen.

  Der Zugriff auf zentrale Einheiten und Servicefunktionen des vertikal integrierten Unternehmens wie die Rechtsabteilung wird damit untersagt.[210]
- Leistungsbezogene Vergütungen von Mitarbeitern des Infrastrukturbetreibers sollten ausschließlich an dessen Betriebsergebnisse gekoppelt sein

[210] *Kühling*, N&R 2013, 139 (141).

und nicht an die Ergebnisse anderer rechtlicher Einheiten des vertikal integrierten Unternehmens, Art. 7b Abs. 7.

(3) Verfahren zur Kontrolle der Einhaltung, Art. 7c
Die Regelung des Art. 7c eröffnete einen verfahrensrechtlichen Rahmen zur Kontrolle der Einhaltung der Art. 7a und 7b durch die Infrastrukturbetreiber. Dieser umfasste in Art. 7c Abs. 3 einen Reziprozitätsmechanismus, nach dem Mitgliedstaaten einem ausländischen Betreiber den Marktzutritt untersagen dürfen, wenn dieser die Entflechtungsvorschriften in seinem Herkunftsstaat nicht erfüllt.[211]

Mit diesen Vorschlägen ließ die Kommission bestehende vertikal integrierte Unternehmen zwar de jure unter eng begrenzten Voraussetzungen weiterhin zu. Die Maßnahmen, die die Unabhängigkeit des Infrastrukturbetreibers garantieren sollten, hätten jedoch weitreichende Beschränkungen der Entscheidungsautonomie der Eisenbahnkonzerne auch hinsichtlich ihrer Binnenstruktur nach sich gezogen. Dies hätte tiefgreifende Anpassungen in den nationalen (Gesellschafts-) Rechtssystemen erfordert. In der Literatur wurden die Vorschläge daher als Untersagung integrierter Eisenbahnkonzerne de facto bewertet.[212]

Andere Meinungen begrüßten die angestrebten Verschärfungen der Separierungsvorschriften, da mögliche Diskriminierungen durch strukturelle und institutionelle Maßnahmen verhindert werden könnten.[213]

dd) Legislativer Prozess in der EU

In dem eingeleiteten ordentlichen Gesetzgebungsverfahren nach Art. 294 AEUV waren das Europäische Parlament (Art. 223 ff. AEUV) und der Rat der Europäischen Union (Art. 237 ff. AEUV) als Vertretung der Mitgliedstaaten zu beteiligen. Um Stellungnahmen gebeten wurden zudem der Wirtschafts- und Sozialausschuss (EWSA, Art. 301 ff. AEUV) und der Ausschuss der Regionen (AdR, Art. 305 AEUV).[214]

---

211 Kritisch *Klotz/Hofmann*, N&R 2014, 2 (10), *Kühling*, N&R 2013, 139 (141).

212 *Kramer*, N&R 2015, 224 (224).

213 *Kühling*, N&R 2013, 139 (141).

214 Europäische Union, Verfahren 2013/0029/COD, https://eur-lex.europa.eu/legal-content/EN/HIS/?uri=COM:2013:0029:FIN (aufgerufen am 05.04.2021).

Der Wirtschafts- und Sozialausschuss trug grundlegende Bedenken vor und verwies auf uneinheitliche Studienergebnisse in Bezug auf die Folgen der Trennung der Funktionen der Infrastrukturbetreiber und Eisenbahnunternehmen (Punkt 3.5). Dies führe dazu, dass sich der Netz- oder Infrastrukturbetreiber zunehmend von den Endnutzern (Fahrgäste und Spediteure) und deren Anforderungen an die Dienstleistungsqualität entfernen (Punkt 3.14). Der Markt sei nicht in der Lage, ohne adäquate Investitionen und geeignete ordnungspolitische Impulse die geschilderten Probleme zu lösen. Daher seien die empfohlenen Lösungsansätze unzureichend (Punkt 3.22).[215]

Der Ausschuss der Regionen schlug einige konkrete Änderungen an der Fassung der Art. 7, 7a und 7b des Kommissionsvorschlags vor.[216]

Das Europäische Parlament sah dagegen umfangreiche Streichungen an den Kommissionsvorschlägen zur institutionellen Trennung des Infrastrukturbetreibers vom vertikal integrierten Unternehmen vor.[217] Der Berichterstatter war der Ansicht, je stärker die Regulierungsstelle sei, desto flexibler könnten die Modalitäten der Struktur der vertikal integrierten Unternehmen ausfallen. Die Bestimmungen über die Organisation der IT-Systeme und den Transfer von Mitarbeitern seien zu eng gefasst. Integrierten Unternehmen könne unter Aufsicht der Regulierungsstelle mehr Spielraum gelassen werden.[218]

Der Rat der Europäischen Union als Vertretungsorgan der Mitgliedstaaten hatte nach einigen Erörterungen am 08.10.2015 eine Einigung („allgemeine Ausrichtung“) über den Vorschlag bezüglich der Öffnung des Marktes für inländische Schienenpersonenverkehrsdienste und der Verwaltung des

[215] Wirtschafts- und Sozialausschuss, Stellungnahme des Europäischen Wirtschafts- und Sozialausschusses zum Thema „Viertes Eisenbahnpaket“, 12.11.2013, CELEX 52013AE1024, ABl. 2013 C 327, 122.

[216] Ausschuss der Regionen, Stellungnahme des Ausschusses der Regionen — Viertes Eisenbahnpaket, 05.12.2013, CELEX 52013AR0027, ABl. 2013 C 356, 92, Änderungsvorschläge 17 bis 21.

[217] Europäisches Parlament, Bericht über den Vorschlag zur Änderung der Richtlinie 2012/34/EU.

[218] Europäisches Parlament, Bericht über den Vorschlag zur Änderung der Richtlinie 2012/34/EU, S. 80.

Sektors erzielt.[219] Im Hinblick auf die von der Kommission vorgeschlagenen Entflechtungsregelungen in den Art. 7, 7a und 7b ging dieser noch über die Streichungen des Europäischen Parlaments hinaus.

ee) 2016: Einigung im Rahmen eines Trilogs

Die Kommission, das Europäische Parlament und der Rat der Europäischen Union traten daraufhin in einen Trilog zur Abstimmung über das Vierte Eisenbahnpaket.

Streitig hierbei waren vor allem zwei Elemente der politischen Säule: die künftige Struktur der früheren Staatsbahnen als integrierte Konzerne und die Marktöffnung im Schienenpersonennahverkehr. Zwischenzeitlich war ein Aufschnüren des Vierten EU-Eisenbahnpakets erwogen worden.[220] Insbesondere Deutschland, Österreich und Frankreich mit ihren integrierten früheren Staatsbahnen wehrten sich gegen die von Kommission und Parlament erstrebte weitere Trennung von Zugbetrieb und Infrastruktur.[221]

Am 19.04.2016 wurde über diese Fragen eine Einigung erzielt.[222] Die Forderung nach einem Fortbestand der Bahnkonzerne bei deren starker Regulierung fand schließlich eine Mehrheit unter den Verkehrsministern. Den Mitgliedstaaten sollte es weiter freistehen, Netz und Betrieb im Schienenverkehr in einem integrierten Konzern zu belassen.[223] Die Rechtsakte der politischen Säule wurden schließlich am 14.12.2016 verabschiedet.

(1) Politische Säule: Entschärfung der Vorschläge

Die politische Säule besteht aus einer Richtlinie und zwei Verordnungen.[224] Zentrale Bedeutung hat die Richtlinie (EU) 2016/2370 zur Änderung der Recast-Richtlinie 2012/34/EU.

---

219 Council of the European Union, Proposal for a Fourth Railway Package.

220 *Kramer*, N&R 2016, 220 (220).

221 *Kramer*, N&R 2015, 224 (225).

222 Rat der Europäischen Union, Viertes Eisenbahnpaket: Vorschlag zur Änderung der Richtlinie 2012/34/EU.

223 *Kramer*, N&R 2016, 220 (220).

224 „Politische Säule“: Richtlinie (EU) 2016/2370 des Europäischen Parlaments und des Rates vom 14.12.2016 zur Änderung der Richtlinie 2012/34/EU bezüglich der Öffnung

Art. 1 Nr. 6 lit. b) der Richtlinie (EU) 2016/2370 ergänzte die Recast-Richtlinie 2012/34/EU um die neue Bestimmung des Art. 10 Abs. 2. Dieser gibt Eisenbahnunternehmen auch für Schienenpersonenverkehrsdienste das Recht auf Zugang zur Eisenbahninfrastruktur in allen Mitgliedstaaten zu angemessenen, diskriminierungsfreien und transparenten Bedingungen. Für Schienengüterverkehrsdienste war dies bereits in Art. 10 Abs. 1 geregelt. Die Regelung ist ein wesentliches Element für die Einschätzung der Kommission, mit dem Vierten Eisenbahnpaket sei der Binnenmarkt für Schienenverkehrsdienste vollendet.[225]

Die Regelungen der Recast-Richtlinie zur Entflechtung wurden durch Art. 1 Nr. 4 und 5 der Richtlinie (EU) 2016/2370 modifiziert. Art. 7 der Recast-Richtlinien wurde neu gefasst und Art. 7a bis 7f wurden neu eingefügt. Die Änderungen bleiben allerdings weit hinter den ursprünglichen Kommissionsvorschlägen[226] zurück:[227]

---

des Marktes für inländische Schienenpersonenverkehrsdienste und der Verwaltung der Eisenbahninfrastruktur, ABl. 2016 L 352, 1;
Verordnung (EU) 2016/2337 des Europäischen Parlaments und des Rates vom 14.12.2016 zur Aufhebung der Verordnung (EWG) Nr. 1192/69 des Rates über gemeinsame Regeln für die Normalisierung der Konten der Eisenbahnunternehmen, ABl. 2016 L 354, 22; Verordnung (EU) 2016/2338 des Europäischen Parlaments und des Rates vom 14.12.2016 zur Änderung der Verordnung (EG) Nr. 1370/2007 hinsichtlich der Öffnung des Marktes für inländische Schienenpersonenverkehrsdienste, ABl. 2016 L 354, 20.

[225] Europäische Kommission, MEMO/16/1383 vom 20.04.2016, Fragen und Antworten – Viertes Eisenbahnpaket, https://ec.europa.eu/commission/presscorner/api/files/document/print/de/memo_16_1383/MEMO_16_1383_DE.pdf (aufgerufen am 19.04.2021).

[226] Europäische Kommission, COM(2013) 29 final vom 30.01.2013, Vorschlag für eine Richtlinie des Europäischen Parlaments und des Rates zur Änderung der Richtlinie 2012/34/EU des Europäischen Parlaments und des Rates vom 21. November 2012 zur Schaffung eines einheitlichen europäischen Eisenbahnraums bezüglich der Öffnung des Marktes für inländische Schienenpersonenverkehrsdienste und der Verwaltung der Eisenbahninfrastruktur, CELEX 52013PC0029, Artikel 1 Nr. 3 und 4.

[227] Siehe auch Anlage 1: Abgleich Kommissionsvorschlag und Richtlinie 2012/34/EU, S. 383 ff.
Centrum für Europäische Politik (Hrsg.), cepMonitor: 4. Eisenbahnpaket: Eisenbahnbinnenmarkt (Richtlinie), https://www.cep.eu/monitor/cep/4-eisenbahnpaket-eisenbahnbinnenmarkt-richtlinie.html (aufgerufen am 26.05.2022).

- Regelungen zur buchhalterischen Entflechtung bzw. finanziellen Transparenz (Kommissionsvorschlag Art. 7a Abs. 3) finden sich modifiziert im neu eingefügten Art. 7d.
- Die grundsätzliche Unabhängigkeit des Infrastrukturbetreibers gegenüber anderen Einheiten in einem vertikal integrierten Unternehmen – Kommissionsvorschlag Art. 7b Abs. 1 – wurde in Art. 7 Abs. 1 übernommen. Die Unabhängigkeit bezüglich wesentlicher Funktionen betont Art. 7a Abs. 1 und 2.
- Regelungen zum Ausschluss bestimmter Doppelfunktionen, Art. 7 Abs. 3 (Kommissionsvorschlag Art. 7b Abs. 2), und Vorgaben zur leistungsbezogenen Vergütung in Art. 7 Abs. 4 (Kommissionsvorschlag Art. 7b Abs. 7) wurden modifiziert übernommen.

Nicht umgesetzt wurde dagegen

- der Vorschlag, dass sich der Aufsichtsrat des Infrastrukturbetreibers aus Vertretern der Endeigentümer des vertikal integrierten Unternehmens zusammensetzt und bei Einstellungen und Entlassungen von Verwaltungsratsmitgliedern des Infrastrukturbetreibers die Regulierungsstelle mitzuwirken hat (Kommissionsvorschlag Art. 7b Abs. 3).
- Ebenfalls abgesehen wurde von einer Festlegung von Karenzzeiten bei Wechseln von Aufsichtsräten, Vorständen und leitenden Mitarbeitern, die mit wesentlichen Funktionen betraut sind (Kommissionsvorschlag Art. 7b Abs. 4).
- Weitgehend nicht übernommen wurden außerdem die Kommissionsvorschläge zur Absicherung der operationellen Trennung aus Art. 7b Abs. 5 (eigenes Personal, separate oder geschützte Räumlichkeiten, Beschränkung der Kontakte auf offizielle Mitteilungen) und Art. 7b Abs. 6 (Verbot der Übertragung von Funktionen auf andere Einheiten des vertikal integrierten Unternehmens). Zu dieser Thematik finden sich noch Fragmente in Art. 7 Abs. 5 (gemeinsame Informationssysteme) und Art. 7c Abs. 1 (Auslagerung und Aufteilung der Funktionen) der Recast-Richtlinie.

Übersicht 4: Gegenüberstellung initialer Vorschlag und Richtlinie 2012/34/EU

Gegenstand	**initialer Vorschlag**	**RL 2012/34/EU**[228]
Unabhängigkeit, rechtliche Trennung des Infrastrukturbetreibers	Art. 7 Abs. 1	Art. 7 Abs. 1 und 2
Institutionelle Trennung	Art. 7 Abs. 2 - 3	-
Vergabe von Arbeiten	Art. 7 Abs. 4	Art. 7c Abs. 1 lit. b)
Ausnahme von institutioneller Trennung	Art. 7 Abs. 5	-
Rechtliche Trennung innerhalb des vertikal integrierten Unternehmens	Art. 7a Abs. 1	Art. 7 Abs. 2
Beteiligungsverbot	Art. 7a Abs. 2	-
Verbot der Gewinnabführung	Art. 7a Abs. 3 S. 1	Art. 7d Abs. 1
Verbot der Darlehensvergabe	Art. 7a Abs. 3 S. 2	Art. 7d Abs. 2 - 5
Dienstleistungen innerhalb des vertikal integrierten Unternehmens	Art. 7a Abs. 3 S. 3	Art. 7d Abs. 6
Schulden des Infrastrukturbetreibers	Art. 7a Abs. 3 S. 4	Art. 7d Abs. 7
Buchhalterische Transparenz	Art. 7a Abs. 3 S. 4	Art. 7d Abs. 8
Mittelaufnahme durch Infrastrukturbetreiber	Art. 7a Abs. 4	-
Aufzeichnungspflicht	Art. 7a Abs. 5	Art. 7d Abs. 9
effektive Entscheidungsbefugnisse, Unabhängigkeit bzgl. Funktionen	Art. 7b Abs. 1	Art. 7 Abs. 1; Art. 7a Abs. 1 und 2 (wesentl. Funktionen)
Verbot von Doppelfunktionen	Art. 7b Abs. 2	Art. 7 Abs. 3 (teilw.)
Aufsichtsrat: Endeigentümers des vertikal integrierten Unternehmens, Billigung der Regulierungsstelle	Art. 7b Abs. 3 S. 1 Art. 7b Abs. 3 S. 4 - 6	- -
Karenzzeiten	Art. 7b Abs. 4	-
eigene Mitarbeiter, eigene Räumlichkeiten	Art. 7b Abs. 5. S. 1	-
eigene Informationssysteme	Art. 7b Abs. 5 S. 2	Art. 7 Abs. 5 S. 1
Kontaktbeschränkungen	Art. 7b Abs. 5 S. 3	Art. 7 Abs. 5 S. 2 (Informationsschutz)

[228] Die Nennung von Erwägungsgründen (EW) beziehen sich auf die der Richtlinie (EU) 2016/2370 des Europäischen Parlaments und des Rates vom 14.12.2016 zur Änderung der Richtlinie 2012/34/EU bezüglich der Öffnung des Marktes für inländische Schienenpersonenverkehrsdienste und der Verwaltung der Eisenbahninfrastruktur, ABl. 2016 L 352, 1.

Gegenstand	initialer Vorschlag	RL 2012/34/EU[228]
Mitarbeitertransfer	Art. 7b Abs. 5 S. 4	Art. 7a Abs. 2 lit. c) (wesentl. Funktionen)
eigene Kapazitäten, Übertragungsverbot von Funktionen	Art. 7b Abs. 6	-
leistungsbezogene Vergütungen	Art. 7b Abs. 7	Art. 7 Abs. 4
Verfahren zur Kontrolle, Reziprozitätsmechanismus	Art. 7c Abs. 1 - 5	-

Eine ergänzende Gegenüberstellung der Normtexte ist in Anlage 1[229] enthalten.

Die Recast-Richtlinie 2012/34/EU in der durch die Richtlinie (EU) 2016/2370 geschaffenen konsolidierten Fassung[230] ist aktuell die wesentliche Rechtsquelle für die Entflechtungsregelungen der EU.

(2) Technische Säule: Stärkung der Interoperabilität

Die technische Säule des Vierten Eisenbahnpakets besteht aus zwei Richtlinien und einer Verordnung.[231] Ihren Kern bilden die neu gefassten Bestimmungen zur Verknüpfung und technischen Interoperabilität der Eisenbahnsysteme, d. h. ihrer Fähigkeit zur Zusammenarbeit, sowie die Vereinheitlichung von Genehmigungsverfahren.[232]

Die Europäische Eisenbahnagentur (ERA) wurde als diejenige Stelle festgelegt, die Inbetriebnahmegenehmigungen für Fahrzeuge und Sicherheitsbescheinigungen erteilt.[233] Für die Schaffung eines einheitlichen europäischen

[229] Siehe Anlage 1: Abgleich Kommissionsvorschlag und Richtlinie 2012/34/EU, S. 383 ff.

[230] Richtlinie 2012/34/EU des Europäischen Parlaments und des Rates vom 21.11.2012 zur Schaffung eines einheitlichen europäischen Eisenbahnraums, ABl. 2012 L 343, 32 („Recast-Richtlinie") – konsolidierte Fassung Stand 01.01.2019.

[231] „Technische Säule": Richtlinie (EU) 2016/797 des Europäischen Parlaments und des Rates vom 11.05.2016 über die Interoperabilität des Eisenbahnsystems in der Europäischen Union, ABl. 2016 L 138, 44; Richtlinie (EU) 2016/798 des Europäischen Parlaments und des Rates vom 11.05.2016 über Eisenbahnsicherheit, ABl. 2016 L 1348, 102;
Verordnung (EU) 2016/796 des Europäischen Parlaments und des Rates vom 11.05.2016 über die Eisenbahnagentur der Europäischen Union und zur Aufhebung der Verordnung (EG) Nr. 881/2004, ABl. 2016 L 138, 1.

[232] *Staebe*, in: ders., ERegG, Einführung Rn. 29; *ders.*, EuZW 2018, 146 (147).

[233] *Kramer*, N&R 2016, 220 (220).

Eisenbahnraums sind Interoperabilität, einheitliche Genehmigungsverfahren und Sicherheitsstandards wesentliche Voraussetzungen.[234]

ff) 2019 ff.: Aktivitäten des deutschen Gesetzgebers

Zur Umsetzung der Richtlinie (EU) 2016/2370 ist der deutsche Gesetzgeber mehrfach tätig geworden.

(1) 2019: Umsetzung des Vierten Eisenbahnpakets

Im Jahre 2019 wurde ein Gesetz[235] zur Umsetzung der Richtlinie (EU) 2016/2370 des Vierten Eisenbahnpakets der EU beschlossen. Damit soll die Sicherstellung der Unabhängigkeit von Eisenbahninfrastrukturunternehmen und die Schaffung finanzieller Transparenz in Form der Entflechtung weiter vorangetrieben werden.[236] Vorgaben zur buchhalterischen, organisatorischen und operationellen Entflechtung wurden präzisiert.[237] Ziel des Gesetzes war so weit wie möglich eine 1:1-Umsetzung der Regelungen der Richtlinie.[238]

(2) 2021: Weiterentwicklung des Regulierungsrechts

Im Jahr 2021 beschloss der Bundestag das Gesetz zur Weiterentwicklung des Eisenbahnregulierungsrechts.[239] In dem Koalitionsvertrag von CDU, CSU und SPD war im Jahr 2018 für die 19. Legislaturperiode eine Evaluierung des Eisenbahnregulierungsrechts vereinbart worden,[240] die durch das Gesetzesvorhaben ihren Abschluss fand.

---

234 *Staebe*, EuZW 2018, 146 (147).

235 Gesetz zur Umsetzung der Richtlinie (EU) 2016/2370 vom 14. Dezember 2016 zur Änderung der Richtlinie 2012/34/EU bezüglich der Öffnung des Marktes für inländische Schienenpersonenverkehrsdienste und der Verwaltung der Eisenbahninfrastruktur, BGBl. 2019 I 1040 ff.

236 *Kramer*, N&R 2019, 198 (201).

237 *Säcker*, IR 2018, 198 ff.; *Staebe*, EuZW 2018, 146 ff.

238 Gesetzentwurf der Bundesregierung, Entwurf eines Gesetzes zur Umsetzung der Richtlinie (EU) 2016/2370 vom 14. Dezember 2016 zur Änderung der Richtlinie 2012/34/EU bezüglich der Öffnung des Marktes für inländische Schienenpersonenverkehrsdienste und der Verwaltung der Eisenbahninfrastruktur, BT-Drs. 19/9738, S. 1, 23, 24, 32, 34, 36, 117 und 121.

239 Gesetz zur Weiterentwicklung des Eisenbahnregulierungsrechts, BGBl. 2021 I 1737 ff.

240 *CDU/CSU/SPD (Hrsg)*, „Ein neuer Aufbruch für Europa. Eine neue Dynamik für Deutschland. Ein neuer Zusammenhalt für unser Land", Koalitionsvertrag vom 12.03.2018, S. 79. – https://www.bundesregierung.de/resource/blob/974430/847984/5b

Unter anderem klassifizierte das Gesetz Personenbahnsteige und Laderampen nunmehr als Eisenbahnanlagen (Anlage 1 Nr. 2 ERegG) und nicht mehr als Teil der Serviceeinrichtungen Personenbahnhof bzw. Güterterminal (Anlage 2 Nr. 2. a) und 2. b) ERegG).[241]

Kritisiert an der ERegG-Novelle wird unter anderem, dass sie nur kleine Verbesserungen nach sich zöge. Es blieben weitere substanzielle Verbesserungen der Zugangs-, Entgelt- und Separierungsregulierung geboten oder eine vertikale Desintegration der Deutschen Bahn AG,[242] d. h. ihre Auflösung als vertikal integriertes Unternehmen.

3. Folgeaktivitäten nach dem Vierten Eisenbahnpaket

Dieser Abschnitt gibt eine Übersicht über die wesentlichen Aktivitäten, die nach dem Vierten Eisenbahnpaket zur Beobachtung und Weiterentwicklung des Eisenbahnsektors initiiert wurden. Hierbei wird differenziert nach Aktivitäten auf deutscher (a)) und europäischer Ebene (b)).

a) Folgeaktivitäten in Deutschland

Innerhalb Deutschlands finden Aktivitäten zur (Markt-) Beobachtung des Eisenbahnsektors statt (aa)). Zudem enthält auch der 2021 geschlossene Koalitionsvertrag zwischen der Sozialdemokratischen Partei Deutschlands (SPD), BÜNDNIS 90/DIE GRÜNEN und den Freien Demokraten (FDP) Vereinbarungen zum Eisenbahnsektor (bb)).

aa) Beobachtung des Eisenbahnsektors in Deutschland

Das Vierte Eisenbahnpaket verfolgt das Ziel, den einheitlichen europäischen Eisenbahnraum zu vollenden.[243] Nach dessen Umsetzung in den Mitgliedstaaten bestehen umfassende Zugangsansprüche zu Eisenbahninfrastruktur

---

8bc23590d4cb2892b31c987ad672b7/2018-03-14-koalitionsvertrag-data.pdf?download=1 (aufgerufen am 25.09.2021).

241 Siehe oben C. I. 2. a) bb) (1) Definition, § 2 Abs. 6a AEG i. V. m. Anlage 1 ERegG, S. 28.

242 *Kühling/Meier*, N&R 2021, 281 (286).

243 Richtlinie (EU) 2016/2370 des Europäischen Parlaments und des Rates vom 14.12.2016 zur Änderung der Richtlinie 2012/34/EU bezüglich der Öffnung des Marktes für inländische Schienenpersonenverkehrsdienste und der Verwaltung der Eisenbahninfrastruktur, ABl. 2016 L 352, 1, Erwägungsgrund 1.

und Serviceeinrichtungen für grenzüberschreitende und innerstaatliche Güter- und Personenverkehrsdienste. Das Vierte Eisenbahnpaket wird daher als ein Meilenstein auf dem Weg zu einem einheitlichen europäischen Eisenbahnraum bewertet.[244]

Inwieweit das Regelungssystem des Vierten Eisenbahnpakets jedoch tatsächlich zu mehr Wettbewerb auf der Schiene führt, dies verbesserte Verkehrsangebote nach sich zieht und damit eine Stärkung des Verkehrsträgers Eisenbahn bewirkt[245] – so die Leitlinien der sekundärrechtlichen Initiativen der Kommission[246] –, wird durch mehrere Stellen beobachtet und bewertet.

(1) Bundesnetzagentur: Marktüberwachung

Aufgaben im Rahmen der Marktüberwachung obliegen unter anderem nach § 17 ERegG der Bundesnetzagentur als Regulierungsbehörde. Gegenstand sind insbesondere die Nutzung der Schienennetze und Serviceeinrichtungen (§ 17 Abs. 2 Nr. 1 ERegG) sowie die Entwicklung der Rahmenbedingungen im Eisenbahnsektor (§ 17 Abs. 2 Nr. 2 ERegG). Die Bundesnetzagentur stellt diese Informationen jährlich auch der EU-Kommission bereit, § 17 Abs. 5 ERegG.

Im Jahr 2022 verzeichneten die Betreiber von Schienenwegen als auch die Eisenbahnverkehrsunternehmen ein zum Teil signifikantes Wachstum gegenüber dem Vorjahr 2021. Die Anzahl der Personenkilometer stieg im Schienenpersonennahverkehr (SPNF) um knapp 60 % und im Schienenpersonenfernverkehr (SPFV) um knapp 70 %. Beide Werte lagen damit allerdings noch knapp unter dem Niveau vor der Corona-Pandemie.[247] Der Anteil der nichtbundeseigenen Verkehrsunternehmen betrug im Schienenpersonennahverkehr rund ein Drittel und im Fernverkehr ca. 4 %. Damit liegt er im Bereich der Werte des Vorjahrs.[248]

Im Schienengüterverkehr (SGV) betrug das Wachstum der Verkehrsleistung nur rund 1 %. Die erbrachten Tonnenkilometer liegen aber bereits rund

---

244 *Staebe*, EuZW 2018, 146 (146).

245 Richtlinie 2012/34/EU des Europäischen Parlaments und des Rates vom 21.11.2012 zur Schaffung eines einheitlichen europäischen Eisenbahnraums, ABl. 2012 L 343, 32, Erwägungsgründe 3 u. 5.

246 Siehe oben C. II. 2. Sekundärrecht: Wesentliche Rechtsakte und deren Umsetzung, S. 37.

247 *Bundesnetzagentur (Hrsg.)*, Marktuntersuchung Eisenbahnen 2023, S. 6.

248 *Bundesnetzagentur (Hrsg.)*, Marktuntersuchung Eisenbahnen 2023, S. 20.

10 % oberhalb des Vor-Corona-Niveaus.[249] Im Güterverkehr setzte sich der Marktzuwachs der nichtbundeseigenen Verkehrsunternehmen fort und bewegt sich auf einen Marktanteil von 60 % zu.[250]

Im Jahr 2023 gingen im Schienengüterverkehr die Tonnenkilometer aufgrund schwieriger wirtschaftlicher Rahmenbedingungen um rund 10 % gegenüber dem Vorjahr zurück. Der Marktanteil der nichtbundeseigenen Güterbahnen stieg nunmehr auf 61 %. Im Schienenpersonennahverkehr als auch im -fernverkehr stieg die Nachfrage deutlich an. Insgesamt stiegen die Personenkilometer um 10 bis 12 %.[251]

(2) Monopolkommission: Sektorgutachten

Die laufende Überwachung des Eisenbahnmarkts ist ferner eine Aufgabe der Monopolkommission (§§ 44 ff. GWB). Hierzu erstellt diese alle zwei Jahre ein Gutachten u. a. zur Wettbewerbssituation im Eisenbahnmarkt (§ 78 Abs. 1 Nr. 1 und 2 ERegG) und zur Anwendung der Vorschriften des Eisenbahnrechts (§ 78 Abs. 1 Nr. 3 ERegG).

Das 8. Sektorgutachten „Bahn 2021: Wettbewerb in den Takt" konstatiert zwar, dass die Wettbewerber der Deutschen Bahn AG im Schienenpersonennahverkehr und Schienengüterverkehr Marktanteile gewinnen konnten.[252] Im Güterverkehr erbrachten Wettbewerbsunternehmen der Deutschen Bahn AG in den Jahren 2018 und 2019 bereits die Mehrheit der inländischen Verkehrsleistungen.[253]

Strukturell sieht die Monopolkommission aber Optimierungspotential. Die vertikale Integration des DB-Konzerns löse einen wettbewerblichen Konflikt aus. Durch die Integration bestünde der – aktienrechtlich abgesicherte[254] – Anreiz, den Gesamtgewinn über alle zugehörigen Unternehmen zu maximieren. Daher könnten Infrastrukturunternehmen versucht sein, verbundenen Verkehrsunternehmen Vorteile gegenüber Wettbewerbern einzuräumen. Die Maximierung des Gesamtgewinns läge auch im Interesse des Bundes als Eigentümer des DB-Konzerns an einer möglichst profitablen und

---

249 *Bundesnetzagentur (Hrsg.)*, Marktuntersuchung Eisenbahnen 2023, S. 6.

250 *Bundesnetzagentur (Hrsg.)*, Marktuntersuchung Eisenbahnen 2023, S. 20.

251 *Bundesnetzagentur (Hrsg.)*, Marktuntersuchung Eisenbahnen 2024, S. 7.

252 *Monopolkommission*, 8. Sektorgutachten Bahn (2021), Tz. 1.

253 *Monopolkommission*, 8. Sektorgutachten Bahn (2021), Tz. 7.

254 *Monopolkommission*, 8. Sektorgutachten Bahn (2021), Tz. 55.

den Bundeshaushalt schonenden Geschäftstätigkeit.[255] Zur Einschränkung wettbewerbsverzerrender Fehlanreize empfiehlt die Monopolkommission daher als first-best Lösung eine eigentumsrechtliche Trennung der Eisenbahninfrastruktur vom restlichen DB Konzern.[256]

Soll aus politischen Gründen der DB-Konzern als vertikal integriertes Unternehmen erhalten bleiben, komme als second-best Lösung die Stärkung der organisatorischen Unabhängigkeit und eine Verbesserung der wirtschaftlichen Transparenz der Infrastrukturunternehmen in Betracht.[257] Kritikpunkte an der gegenwärtigen Struktur sind u. a. die Beherrschungs- und Ergebnisabführungsverträge zwischen der Deutschen Bahn AG und den inländischen Konzerngesellschaften[258] sowie die Verrechnungspreise für konzerninterne Leistungsbeziehungen.[259]

Im 9. Sektorgutachten „Bahn 2023: Time to GO: Endlich qualitätswirksam in den Wettbewerb!" bekräftigt die Monopolkommission die Empfehlung einer eigentumsrechtlichen Trennung als first-best Lösung sowie hilfsweise die Stärkung der organisatorischen Unabhängigkeit des Infrastrukturbetreibers als second-best Variante.[260] Eine wichtige Funktion hierbei könne der beabsichtigten gemeinwohlorientierten Infrastruktursparte InfraGO unter dem Dach des DB Konzerns zukommen, die die Geschäftstätigkeiten der DB Netz AG und DB Station&Service AG bündeln soll.[261]

Im Übrigen setzt das 9. Sektorgutachten inhaltliche Schwerpunkte bei der Schärfung der Anreizmechanismen zur Sicherung der Qualität der Infrastruktur[262] sowie beim Zugang zu Echtzeitdaten.[263] Beides leiste einen Beitrag zur angestrebten Verlagerung des Verkehrs auf die Schiene bis zum Jahr 2030 und damit zum Klimaschutz im Verkehrssektor.[264]

---

[255] *Monopolkommission,* 8. Sektorgutachten Bahn (2021), Tz. 47 und 67.
[256] *Monopolkommission,* 8. Sektorgutachten Bahn (2021), Tz. 44 und 103 ff.
[257] *Monopolkommission,* 8. Sektorgutachten Bahn (2021), Tz. 45 und 358.
[258] *Monopolkommission,* 8. Sektorgutachten Bahn (2021), Tz. 56 ff. und 95 ff.
[259] *Monopolkommission,* 8. Sektorgutachten Bahn (2021), Tz. 60 ff. und 101 f.
[260] *Monopolkommission,* 9. Sektorgutachten Bahn (2023), Tz. 28 ff.
[261] *Monopolkommission,* 9. Sektorgutachten Bahn (2023), Tz. 2 ff. und 26 ff.
[262] *Monopolkommission,* 9. Sektorgutachten Bahn (2023), Tz. 30 ff.
[263] *Monopolkommission,* 9. Sektorgutachten Bahn (2023), Tz. 117 ff.
[264] *Monopolkommission,* 9. Sektorgutachten Bahn (2023), Tz. 23 ff. und 181.

(3) Bundesrechnungshof: Bericht nach § 99 BHO

Von seiner nach § 99 BHO bestehenden Möglichkeit, den Bundestag, den Bundesrat und die Bundesregierung über Angelegenheiten von besonderer Bedeutung jederzeit unterrichten zu können, hat der Bundesrechnungshof im März 2023 Gebrauch gemacht und einen Bericht „zur Dauerkrise der Deutschen Bahn AG" vorgelegt.[265] Ähnlich der Monopolkommission richtet der Bundesrechnungshof sein Augenmerk auch auf die Funktion des Bundes als Eigentümer. Identifiziert wurden hierbei vier Handlungsfelder:

1. Der Bund müsse den abstrakten grundgesetzlichen Gewährleistungsauftrag hinsichtlich des Systems Eisenbahn konkretisieren. Der Bund habe zunächst zu beantworten, „wieviel Eisenbahn" er „bis wann" und „zu welchen Kosten" anstrebe.[266]
2. Ferner müsse der Bund die Deutsche Bahn AG auf seine Eigentümerinteressen ausrichten. Hierzu sei festzulegen, welche Geschäftstätigkeiten den Zielen des Bundes dienen und welche Konzernteile im Hinblick auf den Gewährleistungsauftrag des Bundes erforderlich sind. Nicht benötigte Unternehmen oder Geschäftstätigkeiten seien zu veräußern bzw. einzustellen.[267]
3. Die DB als Bundesunternehmen müsse möglichst wettbewerbsneutral ausgerichtet werden mit dem Ziel der Stärkung und Verbesserung der Leistungsfähigkeit des Eisenbahnsektors insgesamt. Hierzu seien alternative Organisationsformen zu dem integrierten Deutsche Bahn AG-Konzern zu prüfen. Dieser dürfe nicht mehr unkontrolliert agieren.[268]

---

[265] *Bundesrechnungshof (Hrsg.)*, Bericht nach § 99 BHO zur Dauerkrise der Deutschen Bahn AG. Hinweise für eine strukturelle Weiterentwicklung, https://www.bundesrechnungshof.de/SharedDocs/Downloads/DE/Berichte/2023/db-dauerkrise-volltext.html (aufgerufen am 20.03.2023).

[266] *Bundesrechnungshof (Hrsg.)*, Bericht nach § 99 BHO zur Dauerkrise der Deutschen Bahn AG. Hinweise für eine strukturelle Weiterentwicklung, S. 31, https://www.bundesrechnungshof.de/SharedDocs/Downloads/DE/Berichte/2023/db-dauerkrise-volltext.html (aufgerufen am 20.03.2023).

[267] *Bundesrechnungshof (Hrsg.)*, Bericht nach § 99 BHO zur Dauerkrise der Deutschen Bahn AG. Hinweise für eine strukturelle Weiterentwicklung, S. 31 f., https://www.bundesrechnungshof.de/SharedDocs/Downloads/DE/Berichte/2023/db-dauerkrise-volltext.html (aufgerufen am 20.03.2023).

[268] *Bundesrechnungshof (Hrsg.)*, Bericht nach § 99 BHO zur Dauerkrise der Deutschen Bahn AG. Hinweise für eine strukturelle Weiterentwicklung, S. 32, https://www.

4. Der Bericht zeigt schließlich eine Reihe von Handlungsoptionen auf, die zur Erreichung der vorgenannten Ziele zur Verfügung stehen. Hierbei handelt es sich unter anderem um die Wahl einer geeigneten Rechtsform, eine genauere Definition des Unternehmenszwecks in der Satzung bzw. dem Gesellschaftsvertrag der jeweiligen Konzerngesellschaft sowie die Nutzung von personellen Einwirkungsmöglichkeiten durch die Besetzung der Aufsichtsräte.[269]

bb) 2021: Koalitionsvertrag SPD, Grüne, FDP

Der Koalitionsvertrag 2021–2025 zwischen der Sozialdemokratischen Partei Deutschlands (SPD), BÜNDNIS 90/DIE GRÜNEN und den Freien Demokraten (FDP) setzt sich bis 2030 eine Steigerung des Marktanteils des Schienengüterverkehrs auf 25 % und eine Verdopplung der Verkehrsleistung im Personenverkehr zum Ziel. Auf diese Ziele sollen der Fahrplan des Deutschlandtaktes[270] und die Infrastrukturkapazität ausgerichtet werden. Zur Stärkung der Wettbewerbsfähigkeit des Eisenbahnsektors ist beabsichtigt, die Nutzung der Schiene günstiger zu ermöglichen.[271]

Geplant ist, die Deutsche Bahn AG als integrierten Konzern im öffentlichen Eigentum zu belassen. Die internen Strukturen sollen jedoch effizienter und transparenter gestaltet werden:

- Vorgesehen ist die Zusammenlegung der Infrastruktureinheiten DB Netz AG und DB Station&Service AG der Deutschen Bahn AG in einer neuen,

---

bundesrechnungshof.de/SharedDocs/Downloads/DE/Berichte/2023/db-dauerkrise-volltext.html (aufgerufen am 20.03.2023).

269 *Bundesrechnungshof (Hrsg.)*, Bericht nach § 99 BHO zur Dauerkrise der Deutschen Bahn AG. Hinweise für eine strukturelle Weiterentwicklung, S. 33, https://www.bundesrechnungshof.de/SharedDocs/Downloads/DE/Berichte/2023/db-dauerkrise-volltext.html (aufgerufen am 20.03.2023).

270 *Bundesministerium für Verkehr und digitale Infrastruktur (Hrsg.)*, Masterplan Schienenverkehr, Juni 2020, S. 11 ff., https://www.bmvi.de/SharedDocs/DE/Anlage/E/masterplan-schienenverkehr.pdf?__blob=publicationFile (aufgerufen am 26.05.2022).

271 *SPD, BÜNDNIS 90/DIE GRÜNEN, FDP (Hrsg.)*, „Mehr Fortschritt wagen – Bündnis für Freiheit, Gerechtigkeit und Nachhaltigkeit“, Koalitionsvertrag vom 24.11.2021, S. 49, https://www.bundesregierung.de/resource/blob/974430/1990812/04221173eef9a6720059cc353d759a2b/2021-12-10-koav2021-data.pdf?download=1 (aufgerufen am 26.05.2022).

gemeinwohlorientierten Infrastruktursparte („DB Infrastruktur“). Diese soll weiterhin zum Bahnkonzern gehören und zu 100 % im Eigentum der Deutschen Bahn AG stehen. Gewinne aus dem Betrieb der Infrastruktur verbleiben zukünftig in der neuen Infrastruktureinheit.[272]
- Die Eisenbahnverkehrsunternehmen werden dagegen markt- und gewinnorientiert im Wettbewerb geführt.

Strukturreformen der Deutschen Bahn AG wurden vor der Bundestagswahl 2021 bereits in den Wahlprogrammen von SPD,[273] den Grünen[274] und der FDP[275] angemahnt. Vertreter der Grünen sprachen sich unter anderem für die Umwandlung der Deutschen Bahn AG in eine gGmbH sowie die Unterstellung des Schienennetzes unter eine öffentliche Steuerung aus.[276]

(1) 2022: Beschleunigungskommission Schiene

Die Vorgaben des Koalitionsvertrags nahm das Bundesministerium für Digitales und Verkehr (BMDV) auf und initiierte die Beschleunigungskommission Schiene. Repräsentiert in der Kommission waren Vertreter des Eisenbahnsektors, der Bahn- und Bauindustrie, der Ministerialverwaltung,

---

[272] *SPD, BÜNDNIS 90/DIE GRÜNEN, FDP (Hrsg.)*, „Mehr Fortschritt wagen – Bündnis für Freiheit, Gerechtigkeit und Nachhaltigkeit“, Koalitionsvertrag vom 24.11.2021, S. 50, https://www.bundesregierung.de/resource/blob/974430/1990812/04221173eef9a6720059cc353d759a2b/2021-12-10-koav2021-data.pdf?download=1 (aufgerufen am 26.05.2022).

[273] *SPD (Hrsg.)*, „Aus Respekt vor der Zukunft. Das Zukunftsprogramm der SPD“ vom 09.05.2021, S. 11 f., https://www.spd.de/fileadmin/Dokumente/Beschluesse/Programm/SPD-Zukunftsprogramm.pdf (aufgerufen am 03.01.2022).

[274] *BÜNDNIS 90/DIE GRÜNEN (Hrsg.)*, „Deutschland. Alles ist drin. Bundestagswahlprogramm 2021“ vom 13.06.2021, S. 29 f., https://cms.gruene.de/uploads/documents/Wahlprogramm-DIE-GRUENEN-Bundestagswahl-2021_barrierefrei.pdf (aufgerufen am 03.01.2022).

[275] *FDP (Hrsg.)*, „Nie gab es mehr zu tun. Wahlprogramm der Freien Demokraten“ vom 16.05.2022,S. 22, https://www.fdp.de/sites/default/files/2021-06/FDP_Programm_Bundestagswahl2021_1.pdf (aufgerufen am 03.01.2022).

[276] *Hofreiter/Kindler*, Die Bahn braucht nicht nur Geld, sondern auch neue Strukturen, Handelsblatt vom 26.02.2020, https://www.handelsblatt.com/meinung/gastbeitraege/gastkommentar-die-bahn-braucht-nicht-nur-geld-sondern-auch-neue-strukturen/25474638.html (aufgerufen am 21.11.2021). Differenzierend zwischen Gemeinwohl und Gemeinnützigkeit *Staebe*, N&R 2024, 20 (25 f.).

die bahnpolitischen Sprecher der Koalitionsfraktionen sowie Vertreter der Bundesländer.[277] Die Kommission untersuchte in 5 Handlungsfeldern 22 Maßnahmenbereiche (Cluster). Im Fokus standen beispielsweise eine optimierte Nutzung der Infrastruktur, optimiertes Planen und Bauen, Finanzierungsmodelle[278] sowie legislative Maßnahmen. In ihrem Abschlussbericht im Dezember 2022 schlug die Kommission über 70 Einzelmaßnahmen vor.[279]

(2) 2024: DB InfraGO – Bündelung der Infrastruktur

In Umsetzung des Koalitionsvertrags beschloss der Aufsichtsrat der Deutschen Bahn AG am 27.09.2023 die Verschmelzung der DB Station&Service AG auf die DB Netz AG zum 01.01.2024. Das neue Unternehmen firmiert als „DB InfraGO AG".[280]

Die gemeinwohlorientierte Infrastrukturgesellschaft DB InfraGO soll ihr unternehmerisches Handeln an den verkehrs- und klimapolitischen Zielen des Bundes ausrichten.[281] Die Gewinnerzielung soll die Verfolgung dieser

---

[277] *Bundesministerium für Digitales und Verkehr (Hrsg.),* Beschleunigungskommission Schiene, Abschlussbericht, Stand Dezember 2022, S. 4 f., https://bmdv.bund.de/SharedDocs/DE/Anlage/K/abschlussbericht-beschleunigungskommission-schiene.pdf?__blob=publicationFile (aufgerufen am 05.02.2024); *Staebe,* N&R 2024, 20 (21).

[278] Siehe zu den Analysen und Vorschlägen zu Finanzierungsmodellen der Beschleunigungskommission Schiene auch *Strohbach,* IR 2024, 85 (87).

[279] *Bundesministerium für Digitales und Verkehr (Hrsg.),* Beschleunigungskommission Schiene, Abschlussbericht, Stand Dezember 2022, S. 13 ff., https://bmdv.bund.de/SharedDocs/DE/Anlage/K/abschlussbericht-beschleunigungskommission-schiene.pdf?__blob=publicationFile (aufgerufen am 05.02.2024).

[280] *Deutsche Bahn AG,* DB-Aufsichtsrat bringt gemeinwohlorientierte Infrastrukturgesellschaft DB InfraGO AG auf den Weg, https://www.deutschebahn.com/de/presse/pressestart_zentrales_uebersicht/DB-Aufsichtsrat-bringt-gemeinwohlorientierte-Infrastrukturgesellschaft-DB-InfraGO-AG-auf-den-Weg-11872708 (aufgerufen am 30.10.2023); zur Vereinbarkeit der Strukturprinzipien der InfraGO AG mit Art. 87e Abs. 3 GG *Gersdorf,* N&R 2024, 228 (230); *Sandvoß,* Gemeinwohl statt Börse, Tagesspiegel-Background, veröffentlicht am 02.11.2023, https://background.tagesspiegel.de/mobilitaet/gemeinwohl-statt-boerse (aufgerufen am 06.02.2024); *Staebe,* N&R 2024, 20 (26).

[281] *Deutsche Bahn AG,* DB-Aufsichtsrat bringt gemeinwohlorientierte Infrastrukturgesellschaft DB InfraGO AG auf den Weg, https://www.deutschebahn.com/de/presse/pressestart_zentrales_uebersicht/DB-Aufsichtsrat-bringt-gemeinwohlorientierte-Infrastrukturgesellschaft-DB-InfraGO-AG-auf-den-Weg-11872708 (aufgerufen am 30.10.2023).

Ziele nicht behindern. Die Gemeinwohlorientierung ist zu diesem Zweck in die Satzung der DB InfraGo aufgenommen worden.[282] Nach dem „Konzept Infraplan" soll sie zudem Transparenz über ihre Ziele dadurch herstellen, dass sie künftig jährlich ihre Aufgaben für die kommenden fünf Jahre konkret auflistet.[283] Die Ausarbeitung der Zieldimensionen der DB InfraGO insgesamt sei noch nicht abgeschlossen.[284]

Die neue Gesellschaft bleibe zwar Teil der Deutschen Bahn, allerdings erhalte die Bundesregierung weitergehende Kontrollmöglichkeiten. Etwaige Gewinne des Unternehmens sollen an den Bund und nicht mehr wie bisher an den Mutterkonzern abgeführt werden.[285]

Die Eisenbahn- und Verkehrsgewerkschaft (EVG) wies darauf hin, dass die Overheadstrukturen in den Querschnittsbereichen für mindestens 3 Jahre unverändert aufrechterhalten bleiben. Dies ermögliche Prozesssicherheit und vernünftiges Zusammenwachsen „ohne Schnellschüsse".[286]

Nicht auf die DB InfraGO AG verschmolzen wurde bislang die DB Energie GmbH. Als Betreiberin des Bahnstromnetzes sowie von Trafostationen und Tankstellen für den Bahnbetrieb[287] hat DB Energie eine wichtige Funktion für die Eisenbahninfrastruktur. Die Planungen sind allerdings noch nicht abgeschlossen.[288]

---

282 *Staebe*, N&R 2024, 162 (164).

283 *Staebe*, N&R 2024, 162 (164).

284 Antwort der Bundesregierung auf die Kleine Anfrage der Fraktion der CDU/CSU – Drucksache 20/7973 – Aktueller Stand zur geplanten „Gemeinwohlorientierten Infrastruktursparte" der Deutschen Bahn AG, BT-Drs. 20/8325, Frage 6, S. 2 f.

285 *Wiens*, Bahn-Aufsichtsrat macht Weg frei für Strukturreform – InfraGo kommt, Verkehrsrundschau vom 28.09.2023, https://www.verkehrsrundschau.de/nachrichten/transport-logistik/bahn-aufsichtsrat-macht-weg-frei-fuer-strukturreform-infrago-kommt-3439698 (aufgerufen am 30.10.2023).

286 *Eisenbahn- und Verkehrsgewerkschaft (EVG)*, DB Station&Service + DB Netz = InfraGO – GBRe und EVG sichern die Interessen der Beschäftigten, https://www.evg-online.org/fileadmin/user_upload/23-09-15-Aushang_InfraGO_230915.pdf (aufgerufen am 30.10.2023).

287 *DB Energie GmbH*, Über die DB Energie GmbH, https://www.dbenergie.de/dbenergie-de/ueber-uns (aufgerufen am 22.05.2024).

288 Antwort der Bundesregierung auf die Kleine Anfrage der Fraktion der CDU/CSU – Drucksache 20/7973 – Aktueller Stand zur geplanten „Gemeinwohlorientierten Infrastruktursparte" der Deutschen Bahn AG, BT-Drs. 20/8325, Frage 12, S. 4 f.

b) Folgeaktivitäten auf europäischer Ebene

Auf europäischer Ebene ist vor allem die EU-Kommission mit der Durchsetzung und Weiterentwicklung des Eisenbahnrechts befasst. Grundlage hierfür sind sowohl primärrechtliche Befugnisse, die sich aus den allgemeinen Aufgaben der Kommission (Art. 17 Abs. 1 und 2 AEUV) oder speziellen wettbewerbsrechtlichen Befugnissen (Art. 105 AEUV) ergeben, als auch Aufgaben, die der Kommission durch Rechtsakte des Sekundärrechts zugewiesen wurden.

aa) Laufende Marktüberwachung, Art. 15 Recast-Richtlinie

Die EU-Kommission nimmt nach Art. 15 der Recast-Richtlinie 2012/34/EU Aufgaben der Marktüberwachung wahr. Diese umfasst die technischen und wirtschaftlichen Bedingungen sowie die Marktentwicklungen im Schienenverkehr der Union, Art. 15 Abs. 1. Alle zwei Jahre erstattet die Kommission dem Europäischen Parlament und dem Rat Bericht u. a. über

- die Entwicklung des Schienenverkehrsbinnenmarktes,
- Hindernisse auf dem Weg zu effizienteren Schienenverkehrsdiensten und
- Rechtsetzungsbedarf, Art. 15 Abs. 4. lit. a), e) und g).

Nach dem Bericht im Jahr 2021[289] legte die EU-Kommission im September 2023 den folgenden Bericht vor.[290] Sie weist dabei – ähnlich wie die Bundesnetzagentur – auf Sondereffekte im Zuge der Covid-19-Pandemie hin. Grundsätzlich sei der Schienenverkehr aber auf dem Vormarsch und das Schienenverkehrsaufkommen steige. Das Tempo des Fortschritts stehe allerdings noch nicht in angemessenem Verhältnis zum erwarteten Beitrag des Schienenverkehrs zur Bekämpfung des Klimawandels. Der Sektor solle daher die erforderliche Umgestaltung vorantreiben, damit dieser zum Rückgrat

---

[289] Europäische Kommission, Siebter Bericht über die Überwachung der Entwicklung des Schienenverkehrsmarkts gemäß Artikel 15 Absatz 4 der Richtlinie 2012/34/EU des Europäischen Parlaments und des Rates, COM(2021) 5 final, 13.01.2021, https://eur-lex.europa.eu/legal-content/DE/TXT/PDF/?uri=CELEX:52021DC0005 (aufgerufen am 29.10.2023).

[290] Europäische Kommission, Achter Bericht über die Überwachung der Entwicklung des Schienenverkehrsmarkts gemäß Artikel 15 Absatz 4 der Richtlinie 2012/34/EU des Europäischen Parlaments und des Rates, COM(2023) 510 final, 13.09.2023, https://eur-lex.europa.eu/legal-content/DE/TXT/PDF/?uri=CELEX:52023DC0510 (aufgerufen am 29.10.2023).

des nachhaltigen, intelligenten, widerstandsfähigen Mobilitätssystems der EU werde.[291]

bb) 2023: Vorschlag einer neuen Kapazitätsverordnung

Am 11.06.2023 stellte die EU-Kommission im Rahmen ihres „Pakets zur Ökologisierung des Verkehrs“ einen Entwurf einer neuen Kapazitätsverordnung vor.[292] Diese soll insbesondere den grenzüberschreitenden Güterverkehr deutlich beleben und die Erreichung der Ziele des europäischen „Grünen Deals“[293] ermöglichen, den Schienengüterverkehr bis 2030 um 50 % zu steigern und bis 2050 zu verdoppeln.[294]

Um diese Ziele zu erreichen, sollen das Fahrwegkapazitäts- und Verkehrsmanagement effizienter gestaltet werden. Grenzüberschreitende Verkehre sollen besser koordiniert werden. Hierzu schlägt die EU-Kommission die Einführung einer strategischen Kapazitätsplanung vor (Art. 11–25 des Vorschlags).

Die in Art. 7f der Recast-Richtlinie 2012/34/EU bereits angelegte Zusammenarbeit der Infrastrukturbetreiber in der EU soll durch die Einführung des European Network of Infrastructure Managers (ENIM, Art. 2 des Vorschlags) intensiviert werden. Die nationalen Regulierungsbehörden sollen durch Einführung des European Network of Rail Regulatory Bodies (ENRRB, Art. 64 des Vorschlags) enger zusammenarbeiten.

Der Vorschlag zur Neuregelung der Kapazitäten beinhaltet unter anderem in Art. 74 Abs. 1 lit. d) die Streichung des Art. 7b der Recast-Richtlinie

---

291 Europäische Kommission, Achter Bericht über die Überwachung der Entwicklung des Schienenverkehrsmarkts gemäß Artikel 15 Absatz 4 der Richtlinie 2012/34/EU des Europäischen Parlaments und des Rates, COM(2023) 510 final, 13.09.2023, S. 18, https://eur-lex.europa.eu/legal-content/DE/TXT/PDF/?uri=CELEX:52023DC0510 (aufgerufen am 29.10.2023).

292 Europäische Kommission, COM(2023) 443 final vom 11.07.2023, Vorschlag für eine Verordnung des Europäischen Parlaments und des Rates über die Nutzung von Fahrwegkapazität der Eisenbahn im einheitlichen europäischen Eisenbahnraum, zur Änderung der Richtlinie 2012/34/EU und zur Aufhebung der Verordnung (EU) Nr. 913/2010, CELEX 52023PC0443.

293 *Europäische Kommission*, Der europäische Grüne Deal, https://commission.europa.eu/strategy-and-policy/priorities-2019-2024/european-green-deal_de (aufgerufen am 25.05.2024).

294 *Kramer*, N&R 2023, 212 (212).

2012/34/EU (Unparteilichkeit des Infrastrukturbetreibers hinsichtlich des Verkehrsmanagements und der Instandhaltungsplanung). Nach Art. 77 Abs. 2 lit. e) soll dies ab dem 09.12.2029 gelten. Damit würden zwar die Entflechtungsregelungen der Recast-Richtlinie 2012/34/EU modifiziert. Die bestehende Regelung des Art. 7b soll aber fast wortgleich durch Art. 3 der neuen Kapazitätsverordnung übernommen werden. Diese hätte als Verordnung nach Art. 288 S. 2 AEUV unmittelbare Geltung. Im Hinblick auf die Rechtslage in Deutschland würde die Streichung des Art. 7b somit nicht zu signifikanten Veränderungen führen, da der deutsche Gesetzgeber Art. 7b der Recast-Richtlinie 2012/34/EU – ebenfalls weitgehend wortgleich – in § 8b ERegG umsetzt hat.[295]

cc) 2024: Bewertung der Recast-Richtlinie, Art. 63 Abs. 1

Art. 63 der Recast-Richtlinie 2012/34/EU weist darüber hinaus der Kommission weitere Aufgaben bis zum 31.12.2024 zu:

- Nach Art. 63 Abs. 1 S. 1 hat die Kommission die Auswirkungen der Richtlinie auf den Eisenbahnsektor zu bewerten. Sie legt dem Europäischen Parlament, dem Rat, dem Europäischen Wirtschafts- und Sozialausschuss und dem Ausschuss der Regionen einen Bericht über die Umsetzung der Richtlinie vor.
- Die Kommission prüft ferner, ob im Zusammenhang mit Infrastrukturbetreibern, die Teil eines vertikal integrierten Unternehmens sind, Diskriminierungen oder sonstige Arten der Wettbewerbsverzerrung fortbestehen. Die Kommission legt gegebenenfalls einen Gesetzgebungsentwurf vor (Art. 63 Abs. 1 S. 3 und 4).

c) Zusammenfassung und Ausblick

Ein Schlusspunkt der Entwicklung des Eisenbahnregulierungsrechts ist daher aktuell nicht zu erwarten.[296] Einzelne Stimmen mahnten bereits an, die bisherigen Liberalisierungs- und Regulierungsmaßnahmen reichen noch nicht aus, um einen grenzüberschreitenden Wettbewerb zu entfalten.[297]

---

[295] Siehe Anlage 2: Abgleich Richtlinie 2012/34/EU und nationale Umsetzung, S. 404.
[296] *Ludwigs*, IR 2020, 60 (68).
[297] *Kühling* in: Ruffert, Europäisches sektorales Wirtschaftsrecht, § 22 Rn. 123.

Für eine weitere Schärfung des Eisenbahnregulierungsrechts spricht auch der Kompromisscharakter der Regelungen des Vierten Eisenbahnpakets. Die damals erfolgten punktuellen Änderungen einzelner Regelungen können Auswirkungen auf die Wirksamkeit des Regulierungssystems insgesamt haben und weitere Auslegungsprobleme[298] nach sich ziehen. Seit dem Bericht zur Umsetzung des Ersten Eisenbahnpakets im Jahr 2006 verfolgte die Kommission konsequent und beständig Ihre Entwicklungslinie zur Entflechtung im Eisenbahnsektor. Bereits als sich abzeichnete, dass die Kommission die ursprünglichen Entflechtungsvorschläge von vertikal integrierten Unternehmen als Leuchtturmprojekt („projet phare“) des Vierten Eisenbahnpakets nicht würde durchsetzen können, wurde spekuliert, ob auf ein unvollkommenes Viertes Eisenbahnpaket ein Fünftes Eisenbahnpaket folgen müsse.[299]

Im Folgenden wird

- nach einer Analyse der verfassungsrechtlichen Stellung der Eisenbahn (III.) und
- einer Übersicht über das Eisenbahnregulierungsgesetz (IV.)
- die Umsetzung der Recast-Richtlinie im deutschen Eisenbahnregulierungsrecht untersucht (V.).
- Anschließend wird auf die Kritik an den Entflechtungsregelungen des Eisenbahnregulierungsgesetzes eingegangen (VI.).

III. Verfassungsrechtliche Stellung der Eisenbahn

Der verfassungsrechtliche Rahmen zur Bahnreform wurde 1993 geschaffen durch die Einführung von Art. 87e GG[300] als neue Zentralnorm[301] des Eisenbahnverfassungsrechts. Die Regelung ist ein Kompromiss zwischen den Positionen der Bundesregierung und des Bundesrates:[302]

---

[298] *Ludwigs*, IR 2020, 60 (68).

[299] *Perier,* Le quatrième paquet ferroviaire: l'impossible libéralisation? S. 18, https://www.coleurope.eu/sites/default/files/research-paper/wp33_perier_0_0.pdf (aufgerufen am 26.01.2022).

[300] Gesetz zur Änderung des Grundgesetzes vom 20.12.1993, BGBl. 1993 I 2089 f.

[301] *Möstl* in: Dürig/Herzog/Scholz, GG, Art. 87e [Stand: 01/2018] Rn. 1.

[302] *Gersdorf* in: von Mangoldt/Klein/Starck, GG, Art. 87e Rn. 37 ff.; *Gersdorf,* DÖV 2018, 789 (791); *Möstl* in: Dürig/Herzog/Scholz, GG, Art. 87e [Stand: 06/2017] Rn. 57 ff.; *Wieland* in: Dreier, GG, Art. 87e Rn. 2.

- Die Bundesregierung wollte ursprünglich eine formelle Privatisierung unter Einschluss der Schienenwege und unter vollständiger Freistellung von besonderen Gemeinwohlpflichten. Nur durch eine Übertragung des Eigentums an den Schienenwegen auf die DB AG werde ein unternehmerischer Handlungszwang erzeugt, die Kosten für die Unterhaltung und den Betrieb des Schienennetzes zu reduzieren und zu erwirtschaften.[303]
- Der Bundesrat vertrat hingegen die Ansicht, jedenfalls die Bereitstellung des Schienennetzes müsse unter Berücksichtigung des Wohls der Allgemeinheit und deren Verkehrsbedürfnissen eine Aufgabe des Bundes bleiben. Ansonsten sei nicht gewährleistet, dass das Schienennetz erhalten und bedarfsgerecht ausgebaut werde, da die (damalige) Wettbewerbssituation zwischen den Verkehrsträgern keinen kostendeckenden Betrieb des Schienennetzes ermögliche.[304]

Zur Erreichung der notwendigen Zweidrittelmehrheit in Bundestag und Bundesrat war eine vermittelnde Lösung erforderlich, die im Zuge der Beratungen im Rechtsausschuss zustande kam.[305]

1. Eisenbahnverkehrsverwaltung, Art. 87e Abs. 1 und 2 GG

Art. 87e Abs. 1 und 2 GG regeln hoheitliche Aufgaben des Bundes im Bereich der Eisenbahnverkehrsverwaltung.[306] Die Verwaltung umfasst „alle hoheitlichen Ordnungs- und Steuerungsaufgaben, die das Eisenbahnwesen einschließlich des Baus und des Betriebs der Eisenbahnen betreffen“.[307] Dies schließt insbesondere die Wahrnehmung von Aufsichts- und Genehmigungsbefugnissen ein.[308] Auf einfachgesetzlicher Ebene finden diese Aufgaben u. a. ihre

---

303 Gesetzentwurf der Bundesregierung, Entwurf eines Gesetzes zur Änderung des Grundgesetzes, BT-Drs. 12/5015, Gegenäußerung der Bundesregierung zur Stellungnahme des Bundesrates, S. 14 und 16.

304 Gesetzentwurf der Bundesregierung, Entwurf eines Gesetzes zur Änderung des Grundgesetzes, BT-Drs. 12/5015, Stellungnahme des Bundesrates, S. 11.

305 *Möstl* in: Dürig/Herzog/Scholz, GG, Art. 87e [Stand: 06/2017] Rn. 60.

306 *Kühling/Weinbeck* in: Kühling/Otte, AEG/ERegG, Einf. Rn. 44.

307 *BVerfG*, Beschl. v. 28.01.1998 – 2 BvF 3/92 [ECLI:DE:BVerfG:1998:fs19980128.2bvf000392], BVerfGE 97, 198, 222 – Bundesgrenzschutz.

308 Gesetzentwurf der Bundesregierung, Entwurf eines Gesetzes zur Änderung des Grundgesetzes, BT-Drs. 12/5015, S. 7.

Ausprägung im Zuge der Eisenbahnneuorganisation[309] im Gesetz über die Eisenbahnverkehrsverwaltung des Bundes (Bundeseisenbahnverkehrsverwaltungsgesetz – BEVVG).[310]

2. Eisenbahnen des Bundes, Art. 87e Abs. 3 und 4 GG

Art. 87e Abs. 3 und 4 GG regeln die verfassungsrechtliche Stellung der Eisenbahnen des Bundes. Art. 73 Abs. 1 Nr. 6a GG definiert diese im Sinne eines formalen Verständnisses als Eisenbahnen, die ganz oder mehrheitlich im Eigentum des Bundes stehen.

a) Organisationsprivatisierung, Art. 87e Abs. 3 S. 1 GG

Art. 87e Abs. 3 S. 1 GG legt fest, dass die Eisenbahnen des Bundes als Wirtschaftsunternehmen in privat-rechtlicher Form geführt werden.

aa) Privat-rechtliche Form

Art. 87e Abs. 3 S. 1 GG schreibt die Führung in einer privat-rechtlichen Form vor, legt aber weder eine bestimmte privat-rechtliche Form noch die Anzahl der Unternehmen fest.[311] Insoweit besteht keine verfassungsrechtliche Vorgabe, die Eisenbahnen des Bundes in einem Holdingmodell zu organisieren. Das Bundesverfassungsgericht führte im Zusammenhang mit dem parlamentarischen Informationsanspruch des Deutschen Bundestages aus, der Staat habe für sein Handeln in privatrechtlichen Organisationsformen die Rechtsform zu wählen, die seine erforderlichen Steuerungs- und Einwirkungsmöglichkeiten gewährleistet.[312] Alternativ zur Aktiengesellschaft kommen auch andere Gesellschaftsformen in Betracht, wie beispielsweise die Rechtsform der GmbH. Das GmbH-Recht ermöglicht

---

309 Siehe oben C. II. 2. a) aa) 1994: Strukturreform und Eisenbahnneuordnungsgesetz, S. 39.

310 Bundeseisenbahnverkehrsverwaltungsgesetz vom 27. Dezember 1993 (BGBl. 1993 I 2378, 2394), zuletzt geändert durch Artikel 8 des Gesetzes vom 3. Dezember 2020 (BGBl. I S. 2694).

311 *Gersdorf* in: von Mangoldt/Klein/Starck, GG, Art. 87e Rn. 42 und 44; *Möstl* in: Dürig/Herzog/Scholz, GG, Art. 87e [Stand: 01/2018] Rn. 174; *Remmert* in: Epping/Hillgruber, BeckOK Grundgesetz, Art. 87e [Stand: 06/2024] Rn. 10; *Wieland* in: Dreier, GG, Art. 87e Rn. 15; *Windthorst* in: Sachs, GG, Art. 87e Rn. 40 f.

312 *BVerfG*, Urt. v. 07.11.2017 – 2 BvE 2/11 [ECLI:DE:BVerfG:2017:es20171107.2bve000211], BVerfGE 147, 50 (137 Rn. 225) – Informationsanspruch.

eine stärkere Einflussnahme auf die Geschäftsführung eines öffentlichen Unternehmens[313] zum Beispiel durch Beschlüsse der Gesellschafter § 37 Abs. 1 GmbHG. Für die Aktiengesellschaft legt § 76 Abs. 1 AktG dagegen fest, dass der Vorstand die Gesellschaft unter eigener Verantwortung leitet. Dies schließt Weisungsbefugnisse seitens der Kapitaleigner oder des Aufsichtsrats an den Vorstand grundsätzlich aus.[314]

Diese verfassungsrechtlichen Vorgaben wurden durch das Deutsche Bahn Gründungsgesetz (DBGrG)[315] umgesetzt. Im Zuge der ersten Stufe der Bahnreform wurden 1994 die Eisenbahnverkehrsleistungen und der Betrieb der Eisenbahninfrastruktur an die neu gegründete Deutsche Bahn AG ausgegliedert, § 1 DBGrG.[316] Im Zuge der zweiten Stufe der Bahnreform 1998 wurden anschließend die wichtigsten Unternehmensbereiche aus der Deutsche Bahn AG in eigenständige Aktiengesellschaften ausgegliedert (§ 2 Abs. 1 DBGrG, § 25 DBGrG).[317]

Das verfassungsrechtliche Gebot der Privatisierung geht über die europarechtlichen Anforderungen hinaus, die auch öffentlich-rechtliche Rechtsformen zulassen.[318]

bb) Führung als Wirtschaftsunternehmen

Die Festlegung, dass die Eisenbahnen des Bundes als (und nicht nur wie[319] ein) Wirtschaftsunternehmen zu führen sind, bedeute, dass sie ihre Aufgaben nicht nur nach wirtschaftlichen Kriterien, sondern auch in unternehmerischer

---

313 *Burgi*, NVwZ 2018, 601 (607 f); *Gersdorf*, DÖV 2018, 789 (790); *Uerpmann-Wittzack* in: von Münch/Kunig, GG, Art. 87e Rn. 17. Im Ergebnis ebenso *Wieland* in: Dreier, GG, Art. 87e Rn. 15.

314 *Burgi*, NVwZ 2018, 601 (608); *Möstl* in: Dürig/Herzog/Scholz, GG, Art. 87e [Stand: 01/2018] Rn. 173.

315 Deutsche Bahn Gründungsgesetz vom 27. Dezember 1993 (BGBl. 1993 I 2378, 2386; Berichtigung durch 1994 I 2439), zuletzt geändert durch Artikel 334 der Verordnung vom 19. Juni 2020 (BGBl. I S. 1328).

316 Siehe oben C. II. 2. a) aa) (2) (a) 1994: Erste Stufe Bahnreform, S. 41.

317 Siehe oben C. II. 2. a) aa) (2) (b) 1999: Zweite Stufe Bahnreform, S. 41.

318 *Möstl* in: Dürig/Herzog/Scholz, GG, Art. 87e [Stand: 06/2017] Rn. 172; *Windthorst* in: Sachs, GG, Art. 87e Rn. 39.

319 Die Deutsche Bundesbahn war gemäß § 28 Abs. 1 Bundesbahngesetz lediglich „wie" ein Wirtschaftsunternehmen zu führen. Siehe Gesetz zur Änderung des Bundesbahngesetzes vom 01. August 1961 (BGBl. 1961, 1161, 1162).

Handlungsfreiheit erfüllen sollen.[320] Hierzu verfügen sie über eine durch Autonomie bezüglich Organisation und Personal gekennzeichnete Binnenstruktur und können nach außen betreffend ihrer Leistungen, Produkte, Investitions- und Wettbewerbsentscheidungen autonom agieren.[321] Der Begriff des Wirtschaftsunternehmens bezeichnet eine kaufmännische, wettbewerbs- und gewinnorientierte Führung des Betriebs nach handelsrechtlichen Grundsätzen.[322]

Diese Weichenstellung zugunsten einer marktwirtschaftlichen unternehmerischen Entscheidungsrationalität, d. h. eines wirtschaftlich handelnden und auf Leistungs- und Produktivitätssteigerung ausgerichteten Unternehmens, sollte die Erreichung eines wesentlichen Ziels der Bahnreform sicherstellen, durch den Geschäftserfolg zugleich zu einer dauerhaften Entlastung der öffentlichen Haushalte beizutragen.[323]

Die Erbringung von Eisenbahnverkehrs- und Infrastrukturleistungen bleibt mithin eine staatliche Tätigkeit. Der Staat nimmt diese Aufgaben jedoch in einem besonderen, durch Art. 87e Abs. 3 S. 1 GG definierten Modus[324] wahr. Dieser unterscheidet sich

- von hoheitlichem Tätigwerden wie der Eisenbahnverkehrsverwaltung, Art. 87e Abs. 1 und 2 GG, und
- von anderen öffentlichen Unternehmen, die nicht nach verfassungsrechtlicher Vorgabe „als Wirtschaftsunternehmen“ zu führen sind, sondern bei denen die Erfüllung gemeinwirtschaftlicher Aufgaben im Vordergrund steht.

---

[320] *BVerwG* Urt. v. 14.06.2016 – 10 C 7.15 [ECLI:DE:BVERWG:2016:140616U10C7.15.0], BeckRS 2016, 50923 Rn. 24 – Kein Erfolg der Gegner von Stuttgart 21. *Gersdorf* in: von Mangoldt/Klein/Starck, GG, Art. 87e Rn. 47.

[321] *Burgi*, NVwZ 2018, 601 (606).

[322] *Kment* in: Jarass/Pieroth, GG, Art. 87e Rdnr 4; *Uerpmann-Wittzack* in: von Münch/Kunig, GG, Art. 87e Rn. 17; *Windthorst* in: Sachs, GG, Art. 87e Rn. 42. Ähnlich *Gersdorf* in: von Mangoldt/Klein/Starck, GG, Art. 87e Rn. 47 ff.; *Wieland* in: Dreier, GG, Art. 87e Rn. 16.

[323] Gesetzentwurf der Bundesregierung, Entwurf eines Gesetzes zur Änderung des Grundgesetzes, BT-Drs. 12/5015, Gegenäußerung der Bundesregierung zur Stellungnahme des Bundesrates, S. 16.

[324] *Burgi*, NVwZ 2018, 601 (606) spricht in diesem Zusammenhang von einem „modusbezogenen Gehalt“ des Art. 87e Abs. 3 S. 1 GG.

Das Grundgesetz schreibt damit in Art. 87e Abs. 3 S. 1 GG eine formelle Organisationsprivatisierung vor. Insoweit die Eisenbahnen des Bundes als Wirtschaftsunternehmen zu führen und kommerziellen Zielen verpflichtet sind, intendiert das Grundgesetz zudem eine materielle Aufgabenprivatisierung im weiteren Sinne.[325]

Nicht vorgeschrieben ist dagegen eine materielle Aufgabenprivatisierung im engeren Sinne in Form einer Kapitalprivatisierung, d. h. einer vollständigen Veräußerung der Bahnunternehmen durch den Bund an Private.[326] Partiell, d. h. außerhalb des Schienenwegevorbehalts (Art. 87e Abs. 3 S. 2 GG),[327] ist diese jedoch verfassungsrechtlich möglich.

b) Schienenwegevorbehalt, Art. 87e Abs. 3 S. 2, 3 GG

Soweit die Tätigkeit der Eisenbahnen des Bundes den Bau, die Unterhaltung und das Betreiben von Schienenwegen umfasst, haben die Eisenbahnen im Eigentum des Bundes zu stehen. Die Mehrheit der Anteile an diesen Unternehmen hat beim Bund zu verbleiben („Schienenwegevorbehalt"), Art. 87e Abs. 3 S. 2 und 3 GG.

Der Bau von Schienenwegen umfasst den Neubau und Ausbau der Gleisanlagen und ihrer wesentlichen „schienenwegenotwendigen" Bestandteile wie z. B. Steuerungs- und Sicherungssysteme sowie Bahnstromfernleitungen. Ihre Unterhaltung verlangt die Aufrechterhaltung eines verkehrsgeeigneten Zustands. Das Betreiben von Schienenwegen beinhaltet die Führung der Betriebsleit- und Sicherheitssysteme sowie die Bereithaltung der notwendigen Fahrwegkapazität und -ausstattung.[328]

Diese – aufgrund der Intervention des Bundesrates zustande gekommene – Sonderstellung des Netzes beruht auf der Erkenntnis, dass ein

---

[325] *Gersdorf* in: von Mangoldt/Klein/Starck, GG, Art. 87e Rn. 50. Ähnlich *Möstl* in: Dürig/Herzog/Scholz, GG, Art. 87e [Stand: 01/2018] Rn. 80; *Uerpmann-Wittzack* in: von Münch/Kunig, GG, Art. 87e Rn. 17; *Windthorst* in: Sachs, GG, Art. 87e Rn. 35 und 42.

[326] *Möstl* in: Dürig/Herzog/Scholz, GG, Art. 87e [Stand: 06/2017] Rn. 108 ff. und 172; *Remmert* in: Epping/Hillgruber, BeckOK Grundgesetz, Art. 87e [Stand: 06/2024] Rn. 10 f.; *Wieland* in: Dreier, GG, Art. 87e Rn. 17.

[327] Siehe oben C. III. 2. b) Schienenwegevorbehalt, Art. 87e Abs. 3 S. 2, 3 GG, S. 84.

[328] *Gersdorf* in: von Mangoldt/Klein/Starck, GG, Art. 87e Rn. 56; *Windthorst* in: Sachs, GG, Art. 87e Rn. 51.

funktionierender privatwirtschaftlicher Wettbewerb im Netzbereich u. a. aufgrund der Investitionskosten und des Landverbrauchs nicht möglich ist.[329] Insoweit dient das Verbot der mehrheitlichen Kapitalprivatisierung auch der Absicherung des Gewährleistungsauftrages des Bundes für das Schienennetz aus Art. 87e Abs. 4 GG.[330]

Die öffentliche Vorhaltung und Bewirtschaftung des Netzes hat zudem eine Schlüsselstellung für einen funktionstüchtigen Wettbewerb auf dem Netz, da es einen diskriminierungsfreien Zugang für alle Anbieter von Verkehrsdienstleistungen fördert.[331] Das Schienennetz hat eine dienende Funktion für den Wettbewerb auf dem Netz.[332]

c) Gewährleistungsauftrag, Art. 87e Abs. 4 GG

Nach Art. 87e Abs. 4 S. 1 GG gewährleistet der Bund, dass dem Wohl der Allgemeinheit und den Verkehrsbedürfnissen Rechnung getragen wird sowohl

- beim Ausbau und Erhalt des Schienennetzes der Eisenbahnen des Bundes als auch
- bei deren Verkehrsangeboten mit Ausnahme des Schienenpersonennahverkehrs.

Art. 87e Abs. 4 GG ist im Rahmen der Kompromisslösung zwischen Bundestag und Bundesrat die Korrespondenzvorschrift zu der Vorgabe der Organisationsprivatisierung aus Art. 87e Abs. 3 S. 1 GG.[333] Während Art. 87e Abs. 3 S. 1 GG die privatrechtliche Form garantiert, sichert Art. 87e Abs. 4 GG die staatlichen Gewährleistungspflichten ab.

---

329 *Möstl* in: Dürig/Herzog/Scholz, GG, Art. 87e [Stand: 06/2017] Rn. 113; *Windthorst* in: Sachs, GG, Art. 87e Rn. 57.

330 *Gersdorf* in: von Mangoldt/Klein/Starck, GG, Art. 87e Rn. 59; *Möstl* in: Dürig/Herzog/Scholz, GG, Art. 87e [Stand: 06/2017] Rn. 112.

331 *Möstl* in: Dürig/Herzog/Scholz, GG, Art. 87e [Stand: 06/2017] Rn. 124.

332 *BVerwG*, Urt. v. 03.03.2016 – 6 C 64.14 [ECLI:DE:BVerwG:2016:030316U6C64.14.0], Rn. 41, https://www.bverwg.de/de/030316U6C64.14.0 (aufgerufen am 23.05.2021); *dass.*, Urt. v. 29.09.2011 – 6 C 17/10 [ECLI:DE:BVerwG:2011:290911U6C17.10.0], BVerwGE 140, 359 Rn. 21.

333 *Gersdorf* in: von Mangoldt/Klein/Starck, GG, Art. 87e Rn. 65.

aa) Rechtsnatur: Staatszielbestimmung

Der Gewährleistungsauftrag richtet sich seinem Wortlaut nach an den Bund. Er ist als Staatszielbestimmung zu verstehen, d. h. als bindende Direktive, die Gesetzgebung, Verwaltung und Rechtsprechung objektive Pflichten auferlegt, nicht aber subjektive Rechte des Bürgers begründet.[334]

Zur Erfüllung des Gewährleistungsauftrages muss der Bund sich am Wohl der Allgemeinheit und insbesondere deren Verkehrsbedürfnissen hinsichtlich einer angemessenen Grundversorgung zu orientieren. Hierbei kann er aber auch andere Belange wie zum Beispiel die Wirtschaftlichkeit berücksichtigen.[335] Aufgrund seiner Einschätzungsprärogative[336] verfügt der Bund bei der Abwägung über einen weiten Gestaltungsspielraum.

Die Gewährleistungspflicht des Bundes bezieht sich nach dem Wortlaut des Art. 87e Abs. 4 S. 1 GG auf seine Eisenbahnen („... beim Ausbau und Erhalt des Schienennetzes der Eisenbahnen des Bundes sowie bei deren Verkehrsangeboten ...“). Die Funktionen der Eisenbahnen des Bundes und des Wettbewerbs im Rahmen von Art. 87e Abs. 4 S. 1 GG sind daher näher zu betrachten.

bb) Funktion der Eisenbahnen des Bundes

Hinsichtlich der Funktion der Eisenbahnen des Bundes im Rahmen von Art. 87e Abs. 4 S. 1 GG stellen sich die Fragen,

- ob die Eisenbahnen des Bundes selbst dem Gemeinwohl verpflichtet sind und
- ob sich die Verpflichtung des Bundes auf seine Eisenbahnen beschränkt, d. h. der Bund sich seiner Gewährleistungspflicht durch eine Veräußerung seiner Eisenbahnen entledigen kann.

---

334 *Burgi*, NVwZ 2018, 601 (606), *Gersdorf* in: von Mangoldt/Klein/Starck, GG, Art. 87e Rn. 74; *Möstl* in: Dürig/Herzog/Scholz, GG, Art. 87e [Stand: 06/2017] Rn. 182; *Windthorst* in: Sachs, GG, Art. 87e Rn. 62. Ähnlich *Kment* in: Jarass/Pieroth, GG, Art. 87e Rdnr 4.

335 *Gersdorf* in: von Mangoldt/Klein/Starck, GG, Art. 87e Rn. 72; *Windthorst* in: Sachs, GG, Art. 87e Rn. 63.

336 *Remmert* in: Epping/Hillgruber, BeckOK Grundgesetz, Art. 87e [Stand: 06/2024] Rn. 17; *Windthorst* in: Sachs, GG, Art. 87e Rn. 64.

(1) Adressat der Gemeinwohlbindung

Streitig ist, ob sich die Eisenbahnen des Bundes bei ihrer Tätigkeit ausschließlich am Wettbewerb und Unternehmensgewinn zu orientieren haben oder ob sie selbst auch einer Gemeinwohlbindung unterliegen.[337] Einerseits wird die Ansicht vertreten, die Deutsche Bahn AG sei an den in Art. 87e Abs. 4 GG definierten öffentlichen Zweck gebunden. Die Deutsche Bahn unterscheide sich somit in ihrer Zweckbindung nicht von anderen öffentlichen Unternehmen.[338]

Dem wird entgegengehalten, das durch Art. 87e Abs. 3 S. 1 GG gebotene Strukturprinzip der Führung der Eisenbahnen als Wirtschaftsunternehmen schließe eine unmittelbare Gemeinwohlbindung von Eisenbahninfrastruktur- und Eisenbahnverkehrsunternehmen des Bundes aus. Verkehrsdienstleistungen seien ein den Regeln des freien Marktes unterworfenes Wirtschaftsgut.[339] Zwar sei das Eisenbahnwesen nach seiner Dimension und Bedeutung schon wegen seiner raumgreifenden Wirkung von unabweisbarer Gemeinwohlrelevanz.[340] Primärziel der unternehmerischen Tätigkeit der Eisenbahnen des Bundes sei allerdings nicht die Verfolgung eines Gemeinwohlzwecks, sondern die Erzielung von Gewinn. Gerade durch die Ausrichtung auf die unternehmerische Tätigkeit solle größtmöglicher Nutzen für das Gemeinwohl gestiftet werden.[341] Der Bund bleibe ausschließlicher Adressat der Sicherstellungspflicht aus Art. 87e Abs. 4 S. 1 GG.[342]

Diese – zutreffende – Ansicht entspricht der Intention der Bahnreform im Jahr 1994, die Eisenbahnen des Bundes nicht mehr in bundeseigener Verwaltung zu führen, sondern sich bei der Wahrnehmung der eigenen Gemeinwohlverpflichtungen des Bundes privatwirtschaftliche Handlungsrationalitäten zur Effizienzsteigerung nutzbar zu machen.

---

337 *Remmert* in: Epping/Hillgruber, BeckOK Grundgesetz, Art. 87e [Stand: 06/2024] Rn. 12; *Wieland* in: Dreier, GG, Art. 87e Rn. 20.

338 *Jochum*, NVwZ 2005, 779 (781); *Remmert* in: Epping/Hillgruber, BeckOK Grundgesetz, Art. 87e [Stand: 06/2024] Rn. 12.

339 *Gersdorf* in: von Mangoldt/Klein/Starck, GG, Art. 87e Rn. 47 und 60; *Gersdorf*, DÖV 2018, 789 (793 f.); *Hammer*, DÖV 2011, 761 (766 f.); *Windthorst* in: Sachs, GG, Art. 87e Rn. 47.

340 *Burgi*, NVwZ 2018, 601 (605).

341 *Burgi*, NVwZ 2018, 601 (606).

342 *Gersdorf* in: von Mangoldt/Klein/Starck, GG, Art. 87e Rn. 47 und 73; *Gersdorf*, DÖV 2018, 789 (798 f.); *Hammer*, DÖV 2011, 761 (767).

(2) Kopplung an Bestand der Eisenbahnen des Bundes

Dem Wortlaut nach bezieht sich die Gewährleistungsverpflichtung des Bundes aus Art. 87e Abs. 4 S. 1 GG nur auf seine Eisenbahnen („... beim Ausbau und Erhalt des Schienennetzes der Eisenbahnen des Bundes sowie bei deren Verkehrsangeboten ...").

In Bezug auf den Ausbau und Erhalt des Schienennetzes kann der Bund sich wegen des Verbots der mehrheitlichen Kapitalprivatisierung, Art. 87e Abs. 3 S. 2 GG seiner Gewährleistungsverpflichtung nicht durch Veräußerung seiner Eisenbahnen entziehen. Insoweit wirkt diese Verpflichtung dauerhaft.[343]

Soweit die Eisenbahnen des Bundes jedoch Verkehrsangebote erbringen, besteht kein entsprechendes Verbot der Kapitalprivatisierung. Fraglich ist daher, ob der Bund sich durch eine Veräußerung seiner Verkehrsunternehmen der Gewährleistungspflicht für „deren" Verkehrsangebote aus Art. 87e Abs. 4 S. 1 GG entledigen kann. Dies wird mit dem Argument bestritten, dass damit eine dauerhafte Verantwortung des Bundes für die Infrastruktur weitgehend ins Leere ginge ohne eine korrespondierende Pflicht zur Sicherung von Verkehrsangeboten. Hieraus wird gefolgert, dass eine Gewährleistungspflicht des Bundes für Verkehrsangebote auch im Fall einer vollständigen Veräußerung seiner Verkehrsunternehmen fortbestehen müsse.[344]

Die Gegenmeinung schließt für Verkehrsangebote ein Fortbestehen der Gewährleistungsverpflichtung aus Art. 87e Abs. 4 S. 1 GG nach Veräußerung des Mehrheitseigentums an den Eisenbahnverkehrsunternehmen des Bundes aus.[345] Zur Begründung verweist sie auf den Wortlaut Art. 87e Abs. 4 S. 1 GG. Eine Verpflichtung des Staates zur Sicherstellung gemeinnütziger Verkehrsangebote könne aber aus anderen Rechtsnormen folgen, so z. B. aus dem Sozialstaatsprinzip, dem Gedanken des Grundrechtsvoraussetzungsschutzes,[346] dem Unionsrecht oder einfachgesetzlichen Regelungen.

Für diese Meinung spricht neben dem Wortlaut auch die Systematik des Art. 87e Abs. 3 und 4 GG. Das Verbot der mehrheitlichen Kapitalprivatisierung

---

[343] *Möstl* in: Dürig/Herzog/Scholz, GG, Art. 87e [Stand: 06/2017] Rn. 112.

[344] *Ludwigs*, IR 2020, 60 (68); *Remmert* in: Epping/Hillgruber, BeckOK Grundgesetz, Art. 87e [Stand: 06/2024] Rn. 18; *Uerpmann-Wittzack* in: von Münch/Kunig, GG, Art. 87e Rn. 32; *Wieland* in: Dreier, GG, Art. 87e Rn. 23.

[345] *Gersdorf* in: von Mangoldt/Klein/Starck, GG, Art. 87e Rn. 62 und 68; *Windthorst* in: Sachs, GG, Art. 87e Rn. 61.

[346] *Möstl* in: Dürig/Herzog/Scholz, GG, Art. 87e [Stand: 06/2017] Rn. 189.

aus Art. 87e Abs. 3 S. 2 GG bezieht sich nur auf die Unterhaltung und das Betreiben von Schienenwegen. Eine Kapitalprivatisierung der Eisenbahnverkehrsunternehmen ist dagegen nicht ausgeschlossen. Dies legt nahe, dass deren Funktion für das das Gesamtsystem Eisenbahn nicht in gleichem Maße geschützt werden sollte wie die der Eisenbahninfrastrukturunternehmen.

cc) Funktion des Wettbewerbs

Wettbewerber und die Funktion des Wettbewerbs werden in Art. 87e Abs. 3 und 4 GG nicht ausdrücklich erwähnt.[347] Insoweit trifft Art. 87e GG keine (ausdrückliche) Entscheidung für den Wettbewerb.[348] Die Gewährleistungsverpflichtung des Bundes für Infrastruktur und Verkehrsangebote aus Art. 87e Abs. 4 S. 1 GG beschränkt sich ausschließlich auf die Eisenbahnen des Bundes, statt hierfür auf den Wettbewerb zu rekurrieren.

Für den Betrieb der Infrastruktur wird aufgrund von hohen Investitionskosten potenzieller Wettbewerber („natürliches Monopol") nicht mit einem funktionstüchtigen privatwirtschaftlichen Wettbewerb gerechnet.[349]

(1) Wettbewerb im Post- und Telekommunikationssektor

Für die Erbringung von Dienstleistungen in einem bestehenden Netz hat der Gesetzgeber im Post- und Telekommunikationssektor ein anderes Modell als im Eisenbahnsektor gewählt, indem er in Art. 87f Abs. 1 GG die Gewährleistungsverpflichtung als eine Aufgabe des Bundes definierte (Abs. 1), zu der auch private Anbieter beitragen können (Abs. 2). Hier wird jeweils ein Anbieter durch die Festlegung von Universaldiensten in Anspruch genommen und die anderen Anbieter werde proportional zur Finanzierung mit herangezogen (§§ 11 ff. PostG, §§ 78 ff. TKG a. F.).[350]

Teile der Literatur vertreten die Meinung, dass verfassungspolitisch eine dem Art. 87f Abs. 1 GG vergleichbare Regelung für den Eisenbahnsektor wünschenswert gewesen wäre.[351] Aufgrund dieser verfassungsunmittelbaren Aufgabenzuweisung ausschließlich an die Eisenbahnverkehrsunternehmen

---

347 *Gersdorf* in: von Mangoldt/Klein/Starck, GG, Art. 87e Rn. 37; *Möstl* in: Dürig/Herzog/Scholz, GG, Art. 87e [Stand: 06/2017] Rn. 14 und 65 ff.

348 *Uerpmann-Wittzack* in: von Münch/Kunig, GG, Art. 87e Rn. 19.

349 *Möstl* in: Dürig/Herzog/Scholz, GG, Art. 87e [Stand: 06/2017] Rn. 112 f.

350 *Möstl* in: Dürig/Herzog/Scholz, GG, Art. 87e [Stand: 06/2017] Rn. 87.

351 *Gersdorf* in: von Mangoldt/Klein/Starck, GG, Art. 87e Rn. 69.

des Bundes sei gegenwärtig im Bereich des Schienenpersonenfernverkehrs für einen (Ausschreibungs-)Wettbewerb kein Platz. Dies käme auch zum Ausdruck durch die Möglichkeit der Direktvergabe öffentlicher Dienstleistungsaufträge ohne wettbewerbliche Vergabeverfahren im Eisenbahnverkehr nach Artikel 5 Abs. 3 i. V. m. Abs. 6 der Verordnung (EG) Nr. 1370/2007.[352]

(2) Implizites Bekenntnis zum Wettbewerb

Die Vorgabe des Art. 87e Abs. 3 S. 1 GG zur privatwirtschaftlichen Führung der Eisenbahnen des Bundes als Wirtschaftsunternehmen wird in der Literatur bereits als ein implizites verfassungsmäßiges Bekenntnis zu einer marktmäßigen, wettbewerblichen Leistungserbringung gesehen.[353] Die Sonderregelung des Schienenwegevorbehalts Art. 87e Abs. 3 S. 2 GG[354] zeige zwar, dass eine Privatwirtschaftlichkeit auch ohne wesentlichen Wettbewerb möglich sei. Bei dem Schienenwegevorbehalt handele es sich aber um eine ausdrücklich nur für die Schienenwege und nicht für den Verkehrsbereich getroffene Regelung.[355] Jedenfalls das Zielbild der EU-Gesetzgebung sei ein funktionierender Wettbewerb für die Verkehrsangebote des Eisenbahnsektors.[356]

Das Ausmaß staatlicher Einwirkungen hänge davon ab, wieweit Gemeinwohlbelange durch und im angestrebten Wettbewerb gewahrt werden können.[357] Werde die Grundversorgung bereits durch funktionierenden Wettbewerb im Markt aus eigener Kraft sichergestellt, bestehe kein Anlass für den Bund, im Rahmen seiner Gewährleistungsverpflichtung aus Art. 87e Abs. 4 S. 1 GG tätig zu werden. Werde die Grundversorgung dagegen – z. B. in defizitären Dienstleistungsbereichen – nicht durch funktionierenden Wettbewerb sichergestellt, beschränkten sich die Gewährleistungsverpflichtungen auf die Eisenbahnen des Bundes und seien nicht auf die Herstellung von Wettbewerb ausgerichtet. Die Gewährleistungsverpflichtung zwinge – über

---

352 *Gersdorf* in: von Mangoldt/Klein/Starck, GG, Art. 87e Rn. 70.

353 *Möstl* in: Dürig/Herzog/Scholz, GG, Art. 87e [Stand: 06/2017] Rn. 14 und 69. Andere Ansicht *Gersdorf* in: von Mangoldt/Klein/Starck, GG, Art. 87e Rn. 51.

354 Siehe oben C. III. 2. b) Schienenwegevorbehalt, Art. 87e Abs. 3 S. 2, 3 GG, S. 84.

355 *Möstl* in: Dürig/Herzog/Scholz, GG, Art. 87e [Stand: 06/2017] Rn. 71.

356 Richtlinie 2012/34/EU des Europäischen Parlaments und des Rates vom 21.11.2012 zur Schaffung eines einheitlichen europäischen Eisenbahnraums, ABl. 2012 L 343, 32, Erwägungsgründe 2 u. 3.

357 *Windthorst* in: Sachs, GG, Art. 87e Rn. 58.

die Sicherstellung eines ungehinderten Markt- und diskriminierungsfreien Netzzugangs hinaus – nicht dazu, einen Wettbewerb dort besonders zu fördern, wo er sich nicht von allein einstelle.[358]

(3) Stellungnahme zur Funktion des Wettbewerbs

Es hätte ein zusätzliches Signal zugunsten der wettbewerblichen Leistungserbringung gesetzt, die Funktion des Wettbewerbs in Art. 87e Abs. 3 und 4 GG explizit zu betonen. So hätte beispielsweise analog Art. 87f Abs. 1 GG die Gewährleistungspflicht des Bundes unabhängig vom Anbieter statuiert und nicht auf seine Eisenbahnen beschränkt werden können.

Erforderlich ist ein solches zusätzliches Signal jedoch nicht. Das verfassungsrechtliche Bekenntnis zu einer marktmäßigen, wettbewerblichen Leistungserbringung folgt aus der Vorgabe zur privatwirtschaftlichen Führung der Eisenbahnen des Bundes als Wirtschaftsunternehmen (Art. 87e Abs. 3 S. 1 GG) in Verbindung mit der „Wirtschaftsverfassung“ des Grundgesetzes. Die grundrechtlichen Abwehrrechte der Berufsausübungsfreiheit, Art. 12 Abs. 1 GG, der Eigentumsfreiheit, Art. 14 Abs. 1 GG, und der allgemeinen Handlungsfreiheit, Art. 2 Abs. 1 GG, gewährleisten eine grundsätzliche marktwirtschaftliche Wirtschaftsordnung.[359]

dd) Sonderregelungen für den Schienenpersonennahverkehr

Vom Gewährleistungsauftrag des Bundes sind die Verkehrsangebote des Schienenpersonennahverkehrs ausgenommen. Diese wurden im Zuge der Bahnreform durch die Regelungen der Art. 143a Abs. 3 GG, Art. 106a GG sowie das Regionalisierungsgesetz – RegG[360] der Aufgaben- und Finanzierungsverantwortung der Länder übergeben. Die Sicherstellung einer ausreichenden Bedienung der Bevölkerung mit Verkehrsleistungen im öffentlichen Personennahverkehr ist nach § 1 Abs. 1 RegG ebenso eine Aufgabe der Daseinsvorsorge wie auch im Fernverkehr.

---

358 *Möstl* in: Dürig/Herzog/Scholz, GG, Art. 87e [Stand: 06/2017] Rn. 74 und 76.

359 *Di Fabio* in: Dürig/Herzog/Scholz, GG, Art. 2 Abs. 1 [Stand: 07/2001] Rn. 76.

360 Regionalisierungsgesetz vom 27. Dezember 1993 (BGBl. 1993 I 2378, 2395), zuletzt geändert durch Artikel 5 des Gesetzes vom 14. Juli 2020 (BGBl. I S. 1683).

ee) Mögliche Handlungsoptionen des Bundes

Wie der Bund seinem Gewährleistungsauftrag für Schienennetz und Verkehrsangebote nachzukommen hat, ist durch Art. 87e GG nicht vorgegeben. Ihm stehen im Zuge seiner Einschätzungsprärogative eine Reihe von Handlungsoptionen zur Verfügung.[361] Hierzu zählen:

(1) Rechtsgestalterische Wahl einer geeigneten Rechtsform

Art. 87e Abs. 3 S. 1 GG macht dem Bund keine Vorgaben hinsichtlich einer bestimmten privat-rechtlichen Handlungsform. Im Zusammenhang mit dem parlamentarischen Informationsanspruch des Deutschen Bundestages führte das Bundesverfassungsgericht aus, der Staat habe für sein Handeln in privatrechtlichen Organisationsformen die Rechtsform zu wählen, die seine erforderlichen Steuerungs- und Einwirkungsmöglichkeiten sicherstelle.[362] Nicht das Gesellschaftsrecht sei an die Steuerungsbedürfnisse des Staates als Anteilseigner anzupassen, sondern dieser habe selbst die Rechtsform für die ihm obliegende Aufgabenwahrnehmung zu wählen, die ihm die erforderlichen Einwirkungsmöglichkeiten biete.[363] Diese Einwirkungsmöglichkeiten können

- organisatorisch-personell durch die Bestellung von Aufsichtsrats- oder Vorstandsmitgliedern oder
- sachlich-inhaltlich sein beispielsweise durch Kontrolle der Wahrnehmung von zugewiesenen Aufgaben.[364]

(2) Konsensuale Optionen

Besteht ein funktionierender Wettbewerb im Markt (noch) nicht, so kann der Bund diesen durch wettbewerbsfördernde und -konforme Mittel wie Ausschreibungswettbewerbe um gemeinwirtschaftliche Leistungen

---

361 *Windthorst* in: Sachs, GG, Art. 87e Rn. 64.

362 *BVerfG*, Urt. v. 07.11.2017 – 2 BvE 2/11 [ECLI:DE:BVerfG:2017:es20171107.2bve000211], BVerfGE 147, 50 (137 Rn. 225) – Informationsanspruch.

363 *BVerfG*, Urt. v. 07.11.2017 – 2 BvE 2/11 [ECLI:DE:BVerfG:2017:es20171107.2bve000211], BVerfGE 147, 50 (137 Rn. 225) – Informationsanspruch.

364 *BVerfG*, Urt. v. 07.11.2017 – 2 BvE 2/11 [ECLI:DE:BVerfG:2017:es20171107.2bve000211], BVerfGE 147, 50 (136 Rn. 222) – Informationsanspruch.

unterstützen („Wettbewerb um den Markt").[365] Die Leistungserbringung wird in diesem Fall durch öffentliche Dienstleistungsaufträge des Bundes mit den Eisenbahnunternehmen geregelt.[366]

Regelungen zur Vergabe gemeinwirtschaftlicher Leistungen treffen § 15 AEG sowie die Verordnung (EG) Nr. 1370/2007.[367] Für den Abschluss öffentlicher Dienstleistungsverträge sieht Art. 5 Abs. 1 S. 1 i. V. m. Abs. 3 grundsätzlich ein wettbewerbliches Vergabeverfahren vor. Es bestehen jedoch auch Möglichkeiten einer Direktvergabe für Dienstleistungsaufträge im Eisenbahnverkehr nach Maßgabe von Artikel 5 Abs. 3 i. V. m. Abs. 6.

(3) Einseitig-zivilrechtliche Optionen als Eigentümer

Ferner könnte der Bund als Eigentümer im Rahmen der Beteiligungsverwaltung auf seine Eisenbahnen einwirken. Verfassungsrechtlich finden die Einwirkungen ihre Grenzen in dem Grundsatz der Organisationsprivatisierung, Art. 87e Abs. 3 S. 1 GG. Das Privatwirtschaftlichkeitsprinzip muss im Grundsatz gewahrt bleiben.[368]

Einfachgesetzlich sind Art und Umfang dieser Einwirkungsoptionen durch die im Rahmen der Organisationsprivatisierung gewählte privatrechtliche Organisationsform vorgezeichnet. Die Organisationsprivatisierung der Eisenbahnen des Bundes wurde durch Ausgliederung der Deutschen Bahn AG als Aktiengesellschaft realisiert.[369] Daher müssen sich Einwirkungen des Bundes im Rahmen der Beteiligungsverwaltung an den Strukturprinzipien orientieren, die das Verhältnis von Eigentümer und Aktiengesellschaft regeln.

Gegenüber einer Aktiengesellschaft lässt das AktG nur in eng begrenztem Umfang gemeinnützige Einflussnahme zu, da dies regelmäßig dem

---

365 *Möstl* in: Dürig/Herzog/Scholz, GG, Art. 87e [Stand: 06/2017] Rn. 73.

366 *Möstl* in: Dürig/Herzog/Scholz, GG, Art. 87e [Stand: 06/2017] Rn. 85.

367 Konsolidierte Fassung der Verordnung (EG) Nr. 1370/2007 des Europäischen Parlaments und des Rates vom 23.10.2007 über öffentliche Personenverkehrsdienste auf Schiene und Straße und zur Aufhebung der Verordnungen (EWG) Nr. 1191/69 und (EWG) Nr. 1107/70 des Rates, ABl. 2007 L 315, 1. Die ursprüngliche Fassung wurde im Rahmen des Vierten Eisenbahnpakets fortgeschrieben durch die Verordnung (EU) 2016/2338 des Europäischen Parlaments und des Rates vom 14.12.2016 zur Änderung der Verordnung (EG) Nr. 1370/2007 hinsichtlich der Öffnung des Marktes für inländische Schienenpersonenverkehrsdienste, ABl. 2016 L 354, 20.

368 *Möstl* in: Dürig/Herzog/Scholz, GG, Art. 87e [Stand: 06/2017] Rn. 99.

369 Siehe oben C. III. 2. a) Organisationsprivatisierung, Art. 87e Abs. 3 S. 1 GG, S. 81.

Gesellschaftszweck zuwiderläuft.[370] Ein (faktisch) herrschendes Unternehmen (hier der Bund) darf z. B. nach § 311 Abs. 1 AktG abhängige Unternehmen nicht zu nachteiligen Maßnahmen veranlassen, ohne diesen Nachteil auszugleichen.[371] Verlustübernahme- und Ausgleichspflichten, §§ 302, 304 AktG, bestünden auch im Falle eines Vertragskonzerns, wenn der Bund sich z. B. durch einen Beherrschungsvertrag die Leitung der Aktiengesellschaft unterstellen würde.[372]

Aufgrund der Garantie der privatwirtschaftlichen Organisationsform (Art. 87e Abs. 3 S. 1 GG) darf der Bund sich keine Einwirkungsmöglichkeiten als Eigentümer einräumen, die den wirtschaftlichen Interessen der Infrastruktur- und Verkehrsunternehmen widersprechen oder diese überlagern.[373]

Auch die Schaffung eines punktuellen Sondergesellschaftsrechts für die Eisenbahnen des Bundes kommt de lege ferenda in Betracht.[374] Verfassungsrechtlich wäre der Bund nicht daran gehindert, Modifikationen des Aktienrechts vorzunehmen, die seine Einwirkungsmöglichkeiten auf die Eisenbahnen des Bundes zur Durchsetzung des Gewährleistungsauftrages aus Art. 87e Abs. 4 S. 1 GG erweitern. Diese Modifikationen dürfen allerdings das typenprägende Erscheinungsbild der Gesellschaftsform nicht insgesamt beseitigen und das Privatwirtschaftlichkeitsprinzip nicht infrage stellen.[375]

(4) Einseitig-hoheitliche Optionen

Die Maßnahmen des Staates zur Sicherstellung des Gewährleistungsauftrages können auch einseitig-hoheitlichen Charakter haben wie der Erlass von Gesetzen oder Regulierungsmaßnahmen.

Hierzu zählen aus dem Bereich des Wirtschaftsverwaltungsrechts Normen der Zugangs- und Preisregulierung sowie der Unternehmensentflechtung

---

[370] *Gersdorf* in: von Mangoldt/Klein/Starck, GG, Art. 87e Rn. 80; *Windthorst* in: Sachs, GG, Art. 87e Rn. 68.

[371] *Heise*, Die Deutsche Bahn AG zwischen Wirtschaftlichkeit und Gemeinwohlverantwortung, S. 359; *Möstl* in: Dürig/Herzog/Scholz, GG, Art. 87e [Stand: 06/2017] Rn. 92.

[372] *Burgi*, NVwZ 2018, 601 (608).

[373] *Gersdorf* in: von Mangoldt/Klein/Starck, GG, Art. 87e Rn. 80. Ähnlich *Uerpmann-Wittzack* in: von Münch/Kunig, GG, Art. 87e Rn. 29; *Windthorst* in: Sachs, GG, Art. 87e Rn. 68 f.

[374] *Uerpmann-Wittzack* in: von Münch/Kunig, GG, Art. 87e Rn. 29.

[375] *Möstl* in: Dürig/Herzog/Scholz, GG, Art. 87e [Stand: 01/2018] Rn. 174.

aus dem Eisenbahnregulierungsgesetz (ERegG).[376] Denkbar ist auch ein weitergehendes Regime intensiver Regulierung bis hin zur Auslagerung unternehmerischer Entscheidungen auf unabhängige Stellen. Aufgrund der besonderen Pflichtigkeit der Eisenbahn des Bundes für die Einlösung von dessen Gewährleistungsverpflichtung aus Art. 87e Abs. 4 S. 1 GG können selbst entschädigungslose Sonderbindungen der Eisenbahnen des Bundes gerechtfertigt sein.[377]

Der Bund verfügt somit über eine Reihe von zivil- und öffentlich-rechtlichen Einwirkungsmöglichkeiten auf seine Eisenbahnen, um seinem Gewährleistungsauftrag nachzukommen. Diesen Einwirkungsmöglichkeiten sind jedoch Grenzen gesetzt. Insbesondere durch einseitige (zivilrechtliche oder hoheitliche) Maßnahmen kann der Bund nicht in dem Maße direkt auf die Eisenbahn einwirken wie vor der Bahnreform, als die Eisenbahnen in bundeseigener Verwaltung geführt wurden (Art. 87 Abs. 1 GG in der bis zum 20.12.1993 geltenden Fassung). Dies führt zu der Frage, ob und wie die Deutsche Bahn gegen einseitige Maßnahmen des Bundes geschützt ist, insbesondere ob sie sich hierzu auf grundrechtlichen Schutz berufen kann.

3. Grundrechtlicher Schutz für die Deutsche Bahn

Einseitig-hoheitliche Maßnahmen des Bundes gegenüber seinen Eisenbahnen stellen einen Eingriff in die unternehmerische Freiheit dar.[378] Es stellt sich daher die Frage, ob diese Maßnahmen die betroffenen Unternehmen möglicherweise in den Grundrechten der Berufsausübungsfreiheit, Art. 12 Abs. 1 GG, und der Eigentumsfreiheit, Art. 14 Abs. 1 GG, betreffen und verletzten. Bei „voll privatwirtschaftlichen" Netzbetreibern, deren Infrastruktur nicht unter dem Schutz eines Monopols und unter Verwendung öffentlicher Mittel entstanden sei, könne die Aberkennung des Rechts zur vorrangig privatnützigen Netznutzung in Konfliktlagen zumindest eine ausgleichspflichtige Inhalts- und Schrankenbestimmung des Eigentums darstellen. Auch die Entflechtung von Netz und Verkehr würde die gewöhnlichen Maßstäbe für Eingriffe in die unternehmerische Freiheit bis aufs Äußerste anspannen.[379]

---

[376] Eisenbahnregulierungsgesetz vom 29. August 2016 (BGBl. I S. 2082) zuletzt geändert durch Artikel 2 des Gesetzes vom 9. Juni 2021 (BGBl. I S. 1737).

[377] *Möstl* in: Dürig/Herzog/Scholz, GG, Art. 87e [Stand: 01/2018] Rn. 104.

[378] *Möstl* in: Dürig/Herzog/Scholz, GG, Art. 87e [Stand: 06/2017] Rn. 113.

[379] *Möstl* in: Dürig/Herzog/Scholz, GG, Art. 87e [Stand: 06/2017] Rn. 125.

Der Gleichheitssatz, Art. 3 Abs. 1 GG, könnte ebenfalls durch Asymmetrien[380] tangiert sein, würde zur Gewährleistung von Eisenbahnverkehrsangeboten, die mehrere Anbieter erbringen können, nur einer von mehreren Wettbewerbern herangezogen.

a) Anwendbarkeit auf juristische Personen, Art. 19 Abs. 3 GG

Voraussetzung hierfür ist zunächst, dass die persönlichen Schutzbereiche der genannten Grundrechte für die Deutsche Bahn AG bzw. ihre Tochtergesellschaften eröffnet sind. Grundrechte gelten nach Art. 19 Abs. 3 GG auch für inländische juristische Personen, soweit sie ihrem Wesen nach auf diese anwendbar sind.

Als Aktiengesellschaft ist die Deutsche Bahn AG eine inländische juristische Person. Ihre Gründung erfolgte 1994 im Zuge der ersten Stufe der Bahnreform[381] in Umsetzung der Vorgaben der Organisationsprivatisierung aus Art. 87e Abs. 3 S. 1 GG und von § 1 DBGrG.[382]

Fraglich ist aber, nach welchem Maßstab zu beurteilen ist, ob die Grundrechte „ihrem Wesen nach" auf inländische juristische Personen anwendbar sind.

aa) Grundrechtstypische Gefährdungslage

Ein Maßstab, dies zu beurteilen, kann ein bestimmtes Grundrecht sein. Ein Schutz für juristische Personen komme in Betracht, wenn das Grundrecht auch korporativ betätigt werden kann, d. h. wenn der Grundrechtsschutz nicht an Eigenschaften, Äußerungsformen oder Beziehungen anknüpft, die nur natürlichen Personen wesenseigen sind.[383] Insoweit müsse – bezogen auf das jeweilige Grundrecht – eine grundrechtstypische Gefährdungslage

---

[380] *Möstl* in: Dürig/Herzog/Scholz, GG, Art. 87e [Stand: 06/2017] Rn. 14 und 54.

[381] Siehe oben C. II. 2. a) aa) (2) (a) 1994: Erste Stufe Bahnreform, S. 41.

[382] Deutsche Bahn Gründungsgesetz vom 27. Dezember 1993 (BGBl. 1993 I 2378, 2386; Berichtigung durch 1994 I 2439), zuletzt geändert durch Artikel 334 der Verordnung vom 19. Juni 2020 (BGBl. I S. 1328).

[383] *BVerfG*, Beschl. 09.10.2002 – 1 BvR 1611/96, 1 BvR 805/98 [ECLI:DE:BVerfG:2002:rs20021009.1bvr161196], BVerfG E 106, 28 (42 f.); *dass.*, Beschl. v. 26.02.1997 – 1 BvR 2172/96 [ECLI:DE:BVerfG:1997:rs19970226.1bvr217296], BVerfGE 95, 220 (242); *Ernst* in: von Münch/Kunig, GG, Art. 87e Rn. 57; *Huber* in: von Mangoldt/Klein/Starck, GG, Art. 19 Rn. 205 und 210 ff.

vorliegen.[384] Die Grundrechte auf Berufsfreiheit, Art. 12 Abs. 1 GG, Eigentum, Art. 14 Abs. 1 GG, und das allgemeine Grundrecht auf Gleichbehandlung, Art. 3 Abs. 1 GG, können korporativ betätigt werden. Ihr persönlicher Schutzbereich ist nach dieser Ansicht auch inländischen juristischen Personen eröffnet.[385]

bb) Durchgriffsthese: Personelles Substrat

Ein anderer Maßstab zur Beurteilung der wesensmäßigen Anwendbarkeit ist, auf das Wesen der Grundrechte generell abzustellen. Deren Funktion in der Rechtsordnung bestehe vor allem in ihrer Ausrichtung auf den Schutz individueller Freiheit und Gleichheit.[386] Entscheidend sei daher, dass die juristische Person über ein personelles Substrat verfüge.[387] Geschützt werde nur eine Form kollektiver Betätigung durch natürliche Personen („Durchgriffsthese").[388]

Dies grenzt den Kreis der möglichen Grundrechtsträger ein. Staatliche Eigengesellschaften sind nach dieser Ansicht keine Form der kollektiven Betätigung der Grundrechte durch natürliche Personen, da ihnen das personelle Substrat fehle.[389] Als Teil der staatlichen Verwaltung im organisatorischen Sinne[390] könnten sie vielmehr ihrerseits der Bindung an die Grundrechte, Art. 1 Abs. 3 GG, und der Gesetzesbindung aus Art. 20 Abs. 3 2. Halbsatz GG unterliegen.

---

384 *Dreier* in: Dreier, GG, Art. 19 Abs. 3 Rn. 28 und 32; *Ernst* in: von Münch/Kunig, GG, Art. 87e Rn. 58 f.

385 *Dreier* in: Dreier, GG, Art. 19 Abs. 3 Rn. 102; *Huber* in: von Mangoldt/Klein/Starck, GG, Art. 19 Rn. 318 (zu Art. 3 Abs. 1), 322 (zu Art. 12 Abs. 1) und 323 (zu Art. 14 Abs. 1); *Remmert* in: Dürig/Herzog/Scholz, GG, Art. 19 Abs. 3 [Stand: 05/2009] Rn. 102; *Sachs* in: Sachs, GG, Art. 19, 71 (zu Art. 3 Abs. 1), Rdnr 81 (zu Art. 12 Abs. 1) und 83 (zu Art. 14).

386 *Remmert* in: Dürig/Herzog/Scholz, GG, Art. 19 Abs. 3 [Stand: 05/2009] Rn. 28.

387 *Dreier* in: Dreier, GG, Art. 19 Abs. 3 Rn. 28 und 31; *Huber* in: von Mangoldt/Klein/Starck, GG, Art. 19 Rn. 205 und 206.

388 *BVerfG*, Urt. v. 07.11.2017 – 2 BvE 2/11 [ECLI:DE:BVerfG:2017:es20171107.2bve000211], BVerfGE 147, 50 (143 Rn. 239) – Informationsanspruch; *Dreier* in: Dreier, GG, Art. 19 Abs. 3 Rn. 28 und 31; *Ernst* in: von Münch/Kunig, GG, Art. 87e Rn. 57; *Huber* in: von Mangoldt/Klein/Starck, GG, Art. 19 Rn. 208.

389 *Remmert* in: Dürig/Herzog/Scholz, GG, Art. 19 Abs. 3 [Stand: 05/2009] Rn. 58 f.

390 *Burgi*, NVwZ 2018, 601 (601).

Diese beiden Maßstäbe – grundrechtstypische Gefährdungslage und Durchgriffsthese – müssen sich nicht gegenseitig ausschließen, sondern können auch nebeneinander kumulativ Anwendung finden.[391]

b) Meinungsstand: Grundrechtsfähigkeit öffentlicher Unternehmen

Die hier in Frage stehende Grundrechtsfähigkeit öffentlicher Unternehmen und speziell der Deutschen Bahn AG[392] wird in Rechtsprechung und im Schrifttum nicht einheitlich beurteilt.

aa) Begriffe Grundrechtsfähigkeit und -berechtigung

Zunächst sind die Begriffe Grundrechtsfähigkeit und Grundrechtsberechtigung zu klären. Einigen Quellen nutzen sie synonym.[393] Andere Quellen verwenden sie dagegen mit unterschiedlichem Bedeutungsgehalt.

Wird zwischen Grundrechtsfähigkeit und Grundrechtsberechtigung differenziert, bezeichnet Grundrechtsfähigkeit allgemein die Fähigkeit, Träger beziehungsweise Inhaber von Grundrechten und grundrechtsgleichen Rechten sein zu können. Grundrechtsberechtigung bezieht sich dagegen auf die Trägerschaft eines konkreten Grundrechts oder grundrechtsgleichen Rechts.[394] In diesem Sinne Grundrechtsberechtigte müssen immer auch grundrechtsfähig sein. Grundrechtsfähige sind jedoch nur dann grundrechtsberechtigt, wenn der persönliche Schutzbereich des konkreten Grundrechts tatsächlich eröffnet ist. Insoweit hat eine Differenzierung grundsätzlich ihre Berechtigung.

Würde öffentlichen Unternehmen wie der Deutschen Bahn AG aufgrund des fehlenden personellen Substrats grundrechtlicher Schutz versagt, wären sie

---

391 *Ernst* in: von Münch/Kunig, GG, Art. 87e Rn. 59; *Huber* in: von Mangoldt/Klein/Starck, GG, Art. 19 Rn. 205 und 216; *Remmert* in: Dürig/Herzog/Scholz, GG, Art. 19 Abs. 3 [Stand: 05/2009] Rn. 28.

392 Grundlegend zu der Thematik u a.: *Burgi*, NVwZ 2018, 601 (601 ff.); *Gersdorf* in: von Mangoldt/Klein/Starck, GG, Art. 87e Rn. 53 f.; *Hammer*, DÖV 2011, 761 (767 ff.); *Huber* in: von Mangoldt/Klein/Starck, GG, Art. 19 Rn. 277, *Jochum*, NVwZ 2005, 779 (779 ff.); *Möstl* in: Dürig/Herzog/Scholz, GG, Art. 87e [Stand: 06/2017] Rn. 100 ff.

393 *Remmert* in: Dürig/Herzog/Scholz, GG, Art. 19 Abs. 3 [Stand: 06/2017] Rn. 1; *Ludwigs/Friedmann*, JA 2018, 807 (807), Fn. 2; ähnlich *Jarass* in: Jarass/Pieroth, GG, Art. 19 Rdnr 12; *Enders* in: Epping/Hillgruber, BeckOK Grundgesetz, Art. 19 [Stand: 02/2021] Rn. 34.

394 *Sachs* in: Sachs, GG, Vorbemerkung zu Abschnitt I Rn. 70 f.

nicht grundrechtsfähig und könnten daher auch nicht grundrechtsberechtigt sein. Im Folgenden wird grundsätzlich der Begriff der Grundrechtsfähigkeit verwendet, außer es besteht ein Bezug zu Quellen, die ausdrücklich von einer (konkreten) Grundrechtsberechtigung sprechen.

bb) Keine Grundrechtsfähigkeit der DB AG

Das Bundesverfassungsgericht bekräftigte 2017 in einem Urteil zum parlamentarischen Informationsanspruch seine Position zur Grundrechtsfähigkeit von Unternehmen in Privatrechtsform, die sich in der Hand des Bundes befinden.[395] Dieses Urteil führt die Linie früherer Entscheidungen fort.[396]

Der nach Art. 1 Abs. 3 GG an die Grundrechte gebundene Staat könne nicht gleichzeitig Adressat und Berechtigter von Grundrechten sein („Konfusionsargument").[397] Juristische Personen des Privatrechts, deren Anteile sich ausschließlich in den Händen des Staates befinden, seien grundsätzlich nicht Inhaber von Grundrechten, sondern einer Grundrechtsbindung unterworfen. Die öffentliche Hand könne ansonsten durch Wahl der jeweiligen Organisationsform über ihre Grundrechtsfähigkeit disponieren. Unternehmen, die vollständig im Eigentum der öffentlichen Hand stehen, haben den Charakter einer verselbstständigten Handlungseinheit der öffentlichen Hand. Ihre Aktivitäten bleiben eine Form staatlicher Aufgabenwahrnehmung.[398]

Bezogen auf die Deutsche Bahn AG führt das Bundesverfassungsgericht aus, diese könne sich nicht auf Grundrechte, namentlich Art. 12 Abs. 1 oder Art. 14 Abs. 1 GG berufen, da sämtliche Anteile an ihr vom Staat gehalten

---

395 *BVerfG*, Urt. v. 07.11.2017 – 2 BvE 2/11 [ECLI:DE:BVerfG:2017:es20171107.2bve000211], BVerfGE 147, 50 (144 Rn. 242) – Informationsanspruch.

396 *BVerfG*, Urt. v. 06.12.2016 – 1 BvR 2821/11, 1 BvR 321/12, 1 BvR 1456/12 [ECLI:DE:BVerfG:2016:rs20161206.1bvr282111], BVerfGE 143, 246 (314 Rn. 190); *dass.*, Urt. v. 22.02.2011 – 1 BvR 699/06 [ECLI:DE:BVerfG:2011:rs20110222.1bvr069906], BVerfGE 128, 226 (245) – Fraport; *BVerfG*, Beschl. v. 31.10.1984 – 1 BvR 35/82, 1 BvR 356/82, 1 BvR 794/82) – BVerfGE 68, 193 (212 f).

397 *BVerfG*, Urt. v. 07.11.2017 – 2 BvE 2/11 [ECLI:DE:BVerfG:2017:es20171107.2bve000211], BVerfGE 147, 50 (143 Rn. 238) – Informationsanspruch; *BVerfG*, Urt. v. 06.12.2016 – 1 BvR 2821/11, 1 BvR 321/12, 1 BvR 1456/12 [ECLI:DE:BVerfG:2016:rs20161206.1bvr282111], BVerfGE 143, 246 (313 Rn. 188).

398 *BVerfG*, Urt. v. 07.11.2017 – 2 BvE 2/11 [ECLI:DE:BVerfG:2017:es20171107.2bve000211], BVerfGE 147, 50 (144 Rn. 244) – Informationsanspruch.

würden. Die vom Staat vollständig beherrschte juristische Person diene nicht der Ausübung individueller Freiheit Einzelner.[399]

In der Literatur wird die Frage der Grundrechtsfähigkeit speziell der Deutschen Bahn AG dagegen nicht einheitlich beurteilt. Teilweise wird die Entscheidung des Bundesverfassungsgerichts im Ergebnis begrüßt.[400] Andere Stimmen kritisieren, dass die entwickelten Grundsätze angesichts der Besonderheiten des Art. 87e GG nicht unbesehen auf den Bahnbereich übertragen werden sollten.[401]

cc) Grundrechtsberechtigung durch Organisationsprivatisierung

Für eine grundrechtstypische Gefährdungslage wird die verfassungsrechtliche Richtungsentscheidung der Organisationsprivatisierung in Art. 87e Abs. 3 S. 1 GG ins Feld geführt. Fasse man diese verfassungsrechtliche Vorgabe auf als eine Wertentscheidung für eine kaufmännische, wettbewerbs- und gewinnorientierte Führung des Betriebs nach handelsrechtlichen Grundsätzen,[402] dürften Eisenbahnen des Bundes im Wettbewerb nicht gegenüber Mitbewerbern benachteiligt werden, denen diesen Grundrechtsschutz unzweifelhaft zukomme.[403]

Das Bundesverfassungsgericht wendet gegen eine Herleitung der Grundrechtsberechtigung aus Art. 87e Abs. 3 S. 1 GG ein, dass sich aus der Grundentscheidung zur Organisationsprivatisierung nicht ableiten lasse, dass der Gesetzgeber mit der Regelung selbst eine lex specialis zur Grundrechtsbindung

---

399 *BVerfG*, Urt. v. 07.11.2017 – 2 BvE 2/11 [ECLI:DE:BVerfG:2017:es20171107.2bve000211], BVerfGE 147, 50 (153 Rn. 270) – Informationsanspruch.

400 Zustimmend u. a. *Burgi*, NVwZ 2018, 601 (602); *Remmert* in: Epping/Hillgruber, BeckOK Grundgesetz, Art. 87e [Stand: 06/2024] Rn. 13 ff.; *Uerpmann-Wittzack* in: von Münch/Kunig, GG, Art. 87e Rn. 18. Grundsätzlich zur Grundrechtsträgerschaft öffentlicher Unternehmen *Gramlich*, IR 2020, 20 (22).

401 *Möstl* in: Dürig/Herzog/Scholz, GG, Art. 87e [Stand: 01/2018] Rn. 197.

402 *Kment* in: Jarass/Pieroth, GG, Art. 87e Rdnr 4; *Uerpmann-Wittzack* in: von Münch/Kunig, GG, Art. 87e Rn. 17; *Windthorst* in: Sachs, GG, Art. 87e Rn. 42. Ähnlich *Gersdorf* in: von Mangoldt/Klein/Starck, GG, Art. 87e Rn. 47 ff.; *Möstl* in: Dürig/Herzog/Scholz, GG, Art. 87e [Stand: 01/2018] Rn. 80; *Wieland* in: Dreier, GG, Art. 87e Rn. 16.

403 *Gersdorf* in: von Mangoldt/Klein/Starck, GG, Art. 87e Rn. 53.

aus Art. 1 Abs. 3 oder Art. 19 Abs. 3 GG geschaffen und der Deutschen Bahn AG Grundrechtsfähigkeit zugesprochen habe.[404]

Auch Stimmen in der Literatur weisen darauf hin, dass der Gesetzgeber durch die Regelung des Art. 87e Abs. 3 S. 1 GG kein „grundrechtsfreies Reservat"[405] für die Deutsche Bahn AG geschaffen habe, d. h. diese von der Grundrechtsbindung des Art. 1 Abs. 3 GG nicht ausgenommen habe. Neben seinem primär föderalen und organisationsbezogenen Regelungsgehalt spreche auch die systematische Stellung des Art. 87e GG im VIII. Abschnitt des Grundgesetzes („Die Ausführung der Bundesgesetze und die Bundesverwaltung") dafür, dass der Verfassungsgesetzgeber an dieser Stelle keine Modifikation grundrechtlicher Vorgaben vorgenommen habe.[406]

dd) Vermittelnde Positionen: Partielle Grundrechtsberechtigung

Vermittelnde Positionen erkennen eine grundsätzliche Möglichkeit der Grundrechtsberechtigung der Deutschen Bahn an. Diese gelte jedoch nicht generell und unternehmensweit.

(1) Grundrechtsfähigkeit außerhalb der Zweckbindung

Aus der Grundentscheidung zugunsten einer privatwirtschaftlichen Führung der Unternehmen als Wirtschaftsunternehmen (Art. 87e Abs. 3 S. 1 GG) folge, dass die Eisenbahnen des Bundes prinzipiell grundrechtsfähig und nicht grundrechtsgebunden seien. Die Grundentscheidung zugunsten einer aufgabenprivatisierten Privatwirtschaftlichkeit impliziere den Wegfall der Grundrechtsbindung und ein Hineinwachsen in eine Grundrechtsfähigkeit.[407]

Dies gelte jedoch nicht uneingeschränkt: Zwar unterlägen die Unternehmen keiner besonderen Gemeinwohlbindung, wohl aber insoweit einer Bindung an besondere öffentliche Zwecke, als der Bund sie nach Art. 87e Abs. 4 S. 1 GG zur Erfüllung seiner Gewährleistungspflichten in Anspruch nehme. In dem Maße, in dem ein öffentliches Unternehmen an besondere öffentliche Zwecke gebunden und Instrument staatlicher Aufgabenerfüllung sei, verliere

---

404 *BVerfG*, Urt. v. 07.11.2017 – 2 BvE 2/11 [ECLI:DE:BVerfG:2017:es20171107.2bve000211], BVerfGE 147, 50 (153 f. Rn. 271) – Informationsanspruch.

405 *Jochum*, NVwZ 2005, 779 (781).

406 *Burgi*, NVwZ 2018, 601 (602).

407 *Möstl* in: Dürig/Herzog/Scholz, GG, Art. 87e [Stand: 06/2017] Rn. 102.

es den Status seiner privatwirtschaftlichen Grundrechtsfähigkeit.[408] Beim Betrieb von Eisenbahninfrastruktur unterlägen Eisenbahnen des Bundes von vornherein einer Kraft Verfassung eingestifteten, besonderen öffentlichen Zweckbindung. Hinsichtlich der diskriminierungsfreien Netzöffnung sei der öffentliche Netzbetreiber von vornherein nicht grundrechtsberechtigt. Er könne sich demnach gegenüber staatlichen Maßnahmen der Netzzugangsregulierung insbesondere nicht auf Art. 12 und Art. 14 GG berufen.[409]

Soweit hingegen die Verfassung selbst einen bestimmten Bereich öffentlicher Wirtschaftstätigkeit ausdrücklich mit einer Privatwirtschaftlichkeitsgarantie versehe, d. h. von einer besonderen (eingestifteten) Gemeinwohlbindung freistelle, dürfe dieses funktionale Kriterium nicht ausgeblendet werden.[410]

(2) Grundrechtsberechtigung für Verkehrsunternehmen

Vertreten wird weiterhin eine Differenzierung zwischen Eisenbahninfrastruktur- und -verkehrsunternehmen des Bundes.[411] In einer Entscheidung aus dem Jahr 2017 habe das Bundesverwaltungsgericht (BVerwG)[412] auf die unterschiedliche Wettbewerbssituation von Eisenbahninfrastruktur- und -verkehrsunternehmen hingewiesen. Das Bundesverwaltungsgericht betone gerade die wettbewerblichen Nachteile bei fehlender Grundrechtsberechtigung und lehne diese ausdrücklich nur für Infrastrukturunternehmen ab, weil beim Schienennetz wegen des faktischen Monopols kein Wettbewerb bestehe.[413]

Diese Entscheidung des Bundesverwaltungsgerichts für eine partielle Grundrechtsberechtigung der Eisenbahnverkehrsunternehmen heranzuziehen, wäre jedoch ein Fehlschluss. Das Bundesverwaltungsgericht hatte mit Hinweis auf seine frühere Rechtsprechung zunächst betont, die DB Netz AG sei als mehrheitlich vom Staat beherrschte juristische Person des Privatrechts nicht grundrechtsberechtigt. Lediglich als Hilfsargument hatte

---

408 *Möstl* in: Dürig/Herzog/Scholz, GG, Art. 87e [Stand: 01/2018] Rn. 103.
409 *Möstl* in: Dürig/Herzog/Scholz, GG, Art. 87e [Stand: 06/2017] Rn. 125.
410 *Möstl* in: Dürig/Herzog/Scholz, GG, Art. 87e [Stand: 06/2017] Rn. 104a.
411 Siehe auch *Möstl* in: Dürig/Herzog/Scholz, GG, Art. 87e [Stand: 06/2017] Rn. 100.
412 *BVerwG*, Urt. v. 23.02.2017 – 7 C 31/15 [ECLI:DE:BVerwG:2017:230217U7C31.15.0], NVwZ 2017, 1775 (1779 Rn. 45).
413 *Windthorst* in: Sachs, GG, Art. 87e Rn. 49a.

das Bundesverwaltungsgericht ausgeführt, selbst wenn man – abweichend vom festgestellten Grundsatz – Art. 87e GG als eine Spezialregelung sehe, die die allgemeinen Regelungen zur Grundrechtsbindung von Unternehmen der öffentlichen Hand verdränge, dies jedenfalls nicht für die DB Netz AG gelte. Hier fehle es an einer Wettbewerbssituation mit privaten Mitbewerbern.[414] Aus dieser Hilfserwägung heraus, dass auch die Wettbewerbssituation nicht geeignet sei, eine Grundrechtsberechtigung der DB Netz AG zu begründen, lässt sich aber nicht e contrario schließen, dass die Deutsche Bahn AG im Übrigen durch Art. 87e Abs. 3 S. 1 GG eine Grundrechtsberechtigung erhalten habe.

Einer partiellen Grundrechtsberechtigung nur von Eisenbahnverkehrsunternehmen wird entgegnet, eine Differenzierung nach Verkehrs- und Infrastrukturunternehmen sei in der Verfassung in Art. 87e Abs. 3 S. 1 GG nicht angelegt.[415] Diese Norm ordne die Tätigkeit der Eisenbahnen des Bundes unabhängig von deren unternehmerischem Gegenstand insgesamt dem privatwirtschaftlichen Bereich zu und schütze ihre Entscheidungsautonomie.[416]

ee) Grundrechtsähnliche Rechte aus Art. 87e Abs. 3 S. 1 GG

Andere Meinungen sehen die Handlungs- und Organisationsfreiheit der Deutschen Bahn AG durch die Grundentscheidung zur Organisationsprivatisierung als subjektiv-öffentliches Recht geschützt.[417]

In seiner Konzernjuristen-Entscheidung hatte das Bundesverwaltungsgericht die Klagebefugnis der DB Netz AG mit einer möglichen Verletzung der Handlungs- und Organisationsfreiheit eines Eisenbahnunternehmens begründet. Diese würde von dem Allgemeinen Eisenbahngesetz (AEG) vorausgesetzt.[418] Auf eine mögliche Verletzung von Art. 2 Abs. 1 GG (Adressatentheorie) griff das Bundesverwaltungsgericht nicht zurück und konnte somit die Frage dahinstehen lassen, ob die DB Netz AG sich auf Grundrechte berufen kann.

---

414 *BVerwG*, Urt. v. 23.02.2017 – 7 C 31/15 [ECLI:DE:BVerwG:2017:230217U7C31.15.0], NVwZ 2017, 1775 (1779 Rn. 45).

415 *Hammer*, DÖV 2011, 761 (768).

416 *Windthorst* in: Sachs, GG, Art. 87e Rn. 49.

417 *Gersdorf* in: von Mangoldt/Klein/Starck, GG, Art. 87e Rn. 52; *Hammer*, DÖV 2011, 761 (763); *Windthorst* in: Sachs, GG, Art. 87e Rn. 36 und 48.

418 BVerwG, Urt. v. 18.05.2010 – 3 C 21.09 [ECLI:DE:BVerwG:2010:180510U3C21.09.0], BVerwGE 137, 58 (60 Rn. 20) – Konzernjuristen.

Die Herleitung einer Handlungs- und Organisationsfreiheit aus einer Gesamtschau des AEG sei jedoch nicht überzeugend. Näherliegend sei es, die Handlungs- und Organisationsfreiheit aus dem Wirtschaftlichkeitsgebot des Art. 87e Abs. 3 S. 1 GG als geschriebener Rechtsnorm abzuleiten.[419] Art. 87e GG habe die Eisenbahnen aus der öffentlichen Verwaltung ausgegliedert und organisatorisch, wirtschaftlich und finanziell verselbstständigt.[420] Das Wirtschaftlichkeitsgebot sei ein primär objektiv-rechtlicher Satz. Aus teleologischen Erwägungen sei geboten, hieraus ein subjektiv-öffentliches Recht abzuleiten. Bund und Eisenbahn stünden in einem antagonistischen Verhältnis. Der Eisenbahn komme ein autonomer Entscheidungsspielraum zu, in den der Bund nicht eingreifen dürfe.[421] Daher bestehe die Notwendigkeit, die Eisenbahn des Bundes mit einem subjektiv-öffentlichen Recht auszustatten.[422] Der Umfang des Schutzes des Art. 87e Abs. 3 S. 1 GG beziehe sich auf die unternehmerische Freiheit, d. h. Tätigkeiten, die prägend für eine unternehmerische Entfaltung seien.

Die Reichweite dieses Schutzes halten einige Stimmen für begrenzt. Die unternehmerische Freiheit der Eisenbahnunternehmen des Bundes sei nur zu Rechtsverfolgung im Verwaltungsprozess geeignet. Ein weitergehendes umfassendes Abwehrrecht bestehe nicht. Als eines der möglichen Gegenrechte komme zudem der Sicherstellungsauftrag des Bundes aus Art. 87e Abs. 4 S. 1 GG in Betracht. Auch die Möglichkeit einer Verfassungsbeschwerde nach Art. 93 Abs.1 Nr. 4a GG bestehe nicht.[423]

Andere Stimmen in der Literatur halten den Schutzbereich von Art. 87e Abs. 3 S. 1 GG mit demjenigen der Grundrechte für vergleichbar. Art. 87e Abs. 3 S. 1 GG sei geeignet, Schutz zu vermitteln, wo Grundrechte ausfallen,[424]

---

419 *Hammer*, DÖV 2011, 761 (763).

420 So auch *BVerfG*, Beschl. v. 22.11.2011 – 2 BvE 3/08 [ECLI:DE:BVerfG:2011:es20111122.2bve000308], BVerfGE 129, 356 (368) mit Hinweis auf den Gesetzentwurf der Bundesregierung, Entwurf eines Gesetzes zur Änderung des Grundgesetzes, BT-Drs. 12/5015, S. 7.

421 *Hammer*, DÖV 2011, 761 (767); *Windthorst* in: Sachs, GG, Art. 87e Rn. 48.

422 *Hammer*, DÖV 2011, 761 (767); *Windthorst* in: Sachs, GG, Art. 87e Rn. 48.

423 *Hammer*, DÖV 2011, 761 (767 f.).

424 *Möstl* in: Dürig/Herzog/Scholz, GG, Art. 87e [Stand: 06/2017] Rn. 175. Ähnlich *Gersdorf* in: von Mangoldt/Klein/Starck, GG, Art. 87e Rn. 53; *Windthorst* in: Sachs, GG, Art. 87e Rn. 35 und 48.

eine ähnliche Schutzwirkung zu entfalten wie sonst Art. 12 GG[425] oder grundrechtsähnliche Rechte (in materiellem Sinne)[426] gegenüber dem Staat zu garantieren. Andere meinen, die durch Art. 87e Abs. 3 S. 1 GG vermittelte Rechtsposition gehe sogar über den Schutz etwaiger Grundrechte hinaus, da sie auch im Innenverhältnis zum Bund als Anteilseigner anwendbar sei.[427]

Das Bundesverfassungsgericht hat den Bestrebungen, aus Art. 87e GG ein subjektiv-öffentliches Recht abzuleiten, eine Absage erteilt. Art. 87e GG müsse in erster Linie als Freistellung von staatsorganisatorischen Bindungen verstanden werden. Für eine beabsichtigte subjektiv-rechtliche Ermächtigung der Deutschen Bahn AG sei jedoch nichts ersichtlich. Die Regelung eines solchen Rechts wäre überdies unvollkommen, da die Möglichkeit einer verfassungsrechtlichen Durchsetzung nicht geschaffen worden sei.[428]

c) Analyse und Bewertung

Zunächst sind die wesentlichen Leitkriterien festzuhalten, an denen sich die Beurteilung der Grundrechtsfähigkeit der Deutschen Bahn zu orientieren hat (aa)). Im Anschluss wird der Regelungsbedarf herausgearbeitet (bb)) und analysiert, welche rechtlichen Instrumente diesen adressieren können (cc)), bevor in ein Fazit zur Grundrechtsfähigkeit der Deutschen Bahn gezogen wird (dd)).

aa) Leitkriterien der Bewertung

Eine Beurteilung der Grundrechtsfähigkeit der Deutschen Bahn AG sollte sich an folgenden grundlegenden Kriterien orientieren:

(1) Eröffnung des Schutzbereichs für juristische Personen

Die persönlichen Schutzbereiche der Grundrechte auf Berufsfreiheit, Art. 12 Abs. 1 GG, Eigentum, Art. 14 Abs. 1 GG, und des allgemeinen Grundrechts

---

425 *Möstl* in: Dürig/Herzog/Scholz, GG, Art. 87e [Stand: 06/2017] Rn. 104b und [Stand: 06/2017] Rn. 175.

426 *Jochum*, NVwZ 2005, 779 (781); *Möstl* in: Dürig/Herzog/Scholz, GG, Art. 87e [Stand: 06/2017] Rn. 175.

427 *Möstl* in: Dürig/Herzog/Scholz, GG, Art. 87e [Stand: 06/2017] Rn. 175.

428 *BVerfG*, Urt. v. 07.11.2017 – 2 BvE 2/11 [ECLI:DE:BVerfG:2017:es20171107.2bve000211], BVerfGE 147, 50 (156 Rn. 280) – Informationsanspruch.

auf Gleichbehandlung, Art. 3 Abs. 1 GG sind nach überwiegender Meinung prinzipiell auch inländischen juristischen Personen eröffnet.[429]

(2) Keine Disposition über Grundrechtsbindung

Weiterhin zu konstatieren ist, dass das Anliegen des Bundesverfassungsgerichts, der Staat dürfe durch Wahl der jeweiligen Organisationsform nicht über seine Grundrechtsgebundenheit disponieren,[430] essenziell ist. Insoweit ist der Grundsatz nachvollziehbar, dass juristische Personen des Privatrechts, deren Anteile sich ausschließlich in den Händen des Staates befinden, den Charakter einer verselbstständigten Handlungseinheit der öffentlichen Hand haben und nicht Inhaber von Grundrechten sind, sondern einer Grundrechtsbindung unterworfen sind.[431]

(3) Modus des Art. 87e GG: Autonomie und Wettbewerb

Für die Eisenbahnen des Bundes hat die öffentliche Hand eine spezifische verfassungsrechtliche (Art. 87e Abs. 3 und 4 GG) Ausprägung einer verselbstständigten Handlungseinheit geschaffen.[432] Grundidee ist das Konzept der gewährleistungsstaatlichen Garantie ausreichender privatwirtschaftlich zu erbringender Dienstleistungen.[433] Dies soll privatwirtschaftliche Handlungsrationalitäten[434] freisetzen. Kernelemente dieses „modusbezogenen Gehalts“[435] des Art. 87e Abs. 3 S. 1 GG sind die Unternehmensautonomie[436] und die Nutzung des Marktprinzips. Auch nach Auffassung des Bundesverfassungsgerichts zielt Art. 87e Abs. 3 S. 1 GG „funktional auf das Marktprinzip und die damit verbundene wettbewerbliche Gleichstellung der Marktteilnehmer.“[437]

---

[429] Siehe oben C. III. 3. a) aa) Grundrechtstypische Gefährdungslage, S. 96.
[430] Siehe oben C. III. 3. b) bb) Keine Grundrechtsfähigkeit der DB AG, S. 99.
[431] *BVerfG*, Urt. v. 07.11.2017 – 2 BvE 2/11 [ECLI:DE:BVerfG:2017:es20171107.2bve000211], BVerfGE 147, 50 (144 Rn. 241 ff.) – Informationsanspruch.
[432] Siehe oben C. III. 2. a) bb) Führung als Wirtschaftsunternehmen, S. 82.
[433] *Möstl* in: Dürig/Herzog/Scholz, GG, Art. 87e [Stand: 01/2018] Rn. 198.
[434] *BVerfG*, Urt. v. 07.11.2017 – 2 BvE 2/11 [ECLI:DE:BVerfG:2017:es20171107.2bve000211], BVerfGE 147, 50 (154 Rn. 272) – Informationsanspruch.
[435] *Burgi*, NVwZ 2018, 601 (606).
[436] *Möstl* in: Dürig/Herzog/Scholz, GG, Art. 87e [Stand: 06/2017] Rn. 173.
[437] *BVerfG*, Urt. v. 07.11.2017 – 2 BvE 2/11 [ECLI:DE:BVerfG:2017:es20171107.2bve000211], BVerfGE 147, 50 (153 f. Rn. 271) – Informationsanspruch.

bb) Konsequenzen für die Rechtsstellung der Deutschen Bahn

Ist es das verfassungspolitische Ziel, privatwirtschaftliche Handlungsrationalitäten durch Nutzung des Wettbewerbs zu realisieren, erfordert dies, dass für die Wettbewerber vergleichbare rechtliche Rahmenbedingungen bestehen.

Gegenüber einseitig-zivilrechtlichen Einwirkungsoptionen des Eigentümers[438] hätte die Deutsche Bahn AG eine vergleichbare Stellung mit Wettbewerbern in vergleichbarer Rechtsform. Die Wettbewerbsordnung des einfachen Rechts gilt grundsätzlich für alle Unternehmen gleichermaßen.[439] Dies schließt auch das Zivil-, Handels- und Gesellschaftsrecht mit ein.

Zum Schutz gegen einseitig-hoheitliche Eingriffe[440] sind dagegen subjektiv-öffentliche Rechte erforderlich. Diese sind Grundvoraussetzung für eine privatwirtschaftliche Betätigung, über die andere Wettbewerber selbstverständlich verfügen. Der Deutschen Bahn können als einzigem Wettbewerber solche – wie auch immer dogmatisch begründeten – subjektiv-öffentlichen Rechte nicht versagt werden.

cc) Normative Grundlage subjektiv-öffentlicher Rechte

Subjektiv-öffentliche Rechte der Deutschen Bahn könnten auf verschiedenen Wegen normativ begründet werden.

Bei Anfechtungsklagen in verwaltungsrechtlichen Streitverfahren muss im Rahmen der Klagebefugnis, §§ 42 Abs. 2, 113 Abs. 1 S. 1 VwGO, die Möglichkeit einer Verletzung eigener Rechte dargelegt werden. Ist der Kläger Grundrechtsträger und Adressat eines belastenden Verwaltungsaktes, kann regelmäßig auf eine mögliche Verletzung des Grundrechts der allgemeinen Handlungsfreiheit aus Art. 2 Abs. 1 GG abgestellt werden („Adressatentheorie").[441]

Ist die Deutsche Bahn kein Träger von Grundrechten, besteht diese Möglichkeit nicht. Die Rechtsprechung hat jedoch nicht den Schluss gezogen, der Deutschen Bahn die Klagebefugnis abzusprechen. Rechtsprechung und

---

438 Siehe oben C. III. 2. c) ee) (3) Einseitig-zivilrechtliche Optionen als Eigentümer, S. 93.

439 *BVerfG*, Urt. v. 07.11.2017 – 2 BvE 2/11 [ECLI:DE:BVerfG:2017:es20171107.2bve000211], BVerfGE 147, 50 (154 Rn. 274) – Informationsanspruch.

440 Siehe oben C. III. 2. c) ee) (4) Einseitig-hoheitliche Optionen, S. 94.

441 *Hammer*, DÖV 2011, 761 (762 f.).

Literatur haben andere „Kunstgriffe"[442] für die Klagebefugnis gefunden, als diese auf eine mögliche Verletzung von Grundrechten zu stützen.

(1) Ableitung aus dem AEG

Das Bundesverwaltungsgericht begründete in der Konzernjuristenentscheidung die Klagebefugnis mit der Handlungs- und Organisationsfreiheit eines Eisenbahnunternehmens, die vom Allgemeinen Eisenbahngesetz (AEG) vorausgesetzt werde.[443]

Das Ergebnis, dass eine Klagebefugnis vorliegt, ist richtig. Die Herleitung wirft jedoch Fragen auf. Das AEG statuiert überwiegend Pflichten für die Eisenbahnen des Bundes. Über Art, Umfang und prozessuale Durchsetzung der Handlungs- und Organisationsfreiheit lässt sich das AEG nicht ausdrücklich aus. Für private Wettbewerber ergibt sich eine Freiheit zur erwerbswirtschaftlichen Betätigung unproblematisch aus ihren Grundrechten. Würden vergleichbare subjektiv-öffentliche Rechte nur für den Wettbewerber Deutsche Bahn aus dem AEG resultieren, wäre es angezeigt gewesen, dies im Normtext explizit zum Ausdruck zu bringen.

(2) Ableitung aus Art. 87e Abs. 3 S. 1 GG

Stimmen in der Literatur stellen daher auf eine explizite Regelung ab und leiten den Schutz der Handlungs- und Organisationsfreiheit aus dem Wirtschaftlichkeitsgebot aus Art. 87e Abs. 3 S. 1 GG ab. Aus dem objektiv-rechtlichen Verfassungsgebot des Art. 87e Abs. 3 S. 1 GG ließen sich auch subjektiv-öffentliche Rechte begründen.[444]

Subjektiv-öffentliche Abwehrrechte aus einer konkreten (Verfassungs-) Norm abzuleiten, ist immerhin belastbarer als lediglich zu postulieren, diese Rechte seien einfachgesetzlich vorausgesetzt.

Eine solche Sonderregelung für die Deutsche Bahn AG zöge jedoch weitere Fragen nach sich. Inhalt und Umfang des Rechts, die verfahrensrechtliche Durchsetzung und die Abgrenzung zu den Grundrechten wären zu klären. Deutlich wird dies, wenn postuliert wird, Art. 87e Abs. 3 S. 1 GG sei

---

442 *Hammer*, DÖV 2011, 761 (763).

443 Siehe oben C. III. 3. b) ee) Grundrechtsähnliche Rechte aus Art. 87e Abs. 3 S. 1 GG, S. 103. *BVerwG*, Urt. v. 18.05.2010 – 3 C 21.09 [ECLI:DE:BVerwG:2010:180510U3C21.09.0], BVerwGE 137, 58 (60 Rn. 20) – Konzernjuristen.

444 Siehe oben C. III. 3. b) ee) Grundrechtsähnliche Rechte aus Art. 87e Abs. 3 S. 1 GG, S. 103.

geeignet, Schutz zu vermitteln, wo Grundrechte ausfallen,[445] oder um grundrechtsähnliche Rechte[446] gegenüber dem Staat zu garantieren. Eine solche Argumentation überzeugt nicht. Die Frage, ob ein Verhalten grundrechtlich geschützt ist, ist durch das Schutzsystem der Grundrechte geregelt. Besteht kein grundrechtlicher Schutz, weil die Voraussetzungen hierfür nicht gegeben sind, ist es zweifelhaft, ebendiesen Schutz aus anderen Normen ableiten zu wollen, die geringere Voraussetzungen haben. Dies würde der Funktion und Systematik der Grundrechte zuwiderlaufen.

(3) Grundrechtsträgerschaft

Methodisch konsequenter als sich einzelfallbezogener „Kunstgriffe" zu bedienen, ist es, das System des Grundrechtsschutzes zu nutzen und den persönlichen Schutzbereich der Grundrechte aus Art. 12 Abs. 1, Art. 14 Abs. 1, Art. 3 Abs. 1 GG auch für die Deutschen Bahn als eröffnet anzusehen.

Zwar dient die Deutsche Bahn nach dem klassischen Verständnis nicht der Ausübung der Freiheit Einzelner.[447] Ihr wurde aber durch den Verfassungsgeber in Art. 87e Abs. 3 und 4 GG eine spezifische verfassungsrechtliche Funktion zugewiesen, dem Bund bei der Realisierung des Konzepts der gewährleistungsstaatlichen Garantie ausreichender privatwirtschaftlich zu erbringender Dienstleistungen zu dienen.[448] Kernelemente dieses Modus[449] sind Unternehmensautonomie und die Nutzung des Wettbewerbs.

(a) Realisierung von Unternehmensautonomie

Eine Unternehmensautonomie kann nur dann bestehen, wenn das Unternehmen nicht jeden einseitigen Eingriff hinnehmen muss, ohne die Möglichkeit zu haben, diesen einer gerichtlichen Überprüfung zu unterziehen. Einseitig-zivilrechtliche Eingriffe des Bundes als Eigentümer sind den Beschränkungen

---

[445] *Möstl* in: Dürig/Herzog/Scholz, GG, Art. 87e [Stand: 06/2017] Rn. 175. Ähnlich *Gersdorf* in: von Mangoldt/Klein/Starck, GG, Art. 87e Rn. 53; *Windthorst* in: Sachs, GG, Art. 87e Rn. 35 und 48.

[446] *Jochum*, NVwZ 2005, 779 (781); *Möstl* in: Dürig/Herzog/Scholz, GG, Art. 87e [Stand: 06/2017] Rn. 175; *Windthorst* in: Sachs, GG, Art. 87e Rn. 36.

[447] *BVerfG*, Urt. v. 07.11.2017 – 2 BvE 2/11 [ECLI:DE:BVerfG:2017:es20171107.2bve000211], BVerfGE 147, 50 (153 Rn. 270) – Informationsanspruch.Siehe oben C. III. 3. b) bb) Keine Grundrechtsfähigkeit der DB AG, S. 99.

[448] *Möstl* in: Dürig/Herzog/Scholz, GG, Art. 87e [Stand: 01/2018] Rn. 198.

[449] *Burgi*, NVwZ 2018, 601 (606).

des Aktienrechts unterworfen. Einseitig-hoheitliche Eingriffe müssen ebenso einer gerichtlichen Nachprüfbarkeit durch den Betroffenen unterliegen. Jenseits des objektiv-rechtlichen Gehalts des Art. 87e Abs. 3 S. 1 GG muss auch die Möglichkeit bestehen, diesen Gehalt subjektiv-rechtlich geltend zu machen.

(b) Keine wettbewerbliche Benachteiligung

Dies wird umso mehr deutlich, wenn das zweite Kernelement des Modus des Art. 87e Abs. 3 S. 1 GG berücksichtigt wird: die Nutzung des Wettbewerbs. Können sich die Wettbewerber auf die Schutzwirkung der Berufsfreiheit, Art. 12 Abs. 1 GG, und des Grundrechts auf Eigentum, Art. 14 Abs. 1 GG, berufen, erzeugt es eine Asymmetrie, einen einzigen Wettbewerber hiervon auszunehmen.

Dass eine Chancengleichheit im Wettbewerb ein Aspekt bei der Frage nach der Grundrechtsberechtigung der Eisenbahn des Bundes sein kann, hat auch das Bundesverfassungsgericht anerkannt. In seiner Entscheidung zum Informationsanspruch wies es darauf hin, dass aus einer fehlenden Grundrechtsberechtigung der Deutschen Bahn AG sich „kaum" (nicht „keine") wettbewerbliche Nachteile für diese ergeben dürften. Die Wettbewerbsordnung des einfachen Rechts gelte grundsätzlich für alle Unternehmen gleichermaßen.[450]

Sollten das einfache Recht jedoch die sachlichen Schutzbereiche der Grundrechte auf Berufsfreiheit, Art. 12 Abs. 1 GG, Eigentum, Art. 14 Abs. 1 GG, oder des allgemeinen Grundrechts auf Gleichbehandlung, Art. 3 Abs. 1 GG, verletzen, hätten Mitbewerber die Möglichkeit, durch eine Verfassungsbeschwerde (Art. 93 Abs. 1 Nr. 4a GG, §§ 13 Nr. 8a, 90 ff. BVerfGG) dagegen vorzugehen. Würde die Deutsche Bahn von denselben Maßnahmen in der gleichen Weise betroffen wie ihre Mitbewerber, bestünde für sie die gleiche grundrechtstypische Gefährdungslage. Ihr dann dieselben Rechtsschutzmöglichkeiten von vornherein zu versagen, die den Mitbewerbern offenstehen, widerspräche dem Zielbild einer „wettbewerbliche(n) Gleichstellung der Marktteilnehmer".[451]

---

[450] *BVerfG*, Urt. v. 07.11.2017 – 2 BvE 2/11 [ECLI:DE:BVerfG:2017:es20171107.2bve000211], BVerfGE 147, 50 (154 Rn. 274) – Informationsanspruch.

[451] *BVerfG*, Urt. v. 07.11.2017 – 2 BvE 2/11 [ECLI:DE:BVerfG:2017:es20171107.2bve000211], BVerfGE 147, 50 (153 f. Rn. 271) – Informationsanspruch.

(c) Ausnahmen vom personellen Substrat

Der Grundsatz, dass grundrechtlicher Schutz nur dann eröffnet ist, wenn er der Ausübung individueller Freiheit Einzelner dient,[452] gilt auch nach der Rechtsprechung des Bundesverfassungsgerichts nicht ohne Ausnahme. Das Bundesverfassungsgericht erkennt – auch ohne ausdrückliche spezialgesetzliche Regelung zu Art. 19 Abs. 3 GG – eine Reihe atypischer Fallkonstellationen an.[453] Juristische Personen des öffentlichen Rechts sind beispielsweise grundrechtsfähig, wenn sie „unmittelbar einem durch bestimmte Grundrechte geschützten Lebensbereich zugeordnet sind [...] oder kraft ihrer Eigenart ihm von vornherein zugehören".[454] Dies sei bei der „Ausnahmetrias" öffentlich-rechtliche Rundfunkanstalten, Universitäten und Kirchen der Fall.[455]

Jedenfalls öffentlich-rechtliche Rundfunkanstalten verfügen über kein personelles Substrat dergestalt, dass natürliche Personen in oder mit den Rundfunkanstalten ihre grundrechtliche Freiheit ausüben. Grundlage ihrer Grundrechtsfähigkeit ist dagegen die Konzentration des Rundfunks beim Staat als Träger einerseits und das objektiv-rechtliche Gebot eines inhaltlich staatsfreien Rundfunks aus Art. 5 Abs. 1 S. 2 GG andererseits. Zur Auflösung des Dilemmas musste eine staatsferne Organisationsform gefunden werden, der auch eine Grundrechtsberechtigung zugestanden wurde.[456]

Der Rechtsstatus der Deutschen Bahn AG hat Parallelen zu dieser Konstellation:

- Die Eisenbahnen des Bundes sind eine staatlich beherrschte Organisationsform, deren Bildung und Betätigung demokratisch legitimiert, aber nicht unmittelbar Ausdruck der freien Entfaltung natürlicher Personen ist.

---

[452] *BVerfG*, Urt. v. 07.11.2017 – 2 BvE 2/11 [ECLI:DE:BVerfG:2017:es20171107.2bve000211], BVerfGE 147, 50 (153 Rn. 207) – Informationsanspruch.

[453] *Dreier* in: ders., GG, Art. 19 Abs. 3 Rn. 60 ff.; *Ernst* in: von Münch/Kunig, GG, Art. 19 Rn. 79 ff.; *Huber* in: von Mangoldt/Klein/Starck, GG, Art. 19 Rn. 253 ff.; *Remmert* in: Dürig/Herzog/Scholz, GG, Art. 19 Abs. 3 [Stand: 05/2009] Rn. 49 ff.; *Sachs* in: ders, GG, Art. 19 Rn. 93 ff.

[454] *BVerfG*, Beschl. v. 14.04.1987 – 1 BvR 775/84, BVerfGE 75, 192 (196) – Grundrechtsfähigkeit öffentlich-rechtlicher Sparkassen.

[455] *Dreier* in: ders., GG, Art. 19 Abs. 3 Rn. 60 ff.; *Ernst* in: von Münch/Kunig, GG, Art. 19 Rn. 81; *Remmert* in: Dürig/Herzog/Scholz, GG, Art. 19 Abs. 3 [Stand: 05/2009] Rn. 49; *Sachs* in: ders, GG, Art. 19 Rn. 93.

[456] *Remmert* in: Dürig/Herzog/Scholz, GG, Art. 19 Abs. 3 [Stand: 05/2009] Rn. 52 f.

- Die Eisenbahnen des Bundes unterliegen objektiv-rechtlichen Vorgaben aus Art. 87e Abs. 3 S. 1 GG zur Organisations- und materiellen Aufgabenprivatisierung im weiteren Sinne[457] Die Führung der Eisenbahnen des Bundes „als Wirtschaftsunternehmen" setzt eine gewisse Unternehmensautonomie voraus[458] und zielt funktional auf das Marktprinzip und die damit verbundene wettbewerbliche Gleichstellung der Marktteilnehmer ab.[459] Den Eisenbahnen des Bundes obliegen keine staatlichen (Gewährleistungs-) Aufgaben[460] oder Kompetenzen. Sie agieren nicht als Teil der öffentlichen Verwaltung, sondern stehen dieser in einem Subordinationsverhältnis und insoweit einer grundrechtstypischen Gefährdungslage gegenüber.
- Art. 87e Abs. 3 S. 1 GG ordnet die Eisenbahnen des Bundes damit unmittelbar dem Lebensbereich der Wirtschaft zu. Dieser ist durch die Grundrechte der Berufsfreiheit, Art. 12 Abs. 1 GG und der Eigentumsgarantie des Art. 14 Abs. 1 GG als Hauptfreiheiten des Wirtschaftslebens[461] geschützt.

Aufgrund dieser eisenbahnspezifischen verfassungsrechtlichen Zuordnung liegt die Wertung nahe, dass die Grundrechte der Berufs- und Eigentumsfreiheit ihrem Wesen nach auf die unternehmerische Tätigkeit der Eisenbahnen des Bundes Anwendung finden.[462]

---

[457] Siehe oben C. III. 2. a) bb) Führung als Wirtschaftsunternehmen, S. 82.

[458] Siehe oben C. III. 2. a) bb) Führung als Wirtschaftsunternehmen, S. 82.

[459] *BVerfG*, Urt. v. 07.11.2017 – 2 BvE 2/11 [ECLI:DE:BVerfG:2017:es20171107.2bve000211], BVerfGE 147, 50 (153 f. Rn. 271) – Informationsanspruch.

[460] Siehe oben C. III. 2. c) bb) (1) Adressat der Gemeinwohlbindung, S. 87.

[461] *Scholz* in: Dürig/Herzog/Scholz, GG, Art. 12 [Stand: 06/2006] Rn. 4.

[462] Mit gleichem Ergebnis: *Gersdorf* in: von Mangoldt/Klein/Starck, GG, Art. 87e Rn. 53; *Möstl* in: Dürig/Herzog/Scholz, GG, Art. 87e [Stand: 01/2018] Rn. 197 f.; *Pflug*, Eisenbahnregulierung zwischen öffentlichem Recht und Privatrecht, S. 80 f.; *Staebe/Schmitt* in: Schmitt/Staebe, Einführung in das Eisenbahnregulierungsrecht, Rn. 58; *Staebe*, in: ders., ERegG, Einführung Rn. 53; *Windthorst* in: Sachs, GG, Art. 87e Rn. 49 f.
Andere Ansicht: *Hammer*, DÖV 2011, 761 (765); *Huber* in: von Mangoldt/Klein/Starck, GG, Art. 19 Rn. 277; *Remmert* in: Dürig/Herzog/Scholz, GG, Art. 19 Abs. 3 [Stand: 05/2009] Rn. 59; *Sachs* in: ders, GG, Art. 19 Rn. 112a. *Uerpmann-Wittzack* in: von Münch/Kunig, GG, Art. 87e Rn. 18.
Betonung der Grundrechtsbindung der Deutschen Bahn: *Jochum*, NVwZ 2005, 779 (781).

(d) Keine Flucht aus den Grundrechten

Dieses Ergebnis ist mit der Vorgabe vereinbar, dass der nach Art. 1 Abs. 3 GG an die Grundrechte gebundene Staat nicht durch Wahl der jeweiligen Organisationsform über seine Grundrechtsfähigkeit disponieren darf.[463]

Der Staat unterliegt der Grundrechtsbindung nach Art. 1 Abs. 3 GG bei den legislativen Vorgaben für die Tätigkeit seiner Eisenbahnen. Dies betrifft unter anderem

- die Definition der verfassungsrechtlichen Rechtsstellung der Eisenbahnen des Bundes (Art. 87e Abs. 3 und 4 GG),
- deren einfachgesetzlicher Umsetzung durch die Gründung der Deutsche Bahn AG
- sowie den Erlass der grundlegenden Regelungen für ihre Struktur und ihr Verhalten im Wettbewerb im AEG und ERegG.

Bei der Festlegung der Vorgaben, nach denen die Deutsche Bahn tätig wird, ist der Staat somit umfassend an die Grundrechte gebunden. Diese Vorgaben sind daher so festzulegen, dass sie ein grundrechtskonformes Verhalten der Deutschen Bahn gewährleisten. Eine „Flucht aus den Grundrechten" ist damit ausgeschlossen.

Davon zu unterscheiden ist das Handeln der Deutschen Bahn in Umsetzung der staatlichen Vorgaben. Hier agiert die Deutsche Bahn nach dem Modus des Art. 87e Abs. 3 S. 1 GG (Unternehmensautonomie, Marktprinzip)[464] im Gleichordnungsverhältnis und in privatwirtschaftlichen Rechts- und Handlungsformen und unterliegt keiner besonderen öffentlichen Gemeinwohlbindung.[465] Insoweit ist sie nicht in die staatliche Aufgabenerfüllung

---

Differenzierend zwischen Eisenbahnverkehrs- und -infrastrukturunternehmen: *Wilkens*, Wettbewerbsprinzip und Gemeinwohlorientierung bei der Erbringung von Eisenbahndienstleistungen, S. 181 ff.

463 *BVerfG*, Urt. v. 07.11.2017 – 2 BvE 2/11 [ECLI:DE:BVerfG:2017:es20171107.2bve000211], BVerfGE 147, 50 (143 Rn. 238) – Informationsanspruch; *dass.*, Urt. v. 06.12.2016 – 1 BvR 2821/11, 1 BvR 321/12, 1 BvR 1456/12 [ECLI:DE:BVerfG:2016:rs20161206.1bvr282111], BVerfGE 143, 246 (313 Rn. 188).

464 *Burgi*, NVwZ 2018, 601 (606).

465 Siehe oben C. III. 2. c) bb) (1) Adressat der Gemeinwohlbindung, S. 87.

eingeschaltet und ihre Tätigkeit kann nicht als „Verwaltung in Privatrechtsform" qualifiziert werden.[466]

In einer solchen Konstellation ist das (weite) „Konfusionsargument" des Bundesverfassungsgerichts unscharf, der gemäß Art. 1 Abs. 3 GG grundrechtsgebundene Staat könne nicht zu zugleich Berechtigter von Grundrechten sein. Abzustellen ist hingegen darauf, dass in einer konkreten Situation eine juristische Person nicht zeitgleich grundrechtsgebunden und grundrechtsverpflichtet sein kann („enges Konfusionsargument").[467] Die Deutsche Bahn tritt dem Bürger gleichgeordnet in zivilrechtlichen Handlungsformen gegenüber. Sie ist nicht in grundrechtsrelevanter Weise gegenüber einem Grundrechtsträger tätig, sondern vielmehr ihrerseits durch staatliches Handeln betroffen.[468] Befindet sie sich in einer grundrechtstypischen Gefährdungslage, ist sie grundrechtsfähig.

Das Argument „ihrer ausschließlich privatwirtschaftlichen Tätigkeit und Aufgabenstellung (Art. 87f Abs. 2 GG)" war für das Bundesverwaltungsgericht auch im Falle der (allerdings bereits teilprivatisierten) Deutschen Telekom AG das ausschlaggebende Kriterium für deren Grundrechtsfähigkeit.[469]

dd) Fazit zum grundrechtlichen Schutz

Eine prinzipielle Grundrechtsfähigkeit der Deutschen Bahn ist mit den definierten Leitkriterien[470] vereinbar. Sie ist geeignet, der Deutschen Bahn die für ihre Geschäftstätigkeit, Unternehmensautonomie und zur Gleichbehandlung gegenüber Wettbewerbern erforderlichen subjektiv-öffentlichen Rechte zu vermitteln.

Die grundrechtliche Schutzsystematik ist ein seit Jahren durch die verfassungsgerichtliche Rechtsprechung geschärftes und etabliertes Instrument. Sachliche Schutzbereiche, Eingriffsvoraussetzungen und -rechtfertigungen sowie Möglichkeiten zur prozessualen Durchsetzung sind definiert. Diese Elemente bieten Anknüpfungspunkte zur Berücksichtigung bahnspezifischer Besonderheiten wie der Schaffung der Deutschen Bahn AG und der von ihr

---

[466] *Möstl* in: Dürig/Herzog/Scholz, GG, Art. 87e [Stand: 06/2017] Rn. 101.

[467] *Ludwigs/Friedmann*, JA 2018, 807 (812 f.).

[468] *Ludwigs/Friedmann*, JA 2018, 807 (813).

[469] *BVerwG*, Urt. v. 25.04.2001 – 6 C 6/00 (Münster), BVerwGE 114, 160 (189) = NVwZ 2001, 1399 (1406); *Gersdorf* in: von Mangoldt/Klein/Starck, GG, Art. 87e Rn. 53.

[470] Siehe oben C. III. 3. c) aa) Leitkriterien der Bewertung, S. 105.

betriebenen Infrastruktur mit öffentlichen Mitteln und den Fortbestand des natürlichen Monopols.[471]

All dies wäre für ein neues „grundrechtsähnliches" oder gar implizit vorausgesetztes Recht erst zu definieren einschließlich des Verhältnisses zu den Grundrechten. Sachgerechter als sich solcher speziellen „Kunstgriffe" zu bedienen, ist es, von einer prinzipiellen Grundrechtsfähigkeit der Deutschen Bahn auszugehen.

4. Bewertung der verfassungsrechtlichen Stellung der Eisenbahn

Die vom Verfassungsgesetzgeber in Art. 87e GG gewählte Variante zur Privatisierung für das Eisenbahnwesen ist eine genuin eisenbahnrechtliche. Dementsprechend hat sie im rechtswissenschaftlichen Schrifttum Beachtung erhalten. Die 1994 gefundene Kompromisslösung[472] stößt hierbei teilweise auf Kritik: Der Kompromiss oszilliere „zwischen den Polen Staat und Markt, Staatsnähe und Staatsdistanz" und verwirkliche dabei sämtliche Strukturreformen nur halbherzig.[473] Das Kernproblem des Eisenbahnverfassungsrechts, das Spannungsfeld zwischen unternehmerischer Privatwirtschaftlichkeit und staatlichem Gewährleistungsauftrag, werde durch die gefundene Regelung nicht gelöst.[474] Art. 87e entwerfe kein Ordnungsmodell für den Eisenbahnsektor insgesamt, sondern habe fragmentarischen Regelungscharakter.[475]

Dem ist jedoch entgegenzuhalten, dass aufgrund des prognostizierten Finanzbedarfs von Bundes- und Reichsbahn 1994 der Ansatz nahe lag, privatwirtschaftliche Handlungsrationalitäten[476] nutzbar zu machen. Art. 87e GG garantiert zwar nicht automatisch wirtschaftlich gute Entscheidungen. Der rechtliche Modus der Führung der Eisenbahnen des Bundes als Wirtschaftsunternehmen in privat-rechtlicher Form (Art. 87e Abs. 3 S. 1 GG) schafft aber die Grundlagen für Transparenz und Ehrlichkeit durch

---

[471] *Möstl* in: Dürig/Herzog/Scholz, GG, Art. 87e [Stand: 06/2017] Rn. 121 weist u. a. auf die Möglichkeit von Sonderbindungen des öffentlichen Netzbetreibers hin.

[472] Siehe oben C. III. Verfassungsrechtliche Stellung der Eisenbahn, S. 79.

[473] *Möstl* in: Dürig/Herzog/Scholz, GG, Art. 87e [Stand: 06/2017] Rn. 8.

[474] *Möstl* in: Dürig/Herzog/Scholz, GG, Art. 87e [Stand: 06/2017] Rn. 9.

[475] *Gersdorf* in: von Mangoldt/Klein/Starck, GG, Art. 87e Rn. 37; *Möstl* in: Dürig/Herzog/Scholz, GG, Art. 87e [Stand: 06/2017] Rn. 13. Ähnlich *Uerpmann-Wittzack* in: von Münch/Kunig, GG, Art. 87e Rn. 42.

[476] *BVerfG*, Urt. v. 07.11.2017 – 2 BvE 2/11 [ECLI:DE:BVerfG:2017:es20171107.2bve000211], BVerfGE 147, 50 (154 Rn. 272) – Informationsanspruch.

Trennung der vom Staat und seinen Eisenbahnen verfolgten Zwecke und Mittel. Der Staat werde gezwungen, den Preis für die Gewährleistung des Allgemeinwohls zu benennen und zu tragen.[477] Diese Transparenz ist eine Grundvoraussetzung für eine erfolgreiche Entwicklung des Eisenbahnsektors.

Ferner musste auch die Daseinsvorsorge gewährleistet werden. Anders als im Bereich der Telekommunikation war der Wettbewerb im Eisenbahnsektor noch nicht so stark ausgeprägt, dass dieser (mit nur geringen staatlichen Anreizen) die Daseinsvorsorge selbst sicherstellen kann. Diese war somit durch den Staat zu gewährleisten. Sind unter solchen Rahmenbedingungen sowohl privatwirtschaftliche Handlungsrationalitäten als auch sichere Daseinsvorsorge gefordert, ergibt sich zwangsläufig ein Spannungsfeld zwischen den Polen Staat und Markt.

Art. 87e GG regelt verfassungsrechtlich die wesentlichen Punkte (Organisations-) Privatisierung und Daseinsvorsorge[478] und legt Leitlinien und Grenzen der weiteren Ausgestaltung des Eisenbahnwesens durch den Gesetzgeber fest. Kein abschließendes Ordnungsmodell für den gesamten Eisenbahnsektor implementiert zu haben, schafft Offenheit zur Nutzung von Impulsen außerhalb des Verfassungsrechts. Für das Europarecht stehen aufgrund der Grundfreiheiten und des EU-Wettbewerbsrechts die Leitideen Wettbewerb und Marktöffnung im Vordergrund und weniger die Privatisierung oder die Daseinsvorsorge.[479] Auch das Aktienrecht setzt wichtige Maßstäbe z. B. für das Verhältnis von Anteilseigner und Unternehmen. Insoweit bietet die offene Regelung des Art. 87e GG die Möglichkeit, dass sich Verfassungsrecht, Privatrecht, Aktienrecht, Wirtschaftsverwaltungsrecht und Europarecht im Sinne einer praktischen Konkordanz sinnvoll gegenseitig ergänzen.

Art. 87e GG hat für den Bund, die Eisenbahnen des Bundes und deren Mitbewerber im Eisenbahnsektor seit 1994 einen funktionierenden und hinreichend flexiblen Rechtsrahmen gewährleistet und sich insoweit in der Vergangenheit bewährt. Gleichzeitig weist die Rechtsentwicklung im europäischen und deutschen Eisenbahnrecht eine gewisse Dynamik auf. Sollten

---

477 *Burgi*, NVwZ 2018, 601 (607).

478 *Möstl* in: Dürig/Herzog/Scholz, GG, Art. 87e [Stand: 06/2017] Rn. 39; *Wieland* in: Dreier, GG, Art. 87e Rn. 4.

479 *Möstl* in: Dürig/Herzog/Scholz, GG, Art. 87e [Stand: 06/2017] Rn. 39.

sich in Zukunft die Rahmenbedingungen hinsichtlich des Marktes und seiner Leistungsfähigkeit, Anforderungen an die Daseinsvorsorge oder eine Kapitalprivatisierung[480] ändern, können angepasste Regelungen geschaffen werden.

IV. Das Eisenbahnregulierungsgesetz (ERegG)

Das folgende Kapitel hat das Eisenbahnregulierungsgesetz (ERegG)[481] zum Gegenstand. Dieses nimmt europarechtliche Vorgaben vor allem der Recast-Richtlinie 2012/34/EU in der durch die Richtlinie (EU) 2016/2370 geschaffenen konsolidierten Fassung[482] auf und setzt diese unter Berücksichtigung verfassungsrechtlicher Vorgaben im deutschen Recht um.

Nach einer Einordnung des Eisenbahnregulierungsrechts (1.) wird zunächst auf die Ziele der Eisenbahnregulierung eingegangen (2.). Anschließend werden die Instrumente der Regulierung vorgestellt (3., 4. und 5.). Ein Schwerpunkt wird hierbei auf die Entflechtung im ERegG gelegt (5.). Schließlich wird das Verhältnis des Eisenbahnregulierungsrechts zu anderen Rechtsgebieten betrachtet, vor allem zum allgemeinen Zivilrecht und zum allgemeinen Kartellrecht (6.).

1. Einordnung des Eisenbahnregulierungsrechts

Das ERegG ist die wichtigste Rechtsquelle des Eisenbahnregulierungsrechts. Das Regulierungsrecht umfasst diejenigen Normen, die in den Netzwirtschaften (Energie, Telekommunikation und Eisenbahnen) den Zugang Dritter zu Netzen und Infrastruktureinrichtungen eines Betreibers regeln. Im Gegensatz zum allgemeinen Kartellrecht werden diese Normen als sektorspezifisches Kartellrecht[483] bezeichnet.

---

[480] Zu den in den Jahren 2006 bis 2008 beabsichtigten und letztlich nicht realisierten Varianten einer Kapitalprivatisierung siehe *Möstl* in: Dürig/Herzog/Scholz, GG, Art. 87e [Stand: 06/2017] Rn. 131 ff. und *Uerpmann-Wittzack* in: von Münch/Kunig, GG, Art. 87e Rn. 25.

[481] Eisenbahnregulierungsgesetz vom 29. August 2016 (BGBl. I S. 2082) zuletzt geändert durch Artikel 2 des Gesetzes vom 9. Juni 2021 (BGBl. I S. 1737).

[482] Richtlinie 2012/34/EU des Europäischen Parlaments und des Rates vom 21.11.2012 zur Schaffung eines einheitlichen europäischen Eisenbahnraums, ABl. 2012 L 343, 32 („Recast-Richtlinie") – konsolidierte Fassung Stand 01.01.2019.

[483] *Staebe*, in: ders., ERegG, Einf. Rn. 50 f.

Das Regulierungsrecht enthält sowohl privatrechtliche als auch öffentlich-rechtliche Elemente.

- Das Regulierungsrecht soll unter anderem die Verpflichtung des Staates umsetzen, eine diskriminierungsfreie, angemessene Versorgung sicherzustellen. Hierbei handelt es sich um eine öffentlich-rechtliche Funktion des Regulierungsrechts.[484] Einige regulierungsrechtliche Normen, z. B. Bestimmungen zur Einrichtung und zu Befugnissen von Behörden, berechtigen oder verpflichten ausschließlich Träger der öffentlichen Gewalt.[485] Im Eisenbahnregulierungsgesetz regeln z. B. die §§ 66 ff. ERegG die Aufgaben und Befugnisse der Regulierungsbehörde. Solche Normen des Regulierungsrechts sind Teil des öffentlichen Wirtschaftsverwaltungsrechts.[486]
- Das Regulierungsrecht hat aber auch privatrechtliche Bezüge. Dies folgt aus seiner Zielsetzung, den Wettbewerb zu schützen und zu fördern, um die Privatautonomie und Vertragsfreiheiten der Marktteilnehmer zu sichern.[487] Ungeachtet öffentlich-rechtlicher Vorgaben erfolgt die Inanspruchnahme der regulierten Leistung zudem auf Basis zivilrechtlicher Verträge.[488] Für das Eisenbahnregulierungsrecht regelt dies z. B. § 20 Abs. 1 ERegG.

Es ist ein Charakteristikum des Wirtschaftsrechts, die privatautonome Gestaltung zu gewährleisten, ihr Vorrang einzuräumen und gleichzeitig die staatliche Aufgabe zu erfüllen, eine Ordnung des Wirtschaftslebens sicherzustellen, die den „Grundsätzen der Gerechtigkeit" entspricht.[489] Insoweit muss sich ein Rechtsgebiet nicht zwangsläufig immer ausschließlich entweder dem Privatrecht oder dem öffentlichen Recht zuordnen lassen. Das Regulierungsrecht kombiniert privatrechtliche und öffentlich-rechtliche Funktionen und Werkzeuge zu einem effektiven Instrumentarium.

---

[484] *Säcker*, EnWZ 2015, 531 (534).
[485] Modifizierte Subjektstheorie, *Papier/Shirvani* in: Dürig/Herzog/Scholz, GG, Art. 34 [Stand: 04/2020] Rn. 127; *Sodan* in: Sodan/Ziekow, VwGO, § 40 Rn. 302.
[486] *Dreher/Kulka*, Wettbewerbs- und Kartellrecht, Rn. 1 und 9; *Staebe*, in: ders., ERegG, Einf. Rn. 2.
[487] *Säcker*, EnWZ 2015, 531 (534).
[488] *Staebe*, N&R 2022, Heft 6 Beilage, 1 (1).
[489] *Dreher/Kulka*, Wettbewerbs- und Kartellrecht, Rn. 10 f.

Aus diesen unterschiedlichen Wirkrichtungen des Regulierungsrechts ergeben sich Spannungsfelder des Eisenbahnregulierungsrechts zu anderen Rechtsgebieten, vor allem zum Zivilrecht und zum allgemeinen Kartellrecht. Im Folgenden werden zunächst die wesentlichen Regelungsinhalte des Eisenbahnregulierungsgesetzes vorgestellt, um auf dieser Basis die Spannungsfelder näher zu betrachten (6.).

2. Ziele der Eisenbahnregulierung, § 3 ERegG

Als Ziele der Regulierung des Eisenbahnsektors nennt § 3 ERegG

1. die Steigerung des Anteils des schienengebundenen Personen- und Güterverkehrs am gesamten Verkehrsaufkommen (§ 3 Nr. 1 ERegG),
2. die Wahrung der Interessen der Zugangsberechtigten bei der Förderung und Sicherstellung eines wirksamen Wettbewerbs sowie die Wahrung der Interessen der Verbraucher (§ 3 Nr. 2 ERegG),
3. die Förderung von Investitionen der Eisenbahninfrastruktur- und Eisenbahnverkehrsunternehmen und die Unterstützung von Innovationen (§ 3 Nr. 3 ERegG),
4. die Förderung eines einheitlichen europäischen Eisenbahnmarktes (§ 3 Nr. 4 ERegG),
5. die Gewährleistung eines sicheren, leistungsfähigen und zuverlässigen Betriebs der Eisenbahninfrastruktur (§ 3 Nr. 5 ERegG) sowie
6. die Verkürzung der Reisezeiten im Schienenpersonenverkehr und der durchschnittlichen Transportdauer im Schienengüterverkehr (§ 3 Nr. 6 ERegG).

Die genannten Ziele sind unabhängig von der Reihenfolge ihrer Nennung prinzipiell gleichwertig. Mögliche Zielkonflikte sind daher im Sinne einer praktischen Konkordanz aufzulösen.[490] Ein gemeinsames Merkmal aller Ziele ist ihre Ausrichtung auf die Stärkung des Eisenbahnsektors.

Das Europarecht enthält keine Norm, die entsprechend § 3 ERegG Ziele der Regulierung aufzählt. Ziele europarechtlicher Rechtsakte sind jedoch in deren jeweiligen Erwägungsgründen genannt. Die in § 3 ERegG aufgeführten Ziele entsprechen grundsätzlich den Leitlinien der Entwicklung

---

[490] *Otte* in: Kühling/Otte, AEG/ERegG, § 3 ERegG Rn. 5 f.

des europäischen Sekundärrechts für den Eisenbahnsektor.[491] Anklang finden diese unter anderem in den Erwägungsgründen 2, 3, 7, 29 und 33 der Richtlinie (EU) 2016/2370.[492]

3. Instrumente der Regulierung

Zur Regulierung steht eine Vielzahl von Instrumenten zu Verfügung. Zunächst ist zu differenzieren zwischen einer materiell-rechtlichen und einer institutionellen Regulierung.

- Die materiell-rechtliche Regulierung betrifft die Zugangs-, Entgelt- und Entflechtungsregulierung („Regulierungstrias“).[493] Auf diese Regulierungsgegenstände nimmt § 1 Abs. 1 Nr. 1 bis 5 ERegG Bezug.
- Die institutionelle Regulierung befasst sich mit Zuständigkeiten, Verfahrens- und Befugnisnormen.[494] Hierzu zählen beispielsweise die in §§ 66 ff. ERegG geregelten Aufgaben und Befugnisse der Regulierungsbehörde. Zu den Befugnissen zählt insbesondere die durch die Generalklausel des § 67 Abs. 1 S. 1 ERegG geschaffene Möglichkeit, Maßnahmen treffen, die erforderlich sind, um Verstöße zu beseitigen oder zu verhüten.[495]

Wichtigstes Instrument, um nach einer initialen Marktöffnung einen funktionierenden Wettbewerb auf einem Netz herzustellen, ist, den Wettbewerbern die Benutzung des Netzes zu diskriminierungsfreien Bedingungen zu ermöglichen.[496] Das Bundesverwaltungsgericht spricht in diesem Zusammenhang von einer dienenden Funktion des Netzes für den Wettbewerb auf dem Netz.[497] Diese diskriminierungsfreie Benutzung zu ermöglichen, ist zentrale Aufgabe der Zugangsregulierung.

---

491 Siehe oben C II. 2. Sekundärrecht: Wesentliche Rechtsakte und deren Umsetzung, S. 37.

492 Richtlinie (EU) 2016/2370 des Europäischen Parlaments und des Rates vom 14.12.2016 zur Änderung der Richtlinie 2012/34/EU bezüglich der Öffnung des Marktes für inländische Schienenpersonenverkehrsdienste und der Verwaltung der Eisenbahninfrastruktur, ABl. 2016 L 352, 1, Erwägungsgründe 2, 3, 7, 29 und 33.

493 *Otte* in: Kühling/Otte, AEG/ERegG, Einf. Rn. 108 ff.

494 *Otte* in: Kühling/Otte, AEG/ERegG, Einf. Rn. 108, 125 ff.

495 *Uhlenhut* in: Kühling/Otte, AEG/ERegG, § 67 ERegG Rn. 5.

496 *Möstl* in: Dürig/Herzog/Scholz, GG, Art. 87e [Stand: 06/2017] Rn. 113.

497 *BVerwG*, Urt. v. 03.03.2016 – 6 C 64/14 [ECLI:DE:BVerwG:2016:030316U6C64.14.0], NVwZ-RR 2016, 563 (567 Rn. 41); *dass.*, Urt. v. 29.09.2011 – 6 C 17/10 [ECLI:DE:BVerwG:2011:290911U6C17.10.0], NVwZ 2012, 307 (309 Rn. 20 f.).

Die Zugangsregulierung kann durch weitere Regulierungsinstrumente flankiert werden. Der Bedarf an solchen Instrumenten ist abhängig von der Marktsituation sowie Art und Umfang der Geschäftstätigkeit des Monopolisten. Bedarf besteht unter anderem beim Vorliegen struktureller Asymmetrien. Diese entstehen, wenn der Infrastrukturanbieter selbst oder ein mit ihm verbundenes Unternehmen auch auf nachgelagerten Verkehrsmärkten tätig ist (vertikal integriertes Unternehmen).[498] In diesem Fall besteht die Gefahr, dass der Infrastrukturanbieter seine Monopolstellung ausnutzt, um die mit ihm verbundenen Verkehrsanbieter zu bevorzugen. Dieser Gefahr kann durch Regulierungsinstrumente wie beispielsweise der Entflechtung (Unbundling) oder mit Mitteln der institutionellen Regulierung wie der Verlagerung von Befugnissen auf unabhängige Dritte begegnet werden.

Strukturelle Zugangshürden dieser Art in vorgelagerten Infrastrukturmärkten und nachgelagerten Verkehrsmärkten durch Regulierung abzubauen oder auszugleichen und auf diese Weise möglichst gleiche Wettbewerbsbedingungen (level playing field) zu schaffen, ist eine grundrechtlich geschuldete Aufgabe des Staates. Das Ziels des § 3 Nr. 2 ERegG, die Interessen der Zugangsberechtigten bei Sicherstellung eines wirksamen Wettbewerbs zu schützen, manifestiert daher auch grundrechtliche Schutzpflichten des Staates.[499] Anspruch auf einen solchen grundrechtlichen Schutz haben in erster Linie die von den strukturellen Zugangshürden betroffenen nichtbundeseigenen Wettbewerber. Der Anspruch auf diskriminierungsfreien Zugang besteht allerdings auch für das vertikal integrierte Unternehmen selbst, das konsequenterweise ebenfalls grundrechtlichen Schutz genießen sollte.[500]

4. Zugangsansprüche, § 10 ERegG

Kern des Eisenbahnregulierungsrechts[501] sind die in § 10 ERegG (früher § 14 AEG a. F.)[502] geregelten Zugangsansprüche zu Eisenbahnanlagen und Serviceeinrichtungen.

---

[498] Siehe oben B. II. 4. Vertikale Integration von Unternehmen, S. 12.

[499] *Gersdorf* in: von Mangoldt/Klein/Starck, GG, Art. 87e Rn. 51.

[500] Siehe oben C. III. 3. c) cc) (3) (b) Keine wettbewerbliche Benachteiligung, S. 110

[501] *Förster/Kardetzky* in: Schmitt/Staebe, Einführung in das Eisenbahnregulierungsrecht, Rn. 250.

[502] Terminologisch sprach § 14 Abs. 1 AEG in der bis zum 02.09.2016 geltenden Fassung vom Zugang zur Eisenbahninfrastruktur statt von Eisenbahnanlagen und Serviceeinrichtungen. In der Literatur wurde die Meinung vertreten, dass dies einen

Das Recht auf Zugang zu Eisenbahnanlagen[503] zu angemessenen, nichtdiskriminierenden und transparenten Bedingungen ergibt sich

- für Schienengüterverkehrsdienste aus § 10 Abs. 1 ERegG und
- für Schienenpersonenverkehrsdienste aus § 10 Abs. 2 ERegG.

§ 11 Abs. 1 ERegG konkretisiert und erweitert diese Zugangsansprüche auf die Leistungen des in Anlage 2 Nr. 1 ERegG definierten Mindestzugangspakets.

Das Recht auf Zugang zu Serviceeinrichtungen (§ 2 Abs. 9 AEG, Anlage 2 Nr. 2 bis 4 ERegG)[504] zu ebensolchen Bedingungen gewährt § 10 Abs. 3 ERegG. Die Norm des § 11 Abs. 2 ERegG ergänzt das Zugangsrecht um die Leistungen, die in den in Anlage 2 Nr. 2 ERegG genannten Serviceeinrichtungen erbracht werden.

§ 10 ERegG beinhaltet Rechte und Pflichten zum Abschluss einer vertraglichen Zugangsvereinbarung und somit einen Kontrahierungszwang. Zugangsverpflichtet sind die jeweiligen Betreiber einer Eisenbahnanlage oder Serviceeinrichtung.[505] Die Regelung ist Ausdruck des Grundsatzes des verhandelten Netzzugangs. Die grundsätzlich bestehende privatrechtliche Vertragsfreiheit des Infrastrukturanbieters wird insoweit öffentlich-rechtlich überlagert und beschränkt.[506]

Im Europarecht existiert eine entsprechende Regelung in Art. 10 der Recast-Richtlinie 2012/34/EU.[507]

Wird die Eisenbahninfrastruktur durch Unternehmen betrieben, die Teil eines vertikal integrierten Unternehmens sind, setzt der diskriminierungsfreie

---

eigenständigen netzzugangs- oder regulierungsrechtlichen Eisenbahninfrastrukturbegriff erfordere, der sich von der sonstigen Verwendung des Begriffs der Eisenbahninfrastruktur im AEG z. B. in § 2 Abs. 3 oder 6 AEG unterscheide. *Lerche* in: Schmitt/Staebe, Einführung in das Eisenbahnregulierungsrecht, Rn. 82 und Rn. 134 f.; *Staebe/Ernert* in: Schulte/Kloos, Handbuch Öffentliches Wirtschaftsrecht, § 12 Rn. 2 ff.

503 Siehe oben C. I. 2. a) bb) Eisenbahnanlagen, S. 28.

504 Siehe oben C. I. 2. a) cc) Serviceeinrichtungen, S. 32.

505 *Leitzke* in: Staebe, ERegG, § 10 Rn. 8.

506 *Leitzke* in: Staebe, ERegG, Vorb. §§ 10 ff. Rn. 10; *Maas/ter Steeg* in: Kühling/Otte, AEG/ERegG, § 10 ERegG Rn. 25.

507 Richtlinie 2012/34/EU des Europäischen Parlaments und des Rates vom 21.11.2012 zur Schaffung eines einheitlichen europäischen Eisenbahnraums, ABl. 2012 L 343, 32 („Recast-Richtlinie") – konsolidierte Fassung Stand 01.01.2019.

Zugang zur Infrastruktur voraus, dass der Betreiber bei Zugangsentscheidungen keinem Einfluss von anderen Unternehmensteilen ausgesetzt ist, die zu einem wettbewerblichen Vorteil von verbundenen Verkehrsunternehmen führen. Die Zugangsansprüche des § 10 ERegG waren daher zu ergänzen um Entflechtungsregelungen.

5. Entflechtung, §§ 5 ff. ERegG

Neben der Zugangs- und Entgeltregulierung ist die Entflechtung ein weiteres Instrument der materiell-rechtlichen Regulierung. Entflechtungsvorgaben dienen der Begrenzung von Diskriminierungsanreizen und -potentialen innerhalb von vertikal integrierten Unternehmen.[508] Sie sollen den Gefahren für den Wettbewerb begegnen, die aus strukturellen Asymmetrien resultieren, und dadurch den Anspruch auf diskriminierungsfreien Zugang zur Eisenbahninfrastruktur effektiv umsetzen.

Begrifflich werden synonym zur Entflechtung auch die Termini Trennung, Separierung oder der englische Begriff Unbundling verwendet.

a) Übersicht über die Entflechtungsregelungen

Entflechtungsregelungen beinhalten Vorgaben an die Binnenorganisation und -prozesse von Unternehmen. Hierzu knüpfen sie an folgenden Bezugspunkten an:

- Ein Bezugspunkt sind die Unternehmen mit ihren Unternehmensgegenständen, also Betreiber von Eisenbahnanlagen oder Serviceeinrichtungen sowie Eisenbahnverkehrsunternehmen.[509] Sind diese Unternehmen in einem vertikal integrierten Unternehmen verbunden, kann auch dieses Unternehmen selbst Bezugspunkt von Entflechtungsregelungen sein.
- Ein anderer Bezugspunkt sind die zu trennenden Funktionen (rechtliche, buchhalterische, operationelle und informationelle Entflechtung). Insbesondere im Bereich der operationellen Entflechtung erfolgen weitere Differenzierungen z. B. nach wesentlichen Funktionen (§ 8 Abs. 2 S. 1 ERegG, § 1 Abs. 4 b AEG) oder dem Verkehrsmanagement und der Instandhaltungsplanung (§ 8b ERegG).

---

508 *Kühling/Weinbeck* in: Kühling/Otte, AEG/ERegG, Einf. Rn. 122.

509 Zu den Definitionen siehe oben C. I. 2. Unternehmensgegenstand, S. 26.

Ihre wesentliche Grundlage finden die Entflechtungsregelungen im Kapitel 2 des ERegG „Entwicklung des Eisenbahnsektors“ (§§ 5 - 17 ERegG). Diese nehmen Vorgaben vor allem aus Kapitel II (Art. 6 bis 7f) der Recast-Richtlinie 2012/34/EU auf.[510]

Übersicht 5: Entflechtungsregelungen des ERegG

Unternehmens-gegenstand:	**Betreiber von Eisenbahn-anlagen**	**Betreiber einer Serviceeinrichtung**	**Eisenbahnverkehrs-unternehmen**
Def. Betreiber / Unternehmen	§ 2 Abs. 7 AEG i. V. m. § 2 Abs. 6a AEG, Anl. 1 ERegG	§ 2 Abs. 11 AEG i. V. m. § 2 Abs. 9 AEG, Anl. 2 Nr. 2 - 4 ERegG	§ 2 Abs. 3 S. 1 AEG i. V. m. § 2 Abs. 2 AEG
Entflechtung:			
• buchhalterisch	§ 7, § 8d	§ 12 Abs. 2	§ 7
• rechtlich	§ 8 Abs. 1, § 8a Abs. 1	Nein (§ 12 Abs. 1 S. 2)	
• operationell	§ 8 Abs. 2, § 8a, § 8b, § 8c	§ 12 Abs. 1	(§ 5 vs. Staat als Eigentümer[511]) § 8a Abs. 1, 3[512]
• personell	§ 8 Abs. 3, 4, 6, § 8a Abs. 3 Nr. 2, 3		
• informationell	§ 8 Abs. 5		

Die Paragrafen beziehen sich – soweit nicht anders vermerkt – auf das ERegG. Die Anwendbarkeit der Begriffsbestimmungen von § 2 AEG im ERegG ergibt sich aus § 1 Abs. 4 ERegG.

---

[510] Richtlinie 2012/34/EU des Europäischen Parlaments und des Rates vom 21.11.2012 zur Schaffung eines einheitlichen europäischen Eisenbahnraums, ABl. 2012 L 343, 32 („Recast-Richtlinie“) – konsolidierte Fassung Stand 01.01.2019.

[511] § 5 ERegG regelt die Unabhängigkeit von Eisenbahnverkehrsunternehmen gegenüber staatlichen Einflüssen, *Säcker* in: Kühling/Otte, AEG/ERegG, § 5 ERegG Rn. 3. Die Norm zielt daher nicht auf die Entflechtung eines vertikal integrierten Unternehmens ab, kann aber ebenfalls Auswirkungen auf dessen Binnenstruktur haben.

[512] Adressat von § 8a ERegG ist ausschließlich der Betreiber von Eisenbahnanlagen, *Säcker* in: Kühling/Otte, AEG/ERegG, § 8a ERegG Rn. 3.

b) Regelungen zur buchhalterischen Entflechtung

Das ERegG enthält mehrere Normen, die Vorgaben zur buchhalterischen Entflechtung beinhalten. Diese differenzieren nach unterschiedlichen Unternehmensgegenständen.

aa) Getrennte Rechnungslegung, § 7 ERegG

Vorgaben zur buchhalterischen Entflechtung (accounting unbundling) enthält § 7 ERegG. Nach § 7 Abs. 1 ERegG müssen Eisenbahnen für die Erbringung von Verkehrsleistungen durch Eisenbahnverkehrsunternehmen einerseits und für den Betrieb von Eisenbahnanlagen andererseits gesonderte Bilanzen (§§ 266 ff. HGB) und Gewinn- und Verlustrechnungen (§§ 275 ff. HGB) aufstellen.

In ihrer Buchführung sind beide Bereiche zu trennen, § 7 Abs. 2 S. 1 ERegG. Dies erfordert getrennte Konten für diese Bereiche sowie ggf. für weitere Tätigkeitsbereiche, § 7 Abs. 2 S. 2 ERegG. Soweit eine unmittelbare Zuordnung von Vermögensgegenständen, Schulden, Eigenkapital, Rechnungsabgrenzungsposten, Aufwendungen und Erträgen zu den einzelnen Bereichen nicht möglich ist oder mit unvertretbarem Aufwand verbunden wäre, hat die Zuordnung durch sachgerechte und nachvollziehbare Schlüsselung der Konten zu erfolgen, § 7 Abs. 2 S. 4 ERegG.

Ferner besteht ein Überleitungsverbot für öffentliche Gelder, § 7 Abs. 3 ERegG. Die Rechnungsführung muss es ermöglichen, dessen Einhaltung sowie die Verwendung der Einnahmen aus Entgelten für die Nutzung von Eisenbahnanlagen zu überprüfen, § 7 Abs. 5 ERegG.

Die getrennte Rechnungsführung soll eine sachgerechte Kosten-, Erlös- und Subventionszuordnung gewährleisten und eine ordnungsgemäße Entgeltermittlung sowie deren Überprüfung durch die Regulierungsbehörde ermöglichen.[513]

Ergänzt werden die Regelungen zur buchhalterischen Entflechtung durch weitere Vorgaben aus dem Bereich der Entgeltermittlung wie die Erfassung der mit der Leistungserbringung zusammenhängenden Kosten (§ 32 Abs. 1 ERegG für Serviceeinrichtungen), das Führen eines Anlagenverzeichnisses

---

[513] *Gebauer* in: Kühling/Otte, AEG/ERegG, § 7 ERegG Rn. 7 f.

(§ 24 Abs. 2 ERegG), erhöhte Entgelte bei Investitionen (§ 36 Abs. 4 ERegG) oder die Gewährung von Nachlässen (§ 38 ERegG).[514]

bb) Betrieb von Eisenbahnanlagen, § 8d ERegG

Erste Vorgaben zu einer buchhalterischen Entflechtung von Eisenbahnverkehrs- und -infrastrukturunternehmen enthielt bereits 1991 die Richtlinie 91/440/EWG (Art. 6 Abs. 1).[515] Einzelheiten wie die Kontrolle des Verbots der Übertragung öffentlicher Gelder auf Verkehrsunternehmen waren allerdings streitig und Gegenstand eines Vertragsverletzungsverfahrens vor dem EuGH im Jahr 2017.[516] Dies führte im Vierten Eisenbahnpaket und seiner Umsetzung im ERegG zu detaillierten Vorgaben an die Entflechtung, die sich u. a. in den Regelungen zur finanziellen Transparenz in § 8d Abs. 7 und 8 ERegG manifestieren.[517]

Einnahmen aus dem Betrieb von Eisenbahnanlagen darf der Betreiber nur zur Finanzierung seiner eigenen Geschäftstätigkeit verwenden, § 8d Abs. 1 S. 1 ERegG. Die Zahlung von Dividenden an die Eigentümer ist zulässig, wenn es sich hierbei nicht um Einheiten des vertikal integrierten Unternehmens handelt, § 8d Abs. 1 S. 2 und 3 ERegG.

§ 8d Abs. 3 und 4 ERegG verbieten grundsätzlich die Gewähr von Darlehen zwischen Betreibern von Eisenbahnanlagen und Eisenbahnverkehrsunternehmen. Ausnahmen sind nach § 8d Abs. 5 ERegG möglich, wenn dies zu Marktsätzen und -bedingungen geschieht, die das individuelle Risikoprofil des betreffenden Unternehmens widerspiegeln.

Verbindlichkeiten des Betreibers von Eisenbahnanlagen sind getrennt von Verbindlichkeiten anderer rechtlicher Einheiten des vertikal integrierten Unternehmens auszuweisen, § 8d Abs. 5 ERegG.

---

514 *Gebauer* in: Kühling/Otte, AEG/ERegG, § 7 ERegG Rn. 25.

515 Richtlinie 91/440/EWG des Rates vom 29.07.1991 zur Entwicklung der Eisenbahnunternehmen der Gemeinschaft, ABl. 1991 L 237. 25.

516 *EuGH*, Urt. v. 28.06.2017 – Rs. C-482/14 (Kommission/Deutschland), ECLI:EU:C:2017:499, Rn. 54, https://curia.europa.eu/juris/document/document.jsf;jsessionid=63AEBA89600C223C446AE63848552BCB?text=&docid=192205&pageIndex=0&doclang=de&mode=lst&dir=&occ=first&part=1&cid=2894198 (aufgerufen am 02.10.2023). *Gebauer* in: Kühling/Otte, AEG/ERegG, § 7 ERegG Rn. 96 ff.; *Remmert* in: Staebe, ERegG, § 7 Rn. 15.

517 *Ludwigs*, IR 2020, 60 (64); *Säcker* in: Kühling/Otte, AEG/ERegG, § 8d ERegG Rn. 2.

Auf die Erbringung von Dienstleistungen in einem vertikal integrierten Unternehmen geht § 8d Abs. 6 ERegG ein: Dem Betreiber von Eisenbahnanlagen angebotene Dienstleistungen werden auf der Grundlage von Verträgen erbracht und entweder nach Marktpreisen oder nach Preisen, die die Produktionskosten widerspiegeln, zuzüglich einer angemessenen Gewinnspanne vergütet.

cc) Betrieb von Serviceeinrichtungen, § 12 Abs. 2 ERegG

§ 12 Abs. 2 ERegG schreibt eine buchhalterische Entflechtung vor für die Erbringung von Verkehrsleistungen einerseits und den Betrieb von Serviceeinrichtungen andererseits. Inhaltlich orientiert sich die Regelung an § 7 ERegG.

Relevanz hat diese Regelung vor allem, wenn

- die Serviceeinrichtung nicht von einem Betreiber von Eisenbahnanlagen betrieben wird oder
- der Betreiber der Serviceeinrichtung von einem Betreiber von Eisenbahnanlagen kontrolliert wird.

Für diese Fälle schreibt § 12 Abs. 3 ERegG nämlich vor, dass die Anforderungen des § 12 Abs. 2 ERegG bereits als erfüllt gelten, wenn die Regelungen zur buchhalterischen Entflechtung aus §§ 7 und 8 ERegG eingehalten werden.

c) Regelungen zur rechtlichen Entflechtung

Die rechtliche Entflechtung ist regelt das ERegG mehreren Bestimmungen, die an die unterschiedlichen Unternehmensgegenstände anknüpfen.

aa) Betrieb von Eisenbahnanlagen, § 8 Abs. 1 ERegG

Ein Betreiber von Eisenbahnanlagen muss nach § 8 Abs. 1 Nr. 1 und 2 ERegG rechtlich getrennt sein von Eisenbahnverkehrsunternehmen und – falls er Teil eines vertikal integrierten Unternehmens ist – von anderen Bereichen innerhalb des Unternehmens (legal unbundling).

Die Vorgabe der rechtlichen Trennung des Betreibers der Eisenbahnanlagen soll die Unabhängigkeit seines Managements durch eine entsprechende innere Unternehmensstruktur sichern. Dies soll einen diskriminierungsfreien

Wettbewerb auf der Schiene und eine Chancengleichheit der Eisenbahnverkehrsunternehmen sicherstellen.[518]

bb) Gegenüber Verkehrsunternehmen, § 8a Abs. 1 ERegG

§ 8a ERegG wiederholt unter anderem die Vorgabe der rechtlichen Trennung des Betreibers der Eisenbahnanlagen von Eisenbahnverkehrsunternehmen.[519]

cc) Eigentumsrechtliche Entflechtung nicht erforderlich

Von der rechtlichen Entflechtung zu unterscheiden ist die nicht vom ERegG eingeforderte eigentumsrechtliche Entflechtung (ownership unbundling). Vertikal integrierte Eisenbahnunternehmen in Form von konzernverbundenen Aktiengesellschaften sind daher weiterhin möglich.[520]

Eine eigentumsrechtliche Entflechtung ginge insoweit über die rechtliche Entflechtung hinaus, als sie eine vollständige Auflösung der eigentumsrechtlichen Verbindung zwischen Infrastruktur- und Dienstleistungsunternehmen dergestalt fordert, dass jegliche rechtliche oder faktische Möglichkeit der Einflussnahme beseitigt wird.[521] Dies ließe sich im Wege einer Kapitalprivatisierung realisieren, d. h. einer vollständigen Veräußerung entweder der Eisenbahnverkehrs- oder -infrastrukturunternehmen an Dritte. Für die Eisenbahnverkehrsunternehmen des Bundes hat Art. 87e Abs. 3 S. 1 GG eine Veräußerung nicht gefordert, die Möglichkeit aber offengehalten. Für die Eisenbahninfrastrukturunternehmen des Bundes ist – soweit sie Schienenwege betreiben – eine Veräußerung durch den Schienenwegevorbehalt des Art. 87e Abs. 3 S. 2 und 3 GG ausgeschlossen.[522]

dd) Verhältnis zur buchhalterischen Entflechtung

Vorgaben zur getrennten Rechnungsführung enthielt bereits 1991 die Richtlinie 91/440/EWG zur Entwicklung der Eisenbahnunternehmen der Gemeinschaft.[523] Zu diesem Zeitpunkt forderte das Europarecht noch keine rechtliche Entflechtung. Anforderungen an eine rechtliche Entflechtung stellte

---

518 *Säcker* in: Kühling/Otte, AEG/ERegG, § 8 ERegG Rn. 2.

519 *Säcker* in: Kühling/Otte, AEG/ERegG, § 8a ERegG Rn. 3.

520 *Säcker* in: Kühling/Otte, AEG/ERegG, § 8 ERegG Rn. 20.

521 *Martinez* in: Callies/Ruffert, EUV/AEUV, Art. 91 AEUV Rn. 57.

522 Siehe oben C. III. 2. b) Schienenwegevorbehalt, Art. 87e Abs. 3 S. 2, 3 GG, S. 84.

523 Richtlinie 91/440/EWG des Rates vom 29.07.1991 zur Entwicklung der Eisenbahnunternehmen der Gemeinschaft, ABl. 1991 L 237. 25.

erst die Recast-Richtlinie 2012/34/EU.[524] Eine buchhalterische Entflechtung setzt somit nicht zwingend eine rechtliche Entflechtung voraus. Sie kann auch innerhalb eines Unternehmens erfolgen.

Werden Eisenbahnunternehmen als Kapitalgesellschaften betrieben, unterliegen sie in Deutschland handelsrechtlichen Vorgaben hinsichtlich ihrer Bilanz (§§ 266 ff. HGB) sowie ihrer Gewinn- und Verlustrechnungen (§§ 275 ff. HGB). Die rechtliche Entflechtung deckt daher – bezogen auf die Rechtslage in Deutschland – wesentliche Kernelemente einer buchhalterischen Entflechtung mit ab. Sie umfasst aber nicht alle (Detail-) Regelungen wie beispielsweise die Vorgaben zur finanziellen Transparenz in § 8d ERegG.

d) Regelungen zur operationellen Entflechtung

Die formale rechtliche Entflechtung in § 8 Abs. 1 ERegG lässt vertikale Unternehmen beispielsweise in Form von konzernverbundenen Aktiengesellschaften weiter zu.[525] Zur Gewährleistung auch der materiellen Unabhängigkeit des Managements und damit der Ermöglichung von diskriminierungsfreiem Wettbewerb und Chancengleichheit auf der Schiene treten daher ergänzend operative Vorgaben zu internen Strukturen und Prozessen eines integrierten Eisenbahnkonzerns hinzu.[526]

Die Regelungen zur operationellen bzw. organisatorischen Entflechtung (management unbundling) differenzieren zwischen den verschiedenen Unternehmensgegenständen.

aa) Betreiber von Eisenbahnanlagen

Die operationelle Unabhängigkeit des Betreibers von Eisenbahnanlagen soll ein System von Bestimmungen sicherstellen.

(1) In vertikal integrierten Unternehmen, § 8 Abs. 2 ERegG

Nach § 8 Abs. 2 S. 1 ERegG darf in einem vertikal integrierten Unternehmen keiner der anderen Bereiche einen bestimmenden Einfluss auf die Entscheidungen des Betreibers von Eisenbahnanlagen hinsichtlich seiner

---

[524] Richtlinie 2012/34/EU des Europäischen Parlaments und des Rates vom 21.11.2012 zur Schaffung eines einheitlichen europäischen Eisenbahnraums, ABl. 2012 L 343, 32, Art. 7 Abs. 2.

[525] *Säcker* in: Kühling/Otte, AEG/ERegG, § 8 ERegG Rn. 20 f.

[526] *Säcker* in: Kühling/Otte, AEG/ERegG, § 8 ERegG Rn. 2; *ders.* in: Kühling/Otte, AEG/ERegG, § 8a ERegG Rn. 8.

wesentlichen Funktionen ausüben. Wesentliche Funktionen sind nach § 1 Abs. 4b ERegG Entscheidungen über die Trassenzuweisung (Nr. 1) und Wegeentgelte (Nr. 2).[527] Die Unparteilichkeit der Mitglieder des Aufsichtsrates, des Vorstandes des Betreibers von Eisenbahnanlagen und der unmittelbar unterstellten Führungskräfte muss durch unternehmensinterne Regelungen sichergestellt werden, § 8 Abs. 2 S. 2 und 3 ERegG. Die Regelung des § 8 Abs. 2 ERegG ersetzt die Bestimmung des § 9a Abs. 1 S. 2 Nr. 5 AEG a. F., auf der die Konzernjuristen-Entscheidung des BVerwG[528] beruht.[529]

Ein uneingeschränkter Beherrschungsvertrag (§ 291 ff. AktG), der der Holdinggesellschaft umfassende Einwirkungsmöglichkeiten auf die abhängige Gesellschaft einräumt (§ 308 AktG), ist daher mit § 8 Abs. 2 S. 1 ERegG nicht vereinbar.[530] Funktional begrenzte Beherrschungsverträge, die netzzugangsrelevante Entscheidungen von der Beherrschung ausklammern, sind möglich, schützen die abhängige Gesellschaft aber nicht umfassend vor Einflussnahmen. Wer weiterhin an das Konzerninteresse gebunden ist, Weisungen befolgen muss und dessen Bestellung bzw. Wiederwahl von Vertretern der Holdinggesellschaft abhängig ist, könnte versucht sein, in netzzugangsrelevanten Fragen nicht diskriminierungsfrei zu entscheiden.[531]

(2) Spezifikation der Vorgaben, § 8a ERegG

§ 8a ERegG unterstreicht die Grundsätze des § 8 ERegG zur Unabhängigkeit des Betreibers von Eisenbahnanlagen und differenziert diese weiter aus. Während § 8 ERegG in Abs. 2, 4, 5, 6 und 8 die Unabhängigkeit des Betreibers von Eisenbahnanlagen innerhalb eines vertikal integrierten Unternehmens regeln, formuliert § 8a ERegG die Unabhängigkeitsanforderungen genereller, unabhängig von gesellschaftsrechtlichen Beherrschungsverhältnissen.[532]

Der Betreiber von Eisenbahnanlagen muss organisatorisch und in seinen Entscheidungen in Bezug auf die wesentlichen Funktionen (§ 1 Abs. 4b ERegG) unabhängig sein, § 8a Abs. 1 ERegG. Er muss über eine eigene

---

[527] Siehe C. I. 2. a) bb) (4) (b) Wesentliche Funktionen, § 1 Abs. 4b ERegG, S. 31.

[528] *BVerwG*, Urt. v. 18.05.2010 – 3 C 21.09 [ECLI:DE:BVerwG:2010:180510U3C21.09.0], BVerwGE 137, 58 (67 Rn. 37) – Konzernjuristen.

[529] *Säcker* in: Kühling/Otte, AEG/ERegG, § 8 ERegG Rn. 40.

[530] Vergleiche auch *Säcker* in: Kühling/Otte, AEG/ERegG, § 8 ERegG Rn. 32.

[531] *Säcker* in: Kühling/Otte, AEG/ERegG, § 8 ERegG Rn. 33.

[532] *Säcker* in: Kühling/Otte, AEG/ERegG, § 8a ERegG Rn. 5.

Geschäftsführung, Verwaltung und interne Kontrolle verfügen § 8a Abs. 2 ERegG. Dritte, insbesondere Eisenbahnverkehrsunternehmen, dürfen keinen bestimmenden Einfluss ausüben hinsichtlich seiner wesentlichen Funktionen, § 8a Abs. 3 Nr. 1 ERegG. Hierbei untersagt § 8a ERegG nicht nur eine konkrete Einflussnahme, sondern stellt einen abstrakten Gefährdungstatbestand dar.[533]

(3) Verkehrsmanagement und Planung, § 8b ERegG

§ 8b ERegG regelt die Durchführung des Verkehrsmanagements sowie der Instandhaltungs- und Erneuerungsplanung durch den Betreiber von Eisenbahnanlagen.

Vor der Planung größerer Instandhaltungs- oder Erneuerungsarbeiten sind die Zugangsberechtigten zu konsultieren. Die Planung ist in diskriminierungsfreier Weise durchzuführen, § 8b Abs. 4 ERegG.

Auch die Ausführung des Verkehrsmanagements sowie der Instandhaltungs- und Erneuerungsplanung muss auf transparente und diskriminierungsfreie Weise erfolgen, § 8b Abs. 1 S. 1 ERegG. Entscheidungen sind dem Personal des Betreibers von Eisenbahnanlagen vorbehalten. Dieses darf keine Funktionen in Eisenbahnverkehrsunternehmen oder mit diesen verbundenen Unternehmen ausüben, § 8b Abs. 1 S. 2 ERegG.

Der Betreiber der Eisenbahnanlagen muss sicherstellen, dass Eisenbahnverkehrsunternehmen Zugang zu einschlägigen Informationen haben, § 8b Abs. 2 ERegG. Über etwaige Störungen muss er umfassend und rechtzeitig informieren, § 8b Abs. 3 S. 1 ERegG.

(4) Auslagerung von Funktionen, § 8c ERegG

§ 8c Abs. 1 S. 1 ERegG regelt die Auslagerung der Durchführung von Arbeiten hinsichtlich des Ausbaus, der Instandhaltung und der Erneuerung der Eisenbahninfrastruktur an Eisenbahnverkehrsunternehmen oder Unternehmen, die das Eisenbahnverkehrsunternehmen kontrollieren oder von ihm kontrolliert werden.

Eine solche Auslagerung ist möglich, wenn keine Konflikte zwischen den Interessen von Eisenbahnverkehrsunternehmen und Eisenbahninfrastrukturunternehmen entstehen und die Vertraulichkeit der Betriebs- und Geschäftsgeheimnisse gewährleistet ist, § 8c Abs. 1 S. 1 ERegG. Der Betreiber

---

[533] *Säcker* in: Kühling/Otte, AEG/ERegG, § 8a ERegG Rn. 9.

von Eisenbahnanlagen behält jedoch die Aufsichtsbefugnis und trägt die endgültige Verantwortung, § 8c Abs. 1 S. 2 ERegG.

§ 8c Abs. 2 ERegG regelt die Zulässigkeit von Kooperationsvereinbarungen mit Eisenbahnverkehrsunternehmen. Diese sind grundsätzlich möglich, wenn sie in diskriminierungsfreier Weise geschlossen werden und auch Zugangsberechtigten oder Endnutzern Vorteile bieten sollen.

bb) Betreiber einer Serviceeinrichtung, § 12 Abs. 1 ERegG

Wird ein Betreiber einer Serviceeinrichtung von einem Unternehmen kontrolliert, das auf dem Schienenverkehrsmarkt eine beherrschende Stellung hat, muss dieser so organisiert sein, dass die Serviceeinrichtungen organisatorisch und in den Entscheidungen von Dritten unabhängig sind, § 12 Abs. 1 S. 1 ERegG. Dies betrifft die in Anlage 2 Nr. 2 lit. a, b, c, d, g und h ERegG aufgeführten Serviceeinrichtungen. Mit Personenbahnhöfen (lit. a), Güterterminals (lit. b), Rangierbahnhöfen (lit. c), Abstellgleisen (lit. d), Häfen mit Schienenverkehr (lit. g) und Hilfseinrichtungen (lit. h) umfasst diese Regelung für den Eisenbahnverkehr besonders wichtige Einrichtungen. Diese Vorgabe dient der Gewährleistung einer vollständigen Transparenz und Nichtdiskriminierung in Bezug auf den Zugang und die Erbringung von Leistungen.

Diese operationelle Entflechtung des Betreibers einer Serviceeinrichtung in § 12 Abs. 1 S. 1 ERegG ist eine Parallelvorschrift zu der operationellen Entflechtung des Betreibers von Eisenbahnanlagen in § 8 Abs. 2 ERegG bzw. § 8a ERegG. Im Unterschied zu diesen Normen fordert § 12 ERegG jedoch keine zusätzliche rechtliche Entflechtung des Betreibers von Serviceeinrichtungen. Die operationelle Entflechtung kann auch durch getrennte Bereiche innerhalb ein und desselben Unternehmens realisiert werden, § 12 Abs. 1 S. 2 ERegG.[534]

Wird die Serviceeinrichtung von einem Betreiber von Eisenbahnanlagen betrieben oder wird ihr Betreiber von einem Betreiber von Eisenbahnanlagen kontrolliert, gelten die Anforderungen des § 12 Abs. 1 ERegG zudem als erfüllt, wenn die Regelungen zur operationellen Entflechtung aus § 8 ERegG eingehalten werden, § 12 Abs. 3 ERegG.[535]

---

534 *Säcker/Steffensen* in: Kühling/Otte, AEG/ERegG, § 12 ERegG Rn. 7.

535 Siehe zur Anwendung dieser Regelung bei der buchhalterischen Entflechtung von Serviceeinrichtungen auch C. IV. 5. b) cc) Betrieb von Serviceeinrichtungen, § 12 Abs. 2 ERegG, S. 127.

cc) Eisenbahnverkehrsunternehmen, § 5 ERegG

Für Eisenbahnverkehrsunternehmen (EVU), die unmittelbar oder mittelbar im Eigentum des Staates stehen, schreibt § 5 S. 1 ERegG vor, dass sie in Bezug auf die Geschäftsführung, Verwaltung und interne Kontrolle der Verwaltungs-, Wirtschafts- und Rechnungsführungsfragen eine unabhängige Stellung haben.

Primäres Ziel dieser Regelung ist die Stärkung der Unabhängigkeit der Eisenbahnverkehrsunternehmen gegenüber staatlichen Einflüssen.[536] Dieses Ziel wurde europarechtlich bereits 1991 von Art. 1, 4 und 6 der Richtlinie 91/440/EWG[537] formuliert.

Normzweck des § 5 ERegG ist daher – anders als bei den §§ 7 ff. ERegG – nicht die Entflechtung von Eisenbahnverkehrs- und -infrastrukturunternehmen zur Gewährleistung der Unabhängigkeit von Zugangsentscheidungen. Betreibt der Staat seine Eisenbahnen jedoch in einem vertikal integrierten Unternehmen, kann § 5 S. 1 ERegG zugunsten der Eisenbahnverkehrsunternehmen entflechtend auf dessen Binnenstruktur wirken. Im Zusammenhang der Unabhängigkeitsregelungen des ERegG ist § 5 ERegG daher ebenfalls zu erwähnen.

e) Regelungen zur personellen Entflechtungskomponente

Die vorgenannten Entflechtungsnormen regeln die Unabhängigkeit von Unternehmensteilen hinsichtlich bestimmter Funktionen in der formalen Unternehmensorganisation. Das vierte Eisenbahnpaket hatte sich darüber hinaus das Ziel gesetzt, jenseits förmlicher Weisungsrechte auch den Einfluss zu regulieren, der aus der Befugnis zur Auswahl, Führung und Entlassung von Personal folgt. Diese Regelungen sind Teil der operationellen Entflechtung, werden hier aus Gründen der Übersichtlichkeit aber separat dargestellt.

aa) Verbot von Doppelfunktionen, § 8 Abs. 3 ERegG

§ 8 Abs. 3 ERegG untersagt eine Reihe von Doppelfunktionen:

- Ein Vorstand eines Betreibers von Eisenbahnanlagen kann nicht gleichzeitig Vorstand eines Eisenbahnverkehrsunternehmens (§ 8 Abs. 3 Nr. 1

---

[536] *Säcker* in: Kühling/Otte, AEG/ERegG, § 5 ERegG Rn. 3.

[537] Richtlinie 91/440/EWG des Rates vom 29.07.1991 zur Entwicklung der Eisenbahnunternehmen der Gemeinschaft, ABl. 1991 L 237. 25.

ERegG) oder Aufsichtsrat eines Unternehmens sein, das Teil eines vertikal integrierten Unternehmens ist (§ 8 Abs. 3 Nr. 4 ERegG).

- Ein Aufsichtsrat eines Betreibers von Eisenbahnanlagen darf nicht gleichzeitig dieselbe Funktion in einem Eisenbahnverkehrsunternehmen ausüben (§ 8 Abs. 3 Nr. 3 ERegG).
- Entscheidungsberechtigte über wesentliche Funktionen (§ 1 Abs. 4a ERegG) eines Betreibers von Eisenbahnanlagen dürfen nicht gleichzeitig als Vorstand eines Eisenbahnverkehrsunternehmens fungieren (§ 8 Abs. 3 Nr. 2 ERegG).

Übersicht 6: Verbot von Doppelfunktionen § 8 Abs. 3 ERegG

Unternehmen	Funktion	Nr. 1	Nr. 2	Nr. 3	Nr. 4
Betreiber von Eisenbahnanlagen	Entscheidungsberechtigte über wesentl. Funktionen		Nein		
	Vorstand	Nein			Nein
	Aufsichtsrat			Nein	
Eisenbahnverkehrs-unternehmen	Vorstand	Nein	Nein		
	Aufsichtsrat			Nein	
Unternehmen eines vertikal integrierten Unternehmens	Aufsichtsrat				Nein

Diese Regelungen dienen zur Reduzierung von persönlichen Abhängigkeiten und Interessenkonflikten von Funktionsträgern des Betreibers von Eisenbahnanlagen. Allerdings wurde nicht jede Doppelfunktion von Entscheidungsberechtigten über wesentliche Funktionen, Vorständen und Aufsichtsräten ausgeschlossen, sondern nur bestimmte Kombinationen. Im Hinblick auf Funktionsträger von Unternehmen, die Teil des vertikal integrierten Unternehmens sind, sind beispielsweise nur Aufsichtsräte von der Regelung umfasst (§ 8 Abs. 3 Nr. 4 ERegG) jedoch keine Vorstände. Dass beispielsweise Vorstände des vertikal integrierten Unternehmens, d. h. der Obergesellschaft, gleichzeitig Aufsichtsratsfunktionen beim Betreiber von Eisenbahnanlagen innehaben können, wird damit begründet, dass andernfalls jegliche Kontrolle fehle und damit die Konzernstruktur aufgelöst würde.[538]

---

[538] *Säcker* in: Kühling/Otte, AEG/ERegG, § 8 ERegG Rn. 28.

bb) Vergütungskriterien, § 8 Abs. 4 ERegG

§ 8 Abs. 4 ERegG grenzt Vergütungskriterien innerhalb eines vertikal integrierten Unternehmens ein. Der betroffene Personenkreis sind Vorstände und Entscheidungsberechtigte über wesentliche Funktionen eines Betreibers von Eisenbahnanlagen. Diesen dürfen nicht gewährt werden

- eine leistungsbezogene Vergütung von einer anderen rechtlichen Einheit im vertikal integrierten Unternehmen (§ 8 Abs. 4 S. 1 Nr. 1 ERegG) oder
- Bonuszahlungen, die im Wesentlichen mit der finanziellen Leistungsfähigkeit einzelner Eisenbahnverkehrsunternehmen verknüpft sind (§ 8 Abs. 4 S. 1 Nr. 2 ERegG).

Ausgenommen hiervon sind Anreize, die im Zusammenhang mit der Gesamtleistung des Eisenbahnsystems, d. h. aller Eisenbahnverkehrsunternehmen, stehen (§ 8 Abs. 4 S. 2 und 3 ERegG).

Diese Regelung soll Interessenkonflikte durch finanzielle (Fehl-) Anreize von Mitarbeitenden eines Betreibers von Eisenbahnanlagen verringern, die diese möglicherweise zu einem wettbewerbswidrigen Verhalten motivieren könnten.

cc) Ernennungen und Entlassungen, § 8 Abs. 6 ERegG

Nach § 8 Abs. 6 ERegG müssen vertikal integrierte Unternehmen zudem sicherstellen, dass andere rechtliche Einheiten innerhalb dieser Unternehmen keinen entscheidenden Einfluss ausüben auf Ernennungen und Entlassungen von Entscheidungsberechtigten über wesentliche Funktionen (§ 1 Abs. 4b ERegG).

dd) Wahrnehmung wesentlicher Funktionen, § 8a Abs. 3 ERegG

§ 8a Abs. 3 ERegG trifft Festlegungen für Personen, die mit wesentlichen Funktionen betraut sind.

(1) Ernennungen und Entlassungen, Nr. 2

§ 8a Abs. 3 Nr. 2 ERegG unterstreicht die Vorgaben des § 8 Abs. 6 ERegG, indem festgelegt wird, dass neben anderen rechtlichen Einheiten innerhalb eines vertikal integrierten Unternehmens auch Eisenbahnverkehrsunternehmen keinen bestimmenden Einfluss auf Ernennungen und

Entlassungen von Entscheidungsberechtigten über wesentliche Funktionen haben dürfen.

(2) Beschränkung der beruflichen Mobilität, Nr. 3

§ 8a Abs. 3 Nr. 3 ERegG legt darüber hinaus fest, dass die berufliche Mobilität der Personen, die mit wesentlichen Funktionen betraut sind, nicht zu Konflikten zwischen den Interessen von Eisenbahnverkehrsunternehmen und Betreibern von Eisenbahnanlagen führen darf.

ee) Haftungsausschluss, § 8 Abs. 8 ERegG

Als Konsequenz schließt § 8 Abs. 8 ERegG schließlich die organschaftliche Haftung der Mitglieder von Organen des Mutterunternehmens aus für Vorgänge in Bereichen, auf die sie keinen Einfluss ausüben dürfen und tatsächlich keinen Einfluss ausgeübt haben.

f) Regelungen zur informationellen Entflechtung

Aus kartellrechtlicher Perspektive ist der Umgang mit Informationen, die einem Betreiber von Eisenbahnanlagen vorliegen, unter zwei Blickwinkeln zu betrachten:

- Einerseits darf er bestimmte Informationen nicht innerhalb des vertikal integrierten Unternehmens weitergeben. Dies ist Regelungsgegenstand der informationellen Entflechtung, § 8 Abs. 5 ERegG.
- Andererseits kann der Betreiber von Eisenbahnanlagen umgekehrt aber auch zu einer diskriminierungsfreien Herausgabe von Daten verpflichtet sein. Diese Pflicht erlangt zunehmend an Bedeutung. Diese Verpflichtung zur Herausgabe von Informationen ergibt sich nicht aus Regelungen zur Entflechtung. Sie kann aber aus regulierungsrechtlichen Zugangsansprüchen bzw. dem allgemeinen Kartellrecht abgeleitet werden.[539]

Um die unterschiedlichen kartellrechtlichen Anforderungen zum Umgang mit Informationen gesamthaft aufzuzeigen, wird auf diese Verpflichtung im Folgenden ebenfalls eingegangen.

---

539 *Monopolkommission*, 9. Sektorgutachten Bahn (2023), Tz. 164 ff.; *Staebe*, IR 2020, 146 (147); *ders.*, IR 2020, 172 (172).

aa) Gemeinsame Informationssysteme, § 8 Abs. 5 ERegG

Verfügen vertikal integrierte Unternehmen über gemeinsame Informationssysteme, so muss nach § 8 Abs. 5 ERegG der Zugang zu sensiblen Informationen, die wesentliche Funktionen betreffen, auf befugtes Personal des Betreibers der Eisenbahnanlagen beschränkt werden. Diese Informationen dürfen nicht an andere Einheiten in einem vertikal integrierten Unternehmen weitergegeben werden. Wesentliche Funktionen des Betriebs von Eisenbahnanlagen sind nach § 1 Abs. 4b ERegG Entscheidung über die Trassenzuweisung und Entgelte für die Nutzung von Eisenbahnanlagen.[540]

Die informationelle Entflechtung soll gewährleisten, dass die konzerninternen Eisenbahnverkehrsunternehmen keinen Zugriff auf Betriebs- oder Geschäftsgeheimnisse konzernexterner Mitbewerber erhalten, die diese mit dem konzerninternen Eisenbahninfrastrukturunternehmen austauschen. Bei solchen Informationen kann es sich beispielsweise um Fahrplananmeldungen, Preisanfragen[541] oder wirtschaftliche Informationen handeln. Durch eine Weitergabe solcher Informationen an die konzerninternen Eisenbahnverkehrsunternehmen können diese Informationsvorsprünge[542] und Wettbewerbsvorteile erlangen.

bb) Exkurs: Diskriminierungsfreie Herausgabe von Daten

Im Hinblick auf den Umgang mit Daten des Betreibers von Eisenbahnanlagen wird diskutiert, inwieweit er auch zu einer (diskriminierungsfreien) Herausgabe verpflichtet sein kann. Dies betrifft sowohl (statische) Soll- als auch Ist- und Prognosedaten zum Betriebsablauf. Die Bereitstellung insbesondere von Echtzeitdaten soll es Mobilitätsdienstleistern ermöglichen, neue Angebote zu entwickeln bzw. bestehende Angebote zu verbessern, und so den Wettbewerb fördern. Dies ist zu unterscheiden von der informationellen Entflechtung, bei der es darum geht, bestimmte Informationen gerade nicht mit (konzerninternen) Eisenbahnverkehrsunternehmen zu teilen.

Einen Anspruch auf (statische) Solldaten ergibt sich bereits aus dem Zugangsanspruch nach § 10 Abs. 1 S. 1 ERegG. Dieser umfasst nach § 11 Abs. 1 ERegG alle Leistungen des sog. Mindestzugangspakets. Hierzu gehören

---

540 Siehe oben C. I. 2. a) bb) (4) (b) Wesentliche Funktionen, § 1 Abs. 4b ERegG, S. 31.

541 *Staebe* in: ders., ERegG, vor §§ 5 ff. Rn. 26.

542 *Säcker* in: Kühling/Otte, AEG/ERegG, § 8 ERegG Rn. 24.

nach Anlage 2 Nr. 1 lit. f) ERegG auch „Informationen, die zur Durchführung oder zum Betrieb des Verkehrsdienstes, für den Kapazität zugewiesen wurde, erforderlich sind".[543]

Der Zugang zu Echtzeitdaten ist ferner ein Schwerpunktthema im 9. Sektorgutachten der Monopolkommission „Bahn 2023: Time to GO: Endlich qualitätswirksam in den Wettbewerb!"[544] Das Gutachten stellt eine wettbewerbsfördernde Wirkung der Verfügbarkeit dieser Daten fest.[545]

Als Rechtsgrundlage hierfür wird u. a. auf Art. 10 Abs. 1 der seit 07.06.2023 geltenden EU-Fahrgastrechte-Verordnung[546] hingewiesen.[547] Neben regulierungsrechtlichen Rechtsgrundlagen kommen auch allgemeine kartellrechtliche Ansatzpunkte in Betracht, z. B.

- ein unbilliges (§ 19 Abs. 2 Nr. 1 Alt. 1 GWB)[548] oder diskriminierendes (§ 19 Abs. 2 Nr. 1 Alt. 2 GWB, Art. 102 AEUV)[549] Verhalten des marktbeherrschenden Dateninhabers.
- die missbräuchliche Ausnutzung einer marktbeherrschenden Stellung, § 19 Abs. 2 Nr. 4 GWB, § 18 Abs. 1 GWB, Art. 102 AEUV.[550]
- der Umstand, dass ein Unternehmen auf den Zugang zu Daten angewiesen ist, selbst wenn das Daten kontrollierende Unternehmen nur eine relative Marktmacht inne hat, § 20 Abs. 1 S. 1, Abs. 1a GWB i. V. m. § 19 Abs. 1, 2 Nr. 1 GWB.[551]

Eine Beschränkung des Zugriffs auf Informationen des Betreibers der Eisenbahnanlagen ist daher nicht immer das kartellrechtlich gebotene

---

[543] *Staebe*, IR 2020, 146 (147).
[544] *Monopolkommission*, 9. Sektorgutachten Bahn (2023), Tz. 117 ff.
[545] *Monopolkommission*, 9. Sektorgutachten Bahn (2023), Tz. 139 ff.
[546] Verordnung (EU) 2021/782 des Europäischen Parlaments und des Rates vom 29.04.2021 über die Rechte und Pflichten der Fahrgäste im Eisenbahnverkehr, ABl. 2021 L 172, 1.
[547] *Klotz/Hofmann*, N&R 2024, 2 (10); *Monopolkommission*, 9. Sektorgutachten Bahn (2023), Tz. 153 ff.
[548] *Staebe*, IR 2020, 172 (172).
[549] *Bundeskartellamt*, Beschl. v. 26.06.2023 – B9-144/19, BeckRS 2023, 20961 Rn. 33; *Monopolkommission*, 9. Sektorgutachten Bahn (2023), Tz. 167 ff.
[550] *Monopolkommission*, 9. Sektorgutachten Bahn (2023), Tz. 164 ff.; *Staebe*, IR 2020, 172 (172).
[551] *Monopolkommission*, 9. Sektorgutachten Bahn (2023), Tz. 169.

Verhalten. Das Kartellrecht kann grade auch eine diskriminierungsfreie Herausgabe von Informationen fordern.

6. Verhältnis zu anderen Rechtsgebieten

Als sektorspezifisches Kartellrecht[552] weist das Eisenbahnregulierungsrecht Parallelen auf zur Regulierung anderer Monopole im Binnenmarkt (a)). Es steht zudem in einem Spannungsfeld zu anderen Rechtsgebieten. Im Fokus stehen vor allem die Abgrenzungen

- zum Zivilrecht (b)), da der Zugang zur Infrastruktur auf Basis zivilrechtlicher Verträge zwischen Eisenbahninfrastruktur- und -verkehrsunternehmen erfolgt, sowie
- zum allgemeinen Kartellrecht (c)), das ebenfalls den Schutz des Wettbewerbs bezweckt.[553]

Dieses Spannungsfeld manifestiert sich unter anderem in der Frage nach dem vorrangig anzuwendenden Recht sowie dem statthaften Rechtsweg („Jurisdiktionskonflikt“).

Ferner sind auch Anforderungen des Eisenbahnsicherheits- und -aufsichtsrechts (d)) bei der Entscheidung über Zugangsansprüche zu berücksichtigen.

a) Parallelen zur Regulierung anderer Monopole im Binnenmarkt

Die Regulierung des Eisenbahnsektors durch das Europarecht weist insgesamt Parallelen auf zur Regulierung anderer durch Monopole geprägte Märkte, wie z. B. dem Telekommunikations-,[554] Energie-[555] und Postsektor.[556] Regulierungsinstrumente wie Zugangsrechte zur Markteröffnung,[557]

---

552 *Staebe*, in: ders., ERegG, Einf. Rn. 50 f.

553 *Staebe*, N&R 2022, Heft 6 Beilage, 1 (1).

554 *Kühling* in: Ruffert, Europäisches sektorales Wirtschaftsrecht, § 22 Rn. 34; siehe auch *Neumann*, Telekommunikationsrecht kompakt, S. 34 ff. zu Zugangsverpflichtungen (§ 26 TKG) und S. 48 ff. zur getrennten Rechnungsführung (§ 30 TKG) und Entgeltregulierung (§§ 37 ff. TKG) im Telekommunikationssektor.

555 *Kühling* in: Ruffert, Europäisches sektorales Wirtschaftsrecht, § 22 Rn. 35 ff.; siehe zur buchhalterischen, informationellen, rechtlichen und organisatorischen Entflechtung im Energiesektor auch *Kühling/Rasbach/Busch*, Energierecht, S. 179 ff.

556 *Kühling* in: Ruffert, Europäisches sektorales Wirtschaftsrecht, § 22 Rn. 44 ff.

557 *Kühling* in: Ruffert, Europäisches sektorales Wirtschaftsrecht, § 22 Rn. 12 und 82 f.

Standardisierungen, Entflechtungsregelungen[558] sowie eine institutionelle Komponente durch die Schaffung unabhängiger Regulierungsbehörden[559] finden sich mit sektorspezifischen Besonderheiten auch in anderen regulierten Märkten. Besonderheiten des Eisenbahnsektors ergeben sich aus dem Ziel der Stärkung des Sektors gegenüber anderen Verkehrsträgern sowie aus der Tatsache, dass es sich bei dem Schienenverkehr um einen stark subventionsbedürftigen Bereich handelt.[560]

Dem europäischen Regulierungsmodell wird in der Literatur zugeschrieben, dass es die Verwirklichung des Wettbewerbskonzepts grundsätzlich sinnvoll mit Gemeinwohlanliegen verbunden habe und damit insgesamt ein Erfolgsmodell sei.[561]

Positiv ist das grundsätzliche Bestreben, Effekte des Wettbewerbs nutzbar zu machen und gleichzeitig Gemeinwohlbelange zu wahren. Beide Elemente auch zur Stärkung des Verkehrsträgers Eisenbahn sinnvoll zu verzahnen, ist ein laufender Prozess. Dies kommt unter anderem in den Folgeaktivitäten der EU-Kommission nach dem Vierten Eisenbahnpaket zum Ausdruck, den Markt laufend zu überwachen[562] und die Recast-Richtlinie einer Bewertung zu unterziehen.[563]

b) Zivilrecht: Billigkeitskontrolle, § 315 Abs. 3 BGB

Nach der Rechtsprechung des BGH ermöglicht § 315 Abs. 3 BGB im Grundsatz eine zivilgerichtliche Überprüfung von Entgelten, die einseitig von insbesondere im Bereich der Daseinsvorsorge tätigen monopol- oder marktmächtigen Unternehmen festgesetzt werden.[564] Dem stehe auch eine vorhergehende behördliche Genehmigung der Entgelte nicht entgegen, da diese nichts an dem privatrechtlichen Charakter der einseitigen Leistungsbestimmung ändere.

---

558 *Kühling* in: Ruffert, Europäisches sektorales Wirtschaftsrecht, § 22 Rn. 12 und 90 ff.

559 *Kühling* in: Ruffert, Europäisches sektorales Wirtschaftsrecht, § 22 Rn. 13 f. und 102 ff.

560 *Kühling* in: Ruffert, Europäisches sektorales Wirtschaftsrecht, § 22 Rn. 52.

561 *Kühling* in: Ruffert, Europäisches sektorales Wirtschaftsrecht, § 22 Rn. 130.

562 Siehe oben C. II. 3. b) aa) Laufende Marktüberwachung, Art. 15 Recast-Richtlinie, S. 76.

563 Siehe oben C. II. 3. b) cc) 2024: Bewertung der Recast-Richtlinie, Art. 63 Abs. 1, S. 78.

564 *BGH*, Urt. v. 19.12.1978 – VI ZR 43/77 – juris Rn. 35 – BGHZ 73, 114 – Anfechtung des behördlich festgesetzten Krankenhauspflegesatzes.
Völzmann-Stickelbrock in: jurisPK-BGB, § 315 [Stand: 02/2023] Rn. 112.

aa) Verhältnis zu europarechtlichen Vorgaben

Im Eisenbahnregulierungsrecht besteht allerdings ein Verfahren zur Überprüfung von einseitig festgesetzten Entgelten, das europarechtlich vorgegeben und im deutschen Eisenbahnrecht umgesetzt wurde. Die wesentlichen europarechtlichen Vorgaben entstammten ursprünglich Art. 30 der Richtlinie 2001/14/EG[565] und wurden durch § 14b ff. AEG a. F. in das deutsche Recht transformiert. Die Aufgaben der Regulierungsbehörde sind nunmehr in Art. 56 Abs. 1 der Recast-Richtlinie 2012/34/EU[566] definiert und wurden unter anderem durch §§ 45 f. ERegG (Genehmigung der Entgeltgrundsätze) sowie §§ 66 ff. ERegG (Entscheidungen bei Anträgen und Beschwerden) umgesetzt.

Daher stellt sich die Frage des Verhältnisses von

- zivilrechtlicher Billigkeitskontrolle nach § 315 BGB im allgemeinen Zivilrechtsweg
- und dem Verwaltungsverfahren vor der Bundesnetzagentur als Regulierungsbehörde nach §§ 66 ff. ERegG mit anschließender Möglichkeit einer verwaltungsgerichtlichen Kontrolle.

Stünden beide Möglichkeiten uneingeschränkt nebeneinander, könnten Entgelte auf Basis unterschiedlicher Normen parallel einer gerichtlichen Kontrolle sowohl im Zivil- als auch im Verwaltungsrechtsweg unterworfen sein („Jurisdiktionskonflikt“). Hierdurch könnten europarechtliche Vorgaben zur Prüfung und Genehmigung der Entgelte durch die Bundesnetzagentur (§§ 45 f. ERegG) ausgehebelt werden.

bb) EuGH, 2017: CTL Logistics-Entscheidung

Der EuGH hat daher 2017 in der CTL Logistics-Entscheidung[567] die Anwendung zivilrechtlicher Billigkeitskontrollen für nicht vereinbar erklärt mit dem

---

565 Richtlinie 2001/14/EG des Europäischen Parlaments und des Rates vom 26.02.2001 über die Zuweisung von Fahrwegkapazität der Eisenbahn, die Erhebung von Entgelten für die Nutzung von Eisenbahninfrastruktur und die Sicherheitsbescheinigung, ABl. 2001 L 75, 29.

566 Richtlinie 2012/34/EU des Europäischen Parlaments und des Rates vom 21.11.2012 zur Schaffung eines einheitlichen europäischen Eisenbahnraums, ABl. 2012 L 343, 32 („Recast-Richtlinie“) – konsolidierte Fassung Stand 01.01.2019.

567 *EuGH*, Urt. v. 09.11.2017 – Rs. C-489/15 (CTL Logistics GmbH / DB Netz AG), ECLI: EU:C:2017:834, https://curia.europa.eu/juris/document/document.jsf?text=&docid=

europäischen Richtlinienrecht. Dies wurde insbesondere mit dem (formalen) Argument begründet, zivilgerichtliche Kontrollen griffen in die Kompetenz der Regulierungsstellen ein, da die Kohärenz der behördlichen Kontrolle durch (ggf. abweichende) Entscheidungen unabhängiger Zivilgerichte unterlaufen werden könne.[568]

c) Allgemeines Kartellrecht

Ähnlich wie das Verhältnis des Eisenbahnregulierungsrechts zum Zivilrecht ist auch sein Verhältnis zum allgemeinen Kartellrecht Gegenstand von gerichtlichen Auseinandersetzungen.

In diesem Abschnitt werden zunächst die Rechtsgrundlagen des allgemeinen Kartellrechts (aa)) und seine Hauptwirkrichtung (bb)) aufgezeigt.

Anschließend wird auf die Ansicht eingegangen, das sektorspezifische Regulierungsrecht sei gegenüber dem allgemeinen Kartellrecht eine spezialgesetzliche Regelung (cc)). Anlass gegeben, das Verhältnis der beiden Rechtsgebiete näher zu beleuchten, haben die sogenannten „Altentgeltfälle" (dd)). Zu deren Verständnis ist einzugehen auf die Abhängigkeiten zwischen

- dem Verwaltungsverfahren bei der Bundesnetzagentur bzw. dem verwaltungsgerichtlichen Vorgehen einerseits ((1)) und
- dem Vorgehen über den Zivilrechtsweg andererseits ((2)).

Abschließend erfolgt eine Bewertung des Verhältnisses von sektorspezifischem Regulierungsrecht und allgemeinem Kartellrecht (ee)).

aa) Rechtsgrundlagen Art. 101, 102 AEUV, GWB

Wichtige Normen des europäischen allgemeinen Kartellrechts sind Art. 101 und Art. 102 AEUV. Art. 102 Satz 1 AEUV verbietet die missbräuchliche Ausnutzung einer beherrschenden Stellung auf dem Binnenmarkt durch ein oder mehrere Unternehmen. Als Primärrecht gelten die Bestimmungen des Art. 101 und Art. 102 AEUV in Deutschland unmittelbar, so dass Unternehmen Ansprüche auch direkt auf diese Normen stützen können.

196493&pageIndex=0&doclang=de&mode=lst&dir=&occ=first&part=1&cid=19171 (aufgerufen am 09.10.2023).

[568] *Staebe*, N&R 2022, Heft 6 Beilage, 1 (2).

In Deutschland ist die Materie des allgemeinen Kartellrechts darüber hinaus im Gesetz gegen Wettbewerbsbeschränkungen (GWB) geregelt. § 19 Abs. 1 GWB verbietet beispielsweise den Missbrauch einer marktbeherrschenden Stellung durch ein oder mehrere Unternehmen.

bb) Hauptwirkrichtung des allgemeinen Kartellrechts

Das sektorspezifische Regulierungsrecht und das allgemeine Kartellrecht unterscheiden sich in ihren Hauptwirkrichtungen.

Das allgemeine Kartellrecht legt als Teilbereich des Wettbewerbsrechts seinen Schwerpunkt primär darauf, bestehenden Wettbewerb gegen unzulässige Beschränkungen zu sichern.[569] Dass Wettbewerb bereits entstanden ist, stellt aber keine Voraussetzung für die Anwendung des allgemeinen Kartellrechts dar. Dieses bezweckt den Schutz des Wettbewerbs in seiner Gesamtheit.[570]

Die sektorspezifischen Regulierungsregime bezwecken dagegen typischerweise, auf vormals von natürlichen Monopolen geprägten Märkten wirksamen Wettbewerb zunächst zu schaffen und anschließend zu erhalten.[571] Hierzu verfügt das sektorspezifische Kartellrecht regelmäßig über ein spezifisch auf den jeweiligen Sektor angepasstes Instrumentarium, um die Ziele effektiv zu adressieren.

Perspektivisch kann es zu einer „wettbewerbsanaloge[n] Regulierung der Netze“,[572] d. h. einer Vereinheitlichung der sektorspezifischen Regulierungen kommen. Auch eine spätere Überführung der Materie in das allgemeine Kartellrecht ist denkbar.[573]

cc) Literatur: Sektorspezifisches Regulierungsrecht lex specialis

Hinsichtlich des Verhältnisses von sektorspezifischem Eisenbahnregulierungsrecht zu allgemeinem Kartellrecht wurde in der Literatur die Meinung vertreten, die speziellen Zugangsregelungen des Eisenbahnregulierungsrechts

---

[569] *Schmid*, EuZW 2023, 733 (733).
[570] *Schmid*, EuZW 2023, 733 (739).
[571] *Schmid*, EuZW 2023, 733 (733).
[572] *Säcker*, IR 2018, 198 (199).
[573] *Kühling* in: Ruffert, Europäisches sektorales Wirtschaftsrecht, § 22 Rn. 121.

verdrängen als lex specialis die Bestimmungen des allgemeinen Kartellrechts, z. B. zum Verhalten marktbeherrschender Unternehmen, § 19 GWB.[574]

Es entspricht zwar grundsätzlich der Funktion des sektorspezifischen Regulierungsrechts, mit einem gegenüber dem allgemeinen Kartellrecht spezifischen Instrumentarium wirksamen Wettbewerb in dem betreffenden Sektor zu schaffen und zu erhalten. Anlass, das Verhältnis von Eisenbahnregulierungsrecht und allgemeinem Kartellrecht genauer zu betrachten, gaben jedoch die sogenannten „Altentgeltfälle".

dd) Die „Altentgeltfälle"

Die Rechtsprechung hat im Zusammenhang der sogenannten „Altentgeltfälle" Stellung zum Verhältnis von sektorspezifischem Regulierungsrecht und allgemeinem Kartellrecht genommen.

Gegenstand dieser Fälle sind Vereinbarungen zur Nutzung von Anlagen der Eisenbahninfrastruktur, die Eisenbahnverkehrsunternehmen in den 2000er Jahren mit der DB Netz AG bzw. der DB Station&Service AG geschlossen hatten. Diese basierten auf den damals gültigen Trassen- bzw. Stationspreissystemen der Infrastrukturgesellschaften. Diese unterlagen zum damaligen Zeitpunkt zwar bereits rechtlichen Bedenken seitens der Eisenbahnverkehrsunternehmen und der Regulierungsbehörde. Für den streitgegenständlichen Zeitraum wurden diese jedoch zunächst weder mittels Beschwerde angegriffen noch nach § 14f Abs. 1 AEG in der vor dem 02.09.2016 geltenden Fassung aufgehoben oder für ungültig erklärt. Zu einer Aufhebung bzw. Ablösung der Preissysteme kam es erst später in den 2010er Jahren.[575]

Die Eisenbahnverkehrsunternehmen versuchten zunächst, vor den Zivilgerichten eine Rückzahlung der aus ihrer Sicht zu viel gezahlten Entgelte auf Basis der zivilrechtlichen Billigkeitskontrolle, § 315 Abs. 3 BGB, zu erreichen. Mit der CTL Logistics-Entscheidung des EuGH[576] im Jahr 2017 schied diese Möglichkeit des Vorgehens jedoch aus.

---

[574] *Staebe*, in: ders., ERegG, Einf. Rn. 50 f.; *Staebe/Schmitt* in: Schmitt/Staebe, Einführung in das Eisenbahnregulierungsrecht, Rn. 55 f.

[575] Zur Genese der Aktentgeltfälle siehe *Staebe*, N&R 2022, Heft 6 Beilage, 1 (1 ff.).

[576] Siehe oben C. IV. 6. b) bb) EuGH, 2017: CTL Logistics-Entscheidung, S. 141; *EuGH*, Urt. v. 09.11.2017 – Rs. C-489/15 (CTL Logistics GmbH / DB Netz AG), ECLI:EU:C:2017:834, https://curia.europa.eu/juris/document/document.jsf?text=&docid=196493&

(1) Verwaltungsverfahren und Verwaltungsrechtsweg

Nach der CTL Logistics-Entscheidung gingen die Eisenbahnverkehrsunternehmen bei der Regulierungsbehörde gegen die zuvor nicht angegriffenen Preissysteme aus den 2000er Jahren vor.

§ 66 Abs. 4 ERegG und – als allgemeine Befugnisnorm subsidiär[577] – § 66 Abs. 1 ERegG eröffnen grundsätzlich Beschwerdemöglichkeiten von Eisenbahnverkehrsunternehmen bei der Bundesnetzagentur. Zum Zeitpunkt der Einlegung der Beschwerden war die Materie des Eisenbahnregulierungsrechts allerdings aus dem Allgemeinen Eisenbahngesetz (AEG) in das Eisenbahnregulierungsgesetz (ERegG) überführt worden. Die entsprechenden Regelungen des AEG waren mit Wirkung zum 02.09.2016 aufgehoben worden.[578]

(a) BNetzA, 2019: Keine Aufhebung ex tunc

Die Bundesnetzagentur verwarf die Beschwerden daher als unzulässig. Dies begründete sie damit, dass nach den Grundsätzen des intertemporalen Verwaltungsrechts mit Außerkraftsetzung der relevanten AEG-Bestimmungen und Überleitung der Materie in das ERegG grundsätzlich dieses anzuwenden sei. Nach dem Inkrafttreten des ERegG fehle es aber an einer Ermächtigungsgrundlage, die es der Bundesnetzagentur nachträglich (ex post) erlaube, Feststellungen mit Wirkungen für die Vergangenheit (ex tunc) vor Inkrafttreten des ERegG zu treffen oder Rückzahlungen überzahlter Entgelte anzuordnen. Das ERegG beinhalte keine abdrängenden Übergangsvorschriften, nach denen rückwirkende Beschwerde- oder Amtsverfahren gegen nicht-genehmigungspflichtige Entgelte möglich seien. Eine solche Möglichkeit habe dem Gesetzgeber überhaupt nicht „vor Augen" gestanden.[579]

---

pageIndex=0&doclang=de&mode=lst&dir=&occ=first&part=1&cid=19171 (aufgerufen am 09.10.2023).

577 *Staebe*, N&R 2022, Heft 6 Beilage, 1 (4).

578 Art. 2 des Gesetzes zur Stärkung des Wettbewerbs im Eisenbahnbereich, BGBl. 2016 I 2082; siehe auch oben C. II. 2. e) bb) 2016: Eisenbahnregulierungsgesetz (ERegG), S. 51.

579 *Bundesnetzagentur*, Beschl. v. 11.10.2019 – BK10-19-00011_E, S. 11 ff., https://www.bundesnetzagentur.de/DE/Beschlusskammern/1_GZ/BK10-GZ/2019/2019_bis0099/BK10-19-0011/BK10-19-0011_E_Beschluss_download_bf.pdf?__blob=publicationFile&v=2 (aufgerufen am 09.10.2023).

(b) VG Köln 2022: Vorabentscheidung durch den EuGH

Die betroffenen Verkehrsunternehmen reichten daraufhin gegen die Entscheidung der Bundesnetzagentur Klagen beim Verwaltungsgericht Köln ein. Dort waren Anfang des Jahres 2023 mindestens 32 Verfahren anhängig, welche Forderungen nach einer nachträglichen Überprüfung von Entgelten betreffen.[580]

Das Verwaltungsgericht Köln hat seinerseits ein Vorabentscheidungsersuchen nach Art. 267 AEUV an den EuGH gerichtet. Dieses beinhaltet unter anderem die Frage, ob – entgegen den Ausführungen der Bundesnetzagentur – die Aufgabendefinition der Regulierungsstelle in Art. 56 der Recast-Richtlinie 2012/34/EU diese auch ermächtige, nachträglich (ex post) Wegeentgelte mit rückwirkender Wirkung (ex tunc) zu prüfen und gegebenenfalls Rückerstattungen anzuordnen.[581]

(c) EuGH, 2024: Aufhebung ex tunc möglich

Der EuGH entschied daraufhin in der Länderbahn-Entscheidung,[582] dass Art. 56 der Recast-Richtlinie 2012/34/EU[583] einer Regelung eines Mitgliedstaates widerspricht, nach der eine Regulierungsstelle

- weder befugt ist, die Rechtmäßigkeit von Wegeentgelten nach Ablauf ihrer jeweiligen Geltungszeiträume zu prüfen,
- noch ihre Unwirksamkeit mit Wirkung für die Vergangenheit (ex tunc) festzustellen.

---

580 *Körber*, IR 2023, 55 (55) mit weiteren Nachweisen.

581 *EuGH*, Rs. C-582/22 (Länderbahn GmbH DLB u. a. gegen Bundesrepublik Deutschland); *Staebe*, N&R 2022, Heft 6 Beilage, 1 (3).

582 *EuGH*, Urt. v. 07.03.2024 – Rs. C-582/22 (Länderbahn GmbH DLB u. a. gegen Bundesrepublik Deutschland), ECLI:EU:C:2024:213, Rn. 57, https://curia.europa.eu/juris/document/document.jsf;jsessionid=6B4A488C523A1787BBD52B9C231AFE96?text=&docid=283528&pageIndex=0&doclang=DE&mode=lst&dir=&occ=first&part=1&cid=586601 (aufgerufen am 10.03.2024).

583 Richtlinie 2012/34/EU des Europäischen Parlaments und des Rates vom 21.11.2012 zur Schaffung eines einheitlichen europäischen Eisenbahnraums, ABl. 2012 L 343, 32, in der durch die Richtlinie (EU) 2016/2370 des Europäischen Parlaments und des Rates vom 14.12.2016 zur Änderung der Richtlinie 2012/34/EU, ABl. 2016 L 352, 1 geänderten Fassung.

Dies folge bereits aus dem Wortlaut von Art. 56 Abs. 1, 6 und 9 der Recast-Richtlinie. Eine Beschränkung der Anfechtungsmöglichkeit auf die Geltungsdauer des zugrunde liegenden Tarifs würde zudem die praktische Wirksamkeit der Kontrollsysteme und damit die Verwirklichung der mit der Richtlinie verfolgten Ziele beeinträchtigen.[584]

Nationale Gerichte seien nach dem Grundsatz des Vorrangs des Unionsrechts verpflichtet, für dessen volle Wirksamkeit zu sorgen. Hierzu müssten sie erforderlichenfalls nationale Regelungen, die unmittelbar wirkenden Bestimmung des Unionsrechts entgegenstehen, aus eigener Entscheidungsbefugnis unangewendet lassen. Das Recht der Eisenbahnverkehrsunternehmen auf verwaltungsbehördliche und gerichtliche Rechtsbehelfe aus Art. 56 Abs. 1, 9 und 10 der Recast-Richtlinie 2012/34/EU sei unbedingt und hinreichend genau. Diese Normen entfalten daher unmittelbare Wirkung für alle Träger der öffentlichen Gewalt.[585]

Die Mitgliedstaaten hätten jedoch grundsätzlich die Möglichkeit, nach dem Grundsatz der Verfahrensautonomie angemessene zeitliche Grenzen für Rechtsbehelfe festzulegen. Hierbei müssen die Grundsätze der Äquivalenz und Effektivität eingehalten werden. Zudem müssten die Fristenregelungen für die Betroffenen genau, klar und vorhersehbar sein.[586]

Hinsichtlich der Erstattung der Entgelte fordere die Richtlinie jedoch nicht, dass die Regulierungsstelle diese selbst anordnen müsse. Es stehe den Mitgliedstaaten frei, hierfür andere Regelungen zu entwickeln wie

---

584 *EuGH*, Urt. v. 07.03.2024 – Rs. C-582/22 (Länderbahn GmbH DLB u. a. gegen Bundesrepublik Deutschland), ECLI:EU:C:2024:213, Rn. 50 und 53, https://curia.europa.eu/juris/document/document.jsf;jsessionid=6B4A488C523A1787BBD52B9C231AFE96?text=&docid=283528&pageIndex=0&doclang=DE&mode=lst&dir=&occ=first&part=1&cid=586601 (aufgerufen am 10.03.2024).

585 *EuGH*, Urt. v. 07.03.2024 – Rs. C-582/22 (Länderbahn GmbH DLB u. a. gegen Bundesrepublik Deutschland), ECLI:EU:C:2024:213, Rn. 61 f., https://curia.europa.eu/juris/document/document.jsf;jsessionid=6B4A488C523A1787BBD52B9C231AFE96?text=&docid=283528&pageIndex=0&doclang=DE&mode=lst&dir=&occ=first&part=1&cid=586601 (aufgerufen am 10.03.2024).

586 *EuGH*, Urt. v. 07.03.2024 – Rs. C-582/22 (Länderbahn GmbH DLB u. a. gegen Bundesrepublik Deutschland), ECLI:EU:C:2024:213, Rn. 66, https://curia.europa.eu/juris/document/document.jsf;jsessionid=6B4A488C523A1787BBD52B9C231AFE96?text=&docid=283528&pageIndex=0&doclang=DE&mode=lst&dir=&occ=first&part=1&cid=586601 (aufgerufen am 10.03.2024).

beispielsweise eine getrennte Entscheidung der Zivilgerichte über die Erstattungsansprüche.[587]

Der EuGH hat durch diese Entscheidung die Befugnisse der Bundesnetzagentur als Regulierungsbehörde bekräftigt, aufgrund der unmittelbaren Wirkung von Art. 56 Abs. 1, 9 und 10 der Recast-Richtlinie 2012/34/EU materiell eine Sachentscheidung über Entgelte treffen zu können. Hieran ist sie nicht aufgrund der Grundsätze des intertemporalen Verwaltungsrechts gehindert.

(2) Zivilrechtsweg: Verletzung von Art. 102 AEUV

Parallel zum Verwaltungsrechtsweg gingen die Eisenbahnverkehrsunternehmen mit Klagen im Zivilrechtsweg vor den ordentlichen Gerichten gegen die aus ihrer Sicht zu viel gezahlten Entgelte vor. Diese Klagen waren auf eine Verletzung des allgemeinen Kartellrechts, vor allem Art. 102 AEUV, gestützt.

(a) BGH, 2019: Höherrangigkeit des Primärrechts

Einige Zivilgerichte tendierten dazu, die Grundsätze der CTL Logistics-Entscheidung[588] auch auf die kartellzivilgerichtliche Kontrolle anzuwenden und eine Überprüfung von Entgelten nach deutschem Kartellrecht bzw. Art. 102 AEUV auszuschließen.[589]

Der schließlich mit der Thematik befasste BGH wies 2019 in seiner Trassenentgelt-Entscheidung jedoch darauf hin, dass die primärrechtliche

---

[587] *EuGH*, Urt. v. 07.03.2024 – Rs. C-582/22 (Länderbahn GmbH DLB u. a. gegen Bundesrepublik Deutschland), ECLI:EU:C:2024:213, Rn. 71 f., https://curia.europa.eu/juris/document/document.jsf;jsessionid=6B4A488C523A1787BBD52B9C231AFE96?text=&docid=283528&pageIndex=0&doclang=DE&mode=lst&dir=&occ=first&part=1&cid=586601 (aufgerufen am 10.03.2024); kritisch in diesem Punkt *Ante*, N&R 2024, 113 (118 f.).

[588] *EuGH*, Urt. v. 09.11.2017 – Rs. C-489/15 (CTL Logistics GmbH / DB Netz AG), ECLI:EU:C:2017:834, https://curia.europa.eu/juris/document/document.jsf?text=&docid=196493&pageIndex=0&doclang=de&mode=lst&dir=&occ=first&part=1&cid=19171 (aufgerufen am 09.10.2023).

[589] *LG Frankfurt am Main*, Urt. v. 09.05.2018 – 2-06 O 38/17 [ECLI:DE:LGFFM:2018:0509.2.06O38.17.0A], BeckRS 2018, 19378 Rn. 26 f.; *LG Berlin*, Urt. v. 30.10.2018 – 16 O 495/15 [ECLI:DE:LGBE:2018:1030.16O495.15KART.0A], BeckRS 2018, 41811 Rn. 25 ff.; *OLG Dresden*,Urt. v. 17.04.2019 – U 4/18 Kart [ECLI:DE:OLGDRES:2019:0417.U4.18KART.0A], BeckRS 2019, 38720 Rn. 48
dazu *Körber*, EuZW 2020, 804 (806).

Bestimmung zum Missbrauch einer marktbeherrschenden Stellung, Art. 102 AEUV, die höherrangige Norm gegenüber der sekundärrechtlichen sektorspezifischen Eisenbahnregulierung sei. Der Spezialitätsgrundsatz – lex specialis derogat legem generali – gelte nur für Normen derselben Hierarchieebene. Ein Vorrang der sektorspezifischen Entgeltregulierung gegenüber den höherrangigen Wettbewerbsregeln der Art. 101, Art. 102 AEUV bestehe daher nicht. Die Durchsetzung von Ansprüchen der Eisenbahnverkehrsunternehmen setze demnach keine vorhergehende Entscheidung der Bundesnetzagentur voraus, nach der die Entgelte gegen Vorschriften des ERegG verstoßen.[590]

Die These des BGH, Art. 102 AEUV habe als Primärrecht absoluten Vorrang vor dem sekundärrechtlichen Regulierungsrecht, wurde in der Literatur teilweise kritisch aufgenommen. Kartell- und Regulierungsrecht müssten vielmehr in eine Art „praktische Konkordanz" gebracht werden. Nicht nur das Regulierungsrecht sei im Sinne von Art. 102 AEUV auszulegen und anzuwenden. Gleiches gelte auch umgekehrt.[591]

(b) EuGH, 2022: Pflicht zur loyalen Zusammenarbeit

Der EuGH wurde durch das Kammergericht Berlin im Rahmen eines Vorabentscheidungsverfahrens gem. Art. 267 AEUV mit der Frage befasst, in welchem Verhältnis die Zuständigkeit der Regulierungsstellen zu der nationaler Zivilgerichte steht, wenn diese Art. 102 AEUV anzuwenden haben.[592] Der EuGH kam 2022 in der ODEG-Entscheidung zu dem Ergebnis, dass

---

590 *BGH*, Urt. v. 29.10.2019 – KZR 39/19 [ECLI:DE:BGH:2019:291019UKZR39.19.0], Rn. 22, http://juris.bundesgerichtshof.de/cgi-bin/rechtsprechung/document.py?Gericht=bgh&Art=en&az=KZR%2039/19&nr=104406 = NJW 2020, 1436 (1439, Rn. 22) – Trassenentgelte (aufgerufen am 09.10.2023).

591 *Körber*, IR 2023, 55 (59). Ähnlich *EuGH*, Urt. v. 27.10.2022 – Rs. C-721/20 (DB Station & Service AG / ODEG Ostdeutsche Eisenbahn GmbH), ECLI:EU:C:2022:832, Rn. 82, https://curia.europa.eu/juris/document/document.jsf;jsessionid=753767ABE29A694CB03D5BF8D4EA6EC7?text=&docid=267603&pageIndex=0&doclang=de&mode=lst&dir=&occ=first&part=1&cid=10143 (aufgerufen am 09.10.2023).

592 *EuGH*, Urt. v. 27.10.2022 – Rs. C-721/20 (DB Station & Service AG / ODEG Ostdeutsche Eisenbahn GmbH), ECLI:EU:C:2022:832, Rn. 27, https://curia.europa.eu/juris/document/document.jsf;jsessionid=753767ABE29A694CB03D5BF8D4EA6EC7?text=&docid=267603&pageIndex=0&doclang=de&mode=lst&dir=&occ=first&part=1&cid=10143 (aufgerufen am 09.10.2023).

nationale Gerichte bei Rückzahlungsklagen Art. 102 AEUV und das einzelstaatliche Wettbewerbsrecht anwenden können, wenn die zuständige Regulierungsstelle vorher über die Rechtmäßigkeit der betreffenden Entgelte entschieden hat.[593] Die nationalen Gerichte seien zur loyalen Zusammenarbeit mit der Regulierungsstelle verpflichtet. Deren Entscheidungen müssten die Gerichte berücksichtigen, sind aber – auch zur Gewährleistung der vollen Wirksamkeit des Art. 102 AEUV – nicht an diese gebunden.[594] Insbesondere müssten Zivilgerichte nicht die Bestandskraft der Entscheidung der Regulierungsbehörde bzw. ein gegen diese Entscheidung gerichtetes Verwaltungsgerichtsverfahren abwarten.[595]

(c) BGH, 2023: Umsetzung der EuGH-Vorgaben

In einem Revisionsverfahren war der Kartellsenat des BGH im Jahr 2023 mit einer Klage auf Rückzahlung von Nutzungsentgelten befasst, die zwischen 2006 und 2008 auf Basis des Stationspreissystems SPS 05 gezahlt wurden.[596] Parallel ist das Stationspreissystem SPS 05 Gegenstand eines Verfahrens bei der Bundesnetzagentur (BK10-22-0405_E).[597] In diesem Verfahren ist zu prüfen, ob im Hinblick auf die ODEG-Entscheidung des EUGH die

593 *EuGH*, Urt. v. 27.10.2022 – Rs. C-721/20 (DB Station & Service AG / ODEG Ostdeutsche Eisenbahn GmbH), ECLI:EU:C:2022:832, Rn. 88, https://curia.europa.eu/juris/document/document.jsf;jsessionid=753767ABE29A694CB03D5BF8D4EA6EC7?text=&docid=267603&pageIndex=0&doclang=de&mode=lst&dir=&occ=first&part=1&cid=10143 (aufgerufen am 09.10.2023).

594 *EuGH*, Urt. v. 27.10.2022 – Rs. C-721/20 (DB Station & Service AG / ODEG Ostdeutsche Eisenbahn GmbH), ECLI:EU:C:2022:832, Rn. 83, https://curia.europa.eu/juris/document/document.jsf;jsessionid=753767ABE29A694CB03D5BF8D4EA6EC7?text=&docid=267603&pageIndex=0&doclang=de&mode=lst&dir=&occ=first&part=1&cid=10143 (aufgerufen am 09.10.2023).

595 *EuGH*, Urt. v. 27.10.2022 – Rs. C-721/20 (DB Station & Service AG / ODEG Ostdeutsche Eisenbahn GmbH), ECLI:EU:C:2022:832, Rn. 85, https://curia.europa.eu/juris/document/document.jsf;jsessionid=753767ABE29A694CB03D5BF8D4EA6EC7?text=&docid=267603&pageIndex=0&doclang=de&mode=lst&dir=&occ=first&part=1&cid=10143 (aufgerufen am 09.10.2023).

596 *BGH*, Beschl. v. 24.10.2023 – KZR 70/21 [ECLI:DE:BGH:2023:241023BKZR70.21.0], BeckRS 2023, 34414.

597 *Bundesnetzagentur*, Verfahren BK10-22-0405_E, https://www.bundesnetzagentur.de/DE/Beschlusskammern/1_GZ/BK10-GZ/2022/2022_0400bis0499/BK10-22-0405/BK10-22-0405_E_Antrag_RSS.html (aufgerufen am 14.01.2024).

seinerzeitigen Verwerfungsbeschlüsse nach § 48 VwVfG zurückzunehmen und die Anträge der Klägerin neu zu bescheiden sind.[598]

Unter Bezugnahme auf die ODEG-Entscheidung des EuGH und die Pflicht zur loyalen Zusammenarbeit nach Art. 4 Abs. 3 AEUV hat der BGH das Verfahren nach § 148 Abs. 1 ZPO bis zu einer Entscheidung der Bundesnetzagentur ausgesetzt. Begründet wurde dies damit, es sei nicht ausgeschlossen, dass die Bundesnetzagentur in eine erneute Sachprüfung eintreten werde und die einschlägige Entgeltregelung möglicherweise auch unter Berücksichtigung des Art. 102 AEUV einer rückwirkenden Überprüfung unterziehen werde.[599] Eine Aussetzung bis zum bestandskräftigen Abschluss des Verwaltungsverfahrens komme hingegen nicht in Betracht, da in diesem Fall der effektive Rechtsschutz im Hinblick auf die von der Klägerin geltend gemachten Ansprüche nicht gewährleistet sei.[600]

ee) Bewertung der Rechtsprechung

Auch nach der ODEG-Entscheidung des EuGH 2022 sind über den konkreten Einzelfall hinaus nicht alle Unsicherheiten im Verhältnis von allgemeinem Kartellrecht zum Regulierungsrecht beseitigt. Dies betrifft zum einen den Rechtsweg ((1)). Zum anderen ist zu prüfen, wie weit aus dem entschiedenen Einzelfall Rückschlüsse für das generelle Verhältnis von allgemeinem Kartellrecht zum Regulierungsrecht gezogen werden können ((2)).

(1) Keine eindeutigen Kriterien für den Rechtsweg

Wünschenswert wäre, der EuGH hätte in seiner ODEG-Entscheidung 2022 – vergleichbar mit seiner CTL Logistics-Entscheidung[601] – eindeutige Kriterien zur Abgrenzung von Verwaltungs- und Zivilrechtsweg vorgegeben, die die

---

598 *BGH*, Beschl. v. 24.10.2023 – KZR 70/21 [ECLI:DE:BGH:2023:241023BKZR70.21.0], BeckRS 2023, 34414 Rn. 7.

599 *BGH*, Beschl. v. 24.10.2023 – KZR 70/21 [ECLI:DE:BGH:2023:241023BKZR70.21.0], BeckRS 2023, 34414 Rn. 14.

600 *BGH*, Beschl. v. 24.10.2023 – KZR 70/21 [ECLI:DE:BGH:2023:241023BKZR70.21.0], BeckRS 2023, 34414 Rn. 17.

601 Siehe oben C. IV. 6. b) bb) EuGH, 2017: CTL Logistics-Entscheidung, S. 141; *EuGH*, Urt. v. 09.11.2017 – Rs. C-489/15 (CTL Logistics GmbH / DB Netz AG), ECLI:EU:C:2017:834, https://curia.europa.eu/juris/document/document.jsf?text=&docid=196493&pageIndex=0&doclang=de&mode=lst&dir=&occ=first&part=1&cid=19171 (aufgerufen am 09.10.2023).

Kohärenz der Entscheidung der Regulierungsbehörde wahren und mögliche Jurisdiktionskonflikte vermeiden.[602] Die Regulierungsbehörde ist zwar mit der Rechtmäßigkeit von Entgelten zu befassen, bevor die für das allgemeine Kartellrecht zuständigen nationalen Zivilgerichte angerufen werden.[603] Die Zivilgerichte haben auch eine Pflicht zur loyalen Zusammenarbeit mit der Regulierungsbehörde.

Muss aber ein verwaltungsgerichtliches Verfahren gegen Entscheidungen der Regulierungsbehörde nicht abgewartet werden, mag dies eine Rechtsdurchsetzung zwar zunächst beschleunigen. Kommt es jedoch zu Jurisdiktionskonflikten zwischen Verwaltungs- und Zivilgerichten, weil diese über identische Sachverhalte unterschiedlich urteilen, zieht dies Rechtsunsicherheit nach sich.[604] Diese kann den Wettbewerb unter Umständen mehr behindern als fördern.

Dies hätte durch die Vorgabe vermieden werden können, dass der Verwaltungsrechtsweg gegen regulierungsrechtliche Entscheidungen ausgeschöpft sein muss, bevor die Zivilgerichte hierüber nach allgemeinem Kartellrecht urteilen. Das hätte die Gefahr von unkoordinierten Rechtswegen und einer Auflösung der Kohärenz von Entscheidungen der Regulierungsbehörde reduziert. Die vom EuGH vorgegebenen Kriterien sind dagegen zu vage, um ein Unterlaufen des sektorspezifischen europäischen Regulierungsrechts der Recast-Richtlinie 2012/34/EU und seiner deutschen Umsetzung im ERegG in jedem Fall ausschließen zu können.

(2) Verhältnis Regulierungsrecht und allg. Kartellrecht

Als Ausgangspunkt ist festzuhalten, dass die Ansicht des BGH, Art. 102 AEUV sei als Primärrecht die höherrangige Norm gegenüber der sekundärrechtlichen sektorspezifischen Eisenbahnregulierung,[605] für sich genommen

---

[602] So auch *Körber*, EuZW 2020, 804 (807); *Staebe*, N&R 2022, Heft 6 Beilage, 1 (2 und 5).

[603] *EuGH*, Urt. v. 27.10.2022 – Rs. C-721/20 (DB Station & Service AG / ODEG Ostdeutsche Eisenbahn GmbH), ECLI:EU:C:2022:832, Rn. 81, https://curia.europa.eu/juris/document/document.jsf;jsessionid=753767ABE29A694CB03D5BF8D4EA6EC7?text=&docid=267603&pageIndex=0&doclang=de&mode=lst&dir=&occ=first&part=1&cid=10143 (aufgerufen am 09.10.2023).

[604] *Körber*, IR 2023, 55 (60).

[605] *BGH*, Urt. v. 29.10.2019 – KZR 39/19 [ECLI:DE:BGH:2019:291019UKZR39.19.0], Rn. 22, http://juris.bundesgerichtshof.de/cgi-bin/rechtsprechung/document.

nicht von der Hand zu weisen ist. Die Frage nach dem Rangverhältnis von sektorspezifischem und allgemeinem Kartellrecht stellt sich aber erst bei inhaltlichen Widersprüchen.

(a) Indizwirkung des Regulierungsrechts

Das sektorspezifische Regulierungsrecht soll im Bereich der Verkehrspolitik (Art. 90 ff. AEUV) gerade Ziele des allgemeinen Kartellrechts durch spezifische Maßnahmen besser und schneller verwirklichen. Insoweit sollte es Ziel des europäischen Normgebers sein, dass zwischen sektorspezifischem und allgemeinem Kartellrecht keine Widersprüche bestehen. Daher liegt es zunächst nahe, Regulierungs- und allgemeines Kartellrecht im Sinne der Kohärenz der europäischen Gesamtrechtsordnung primärrechtskonform auszulegen und anzuwenden. Das Regulierungsrecht ist daher nach Möglichkeit so auszulegen, dass es das Primärrecht konkretisiert und effizient umsetzt.

Umgekehrt ist bei der Auslegung des Primärrechts im Sinne einer praktischen Konkordanz aber auch das Regulierungsrecht heranzuziehen. Der Vorrang des Primärrechts ist damit nicht „absolut“.[606] Sekundärrecht kann daher Primärrecht zwar nicht nach den lex specialis-Grundsätzen verdrängen. Ihm kommt jedoch eine Indizwirkung[607] für die Auslegung des Primärrechts zu.

(b) Reservefunktion des allg. Kartellrechts

Die Problematik der „Altentgeltfälle“ liegt darin, dass aufgrund der Überführung des Regulierungsrechts vom AEG zum ERegG eine Sachentscheidung im Sinne einer inhaltlichen Prüfung der Preissysteme nach materiellen regulierungsrechtlichen Kriterien gar nicht erst stattgefunden hat. Vielmehr fehlte es bereits an einer Rechtsgrundlage, um ex post gegen Preissysteme vorgehen zu können, die bereits zur Zeit der Vorgängerregelung im AEG bestanden.

---

py?Gericht=bgh&Art=en&az=KZR%2039/19&nr=104406 = NJW 2020, 1436 (1439, Rn. 22) – Trassenentgelte (aufgerufen am 09.10.2023).

606 *Körber*, IR 2023, 55 (59).

607 *Ante*, NZKart 2023, 457 (461). Ähnlich *EuGH*, Urt. v. 27.10.2022 – Rs. C-721/20 (DB Station & Service AG / ODEG Ostdeutsche Eisenbahn GmbH), ECLI:EU:C:2022:832, Rn. 82, https://curia.europa.eu/juris/document/document.jsf;jsessionid=753767ABE29A694CB03D5BF8D4EA6EC7?text=&docid=267603&pageIndex=0&doclang=de&mode=lst&dir=&occ=first&part=1&cid=10143 (aufgerufen am 09.10.2023). Kritisch *Hauf/Baumgartner*, EuZW 2022, 1066 (1072).

Stand dem Gesetzgeber die Möglichkeit einer solchen rückwirkenden Anwendung von Beschwerde- oder Amtsverfahren gegen nicht genehmigungspflichtige Entgelte überhaupt nicht vor Augen,[608] lässt sich das Regulierungsrecht schwerlich als spezialgesetzliche Regelung dieser Fälle auffassen. Bei solchen Konstellationen handelt es sich eher um eine Regelungslücke des Regulierungsrechts,[609] die durch eine ergänzende Anwendung des allgemeinen Kartellrechts ausgefüllt werden kann. Art. 102 AEUV kommt insoweit eine „Reservefunktion" zu.[610]

Soweit Preissysteme dagegen von Amts wegen oder aufgrund von Beschwerden einer materiellen Prüfung der Regulierungsbehörde unterliegen, dürften kaum Lücken verbleiben, die durch das allgemeine Kartellrecht auszufüllen sind.

Hinzu kommt, dass die Rechtsverfolgung bei den „Altentgeltfällen" die Eisenbahnverkehrsunternehmen vor besondere Herausforderungen stellt. Ursprünglich wurde angenommen, ein „doppelter Rechtsweg" sei möglich, bestehend aus einer behördlichen Überprüfung mit anschließendem Verwaltungsrechtsweg sowie dem Zivilrechtsweg mit einer Kontrolle der Entgelte nach § 315 BGB, §§ 305 ff. BGB.[611]

- Die daraufhin zunächst initiierte zivilrechtliche Billigkeitskontrolle nach § 315 BGB scheiterte letztlich 2017 an der CTL Logistics-Entscheidung des EuGH.[612]

---

608 *Bundesnetzagentur*, Beschl. v. 11.10.2019 – BK10-19-00011_E, S. 11, https://www.bundesnetzagentur.de/DE/Beschlusskammern/1_GZ/BK10-GZ/2019/2019_bis0099/BK10-19-0011/BK10-19-0011_E_Beschluss_download_bf.pdf?__blob=publicationFile&v=2 (aufgerufen am 09.10.2023).

609 Ähnlich *Hauf/Baumgartner*, EuZW 2022, 1066 (1072).

610 *Ante*, NZKart 2023, 457 (461).

611 *Bundesnetzagentur*, Beschl. v. 11.10.2019 – BK10-19-00011_E, S. 42 f., https://www.bundesnetzagentur.de/DE/Beschlusskammern/1_GZ/BK10-GZ/2019/2019_bis0099/BK10-19-0011/BK10-19-0011_E_Beschluss_download_bf.pdf?__blob=publicationFile&v=2 (aufgerufen am 09.10.2023).

612 *EuGH*, Urt. v. 09.11.2017 – Rs. C-489/15 (CTL Logistics GmbH / DB Netz AG), ECLI:EU:C:2017:834, https://curia.europa.eu/juris/document/document.jsf?text=&docid=196493&pageIndex=0&doclang=de&mode=lst&dir=&occ=first&part=1&cid=19171 (aufgerufen am 09.10.2023).

- Die – spät durch die Eisenbahnverkehrsunternehmen veranlasste – Überprüfung durch die Bundesnetzagentur scheiterte aufgrund fehlender Sonderzuweisungen bei der Überführung des Regulierungsrechts vom AEG in das ERegG 2016.

Zwar führen diese besonderen Herausforderungen weder dazu, dass die Anforderungen der Rechtsweggarantie des Art. 19 Abs. 4 GG[613] noch Vertrauensschutztatbestände[614] verletzt sind. Zudem ist der Rechtsweg nicht ausgeschöpft, da gegen die Entscheidung der Regulierungsbehörde Klagen vor dem Verwaltungsgericht Köln möglich sind und auch erhoben wurden.[615]

Die Kombination des nachträglichen Wegfalls der Angreifbarkeit der Preissysteme sowohl über die zivilrechtliche Billigkeitskontrolle nach § 315 BGB als auch – aufgrund der ERegG-Einführung – bei der Regulierungsbehörde hat die Rechtsschutzmöglichkeit der Eisenbahnverkehrsunternehmen in angemessener Zeit jedoch erschwert.[616] Hierdurch kommt für die Konstellation der „Altentgeltfälle" dem Argument, das allgemeine Kartellrecht müsse praktische Wirksamkeit entfalten, besonderes Gewicht zu.[617]

d) Eisenbahnaufsichts- und Eisenbahnsicherheitsrecht

Zugangsansprüche sind zudem nicht ausschließlich nach dem Eisenbahnregulierungsrecht zu beurteilen. Anknüpfungspunkt zur Berücksichtigung

---

613 *Bundesnetzagentur*, Beschl. v. 11.10.2019 – BK10-19-00011_E, S. 39 ff., https://www.bundesnetzagentur.de/DE/Beschlusskammern/1_GZ/BK10-GZ/2019/2019_bis0099/BK10-19-0011/BK10-19-0011_E_Beschluss_download_bf.pdf?__blob=publicationFile&v=2 (aufgerufen am 09.10.2023).

614 *Bundesnetzagentur*, Beschl. v. 11.10.2019 – BK10-19-00011_E, S. 14 und 43, https://www.bundesnetzagentur.de/DE/Beschlusskammern/1_GZ/BK10-GZ/2019/2019_bis0099/BK10-19-0011/BK10-19-0011_E_Beschluss_download_bf.pdf?__blob=publicationFile&v=2 (aufgerufen am 09.10.2023).

615 *Körber*, IR 2023, 55 (55) mit weiteren Nachweisen.

616 *Hauf/Baumgartner*, EuZW 2022, 1066 (1071).

617 Auf die Notwendigkeit eines wirksamen Rechtsschutzes wies auch die Generalanwältin Ćapeta in ihren Schlussanträgen hin. GA *Ćapeta*, Schlussanträge v. 07.04.2021 in der Rs. C-721/20 (DB Station & Service AG gegen ODEG Ostdeutsche Eisenbahn GmbH), Rn. 34 ff., https://curia.europa.eu/juris/document/document.jsf?text=&docid=257521&pageIndex=0&doclang=DE&mode=lst&dir=&occ=first&part=1&cid=491798 (aufgerufen am 13.10.2023).

auch von Aspekten, die nicht unmittelbar im ERegG erwähnt sind, bietet das Tatbestandsmerkmal der Angemessenheit in § 10 ERegG.[618] Hierüber können auch Anforderungen des Eisenbahnsicherheits- und Eisenbahnaufsichtsrechts Berücksichtigung finden.[619]

V. Die Umsetzung der Recast-Richtlinie 2012/34/EU

EU-Richtlinien sind nach Art. 288 S. 3 AEUV grundsätzlich nicht unmittelbar, sondern für die betroffenen EU-Mitgliedsstaaten nur hinsichtlich des zu erreichenden Ziels verbindlich. Die Wahl der Form und Mittel ihrer Umsetzung bleibt den innerstaatlichen Stellen überlassen. Bei einer fehlenden oder fehlerhaften Umsetzung nach Ablauf der Umsetzungsfrist kann aber – unter engen Voraussetzungen – ausnahmsweise auch eine unmittelbare Wirkung einer Richtlinie in Betracht kommen.[620] Zu untersuchen ist daher zunächst, ob die Richtlinie (EU) 2016/2370[621] zur Änderung der Recast-Richtlinie 2012/34/EU[622] hinsichtlich ihrer Entflechtungsregelungen in Deutschland vollständig umgesetzt wurde.

---

618 *Otte*, IR 2020, 193 (199).

619 *Schaeffer*, IR 2022, 103 (105 und 107).

620 *Haratsch/König/Pechstein*, Europarecht, Rdnr. 371 ff.; *Kotzur* in: Geiger/Kahn/Kotzur/Kirchmair, AEUV, Art. 288 Rn. 17; *Ruffert* in: Calliess/Ruffert, EUV/AEUV, Art. 288 Rn. 48 ff.; *von Danwitz* in: Dauses/Ludwigs, Handbuch des EU-Wirtschaftsrechts; B. Rechtsetzung und Vollzug des EU-Rechts, II. Rechtsetzung und Rechtsangleichung [Stand: 07/2019], Rn. 45 ff.
Der EuGH hat beispielsweise eine unmittelbare Wirkung des Rechts der Eisenbahnverkehrsunternehmen auf Rechtsbehelfe aus Art. 59 der Richtlinie 2012/34/EU festgestellt. Siehe oben C. IV. 6. c) bb) (1) (c) EuGH, 2024: Aufhebung ex tunc möglich, S. 146; *EuGH*, Urt. v. 07.03.2024 – Rs. C-582/22 (Länderbahn GmbH DLB u. a. gegen Bundesrepublik Deutschland), ECLI:EU:C:2024:213, Rn. 61 f., https://curia.europa.eu/juris/document/document.jsf;jsessionid=6B4A488C523A1787BBD52B9C231AFE96?text=&docid=283528&pageIndex=0&doclang=DE&mode=lst&dir=&occ=first&part=1&cid=586601 (aufgerufen am 10.03.2024).

621 Richtlinie (EU) 2016/2370 des Europäischen Parlaments und des Rates vom 14.12.2016 zur Änderung der Richtlinie 2012/34/EU bezüglich der Öffnung des Marktes für inländische Schienenpersonenverkehrsdienste und der Verwaltung der Eisenbahninfrastruktur, ABl. 2016 L 352, 1.

622 Richtlinie 2012/34/EU des Europäischen Parlaments und des Rates vom 21.11.2012 zur Schaffung eines einheitlichen europäischen Eisenbahnraums, ABl. 2012 L 343, 32, in der durch die Richtlinie (EU) 2016/2370 des Europäischen Parlaments und des

Nach Verabschiedung der Richtlinien des Vierten Eisenbahnpakets wurde in der Literatur zunächst die Ansicht vertreten, ihre regulierungsrechtlichen Vorgaben seien weitgehend bereits durch die damalige Fassung des 2016 erst in Kraft getretenen Eisenbahnregulierungsgesetzes (ERegG) abgedeckt. Es empfehle sich vor allem eine Ergänzung von Detailregelungen zur buchhalterischen Entflechtung.[623]

Die Bundesregierung ist diesen Weg jedoch nicht gegangen, sondern hat sich für eine 1:1-Umsetzung der Richtlinie (EU) 2016/2370 entschieden.[624] Unter einer 1:1-Umsetzung ist im vorliegenden Fall zu verstehen, dass die neuen Regelungen als eigenständige Normen zusätzlich zu bestehenden Normen in das ERegG aufgenommen wurden. Weder hat eine inhaltliche Konsolidierung des ERegG stattgefunden noch eine umfassende Anpassung der Regelungen auf die spezifischen Verhältnisse des Eisenbahnsektors in Deutschland.

Zu den nunmehr neu ausdrücklich geregelten Themen gehören z. B. Vorgaben des Art. 7c Abs. 1 lit. b der Recast-Richtlinie 2012/34/EU[625] bezüglich der Auslagerung von Funktionen zum Zwecke des Ausbaus, der Instandhaltung und der Erneuerung der Eisenbahninfrastruktur. Diese wurden durch § 8c Abs. 1 ERegG umgesetzt. Für eine solche Lösung mögen auch frühere Erfahrungen aus diversen Vertragsverletzungsverfahren nach Art. 258 AEUV wegen der Nichtumsetzung von Richtlinien aus dem Bereich des Eisenbahnregulierungsrechts gesprochen haben.[626] Mit einer 1:1-Umsetzung reduziert sich das Risiko einer Angreifbarkeit der Umsetzung.

Rates vom 14.12.2016 zur Änderung der Richtlinie 2012/34/EU, ABl. 2016 L 352, 1 geänderten Fassung.

623 *Staebe*, EuZW 2018, 146 (152); kritisch dagegen *Ludwigs*, IR 2020, 60 (65 f.).

624 Gesetzentwurf der Bundesregierung, Entwurf eines Gesetzes zur Umsetzung der Richtlinie (EU) 2016/2370 vom 14. Dezember 2016 zur Änderung der Richtlinie 2012/34/EU bezüglich der Öffnung des Marktes für inländische Schienenpersonenverkehrsdienste und der Verwaltung der Eisenbahninfrastruktur, BT-Drs. 19/9738 S. 1, 23, 24, 32, 34, 36, 111, 117, 121, 136, 140.

625 Richtlinie (EU) 2016/2370 des Europäischen Parlaments und des Rates vom 14.12.2016 zur Änderung der Richtlinie 2012/34/EU bezüglich der Öffnung des Marktes für inländische Schienenpersonenverkehrsdienste und der Verwaltung der Eisenbahninfrastruktur, ABl. 2016 L 352, 1, Art. 1 Abs. 5 zur Einführung von Art. 7c der „Recast"-Richtlinie 2012/34/EU.

626 *EuGH*, Urt. v. 28.02.2013 – Rs. C-556/10 (Kommission / Deutschland), ECLI: EU:C:2013:116, http://curia.europa.eu/juris/document/document.jsf?text=&docid=

Eine Gegenüberstellung der Recast-Richtlinie 2012/34/EU und deren nationaler Umsetzung enthält die Begründung des Gesetzentwurfs der Bundesregierung zur Umsetzung der Richtlinie (EU) 2016/2370, Anlage 1.[627] Diese ist Grundlage der folgenden Zusammenfassung. Zwischenzeitliche Änderungen des ERegG wurden ergänzt.[628]

Übersicht 7: Vorgaben der Richtlinie 2012/34/EU und nationale Umsetzung

Gegenstand	2012/34/EU[629]	ERegG	Begründung
Unabhängigkeit Eisenbahnunternehmen / Infrastrukturbetreiber	Art. 4 Abs. 1	§ 5	
	Art. 4 Abs. 2	§ 8a Abs. 2	
Trennung Rechnungsführung	Art. 6 Abs. 1 S. 1	§ 7 Abs. 1 u. 2	
	Art. 6 Abs. 1 S. 2	§ 7 Abs. 3	
	Art. 6 Abs. 2	-	keine Umsetzung erf.
	Art. 6 Abs. 3	§ 7 Abs. 4	
	Art. 6 Abs. 4	§ 7 Abs. 5	

134373&pageIndex=0&doclang=DE&mode=lst&dir=&occ=first&part=1&cid=9181972 (aufgerufen am 16.10.2023);
EuGH, Urt. v. 28.06.2017 – Rs. C-482/14 (Kommission / Deutschland) ECLI:EU:C:2017:499, http://curia.europa.eu/juris/document/document.jsf?text=&docid=192205&pageIndex=0&doclang=DE&mode=lst&dir=&occ=first&part=1&cid=9181513 (aufgerufen am 16.10.2023); *Kramer*, Gelder gehen gewundene Gänge, Legal Tribune Online, 29.06.2017, https://www.lto.de/persistent/a_id/23317/ (aufgerufen am 30.11.2023).
Anfang 2019 hatte die Kommission bereits ein Vertragsverletzungsverfahren wegen der damals nicht rechtzeitigen Umsetzung der Richtlinie (EU) 2016/2370 initiiert (Vertragsverletzungsverfahren der Europäischen-Kommission INFR(2019)0028, Beschluss vom 30.01.2019, https://ec.europa.eu/atwork/applying-eu-law/infringements-proceedings/infringement_decisions/index.cfm?lang_code=DE&typeOfSearch=false&active_only=0&noncom=0&r_dossier=20190028&decision_date_from=&decision_date_to=&EM=DE&title=&submit=Suche (aufgerufen am 16.10.2023)).

[627] Gesetzentwurf der Bundesregierung, Entwurf eines Gesetzes zur Umsetzung der Richtlinie (EU) 2016/2370 vom 14. Dezember 2016 zur Änderung der Richtlinie 2012/34/EU bezüglich der Öffnung des Marktes für inländische Schienenpersonenverkehrsdienste und der Verwaltung der Eisenbahninfrastruktur, BT-Drs. 19/9738, S. 40 ff.

[628] Vor allem durch das Gesetz zur Weiterentwicklung des Eisenbahnregulierungsrechts, BGBl. 2021 I 1737 ff.

[629] Die Erwägungsgründe (EW) beziehen sich auf die der Richtlinie (EU) 2016/2370 des Europäischen Parlaments und des Rates vom 14.12.2016 zur Änderung der Richtlinie 2012/34/EU bezüglich der Öffnung des Marktes für inländische Schienenpersonenverkehrsdienste und der Verwaltung der Eisenbahninfrastruktur, ABl. 2016 L 352, 1.

Gegenstand	2012/34/EU[629]	ERegG	Begründung
Unabhängigkeit des Infrastrukturbetreibers	Art. 7 Abs. 1 S. 1	§ 2 Abs. 7 AEG	
	Art. 7 Abs. 1 S. 2	§ 8 Abs. 2 S. 1	
	Art. 7 Abs. 1 S. 3	§ 8 Abs. 2 S. 2	
	Art. 7 Abs. 1 S. 3	§ 8 Abs. 2 S. 3	
	Art. 7 Abs. 2	§ 8 Abs. 1	
	-	§ 8 Abs. 2 S. 4	notw. Ergänzung (Sicherstellung der Unabhängigkeit)[630]
		§ 8 Abs. 2 S. 5	
	-	§ 8 Abs. 2 S. 6	
	-	§ 8 Abs. 2 S. 7	
	Art. 7 Abs. 3 lit. a	§ 8 Abs. 3 Nr. 1	
	Art. 7 Abs. 3 lit. b	§ 8 Abs. 3 Nr. 2	
	Art. 7 Abs. 3 lit. c	§ 8 Abs. 3 Nr. 3	
	Art. 7 Abs. 3 lit. d	§ 8 Abs. 3 Nr. 4	
	Art. 7 Abs. 4 S. 1	§ 8 Abs. 4 S. 1	
	Art. 7 Abs. 4 S. 2	§ 8 Abs. 4 S. 2	
	-	§ 8 Abs. 4 S. 3	Klarstellung zu § 8 Abs. 4 S. 2
	Art. 7 Abs. 5 S. 1	§ 8 Abs. 5 S. 1	
	Art. 7 Abs. 5 S. 2	§ 8 Abs. 5 S. 2	
	EW 8 S. 1	§ 8 Abs. 6	
	Art. 7 Abs. 6	§ 8 Abs. 7	
	-	§ 8 Abs. 8	notw. Ergänzung (Unabhängigkeit)
wesentl. Funktionen	Art. 7a Abs. 1	§ 8a Abs. 1	
	Art. 7a Abs. 2	§ 8a Abs. 3	
	Art. 7a Abs. 2 lit. a	§ 8a Abs. 3 Nr. 1	
	Art. 7a Abs. 2 lit. b	§ 8a Abs. 3 Nr. 2	
	Art. 7a Abs. 2 lit. c	§ 8a Abs. 3 Nr. 3	
	Art. 7a Abs. 3	-	keine Umsetzung erf.
	Art. 7a Abs. 4	-	keine Umsetzung erf.

(continued)

630 Die Gesetzesbegründung verweist hier allerdings – vermutlich irrtümlich – auf die (nicht vorhandenen) § 8 Abs. 1 S. 4 bis 7 ERegG. Siehe die Begründung des Entwurfs eines Gesetzes zur Umsetzung der Richtlinie (EU) 2016/2370 vom 14. Dezember 2016 zur Änderung der Richtlinie 2012/34/EU bezüglich der Öffnung des Marktes für inländische Schienenpersonenverkehrsdienste und der Verwaltung der Eisenbahninfrastruktur, BT-Drs. 19/9738, S. 56 und 8 f.

Übersicht 7: (continued)

Gegenstand	2012/34/EU[629]	ERegG	Begründung
Verkehrsmanage ment/ Instand-haltungsplanung	Art. 7b Abs. 1	§ 8b Abs. 1	
	EW 11 S. 2	§ 8b Abs. 2	
	Art. 7b Abs. 2	§ 8b Abs. 3	
	Art. 7b Abs. 3	§ 8b Abs. 4	
Auslagerung / Aufteilung der Funktionen	Art. 7c Abs. 1 S. 3	§ 8c Abs. 1 S. 2	
	Art. 7c Abs. 1 lit. a	-	keine Umsetzung erf.
	Art. 7c Abs. 1 lit. b	§ 8c Abs. 1 S. 1	
	Art. 7c Abs. 2	-	keine Umsetzung erf.
	Art. 7c Abs. 3	-	keine Umsetzung erf.
	Art. 7c Abs. 4 S. 1	§ 8c Abs. 2 S. 1	
	-	§ 8c Abs. 2 S. 2	notw. Ergänzung (Vollzug)
	Art. 7c Abs. 4 S. 2	§ 8c Abs. 2 S. 3	
finanzielle Transparenz	Art. 7d Abs. 1 S. 1	§ 8d Abs. 1	
	Art. 7d Abs. 1 S. 2	§ 8d Abs. 1 S. 2	Präzisere Formu-lierung des EW 18
	Art. 7d Abs. 1 S. 2	§ 8d Abs. 2	
	EW 18, S. 1	§ 8d Abs. 2	
	EW 18, S. 2	§ 8d Abs. 2	
	Art. 7d Abs. 2	§ 8d Abs. 3	
	Art. 7d Abs. 3	§ 8d Abs. 4	
	Art. 7d Abs. 4	§ 8d Abs. 5	
	Art. 7d Abs. 5	§ 80 Abs. 8	notw. Ergänzung (Klarstellung)
	Art. 7d Abs. 6	§ 8d Abs. 6	
	Art. 7d Abs. 7	§ 8d Abs. 7	
	Art. 7d Abs. 8	§ 8d Abs. 8	
	Art. 7d Abs. 9	§ 8d Abs. 9	
	Art. 7d Abs. 10	-	keine Umsetzung erf.
Zugang zu Leistungen	Art. 13 Abs. 3 S. 1	§ 12 Abs. 1 S. 1	
	Art. 13 Abs. 3 S. 2	§ 12 Abs. 1 S. 2	
	Art. 13 Abs. 3 S. 3	§ 12 Abs. 2	
	Art. 13 Abs. 3 S. 4	§ 12 Abs. 3	
Eisenbahninfra-strukturanlagen	Anhang I	Anlage 1	
zu erbringende Leistungen	Anhang II	Anlage 2	

Grundsätzlich war der deutsche Gesetzgeber bestrebt, neue Vorgaben der Recast-Richtlinie 2012/34/EU jeweils in entsprechende neue Normen des ERegG zu überführen. Die Umsetzung ist jedoch nicht in jedem Fall exakt wortgleich 1:1 durchgeführt worden. Eine ergänzende Gegenüberstellung der Normtexte ist in Anlage 2[631] enthalten.

Die wesentlichen Abweichungen lassen sich kategorisieren in

- begriffliche Abweichungen (1.),
- Klarstellungen und Konkretisierungen (2.),
- die Nichtausübung von Regelungsoptionen (3.) sowie
- punktuelle Anpassungen an deutsche Rechts- und Organisationsstrukturen (4.).

1. Begriffliche Abweichungen

Abweichungen ergeben sich aus den unterschiedlichen Begriffsrahmen der Recast-Richtlinie 2012/34/EU und des ERegG. Synonym zum Begriff „Eisenbahnunternehmen" in der Richtlinie verwendet das ERegG beispielsweise den Begriff „Eisenbahnverkehrsunternehmen".[632] Dies ist u. a. in Art. 4 Abs. 1 der Richtlinie / § 5 Abs. 1 ERegG und Art. 6 Abs. 1 der Richtlinie / § 7 Abs. 1 ERegG der Fall.

An anderen Stellen spricht die Richtlinie vom „Eisenbahninfrastruktur" oder „Infrastruktur", während das ERegG diese als „Eisenbahnanlagen" bezeichnet, z. B. Art. 4 Abs. 2 der Richtlinie / § 8a Abs. 2 ERegG und Art. 6 Abs. 1 der Richtlinie / § 7 Abs. 1 ERegG.[633] Diese Abweichungen haben häufig normhistorische Gründe[634] und führen nicht per se zu Umsetzungsdefiziten.

2. Klarstellungen und Konkretisierungen

In einigen Fällen nimmt das ERegG Vorgaben der Richtline auf und konkretisiert diese.

631 Siehe Anlage 2: Abgleich Richtlinie 2012/34/EU und nationale Umsetzung, S. 395 ff.
632 Siehe C. I. 2. b) Eisenbahnverkehrsdienste, § 2 Abs. 2 S. 1 AEG, S. 33.
633 Siehe C. I. 2. a) Eisenbahninfrastruktur, S. 27.
634 Siehe C. I. 2. a) aa) Der Eisenbahninfrastrukturbegriff des AEG, § 2 Abs. 6 AEG, S. 27.

a) Beispiele zur Klarstellung und Konkretisierung

So schreibt Art. 7 Abs. 1 S. 3 der Richtlinie z. B. vor, dass die Mitgliedstaaten sicherzustellen haben, dass die Unparteilichkeit durch keinerlei Interessenkonflikte beeinträchtigt ist. Art. 8 Abs. 2 S. 4 ERegG nimmt diese Vorgabe auf und ergänzt sie in den Sätzen 5 bis 7 um konkrete Maßnahmen (Veröffentlichung unternehmensinterner Regelungen, Benennung eines Beauftragten etc.).

Art. 7 Abs. 4 S. 2 der Richtlinie erwähnt Zahlungen im Zusammenhang mit der „Gesamtleistung des Eisenbahnsystems". Art. 8 Abs. 4 S. 2 ERegG wiederholt diese Regelung und konkretisiert in Satz 3 den Begriff der „Gesamtleistung des Eisenbahnsystems".

Art. 7a Abs. 2 lit. a) der Richtlinie befasst sich mit dem Einfluss der Mitgliedstaaten, die diese auf wesentliche Entscheidungen des Infrastrukturbetreibers nehmen dürfen und verweist hierzu konkret auf die Artikel 29 (Festsetzung, Berechnung und Erhebung von Entgelten) und 39 der Richtlinie (Zuweisung von Fahrwegkapazität). Art. 8a Abs. 3 Nr. 1 ERegG nimmt diesen Punkt auf, fasst ihn allerdings dahingehend allgemeiner, dass die gesetzlich vorgesehenen Aufgaben von Bund und Ländern unberührt bleiben.

Die Richtlinie enthält in Anhang Nr. 2 eine Aufstellung von Serviceeinrichtungen, zu denen Zugang zu gewähren ist. Unter anderem betrifft dies auch Hilfseinrichtungen (Anhang II Nr. 2 lit. h)) und Einrichtungen für die Brennstoffaufnahme (lit. i). Anlage 2 des ERegG setzt diese Vorgaben unter Nr. 2 lit. h) und i) um und ergänzt unter j) die Klarstellung, dass von diesen Regelungen auch Ladeeinrichtungen für Strom umfasst sind.

Bei der Umsetzung der Vorgaben zur Unparteilichkeit des Infrastrukturbetreibers aus Art. 7b Abs. 1 der Recast-Richtlinie hat der Gesetzgeber mehrere Modifikationen vorgenommen, auf die gesondert einzugehen ist.

b) Unparteilichkeit des Infrastrukturbetreibers, Art. 7b Abs. 1

Nach Art. 7b Abs. 1 der Richtlinie haben die Mitgliedstaaten sicherzustellen, dass Aufgaben im Zusammenhang mit dem Verkehrsmanagement und der Instandhaltungsplanung auf transparente und diskriminierungsfreie Weise durchgeführt werden und die für Entscheidungen in diesen Bereichen zuständigen Personen frei von Interessenkonflikten sind. Diese Vorgabe hat der deutsche Gesetzgeber in § 8b ERegG aufgenommen. Hierbei hat er drei Modifikationen vorgenommen:

aa) Erneuerungsplanung

Ausdrücklich zusätzlich genannt in § 8b Abs. 1 ERegG ist auch die Erneuerungsplanung. Dies lag nahe, da Art. 3 Abs. 2 der Recast-Richtlinie 2012/34/EU die Erneuerung von Eisenbahninfrastruktur – neben deren Instandhaltung – zu den Zuständigkeiten des Infrastrukturbetreiber zählt.

- Als „Instandhaltung" versteht Art. 3 Abs. 2c Arbeiten zur Erhaltung des Zustands und der Kapazität bestehender Infrastruktur.
- Unter „Erneuerung" versteht die Richtlinie umfangreiche Arbeiten zum Austausch bestehender Infrastrukturen, mit denen die Gesamtleistung nicht verändert wird.

Durch die zusätzliche Nennung der Erneuerungsplanung in § 8b Abs. 1 ERegG vermeidet der deutsche Gesetzgeber Abgrenzungsprobleme hinsichtlich des Begriffs der Instandhaltungsplanung der Recast-Richtlinie 2012/34/EU.

bb) Informationsweitergabe

Über die ausdrücklich genannten Anforderungen der Richtlinie hinaus verpflichtet § 8b Abs. 2 ERegG die Betreiber der Eisenbahnanlagen, den Eisenbahnverkehrsunternehmen die relevanten Informationen zur Verfügung zu stellen. Diese Ergänzung erfolgte zur Umsetzung von Erwägungsgrund 11 Satz 2 der Richtlinie (EU) 2016/2370 des Europäischen Parlaments und des Rates vom 14.12.2016 zur Änderung der Richtlinie 2012/34/EU.[635]

cc) Doppelfunktionen statt Interessenkonflikte

Die Anforderung der Richtlinien, dass die entscheidenden Personen frei von Interessenkonflikten sind, hat der deutsche Gesetzgeber modifiziert umgesetzt. § 8b Abs. 1 S. 2 ERegG schreibt vor, dass dieser Personenkreis keine Funktionen in Eisenbahnverkehrsunternehmen oder mit diesen verbundenen Unternehmen ausüben darf. Begründet hat der Gesetzgeber dies

---

[635] Gesetzentwurf der Bundesregierung, Entwurf eines Gesetzes zur Umsetzung der Richtlinie (EU) 2016/2370 vom 14. Dezember 2016 zur Änderung der Richtlinie 2012/34/EU bezüglich der Öffnung des Marktes für inländische Schienenpersonenverkehrsdienste und der Verwaltung der Eisenbahninfrastruktur, BT-Drs. 19/9738, S. 40 ff. (55).

damit, man habe konkretisieren wollen, was mit dem allgemeinen Begriff des Interessenkonflikts in diesem Zusammenhang gemeint sei.[636]

Solche Konkretisierungen des unbestimmten Rechtsbegriffs des Interessenkonflikts sind sinnvoll und auch Aufgabe der Mitgliedstaaten. Die Richtlinie (EU) 2016/2370[637] gab den Mitgliedstaaten in Erwägungsgrund 9 vor, einen nationalen Rahmen für die Bewertung von Interessenkonflikten zu schaffen und hierbei auch persönliche Interessen zu berücksichtigen.

Doppelfunktion sind ein wichtiger Fall eines Interessenkonflikts. Wie die Regelungen zur leistungsbezogenen Vergütung und Bonuszahlungen in § 8 Abs. 4 ERegG oder zur beruflichen Mobilität in § 8a Abs. 3 Nr. 3 ERegG exemplarisch zeigen, müssen sich Interessenkonflikte jedoch nicht zwingend auf das Bestehen von Doppelfunktionen beschränken.

Zu berücksichtigen ist aber, dass die Unabhängigkeit des Personals des Betreibers von Eisenbahnanlagen insgesamt durch ein System von Normen geschützt ist, zu dem auch die genannten Bestimmungen gehören. Die Konkretisierung durch den deutschen Gesetzgeber schafft eindeutige Vorgaben für die Rechtsanwendung und damit mehr Klarheit als der Begriff des Interessenkonflikts als unbestimmter Rechtsbegriff.

3. Nichtausübung von Regelungsoptionen

Abweichungen des Wortlauts der Richtlinie von der Umsetzung im ERegG ergeben sich weiterhin, wenn die Richtlinie Regelungsoptionen einräumt, von denen der deutsche Gesetzgeber keinen Gebrauch macht. Dies ist zum Beispiel der Fall bei der Möglichkeit, die Erhebung von Wegeentgelten und die Trassenzuweisung auf eine unabhängige Stelle auszulagern, Art. 7a Abs. 3 und 4 der Richtlinie. Auf diese Vorschrift verweisen auch Art. 6 Abs. 2 und Art. 7d Abs. 10. In diesen Fällen macht der deutsche Gesetzgeber in zulässiger Weise von seinem Handlungsermessen Gebrauch.

---

636 Gesetzentwurf der Bundesregierung, Entwurf eines Gesetzes zur Umsetzung der Richtlinie (EU) 2016/2370 vom 14. Dezember 2016 zur Änderung der Richtlinie 2012/34/EU bezüglich der Öffnung des Marktes für inländische Schienenpersonenverkehrsdienste und der Verwaltung der Eisenbahninfrastruktur, BT-Drs. 19/9738 S. 130.

637 Richtlinie (EU) 2016/2370 des Europäischen Parlaments und des Rates vom 14.12.2016 zur Änderung der Richtlinie 2012/34/EU bezüglich der Öffnung des Marktes für inländische Schienenpersonenverkehrsdienste und der Verwaltung der Eisenbahninfrastruktur, ABl. 2016 L 352, 1, Erwägungsgrund 9.

4. Anpassung an deutsche Rechts- und Organisationsstrukturen

Abweichungen kommen ferner zustande, wenn der deutsche Gesetzgeber bei der Umsetzung der Richtlinie punktuell Anpassungen an deutsche Organisations- und Rechtsstrukturen vorgenommen hat.

a) Beispiele zur Anpassung an deutsche Strukturen

Die Formulierung von Art. 4 Abs. 1 der Richtlinie „direkt oder indirekt Eigentum von Mitgliedstaaten" setzt der deutsche Gesetzgeber beispielsweise in § 5 Abs. 1 ERegG durch die Formulierung um „unmittelbar oder mittelbar im Eigentum des Bundes, eines Landes oder einer kommunalen Gebietskörperschaft".

Die Forderung nach „getrennte[n] Gewinn- und Verlustrechnungen und Bilanzen" (Art. 6 Abs. 1 der Richtlinie) spezifiziert der Gesetzgeber in § 7 Abs. 1 und 2 ERegG auch anhand der Vorgaben des deutschen Handelsrechts. Eine entsprechende Vorgabe einer getrennten Rechnungsregelung für Serviceeinrichtungen enthält Art. 13 Abs. 3 S. 3 der Richtlinie. Diese wurde vom Gesetzgeber in § 12 Abs. 2 ERegG unter Beachtung der Vorgaben des deutschen Handelsrechts angepasst umgesetzt. Diese Anpassungen dienen der Klarheit des Normtextes und unterstützen damit die Rechtsanwendung.

Art. 7d Abs. 1 der Richtlinie regelt die Verwendung von Einnahmen aus dem Betrieb des Infrastrukturnetzes. Der Infrastrukturbetreiber darf diese zur Dividendenzahlung an seine Eigentümer verwenden, zu denen jedoch keine Unternehmen gehören dürfen, die Teil eines vertikal integrierten Unternehmens sind (Art. 7d Abs. 1 S. 2). Die Regelungen des Art. 7d zur finanziellen Transparenz stärken die buchhalterische Entflechtung und tragen zu einer sachgerechten Erlös- und Subventionszuordnung bei. Diese Vorgabe hat der Gesetzgeber auf deutsche Strukturen angepasst in § 8d Abs. 1 und 2 ERegG umgesetzt. Ist der Betreiber von Eisenbahnanlagen über eine Muttergesellschaft mit einer Gebietskörperschaft verbunden, kann dieser seinen Gewinn an die Muttergesellschaft abführen, wenn diese den Gewinn ihrerseits an die Gebietskörperschaft abführt (§ 8d Abs. 2 ERegG). Diese Regelung stellt eine Wahrung des Normzwecks des Art. 7d Abs. 1 der Richtlinie innerhalb der Strukturen des deutschen Eisenbahnsystems sicher.

Art. 8 Abs. 8 ERegG enthält einen Haftungsausschluss für Mitglieder von Organen des Mutterunternehmens für Vorgänge, auf die sie nach den Vorschriften des ERegG keinen Einfluss ausüben dürfen und tatsächlich nicht ausgeübt haben. Diese Regelung findet keine Entsprechung in der Recast-Richtlinie 2012/34/EU. Aufgrund des Sachzusammenhangs mit den Vorgaben der Richtlinie hat der deutsche Gesetzgeber die Regelung des Haftungsausschlusses in das ERegG aufgenommen.

Eine genauere Betrachtung erfordert der „Sonderfall"[638] der Art. 7c Abs. 1 lit. a), Abs. 2 und 3 der Richtlinie. Diese wurden textlich nicht 1:1 umgesetzt. Ob dies zu einem Umsetzungsdefizit führt, ist allerdings zu prüfen.

b) Sonderfall: Funktionsauslagerung, Art. 7c Abs. 1 - 3

Art. 7c Abs. 1 lit. a) S. 1 erlaubt dem Infrastrukturbetreiber eine Auslagerung von Funktionen, sofern die übernehmende Stelle kein Eisenbahnunternehmen ist oder ein solches Unternehmen kontrolliert oder von einem solchen Unternehmen kontrolliert wird. Wesentliche Funktionen dürfen gem. Satz 2 an keine andere Einheit des vertikal integrierten Unternehmens ausgelagert werden.

Abs. 2 befasst sich mit der Wahrnehmung von Funktionen durch verschiedene Infrastrukturbetreiber gemeinsam und Abs. 3 mit der Übertragung an Betreiber der Energieversorgung.

aa) Begründung der Bundesregierung

Der Gesetzentwurf der Bundesregierung sah von einer Umsetzung ab, „da ein Bedarf [...] nicht erkennbar ist. [...] Die Einbindung von Erfüllungsgehilfen ist natürlich grundsätzlich möglich."[639] Ähnlich argumentierte die Deutsche Bahn AG zur Umsetzung von Art. 7c: „Für diese Bestimmungen besteht bei richtlinienkonformer Auslegung des geltenden deutschen Rechts kein Bedürfnis. Dass sich der Betreiber der Schienenwege zur Aufgabenerfüllung Dritter bedienen kann, entspricht der gängigen Unternehmenspraxis. Gleiches gilt für die Kooperation mit Eisenbahnverkehrsunternehmen ..."[640]

---

[638] *Ludwigs*, IR 2020, 60 (68).

[639] Gesetzentwurf der Bundesregierung, Entwurf eines Gesetzes zur Umsetzung der Richtlinie (EU) 2016/2370 vom 14. Dezember 2016 zur Änderung der Richtlinie 2012/34/EU bezüglich der Öffnung des Marktes für inländische Schienenpersonenverkehrsdienste und der Verwaltung der Eisenbahninfrastruktur, BT-Drs. 19/9738 S. 25.

[640] *Deutsche Bahn AG*, Referentenentwurf eines Gesetzes zur Umsetzung der Richtlinie 2016/2370/EU vom 14. Dezember 2016 zur Änderung der Richtlinie 2012/34/EU bezüglich der Öffnung des Marktes für inländische Schienenpersonenverkehrsdienste und

Diese Begründung würde dafür sprechen, die Nichtumsetzung von Art. 7c Abs. 1 lit. a), Abs. 2 und 3 der Fallgruppe der Anpassung an deutsche Organisations- und Rechtsstrukturen zuzuordnen.

bb) Regelungsgehalt des Art. 7c Abs. 1 lit. a)

Die Erlaubnis des Art. 7c Abs. 1 lit. a) S. 1 zur Auslagerung von Funktionen an Stellen, die kein Eisenbahnunternehmen sind, kein Eisenbahnunternehmen kontrollieren und von keinem Eisenbahnunternehmen kontrolliert werden, könnte allerdings auch anders interpretiert werden. Die Bestimmung könnte e contrario so verstanden werden, dass Funktionen unter anderem nicht ausgelagert werden dürfen, wenn die übernehmende Stelle ein Eisenbahnunternehmen kontrolliert. Die Bestimmung könnte also das Ziel verfolgen, dem Infrastrukturbetreiber die Hinzuziehung Dritter aus einem vertikal integrierten Unternehmen generell zu untersagen. Wäre dies Ziel der Richtlinie, wären die Mitgliedstaaten nach Art. 288 S. 3 AEUV hieran gebunden, d. h. es bestünde kein Raum zur Negierung eines Bedarfs. In diesem Fall würde Art. 7c Abs. 1 lit. a) S. 1 den Einsatz z. B. von zentralen Servicefunktionen in vertikal integrierten Unternehmen stark einschränken.

Ein solches Verständnis ist insoweit denkbar, als der initiale Richtlinienvorschlag der Europäischen Kommission[641] im dortigen Art. 7b Abs. 6 2. Halbsatz das Verbot einer solchen Überragung von Funktionen vorsah. Hiernach war es dem Infrastrukturbetreiber nicht gestattet, die Ausübung seiner Funktionen oder diesbezügliche Tätigkeiten auf Einheiten des vertikal integrierten Unternehmens zu übertragen.[642]

---

der Verwaltung der Eisenbahninfrastruktur vom 22. Juni 2018, Stellungnahme der Deutschen Bahn AG, 25.07.2018, S. 7, https://www.bmvi.de/SharedDocs/DE/Anlage/Gesetze/Gesetze-19/gesetz-zur-umsetzung-der-richtlinie-2016-2370-eu-stellungnahme-7.pdf?__blob=publicationFile (aufgerufen am 18.10.2023).

641 Europäische Kommission, COM(2013) 29 final vom 30.01.2013, Vorschlag für eine Richtlinie des Europäischen Parlaments und des Rates zur Änderung der Richtlinie 2012/34/EU des Europäischen Parlaments und des Rates vom 21. November 2012 zur Schaffung eines einheitlichen europäischen Eisenbahnraums bezüglich der Öffnung des Marktes für inländische Schienenpersonenverkehrsdienste und der Verwaltung der Eisenbahninfrastruktur, CELEX 52013PC0029, Artikel 1 Nr. 4 zur Einfügung der Art. 7a bis 7e in die Richtlinie 2012/34/EU.

642 Siehe hierzu auch die Gegenüberstellung in Anlage 1 Abgleich Kommissionsvorschlag und Richtlinie 2012/34/EU, S. 392.

Zur Klärung des Regelungsgehalts von Art. 7c Abs. 1 lit. a) ist diese Norm daher auszulegen.

(1) Der Begriff der Funktion

Den Begriff der „Funktionen" definiert die Recast-Richtlinie 2012/34/EU nicht ausdrücklich.

- Art. 7c Abs. 1 verweist im vorletzten Satz auf die in Art. 3 Abs. 2 der Richtlinie genannten Funktionen. Dort werden Zuständigkeiten des Infrastrukturbetreibers aufgezählt. Hierzu gehört der Betrieb, die Instandhaltung und die Erneuerung von Eisenbahninfrastruktur sowie deren Ausbau. Diese Definition der Zuständigkeiten hat das deutsche Recht in § 2 Abs. 7 AEG übernommen.
- Art. 7c Abs. 1 lit. a) S. 2 schränkt die Möglichkeit der Auslagerung wesentlicher Funktionen ein. Den Begriff „wesentliche Funktionen" des Infrastrukturbetriebs definiert Art. 3 Nr. 2f der Recast-Richtlinie 2012/34/EU. Hierunter werden Entscheidungen über die Trassenzuweisung und Wegeentgelte verstanden. Auch Erwägungsgrund 15 der Richtlinie (EU) 2016/2370 zur Änderung der Recast-Richtlinie 2012/34/EU[643] weist darauf hin, dass „andere als die wesentlichen Funktionen" ausgelagert werden können.

Hiernach umfasst der Funktionsbegriff des Art. 7c Abs. 1 lit. a) S. 1 jedenfalls die in Art. 3 Abs. 2 genannten Funktionen. Ausgenommen sind wesentlichen Funktionen (Art. 3 Nr. 2f.). Weitere Eingrenzungen des Funktionsbegriffs lassen sich Wortlaut und Systematik der Norm nicht entnehmen.

(2) Der Begriff der Auslagerung

Den Begriff der „Auslagerung" in Art. 7c Abs. 1 lit. a) S. 1 definiert die Recast-Richtlinie 2012/34/EU ebenfalls nicht ausdrücklich.

Begrifflich deutet die Formulierung „Funktionen an eine andere Stelle auslagern" aber darauf hin, dass diese Stelle die Funktionen selbständig und

---

[643] Richtlinie (EU) 2016/2370 des Europäischen Parlaments und des Rates vom 14.12.2016 zur Änderung der Richtlinie 2012/34/EU bezüglich der Öffnung des Marktes für inländische Schienenpersonenverkehrsdienste und der Verwaltung der Eisenbahninfrastruktur, ABl. 2016 L 352, 1, Erwägungsgrund 15.

(auch) eigenverantwortlich wahrnehmen muss. Dem steht nicht entgegen, dass Art. 7c Abs. 1 im vorletzten Satz darauf hinweist, der Infrastrukturbetreiber behalte die Aufsichtsbefugnis über und die endgültige Verantwortung für die Wahrnehmung der in Art. 3 Abs. 2 genannten Funktionen.

Dieses Ergebnis wird auch durch die englische Fassung der Richtlinie gestützt, die von Outsourcing spricht („outsource functions to a different entity").[644] Auch die französische Fassung der Richtlinie („déléguer des fonctions en les confiant à une entité différente")[645] deutet mit dem Begriff der Delegation auf eine Übertragung von Funktionen und Verantwortung hin.

Art. 7c Abs. 1 lit. b) S. 1 nutzt den Begriff der Auslagerung ebenfalls, jedoch im Zusammenhang der Auslagerung der Durchführung von Arbeiten. Systematisch ist daher davon auszugehen, dass die „Auslagerung von Funktionen" eine umfassendere Verlagerung von Aufgaben und Verantwortung beinhaltet als (nur) die Auslagerung von Arbeiten.

Die Auslegung des Wortlauts spricht somit dafür, dass Zusammenarbeits- und Kooperationsmodelle, die sich unterhalb des Niveaus der „Auslagerung von Funktionen" bewegen, nicht durch Art. 7c Abs. 1 lit. a) S. 1 der Richtlinie tangiert sind.

(3) Art. 7c als Ausnahmetatbestand

Art. 7c kann auch als Ausnahmetatbestand der – relativ umfassenden – Entflechtungsvorgaben des Infrastrukturbetreibers durch Art. 7, 7a, 7b und 7d der Recast-Richtlinie 2012/34/EU aufgefasst werden.[646]

Art. 7c betrifft vor allem die operative Entflechtung. Diese enthält in Art. 7, 7a und 7b bereits relativ weitgehende Vorgaben für die Unabhängigkeit des Infrastrukturbetreibers.[647] Vor allem bei Betreibern eines kleineren Infrastrukturportfolios mag es wirtschaftlich Sinn machen, wenn dieser

---

644 Directive 2012/34/EU of the European Parliament and of the Council of 21 November 2012 establishing a single European railway area (recast), Official Journal of the European Union 2012 L 343, 32 – consolidated text of 01.01.2019.

645 Directive 2012/34/UE du Parlement européen et du Conseil du 21 novembre 2012 établissant un espace ferroviaire unique européen (refonte), Journal officiel de l'Union européenne 2012 L 343, 32 – texte consolidé du 01.01.2019.

646 So für dessen Teilumsetzung in § 8c ERegG *Säcker* in: Kühling/Otte, AEG/ERegG, § 8c ERegG Rn. 1.

647 Siehe oben C. IV. 5. d) aa) Betreiber von Eisenbahnanlagen, S. 129.

nicht alle Aspekte des Betriebs vollständig in Eigenfertigung selbst wahrnimmt, sondern sich hierzu Kooperationen und Auslagerungen an andere Stellen bedient. Art. 7c könnte so interpretiert werden, dass er solche Zusammenarbeitsmodelle gerade ermöglichen will. Hierfür spricht unter anderem auch die Richtlinie (EU) 2016/2370, die in Erwägungsgrund 16 auf Effizienzvorteile einer solchen Zusammenarbeit hinweist.[648]

In diesem Kontext wäre auch die Begründung der Bundesregierung für die Nichtumsetzung stimmig, dass „ein Bedarf [...] nicht erkennbar ist."[649] Im deutschen Recht sind solche Zusammenarbeitsmodelle grundsätzlich erlaubt. Es bedarf hierfür keines zusätzlichen Erlaubnistatbestands.

(4) Genese des Art. 7c der Recast-Richtlinie

Die Kommission hatte ihren initialen Richtlinienvorschlag[650] zur Fortschreibung der Recast-Richtlinie 2012/34/EU im Januar 2013 vorgelegt und an den Rat und das Europäische Parlament übermittelt. Nach Stellungnahmen des Wirtschafts- und Sozialausschusses[651] und des Ausschusses der Regionen[652] befassten sich das Europäische Parlament und der Rat der Europäischen Union als Vertretungsorgan der Mitgliedstaaten mit dem Vorschlag.[653] Sowohl

---

648 Richtlinie (EU) 2016/2370 des Europäischen Parlaments und des Rates vom 14.12.2016 zur Änderung der Richtlinie 2012/34/EU bezüglich der Öffnung des Marktes für inländische Schienenpersonenverkehrsdienste und der Verwaltung der Eisenbahninfrastruktur, ABl. 2016 L 352, 1, Erwägungsgrund 16.

649 Gesetzentwurf der Bundesregierung, Entwurf eines Gesetzes zur Umsetzung der Richtlinie (EU) 2016/2370 vom 14. Dezember 2016 zur Änderung der Richtlinie 2012/34/EU bezüglich der Öffnung des Marktes für inländische Schienenpersonenverkehrsdienste und der Verwaltung der Eisenbahninfrastruktur, BT-Drs. 19/9738 S. 25.

650 Europäische Kommission, COM(2013) 29 final vom 30.01.2013, Vorschlag für eine Richtlinie des Europäischen Parlaments und des Rates zur Änderung der Richtlinie 2012/34/EU des Europäischen Parlaments und des Rates vom 21. November 2012 zur Schaffung eines einheitlichen europäischen Eisenbahnraums bezüglich der Öffnung des Marktes für inländische Schienenpersonenverkehrsdienste und der Verwaltung der Eisenbahninfrastruktur, CELEX 52013PC0029.

651 Wirtschafts- und Sozialausschuss, Stellungnahme des Europäischen Wirtschafts- und Sozialausschusses zum Thema „Viertes Eisenbahnpaket", 12.11.2013, CELEX 52013AE1024, ABl. 2013 C 327, 122.

652 Ausschuss der Regionen, Stellungnahme des Ausschusses der Regionen — Viertes Eisenbahnpaket, 05.12.2013, CELEX 52013AR0027, ABl. 2013 C 356, 92, Änderungsvorschläge 17 bis 21.

653 Siehe zum legislativen Prozess auch, C. II. 2. f) Legislativer Prozess in der EU, S. 59.

EU-Parlament[654] als auch – nach Abstimmungen der Vertreter der Mitgliedstaaten untereinander – der Rat[655] machten hinsichtlich einiger Punkte des initialen Kommissionsvorschlags Anpassungsbedarf geltend. Hiervon waren insbesondere die institutionelle Trennung des Infrastrukturbetreibers vom vertikal integrierten Unternehmen sowie die Maßnahmen zur Entflechtung betroffen, die Parlament und Rat als zu weitgehend erachteten.[656] In einem Trilog[657] verständigten sich daraufhin Kommission, das Europäische Parlament und Rat auf eine gemeinsame Fassung. Die Richtlinie (EU) 2016/2370[658] zur Fortschreibung der Recast-Richtlinie 2012/34/EU wurde schließlich im Dezember 2016 unterzeichnet.

Die Inhalte des Art. 7c der Recast-Richtlinie 2012/34/EU[659] waren in dieser Form nicht Teil des initialen Kommissionsvorschlags. Art. 7c des initialen Kommissionsvorschlags befasste sich mit Kontrollmechanismen zur Sicherstellung der Einhaltung der Entflechtungsregelungen.[660] Lediglich die Regelung zur Durchführung von Arbeiten in Art. 7c Abs. 1 lit. b) der Richtlinie war in ähnlicher Form in Art. 7 Abs. 4 des Kommissionsvorschlags enthalten. Ein generelles Verbot, „Funktionen oder diesbezügliche Tätigkeiten" des Infrastrukturbetreibers auf Einheiten des vertikal integrieren Unternehmens zu übertragen, enthielt Art. 7b Abs. 6 des Kommissionsvorschlags.

---

654 Europäisches Parlament, Bericht über den Vorschlag zur Änderung der Richtlinie 2012/34/EU.

655 Council of the European Union, Proposal for a Fourth Railway Package.

656 Zusammenfassende Übersicht *Centrum für Europäische Politik (Hrsg.)*, cepMonitor: 4. Eisenbahnpaket: Eisenbahnbinnenmarkt (Richtlinie) https://www.cep.eu/monitor/cep/4-eisenbahnpaket-eisenbahnbinnenmarkt-richtlinie.html (aufgerufen am 23.10.2023).

657 Siehe oben C. II. 2. f) ee) 2016: Einigung im Rahmen eines Trilogs, S. 61.

658 Richtlinie (EU) 2016/2370 des Europäischen Parlaments und des Rates vom 14.12.2016 zur Änderung der Richtlinie 2012/34/EU bezüglich der Öffnung des Marktes für inländische Schienenpersonenverkehrsdienste und der Verwaltung der Eisenbahninfrastruktur, ABl. 2016 L 352, 1, Erwägungsgrund 16.

659 Richtlinie 2012/34/EU des Europäischen Parlaments und des Rates vom 21.11.2012 zur Schaffung eines einheitlichen europäischen Eisenbahnraums, ABl. 2012 L 343, 32, in der durch die Richtlinie (EU) 2016/2370 des Europäischen Parlaments und des Rates vom 14.12.2016 zur Änderung der Richtlinie 2012/34/EU, ABl. 2016 L 352, 1 geänderten Fassung.

660 Siehe oben C. II. 2. f) cc) (3) Verfahren zur Kontrolle der Einhaltung, Art. 7c, S. 59.

Die letztlich beschlossene Formulierung der Entflechtungsregelungen der Art. 7 ff. der Richtlinie beruht auf der Position des Rates zur allgemeinen Ausrichtung vom 08.10.2015.[661] Die Vorschläge des Rates verfolgten die generelle Linie, die Eingriffsintensität der Entflechtungsregelungen im Vergleich zum initialen Kommissionsvorschlag deutlich zu reduzieren.[662] Vor diesem Hintergrund spricht nichts dafür, dass der Rat mit seinem Vorschlag zur Zulässigkeit der Auslagerung von Funktionen in Art. 7c Abs. 1 lit. a) das generelle Verbot zur Übertragung von Funktionen und diesbezügliche Tätigkeiten aus Art. 7b Abs. 6 des Kommissionsvorschlags aufnehmen wollte. Hätte der Rat dies gewollt, hätte es nahegelegen, den Wortlaut an die Formulierung des Kommissionsvorschlags anzulehnen, so wie dies beispielsweise im Falle Regelung zur Durchführung von Arbeiten geschehen ist (Art. 7c Abs. 1 lit. b) der Richtlinie und Art. 7 Abs. 4 des Kommissionsvorschlags). Spricht der Rat in Art. 7c Abs. 1 lit. a) aber von einer Auslagerung von „Funktionen an eine andere Stelle“, deutet dies darauf hin, dass dies nicht den gleichen Sachverhalt beschreibt wie die Übertragung von „Funktionen oder diesbezügliche Tätigkeiten“ (Art. 7b Abs. 6 des Kommissionsvorschlags).

(5) Zwischenfazit zur Funktionsauslagerung

Zwar wurden die Vorgaben aus Art. 7c Abs. 1 lit. a), Abs. 2 und 3 der Recast-Richtlinie 2012/34/EU nicht 1:1 in das deutsche Recht transformiert. Es hätte nahegelegen, das ansonsten weitgehend eingehaltene Prinzip einer 1:1-Umsetzung zur Sicherstellung einer vollständigen Richtlinienumsetzung in diesem Punkt nicht zu durchbrechen.

Hieraus folgt jedoch kein Umsetzungsdefizit. Art. 7c Abs. 1 lit. a) ist nicht dahingehend auszulegen ist, dass jegliche Zusammenarbeit und die Nutzung von Servicefunktionen im vertikal integrierten Unternehmen untersagt sind. Vielmehr bezweckt Art. 7c, unter Berücksichtigung des Entflechtungsregelungen der Art. 7 ff. in bestimmten Konstellationen eine Auslagerung von Funktionen zuzulassen. Im deutschen Recht ist eine solche Regelung jedoch nicht erforderlich und hätte daher lediglich eine klarstellende Funktion.

---

661 Council of the European Union, Proposal for a Fourth Railway Package, S. 8 ff.
662 Siehe oben C. II. 2. f) dd) Legislativer Prozess in der EU, S. 59.

cc) *Auswirkung der WESTbahn-Entscheidung*

In der Literatur wird die Meinung vertreten, aufgrund der WESTbahn-Entscheidung des EuGH[663] ergebe sich nunmehr Handlungsbedarf zur Implementierung von Art. 7c Abs. 2 der Recast-Richtlinie 2012/34/EU in § 8c ERegG.[664]

Bis zur WESTbahn-Entscheidung waren Personenbahnsteige (bzw. Ladestraßen) im deutschen Eisenbahnrecht im Kontext der Serviceeinrichtung Personenbahnhof (bzw. Güterbahnhof) als Teil dieser Serviceeinrichtung klassifiziert.[665] Der EUGH hat in seiner WESTbahn-Entscheidung jedoch darauf hingewiesen, dass diese nach dem Wortlaut von Anhang II der Recast-Richtlinie 2012/34/EU den Eisenbahnanlagen zuzuordnen sind. Diese Entscheidung hat Relevanz unter anderem aufgrund der Tatsache, dass für Serviceeinrichtungen und Eisenbahnanlagen unterschiedliche Grundsätze zur Entgeltbemessung gelten. Für Eisenbahnanlagen als Teil des Mindestzugangspakets gilt das restriktivere Grenzkostenprinzip, § 31 Abs. 2 i. V. m. § 26 Abs. 2 ERegG, während für Serviceeinrichtungen nach dem „Cost-Plus-Maßstab" weitergehend angemessene Gewinne einkalkuliert werden dürfen, § 32 Abs. 1 ERegG.[666]

(1) Zugang zu Personenbahnsteigen

Würden Personenbahnsteige nunmehr weiter vom Bahnhofsbetreiber – statt vom Betreiber der Eisenbahnanlagen – bereitgestellt, handele es sich um einen Fall der in Art. 7c Abs. 2 der Recast-Richtlinie 2012/34/EU geregelten Wahrnehmung der Funktionen des Infrastrukturbetreibers durch andere Infrastrukturbetreiber. Hieraus wird ein Anpassungsbedarf von § 8c ERegG geschlossen.[667]

Andere Meinungen halten es dagegen für zweifelhaft, ob aus der WESTbahn-Entscheidung Änderungen der Regulierungspraxis folgen. Dies

---

663 *EuGH*, Urt. v. 10.07.2019 – Rs. C-210/18 (WESTbahn Management GmbH / ÖBB-Infrastruktur AG) ECLI:EU:C:2019:586, http://curia.europa.eu/juris/document/document.jsf?text=&docid=216045&pageIndex=0&doclang=DE&mode=lst&dir=&occ=first&part=1&cid=4951106 (aufgerufen am 07.03.2022).

664 *Ludwigs*, IR 2020, 60 (64 f.).

665 Siehe oben C. I. 2. a) bb) (1) Definition, § 2 Abs. 6a AEG i. V. m. Anlage 1 ERegG, S. 28.

666 *Ludwigs*, IR 2020, 60 (64 f.).

667 *Ludwigs*, IR 2020, 60 (64 f.).

hänge zum einen damit zusammen, dass der Begriff „Personenbahnsteig" als Schnittstelle zwischen Schienenweg und Personenbahnhof nicht hinreichend definiert sei.[668] Zum anderen habe ohnehin bereits der Betreiber der Schienenwege über den Zugang zu den Personenbahnsteigen entschieden.[669] Die Schnittstellen zwischen dem Betrieb des Schienenwegs als Eisenbahnanlage und der Personenbahnhöfe als Serviceeinrichtung gab es also bereits vor der WESTbahn-Entscheidung.

(2) Aktivitäten des deutschen Gesetzgebers

Der deutsche Gesetzgeber setzte die WESTbahn-Entscheidung 2021 durch das Gesetz zur Weiterentwicklung des Eisenbahnregulierungsrechts[670] insoweit um, als die Zuordnungen der Personenbahnsteige und Ladestraßen zu den Eisenbahnanlagen nachvollzogen und mit § 31a ERegG eine neue Entgeltregelung geschaffen wurde. Nicht vorgenommen hat der Gesetzgeber dagegen eine Ergänzung des § 8c ERegG um die Inhalte des Art. 7c Abs. 2 zur Wahrnehmung der Funktionen durch andere Infrastrukturbetreiber.

(3) Keine Notwendigkeit einer gesetzlichen Regelung

Von einer Ergänzung des § 8c ERegG abzusehen, ist insoweit nachvollziehbar, als die Bundesregierung ihre Einschätzung, ein Bedarf sei nicht erkennbar,[671] nicht auf – bis zur WESTbahn-Entscheidung – in der Praxis nicht genutzte Kooperationsmodelle gestützt hat. Wird Art. 7c Abs. 2 dagegen als Erlaubnisnorm aufgefasst, die unter Berücksichtigung der Entflechtungsregelungen der Art. 7 ff. bestimmte Kooperationen ausdrücklich gestattet,[672] hat auch die WESTbahn-Entscheidung nichts an dem fehlenden Bedarf einer solchen Regelung im deutschen Recht geändert.

Durch Verschmelzung der DB Station&Service AG auf die DB Netz AG und Bündelung der Infrastrukturbetreiber in der DB InfraGO AG zum

---

[668] *Klinge*, N&R 2019, 304 (308).
[669] *Klinge*, N&R 2019, 304 (309).
[670] Gesetz zur Weiterentwicklung des Eisenbahnregulierungsrechts, BGBl. 2021 I 1737 ff.
[671] Gesetzentwurf der Bundesregierung, Entwurf eines Gesetzes zur Umsetzung der Richtlinie (EU) 2016/2370 vom 14. Dezember 2016 zur Änderung der Richtlinie 2012/34/EU bezüglich der Öffnung des Marktes für inländische Schienenpersonenverkehrsdienste und der Verwaltung der Eisenbahninfrastruktur, BT-Drs. 19/9738 S. 25.
[672] Siehe oben C. V. 4. b) bb) (5) Zwischenfazit zur Funktionsauslagerung, S. 172.

01.01.2024,[673] dürfte sich die Thematik ohnehin nicht mehr in der bis dahin bestehenden Form stellen.

5. Fazit zur Umsetzung der Recast-Richtlinie 2012/34/EU

Die textlichen Vorgaben der Recast-Richtlinie 2012/34/EU[674] wurden – soweit sie die Entflechtung betreffen – im ERegG im Wesentlichen vollständig umgesetzt.[675] Dies erfolgte weitgehend durch eine 1:1-Umsetzung, von der allerdings in begründbaren Ausnahmefällen abgewichen wurde.

Dies besagt allerdings noch nicht, dass aller Vorgaben der Recast-Richtlinie 2012/34/EU insgesamt vollständig umgesetzt wurden. Hinsichtlich der Umsetzung der Recast-Richtlinie hatte die Kommission mehrere Vertragsverletzungsverfahren (infringement procedure) nach Art. 258 AEUV eingeleitet. Von diesen ist noch ein Verfahren aktiv.[676]

VI. Kritik an den Entflechtungsregelungen

In diesem Kapitel wird die Kritik an den bestehenden Entflechtungsregelungen des ERegG dargestellt. Deren Analyse und Bewertung wird in den sich hieran anschließenden Kapiteln (D., E. und F.) vorgenommen.

Die Kritik den Entflechtungsregelungen des ERegG ist teilweise genereller Natur (1.) und bezieht sich auf ihre Struktur (a)) sowie das Regulierungsregime für Serviceeinrichtungen und Bahnstromfernleitungen (b)).

---

673 Siehe oben C. II. 3. a) bb) (2) 2024: DB InfraGO – Bündelung der Infrastruktur, S. 74.

674 Richtlinie 2012/34/EU des Europäischen Parlaments und des Rates vom 21.11.2012 zur Schaffung eines einheitlichen europäischen Eisenbahnraums, ABl. 2012 L 343, 32, in der durch die Richtlinie (EU) 2016/2370 des Europäischen Parlaments und des Rates vom 14.12.2016 zur Änderung der Richtlinie 2012/34/EU, ABl. 2016 L 352, 1 geänderten Fassung.

675 So auch – jeweils mit Hinweis auf den Sonderfall des Art. 7c Abs. 2 der Recast-Richtlinie 2012/34/EU – *Ludwigs*, IR 2020, 60 (68); *Otte* in: Kühling/Otte, AEG/ERegG, § 1 ERegG Rn. 70.

676 Es handelt sich um folgende Vertragsverletzungsverfahren der Europäischen Kommission: INFR(2019)2159, Beschluss vom 10.10.2019, https://ec.europa.eu/commission/presscorner/detail/de/INF_19_5950 sowie Beschluss vom 20.12.2023, https://ec.europa.eu/commission/presscorner/detail/de/inf_23_6211.

Kritisiert werden ferner vor allem seitens der Monopolkommission und von Branchenverbänden spezifische Maßnahmen der buchhalterischen (2.), rechtlichen (3.) und operationellen (4.) Entflechtung sowie der personellen Entflechtungskomponente (5.).

1. Allgemeiner Teil der Kritik

In dem allgemeinen Teil ist zunächst auf die Struktur der Entflechtungsregelungen im ERegG einzugehen (a)) sowie auf das Bestehen unterschiedlicher Entflechtungsregelungen für die Betreiber von Eisenbahnanlagen, Serviceeinrichtungen und Bahnstromfernleitungen (b)).

a) Struktur der Entflechtungsregelungen im ERegG

Die Regelungen zur Entflechtung im ERegG sind weniger übersichtlich, klar und strukturiert als sie – bezogen auf das spezifische Organisationsmodell des Eisenbahnsektors in Deutschland in seiner heutigen Form – hätten sein können.

Beispielsweise weisen einige Regelungen zur Unabhängigkeit des Betreibers von Eisenbahnanlagen in § 8 ERegG und dessen Unabhängigkeit in Bezug auf wesentliche Funktionen in § 8a ERegG einen hohen Grad an Parallelität auf.

Übersicht 8: Paralleler Regelungsgehalt § 8 und § 8a ERegG

Regelungsgegenstand	§ 8 Unabhängigkeit des Betreibers von Eisenbahnanlagen	§ 8a Unabhängigkeit des Betreibers von Eisenbahnanlagen in Bezug auf wesentliche Funktionen
rechtliche Entflechtung	(1) Ein Betreiber von Eisenbahnanlagen muss rechtlich getrennt sein 1. von Eisenbahnverkehrsunternehmen […]	(1) Ein Betreiber von Eisenbahnanlagen muss […] rechtlich, organisatorisch und in seinen Entscheidungen in Bezug auf die wesentlichen Funktionen von Eisenbahnverkehrsunternehmen unabhängig sein.

Regelungs-gegenstand	§ 8 Unabhängigkeit des Betreibers von Eisenbahnanlagen	§ 8a Unabhängigkeit des Betreibers von Eisenbahnanlagen in Bezug auf wesentliche Funktionen
Einfluss auf wesentliche Entscheidungen	(2) In vertikal integrierten Unternehmen darf keiner der anderen Bereiche einen bestimmenden Einfluss auf die Entscheidungen des Betreibers von Eisenbahnanlagen hinsichtlich der wesentlichen Funktionen ausüben.	(3) Im Hinblick auf Absatz 1 darf insbesondere 1. ein Eisenbahnverkehrsunternehmen oder eine andere juristische Person keinen bestimmenden Einfluss auf den Betreiber von Eisenbahnanlagen hinsichtlich der wesentlichen Funktionen ausüben [...]
Ernennungen / Entlassungen	(6) Vertikal integrierte Unternehmen müssen sicherstellen, dass andere rechtliche Einheiten innerhalb dieser Unternehmen keinen entscheidenden Einfluss auf Ernennungen und Entlassungen von Personen ausüben, die Entscheidungen über die wesentlichen Funktionen zu treffen haben.	2. ein Eisenbahnverkehrsunternehmen oder ein anderer Bereich in einem vertikal integrierten Unternehmen keinen bestimmenden Einfluss auf die Ernennungen und Entlassungen der Personen ausüben, die Entscheidungen über die wesentlichen Funktionen zu treffen haben.

aa) ERegG-Normstruktur Konsequenz der 1:1-Umsetzung

Die Normstruktur ist Konsequenz der Entscheidung, die Recast-Richtlinie 2012/34/EU grundsätzlich 1:1 im deutschen Rechtssystem umzusetzen und dies weder mit einer Konsolidierung der Entflechtungsvorgaben im ERegG noch mit einer umfassenden Anpassung an die Verhältnisse des Eisenbahnsektors in Deutschland zu verbinden.

Die Entscheidung zugunsten einer 1:1-Umsetzung von Richtlinien reduziert Risiken insbesondere von Vertragsverletzungsverfahren nach Art. 258 AEUV wegen der Nichtumsetzung bzw. fehlerhaften Umsetzung von Richtlinien. Umsetzungslücken, die dann beispielsweise schon aus der Änderung faktischer Gegebenheiten resultieren können (Änderung von Marktstrukturen, geänderte Eigentümer- oder Beherrschungsverhältnisse etc.) werden weitestmöglich vermieden.

Eine 1:1-Umsetzung führt aber auch dazu, dass die Komplexität der Richtlinie vollständig mit in das deutsche Rechtssystem übernommen wird.

bb) Normstruktur der Recast-Richtlinie 2012/34/EU

Die Normstruktur hat ihre Ursache somit bereits in der Recast-Richtlinie 2012/34/EU in der durch die Richtlinie (EU) 2016/2370 geschaffenen konsolidierten Fassung.[677]

(1) Generelle Regelung aller Organisationsmodelle

Die Richtlinie (EU) 2016/2370 verfolgt gemäß Erwägungsgrund 7 das Ziel, den Mitgliedstaaten freizustellen, welche Modelle sie für die Organisation ihres Eisenbahnsektors nutzen. Diese reichen von der vollständigen strukturellen Trennung bis hin zur vertikalen Integration.[678]

In der Konsequenz muss eine Regulierung der EU so weit gefasst sein, dass sie alle potenziellen Organisationsmodelle abdeckt. Dies führt zu Komplexitäten und – aus Sicht des heutigen deutschen Eisenbahnsystems – teilweise parallelen Regelungen. Diese sind jedoch zu einer Regelung der möglichen Organisationsmodelle in den EUMitgliedstaaten erforderlich. So schützt Art. 7 der Recast-Richtlinie 2012/34/EU (umgesetzt durch § 8 ERegG)[679] beispielsweise schwerpunktmäßig die Unabhängigkeit des Infrastrukturbetreibers als Teil eines vertikal integrierten Unternehmens. Ist der Infrastrukturbetreiber aber auf andere Weise mit einem Eisenbahnverkehrsunternehmen verbunden als über ein vertikal integriertes Unternehmen, griffe der Schutz des Art. 7 möglicherweise zu kurz. In diesen Fällen gewährleistet Art. 7a (umgesetzt durch § 8a ERegG) einen Schutz der Unabhängigkeit des Infrastrukturbetreibers, auch wenn dieser kein Bestandteil eines vertikal integrierten Unternehmens ist.

(2) Ergänzung der Normtexte statt Konsolidierung

Durch die genannten Richtlinien wurde die Materie des Eisenbahnregulierungsrechts nicht konsolidiert und komplett neu geregelt, sondern die bestehende Recast-Richtlinie 2012/34/EU aus dem Jahr 2012 wurde im

---

[677] Richtlinie 2012/34/EU des Europäischen Parlaments und des Rates vom 21.11.2012 zur Schaffung eines einheitlichen europäischen Eisenbahnraums, ABl. 2012 L 343, 32 („Recast-Richtlinie") – konsolidierte Fassung Stand 01.01.2019.

[678] Richtlinie (EU) 2016/2370 des Europäischen Parlaments und des Rates vom 14.12.2016 zur Änderung der Richtlinie 2012/34/EU bezüglich der Öffnung des Marktes für inländische Schienenpersonenverkehrsdienste und der Verwaltung der Eisenbahninfrastruktur, ABl. 2016 L 352, 1.

[679] Siehe Anlage 2: Abgleich Richtlinie 2012/34/EU und nationale Umsetzung, S. 395 ff.

Wesentlichen durch Ergänzung von Normtexten durch die Richtlinie (EU) 2016/2370 fortgeschrieben. Die Recast-Richtlinie war ihrerseits bereits ein Versuch, die seit 1994 bestehenden Richtlinien zu konsolidieren, zu vereinfachen und zu verdichten.[680]

Auch diese Fortschreibungen haben zu Redundanzen beigetragen, beispielsweise zwischen den Regelungen zur Unabhängigkeit des Infrastrukturbetreibers in Art. 7 der Richtlinie und den neu eingefügten Art. 7a ff. Diese Redundanzen wurden ins ERegG durch die §§ 8 und 8a ff. ERegG übernommen.

Die Themenkomplexe sind zudem nicht immer zusammenhängend geregelt, sondern die Normsystematik spiegelt teilweise die Genese der Regelungen wider. Beispielsweise finden sich Regelungen mit Bezug zur Unabhängigkeit von Unternehmensteilen auch in den Art. 4 (Unabhängigkeit der Eisenbahnunternehmen und Infrastrukturbetreiber), Art. 6 (Trennung der Rechnungsführung) und Art. 13 Abs. 3 (Bedingungen für den Zugang zu Leistungen).

(3) Kompromisscharakter der Regelung

Zu der im Vergleich zum initialen Kommissionsvorschlag aus dem Jahr 2013[681] mitunter verschachtelten Struktur des Normtextes hat auch der Umstand beigetragen, dass dieser Ergebnis eines Kompromisses ist. Zunächst verständigten sich Vertreter der Mitgliedstaaten innerhalb des Rates auf eine allgemeine Ausrichtung.[682] Im Anschluss wurde zwischen Kommission, Parlament und Rat im Trialog Einigkeit hinsichtlich eines gemeinsamen Textes erzielt.[683]

---

680 Richtlinie 2012/34/EU des Europäischen Parlaments und des Rates vom 21.11.2012 zur Schaffung eines einheitlichen europäischen Eisenbahnraums, ABl. 2012 L 343, 32, Erwägungsgrund 1. Siehe auch *Kühling/Weinbeck* in: Kühling/Otte, AEG/ERegG, Einf. Rn. 34; *Staebe*, in: ders., ERegG, Einführung Rn. 29; siehe oben C. II. 2. e) 2012: Neufassung („Recast") des Ersten Eisenbahnpakets, S. 50.

681 Europäische Kommission, COM(2013) 29 final vom 30.01.2013, Vorschlag für eine Richtlinie des Europäischen Parlaments und des Rates zur Änderung der Richtlinie 2012/34/EU des Europäischen Parlaments und des Rates vom 21. November 2012 zur Schaffung eines einheitlichen europäischen Eisenbahnraums bezüglich der Öffnung des Marktes für inländische Schienenpersonenverkehrsdienste und der Verwaltung der Eisenbahninfrastruktur, CELEX 52013PC0029.

682 Council of the European Union, Proposal for a Fourth Railway Package.

683 Rat der Europäischen Union, Viertes Eisenbahnpaket: Vorschlag zur Änderung der Richtlinie 2012/34/EU.

Die folgende Umsetzung der RecastRichtlinie 2012/34/EU im ERegG wird folgerichtig auch als „Kompromiss-Fortschreibung“ beschrieben.[684]

(4) Erläuterung unbestimmter Rechtsbegriffe

Die mit der Richtlinie verfolgten Intentionen sollten in den Erwägungsgründen umfassender dargelegt und unbestimmte Rechtsbegriffe konkretisiert oder definiert werden. Dies betrifft beispielsweise den Begriff „Interessenkonflikt“ (unter anderem Art. 7 Abs. 1 S. 3, Art. 7a Abs. 2 Nr. 3, Art. 7b Abs. 1, Art. 7c Abs. 1 der Recast-Richtlinie 2012/34/EU). Die Richtlinie (EU) 2016/2370[685] enthält im Erwägungsgrund 9 zwar die Vorgabe an die Mitgliedstaaten, einen nationalen Rahmen für die Bewertung von Interessenkonflikten zu schaffen und hierbei auch persönliche Interessen zu berücksichtigen. Einheitliche und klar definierte Kriterien würden Auslegung und Umsetzung der Richtlinie aber erleichtern. Dies gilt auch für den Begriff der Auslagerung von Funktionen des Infrastrukturbetreibers (Art. 7c Abs. 1 lit. a) und Abs. 2 der Recast-Richtlinie 2012/34/EU).[686]

Viele Intentionen und Definitionen (Art. 3 der Recast-Richtlinie 2012/34/EU) sind in der Richtlinie bereits enthalten. Insbesondere aber die Kompromisstexte, die nicht von der Kommission erarbeitet wurden und im Rahmen der Trilog-Abstimmungen Teil des Normtextes wurden, könnten durch Erwägungsgründe und Definitionen besser flankiert werden.

Sollte die EU-Kommission im Zuge ihrer Marktüberwachung[687] Bedarf zur Fortschreibung des Regulierungsrechts identifizieren, bestünde Gelegenheit auch zu einer Konsolidierung und Neufassung der Normen.

b) Regulierungsregime für Serviceeinrichtungen und Bahnstrom

Die Betreiber von Serviceeinrichtungen und Bahnstromfernleitungen unterliegen anderen, weniger restriktiven Entflechtungsvorgaben als die Betreiber von Eisenbahnanlagen. Beide erbringen aber eine wesentliche

---

[684] *Ludwigs*, IR 2020, 60 (68).

[685] Richtlinie (EU) 2016/2370 des Europäischen Parlaments und des Rates vom 14.12.2016 zur Änderung der Richtlinie 2012/34/EU bezüglich der Öffnung des Marktes für inländische Schienenpersonenverkehrsdienste und der Verwaltung der Eisenbahninfrastruktur, ABl. 2016 L 352, 1, Erwägungsgrund 9.

[686] Siehe oben C. V. 4. b) Sonderfall: Funktionsauslagerung, Art. 7c Abs. 1 - 3, S. 166.

[687] Siehe oben C. II. 3. b) aa) Laufende Marktüberwachung, Art. 15 Recast-Richtlinie, S. 76.

Vorleistungsfunktion, ohne die ein Betrieb insbesondere des Schienenpersonenverkehrs nicht möglich ist.[688]

Die Entflechtung des Betreibers von Serviceeinrichtungen ist in § 12 ERegG geregelt. Er unterliegt hiernach einer buchhalterischen Entflechtung (§ 12 Abs. 2 ERegG) sowie einer – begrenzten – operationellen Entflechtung (§ 12 Abs. 1 S. 1 ERegG). Eine rechtliche Entflechtung ist dagegen nicht obligatorisch (§ 12 Abs. 1 S. 2 ERegG). Weitergehende operationelle, informationelle oder personelle Vorgaben, wie sie die §§ 7 ff. ERegG für Betreiber von Eisenbahnanlagen vorsehen, gelten für Betreiber von Serviceeinrichtungen nicht.[689]

Die DB Energie GmbH als Betreiberin der Bahnstromfernleitungen unterliegt nicht den Entflechtungsvorgaben des ERegG. Der Betrieb der Bahnstromfernleitungen als Verteilernetz wird jedoch im Energiewirtschaftsgesetz (EnWG) geregelt. Dessen Vorgaben zur rechtlichen (§ 7 EnWG) und operativen Entflechtung (§ 7a EnWG) sind an die Mindestanzahl von 100.000 Kunden geknüpft (§ 7 Abs. 2 S. 1 bzw. § 7a Abs. 7 S. 1 EnWG).[690] Aufgrund ihres Geschäftsmodells erreicht DB Energie diese Mindestgrenze gegenwärtig nicht. Die Regelungen des EnWG zur rechtlichen und operativen Entflechtung finden daher auf die DB Energie keine Anwendung.[691]

Die Monopolkommission ist daher der Meinung, diese Bereiche seien insoweit unterreguliert, als sie unzureichend von anderen Bereichen des vertikal integrierten Unternehmens getrennt seien. [692] Dies umfasse auch die Regelungen zur finanziellen Transparenz in § 8d ERegG einschließlich der gesetzlichen Gewinnabführungsregelungen. Betreiber von Serviceeinrichtungen und Fahrstromnetzen unterlägen bisher keiner gesetzlichen Vorgabe

---

688 *Kühling/Gremm*, Wirtschaftswoche 2021, 878 (880).

689 Siehe oben, C. IV. 5. a), Übersicht 5: Entflechtungsregelungen des ERegG. S. 124.

690 Sog. de-minimis Unternehmen siehe *Bundesnetzagentur*, Gemeinsame Richtlinie der Regulierungsbehörden des Bundes und der Länder zur Umsetzung der informatorischen Entflechtung nach § 9 EnWG vom 13.06.2007, S. 6, https://www.bundesnetzagentur.de/SharedDocs/Downloads/DE/Sachgebiete/Energie/Unternehmen_Institutionen/EntflechtungKonzession/Entflechtung/RichtlinieinformatorischenEntfId10485pdf.pdf?__blob=publicationFile&v=6 (aufgerufen am 29.02.2024).

691 *Monopolkommission*, 8. Sektorgutachten Bahn (2021), Tz 80 und Fußnote 114.

692 *Monopolkommission*, 8. Sektorgutachten Bahn (2021), Tz. 80.

zum Umgang mit Gewinnen.[693] In Bezug auf die DB Energie schließt sich dieser Kritik unter anderem der Branchenverband Mofair an.[694]

Die Monopolkommission schlägt daher vor, die für den Betreiber von Eisenbahnanlagen geltenden Entflechtungsvorgaben auf die Betreiber von Serviceeinrichtungen und Fahrstromnetzen zu übertragen.[695]

2. Kritik an der buchhalterischen Entflechtung

Im Hinblick auf die Vorgaben der buchhalterischen Entflechtung kritisiert die Monopolkommission vor allem eine aus ihrer Sicht unzureichende Transparenz bei deren Umsetzung.[696] Dies betrifft vor allem die Verwendung von Einnahmen (a)), die Festlegung von Verrechnungspreisen (b)) sowie die Zuordnung von Vermögensgegenständen (c)). Der Branchenverband Mofair fordert weitergehend eine vollständige finanzielle Entflechtung (d)).

a) Verwendung von Einnahmen, § 8d Abs. 1 und 2 ERegG

Einnahmen aus dem Betrieb von Eisenbahnanlagen dürfen vom Betreiber ausschließlich zur Finanzierung seiner eigenen Geschäftstätigkeit verwendet werden (§ 8d Abs. 1 S. 1 ERegG). Dies kann auch die Zahlung von Dividenden an den Eigentümer des Unternehmens umfassen (§ 8d Abs. 1 S. 2 ERegG). Zu diesen Eigentümern dürfen zwar Gebietskörperschaften gehören, aber keine Unternehmen, die Teil eines vertikal integrierten Unternehmens sind (§ 8d Abs. 1 S. 3 ERegG).

Der deutsche Gesetzgeber hat die – insoweit in § 8d Abs. 1 ERegG vollständig umgesetzten[697] – Vorgaben des Art. 7d Recast-Richtlinie 2012/34/EU ergänzt um die Bestimmung des § 8d Abs. 2 ERegG. Eine Gewinnabführung des Betreibers von Eisenbahnanlagen an eine Muttergesellschaft ist demnach zulässig, wenn der Betreiber über die Muttergesellschaft mit einer

---

693 *Monopolkommission*, 8. Sektorgutachten Bahn (2021), Tz. 92.

694 *Mofair (Hrsg.)*, Kapazität, Qualität und Kundenorientierung: Eine starke Schieneninfrastrukturgesellschaft für die Verkehrswende, 27.01.2022, S. 9, https://mofair.de/wp-content/uploads/2022/01/220127-Gemeinwohlorientierung-Schieneninfrastruktur.pdf (aufgerufen am 14.02.2024).

695 *Monopolkommission*, 8. Sektorgutachten Bahn (2021), Tz. 80.

696 *Monopolkommission*, 8. Sektorgutachten Bahn (2021), Tz. 76 und 86 ff.

697 Siehe oben C. V. 4. a) Beispiele zur Anpassung an deutsche Strukturen, S. 165 und Anlage 2, Art. 7d Finanzielle Transparenz, S. 407.

Gebietskörperschaft verbunden ist und die Muttergesellschaft den Gewinn an die Gebietskörperschaft abführt.

An dieser Verbindung und der Ausgestaltung der Gewinnabführungsverträge des DB Konzerns setzt nunmehr Kritik an:

aa) Ergebnisabführungs- und Beherrschungsverträge

Im DB-Konzern bestehen zwischen der Deutsche Bahn AG als Holdinggesellschaft und den wesentlichen Tochtergesellschaften Ergebnisabführungs- und Beherrschungsverträge. Hiervon umfasst sind alle wesentlichen Eisenbahninfrastruktur- und -verkehrsgesellschaften.[698] Eine normative Grundlage finden Ergebnisabführungs- und Beherrschungsverträge in § 291 Abs. 1 AktG. Dieser verwendet den Terminus „Gewinnabführungsvertrag“. Aus diesem resultiert jedoch eine korrespondierende Pflicht aus § 302 Abs. 1 AktG auch zur Tragung von Verlusten.[699]

Die Ergebnisabführungsverträge begründen eine steuerliche Organschaft (§§ 14 ff. KStG), die es der Deutschen Bahn AG auf Ebene des Konzerns erlaubt, steuerliche Gewinne mit steuerlichen Verlusten zu verrechnen.[700] Daher führt auch die DB Netz AG als Betreiberin der Eisenbahnanlagen ihre Einnahmen nicht direkt an den Bund als Gebietskörperschaft ab (§ 8d Abs. 1 ERegG), sondern über den Ergebnisabführungsvertrag an die Deutsche Bahn AG als Muttergesellschaft. Diese müsste wiederum nach § 8d Abs. 2 ERegG den Gewinn – soweit ein solcher erwirtschaftet wurde – an den Bund als Gebietskörperschaft abführen.

---

[698] *Deutsche Bahn AG*, Integrierter Bericht 2022, S. 184, https://www.deutschebahn.com/resource/blob/10431118/7022b1241d1c0b4322ae6c752157c263/Integrierter-Bericht_Download-data.pdf (aufgerufen am 31.03.2024).

[699] *Altmeppen* in: Münchener Kommentar, AktG, § 291 Rn. 145.

[700] *Deutsche Bahn AG*, Integrierter Bericht 2022, S. 182, https://www.deutschebahn.com/resource/blob/10431118/7022b1241d1c0b4322ae6c752157c263/Integrierter-Bericht_Download-data.pdf (aufgerufen am 31.03.2024).

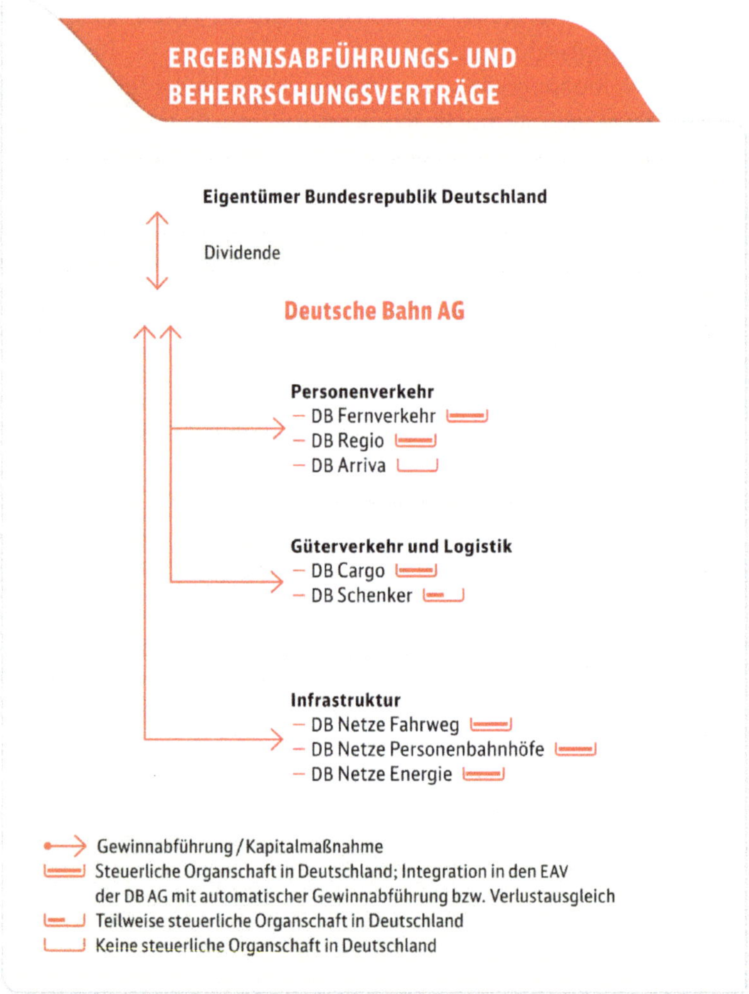

Übersicht 9: Ergebnisabführungs- und Beherrschungsverträge
Quelle: Deutsche Bahn AG, Integrierter Bericht 2022, S. 184[701]

[701] *Deutsche Bahn AG*, Integrierter Bericht 2022, S. 184, https://www.deutschebahn.com/resource/blob/10431118/7022b1241d1c0b4322ae6c752157c263/Integrierter-Bericht_Download-data.pdf (aufgerufen am 31.03.2024).

bb) Leistungs- und Finanzierungsvereinbarung LuFV III

Die Thematik der Finanzierung der Infrastruktur ist allerdings komplexer als die Frage der Gewinnabführung allein. Der Bund, die Deutsche Bahn AG sowie die Eisenbahninfrastrukturbetreiber DB Netz AG, DB Station&Service AG und die DB Energie GmbH hatten sich daher entschlossen, die Thematik in einem Vertragswerk „Leistungs- und Finanzierungsvereinbarung“ (LuFV) zu regeln.[702] Die aktuell gültige Vereinbarung LuFV III regelt wechselseitige Zahlungen für den Zeitraum 2020 bis 2029.[703] Hierin verpflichtet sich der Bund zur Zahlung von Ersatzinvestitionen in das Bestandnetz der Schienenwege (Infrastrukturbeitrag), § 2 LuFV III.

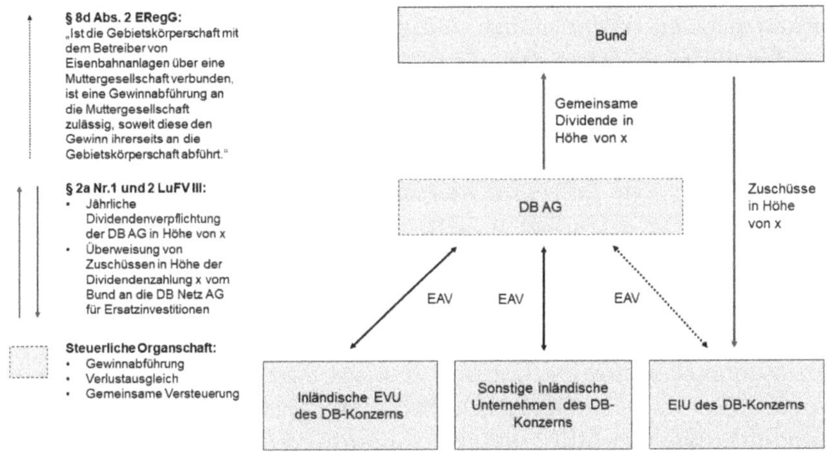

Anmerkungen: EAV = Ergebnisabführungsverträge, EVU = Eisenbahnverkehrsunternehmen, EIU = Eisenbahninfrastrukturunternehmen (DB Netz AG, DB Station & Service AG, DB Energie GmbH)

Quelle: Deutsche Bahn AG Integrierter Bericht 2020, S. 59, § 8d Abs. 2 ERegG, §§ 2a.1, 2a.2 LuFV III

Übersicht 10: Aktuelles Verfahren der Dividendenabführung
Quelle: Monopolkommission, 8. Sektorgutachten Bahn (2021), Tz.65, Seite 35.

---

[702] Der Ausbau des Schienenwegenetzes der Eisenbahnen des Bundes erfolgt dagegen auf Grundlage des Bundesschienenwegeausbaugesetzes (BSWAG).

[703] *Eisenbahn-Bundesamt*, LuFV - Leistungs- und Finanzierungsvereinbarung, https://www.eba.bund.de/DE/Themen/Finanzierung/LuFV/lufv_node.html (aufgerufen am 31.10.2023).

Im Gegenzug werden erwartete Dividendenzahlungen („geplante Dividende") der Deutschen Bahn AG an den Bund fixiert, § 2a Nr. 2 LuFV III. Darüber hinaus besteht die Möglichkeit zusätzlicher Dividendenzahlungen („weitere Dividenden"), § 2a Nr. 3 LuFV III. Von der Deutschen Bahn AG geleistete Dividendenzahlungen („tatsächlich geleistete Dividende") wird der Bund zur Durchführung von Ersatzinvestitionen in die Schienenwege einsetzen. Hiermit soll sichergestellt werden, dass die Nachsteuerergebnisse der Eisenbahninfrastrukturunternehmen vollständig an den Bund ausgeschüttet und auch vollständig wieder in die Eisenbahninfrastruktur investiert werden, § 2a Nr. 1 LuFV III.

Diese Verfahrensweise des „Finanzierungskreislaufs Schiene" wurde eingeführt, da Investitionen direkt aus den Gewinnen der Eisenbahninfrastrukturunternehmen aktienrechtlich als Eigenkapital gelten, auf die wiederum eine Rendite zu erwirtschaften wäre.[704] Diese Rendite zöge unter anderem auch höhere Entgelte für die Benutzung der Eisenbahninfrastruktur durch die Verkehrsunternehmen nach sich. Dies würde jedoch die Attraktivität des Eisenbahnsektors beeinträchtigen.

Das Vertragswerk samt Anlagen beinhaltet unter anderem auch Qualitätskennzahlen sowie Berichtspflichten. Es umfasst insgesamt mehrere hundert Seiten.

cc) Kritik der Monopolkommission

Die Monopolkommission kritisiert eine aus ihrer Sicht fehlende Transparenz: Die von der Deutschen Bahn AG gezahlte Dividende beinhalte nicht nur Gewinne der Infrastrukturunternehmen, sondern auch Gewinne der übrigen Gesellschaften des DBKonzerns unter Einschluss der Eisenbahnverkehrsunternehmen.[705]

Bei den Gewinnen der DB Netz AG, die die Deutsche Bahn AG nach § 8d Abs. 2 ERegG an den Bund weiterleiten muss, müssten es sich um die tatsächlichen (Nachsteuer-) Gewinne der DB Netz AG nach der Besteuerung auf der Ebene der Deutschen Bahn AG (steuerliche Organschaft) handeln.[706] Hierzu müsse unter anderem festgelegt werden, nach welchen Kriterien

---

[704] *Monopolkommission,* 8. Sektorgutachten Bahn (2021), Tz. 68 und Fußnote 91.

[705] *Monopolkommission,* 8. Sektorgutachten Bahn (2021), K7 und Tz. 68 ff.

[706] *Monopolkommission,* 8. Sektorgutachten Bahn (2021), Tz. 69.

Ertragssteuern, die auf das Ergebnis der Deutschen Bahn AG anfallen, den einzelnen Tochtergesellschaften zuzuordnen sind. Diese Sachverhalte seien in den Geschäftsberichten nicht transparent dargestellt.[707]

Solange die von der Deutschen Bahn AG an den Bund abgeführte Dividende größer sei als die von den Eisenbahninfrastrukturunternehmen an die Deutsche Bahn AG abgeführten (Vorsteuer-) Gewinne, liege keine Quersubventionierung anderer Konzerneinheiten vor. Seien die Nachsteuerergebnisse der Eisenbahninfrastrukturunternehmen dagegen höher als die von der Deutschen Bahn AG an den Bund gezahlte Dividende, könne eine Quersubventionierung der Eisenbahnverkehrsunternehmen nicht ausgeschlossen werden.[708]

Anzumerken zu der Kritik ist, dass die Notwendigkeit einer vollständigen Ausschüttung der Nachsteuergewinne Bund und Bahn beim Abschluss der LuFV III offensichtlich klar gewesen ist. § 2a Nr. 1 S. 2 LuFV III regelt, dass die Nachsteuerergebnisse der Eisenbahninfrastrukturunternehmen vollständig an den Bund ausgeschüttet und vollständig wieder in die Eisenbahninfrastruktur reinvestiert werden.

dd) Vorschlag: Trennung der Dividendenregelungen

Zur Behebung dieser aus ihrer Sicht bestehenden Intransparenz schlägt die Monopolkommission eine Anpassung von § 2a Nr. 2 LuFV III vor: Für die Infrastrukturunternehmen und die restlichen Gesellschaften des DB-Konzerns solle es unterschiedliche Dividendenregelungen geben. Das Dividendenziel der Infrastrukturunternehmen solle zudem nicht auf eine bestimmte Höhe fixiert werden, sondern jeweils ihre gesamten Nachsteuerergebnisse umfassen.[709]

Zusätzlich könnten die Ergebnisabführungsverträge zwischen der Deutschen Bahn AG und den Eisenbahninfrastrukturunternehmen gekündigt werden. Die Nachsteuerergebnisse der Eisenbahninfrastrukturunternehmen könnten entweder dort verbleiben oder direkt an den Bund abgeführt werden. In letzterem Fall blieben auch die Vorteile des Finanzkreislaufs

707 *Gebauer* in: Kühling/Otte, AEG/ERegG, § 7 ERegG Rn. 87; *Monopolkommission*, 8. Sektorgutachten Bahn (2021), Tz. 69.
708 *Monopolkommission*, 8. Sektorgutachten Bahn (2021), Tz. 69.
709 *Monopolkommission*, 8. Sektorgutachten Bahn (2021), Tz. 97.

Schiene erhalten.[710] Die Monopolkommission räumte aber ein, dass einer Kündigung der Ergebnisabführungsverträge zwischen der Deutschen Bahn AG und den Eisenbahninfrastrukturunternehmen aktuell das Gesellschaftsrecht entgegenstünde.[711]

b) Festlegung von Verrechnungspreisen, § 8d Abs. 6 ERegG

Die finanzielle Transparenz könne zudem auch hinsichtlich der Festlegung von Verrechnungspreisen für konzerninterne Dienstleistungen verbessert werden.[712]

aa) Leistungsbeziehungen im DB Konzern

Neben den erwähnten Ergebnisabführungs- und Beherrschungsverträgen[713] können drei Kategorien konzerninterner Leistungsbeziehungen unterschieden werden:

- operative Leistungsbeziehungen zwischen abhängigen Konzernunternehmen (§ 17, 18 AktG) untereinander,
- Leistungsbeziehungen abhängiger Konzernunternehmen zur Konzernleitung und
- Tätigkeiten der Deutschen Bahn AG im Rahmen der Konzernfinanzierung.[714]

---

710 *Monopolkommission,* 8. Sektorgutachten Bahn (2021), Tz. 98.
711 *Monopolkommission,* 8. Sektorgutachten Bahn (2021), Tz. 100.
712 *Kühling/Gremm,* Wirtschaftswoche 2021, 878 (878); *Monopolkommission,* 8. Sektorgutachten Bahn (2021), Tz. 76.
713 Siehe oben C. VI. 2. a) aa) Ergebnisabführungs- und Beherrschungsverträge, S. 183.
714 *Deutsche Bahn AG,* Integrierter Bericht 2022, S. 182, https://www.deutschebahn.com/resource/blob/10431118/7022b1241d1c0b4322ae6c752157c263/Integrierter-Bericht_Download-data.pdf (aufgerufen am 31.03.2024); *Monopolkommission,* 8. Sektorgutachten Bahn (2021), Tz. 60 f.

Übersicht 11: Leistungsbeziehungen im DB Konzern
Quelle: Deutsche Bahn AG, Integrierter Bericht 2022, S. 183[715]

Diese Leistungsbeziehungen umfassen unter anderem auch Dienstleistungen, die im DB Konzern anderen Konzernunternehmen als zentrale Servicefunktion zur Verfügung gestellt werden. Aus diesem Grund wird im Folgenden

[715] *Deutsche Bahn AG*, Integrierter Bericht 2022, S. 183, https://www.deutschebahn.com/resource/blob/10431118/7022b1241d1c0b4322ae6c752157c263/Integrierter-Bericht_Download-data.pdf (aufgerufen am 31.03.2024).

kurz auf die drei Kategorien der Leistungsbeziehungen eingegangen, um hierauf aufbauend die Kritikpunkte an der Ermittlung der Verrechnungspreise für diese Leistungen aufzuzeigen.

(1) Operative Leistungsbeziehungen

Operative Leistungsbeziehungen entstehen beispielsweise aus der Nutzung der Schieneninfrastruktur, dem Bezug von Energie oder der Inanspruchnahme von Dienstleistungen. Einige der – rechtlich selbständigen – Gesellschaften bieten anderen Konzernunternehmen unter Einschluss von Eisenbahninfrastrukturunternehmen und -verkehrsunternehmen Serviceleistungen an. Zu dieser Gruppe der „Operational Services" zählen beispielsweise die DB Systel GmbH, die DB Vertrieb GmbH und die DB Fahrzeuginstandhaltung GmbH.[716]

(2) Leistungsbeziehungen mit der Konzernleitung

In der Konzernleitung sind unter anderem verschiedene Governance- und Servicefunktionen angesiedelt. Diese nehmen ihre Aufgaben „mit einigen regulatorisch bedingten Ausnahmen für den gesamten DB-Konzern" wahr.[717]

Governancefunktionen haben steuernde und überwachende Aufgaben.[718] Als rechtlich unselbständige Organisationseinheiten gehören hierzu beispielsweise die Bereiche Compliance, Technik und Digitalisierung sowie Finanzen/Controlling[719] und Personal.[720]

---

[716] *Deutsche Bahn AG*, Integrierter Bericht 2022, S. 153, https://www.deutschebahn.com/resource/blob/10431118/7022b1241d1c0b4322ae6c752157c263/Integrierter-Bericht_Download-data.pdf (aufgerufen am 31.03.2024); *Monopolkommission*, 8. Sektorgutachten Bahn (2021), Tz. 60 f.

[717] *Deutsche Bahn AG*, Integrierter Bericht 2022, S. 183, https://www.deutschebahn.com/resource/blob/10431118/7022b1241d1c0b4322ae6c752157c263/Integrierter-Bericht_Download-data.pdf (aufgerufen am 31.03.2024).

[718] *Deutsche Bahn AG*, Integrierter Bericht 2022, S. 183, https://www.deutschebahn.com/resource/blob/10431118/7022b1241d1c0b4322ae6c752157c263/Integrierter-Bericht_Download-data.pdf (aufgerufen am 31.03.2024).

[719] *Deutsche Bahn AG*, Integrierter Bericht 2022, S. 183, https://www.deutschebahn.com/resource/blob/10431118/7022b1241d1c0b4322ae6c752157c263/Integrierter-Bericht_Download-data.pdf (aufgerufen am 31.03.2024).

[720] *Deutsche Bahn AG*, Integrierter Bericht 2022, S. 153, https://www.deutschebahn.com/resource/blob/10431118/7022b1241d1c0b4322ae6c752157c263/Integrierter-Bericht_Download-data.pdf (aufgerufen am 31.03.2024).

Die Servicefunktionen werden unter der Kategorie DB Business Services zusammengefasst. Die dort verorteten Organisationseinheiten sind teils rechtlich selbständig wie die DB JobService GmbH. Teilweise handelt es sich aber auch um rechtlich unselbständige Organisationseinheiten der Deutschen Bahn AG (DB AG) wie DB Personalgewinnung, DB Immobilien und DB Beschaffung[721] sowie DB Training.[722]

(3) Konzernfinanzierung

Im Rahmen der Konzernfinanzierung übernimmt die DB AG zudem die Finanzierungsfunktion im DB-Konzern und bündelt in der Konzern-Treasury die hierzu erforderlichen Aktivitäten.[723] Dies umfasst unter anderem die Beschaffung von Finanzmitteln am Kapitalmarkt über die Finanzierungstochtergesellschaft Deutsche Bahn Finance GmbH. Diese Finanzmittel werden durch kurzfristige Kreditlinien oder langfristige Darlehen an Konzerngesellschaften weitergereicht.[724] Die Bündelung der Konzernfinanzierungsfunktion bei der DB AG ermöglicht neben Skaleneffekten und Kostenvorteilen eine adäquate Überwachung der Finanzgeschäfte und ein gesamthaftes Risikomanagement.[725]

bb) Bemessung nach Marktpreisen oder Produktionskosten

Die Kritik der Monopolkommission setzt an der Festlegung der Höhe der Verrechnungspreise für die angebotenen Dienstleistungen an. Hierzu gibt

---

721 *Deutsche Bahn AG*, Integrierter Bericht 2022, S. 183, https://www.deutschebahn.com/resource/blob/10431118/7022b1241d1c0b4322ae6c752157c263/Integrierter-Bericht_Download-data.pdf (aufgerufen am 31.03.2024).

722 *Deutsche Bahn AG*, Integrierter Bericht 2022, S. 153, https://www.deutschebahn.com/resource/blob/10431118/7022b1241d1c0b4322ae6c752157c263/Integrierter-Bericht_Download-data.pdf (aufgerufen am 31.03.2024).

723 *Deutsche Bahn AG*, Integrierter Bericht 2022, S. 183, https://www.deutschebahn.com/resource/blob/10431118/7022b1241d1c0b4322ae6c752157c263/Integrierter-Bericht_Download-data.pdf (aufgerufen am 31.03.2024); *Monopolkommission*, 8. Sektorgutachten Bahn (2021), Tz. 60.

724 *Deutsche Bahn AG*, Integrierter Bericht 2022, S. 183, https://www.deutschebahn.com/resource/blob/10431118/7022b1241d1c0b4322ae6c752157c263/Integrierter-Bericht_Download-data.pdf (aufgerufen am 31.03.2024); *Monopolkommission*, 8. Sektorgutachten Bahn (2021), Tz. 60.

725 *Deutsche Bahn AG*, Integrierter Bericht 2022, S. 184, https://www.deutschebahn.com/resource/blob/10431118/7022b1241d1c0b4322ae6c752157c263/Integrierter-Bericht_Download-data.pdf (aufgerufen am 31.03.2024).

§ 8d Abs. 6 ERegG vor, dass dem Betreiber von Eisenbahnanlagen von anderen rechtlichen Einheiten des vertikal integrierten Unternehmens angebotene Dienstleistungen bemessen werden

- entweder nach Marktpreisen (§ 8d Abs. 6 Nr. 1 ERegG) oder
- nach Preisen, die die Produktionskosten widerspiegeln, zuzüglich einer angemessenen Gewinnspanne (§ 8d Abs. 6 Nr. 2 ERegG).

Die Monopolkommission kritisiert, dass die Wahlmöglichkeit, Dienstleistungen auch zu Produktionskosten zuzüglich eines Gewinns zu verrechnen, keine ausreichenden Anreize biete, Dienstleistungen zu optimieren und zu effizienten Kosten anzubieten. Es könne dadurch zu höheren Verrechnungspreisen kommen, als außerhalb des DBKonzerns marktüblich seien.[726] Diese Kostenverlagerung zu den Infrastrukturunternehmen könne wettbewerbsverzerrend wirken und zu überhöhten Trassenpreisen führen.[727]

Die Monopolkommission schlägt daher eine Änderung des § 8d Abs. 6 ERegG dahingehend vor, dass Leistungen grundsätzlich zu marktüblichen Preisen verrechnet werden, wenn solche vorhanden sind.[728] Der Betreiber der Bahnanlagen könne zudem einen stärkeren Effizienzdruck erfahren, zum Beispiel durch Festlegung von Kriterien, die sektorale Produktivitätsfortschritte widerspiegeln.[729] Darüber hinaus könnten die Vorgaben der LuFV III dahingehend ergänzt werden, dass die effiziente Verwendung der Bundesmittel durch das Infrastrukturunternehmen von einer Kontrollinstanz, beispielsweise dem Eisenbahn-Bundesamt, geprüft werde.[730]

c) Zuordnung von Vermögensgegenständen

Finanzielle Transparenz ist darüber hinaus auch erforderlich bei der Zuordnung von Vermögensgegenständen, Schulden, Aufwendungen, Erträgen etc. zu Betreibern von Eisenbahnanlagen bzw. Eisenbahnverkehrsunternehmen. Ist deren unmittelbare Zuordnung nicht möglich, hat eine Zuordnung durch

---

[726] *Monopolkommission*, 8. Sektorgutachten Bahn (2021), Tz. 91.
[727] *Monopolkommission*, 8. Sektorgutachten Bahn (2021), K8 und Tz. 62.
[728] *Monopolkommission*, 8. Sektorgutachten Bahn (2021), Tz. 101.
[729] *Monopolkommission*, 8. Sektorgutachten Bahn (2021), Tz. 359.
[730] *Monopolkommission*, 8. Sektorgutachten Bahn (2021), Tz. 102.

sachgerechte und für Dritte nachvollziehbare Schlüsselung zu erfolgen, § 7 Abs. 2 S. 4 ERegG.

Neben der Thematik der Ertragssteuern[731] können sich Zuordnungsprobleme – und der Bedarf eines transparenten Umgangs hiermit – auch bei liquiden Mitteln[732] ergeben.

d) Mofair: Vollständige finanzielle Entflechtung

Über die aktuellen Festlegungen des Eisenbahnregulierungsgesetzes hinausgehend schlägt der Branchenverband Mofair vollständige finanzielle Entflechtung vor. Dies beinhalte unter anderem die Beendigung des Cashpoolings sowie eine eigenständige Kreditaufnahme und Budgetplanung der Schieneninfrastrukturgesellschaft.[733]

3. Kritik an der rechtlichen Entflechtung

Anders als für Betreiber von Eisenbahnanlagen (§ 8 Abs. 1 und § 8a Abs. 1 ERegG) ist eine rechtliche Entflechtung für Betreiber von Serviceeinrichtungen (§ 12 Abs. 1 S. 2 ERegG) und Bahnstromfernleitungen (§ 7 EnWG) nicht generell verpflichtend.[734] Die Monopolkommission schlägt daher vor, die Vorgabe einer rechtlichen Entflechtung auf die Betreiber von Serviceeinrichtungen und Fahrstromnetzen zu übertragen.[735]

4. Kritik an der operationellen Entflechtung

Das ERegG regelt die operationelle Unabhängigkeit des Betreibers von Eisenbahnanlagen nach Maßgabe der §§ 8 Abs. 2, 8a, 8b und 8c ERegG. Diese Unabhängigkeit ist nicht umfassend für alle Tätigkeiten des Unternehmens gewährleistet, sondern zielt vor allem ab auf

---

731 Siehe oben C. VI. 2. a) cc) Kritik der Monopolkommission, S. 186.

732 *Gebauer* in: Kühling/Otte, AEG/ERegG, § 7 ERegG Rn. 91.

733 *Mofair (Hrsg.)*, Kapazität, Qualität und Kundenorientierung: Eine starke Schieneninfrastrukturgesellschaft für die Verkehrswende, 27.01.2022, S. 12, https://mofair.de/wp-content/uploads/2022/01/220127-Gemeinwohlorientierung-Schieneninfrastruktur.pdf (aufgerufen am 14.02.2024).

734 Siehe oben C. VI. 1. b) Regulierungsregime für Serviceeinrichtungen und Bahnstrom, S. 180.

735 *Monopolkommission*, 8. Sektorgutachten Bahn (2021), Tz. 80 und 92.

- „wesentliche Funktionen" (§§ 8 Abs. 2, 8a ERegG), d. h. Entscheidungen über Trassenzuweisungen und Entgelte, § 1 Abs. 4b Nr. 1 und 2 ERegG, sowie
- das Verkehrsmanagement, die Instandhaltungs- und die Erneuerungsplanung (§§ 8b und 8c ERegG).

Dass die Unabhängigkeitsanforderungen der Infrastrukturtreiber sich nur auf einen Teilbereich der operationellen Tätigkeiten beziehen, wird kritisiert. Im Fokus der Kritik stehen dabei die Beherrschungsverträge (a)) sowie die funktionale Abgrenzung von Querschnittsbereichen (b)).

a) Kündigung der Beherrschungsverträge

Die Monopolkommission[736] und der Branchenverband Mofair[737] schlagen die Kündigung der Beherrschungsverträge (§ 291 Abs. 1 S. 1 AktG) zwischen der Deutschen Bahn AG und ihren Infrastrukturgesellschaften vor. Beherrschungsverträge würden die Bindung der Infrastrukturgesellschaften an das Konzerninteresse verstärken. Dies könne sich beispielsweise auf Ziel- und Strategieausrichtung, Innovationsentscheidungen und Personalbesetzungen auswirken.[738] Eine solche Bindung sei mit dem Regulierungsziel der organisatorischen Unabhängigkeit gem. §§ 8 ff. ERegG kaum in Einklang zu bringen.[739]

Zur Bildung einer körperschaftsteuerlichen Organschaft nach den §§ 14 ff. KStG seien Beherrschungsverträge – anders als Ergebnisabführungsverträge – nicht mehr erforderlich.[740]

Auch wenn die Beherrschungsverträge zwischen der DB Netz AG und der Deutschen Bahn AG bereits funktionell angepasst wurden, um den Anforderungen der §§ 8 ff. ERegG zu genügen, wird nunmehr deren vollständige

---

736 *Monopolkommission*, 8. Sektorgutachten Bahn (2021), K6 und Tz. 59.

737 *Mofair (Hrsg.)*, Kapazität, Qualität und Kundenorientierung: Eine starke Schieneninfrastrukturgesellschaft für die Verkehrswende, 27.01.2022, S. 10, https://mofair.de/wp-content/uploads/2022/01/220127-Gemeinwohlorientierung-Schieneninfrastruktur.pdf (aufgerufen am 14.02.2024).

738 *Monopolkommission*, 8. Sektorgutachten Bahn (2021), Tz. 57.

739 *Monopolkommission*, 8. Sektorgutachten Bahn (2021), K6 und Tz. 59.

740 *Kühling/Gremm*, Wirtschaftswoche 2021, 878 (880).

Aufhebung vorgeschlagen. Die Deutsche Bahn AG als Muttergesellschaft dürfe nicht zu Weisungen berechtigt sein.[741]

Eine vollständige Aufhebung der Beherrschungsverträge würde zudem Abgrenzungsprobleme zwischen entherrschten und beherrschten Tätigkeiten beseitigen.[742] Werden diese dagegen nicht aufgehoben, können sich folgende Abgrenzungsprobleme ergeben.

b) Funktionale Abgrenzung von Querschnittsbereichen

Jede entherrschte Tätigkeit benötigt Schnittstellen zu nicht entherrschten Querschnittsfunktionen wie Personal, IT, Controlling (einschließlich der Finanz- und Liquiditätsplanung), Buchhaltung oder Recht.

aa) Monopolkommission: Finanzierungsplanung

Die Monopolkommission kritisiert, dass beispielsweise die Finanzierungsplanung zu den Bereichen gehöre, bei denen eine Einflussnahme aus dem vertikal integrierten Unternehmen auf den Betreiber der Eisenbahnanlagen nicht ausgeschlossen werden könne. Im wettbewerblichen Kontext der Vorgaben für öffentliche Unternehmen in Art. 106 Abs. 1 AEUV sei allerdings anerkannt, dass auch Finanzierungsquellen oder Entscheidungen über die Finanzplanung als Mittel zur Kontrolle fungieren können.[743]

Jede Tätigkeit im Bereich der operationellen Entflechtung – beispielsweise im Bereich des Verkehrsmanagements, der Instandhaltungsplanung und der baulichen Planung (§ 8b ERegG) – erfordert eine gewisse Unabhängigkeit auch hinsichtlich der erforderlichen Ressourcen in finanzieller und personeller Hinsicht.

bb) Mofair: Eindeutige Zuordnung von Querschnittsfunktionen

Der Branchenverband Mofair schlägt weitergehend vor, dass Querschnittsfunktionen eindeutig entweder den wettbewerblichen Gesellschaften oder der Infrastruktur zugeordnet werden. Dies betreffe unter anderem Funktionen

---

741 *Monopolkommission*, 8. Sektorgutachten Bahn (2021), Tz. 82 und 358.

742 *Kühling/Gremm*, Wirtschaftswoche 2021, 878 (880).

743 *Monopolkommission*, 8. Sektorgutachten Bahn (2021), Tz. 76.

wie Marketing, Recht sowie Politik/Lobbying.[744] Auch die Budgetplanung sei getrennt von den übrigen Konzerngesellschaften vorzunehmen.[745]

Dieser Vorschlag liefe auf ein Verbot zentraler Servicefunktionen in einem vertikal integrierten Unternehmen hinaus. Die gleiche Wirkung hätte auch der initiale Kommissionsvorschlag zur Änderung der Recast-Richtlinie 2012/34/EU,[746] der eigene Mitarbeiter (Art. 7b Abs. 5. S. 1) und eigene Kapazitäten (Art. 7b Abs. 6) des Infrastrukturbetreibers vorschrieb.

5. Kritik an der personellen Entflechtungskomponente

Hinsichtlich der personellen Komponente der Entflechtung sind vor allem der Umfang des Verbots von Doppelfunktionen (a)) sowie die Regelungen zum Ausschluss von Interessenkonflikten bei beruflicher Mobilität (b)) in der Kritik.

a) Umfang des Verbots von Doppelfunktionen

§ 8 Abs. 3 Nr. 1 - 4 ERegG untersagt zwar eine Reihe möglicher Doppelfunktionen von Personen insbesondere bei Betreibern von Eisenbahnanlagen und Eisenbahnverkehrsunternehmen. Dieser Regelung betrifft aber nicht alle Doppelfunktionen.

aa) Aktuell zulässige Doppelfunktionen

Vom Verbot der Doppelfunktionen nicht umfasst sind Betreiber von Serviceeinrichtungen und Fahrstromwegen, die in § 8 Abs. 3 ERegG nicht erwähnt werden und somit keinen besonderen Schutz genießen.[747]

---

[744] *Mofair (Hrsg.)*, Kapazität, Qualität und Kundenorientierung: Eine starke Schieneninfrastrukturgesellschaft für die Verkehrswende, 27.01.2022, S. 9, https://mofair.de/wp-content/uploads/2022/01/220127-Gemeinwohlorientierung-Schieneninfrastruktur.pdf (aufgerufen am 14.02.2024).

[745] *Mofair (Hrsg.)*, Kapazität, Qualität und Kundenorientierung: Eine starke Schieneninfrastrukturgesellschaft für die Verkehrswende, 27.01.2022, S. 11, https://mofair.de/wp-content/uploads/2022/01/220127-Gemeinwohlorientierung-Schieneninfrastruktur.pdf (aufgerufen am 14.02.2024).

[746] Europäische Kommission, COM(2013) 29 final vom 30.01.2013, Vorschlag für eine Richtlinie des Europäischen Parlaments und des Rates zur Änderung der Richtlinie 2012/34/EU des Europäischen Parlaments und des Rates vom 21. November 2012 zur Schaffung eines einheitlichen europäischen Eisenbahnraums bezüglich der Öffnung des Marktes für inländische Schienenpersonenverkehrsdienste und der Verwaltung der Eisenbahninfrastruktur, CELEX 52013PC0029, Artikel 1 Nr. 3 und 4.

[747] *Monopolkommission*, 8. Sektorgutachten Bahn (2021), K10 und Tz. 80.

Nicht vollständig umfasst sind Mitarbeitende des vertikal integrierten Unternehmens selbst. Zwar dürfen Aufsichtsräte von Unternehmen, die Teil eines vertikal integrierten Unternehmens sind, nicht als Vorstand des Betreibers von Eisenbahnanlagen fungieren (§ 8 Abs. 3 Nr. 4 ERegG).

Insbesondere dürfen aber Vorstände und leitende Mitarbeitende des vertikal integrierten Unternehmens Aufsichtsrats- oder Vorstandsfunktionen bei einem Betreiber von Eisenbahnanlagen oder einem Eisenbahnverkehrsunternehmen ausüben. Für die Vorstände der Obergesellschaft wird dies damit begründet, dass andernfalls jegliche Kontrolle fehle und damit die Konzernstruktur aufgelöst würde. Der Grundsatz des § 7a Abs. 4 S. 3 EnWG gelte auch hier, die Nutzung gesellschaftsrechtlicher Instrumente der Einflussnahme und Kontrolle sei insoweit zulässig, als dies zur Wahrnehmung der berechtigten Interessen des vertikal integrierten Unternehmens erforderlich sei.[748]

Ist ein Vorstand des vertikal integrierten Unternehmens gleichzeitig Aufsichtsrat eines Betreibers von Eisenbahnanlagen, hat dieser Einfluss auf Einstellungen und Entlassungen von Personal und hierdurch indirekt auch auf dessen Geschäftspolitik. Die Monopolkommission bezweifelt, ob eine unabhängige Kontrolle durch Aufsichtsratsmitglieder gewährleistet werden kann, die auch andere Funktionen in dem vertikal integrierten Unternehmen innehaben. Es bestehe die Möglichkeit, dass diese ihre Kontrolle bewusst oder unbewusst im Sinne des Konzerns ausüben.[749] Inwieweit der kontrollierte Vorstand des Betreibers von Eisenbahnanlagen seinerseits unabhängig im Interesse seiner Gesellschaft entscheide, wenn Repräsentanten der Muttergesellschaft im Aufsichtsrat über seine Bestellung und Wiederwahl befinden, wird ebenfalls in Frage gestellt.[750]

bb) Vorschlag der Monopolkommission

Um die Unabhängigkeit der Aufsichtsratsmitglieder des Betreibers der Schienenwege zu stärken, schlägt die Monopolkommission daher vor, Aufsichtsratsmitglieder des Infrastrukturunternehmens dürften nicht zugleich in Führungspositionen des vertikal integrierten Unternehmens

---

[748] *Säcker* in: Kühling/Otte, AEG/ERegG, § 8 ERegG Rn. 28.

[749] *Monopolkommission*, 8. Sektorgutachten Bahn (2021), K9 und Tz. 78.

[750] *Säcker* in: Kühling/Otte, AEG/ERegG, § 8 ERegG Rn. 33.

angestellt sein. Stattdessen sollten sie aufgrund ihrer Unabhängigkeit, ihres Kompetenzprofils und nach Maßgabe des Public Corporate Governance Kodex (PCGK) gewählt werden.[751] Der PCGK wird vom Bundesministerium der Finanzen herausgegeben und gilt unmittelbar für Unternehmen, an denen der Bund mehrheitlich beteiligt ist und die – wie die Deutsche Bahn AG – nicht börsennotiert sind. Für die Anwendung in Konzernstrukturen enthält der PCGK besondere Regelungen.[752]

cc) Initialer Vorschlag der Europäischen Kommission

Der initiale Kommissionsvorschlag zur Änderung der Recast-Richtlinie 2012/34/EU sah unter anderem vor, dass sich der Aufsichtsrat des Infrastrukturbetreibers aus Vertretern des Endeigentümers des vertikal integrierten Unternehmens zusammensetzen müsse (Vorschlag für Art. 7b Abs. 3 S. 1). Ernennungen und Vertragsbeendigungen von Vorständen des Infrastrukturbetreibers sollten zudem erst dann wirksam werden, nachdem die Regulierungsstelle diese ausdrücklich gebilligt hat (Vorschlag für Art. 7b Abs. 3 S. 4 und 5).[753]

dd) Mofair: Kein Konzernvorstandsressort Infrastruktur

Weitergehend ist der Vorschlag des Branchenverbands Mofair. Nach diesem soll es auf Ebene des DB-Konzernvorstands künftig keine Zuständigkeit für Infrastruktur mehr geben. In Gremien der Infrastrukturgesellschaft dürften – mit Ausnahme des Aufsichtsrats – keine Personen aktiv sein,

---

[751] *Monopolkommission*, 8. Sektorgutachten Bahn (2021), K10 und Tz. 78.

[752] *Bundesministerium der Finanzen*, Grundsätze guter Unternehmens- und aktiver Beteiligungsführung im Bereich des Bundes, https://www.bundesfinanzministerium.de/Content/DE/Standardartikel/Themen/Bundesvermoegen/Privatisierungs_und_Beteiligungspolitik/Beteiligungspolitik/grundsaetze-guter-unternehmens-und-aktiver-beteiligungsfuehrung.html (aufgerufen am 27.10.2023).

[753] Europäische Kommission, COM(2013) 29 final vom 30.01.2013, Vorschlag für eine Richtlinie des Europäischen Parlaments und des Rates zur Änderung der Richtlinie 2012/34/EU des Europäischen Parlaments und des Rates vom 21. November 2012 zur Schaffung eines einheitlichen europäischen Eisenbahnraums bezüglich der Öffnung des Marktes für inländische Schienenpersonenverkehrsdienste und der Verwaltung der Eisenbahninfrastruktur, CELEX 52013PC0029, Artikel 1 Nr. 4 zur Einfügung der Art. 7a bis 7e in die Richtlinie 2012/34/EU.

die in einem Transportunternehmen des DB Konzerns eine Funktion ausüben.[754]

b) Ausschluss von Interessenkonflikten bei beruflicher Mobilität

Nach § 8a Abs. 3 Nr. 3 ERegG darf die berufliche Mobilität von Personen, die mit wesentlichen Funktionen betraut sind, nicht zu Konflikten zwischen den Interessen von Eisenbahnverkehrsunternehmen und Betreibern von Eisenbahnanlagen führen. Eindeutige Kriterien für die Frage, ob ein solcher Interessenkonflikt vorliegt, haben jedoch weder das ERegG noch die Recast-Richtlinie 2012/34/EU definiert. Wechsel von Aufsichtsräten, Vorständen und leitenden Mitarbeitenden zwischen Betreibern von Eisenbahnanlagen und den übrigen Einheiten des vertikal integrierten Unternehmens seien daher unzureichend beschränkt.[755]

aa) Initialer Kommissionsvorschlag: Karenzzeiten

Der initiale Vorschlag der Europäischen Kommission hatte für Wechsel von Aufsichtsräten, Verwaltungsratsmitgliedern und leitenden Mitarbeitern dagegen feste Karenzzeiten („Cooling-down-Perioden") von drei Jahren vorgesehen (Art. 7b Abs. 4). Die Einführung von Karenz- bzw. Sperrzeiten wird in der Literatur[756] auch weiterhin für sinnvoll gehalten. Eindeutig definierte Kriterien und Rechtsfolgen würden Auslegungsprobleme des Begriffs der „Interessenkonflikte" reduzieren.

bb) Verwaltungspraxis zur Bewertung von Interessenkonflikten

Zwar fehlt es sowohl im ERegG als auch in der Recast-Richtlinie 2012/34/EU an ausdrücklichen Vorgaben für das Vorliegen eines Interessenkonflikts und seinen Rechtsfolgen. Die Richtlinie (EU) 2016/2370[757] enthält im

---

[754] *Mofair (Hrsg.)*, Kapazität, Qualität und Kundenorientierung: Eine starke Schieneninfrastrukturgesellschaft für die Verkehrswende, 27.01.2022, S. 9, https://mofair.de/wp-content/uploads/2022/01/220127-Gemeinwohlorientierung-Schieneninfrastruktur.pdf (aufgerufen am 14.02.2024).

[755] *Kühling/Gremm*, Wirtschaftswoche 2021, 878 (879).

[756] *Ludwigs*, IR 2020, 60 (68); *Monopolkommission*, 8. Sektorgutachten Bahn (2021), K10, Tz. 78 und 358.

[757] Richtlinie (EU) 2016/2370 des Europäischen Parlaments und des Rates vom 14.12.2016 zur Änderung der Richtlinie 2012/34/EU bezüglich der Öffnung des Marktes für

Erwägungsgrund 9 jedoch die Vorgabe an die Mitgliedstaaten, einen nationalen Rahmen für die Bewertung von Interessenkonflikten zu schaffen.[758]

Ein solcher nationaler Rahmen hat in Deutschland zwar nicht in der Fassung des ERegG seinen Niederschlag gefunden. Die Bundesnetzagentur war jedoch in mehreren Verfahren mit möglichen Interessenkonflikten bei Arbeitsplatzwechseln befasst.[759]

(1) Kriterien für die Bewertung von Interessenkonflikten

Ein Interessenkonflikt im Sinne des § 8a Abs. 3 Nr. 3 ERegG liegt nach Ansicht der Bundesnetzagentur vor, wenn ein personeller Wechsel die unabhängige Stellung des Betreibers der Schienenwege im Verhältnis zu Eisenbahnverkehrsunternehmen in für diese wettbewerbsrechtlich relevanter Weise beeinträchtige. Hierzu zähle auch die potenzielle Offenlegung von wettbewerblich relevanten Betriebs- und Geschäftsgeheimnissen von Eisenbahnverkehrsunternehmen.[760]

Die Bundesnetzagentur vertritt die Ansicht, § 8a Abs. 3 Nr. 3 ERegG schütze alle wettbewerblich relevanten Interessen, die sich aus dem Verhältnis zwischen der unabhängigen Stellung des Netzbetreibers und Eisenbahnverkehrsunternehmen ergeben. Dieser Schutz beschränke sich nicht auf das Verhältnis von personalabgebendem Betreiber der Schienenwege zu dem personalaufnehmenden Eisenbahnverkehrsunternehmen.[761] Er müsse

---

inländische Schienenpersonenverkehrsdienste und der Verwaltung der Eisenbahninfrastruktur, ABl. 2016 L 352, 1, Erwägungsgrund 9.

758 Zu der Thematik umfassend *Säcker* in: Kühling/Otte, AEG/ERegG, § 8 ERegG Rn. 37 ff.

759 *Bundesnetzagentur*, Beschl. v. 13.10.2023 – BK10-23-0415_U, S. 4, https://www.bundesnetzagentur.de/DE/Beschlusskammern/1_GZ/BK10-GZ/2023/2023_0400bis0499/BK10-23-0415/BK10-23-0415_U_Beschluss_download_BF.pdf?__blob=publicationFile&v=4 – Karenzzeit (aufgerufen am 20.03.2024).

760 *Bundesnetzagentur*, Beschl. v. 13.10.2023 – BK10-23-0415_U, S. 23, https://www.bundesnetzagentur.de/DE/Beschlusskammern/1_GZ/BK10-GZ/2023/2023_0400bis0499/BK10-23-0415/BK10-23-0415_U_Beschluss_download_BF.pdf?__blob=publicationFile&v=4 – Karenzzeit (aufgerufen am 20.03.2024).

761 *Bundesnetzagentur*, Beschl. v. 13.10.2023 – BK10-23-0415_U, S. 23 f., https://www.bundesnetzagentur.de/DE/Beschlusskammern/1_GZ/BK10-GZ/2023/2023_0400bis0499/BK10-23-0415/BK10-23-0415_U_Beschluss_download_BF.pdf?__blob=publicationFile&v=4 – Karenzzeit (aufgerufen am 20.03.2024).

sich vielmehr auch darauf erstrecken,

- die weitere Möglichkeit der Informationsgewinnung in der Herkunftsfunktion und
- die Möglichkeit einer weiteren Verwendung in der Zielfunktion

im Sinne eines abstrakten Gefährdungstatbestandes auszuschließen.[762]

In dem Verfahren BK10-22-0285_U um die personelle Entflechtung im DB-Konzern verständigten sich die Beschlusskammer, der DB-Konzern und die Beschwerdeführerin darauf, dass Wechsel innerhalb des DB-Konzerns zwischen Betreibern der Eisenbahnanlagen und Eisenbahnverkehrsunternehmen künftig einem Prüfungsschema unterliegen sollen, das die Vorgaben des § 8a Abs. 3 Nr. 3 i. V. m. Abs. 1 ERegG konkretisiert.[763] Das Verfahren wurde mit einer Einstellung beendet.

Innerhalb des DB-Konzerns sei daraufhin ein Prüfungsschema für Personalwechsel unter Einbezug von Betreibern von Eisenbahnanlagen etabliert worden. Dieses sehe unter anderem folgende Prüfungsschritte vor:[764]

- Waren in den letzten zwei Jahren vor dem geplanten Wechsel in der Herkunfts- und Zielfunktion wesentliche Funktionen des Betreibers von Eisenbahnanlagen tangiert?
- Sind Herkunfts- und Zielfunktion nach ihrer Funktionsbeschreibung mit wesentlichen Funktionen betraut?

---

762 *Bundesnetzagentur*, Beschl. v. 13.10.2023 – BK10-23-0415_U, S. 26 f., https://www.bundesnetzagentur.de/DE/Beschlusskammern/1_GZ/BK10-GZ/2023/2023_0400bis0499/BK10-23-0415/BK10-23-0415_U_Beschluss_download_BF.pdf?__blob=publicationFile&v=4 – Karenzzeit (aufgerufen am 20.03.2024).

763 *Bundesnetzagentur*, Beschl. v. 13.10.2023 – BK10-23-0415_U, S. 4, https://www.bundesnetzagentur.de/DE/Beschlusskammern/1_GZ/BK10-GZ/2023/2023_0400bis0499/BK10-23-0415/BK10-23-0415_U_Beschluss_download_BF.pdf?__blob=publicationFile&v=4 – Karenzzeit (aufgerufen am 20.03.2024).

764 *Bundesnetzagentur*, Beschl. v. 13.10.2023 – BK10-23-0415_U, S. 4 f., https://www.bundesnetzagentur.de/DE/Beschlusskammern/1_GZ/BK10-GZ/2023/2023_0400bis0499/BK10-23-0415/BK10-23-0415_U_Beschluss_download_BF.pdf?__blob=publicationFile&v=4 – Karenzzeit (aufgerufen am 20.03.2024).

Werden diese Fragen bejaht, seien im Anschluss folgende Kriterien zu prüfen:[765]

1. Bestehen finanzielle Beziehungen zum Arbeitgeber der Herkunftsfunktion fort?
2. Bestehen (arbeits-) vertragliche Beziehungen zum Arbeitgeber der Herkunftsfunktion fort?
3. Bestehen inhaltliche Überschneidungen oder ein unmittelbarer Bezug von Herkunfts- und Zielfunktion?
4. Bestehen räumliche Überschneidungen von Herkunfts- und Zielfunktion?
5. Bestehen persönliche tätigkeitsbezogene Überschneidungen von Herkunfts- und Zielfunktion?
6. Hat die wechselnde Person eine tatsächliche Entscheidungsgewalt?

Diese Kriterien seien jeweils mit einem Punkteschema gewichtet, aus dem sich eine Gravität berechne. Würde als Ergebnis der Prüfung eine höhere Indikation für das Vorliegen eines potenziellen Interessenkonflikts berechnet, dürfe das Verfahren zur Stellenbesetzung vor Ablauf einer angemessenen Frist nicht fortgeführt werden.[766]

(2) Rechtsfolgen bei Interessenkonflikten

Ist eine Entscheidung der Bundesnetzagentur im Falle eines Interessenkonflikts erforderlich, sieht diese auch befristete Beschäftigungsuntersagungen im Sinne einer Karenzzeit als möglich an. § 67 Abs. 1 S. 1 ERegG berechtige die Regulierungsbehörde zur Anordnung von Maßnahmen, die erforderlich sind, um Verstöße gegen das ERegG zu beseitigen oder zu verhüten.[767]

---

[765] *Bundesnetzagentur*, Beschl. v. 13.10.2023 – BK10-23-0415_U, S. 5 ff., https://www.bundesnetzagentur.de/DE/Beschlusskammern/1_GZ/BK10-GZ/2023/2023_0400bis0499/BK10-23-0415/BK10-23-0415_U_Beschluss_download_BF.pdf?__blob=publicationFile&v=4 – Karenzzeit (aufgerufen am 20.03.2024).

[766] *Bundesnetzagentur*, Beschl. v. 13.10.2023 – BK10-23-0415_U, S. 6, https://www.bundesnetzagentur.de/DE/Beschlusskammern/1_GZ/BK10-GZ/2023/2023_0400bis0499/BK10-23-0415/BK10-23-0415_U_Beschluss_download_BF.pdf?__blob=publicationFile&v=4 – Karenzzeit (aufgerufen am 20.03.2024).

[767] *Bundesnetzagentur*, Beschl. v. 13.10.2023 – BK10-23-0415_U, S. 21 f., https://www.bundesnetzagentur.de/DE/Beschlusskammern/1_GZ/BK10-GZ/2023/2023_0400bis0499/BK10-23-0415/BK10-23-0415_U_Beschluss_download_BF.pdf?__blob=publicationFile&v=4 – Karenzzeit (aufgerufen am 20.03.2024).

Einer Ermächtigungsgrundlage, die Karenzzeiten explizit vorsehe, bedürfe es nicht.[768]

Eine Karenzzeit von 6 Monaten bewege sich am unteren Rand desjenigen, was für eine effektive Erfüllung der Anforderungen des ERegG erforderlich sei.[769] Nach der BGH-Rechtsprechung zur Erforderlichkeit von Karenzzeiten im Energiewirtschaftsgesetz (EnWG) könnten auch Karenzzeiten von drei oder vier Jahren nicht unverhältnismäßig sein,[770] vgl. auch § 10c Abs. 2 und 5 EnWG.

6. Zusammenfassung der Kritik

Die neuen Regelungen stärken die Unabhängigkeit des Betreibers der Eisenbahnanlagen weiter.[771] Die Monopolkommission ist aber der Ansicht, dass viele Ziele der wettbewerblichen Entwicklung der Schienenverkehrsmärkte nicht erreicht wurden.[772] Auch die Regulierung schöpfe ihr Potential nicht aus, zur Erreichung dieser Ziele beizutragen. Der Eisenbahnsektor sei noch unterreguliert. Anpassungen des ERegG seien daher notwendig.[773]

Beurteilungsmaßstab sei aus Sicht der Monopolkommission nicht nur die Recast-Richtlinie 2012/34/EU. Vielmehr müssten auch europarechtliche Vorgaben für die Tätigkeit öffentlicher Unternehmen berücksichtigt werden.[774] Art. 106 Abs. 1 AEUV i. V m. Art. 102 AEUV untersage Mitgliedstaaten die Schaffung ungleicher Wettbewerbsbedingungen zwischen Unternehmen,

---

768 *Bundesnetzagentur*, Beschl. v. 13.10.2023 – BK10-23-0415_U, S. 33, https://www.bundesnetzagentur.de/DE/Beschlusskammern/1_GZ/BK10-GZ/2023/2023_0400bis0499/BK10-23-0415/BK10-23-0415_U_Beschluss_download_BF.pdf?__blob=publicationFile&v=4 – Karenzzeit (aufgerufen am 20.03.2024).

769 *Bundesnetzagentur*, Beschl. v. 13.10.2023 – BK10-23-0415_U, S. 34, https://www.bundesnetzagentur.de/DE/Beschlusskammern/1_GZ/BK10-GZ/2023/2023_0400bis0499/BK10-23-0415/BK10-23-0415_U_Beschluss_download_BF.pdf?__blob=publicationFile&v=4 – Karenzzeit (aufgerufen am 20.03.2024).

770 *Bundesnetzagentur*, Beschl. v. 13.10.2023 – BK10-23-0415_U, S. 35, https://www.bundesnetzagentur.de/DE/Beschlusskammern/1_GZ/BK10-GZ/2023/2023_0400bis0499/BK10-23-0415/BK10-23-0415_U_Beschluss_download_BF.pdf?__blob=publicationFile&v=4 – Karenzzeit (aufgerufen am 20.03.2024).

771 *Ludwigs*, IR 2020, 60 (68); *Monopolkommission*, 8. Sektorgutachten Bahn (2021), Tz. 75.

772 *Monopolkommission*, 8. Sektorgutachten Bahn (2021), Tz. 109.

773 *Monopolkommission*, 8. Sektorgutachten Bahn (2021), K11 und Tz. 111 ff.; ähnlich *Ludwigs*, IR 2020, 60 (68).

774 *Monopolkommission*, 8. Sektorgutachten Bahn (2021), K5, Tz. 47 ff. und 106.

die die „Struktur des Marktes“ beeinträchtigen.[775] Solche ungleichen Wettbewerbsbedingungen lägen darin begründet, dass der DB-Konzern in Art. 87e Abs. 3 S. 2 GG mit dem Vorzugsrecht des Baus, der Unterhaltung und dem Betreiben der Schienenwege betraut sei und daher auch über den Zugang zu den Schienenwegen entscheide. Damit bestehe eine Sach- und Rechtslage, die es dem DB-Konzern ermögliche, seine beherrschende Stellung hinsichtlich der von ihm kontrollierten Infrastruktur zu missbrauchen.[776]

Dies korrespondiere mit einem aktienrechtlich abgesicherten Konzerninteresse,[777] den Gesamtgewinn über alle konzernzugehörigen Unternehmen zu maximieren. Um dies zu erreichen, dürften Infrastrukturunternehmen den Anreiz haben, mit ihnen verbundene Verkehrsunternehmen gegenüber deren Wettbewerbern zu bevorzugen.[778] Dieses Interesse an einem möglichst guten Konzernergebnis decke sich auch mit dem Interesse des Bundes, seine Eigentümerlasten zu minimieren.[779]

Das Eisenbahnregulierungsgesetz sei daher zu schwach ausgestaltet, um eine ausreichende organisatorische Trennung zwischen dem DB-Konzern und seinen Infrastrukturgesellschaften durchzusetzen.[780] Eine vertikale, eigentumsrechtliche Trennung des DB-Konzerns sei daher die first-best Lösung, um wettbewerbsrechtlichen Anforderungen zu entsprechen.[781] Auch der initiale Kommissionsvorschlag zur Änderung der Recast-Richtlinie 2012/34/EU sah – mit einigen Ausnahmen – eine institutionelle Entflechtung des Infrastrukturbetreibers vor (Art. 7 Abs. 2 und 3 des Vorschlags).[782]

---

775 *EuGH*, Urt. v. 17.07.2014 – Rs. C-553/12 P (Europäische Kommission / Dimosia Epicheirisi Ilektrismou AE (DEI)), ECLI:EU:C:2014:2083, Rn. 46, https://curia.europa.eu/juris/document/document.jsf;jsessionid=8F1CEA5A0A5B4B71E13C961F14AFAA3B?text=&docid=155109&pageIndex=0&doclang=de&mode=lst&dir=&occ=first&part=1&cid=2731 (aufgerufen am 09.10.2023).

776 *Monopolkommission*, 8. Sektorgutachten Bahn (2021), Tz. 51 ff.

777 *Monopolkommission*, 8. Sektorgutachten Bahn (2021), Tz. 55.

778 *Monopolkommission*, 8. Sektorgutachten Bahn (2021), Tz. 44.

779 *Monopolkommission*, 8. Sektorgutachten Bahn (2021), Tz. 54, 67 und 106.

780 *Monopolkommission*, 8. Sektorgutachten Bahn (2021), K9 und Tz. 71.

781 *Monopolkommission*, 8. Sektorgutachten Bahn (2021), K4, Tz. 45 und 54.

782 Europäische Kommission, COM(2013) 29 final vom 30.01.2013, Vorschlag für eine Richtlinie des Europäischen Parlaments und des Rates zur Änderung der Richtlinie 2012/34/EU des Europäischen Parlaments und des Rates vom 21. November 2012 zur Schaffung eines einheitlichen europäischen Eisenbahnraums bezüglich der Öffnung des Marktes für inländische Schienenpersonenverkehrsdienste und der Verwaltung

Die vorgenannten Maßnahmen zur Einschränkung wettbewerbsverzerrender Fehlanreize und Stärkung der organisatorischen Unabhängigkeit des Betreibers der Schienenwege kämen jedoch als second-best Lösung in Betracht.[783]

Die geäußerte Kritik geht über die Bewertung der Umsetzung der Entflechtungsregelungen der Recast-Richtlinie 2012/34/EU im ERegG hinaus. Diese begegnet trotz des Sonderfalls des Art. 7c Abs. 1 - 3[784] wenig Bedenken. Die Kritik betrifft unter anderem

- Anforderungen des allgemeinen europäischen Kartellrechts,
- die Frage, ob nationale Gesetzgeber strengere Entflechtungsregime jenseits der europäischen sekundärrechtlichen Vorgaben einführen sollten,
- das Rechtsverhältnis des Eigentümers Bund zum DB-Konzern sowie
- unternehmensinterne Prozesse innerhalb des DB-Konzerns.

Dieser Bewertung wird in der Literatur jedoch auch widersprochen. Aus der derzeitigen Regulierungspraxis gebe es keine stichhaltigen Anhaltspunkte für eine Diskriminierung aufgrund der Konzernstruktur. Organisatorische Unabhängigkeit und wirtschaftliche Transparenz bestünden und unterlägen ebenso wie die personelle Entflechtung einer wirksamen regulatorischen Überwachung. Wesentliche Vorteile einer eigentumsrechtlichen Entflechtung seien daher zum jetzigen Zeitpunkt nicht nachweisbar.[785]

Vor einer Bewertung der Kritik wird im Folgenden zunächst analysiert, welche Wirkung die bestehenden Entflechtungsvorgaben insgesamt auf den Einsatz zentraler Servicefunktionen haben (D. und E.). Auf Basis dieses Verständnisses schließt sich eine Bewertung der Möglichkeiten und Grenzen der Entflechtung als Regulierungswerkzeug generell sowie speziell der Entflechtungsregelungen des ERegG an (F.).

---

der Eisenbahninfrastruktur, CELEX 52013PC0029, Artikel 1 Nr. 3 zur Neufassung von Art. 7 der Richtlinie 2012/34/EU.

783 *Monopolkommission*, 8. Sektorgutachten Bahn (2021), Tz. 45 sowie die Maßnahmen zusammen-fassend Tz 76 und Tz. 358 - 361.

784 Siehe oben C. V. 4. b) Sonderfall: Funktionsauslagerung, Art. 7c Abs. 1 - 3, S. 166; *Ludwigs*, IR 2020, 60 (64 f.).

785 *Strohbach*, IR 2024, 85 (90).

D. Zentrale Servicefunktionen in Unternehmen

In den vorangegangenen Kapiteln wurde die Problematik des natürlichen Monopols des Netzbetreibers im Eisenbahnsektor[786] sowie die wirtschaftspolitische Reaktion darauf durch das Eisenbahnrecht aufgezeigt. Ausgehend von europarechtlichen Vorgaben[787] und verfassungsrechtlichen Rahmenbedingungen[788] wurde die Umsetzung der Vorgaben durch das Eisenbahnregulierungsgesetz (ERegG), insbesondere durch dessen Entflechtungsregime,[789] beschrieben.

Nunmehr soll herausgearbeitet werden, welche Auswirkungen das Entflechtungsregime auf den Einsatz zentraler Servicefunktionen hat.

- Hierzu wird in diesem Kapitel zunächst der Begriff der zentralen Servicefunktionen definiert (I.).
- Im Anschluss wird betrachtet, für welche Geschäftsprozesse sich zentrale Servicefunktionen eignen (II.) und
- welche Organisationsformen zu ihrer Realisierung genutzt werden (III.).
- Ferner wird darauf eingegangen, wer die Entscheidung zur Nutzung zentraler Servicefunktionen in einem verbundenen Unternehmen (§ 15 AktG) trifft (IV.), und

---

786 Siehe oben B. Monopole aus volkswirtschaftlicher Perspektive, S. 5.

787 Siehe oben C. II. Die Entwicklung des Eisenbahnrechts aus europarechtlicher Perspektive, S. 35.

788 Siehe oben C. III. Verfassungsrechtliche Stellung der Eisenbahn, S. 79.

789 Siehe oben C. IV. Das Eisenbahnregulierungsgesetz (ERegG), S. 117 und C. V. Die Umsetzung der Recast-Richtlinie 2012/34/EU, S. 156.

- welche Erwartungen und Ziele mit deren Einführung verbunden sind (V.).
- Im Anschluss wird analysiert, welchen Einflussmöglichkeiten Unternehmen, die ihre Geschäftsprozesse ganz oder teilweise auslagern, auf die zentrale Servicefunktion haben (VI.).

I. Funktionale Definition

Unternehmen können zentrale Servicefunktionen in ihre Aufbau- und Ablauforganisation integrieren. Diese können Unternehmen grundsätzlich individuell gestalten im Rahmen ihrer durch Art. 12 Abs. 1 GG geschützten unternehmerischen Freiheit[790] und der durch Art. 2 Abs. 1 GG gewährleisteten Privatautonomie.[791] In Abhängigkeit von ausgelagerten Daten, Tätigkeiten, Organisationsformen und Standorten können spezielle gesetzliche Bestimmungen zu beachten sein.[792]

Für eine Definition von zentralen Servicefunktionen ist es daher sinnvoll, diese nicht an bestimmten Organisationsformen oder Bezeichnungen zu knüpfen, sondern eine funktionale Betrachtung vorzunehmen.

Führt ein Konzernunternehmen (§ 18 Abs. 1 S. 1 AktG) seine Geschäftsprozesse mit eigenen Ressourcen selbst aus, handelt es sich – bezogen auf den Konzern – um eine dezentrale Organisation. In diesem Fall behält das Unternehmen die Kontrolle über die personellen Ressourcen sowie die fachlichen Vorgaben für die Geschäftsprozesse und hat damit direkten Einfluss auf die Prozessergebnisse.

Das Eisenbahnregulierungsgesetz (ERegG) enthält einige Regelungen mit Bezug zu Geschäftsprozessen:

- Die Vorgaben zur operationellen Entflechtung (§ 8 Abs. 2, § 8a, § 8b, § 8c sowie § 12 Abs. 1 ERegG) sollen die materielle Unabhängigkeit des Managements der Infrastrukturunternehmen sicherstellen.[793] § 8c ERegG

---

[790] *Remmert* in: Dürig/Herzog/Scholz, GG, Art. 12 Abs. 1 [Stand: 08/2023] Rn. 105.

[791] *Di Fabio* in: Dürig/Herzog/Scholz, GG, Art. 2 Abs. 1 [Stand: 07/2001] Rn. 101.

[792] *Becker/Bluhm/Kunz/Mayer*, Gestaltung von Shared Service Centern in internationalen Konzernen, S. 15 ff., *Buba*, BBP 2017, 149 (150).

[793] Siehe oben C. IV. 5. d) Regelungen zur operationellen Entflechtung, S. 129.

regelt hierbei spezifisch die Zulässigkeit der Auslagerung und Aufteilung von Funktionen des Betreibers der Eisenbahnanlagen.[794]
- Ziel der personellen Komponente der Entflechtung ist, den Einfluss zu regeln, der aus der Auswahl, Führung und Entlassung von Personal folgt.[795]
- Die Bestimmungen zur informationellen Entflechtung in § 8 Abs. 5 ERegG geben vor, dass der Zugang zu sensiblen Informationen auf das Personal des Betreibers der Eisenbahnanlagen beschränkt wird.[796]

Weitergehend sah der Richtlinienvorschlag der Kommission[797] in Art. 7b Abs. 6 2. Halbsatz sogar ein Verbot für den Infrastrukturbetreiber vor, die Ausübung seiner Funktionen oder diesbezügliche Tätigkeiten auf Einheiten des vertikal integrierten Unternehmens zu übertragen. Dieser Vorschlag wurde jedoch nicht Teil der Recast-Richtlinie 2012/34/EU.[798]

Von potenziell regulierungsrechtlicher Relevanz sind daher alle Organisationsformen, die dazu führen, dass ein Unternehmen die (personelle und fachliche) Kontrolle über seine Geschäftsprozesse ganz oder teilweise einbüßt. Dies kann eintreten bei einer Zusammenlegung von gleichartigen Aufgaben innerhalb einer – aus Sicht des Konzerns – gemeinsamen zentralen Organisationseinheit.[799] Unter zentralen Servicefunktionen sind somit im Folgenden diejenigen Organisationsformen zu verstehen, bei denen sich ein Unternehmen zur Wahrnehmung von Aufgaben innerhalb seiner Geschäftsprozesse einer unternehmensexternen Organisationseinheit bedient.

Gegenstand einer zentralen Servicefunktion ist eine Dienstleistung als immaterielles Gut. Diese kann Merkmale von Dienst- (§ 611 BGB) oder

---

794 Siehe oben C. IV. 5. d) aa) (4) Auslagerung von Funktionen, § 8c ERegG, S. 131.

795 Siehe oben C. IV. 5. e) Regelungen zur personellen Entflechtungskomponente, S. 133.

796 Siehe oben C. IV. 5. f) Regelungen zur informationellen Entflechtung, S. 136.

797 Europäische Kommission, COM(2013) 29 final vom 30.01.2013, Vorschlag für eine Richtlinie des Europäischen Parlaments und des Rates zur Änderung der Richtlinie 2012/34/EU des Europäischen Parlaments und des Rates vom 21. November 2012 zur Schaffung eines einheitlichen europäischen Eisenbahnraums bezüglich der Öffnung des Marktes für inländische Schienenpersonenverkehrsdienste und der Verwaltung der Eisenbahninfrastruktur, CELEX 52013PC0029, Artikel 1 Nr. 4 zur Einfügung der Art. 7a bis 7e in die Richtlinie 2012/34/EU.

798 Siehe hierzu auch die Gegenüberstellung in Anlage 1 Abgleich Kommissionsvorschlag und Richtlinie 2012/34/EU, S. 392.

799 *Kalden*, Performance Measurement in Shared Services, S. 63.

Werkverträgen (§ 631 BGB) auch in Form von Geschäftsbesorgungsverträgen (§ 675 BGB) aufweisen. Sie kann ferner mit dem Bezug von Waren als materielle Güter verbunden sein.

Die in Betracht kommenden Dienstleistungen sind sog. ungebundene Dienstleistungen, d. h. sie sind durch die Möglichkeit einer zeitlichen und räumlichen Entkopplung von Produktion und Verbrauch gekennzeichnet.[800]

II. Geschäftsprozesse: Kriterien für die Eignung

Ob und für welche Tätigkeiten Konzerne und ihre zugehörigen Unternehmen zentrale Servicefunktionen einsetzen, entscheiden diese – die Eröffnung des persönlichen Schutzbereichs vorausgesetzt[801] – im Rahmen ihrer durch Art. 12 Abs. 1 GG geschützten unternehmerischen Freiheit[802] und der durch Art. 2 Abs. 1 GG gewährleisteten Privatautonomie.[803]

In Betracht kommen dabei vor allem solche (Verwaltungs- und Support-) Tätigkeiten, die in ähnlicher Weise an verschiedenen Standorten, Ländern oder Einheiten unabhängig voneinander durchgeführt werden. Derartige Duplizierungen gleichartiger dezentraler Leistungen bestehen häufig in größeren Unternehmen, die in unterschiedlichen Märkten tätig sind.[804]

1. Transaktions- und wissensbasierte Tätigkeiten

Grundsätzlich ist eine Auslagerung sowohl von repetitiven, d. h. transaktionsbasierten, als auch wissensbasierten Tätigkeiten möglich. Bei Auswahl der auszulagernden Tätigkeiten können strategische und operative Überlegungen eine Rolle spielen.

Strategisch kann es beispielsweise aus Gründen der Risikosteuerung und -minimierung sinnvoll sein, bestimmte Tätigkeiten konzernweit zu harmonisieren.[805] Hierbei handelt es sich meist um wissensbasierte Tätigkeiten.

---

[800] *Piekenbrock*, Gabler Kompakt-Lexikon Volkswirtschaftslehre, Stichwort „Dienstleistungen".

[801] Zu der Thematik des grundrechtlichen Schutzes für die Deutschen Bahn als öffentliches Unternehmen siehe C. III. 3. Grundrechtlicher Schutz für die Deutsche Bahn, S. 95.

[802] *Remmert* in: Dürig/Herzog/Scholz, GG, Art. 12 Abs. 1 [Stand: 08/2023] Rn. 105.

[803] *Di Fabio* in: Dürig/Herzog/Scholz, GG, Art. 2 Abs. 1 [Stand: 07/2001] Rn. 101.

[804] *Westerhoff* in: Keuper/Oecking, Corporate Shared Services, S. 56.

[805] *Truijens/Neumann-Giesen/Weber*, Organisationsform Shared-Service-Center, S. 31.

Aus operativen Gesichtspunkten eignen sich Tätigkeiten besonders für eine Auslagerung in eine zentrale Servicefunktion, die

- konzernweit standardisierbar,
- ohne Beeinträchtigung betrieblicher Abläufe isolierbar von vor- und nachgelagerten Prozessen
- gut steuerbar sind und
- in großem Volumen nachgefragt werden.[806]

Für solche – eher transaktionsbasierten – Tätigkeiten lassen sich leichter finanzielle Vorteile durch die Nutzung von Konsolidierungs- und Skaleneffekten[807] realisieren.

Eine Differenzierung zwischen transaktions- und wissensbasierten Tätigkeiten ist nicht immer eindeutig trennscharf möglich.[808] Auch transaktionsbasierte Tätigkeiten bedürfen zur erfolgreichen Bündelung, der Interaktion mit Kunden, der Einhaltung regulatorischer Anforderungen sowie zur kontinuierlichen Weiterentwicklung und Verbesserung eines hohen Maßes an organisatorischem und fachlichem Wissen.

2. Unterstützungsprozesse

In Betracht kommen somit in erster Linie Unterstützungsprozesse (support processes)[809] und weniger Kernprozesse (core processes). Kernprozesse sind dadurch gekennzeichnet, dass sie

- unternehmensspezifisch,
- nicht durch andere Prozesse ersetzbar und

---

806 *Brühl/Kajüter/Fischer/Hirsch/Dornbusch/Hoffmann/Vollmer* in: Fischer/Vollmer, Erfolgreiche Führung von Shared Services, S. 10 f.; *Kalden*, Performance Measurement in Shared Services, S. 54.

807 Zum Begriff des Skaleneffekts siehe oben B. I. 1. Entstehung von Monopolen, S. 5.

808 *Brühl/Kajüter/Fischer/Hirsch/Dornbusch/Hoffmann/Vollmer* in: Fischer/Vollmer, Erfolgreiche Führung von Shared Services, S. 12.

809 *Breuer/Kreuz* in: Keuper/Oecking, Corporate Shared Services, S. 143; *Brühl/Kajüter/Fischer/Hirsch/Dornbusch/Hoffmann/Vollmer* in: Fischer/Vollmer, Erfolgreiche Führung von Shared Services, S. 10; *Hutzschenreuter*, Allgemeine Betriebswirtschaftslehre, S. 228.

- nicht bzw. nur schwer durch Mitbewerber imitierbar sind.
- Ferner müssen sie einen wahrnehmbaren Kundennutzen besitzen.[810]

Unterstützungsprozesse sind solche Prozesse, bei denen es sich nicht um Kernprozesse handelt. Diese sind unternehmensspezifisch zu identifizieren. Häufig lassen sich Unterstützungsprozesse jedoch folgenden Funktionsbereichen zuordnen:

- Finanzen:[811] Rechnungswesen, Kreditoren-, Debitoren- und Anlagenbuchhaltung, Treasury, Controlling,[812] Steuern, Entgeltabrechnung,
- Personal:[813] Personalplanung, -beschaffung, -entwicklung, Performance Management, Vergütungs- und Anreizsysteme, Kommunikation, Change Management, Reisemanagement,[814]
- Informationstechnologie,
- Recht,[815] Compliance, interne Revision,
- Vertrieb,[816]

---

810 *Brühl/Kajüter/Fischer/Hirsch/Dornbusch/Hoffmann/Vollmer* in: Fischer/Vollmer, Erfolgreiche Führung von Shared Services, S. 10; *Kalden*, Performance Measurement in Shared Services, S. 53; *Schomann/Koch* in: Keuper/Oecking, Corporate Shared Services, S. 224.

811 *Buba*, BBP 2017, 149 (149); *Daus/Raschke*, Deine Bahn, Heft 2/2008, S. 17 (18); *Fischer/Lueg/Schneck/Brühl* in: Fischer/Lueg, Erfolgreiche Digitale Transformation von Shared Services, S. 2; *Klingebiel/Andreas*, DStR 2005, 981 (981 ff.).

812 *KPMG AG Wirtschaftsprüfungsgesellschaft/Universität St. Gallen*, Shared Service Center für Controlling-Prozesse, S. 20 ff., https://assets.kpmg/content/dam/kpmg/pdf/2013/09/shared-services-controllingprozesse-neu-2013-kpmg.pdf (aufgerufen am 14.02.2024).

813 *Scherm/Kleiner* in: Keuper/Oecking, Corporate Shared Services, S. 288 ff. und 295; *Daus/Raschke*, Deine Bahn, Heft 2/2008, S. 17 (19); *Truijens/Neumann-Giesen/Weber*, Organisationsform Shared-Service-Center, S. 13.

814 *KPMG AG Wirtschaftsprüfungsgesellschaft/Universität St. Gallen*, Shared Service Center für Controlling-Prozesse, S. 14, https://assets.kpmg/content/dam/kpmg/pdf/2013/09/shared-services-controllingprozesse-neu-2013-kpmg.pdf (aufgerufen am 14.02.2024).

815 *Becker/Bluhm/Kunz/Mayer*, Gestaltung von Shared Service Centern in internationalen Konzernen, S. 8.

816 *Brühl/Kajüter/Fischer/Hirsch/Dornbusch/Hoffmann/Vollmer* in: Fischer/Vollmer, Erfolgreiche Führung von Shared Services, S. 13.

- interne Beschaffungsprozesse:[817] Einkauf,[818] Logistik,[819] interne Unternehmensberatung,[820]
- Real Estate,[821] Facility Management.

Eine Servicefunktion ist nicht zwingend monofunktional auf die Unterstützung nur eines Geschäftsprozesses beschränkt, sondern die Unterstützung kann z. B. auch in Form eines multifunktionalen (Global Business) Service Centers[822] erfolgen.

III. Organisationsformen zentraler Servicefunktionen

Organisationsformen zentraler Servicefunktionen, ihre Eigenschaften und Bezeichnungen werden auf die unternehmensspezifische Strategie und Geschäftsprozesse unternehmensindividuell angepasst und rechtlich gestaltet. Es besteht kein Typenzwang im Sinne eines Numerus clausus. Es haben sich allerdings einige häufig genutzte Formen herausgebildet, die unterschiedliche organisatorische und fachlich-inhaltliche Schwerpunkte betonen. Bei diesen Organisationsformen kann zwischen konzerninternen und konzernexternen Varianten unterschieden werden.

1. Konzerninterne Organisationsformen

Zentrale Servicefunktionen können innerhalb eines Konzerns eingerichtet werden. Dort können sie als selbständige juristische Person geführt werden oder auch als rechtlich unselbständiger Teil eines Konzernunternehmens. Die zentrale Servicefunktion ist häufig – aber nicht zwingend – für mehrere

---

[817] *Daus/Raschke*, Deine Bahn, Heft 2/2008, S. 17 (19); *Hutzschenreuter*, Allgemeine Betriebswirtschaftslehre, S. 228; *Truijens/Neumann-Giesen/Weber*, Organisationsform Shared-Service-Center, S. 17.

[818] *Westerhoff* in: Keuper/Oecking, Corporate Shared Services, S. 56.

[819] *Brühl/Kajüter/Fischer/Hirsch/Dornbusch/Hoffmann/Vollmer* in: Fischer/Vollmer, Erfolgreiche Führung von Shared Services, S. 9; *Schomann/Koch* in: Keuper/Oecking, Corporate Shared Services, S. 224.

[820] *Schomann/Koch* in: Keuper/Oecking, Corporate Shared Services, S. 223.

[821] *Brühl/Kajüter/Fischer/Hirsch/Dornbusch/Hoffmann/Vollmer* in: Fischer/Vollmer, Erfolgreiche Führung von Shared Services, S. 13.

[822] *Kajüter/Brühl/Finken/Steuernagel/Troßbach/Vollmer* in: Fischer/Vollmer, Erfolgreiche Führung von Shared Services, S. 29 und 36; *Truijens/Neumann-Giesen/Weber*, Organisationsform Shared-Service-Center, S. 13.

Konzernunternehmen tätig. Im Folgenden wird eingegangen auf konzerninterne Organisationsformen zentraler Servicefunktionen in Form des Zentralbereichs in einer Spitzeneinheit (a)), konzerninterne Dienstleister (b)) und Shared Service Center (c)).

a) Zentralbereich in Spitzeneinheit

Zentralisierung ist die Zusammenfassung gleichartiger Teilaufgaben in einer organisatorischen Einheit.[823] Ist diese als Zentralbereich in einer Spitzeneinheit wie einem herrschenden Unternehmen (§ 17 Abs. 1 AktG) angesiedelt, ist die Einheit meist hierarchisch geführt[824] und weniger durch Kundenorientierung gegenüber anderen, dezentralen Einheiten geprägt.

Organisationseinheiten, die Aufgaben für andere Konzernunternehmen wahrnehmen, werden beispielsweise als Zentralbereiche oder -abteilungen, Gruppen-[825] oder Governancefunktionen,[826] Kompetenzzentrum sowie Unterstützungsfunktionen[827] bezeichnet.

b) Konzerninterne Dienstleister

Konzerne können außerdem spezialisierte Organisationseinheiten einrichten, die ihre Dienstleistungen anderen Konzernunternehmen anbieten. Diese können beispielsweise als administrative oder operative Serviceeinheiten,[828] Business oder Operational Services[829] bezeichnet werden.

---

[823] *Kajüter/Brühl/Finken/Steuernagel/Troßbach/Vollmer* in: Fischer/Vollmer, Erfolgreiche Führung von Shared Services, S. 32.

[824] *Ibold/Mauch* in: Keuper/Oecking, Corporate Shared Services, S. 452.

[825] *Deutsche Bahn AG*, Integrierter Bericht 2017, S. 45, https://www1.deutschebahn.com/resource/blob/1639254/28c1e7302880f614637263d298ecefa7/ib2017_dbkonzern_de-data.pdf (aufgerufen am 16.01.2024).

[826] *Deutsche Bahn AG*, Integrierter Bericht 2022, S. 183, https://www.deutschebahn.com/resource/blob/10431118/7022b1241d1c0b4322ae6c752157c263/Integrierter-Bericht_Download-data.pdf (aufgerufen am 31.03.2024).

[827] *Deutsche Bahn AG*, Integrierter Bericht 2022, S. 153, https://www.deutschebahn.com/resource/blob/10431118/7022b1241d1c0b4322ae6c752157c263/Integrierter-Bericht_Download-data.pdf (aufgerufen am 31.03.2024).

[828] *Deutsche Bahn AG*, Integrierter Bericht 2017, S. 45, https://www1.deutschebahn.com/resource/blob/1639254/28c1e7302880f614637263d298ecefa7/ib2017_dbkonzern_de-data.pdf (aufgerufen am 16.01.2024).

[829] *Deutsche Bahn AG*, Integrierter Bericht 2022, S. 182 f., https://www.deutschebahn.com/resource/blob/10431118/7022b1241d1c0b4322ae6c752157c263/Integrierter-Bericht_Download-data.pdf (aufgerufen am 31.03.2024).

Die vorgenannten „klassischen" Formen zentraler Servicefunktionen setzen nicht zwingend einen hohen Grad der Unterstützung durch Informationstechnologie voraus. Die fortschreitende Entwicklung der Informationstechnologie ermöglichte jedoch die Übermittlung großer Informationsmengen in digitaler Form, schnell und technisch zuverlässig über große Strecken zu akzeptablen Kosten. Durch den betrieblichen Einsatz der Informationstechnologie konnten daher Geschäftsprozesse neu gestaltet werden.[830] So konnten Prozesse, die zuvor räumlich und zeitlich eng verbunden ausgeführt werden mussten, räumlich disloziert werden. Dies ermöglichte eine verstärkte Nutzung neuer Formen der Zusammenarbeit wie zum Beispiel Outsourcing und Shared Services. Die Informationstechnologie wird daher auch als Ermöglicher (enabler) für Shared Services bezeichnet.[831]

c) Shared Service Center (SSC)

In der Literatur wird die Bündelung von Aufgaben mehrerer Unternehmen in einer zentralen Organisationseinheit häufig unter dem Stichwort des Shared Service bzw. Shared Service Centers (SSC) diskutiert.[832]

Shared Services können definiert werden als „Dienstleistungen, die mit dem Ziel der Effizienz und Effektivitätssteigerung für mehrere interne oder auch externe Kunden gebündelt erbracht werden, häufig nicht zu den Kernprozessen eines Unternehmens gehören und in einer Organisationseinheit (in der Regel Shared Service Center) zusammengefasst werden."[833] Die Bundesnetzagentur verwendet in ihrer Richtlinie zur Umsetzung der informatorischen Entflechtung nach § 9 EnWG (a. F. – jetzt § 6a EnWG) eine

---

830 *Dressler*, Shared Services, Business Process Outsourcing und Offshoring, S. 21 f.

831 *Kalden*, Performance Measurement in Shared Services, S. 62.

832 *Ernert* in: Schmitt/Staebe, Einführung in das Eisenbahnregulierungsrecht, Rn. 222 ff.; *Koenig/Schellberg/Spiekermann*, IR 2008, 170 (170 ff.); *Remmert* in: Staebe, ERegG, § 8 Rn. 14; *Säcker* in: Kühling/Otte, AEG/ERegG, § 8 ERegG Rn. 40; *Säcker*, IR 2018, 198 (203); *Scholtka/Helmes*, N&R 2010, 243 (245).

833 *Brühl/Kajüter/Fischer/Hirsch/Dornbusch/Hoffmann/Vollmer* in: Fischer/Vollmer, Erfolgreiche Führung von Shared Services, S. 16.
Ähnlich: *Dressler*, Shared Services, Business Process Outsourcing und Offshoring, S. 23 ff.; *Fischer/Lueg/Schneck/Brühl* in: Fischer/Lueg, Erfolgreiche Digitale Transformation von Shared Services, S. 4; *Hutzschenreuter*, Allgemeine Betriebswirtschaftslehre, S. 228; *Kalden*, Performance Measurement in Shared Services, S. 43 f. (effect-orientated approach); *Scherm/Kleiner* in: Keuper/Oecking, Corporate Shared Services, S. 294; *Truijens/Neumann-Giesen/Weber*, Organisationsform Shared-Service-Center, S. 10.

ähnliche Definition, ohne jedoch das Ziel der Effizienzsteigerung explizit zu benennen.[834]

Shared Services werden auch als „internes Outsourcing“ beschrieben.[835] Unternehmen, die Shared Service Center einsetzen, werden als Shared Service Organisation (SSO) bezeichnet.[836]

Shared Service Center können insbesondere bei transaktionsbasierten Tätigkeiten wirtschaftlichen Nutzen entfalten, d. h. bei klar definierten, standardisierten und daher repetitiven Tätigkeiten.[837] In diesen Fällen handelt es sich um Center of Scale (CoS).[838]

Sie finden aber auch bei wissensbasierten Tätigkeiten Anwendung[839] und werden in diesem Fall als Center of Expertise (CoE)[840] oder Center of Excellence[841] bezeichnet.

2. Konzernexterne Organisationsform: Outsourcing

Organisationseinheiten, die Aufgaben für andere Konzernunternehmen wahrnehmen, müssen nicht zwingend konzernintern realisiert werden. Die

---

834 *Bundesnetzagentur*, Gemeinsame Richtlinie der Regulierungsbehörden des Bundes und der Länder zur Umsetzung der informatorischen Entflechtung nach § 9 EnWG vom 13.06.2007, S. 6, https://www.bundesnetzagentur.de/SharedDocs/Downloads/DE/Sachgebiete/Energie/Unternehmen_Institutionen/EntflechtungKonzession/Entflechtung/RichtlinieinformatorischenEntfId10485pdf.pdf?__blob=publicationFile&v=6 (aufgerufen am 29.02.2024); *Kalden*, Performance Measurement in Shared Services, S. 42 f. (semantic and organisational approach).

835 *Fischer/Lueg/Schneck/Brühl* in: Fischer/Lueg, Erfolgreiche Digitale Transformation von Shared Services, S. 4.

836 *Kalden*, Performance Measurement in Shared Services, S. 41 f.

837 *Truijens/Neumann-Giesen/Weber*, Organisationsform Shared-Service-Center, S. 14 f.; ähnlich *Kalden*, Performance Measurement in Shared Services, S. 30.

838 *Brühl/Kajüter/Fischer/Hirsch/Dornbusch/Hoffmann/Vollmer* in: Fischer/Vollmer, Erfolgreiche Führung von Shared Services, S. 11; *KPMG AG Wirtschaftsprüfungsgesellschaft/Universität St. Gallen*, Shared Service Center für Controlling-Prozesse, S. 20 ff., https://assets.kpmg/content/dam/kpmg/pdf/2013/09/shared-services-controlling prozesse-neu-2013-kpmg.pdf (aufgerufen am 14.02.2024).

839 *Brühl/Kajüter/Fischer/Hirsch/Dornbusch/Hoffmann/Vollmer* in: Fischer/Vollmer, Erfolgreiche Führung von Shared Services, S. 11; *Fischer/Lueg/Schneck/Brühl* in: Fischer/Lueg, Erfolgreiche Digitale Transformation von Shared Services, S. 4.

840 *Becker/Bluhm/Kunz/Mayer*, Gestaltung von Shared Service Centern in internationalen Konzernen, S. 10; *Fischer/Lueg/Schneck/Brühl* in: Fischer/Lueg, Erfolgreiche Digitale Transformation von Shared Services, S. 8.

841 *Daus/Raschke*, Deine Bahn, Heft 2/2008, S. 17 (21).

Durchführung betrieblicher Aufgaben kann auch an externe Dienstleister vergeben werden. In diesem Fall wird von Outsourcing (Outside Resource Using) gesprochen.[842] Eine hohe Entwicklungsstufe des Outsourcings ist das Business Process Outsourcing (BPO), bei dem ganze Geschäftsprozesse übertragen und hierzu von Auftraggeber und externem Auftragnehmer gemeinsam neu strukturiert werden.[843]

Vorteile eines Outsourcings können eine erhöhte Flexibilität, Zugang zu spezialisierten Ressourcen (IT, Personal etc.) und Know-how sein. Dem auslagernden Unternehmen ermöglicht Outsourcing eine Konzentration auf das Kerngeschäft und dadurch bedingte Leistungssteigerung, die Erschließung von Kostensenkungspotentialen und eine bessere Kostenplanbarkeit.[844]

Diesen Vorteilen stehen jedoch gegenüber die Gewinnmarge des Dienstleisters,[845] die Lieferantenabhängigkeit, der Verlust von Know-how des auslagernden Unternehmens an Externe und der generell nur geringe Einfluss auf den externen Dienstleister, insbesondere auf dessen Prozessqualität.[846]

3. Abgrenzung der Organisationsformen

Ein Teil der betriebswirtschaftlichen Literatur sieht in Shared Service Centern eine neue Gestaltungsvariante, die sich gegenüber etablierten Formen der Zentralbereiche in einer Reihe von Merkmalen unterscheidet.[847] Es gibt daher Versuche, Merkmale für die Abgrenzung insbesondere des Shared Service Centers gegenüber Zentralbereichen und klassischen konzerninternen Dienstleistern herauszuarbeiten.[848] Beispielsweise werden aufgeführt die juristische Form, der Standort, die Strukturorganisation, die

842 *Hutzschenreuter*, Allgemeine Betriebswirtschaftslehre, S. 211; *Kalden*, Performance Measurement in Shared Services, S. 63.

843 *Fischer/Lueg/Schneck/Brühl* in: Fischer/Lueg, Erfolgreiche Digitale Transformation von Shared Services, S. 5; *Klingebiel/Andreas*, DStR 2005, 981 (982).

844 *Truijens/Neumann-Giesen/Weber*, Organisationsform Shared-Service-Center, S. 23.

845 *Dressler*, Shared Services, Business Process Outsourcing und Offshoring, S. 91.

846 *Kajüter/Brühl/Finken/Steuernagel/Troßbach/Vollmer* in: Fischer/Vollmer, Erfolgreiche Führung von Shared Services, S. 41.

847 *Brühl/Kajüter/Fischer/Hirsch/Dornbusch/Hoffmann/Vollmer* in: Fischer/Vollmer, Erfolgreiche Führung von Shared Services, S. 5.

848 *Becker/Bluhm/Kunz/Mayer*, Gestaltung von Shared Service Centern in internationalen Konzernen, S. 10; *Ibold/Mauch* in: Keuper/Oecking, Corporate Shared Services, S. 451 ff.; *Truijens/Neumann-Giesen/Weber*, Organisationsform Shared-Service-Center, S. 13; *Westerhoff* in: Keuper/Oecking, Corporate Shared Services, S. 59 f.

wirtschaftliche Form der Leistungsverrechnung, die Leistungskontrolle und der Standardisierungsgrad der Tätigkeit. Andere Autoren stellen ergänzend ab auf das primäre Ziel der Organisationseinheit, die genutzten Koordinationsmechanismen, das Bestehen eines Kontrahierungszwangs[849] oder die Kundenbeziehung.[850]

Unternehmen disponieren im Rahmen ihrer Organisationshoheit allerdings nach ihren unternehmensspezifischen Bedürfnissen selbst darüber,

- ob sie zentrale Servicefunktionen nutzen,
- welche Merkmale diese aufweisen bzw. nach welchen betriebswirtschaftlichen Konzepten[851] diese gestaltet werden und
- wie die Organisation bezeichnet wird.

Sie können diese Merkmale weitgehend frei miteinander kombinieren. Unternehmen entwickeln daher auch passgenaue hybride Modelle, um möglichst viele für sie vorteilhafte Merkmale nutzen zu können. Trennscharfe Abgrenzungen zwischen den Organisationsformen – beispielsweise zwischen SSC und Outsourcing – sind daher nicht immer möglich. Der Übergang ist oft fließend.[852] So gibt es beispielsweise auch die Möglichkeit, im Rahmen von strategischen Allianzen Shared Services mit externen Unternehmen oder Business Process Outsourcing zu kombinieren.[853] Die genannten Merkmale eigenen sich daher nicht als verbindliche, konstitutive Ein- oder Ausschlusskriterien für die Zuordnung einer Organisationsform.

Aus Sicht der betroffenen auslagernden Unternehmen ist vor allem relevant, welche Auswirkungen die Auslagerung auf das Unternehmen hat. Hierbei spielt die Organisationsform und -bezeichnung der (Ziel-) Einheit, auf welche die Auslagerung erfolgt, eine untergeordnete Rolle. Im Folgenden wird daher

---

[849] *Kalden*, Performance Measurement in Shared Services, S. 65.

[850] *Brühl/Kajüter/Fischer/Hirsch/Dornbusch/Hoffmann/Vollmer* in: Fischer/Vollmer, Erfolgreiche Führung von Shared Services, S. 5.

[851] *Kajüter/Brühl/Finken/Steuernagel/Troßbach/Vollmer* in: Fischer/Vollmer, Erfolgreiche Führung von Shared Services, S. 32.

[852] *Kajüter/Brühl/Finken/Steuernagel/Troßbach/Vollmer* in: Fischer/Vollmer, Erfolgreiche Führung von Shared Services, S. 43.

[853] *Dressler*, Shared Services, Business Process Outsourcing und Offshoring, S. 90.

- nur dann zwischen diesen Organisationsformen differenziert, wenn einzelne Merkmale einer Organisationsform eindeutig zugeordnet werden können.
- im Übrigen der Begriff „zentrale Servicefunktion" als Sammelbezeichnung für alle externen und internen Organisationsformen und hybriden Mischformen verwendet. Dieser entstammt aus einer Entscheidung des Bundesverwaltungsgerichts.[854]

Andere rechtswissenschaftliche Quellen nutzen auch den Begriff des „Shared Service" im Sinne einer solchen Sammelbezeichnung. Dies wird im Folgenden nicht übernommen, da sich die betriebswirtschaftliche Literatur um eine Abgrenzung des „Shared Service" von anderen Organisationsformen bemüht.

IV. Entscheidung zur Nutzung zentraler Servicefunktionen

Hinsichtlich der Entscheidung zur Nutzung zentraler Servicefunktionen ist zu differenzieren, ob die auslagernden Unternehmen eine solche Entscheidung vollständig autonom treffen (1.) oder ob sie hierbei Vorgaben eines herrschenden Unternehmens unterliegen (2.).

1. Autonome unternehmerische Entscheidung

Trifft ein Unternehmen die Entscheidungen über die Auslagerung seiner Funktionen vollständig autonom, kann es nach seinen unternehmerischen Bedürfnissen und marktorientiert festlegen, ob und wie eine Auslagerung erfolgt.

2. Vorgaben durch ein herrschendes Unternehmen

Im Anwendungsbereich des Aktiengesetzes ist es aber auch möglich, dass eine herrschende Gesellschaft beispielsweise durch einen Beherrschungsvertrag (§ 291 ff. AktG) im Rahmen seiner Leitungsmacht (§ 308 AktG) Vorgaben für abhängige Gesellschaften (§ 17 Abs. 1 AktG) setzt. Dies kann in unterschiedlichen Formen erfolgen.

---

[854] *BVerwG*, Urt. v. 18.05.2010 – 3 C 21.09 [ECLI:DE:BVerwG:2010:180510U3C21.09.0], BVerwGE 137, 58 (59) – Konzernjuristen.

a) Unterstellung von Funktionsbereichen

Ein Konzern kann in seiner Funktion als Managementholding einem abhängigen Unternehmen vorgeben, dass bestimmte Aufgaben von anderen (in der Regel konzerninternen) Organisationseinheiten wahrgenommen werden. Dies bietet sich unter anderem an, wenn eine Steuerung oder Überwachung durch das herrschende Unternehmen sichergestellt werden soll. In diesen Fällen hat das abhängige Unternehmen keine Entscheidungsbefugnisse hinsichtlich der Tätigkeit der zentralen Servicefunktion.

b) Weisungsberechtigung

Herrschende Unternehmen können ihre Leitungsmacht aber auch durch einzelne fachliche Weisungen gegenüber abhängigen Unternehmen ausüben (§ 308 Abs. 1 S. 1 AktG). Die Verpflichtung des Vorstands des abhängigen Unternehmens, Weisungen des herrschenden Unternehmens zu befolgen (§ 308 Abs. 2 S. 1 AktG), hat zur Konsequenz, dass dessen Haftung nur begründet ist, wenn er bei Entgegennahme oder Umsetzung der Weisung sorgfaltswidrig gehandelt hat.[855]

aa) Kontrahierungszwang

Eine solche Weisung kann das herrschende Unternehmen beispielsweise nutzen, um dem abhängigen Unternehmen einen Kontrahierungszwang[856] aufzuerlegen, einen Vertrag mit der Servicefunktion abzuschließen. Hierbei kann ein Vertrag mit einem festgelegten Partner, festgelegten Inhalt und festgelegten Preis vorgegeben werden.

bb) Regelungen des Vertragsabschlussprozesses

Eine abgeschwächte Form ist die Vorgabe eines bestimmten Prozesses für den Vertragsabschluss. Beispielsweise kann die Verpflichtung vorgegeben werden, für bestimmte Leistungen

- Verträge vorrangig oder ausschließlich mit bestimmten Dienstleistern abzuschließen oder
- besondere Genehmigungs- oder Vergabeverfahren einzuhalten.

---

855 *Altmeppen* in: Münchener Kommentar, AktG, § 310 Rn. 2; *Veil/Walla* in: BeckOGK, AktG, § 310 [Stand: 10/2023] Rn. 4.

856 *Kalden*, Performance Measurement in Shared Services, S. 60 f.

In diesem Fall verbleibt der abhängigen Gesellschaft die Entscheidung, ob sie eine Leistung überhaupt in Anspruch nehmen will und wie diese in Art, Umfang und Qualität beschaffen sein soll.

Aus Sicht eines auslagernden Unternehmens können Vorgaben eines herrschenden Unternehmens zur Inanspruchnahme einer zentralen Servicefunktion problematisch sein. Ergeben sich Instabilitäten der zentralen Servicefunktion, nehmen diese Vorgaben dem auslagerndem Unternehmen Handlungsoptionen wie z. B. die Möglichkeit eines Dienstleisterwechsels. Folgen von Instabilitäten wie Prozessbeeinträchtigungen fallen dagegen direkt auf das auslagernde Unternehmen zurück.[857]

V. Ziele des Einsatzes zentraler Servicefunktionen

Unternehmen können mit dem Einsatz zentraler Servicefunktionen unterschiedliche Ziele verfolgen.[858] Zu deren Erläuterung werden im Folgenden prozessbezogene (1.), finanzielle (2.), mitarbeiterbezogene (3.) und kundenbezogene (4.) Effekte einer Verwendung zentraler Servicefunktionen aufgezeigt. Hierbei wird jeweils auf die verfolgten Ziele und mögliche Risiken eingegangen.

1. Prozessbezogene Effekte

Werden zentrale Servicefunktionen eingeführt, müssen die Geschäftsprozesse des auslagernden Unternehmens angepasst werden. Hierbei können eine Reihe prozessbezogener Ziele verfolgt werden, denen allerdings auch Risiken gegenüberstehen.

a) Ziel: Effizienzsteigerung

Im Rahmen dieser Neugestaltung wird häufig das Ziel verfolgt, die in den betrieblichen Abläufen eingesetzten Ressourcen effizienter zu nutzen. Hierzu sind zunächst die bisherigen Prozesse zu prüfen und neu zu designen (Process-Reengineering, aa)).[859] Die neu designten Prozesse sollten durch eine

---

857 *Klingebiel/Andreas*, DStR 2005, 981 (984).

858 *Kalden*, Performance Measurement in Shared Services, S. 27 f. und 48 f.; *Klingebiel/Andreas*, DStR 2005, 981 (982 f.).

859 *Breuer/Kreuz* in: Keuper/Oecking, Corporate Shared Services, S. 148.

Steigerung der Transparenz eine bessere Steuerung der Prozesse ermöglichen. Hierdurch können Konsolidierungsvorteile und Skaleneffekte realisiert werden (bb)). Neue Prozesse können zudem auch zu einer Qualitätssteigerung beitragen (cc)).

aa) Process-Reengineering

Bei der Einbeziehung einer zentralen Servicefunktion in die betrieblichen Abläufe sind die bisherigen Geschäftsprozesse anzupassen. Dieses kann dazu genutzt werden, Prozesse im Rahmen eines „Process-Reengineering" grundsätzlich auf Optimierungs-, Standardisierung- und Automatisierungspotentiale zu prüfen.

(1) Optimierung

Die Einführung kann Anlass sein, historisch gewachsene Prozessabläufe zu analysieren, zu hinterfragen und Prozessoptimierungen vorzunehmen.[860] Die Optimierung kann prozessbezogene Kriterien betreffen wie die Prozessdurchlaufzeit, die Verfügbarkeit, das Antwortverhalten, die Professionalität, die zeitliche Verlässlichkeit der angebotenen Dienstleistung und geringere Fehlerquoten.[861]

(2) Standardisierung

Während bei einer dezentralen Organisation Geschäftsprozesse in den Unternehmenseinheiten – aus Sicht des Konzerns – unterschiedlich gestaltet sein können, sollten sie für die Abwicklung in einer zentralen Servicefunktion harmonisiert und standardisiert werden.[862]

Standard kann definiert werden als „die gebilligte Spezifikation einer begrenzten Anzahl von Lösungen für tatsächlich oder potenziell gleiche Probleme". Ziel der Standardisierung ist die Eliminierung abweichender Prozessvarianten, d. h. die Anpassung von Prozessen an einen Prozessstandard.[863] Standards

---

[860] *Truijens/Neumann-Giesen/Weber*, Organisationsform Shared-Service-Center, S. 19.

[861] *Daus/Raschke*, Deine Bahn, Heft 2/2008, S. 17 (21); *Kalden*, Performance Measurement in Shared Services, S. 48 f.; *Klingebiel/Andreas*, DStR 2005, 981 (982).

[862] *Breuer/Kreuz* in: Keuper/Oecking, Corporate Shared Services, S. 148.

[863] *Lueg/Georgi/Duck/Multerer* in: Fischer/Vollmer, Erfolgreiche Führung von Shared Services, S. 66.

können nach Bedarf auch stufenweise priorisiert eingeführt werden, um der Komplexität, dem Umfang, der Tragweite und dem Risiko einer Umstellung Rechnung zu tragen.[864]

Bei der Festlegung von Prozessstandards sind auch Teilprozesse, unterstützende ITSysteme, Tools und Verantwortlichkeiten mit zu erfassen.[865] Der Prozess sollte ganzheitlich betrachtet werden einschließlich seiner Schnittstellen zu vor- und nachgelagerten Prozessen (End-to-End Betrachtung). Hierdurch soll eine Optimierung nur einzelner Prozesse oder Prozessschritte zu Lasten anderer Prozesse vermieden werden, die für das Unternehmen keinen positiven Gesamtnutzen hat.[866]

Durch eine Vereinheitlichung von Schnittstellen legt die Standardisierung die Basis für eine Automatisierung und Transparenz.[867] Sie ist zudem ein weiterer Hebel zur Optimierung von Prozesszeiten, -kosten und -qualität.[868]

(3) Automatisierung

Zentrale Servicefunktionen bieten zudem durch den zielgerichteten Einsatz von Informationstechnologie die Chance, auf Grundlage standardisierter Geschäftsprozesse und IT-Systeme die Abläufe in höherem Maße zu automatisieren.[869] Hierdurch können der Personalaufwand sowie Fehlerquellen manueller Tätigkeiten reduziert werden.

Der Grad der Automatisierung kann durch Digitalisierung der Geschäftsprozesse und neue Formen der IT-Unterstützung wesentlich erhöht werden. Dies kann zudem neue Wege der Wertschöpfung für auslagernde Unternehmen eröffnen.

---

864 *Lueg/Georgi/Duck/Multerer* in: Fischer/Vollmer, Erfolgreiche Führung von Shared Services, S. 74 f.

865 *Lueg/Georgi/Duck/Multerer* in: Fischer/Vollmer, Erfolgreiche Führung von Shared Services, S. 70.

866 *Lueg/Georgi/Duck/Multerer* in: Fischer/Vollmer, Erfolgreiche Führung von Shared Services, S. 74.

867 *Westerhoff* in: Keuper/Oecking, Corporate Shared Services, S. 62.

868 *Lueg/Georgi/Duck/Multerer* in: Fischer/Vollmer, Erfolgreiche Führung von Shared Services, S. 64.

869 *Kalden*, Performance Measurement in Shared Services, S. 49 f.; *Klingebiel/Andreas*, DStR 2005, 981 (982).

(4) IT-Unterstützung: Digitale Transformation

Die Informationstechnologie hatte in der Vergangenheit die technologischen Möglichkeiten zur Verfügung gestellt, Geschäftsprozesse zeitnah räumlich diversifiziert bearbeiten zu können. Hierdurch hat sie Shared Services in der heutigen Form erst ermöglicht (Enabler-Funktion).[870]

Der Einsatz der Informationstechnologie ermöglicht nunmehr weitergehend eine digitale Transformation von Unternehmen. Eine Digitalisierung von Geschäftsprozessen als ein Element der digitalen Transformation bietet neue, umfassendere Möglichkeiten des Informationsaustauschs von Unternehmen und zentralen Servicefunktionen sowie eine verbesserte Unterstützung der Informationsverarbeitung innerhalb der Servicefunktion. In einer zentralen Einheit mit harmonisierten Prozessen können moderne Technologien und Innovationen zudem einfacher und flexibler eingeführt werden als parallel in vielen dezentralen Einheiten. Neue digitale Angebote im Bereich Automatisierung und Business Analytics bieten ferner Optionen zur nachhaltigen Wertschaffung für die Kunden zentraler Servicefunktionen.[871]

Vor allem im Rechnungswesen und Reporting besteht die Herausforderung der Verarbeitung und Aufbereitung großer Datenmengen. Die hierzu eingesetzte Informationstechnologie sollte die Big-Data-Eigenschaften (5 V) erfüllen: Es müssen

- größere Datenmengen (volume)
- aus verschiedenen Quellsystemen (variety) verarbeitet werden können
- mit hoher Aktualität (velocity) und
- Zuverlässigkeit (veracity).
- Dies soll wertsteigernde Entscheidungen (value) ermöglichen.[872]

Hierzu können neue technische Möglichkeiten durch Enterprise-Resource-Planning (ERP)-Systeme und Cloud Lösungen eingesetzt werden. Mittels Business Analytics können Geschäftsdaten regelmäßig aufbereitet und

[870] *Kalden*, Performance Measurement in Shared Services, S. 62.

[871] *Fischer/Lueg/Schneck/Brühl* in: Fischer/Lueg, Erfolgreiche Digitale Transformation von Shared Services, S. 1.

[872] *Fischer/Lueg/Schneck/Brühl* in: Fischer/Lueg, Erfolgreiche Digitale Transformation von Shared Services, S. 4.

analysiert werden.[873] Künstliche Intelligenz (KI) kann dazu beitragen, Analyseprozesse verbessern.

Automatisierungen durch Robotic Process Automation (RPA) und Robotic Desktop Automation (RDA) bieten Möglichkeiten, repetitive strukturierte Tätigkeiten zu automatisieren und Personal dadurch für andere Aufgaben verfügbar zu machen. Perspektivisch kann die Blockchain-Technologie in Procure-to-Pay-Prozessen und der Organisation von Lieferketten (Supply-Chain-Management) Anwendung finden.[874] Chatbots können Mitarbeitende bei der Interaktion mit Kunden entlasten.

Die Digitalisierung auch von technischen Einrichtungen (Internet of Things – IoT) kann die Vernetzung und den Informationsaustausch vorantreiben. Hierdurch können beispielsweise Instandhaltungsprozesse vorausschauend (Predictive Maintenance) und dadurch effizienter durchgeführt werden.

bb) Transparenz, Steuerung und Skalierbarkeit

Optimierung, Standardisierung und Automatisierung können Geschäftsprozesse transparenter machen[875] und so zu einer Komplexitätsreduzierung beitragen. Hierdurch schaffen sie die Basis für eine verbesserte Steuerung beispielsweise durch kosten-, qualitäts- oder zeitbezogene Benchmarks.[876]

Durch zentrale Servicefunktionen können damit im Vergleich zu einer rein dezentralen Organisation Ressourcen besser skaliert und so effektiver genutzt werden.[877] Zum Abfangen einzelner Belastungsspitzen wird beispielsweise durch Diversifikation weniger Gesamtkapazität benötigt als in Summe bei dezentraler Bearbeitung in den auslagernden Unternehmen erforderlich wäre.[878]

---

873 *Fischer/Lueg* in: Fischer/Lueg, Erfolgreiche Digitale Transformation von Shared Services, S. VI f.

874 *Woratschek/Borgdorf/Dornbusch/Finken/Große/Haefs/Knocke/Stopa/Vollmer/Wilhelm/Schneck* in: Fischer/Lueg, Erfolgreiche Digitale Transformation von Shared Services, S. 69.

875 *Breuer/Kreuz* in: Keuper/Oecking, Corporate Shared Services, S. 148.

876 *Truijens/Neumann-Giesen/Weber*, Organisationsform Shared-Service-Center, S. 20 f.

877 *Daus/Raschke*, Deine Bahn, Heft 2/2008, S. 17 (18); *Truijens/Neumann-Giesen/Weber*, Organisationsform Shared-Service-Center, S. 11 f.

878 *Breuer/Kreuz* in: Keuper/Oecking, Corporate Shared Services, S. 147.

Die Steuerung kann zudem ermöglichen, Ressourcen gezielt räumlich zu diversifizieren, um auch in Krisensituationen eine Prozessstabilität sicherstellen zu können (Business Continuity Management – BCM).[879]

cc) Qualitätssteigerung

Eine Bündelung von Personal- und Wissensressourcen in einer zentralen Servicefunktion und die Standardisierung können die Qualität des Service erhöhen.[880] Auch bei transaktionsbasierten Tätigkeiten kann eine Automatisierung zu einer höheren Qualität beitragen. Allerdings bedürfen auch automatisierte Prozesse grundsätzlich einer Kontrolle.

Eine hohe fachliche Qualität ist insbesondere bei wissensbasierten Tätigkeiten zu Steuerungs- und Überwachungszwecken erforderlich und dort häufig das wesentliche Ziel des Einsatzes einer zentralen Servicefunktion. Durch ihre Nutzung in den Bereichen Governance oder Compliance können die Einhaltung interner Richtlinien und rechtlicher Anforderungen verbessert und hierdurch finanzielle Risiken minimiert werden.[881]

b) Prozessbezogene Risiken

Diesen möglichen prozessbezogenen Vorteilen zentraler Servicefunktionen stehen mehrere Risiken gegenüber.

aa) Prozessverbesserungen kein Automatismus

Optimierte, standardisierte und automatisierte Prozesse folgen nicht automatisch aus der Einführung einer zentralen Servicefunktion. Diese kann Anlass sein, eine vorhergehende Prozessoptimierung, -standardisierung und -automatisierung zu initiieren. Dies ist aber dezidiert zu konzipieren und umzusetzen.

Dies hat zur Folge, dass aus diesen Maßnahmen für sich selbst stehend bereits Effizienzgewinne und Kosteneinsparungen folgen können. Die Frage, ob eine darüber hinausgehende Einführung einer zentralen

---

[879] *Woratschek/Borgdorf/Dornbusch/Finken/Große/Haefs/Knocke/Stopa/Vollmer/Wilhelm/Schneckl* in: Fischer/Lueg, Erfolgreiche Digitale Transformation von Shared Services, S. 39.

[880] *Breuer/Kreuz* in: Keuper/Oecking, Corporate Shared Services, S. 148.

[881] *Kalden*, Performance Measurement in Shared Services, S. 50.

Servicefunktion einen zusätzlichen Nutzenbeitrag leistet, ist unabhängig von dem Prozess-Reengineering zu bewerten. Insoweit kann eine Prozessoptimierung, -standardisierung und -automatisierung auch eine Alternative zu einer zentralen Servicefunktion darstellen, die zusätzliche Risiken mit sich bringt.[882]

bb) Konzeption der Implementierungsphase

Kritisch bei der Einführung zentraler Servicefunktionen ist insbesondere die Implementierungsphase, in der die zentrale Servicefunktion die Bearbeitung der Geschäftsprozesse übernimmt. Veränderte Prozesse, die Distanz neuer Prozessbeteiligter oder eine geänderte Systemunterstützung können zu Problemen und Ausfällen der Informationsbereitstellung und -verarbeitung sowie der Koordination und Kommunikation[883] führen. Werden diese Probleme nicht rechtzeitig erkannt und gelöst, kann dies Misstrauen und Schattensysteme in Unternehmen nach sich ziehen.[884] Dies kann dazu führen, dass die zentralen Servicefunktion ihren Aufgaben gegenüber den auslagernden Unternehmen nicht adäquat nachkommt. Hierdurch können erhebliche reputative und finanzielle Risiken entstehen.[885]

Diesen Risiken kann unter anderem in der Projektplanung durch ein entsprechendes Change Management, einer gestuften Implementierungsphase, engmaschiger Erfolgskontrolle[886] und einem entsprechenden Risikomanagement begegnet werden.

cc) Flexibilitätsreduzierung durch Standardisierung

Die aus Kostengründen notwendige Standardisierung von Prozessen kann dazu führen, dass Anforderungen des auslagernden Unternehmens nicht, nur eingeschränkt oder nur gegen Zahlung zusätzlicher Entgelte berücksichtigt werden.[887] Um Erfolgswirkungen im operativen Geschäft realisieren

---

882 *Buba*, BBP 2017, 149 (151).

883 *Klingebiel/Andreas*, DStR 2005, 981 (983).

884 *Kalden*, Performance Measurement in Shared Services, S. 28.

885 *Klingebiel/Andreas*, DStR 2005, 981 (983).

886 *Becker/Bluhm/Kunz/Mayer*, Gestaltung von Shared Service Centern in internationalen Konzernen, S. 45 ff.

887 *Klingebiel/Andreas*, DStR 2005, 981 (984).

zu können, ist jedoch gerade eine hohe Flexibilität erforderlich.[888] Insoweit kann eine Standardisierung auch eine Verschlechterung der Qualität eines Geschäftsprozesses nach sich ziehen.

dd) Komplexitätserhöhung in Teilbereichen

Die Einbeziehung einer zentralen Servicefunktion in zuvor dezentral ausgeführte Geschäftsprozesse kann in Teilbereichen auch zu einer höheren Komplexität führen.

(1) Höhere Anzahl Beteiligter und Ziele

Die Einbeziehung zusätzlicher Beteiligter in einen Geschäftsprozess – hier der zentralen Servicefunktion – erhöht per se den Koordinations- und Abstimmungsaufwand der Beteiligten und damit die Komplexität und Fehleranfälligkeit eines Prozesses. Ferner tragen auch die unterschiedlichen Rollen der Beteiligten in dem Geschäftsprozess sowie ihre jeweiligen Ziele zu einer Steigerung der Komplexität bei.

(a) Aufsplittung der Kundenrolle

Üblicherweise steht einem Dienstleister ein Kunde gegenüber, der sowohl über die Beauftragung entscheidet als auch Abnehmer des Service ist. Im Falle zentraler Servicefunktionen kann sich die Rolle des Kunden jedoch auf mehrere Beteiligte aufsplitten:

- Personen, die über Implementierung, Ausgestaltung und Bestand der zentralen Servicefunktion entscheiden. Dies kann die Einführung eines Kontrahierungszwangs und die Festlegung von Verrechnungspreisen für den Service umfassen. Diese Rolle kann beispielsweise der Vorstand eines herrschenden Unternehmens (§ 17 Abs. 1 AktG) innehaben, das Leitungsmacht (§ 308 AktG) über ein abhängiges Unternehmen ausübt.
- Vertragspartner der zentralen Servicefunktion. Diese schließen die vertragliche Vereinbarung mit der zentralen Servicefunktion ab. Deren Inhalt kann durch den Stakeholder weitgehend vorgeprägt sein etwa durch Festsetzung eines Kontrahierungszwangs oder von Verrechnungspreisen.

---

[888] *Fischer/Lueg/Schneck/Brühl* in: Fischer/Lueg, Erfolgreiche Digitale Transformation von Shared Services, S. 4.

- Servicenutzer. Dazu gehören unter anderem die Prozessbeteiligten aus den auslagernden Unternehmen.

Die Interessen dieser Beteiligten müssen allerdings nicht immer übereinstimmen.[889] Der Servicenutzer hat nicht dieselben Optionen, auf Nicht- oder Schlechtleistung der Servicefunktion zu reagieren, wie der Vertragspartner oder die Personen, die über den Service entscheiden. Dies kann zu Zielkonflikten führen.

(b) Prinzipal-Agenten-Beziehungen

Nicht nur zwischen den verschiedenen Rollen auf Kundenseite können Zielkonflikte bestehen. Zu diesen kann es auch zwischen den Beteiligten auf Kundenseite als Auftraggeber (Prinzipal) und der zentralen Servicefunktion als Auftragnehmerin (Agent) kommen. Die Prinzipal-Agent-Theorie postuliert, dass der Agent vor allem sein Eigeninteresse verfolgt. Daher könne nicht davon ausgegangen werden, dass dieser automatisch im besten Sinne des Prinzipals handele.[890] Vielmehr bestünden zwischen Prinzipal und Agent Zielkonflikte. Diese würden verschärft durch Informationsasymmetrien,[891] da der Agent im Gegensatz zum Prinzipal häufig über spezielles Wissen bzw. besondere Fähigkeiten verfüge.

(c) Know-how Verlust

Ein Unternehmen, das Teile seiner Geschäftsprozesse an eine zentrale Servicefunktion auslagert, verliert einen Teil seines Know-hows und Einflusses bezogen auf den Geschäftsprozess. Dies kann zu Lasten des auslagernden Unternehmens Machtasymmetrien und Abhängigkeiten nach sich ziehen. Im ungünstigsten Fall kann die Abgabe von erfolgskritischem Know-how an externe Outsourcing-Anbieter dazu führen, dass dieser Mitbewerber des Unternehmens an dem Know-how teilhaben lässt.[892]

---

[889] *Steuernagel/Dornbusch/Hoffmann/Knocke/Lueg/Lutz/Musiolik/Troßbach* in: Fischer/Vollmer, Erfolgreiche Führung von Shared Services, S. 106.

[890] *Piekenbrock*, Gabler Kompakt-Lexikon Volkswirtschaftslehre, Stichwort „Agency Theorie".

[891] Für Systeme zur Leistungsmessung (Performance Measurement Systems): *Kalden*, Performance Measurement in Shared Services, S. 30.

[892] *Klingebiel/Andreas*, DStR 2005, 981 (984).

(d) Aufsplittung von Verantwortung und Befugnissen

Die vorgenannten Effekte der Aufsplittung der Kundenrolle, Zielkonflikte und Informationsasymmetrien in Prinzipal-Agenten-Beziehungen sowie der Know-how Verlust im auslagernden Unternehmen können unter Umständen zu einem Auseinanderfallen von rechtlicher Verantwortung und tatsächlichen Befugnissen führen. Es kann zu einer Situation kommen, in der das auslagernde Unternehmen verantwortlich ist für Geschäftsvorfälle, aber die relevanten Entscheidungen durch das herrschende Unternehmen oder durch eine zentrale Servicefunktion getroffen werden, die durch das herrschende Unternehmen implementiert und rechtlich ausgestaltet wurde.

In diesem Zusammenhang sind Informationsasymmetrien besonders kritisch. Diese können dazu führen, dass Kapazitäten, Wissen und Kompetenzen soweit in der Servicefunktion gebündelt werden, dass das auslagernde abhängige Unternehmen weder Handlungs- noch Entscheidungsbedarfe erkennen noch die Servicefunktion und den Geschäftsprozess steuern kann.

Diese Gefahr ist in dem Verhältnis von herrschenden Unternehmen zu abhängigem (auslagernden) Unternehmen in Beherrschungsverträgen (§ 291 ff. AktG) und der Unterstellung unter die Leitungsmacht (§ 308 AktG) inhärent angelegt. In dem Verhältnis von herrschendem zum abhängigen Unternehmen sollte der Umfang der Beherrschung, d. h. Verantwortlichkeiten, Weisungen und Schnittstellen, allerdings zumindest klar definiert und dokumentiert sein.

Wenn aber das auslagernde Unternehmen die Servicefunktion nicht steuern kann und soll, dann sollte zumindest das herrschende Unternehmen dies tun und hierzu über die erforderlichen Kapazitäten, Kompetenzen und Prozesse verfügen. Die Managementfähigkeit der eigenen Organisation, mit einem professionellen Servicebetreiber umzugehen, ist ein entscheidendes Kriterium zur Realisierung der wirtschaftlichen Vorteile.[893]

(e) Lock-in-Effekt

Hat eine Auslagerung und ein damit verbundener Verlust des eigenen Know-hows und der eigenen Fähigkeiten erst einmal stattgefunden, ist eine Rückgängigmachung der Auslagerung (Insourcing) oder ein Austausch der zentralen Servicefunktion unter Umständen mit erheblichem zeitlichen und

---

[893] *Truijens/Neumann-Giesen/Weber*, Organisationsform Shared-Service-Center, S. 28.

finanziellen Aufwand verbunden.[894] Hohe initiale Transaktionskosten für die Implementierung der Auslagerung der Dienstleistung können zu einem „Lock-in-Effekt" führen, d. h. die Auslagerung kann aus wirtschaftlicher Perspektive nicht mehr reversibel sein.

Bei konzerninternen Servicefunktionen[895] ist dies insoweit weniger kritisch, als diese ihrerseits durch den Konzern kontrolliert werden. Daher bestehen jedenfalls rechtlich Interventionsmöglichkeiten im Konzerninteresse. Diese bestehen beim Outsourcing als einer externen Organisationsform dagegen nicht.[896] Insbesondere bei hoch spezialisierten Tätigkeiten besteht beispielsweise die Gefahr, dass Outsourcing-Anbieter die Abhängigkeit des auslagernden Unternehmens zum Aufbau einer Monopolstellung nutzen.[897]

(2) Auslandsbezug

Ein Auslandsbezug einer zentralen Servicefunktion kann die Komplexität ebenfalls erhöhen. Dieser kann erhöhte Anforderungen an Sprachkenntnisse und Kommunikation stellen sowie unterschiedliche betriebliche, technische und organisatorische Standards und Übungen mit sich bringen.[898] Besteht ein Auslandsbezug, können zudem unter Umständen mehrere Rechtssysteme für die Tätigkeit der zentralen Servicefunktion zu beachten sein.[899]

Ein Auslandsbezug kann unter anderem entstehen durch

- den Ort der erbrachten Leistung,
- die Art der erbrachten Leistung,
- die Eigentumsverhältnisse an der – konzerninternen oder konzernexternen – zentralen Servicefunktion oder
- den Sitz der zentralen Servicefunktion (Offshoring).

---

894 *Truijens/Neumann-Giesen/Weber*, Organisationsform Shared-Service-Center, S. 25.

895 Siehe oben D. III. 1. Konzerninterne Organisationsformen, S. 213.

896 Siehe oben D. III. 2. Konzernexterne Organisationsform: Outsourcing, S. 216.

897 *Scherm/Kleiner* in: Keuper/Oecking, Corporate Shared Services, S. 293.

898 *Kalden*, Performance Measurement in Shared Services, S. 30; *Scherm/Kleiner* in: Keuper/Oecking, Corporate Shared Services, S. 295.

899 *Becker/Bluhm/Kunz/Mayer*, Gestaltung von Shared Service Centern in internationalen Konzernen, S. 20 f.; *Bertram/Endres* in: Keuper/Oecking, Corporate Shared Services, S. 243.

Auch nach Aufnahme der Tätigkeit der zentralen Servicefunktion kann ein Auslandsbezug entstehen oder sich ändern, beispielsweise wenn sich die Eigentumsverhältnisse an der zentralen Servicefunktion ändern. Auch ausländische Rechtssysteme und ihre Vorgaben an die zentrale Servicefunktion können sich nachträglich ändern. Die Stabilität der politischen Verhältnisse am Offshore-Standort sollte daher angesichts der langfristigen Auslegung eines Offshore Engagements bei der Standortentscheidung berücksichtigt werden.[900]

(3) Schnittstellen: Modifikation und Neueinrichtung

Eine konzernweite Standardisierung von Prozessen kann zwar zu einer Komplexitätsreduzierung im Konzern beitragen. Eine Herauslösung von (Teil-) Prozessen aus dezentralen Wertschöpfungsketten führt aber dazu, dass entsprechende vor- und nachgelagerte Schnittstellen modifiziert bzw. neu eingerichtet werden müssen. Dies betrifft

- neue Schnittstellen zwischen der zentralen Servicefunktion und dem auslagernden Unternehmen,
- zu modifizierende Schnittstellen, die das auslagernde Unternehmen im Rahmen der dezentralen Bearbeitung unterhalten hat, die aber von dem neuen, standardisierten Geschäftsprozess nicht umfasst sind. Hierbei kann es sich um unternehmensinterne Schnittstellen handeln oder solche des Unternehmens zu Dritten.

Diese Schnittstellen müssen modifiziert bzw. implementiert, überwacht und gesteuert werden. Dies erhöht wiederum die Komplexität.

(4) IT-Sicherheit

Mit der IT-Sicherheit müssen sich Unternehmen auch bei einer eigenen, dezentralen Organisation der IT befassen. Der Schutz sensibler Unternehmensdaten wie Informationen zur strategischen Unternehmensplanung, Prozess-, Personal- und Kundendaten muss auch in diesem Fall sichergestellt werden.

---

[900] *Becker/Bluhm/Kunz/Mayer*, Gestaltung von Shared Service Centern in internationalen Konzernen, S. 40; *Dressler*, Shared Services, Business Process Outsourcing und Offshoring, S. 173 ff. mit einer Analyse der „Top-Offshoring-Standorte".

Die Einbeziehung einer zentralen Servicefunktion erhöht die Komplexität aber unter anderem aus zwei Gesichtspunkten:

(a) Kontrollverlust über Systeme und Daten

In Abhängigkeit von dem ausgelagerten Geschäftsprozess erhält die zentrale Servicefunktion Zugriff auf unter Umständen sensible Daten,[901] Infrastrukturen oder Anwendungen der auslagernden Unternehmen. Handelt es sich bei dem Service um eine IT-Dienstleistung, kann die zentrale Servicefunktion mit der Betriebsführung einschließlich Aufgaben aus dem Bereich der IT-Sicherheit beauftragt sein. Möglich ist auch die Nutzung von Infrastrukturen und Anwendungen der zentralen Servicefunktion selbst oder von Dritten.

Im Vergleich zu einer dezentralen Leistungserbringung in vollständiger Eigenfertigung verliert das auslagernde Unternehmen dadurch einen Teil seiner Kontrolle über Systeme und Daten. Durch technische und/oder organisatorische Maßnahmen zum Beispiel im Bereich der Zugangs- und Berechtigungsverwaltung sowie vertragliche Regelungen zum Umgang mit Systemen und Daten wie auch klaren Verantwortlichkeiten kann diesem Kontrollverlust teilweise begegnet werden. Bereits bei der Entscheidung, ob und wie zentrale Servicefunktionen eingeführt werden, sollte auch aus Gesichtspunkten der IT-Sicherheit erwogen werden, ob z. B. konzerninterne Lösungen oder Outsourcing[902] sowie Onshoring oder Offshoring-Lösungen besser geeignet sind.

(b) Höheres Schadenseintrittsrisiko und -potential

Die Nutzung gemeinsamer IT-Infrastrukturen und ein weitergehender, automatisierter Einsatz der IT im Rahmen der betrieblichen Prozesse (digitale Transformation) können zu einer stärkeren Exposition des Unternehmens gegenüber IT-Risiken wie Cyberangriffen führen. [903]

Eine Standardisierung von IT-Systemen und ein höherer Vernetzungsgrad digitaler Prozesse können das Risiko eines Schadenseintritts beispielsweise durch einen Cyberangriff erhöhen.

---

901 *Schomann/Koch* in: Keuper/Oecking, Corporate Shared Services, S. 223.

902 *Kalden*, Performance Measurement in Shared Services, S. 65.

903 *Fischer/Lueg/Schneck/Brühl* in: Fischer/Lueg, Erfolgreiche Digitale Transformation von Shared Services, S. 13.

Ist ein IT-Sicherheitsvorfall (Sabotage, Spionage, Betrug etc.)[904] eingetreten, kann dieser in einer zentralen Servicefunktion zudem einen größeren Schadensumfang verursachen als bei rein dezentralen Organisationen. Bei einer dezentralen Organisation sind in der Regel nur Daten und die operativen Geschäftsprozesse eines Unternehmens betroffen. Kommt es dagegen in einer zentralen Servicefunktion zu einem Sicherheitsvorfall, besteht die Möglichkeit, dass hiervon alle Kunden tangiert sind.

Diesen Risiken kann im Rahmen eines Risikomanagements durch Analysen, technische und/oder organisatorische Maßnahmen begegnet werden. Beispielsweise können zusätzliche Maßnahmen der Risikosteuerung durch Redundanzen, der Begrenzung von Zugriffsrechten, der Ausfall- bzw. Datensicherung oder der Versicherung gegen Cyberrisiken getroffen werden.[905] Dies bedeutet allerdings auch eine größere Komplexität und höhere Kosten.

ee) Anpassung von Kontroll- und Überwachungssystemen

Außerdem ist zu prüfen, ob aufgrund der Prozessänderungen Kontroll- und Überwachungssysteme neu zu konzipieren oder bestehende Systeme anzupassen sind. Das Aktiengesetz (AktG) enthält mehrere Vorschriften, aus denen Kontroll- und Überwachungspflichten abgeleitet werden.

(1) Leitungsauftrag des Vorstands, § 76 Abs. 1 AktG

Nach § 76 Abs. 1 AktG hat der Vorstand unter eigener Verantwortung die Gesellschaft zu leiten. Die Leitungsmacht ist teilweise organgebunden und setzt daher einem Outsourcing bei Kernfunktionen Grenzen. Bei diesen Kernfunktionen kann es sich beispielsweise handeln um die Unternehmensplanung und -koordination, das Unternehmenscontrolling, die Besetzung von Führungsstellen und die Vornahme von Geschäften mit außergewöhnlichem Charakter oder besonderem Risiko.[906] Überließe der Vorstand die Ausübung von originären Leitungsfunktionen nachgeordneten

---

[904] *Bertram/Endres* in: Keuper/Oecking, Corporate Shared Services, S. 243.

[905] *Kajüter/Carus/Knoblauch/Sánchez y Garcia/Steuernagel/Susemihl* in: Fischer/Lueg, Erfolgreiche Digitale Transformation von Shared Services, S. 144.

[906] *Spindler* in: Münchener Kommentar, AktG, § 76 Rn. 20; ähnlich *Grigoleit* in: Grigoleit, AktG, § 76 Rn. 86; *Fleischer* in: BeckOGK, AktG, § 76 [Stand: 02/2024] Rn. 75.

Personen, würde er auf seine Führungskompetenz verzichten. Dies käme einer unzulässigen Selbstentmündigung gleich.[907]

(2) Sorgfaltspflichten des Vorstands, § 93 Abs. 1 S. 1 AktG

Bei ihrer Geschäftsführung haben Vorstandsmitglieder einer Aktiengesellschaft nach § 93 Abs. 1 S. 1 AktG die Sorgfalt eines ordentlichen, gewissenhaften Geschäftsleiters anzuwenden. Dies umfasst unter anderem die Unternehmenssteuerung sowie Organisations- und Überwachungspflichten.

Die Unternehmenssteuerung erfordert eine Beobachtung des Unternehmensgeschehens unter Wirtschaftlichkeits- und Zweckmäßigkeitsgesichtspunkten. Hierzu sind geeignete Lenkungs- und Kontrollinstrumente erforderlich wie ein Controlling oder eine interne Revision.[908]

Die Organisationspflichten beinhalten die Sicherstellung einer möglichst reibungslosen Aufbau- und Ablauforganisation in den einzelnen unternehmerischen Teilbereichen.[909]

Gegenstand der Überwachungspflicht ist die laufende Überwachung der Unternehmensangehörigen zur Sicherstellung, dass diese ihren übertragenen Aufgaben ordnungsgemäß nachkommen.[910] Die Intensität der hierzu erforderlichen Kontrollen ist abhängig von der Gefahrgeneigtheit der Arbeit sowie dem Gewicht der zu beachtenden Vorschriften.[911] Zur Sicherstellung der Überwachung kann die Einrichtung eines Compliance-Systems in Betracht kommen.[912] Bei einer Delegation von Aufgaben des Vorstands auf Dritte besteht unter anderem eine Überwachungspflicht sowohl hinsichtlich der Zweckmäßigkeit der getroffenen Entscheidungen als auch der ausreichenden Informationsgrundlage und bestehender Interessenkonflikte.[913]

In der Literatur wird die Ansicht vertreten, aus § 93 Abs. 1 AktG (bzw. im Falle einer GmbH § 43 Abs. 1 GmbHG) folge die Pflicht, ein internes Kontrollsystem (IKS) einzurichten, um den Schutz vor Vermögensverlusten, die

---

[907] *Spindler* in: Münchener Kommentar, AktG, § 76 Rn. 16.

[908] *Fleischer* in: BeckOGK, AktG, § 93 [Stand: 02/2024] Rn. 71 f.

[909] *Fleischer* in: BeckOGK, AktG, § 93 [Stand: 02/2024] Rn. 73.

[910] *Fleischer* in: BeckOGK, AktG, § 93 [Stand: 02/2024] Rn. 138; ähnlich *Grigoleit/Tomasic* in: Grigoleit, AktG, § 93 Rn. 56.

[911] *Fleischer* in: BeckOGK, AktG, § 93 [Stand: 02/2024] Rn. 143.

[912] *Spindler* in: Münchener Kommentar, AktG, § 93 Rn. 119.

[913] *Spindler* in: Münchener Kommentar, AktG, § 93 Rn. 77 und 134.

Ordnungsmäßigkeit der Rechnungslegung und die Einhaltung rechtlicher Vorschriften (Compliance) zu gewährleisten. Dieses könne prozessunabhängige Maßnahmen umfassen wie die Einrichtung einer internen Revision, aber auch prozessintegrierte organisatorische Maßnahmen oder Kontrollen.[914] Dies dürfte zwar für viele Aktiengesellschaften eine adäquate Form der Wahrnehmung der Sorgfaltspflichten darstellen. Die Erforderlichkeit von Maßnahmen zur Wahrnehmung von Sorgfaltspflichten unterscheidet sich jedoch nach Komplexität und Risiken der jeweiligen Unternehmenstätigkeit.

(3) Einrichtung eines Überwachungssystems, § 91 AktG

Nach § 91 Abs. 2 AktG ist der Vorstand zudem zur Einrichtung eines Überwachungssystems verpflichtet, um gesellschaftsgefährdende Entwicklungen früh zu erkennen. Insoweit konkretisiert § 91 Abs. 2 AktG die allgemeine Leitungsaufgabe, § 76 AktG, und die Sorgfaltspflicht, § 93 Abs. 1 S. 1 AktG.[915] Bestandteile eines solchen Systems sind typischerweise eine Risikoidentifikation, Risikobewertung und Kommunikation.[916]

Diese Pflichten können bestehen

- sowohl für eine interne zentrale Servicefunktion selbst, wenn ihr Träger eine Aktiengesellschaft ist,
- als auch auf für Aktiengesellschaften, die Geschäftsprozesse auslagern und diese auch nach der Auslagerung zu steuern haben.

Auf diese Veränderungen sind die Kontroll- und Überwachungssysteme neu auszurichten. Dies umfasst auch die Bereitstellung der insbesondere zur Bewältigung der Komplexitätssteigerung[917] erforderlichen Personal- und Sachressourcen.

Die Wahrnehmung dieser Pflichten wird zwar durch Standardisierung und Automatisierung erleichtert. Durch die Bündelung der Geschäftsprozesse

---

[914] *Kajüter/Brühl/Finken/Steuernagel/Troßbach/Vollmer* in: Fischer/Vollmer, Erfolgreiche Führung von Shared Services, S. 49 f.

[915] *Fleischer* in: BeckOGK, AktG, § 91 [Stand: 02/2024] Rn. 30.

[916] *Kajüter/Brühl/Finken/Steuernagel/Troßbach/Vollmer* in: Fischer/Vollmer, Erfolgreiche Führung von Shared Services, S. 54 f.

[917] Siehe oben D. V. 1. b) dd) Komplexitätserhöhung in Teilbereichen, S. 228.

vieler auslagernder Kunden in einer zentralen Servicefunktion nimmt jedoch die Risikodiversifikation ab. Ein Fehler in der zentralen Servicefunktion kann somit die Geschäftsprozesse aller auslagernden Unternehmen beeinträchtigen.[918] Der Arbeit der Kontroll- und Überwachungssysteme kommt also eine noch wichtigere Bedeutung zu als bei rein dezentral organisierten Unternehmen.

2. Finanzielle Effekte

Kosteneinsparungen als ein finanzieller Aspekt des Einsatzes zentraler Servicefunktionen sind ein primäres Ziel zum Beispiel von Shared Service Organisationen[919] und wesentlicher Treiber ihres Wachstums.

a) Ziel: Kosteneinsparungen

Der Einsatz zentraler Servicefunktionen kann aus mehreren Gründen Kosteneinsparungen ermöglichen. Im Zentrum stehen

- Einsparungen bei Personalkosten. Kosteneinsparungen können aber auch aus
- geringeren Infrastrukturkosten (Büromiete, -ausstattung, Kosten der Informations- und Kommunikationstechnologie etc.)[920] sowie
- optimierten Beschaffungskosten (Finanzierung, Einkauf, Logistik, Informationstechnologie etc.)[921] resultieren.

aa) Mögliche Ursachen von Personalkosteneinsparungen

Einsparungen von Personalkosten können auf mehreren Ursachen beruhen.

---

918 *Kajüter/Brühl/Finken/Steuernagel/Troßbach/Vollmer* in: Fischer/Vollmer, Erfolgreiche Führung von Shared Services, S. 55.

919 *Brühl/Kajüter/Fischer/Hirsch/Dornbusch/Hoffmann/Vollmer* in: Fischer/Vollmer, Erfolgreiche Führung von Shared Services, S. 3; *Hutzschenreuter*, Allgemeine Betriebswirtschaftslehre, S. 228; *Kajüter/Brühl/Finken/Steuernagel/Troßbach/Vollmer* in: Fischer/Vollmer, Erfolgreiche Führung von Shared Services, S. 26; *Truijens/Neumann-Giesen/Weber*, Organisationsform Shared-Service-Center, S. 18; *Westerhoff* in: Keuper/Oecking, Corporate Shared Services, S. 60.

920 *Becker/Bluhm/Kunz/Mayer*, Gestaltung von Shared Service Centern in internationalen Konzernen, S. 26; *Hutzschenreuter*, Allgemeine Betriebswirtschaftslehre, S. 211.

921 *Breuer/Kreuz* in: Keuper/Oecking, Corporate Shared Services, S. 148.

(1) Konsolidierungsvorteile und Skaleneffekte

Aus den vorgenannten prozessualen Effekten Optimierung, Standardisierung und Automatisierung können sich Konsolidierungsvorteile ergeben. Werden zuvor dezentral erbrachte Dienstleistungen in einer zentralen Organisationseinheit gebündelt, können Synergien genutzt werden. Doppelarbeiten können reduziert, Kapazitäten effektiver gesteuert und Nachfrageschwankungen besser ausgeglichen werden.[922] Zudem können positive Skaleneffekte realisiert werden,[923] also das Sinken der durchschnittlichen Gesamtkosten bei einer steigenden Produktionsmenge.[924]

Im Ergebnis kann mehr Personal in dezentralen Einheiten freigesetzt werden als das Shared Service Center zur Leistungserbringung benötigt.[925] Diese Konsolidierungsvorteile können zu einem Stellenabbau und so zu einer Reduzierung der Personalkosten führen.[926]

(2) Standortvorteile: On- oder Offshoring

Der Einsatz einer zentralen Servicefunktion geht mit Änderungen der Aufbauorganisation eines Konzerns einher. Diese Änderungen können dazu genutzt werden, eine neue Standortentscheidung für die zentrale Servicefunktion zu treffen.

Ein Kriterium hierfür ist das Lohnkostenniveau an möglichen neuen Standorten. Wird ein Standort in einer Region gewählt mit signifikant geringeren Lohnkosten als der bisherige Ort der Leistungserbringung, trägt dies zur Reduzierung der Personalkosten insgesamt bei.

In diesem Zusammenhang kann eine Verlagerung der zentralen Servicefunktion ins Ausland erwogen werden (Offshoring).[927] Offshoring kann sowohl bei einer konzernexternen Leistungserbringung (Outsourcing) genutzt werden als auch bei einer konzerninternen Realisierung der Servicefunktion,

---

922 *Truijens/Neumann-Giesen/Weber*, Organisationsform Shared-Service-Center, S. 18 f.

923 *Truijens/Neumann-Giesen/Weber*, Organisationsform Shared-Service-Center, S. 11.

924 *Piekenbrock*, Gabler Kompakt-Lexikon Volkswirtschaftslehre, Stichwort „Economies of Scale".

925 *Breuer/Kreuz* in: Keuper/Oecking, Corporate Shared Services, S. 147.

926 *Truijens/Neumann-Giesen/Weber*, Organisationsform Shared-Service-Center, S. 21.

927 *Buba*, BBP 2017, 149 (149 ff.); *Daus/Raschke*, Deine Bahn, Heft 2/2008, S. 17 (19); *Kajüter/Brühl/Finken/Steuernagel/Troßbach/Vollmer* in: Fischer/Vollmer, Erfolgreiche Führung von Shared Services, S. 26.

zum Beispiel durch die Gründung einer ausländischen Tochtergesellschaft.[928] Hinsichtlich des Auslagerungsziels kann beim Offshoring unterschieden werden zwischen der Auslagerung in räumlich nahe Länder (Nearshoring) und räumlich entferntere Länder (Farshoring).[929] Sind im Gegensatz zum Offshoring die Räumlichkeiten des Dienstleisters dagegen in dem Staat angesiedelt, in dem sich auch der Leistungsabnehmer befindet, handelt es sich um eine on-shore Lösung (Onshoring).[930]

Die Standortentscheidung ist ein wesentlicher Faktor für die Realisierung der mit der Einführung zentraler Servicefunktionen verbundenen Ziele und oftmals nur kostenintensiv revidierbar.[931] Sie sollte daher nicht ausschließlich im Hinblick auf den Standortfaktor Lohnkosten und seine aktuelle Ausprägung getroffen werden. Aktuell unterschiedliche Lohnkostenniveaus können sich in einem globalen Wettbewerb mit der Zeit angleichen.

Relevant für eine Standortentscheidung sind auch das Rechtssystem, die Steuersätze, staatliche Subventionen, die Infrastruktur sowie die quantitative und qualitative Abdeckung des Personalbedarfs für die Unterstützung der Geschäftsprozesse.[932] Auch beim Personalbedarf ist zu berücksichtigen, dass dieser sich mit der Zeit wandeln kann. Fortschreitende Automatisierung und die digitale Transformation der Geschäftsprozesse kann den Personalbedarf reduzieren.[933] Hierdurch kann sich auch das mögliche Einsparvolumen eines Offshorings verringern. Ändern sich Geschäftsprozesse, können sich andererseits auch Anforderungen an die Qualifikation des Personals ändern, weil beispielsweise repetitive Tätigkeiten entfallen, aber eine

---

928 *Hutzschenreuter*, Allgemeine Betriebswirtschaftslehre, S. 226.

929 *Kajüter/Brühl/Finken/Steuernagel/Troßbach/Vollmer* in: Fischer/Vollmer, Erfolgreiche Führung von Shared Services, S. 26; *Kalden*, Performance Measurement in Shared Services, S. 56; *Truijens/Neumann-Giesen/Weber*, Organisationsform Shared-Service-Center, S. 10.

930 *Kajüter/Brühl/Finken/Steuernagel/Troßbach/Vollmer* in: Fischer/Vollmer, Erfolgreiche Führung von Shared Services, S. 26; *Truijens/Neumann-Giesen/Weber*, Organisationsform Shared-Service-Center, S. 10.

931 *Kajüter/Brühl/Finken/Steuernagel/Troßbach/Vollmer* in: Fischer/Vollmer, Erfolgreiche Führung von Shared Services, S. 25.

932 *Kajüter/Brühl/Finken/Steuernagel/Troßbach/Vollmer* in: Fischer/Vollmer, Erfolgreiche Führung von Shared Services, S. 26.

933 *Buba*, BBP 2017, 149 (151).

digitale Transformation zu konzipieren ist. In solchen Fällen kann es dazu kommen, dass ein bereits durchgeführtes Offshoring rückgängig gemacht wird (Reshoring).[934]

(3) Individuell- oder kollektivarbeitsrechtliche Maßnahmen

Im Zuge der Einführung zentraler Servicefunktionen kann es zur Trennung von erfahrenen und qualifizierten Mitarbeitenden kommen. Insbesondere bei Standortverlagerungen bieten zivilrechtliche (§ 613a BGB) und – falls solche bestehen – tarifvertragliche Regelungen diesen nicht immer einen effektiven Schutz.

Anpassungen der Aufbau- und Ablauforganisation können einher gehen mit einer neuen, niedrigeren Bewertung und Eingruppierung der Tätigkeiten. Eine Dokumentation standardisierter Geschäftsprozesse kann den Einsatz (auch) von neuen Mitarbeitenden ermöglichen, die über eine geringere Vor- bzw. Ausbildung in dem betroffenen Fachbereich verfügen. Bei Offshore-Lösungen wird oftmals sprachversierten Mitarbeitenden ohne Fachkenntnisse der Vorzug vor Fachexperten gegeben.[935]

Zudem können Shared Service Center unter Umständen auch so gestaltet werden, dass sie keinem oder einem günstigeren Tarifvertrag unterliegen als die auslagernden Unternehmen.[936]

bb) Volumen der erwarteten Kosteneinsparungen

Die Erwartungen an Kosteneinsparungen durch den Einsatz zentraler Servicefunktionen weichen unternehmensspezifisch stark voneinander ab. Teilweise wird hierbei auch nach der Auslagerung unterschiedlicher Funktionsbereiche (Personal, Finanzen, Informationstechnologie etc.)[937] sowie nach unterschiedlichen Organisationsformen (Shared Services, Outsourcing) differenziert.

---

934 *Fischer/Lueg/Schneck/Brühl* in: Fischer/Lueg, Erfolgreiche Digitale Transformation von Shared Services, S. 8.

935 *Truijens/Neumann-Giesen/Weber*, Organisationsform Shared-Service-Center, S. 20.

936 *Becker/Bluhm/Kunz/Mayer*, Gestaltung von Shared Service Centern in internationalen Konzernen, S. 27.

937 *Truijens/Neumann-Giesen/Weber*, Organisationsform Shared-Service-Center, S. 35 f.

Bei Shared Services werden nach Studienergebnissen Einsparvolumina erwartet[938] von 14 %, 20 bis 30 %, 25 bis 30 %,[939] 40 %[940] sowie bis zu 50 % und mehr.[941] Nach einer Befragung rechnen knapp ein Drittel der befragten Unternehmen mit Einsparungen von 16 bis 25 %.[942] In einer anderen Studie waren dies 25 %.[943] Im Falle des Outsourcings werden Einsparungen von 20 bis 40 %[944] genannt.

Zwar haben die erwarteten Einsparungen eine große Bandbreite. In vielen Unternehmen waren in der Vergangenheit zudem die systematische Kontrolle und Steuerung der Verwaltungskosten weniger ausgeprägt als die Überwachung der Produktionskosten.[945] Die genannten Volumina sind jedoch so attraktiv, dass Unternehmen sich mit ihrer Realisierung befassen, zumal wenn sie in einem Wettbewerbsmarkt agieren.

b) Risiko: Volumen der realisierten Kosteneinsparungen

Hinsichtlich der finanziellen Ziele liegt jedoch ein signifikanter Unterschied vor zwischen der Einschätzung von Zielpotentialen und der Zielerreichung.[946] Die realisierten Einsparpotentiale blieben deutlich hinter den Erwartungen der

---

938 *Truijens/Neumann-Giesen/Weber*, Organisationsform Shared-Service-Center, S. 35.

939 *Becker/Bluhm/Kunz/Mayer*, Gestaltung von Shared Service Centern in internationalen Konzernen, S. 25; *Daus/Raschke*, Deine Bahn, Heft 2/2008, S. 17 (18).

940 *Kalden*, Performance Measurement in Shared Services, S. 47.

941 *Becker/Bluhm/Kunz/Mayer*, Gestaltung von Shared Service Centern in internationalen Konzernen, S. 25; *Daus/Raschke*, Deine Bahn, Heft 2/2008, S. 17 (19); *KPMG AG Wirtschaftsprüfungsgesellschaft/Universität St. Gallen*, Shared Service Center für Controlling-Prozesse, S. 15, https://assets.kpmg/content/dam/kpmg/pdf/2013/09/shared-services-controllingprozesse-neu-2013-kpmg.pdf (aufgerufen am 14.02.2024); *Westerhoff* in: Keuper/Oecking, Corporate Shared Services, S. 57.; *Westerhoff* in: Keuper/Oecking, Corporate Shared Services, S. 57.

942 *KPMG AG Wirtschaftsprüfungsgesellschaft/Universität St. Gallen*, Shared Service Center für Controlling-Prozesse, S. 5, https://assets.kpmg/content/dam/kpmg/pdf/2013/09/shared-services-controllingprozesse-neu-2013-kpmg.pdf (aufgerufen am 14.02.2024).

943 *Truijens/Neumann-Giesen/Weber*, Organisationsform Shared-Service-Center, S. 36.

944 *Klingebiel/Andreas*, DStR 2005, 981 (982).

945 *Breuer/Kreuz* in: Keuper/Oecking, Corporate Shared Services, S. 143.

946 *Becker/Bluhm/Kunz/Mayer*, Gestaltung von Shared Service Centern in internationalen Konzernen, S. 26; *Truijens/Neumann-Giesen/Weber*, Organisationsform Shared-Service-Center, S. 20.

Unternehmen zurück. Zwar konnte eine große Mehrheit von Unternehmen grundsätzlich Kosteneinsparungen realisieren.[947]

Nach einer Erhebung geben 22 % der befragten Unternehmen die tatsächlich realisierten Einsparungen jedoch mit weniger als 5 % an. Mehr als 25 % Einsparung haben dagegen nur 9 % der Unternehmen erreicht.[948]

In einer anderen Erhebung, die Großunternehmen im Fokus hatte,[949] waren dies 11 % (weniger als 5 % Einsparung) bzw. 17 % (mehr als 25 %). In dieser Erhebung haben allerdings 28 % der befragten Unternehmen angegeben, dass sie die tatsächlichen Kosteneinsparungen nicht kennen.

aa) Unterschiedliche Leistungsumfänge

Eine Ursache für die Schwierigkeit, Kosteneinsparungen vorab richtig einzuschätzen, kann ein unterschiedlicher Leistungsumfang zwischen dem neuen, standardisierten Geschäftsprozess und dem zuvor dezentral durchgeführten Geschäftsprozess sein. Soweit die Einführung von zentralen Servicefunktionen verbunden ist mit dem Abbau von Stellen bei auslagernden dezentralen Unternehmen ist weiterhin zu prüfen, ob und welche Funktionen diese Stellen außerhalb des auszulagernden Geschäftsprozesses zusätzlich wahrgenommen haben.

Einerseits werden mitunter Geschäftsprozesse nicht nur optimiert, sondern auch erweitert, beispielsweise um die Möglichkeiten der digitalen Transformation nutzen zu können. Hierbei können Einsparungen durch eine höhere Prozesseffizienz sowie Mehreinzahlungen durch eine verbessere Qualität zu berücksichtigen sein.[950] Dabei ist abzugrenzen, welche dieser Effekte der Einführung der zentralen Servicefunktion zuzurechnen sind und welche nicht.

Andererseits können Geschäftsprozesse im Zuge der Übernahme durch eine zentrale Servicefunktion in Art, Umfang und Qualität auch eingeschränkt werden. Dies kann geschehen, um die erwarteten Vorteile der

---

[947] *Buba*, BBP 2017, 149 (149); *Truijens/Neumann-Giesen/Weber*, Organisationsform Shared-Service-Center, S. 36.

[948] *Truijens/Neumann-Giesen/Weber*, Organisationsform Shared-Service-Center, S. 35 f.

[949] *KPMG AG Wirtschaftsprüfungsgesellschaft/Universität St. Gallen*, Shared Service Center für Controlling-Prozesse, S. 16., https://assets.kpmg/content/dam/kpmg/pdf/2013/09/shared-services-controllingprozesse-neu-2013-kpmg.pdf (aufgerufen am 14.02.2024).

[950] *Breuer/Kreuz* in: Keuper/Oecking, Corporate Shared Services, S. 145.

Optimierung und Standardisierung zeigen zu können. Bei auslagernden Unternehmen kann dies allerdings dazu führen, dass wesentliche Tätigkeiten neu geplant und Schnittstellen modifiziert bzw. neu eingerichtet werden müssen.[951]

Diese Faktoren sind bei einer Bewertung möglicher Kosteneinsparungen mit einzubeziehen.

bb) Ermittlungsmethodik der Einsparungen

Hinsichtlich der Belastbarkeit der ermittelten Informationen ist zu berücksichtigen, dass diese teilweise durch Befragungen von Unternehmen erhoben wurden. Diese wurden zudem teilweise von Unternehmensberatungen durchgeführt, die selbst Beratung zur Umsetzung von Shared Service Konzepten anbieten.[952]

Anlässlich der Einführung von zentralen Servicefunktionen gibt es regelmäßig eine Vielzahl von Effekten, die sich auf die Kosten eines Unternehmens auswirken, z. B. ein geringerer Bedarf an technischen oder räumlichen Ressourcen, Standortverdichtungen, eine Lernkurve innerhalb eines Shared Service Centers etc.[953] Ursachen für die Abweichungen der realisierten von den erwarteten Einsparungen können beispielsweise eine Überschätzung der eigenen Herstellkosten vor Einführung eines Shared Service, zu geringe tatsächliche Fixkostenreduktion nach dessen Einführung sowie einer Unterschätzung von Transaktionskosten einschließlich notwendiger einmaliger Umstellungskosten (switching costs) sein.[954]

Die ermittelten Informationen ergäben eine belastbarere Entscheidungsgrundlage, wenn die Unternehmen diese nach einheitlichen Kriterien ermittelt hätten, d. h. beispielsweise

- dieselben rechnungsmethodischen Bewertungsinstrumente[955] und
- dieselben Betrachtungs- bzw. Amortisationszeiträume[956]

---

951 Siehe oben D. V. 1. b) dd) (3) Schnittstellen: Modifikation und Neueinrichtung, S. 232.

952 *Truijens/Neumann-Giesen/Weber*, Organisationsform Shared-Service-Center, S. 10.

953 *Kalden*, Performance Measurement in Shared Services, S. 47.

954 *Breuer/Kreuz* in: Keuper/Oecking, Corporate Shared Services, S. 145; *Klingebiel/Andreas*, DStR 2005, 981 (983).

955 *Truijens/Neumann-Giesen/Weber*, Organisationsform Shared-Service-Center, S. 37.

956 *Kalden*, Performance Measurement in Shared Services, S. 47.

angewandt hätten. Aus den vorliegenden Untersuchungen kann jedenfalls nicht belastbar auf ein bestimmtes Einsparvolumen durch die Einführung von Shared Services geschlossen werden.

(1) Bewertungsinstrument Investitionskostenrechnung

Die geeignete Methode zur Beurteilung der Vorteilhaftigkeit einer Auslagerung, ist eine Investitionskostenrechnung, die die gesamten Kosten (Projektkosten, einmalige und laufende Transaktionskosten, Sach- und Personalinvestitionen, Kontrollkosten[957] etc.), aber auch den Nutzen aus Prozessänderungen und -ergänzungen berücksichtigt. Tatsächlich werden Shared Service Center jedoch häufig nach Kostenvergleichsrechnungen oder Instrumenten wie Scoring-Modellen beurteilt.[958] Mitunter beschränkt sich die Leistungsmessung (performance measurement) von Shared Service Centern auch auf konzeptionelle Argumente oder anekdotische Evidenz.[959]

Realisierbare Einsparungen sollten daher unternehmensspezifisch im Rahmen einer Investitionsrechnung bewertet werden.

(2) Amortisationszeiträume

Diese Zahlen sind ferner vor dem Hintergrund zu interpretieren, dass für Aufbau und Einrichtung eines Shared Service Centers hohe Anfangszahlungen zu leisten sind,[960] beispielsweise für Projekt- und Transaktionskosten. Insoweit kommt auch der Frage eine Bedeutung zu, wann sich diese Kosten amortisieren und die Einsparungen tatsächlich erfolgswirksam werden.[961] Soweit Unternehmen hierzu Angaben machen, ergibt sich eine große Bandbreite.

Nach Untersuchungen einer Unternehmensberatung amortisieren sich Shared Service Center für zwei Drittel der Großunternehmen nach spätestens vier Jahren. Für 15 % der Unternehmen beträgt der Amortisationszeitraum dagegen mehr als sechs Jahre.[962] Für ein Business Process Outsourcing wer-

---

[957] *Breuer/Kreuz* in: Keuper/Oecking, Corporate Shared Services, S. 149 f.

[958] *Breuer/Kreuz* in: Keuper/Oecking, Corporate Shared Services, S. 145.

[959] *Kalden*, Performance Measurement in Shared Services, S. 29 und 31.

[960] *Breuer/Kreuz* in: Keuper/Oecking, Corporate Shared Services, S. 145.

[961] *Truijens/Neumann-Giesen/Weber*, Organisationsform Shared-Service-Center, S. 36 ff.

[962] *KPMG AG Wirtschaftsprüfungsgesellschaft/Universität St. Gallen*, Shared Service Center für Controlling-Prozesse, S. 4, https://assets.kpmg/content/dam/kpmg/pdf/2013/09/shared-services-controllingprozesse-neu-2013-kpmg.pdf (aufgerufen am 14.02.2024).

den beispielsweise Amortisationszeiträume für beide Seiten – auslagerndes Unternehmen und Dienstleister – von fünf bis sieben Jahren genannt,[963] so dass erst nach Ablauf dieser Zeit der wirtschaftliche Erfolg beurteilt werden kann. Im Falle des Outsourcings besteht beispielsweise die Möglichkeit, dass regionale Lohnkostenunterschiede sich mit der Zeit nivellieren und Einsparungen somit nicht dauerhaft sind.

3. Mitarbeiterbezogene Effekte

Mitarbeiterbezogenen Zielen stehen – insbesondere für das bestehende Personal – auch Risiken gegenüber.

a) Mitarbeiterbezogene Ziele

Die Einführung zentraler Servicefunktionen kann mit verschiedenen mitarbeiterbezogenen Zielen verbunden sein. Häufig wird die Erhöhung des Know-hows sowie der Motivation der Mitarbeitenden genannt. Die Konzentration von Expertise in einer zentralen Servicefunktion kann dazu führen, dass die Mitarbeitenden gezielt geführt und qualifiziert werden können. Dies fördert einerseits ihr Know-how.[964] Andererseits kann es auch die Mitarbeiterzufriedenheit erhöhen, wenn diese im Kernprozess der zentralen Servicefunktion mehr Wertschätzung erfahren, als wenn sie in einer dezentralen Funktion in einer Supportfunktion tätig sind.[965]

Zur Steigerung der Motivation der Mitarbeitenden können u. a. erweiterte Aufgaben- und Kompetenzbereiche, neue Karrierewege, angemessene Anreizsysteme und eine verstärkte Teamorientierung in Shared Service Centern beitragen.[966]

---

963 *Klingebiel/Andreas*, DStR 2005, 981 (986).

964 *Kalden*, Performance Measurement in Shared Services, S. 50 f.; *Klingebiel/Andreas*, DStR 2005, 981 (982).

965 *Becker/Bluhm/Kunz/Mayer*, Gestaltung von Shared Service Centern in internationalen Konzernen, S. 30.

966 *Brühl/Kajüter/Fischer/Hirsch/Dornbusch/Hoffmann/Vollmer* in: Fischer/Vollmer, Erfolgreiche Führung von Shared Services, S. 14; *Fischer/Lueg/Schneck/Brühl* in: Fischer/Lueg, Erfolgreiche Digitale Transformation von Shared Services, S. 5; *Keuper/Oecking* in: Keuper/Oecking, Corporate Shared Services, S. 478; *Klingebiel/Andreas*, DStR 2005, 981 (983); *Scherm/Kleiner* in: Keuper/Oecking, Corporate Shared Services, S. 299.

b) Mitarbeiterbezogene Risiken

Anders können sich die Effekte aus Sicht des Bestandspersonals darstellen. Hier können Zielkonflikte zwischen mitarbeiterbezogenen und finanziellen Zielen bestehen. Ist die Reduzierung von Personalkosten unter anderem durch Skaleneffekte, zielgerichtete Standortwahl und personelle Maßnahmen ein wesentliches Ziel zentraler Servicefunktionen, stehen diese Maßnahmen häufig in direktem Wiederspruch zur Mitarbeiterzufriedenheit des Bestandspersonals. Ein drohender Arbeitsplatzverlust, veränderte Unternehmenskultur, unklare Transformationsprozesse oder eine Verschlechterung der Karriereaussichten können beim Bestandpersonal zu einer sinkenden Mitarbeitermotivation führen.[967]

Dies kann in Folge auch zu einem Konflikt zwischen finanziellen und prozessualen Zielen führen: In der Regel ist es sinnvoll, das Know-how des Bestandspersonals zur Analyse der Ist-Prozesse als Vorstufe einer Prozessoptimierung einzusetzen. Die langfristig aufgebaute Kompetenz kann zudem nutzbringend eingesetzt werden zur Lösung von betrieblichen Problemen, zur Konzeption der zentralen Servicefunktion sowie zur Einführung von Innovationen. Eine unzureichende Einbeziehung oder weitergehend ein bewusster Ausschluss von Mitarbeitenden kann die Qualität der Dienstleistungen reduzieren.[968]

Diese Beispiele zeigen, dass bei der Einführung einer zentralen Servicefunktion die parallele Verfolgung einer Vielzahl von Zielen gleichzeitig zu Zielkonflikten führen kann, die – wenn diese nicht aufgelöst werden – das Gesamtergebnis gefährden.[969]

Im Hinblick auf die sozialen Wirkungen von Shared Services, Business Process Outsourcing und Offshoring wird in der Literatur die Meinung vertreten, dass die betreffenden Unternehmen nicht unsozial handeln oder bestimmte Stakeholder (Arbeitnehmer) vernachlässigen. Zur Begründung wird auf die These von Milton Friedman verwiesen, die soziale Verantwortung der Unternehmen läge darin, Gewinn zu machen.[970] Diese „Friedman-Doctrine“ enthält aber auch eine Gültigkeitsvoraussetzung „[...] so long

[967] *Becker/Bluhm/Kunz/Mayer*, Gestaltung von Shared Service Centern in internationalen Konzernen, S. 23; *Klingebiel/Andreas*, DStR 2005, 981 (984).

[968] *Kalden*, Performance Measurement in Shared Services, S. 28.

[969] *Kalden*, Performance Measurement in Shared Services, S. 28.

[970] *Dressler*, Shared Services, Business Process Outsourcing und Offshoring, S. 195.

as it stays within the rules of the game […]".[971] Zu den Regeln, an die sich Unternehmen zu halten haben, gehören auch gesetzliche Vorgaben sowie kollektiv- und individualrechtliche Vereinbarungen.

4. Kundenbezogene Effekte: Konzentration auf das Kerngeschäft

Eine zentrale Servicefunktion kann zur Zufriedenheit und zum wirtschaftlichen Erfolg der auslagernden Unternehmen beitragen, wenn sie die vorgenannten prozessualen und finanziellen Ziele erfüllt. Die auslagernden Unternehmen werden hierdurch entlastet und können sich mehr auf ihr Kerngeschäft konzentrieren.[972]

Im Vergleich zu Zentralbereichen wird beim Einsatz von Shared Service Centern[973] und externer Dienstleister[974] eine größere Flexibilität sowie Service- und Kundenorientierung erwartet. Zu dieser Kundenorientierung kann ein regelmäßiger, strukturierter Austausch mit den Beteiligten zum Beispiel unter Einbeziehung einer Kundenzufriedenheitsmessung beitragen.[975] Dieser kann dazu genutzt werden aufzunehmen, wie die Kunden den Service wahrnehmen und welche weiteren Anforderungen sie an ihn haben. Hierdurch erhält die zentrale Servicefunktion einerseits Hinweise zur

---

[971] *Friedman*, A Friedman doctrine—The Social Responsibility of Business Is to Increase Its Profits, The New York Times vom 13.09.1970, https://www.nytimes.com/1970/09/13/archives/a-friedman-doctrine-the-social-responsibility-of-business-is-to.html (aufgerufen am 04.03.2024): „… there is one and only one social responsibility of business—to use its resources and engage in activities designed to increase its profits so long as it stays within the rules of the game …".
Hinweis: In der Online-Version wurde der ursprünglich gesetzte Geviertstrich („—") im Titel durch zwei einfache Bindestriche („--") ersetzt.

[972] *Becker/Bluhm/Kunz/Mayer*, Gestaltung von Shared Service Centern in internationalen Konzernen, S. 22; *Daus/Raschke*, Deine Bahn, Heft 2/2008, S. 17 (18); *Hutzschenreuter*, Allgemeine Betriebswirtschaftslehre, S. 211; *Westerhoff* in: Keuper/Oecking, Corporate Shared Services, S. 59 f.

[973] *Becker/Bluhm/Kunz/Mayer*, Gestaltung von Shared Service Centern in internationalen Konzernen, S. 7; *Scherm/Kleiner* in: Keuper/Oecking, Corporate Shared Services, S. 297.

[974] *Keuper/Oecking* in: Keuper/Oecking, Corporate Shared Services, S. 478; *Klingebiel/Andreas*, DStR 2005, 981 (983).

[975] *Steuernagel/Dornbusch/Hoffmann/Knocke/Lueg/Lutz/Musiolik/Troßbach* in: Fischer/Vollmer, Erfolgreiche Führung von Shared Services, S. 101 ff.

internen Steuerung und Produktentwicklung.[976] Andererseits ermöglicht der Austausch gegenüber den Kunden ein Erwartungsmanagement[977] und trägt somit zur Kundenzufriedenheit bei.

VI. Einflussmöglichkeiten auf den Geschäftsprozess

Durch die Auslagerung von Aufgaben in eine zentrale Servicefunktion verliert ein Unternehmen ein Teil der Kontrolle über den betreffenden Geschäftsprozess im Vergleich zu einer eigenen (dezentralen) Bearbeitung. Das auslagernde Unternehmen hat beispielsweise kein personelles Direktionsrecht gegenüber den Mitarbeitenden der zentralen Servicefunktion.

Im Folgenden wird dargestellt, welche Möglichkeiten einem auslagernden Unternehmen bleiben, Einfluss auf den ausgelagerten Geschäftsprozess zu nehmen. Diese Einflussmöglichkeiten richten sich maßgeblich danach, ob und in welchem Umfang es Vorgaben eines Beherrschungsvertrags (§ 291 ff. AktG) durch ein herrschendes Unternehmen (§ 17 Abs. 1 AktG) unterliegt.

1. Beherrschungsvertrag: Unterstellung oder Kontrahierungszwang

Keine Entscheidungsmöglichkeiten hat ein abhängiges Unternehmen beispielsweise in den Fällen, in denen ein herrschendes Unternehmen

- Funktionsbereiche durch eine Unterstellung komplett an sich zieht oder
- einen Kontrahierungszwang vorgibt, der Vertragsschluss, Preise und Leistung vollständig regelt.

In diesem Fall wird das auslagernde Unternehmen die Tätigkeit der zentralen Servicefunktion nur sehr eingeschränkt steuern können. Es kann allerdings seine Prozessschnittstellen in und aus der zentralen Servicefunktion überwachen. Auf diese Weise kann es kontrollieren, ob es zu Störungen im Prozessablauf kommt.

[976] *Steuernagel/Dornbusch/Hoffmann/Knocke/Lueg/Lutz/Musiolik/Troßbach* in: Fischer/Vollmer, Erfolgreiche Führung von Shared Services, S. 105.

[977] *Steuernagel/Dornbusch/Hoffmann/Knocke/Lueg/Lutz/Musiolik/Troßbach* in: Fischer/Vollmer, Erfolgreiche Führung von Shared Services, S. 109.

Sind Unternehmen in einem Konzern (§ 18 Abs. 1 AktG) zusammengefasst, können Gesichtspunkte dafür sprechen, dass das herrschende Unternehmen Geschäftsprozesse an sich zieht oder vollständig regelt. Dies gilt vor allem für Prozesse,

- die rechtlich soweit vorgegeben sind, dass keine signifikanten Unterschiede zwischen den Konzernunternehmen (§ 18 Abs. 1 AktG) bestehen, und
- bei denen besondere Risiken für den Konzern existieren.

Solche Prozesse kann es beispielsweise in den Funktionsbereichen Finanzen bzw. Buchhaltung und Recht unter Einschluss der Compliance geben.

Sind Prozesse dagegen konzernweit heterogen, wäre eine einseitige Vorgabe durch das herrschende Unternehmen mit viel Aufwand und Risiken für die abhängigen Unternehmen verbunden.

2. Mitwirkung des auslagernden Unternehmens

Zweckmäßig ist es häufig, das Know-how des auslagernden Unternehmens bei der Einführung zentraler Servicefunktionen mit einzubeziehen, um ein durchgängiges Funktionieren der Geschäftsprozesse sicherzustellen.[978] Dies gibt dem auslagernden Unternehmen Mitwirkungsmöglichkeiten, um seine betrieblichen und rechtlichen Anforderungen in der Konzeptionsphase einzubringen. Die folgende Darstellung der Einflussmöglichkeiten orientiert sich an dem Lebenszyklus einer Dienstleistungsbeziehung von der Planung (a)) und Implementierung (b)) über den laufenden Betrieb (c)) bis zu ihrer Beendigung (d)).

a) Planungsphase

Bereits im Rahmen der vorbereitenden Aktivitäten ist es sinnvoll, auf das Know-how des Unternehmens zurückzugreifen, das künftig Geschäftsprozesse an eine zentrale Servicefunktion abgeben soll. Dieses kann nutzenbringend in eine Machbarkeitsstudie (feasibility study) und Wirtschaftlichkeitsberechnung einfließen. Wichtig sind vor allem

- die Mitarbeit bei der Definition des neuen, standardisierten Geschäftsprozesses (aa)),

---

[978] *Westerhoff* in: Keuper/Oecking, Corporate Shared Services, S. 68 f.

- die Abstimmung von Kriterien für ein Service Level Agreement (bb)) sowie
- Regelungen zum Änderungsmanagement (cc)).

aa) Neuer standardisierter Geschäftsprozess

Zunächst ist der neue standardisierte Geschäftsprozess zu erarbeiten, nach dem die zentrale Servicefunktion künftig arbeiten soll. Dieser Zuschnitt umfasst auch die Prozessunterstützung durch Informationstechnologie.

Bei der Erarbeitung kann eine Analyse der (dezentralen) Ist-Prozesse des auslagernden Unternehmens berücksichtigt werden. Aus einem Abgleich der Unterschiede können Handlungsbedarfe für das weitere Vorgehen abgeleitet werden. Das betrifft insbesondere neue oder geänderte Prozess- oder IT-Schnittstellen, die aus der Einbeziehung der zentralen Servicefunktion in den standardisierten Prozess resultieren.

bb) Service Level Agreement

Auf Basis des standardisierten Prozesses können die Tätigkeiten der zentralen Servicefunktion hinsichtlich Art, Umfang, Qualität, Zeiten, Zuständigkeiten und Preisen genauer definiert werden. Diese Beschreibung kann als Basis für ein Service Level Agreement (SLA) dienen, das die Details der Leistungserbringung durch die Servicefunktion vertraglich regelt.[979]

Als Teil des SLA sollten auch Kriterien vereinbart werden, anhand derer die Vertragspartner die Leistung des Service messen (Berichtswesen, Kennzahlen, Key Performance Indicators – KPIs etc.).[980] Dies ist bei transaktionsbasierten (transaction-based) Tätigkeiten einer zentralen Servicefunktion tendenziell einfacher als bei rein wissensbasierten (knowledge-based) Tätigkeiten.[981] Die Festlegung geeigneter Metriken zur Messung von Effizienz und Effektivität einer Servicefunktion insgesamt ist hierbei häufig eine Herausforderung.

---

979 *Breuer/Kreuz* in: Keuper/Oecking, Corporate Shared Services, S. 148; *Kalden*, Performance Measurement in Shared Services, S. 59 f.; *Truijens/Neumann-Giesen/Weber*, Organisationsform Shared-Service-Center, S. 10.

980 *Becker/Bluhm/Kunz/Mayer*, Gestaltung von Shared Service Centern in internationalen Konzernen, S. 43; *Westerhoff* in: Keuper/Oecking, Corporate Shared Services, S. 62; *Steuernagel/Dornbusch/Hoffmann/Knocke/Lueg/Lutz/Musiolik/Troßbach* in: Fischer/Vollmer, Erfolgreiche Führung von Shared Services, S. 101.

981 *Kalden*, Performance Measurement in Shared Services, S. 31.

Dies betrifft auch die Messung von finanziellen Einsparungen als wesentlichen Grund für die Einführung z. B. eines Shared Service Centers.[982]

Auf diese Messung aufbauend können ergänzend Vereinbarungen zu möglichen Steuerungsmaßnahmen und vertraglichen Auswirkungen von Leistungsstörungen getroffen werden, d. h. Abweichungen vom vereinbarten Service Level. Hierbei kann es sich um Reaktions- oder Antwortzeiten handeln bis hin zu konkreten Maßnahmen wie etwa der Anpassung variabler Vergütungselemente wie Bonus- oder Malus-Zahlungen bzw. Pönalen für die Servicefunktion.

cc) Änderungsmanagement und Beendigung

Die vertragliche Vereinbarung mit der zentralen Servicefunktion sollte ferner Regelungen zum Änderungsmanagement in der Betriebsphase enthalten. Das auslagernde Unternehmen hat nach Abschluss des Vertrages mit der zentralen Servicefunktion keine Kontrolle über den Geschäftsprozess mehr in dem Sinne, dass es allein über Änderungen disponieren kann. Es bedarf hierzu einer Abstimmung mit der Servicefunktion.

Ferner sollte der Vertrag Regelungen zum Vorgehen bei der Beendigung der Tätigkeit der zentralen Servicefunktion enthalten (Exit-Szenario, End-of-Life-Phase[983]).

b) Implementierungsphase

Das auslagernde Unternehmen ist sinnvollerweise ferner bei der Planung der Umstellungsphase von dem bisherigen alten dezentralen Geschäftsprozess auf den neuen standardisierten Prozess einzubeziehen. Etwaige erforderliche Aktivitäten des Change Managements betreffen auch das auslagernde Unternehmen: Bisherige Geschäftsprozesse müssen beendet, neue Schnittstellen in Betrieb genommen und neue Steuerungs- und Koordinierungstätigkeiten aufgenommen werden.

Zur Reduzierung des Risikos von unvorhergesehenen Störungen bei der erstmaligen Aufnahme des neuen Geschäftsprozesses können personelle, zeitliche und technische Reserven vorgesehen werden. Auswirkungen solcher Störungen können ggf. durch eine (zeitlich, örtlich, unternehmensbezogen)

---

982 *Kalden*, Performance Measurement in Shared Services, S. 28 f.

983 *Schomann/Koch* in: Keuper/Oecking, Corporate Shared Services, S. 232 f.

gestufte Einführung des neuen Geschäftsprozesses begrenzt und damit besser beherrschbar sein. Dies kann beispielsweise auch in Form eines Parallel-, Shadow- oder Pilotbetriebs erfolgen.[984]

c) Laufender Betrieb: Messung und Steuerung

Während des laufenden Betriebs sollte das auslagernde Unternehmen die Steuerung der zentralen Servicefunktion vornehmen. Ist die zentrale Servicefunktion auf Basis eines Vertrags mit dem auslagernden Unternehmen tätig, sind diese Steuerungsaufgaben mit der Steuerung eines Dienstleisters oder Werkvertragsnehmers vergleichbar. Hierbei sind unter anderem zwei Aspekte kontinuierlich zu prüfen:

Zum einen sollte das auslagernde Unternehmen überwachen, ob die Tätigkeit der zentralen Servicefunktion in quantitativer und qualitativer Hinsicht dem vereinbarten Service Level entspricht. Kriterien und Metriken zu dieser Prüfung sollten vorab vereinbart worden sein.

Zum anderen sollte das Unternehmen regelmäßig prüfen, ob die vereinbarte Leistung und das vereinbarte Service Level weiterhin seinen betrieblichen und rechtlichen Anforderungen entsprechen. Auch hier müssen sich im Falle einer Änderung Steuerungsaktivitäten anschließen wie etwa Abstimmungen mit der zentralen Servicefunktion über eine geänderte vertragliche Vereinbarung.

Führen Steuerungsmaßnahmen nicht zum Erfolg, ist ein Übergang in die nächste Phase in Betracht zu ziehen: die Beendigung der Tätigkeit der zentralen Servicefunktion.

d) Beendigung

Idealerweise entwickelt das auslagernde Unternehmen bereits vor der Auslagerung Strategien, wie es seine Geschäftsprozesse aufrechterhalten kann, wenn die Tätigkeit der zentralen Servicefunktion beendet wird (Exit-Szenarien).

Eine solche Beendigung kann initiiert werden durch

- die zentrale Servicefunktion im Wege einer Kündigung. Eine solche kann erfolgen, wenn die Geschäftsbeziehung für die Servicefunktion wirtschaftlich weniger attraktiv ist als andere Tätigkeiten oder die Servicefunktion sich strategisch anders orientieren will.

---

[984] *Dressler*, Shared Services, Business Process Outsourcing und Offshoring, S. 50 f.

- das herrschende Unternehmen, indem es die Regelungen der Beherrschung modifiziert oder aufhebt, oder
- durch das auslagernde Unternehmen. Eine solche Entscheidung kann Ergebnis des Monitorings in der Betriebsphase sein, wenn das Service Level trotz Steuerungsmaßnahmen nicht den vereinbarten Kriterien entspricht oder ein besseres Verhältnis von Kosten und Qualität[985] angestrebt wird. Die Beendigung der Beziehung zum Serviceanbieter kann aber auch aus veränderten rechtlichen oder betrieblichen Anforderungen erforderlich werden, falls der Anbieter diesen nicht nachkommt.

Für das auslagernde Unternehmen gibt es vor allem zwei Optionen:

- den Austausch des Dienstleisters oder
- die Wiedereingliederung der Geschäftsprozesse in das eigene Unternehmen (Insourcing).

VII. Zusammenfassung

Bei der Entscheidung über den Einsatz einer zentralen Servicefunktion handelt es sich um ein komplexes Problemfeld. Einer Vielzahl von wirtschaftlichen, rechtlichen, strategischen und operativen Anforderungen und Rahmenbedingungen steht eine große Bandbreite an Gestaltungsoptionen gegenüber. Die Umsetzung der Entscheidung ist mit hohem initialen organisatorischen und finanziellen Umstellungsaufwand verbunden und daher nur schwer revidierbar. Es handelt sich somit um eine langfristige, strategisch wirkende Investitionsentscheidung.[986]

1. Wirtschaftliche Aspekte

Aus wirtschaftlicher Perspektive können zentrale Servicefunktionen einen Beitrag zur Steigerung des Unternehmenserfolgs durch Realisierung von Qualitäts- und Kostenpotenzialen leisten.[987]

---

985 *Fischer/Lueg/Schneck/Brühl* in: Fischer/Lueg, Erfolgreiche Digitale Transformation von Shared Services, S. 7.

986 *Breuer/Kreuz* in: Keuper/Oecking, Corporate Shared Services, S. 143.

987 *Fischer/Vollmer* in: Fischer/Vollmer, Erfolgreiche Führung von Shared Services, S. XIII.

Für wissensbasierte Tätigkeiten sind zentrale Servicefunktionen ein etabliertes Instrument. Gerade in unternehmenskritischen Bereichen können sie ein geeignetes Mittel für das herrschende Unternehmen sein, seine Leitungsmacht (§ 308 AktG) über ein abhängiges Unternehmen auszuüben.

Für (auch) transaktionsbasierte Tätigkeiten, die vor allem aus Gründen der Einsparung von Personalkosten gebündelt werden, können zentrale Servicefunktionen wirtschaftlich vorteilhaft sein. Kann ein im Wettbewerb stehendes Unternehmen durch den Einsatz zentraler Servicefunktionen Unterstützungsprozesse kostengünstiger abwickeln als Mitbewerber, gewinnt es hierdurch einen Wettbewerbsvorteil.[988]

Der Einsatz beispielsweise eines Shared Services oder Outsourcings sollte jedoch nicht allein aufgrund von „Mode-Trends"[989] oder dem Einfluss externer Berater erfolgen.[990] Erforderlich ist vielmehr eine Analyse der Anforderungen und Rahmenbedingungen sowie eine Machbarkeitsprüfung. Auf dieser Basis und unter Berücksichtigung zumindest der Grundzüge des neuen, standardisierten Geschäftsprozesses[991] sollte die Wirtschaftlichkeit der Einführung einer zentralen Servicefunktion durch eine Investitionskostenrechnung[992] geprüft werden. Hierbei sind alle anfallenden Aufwände zu berücksichtigen, insbesondere auch

- Komplexitätssteigerungen, z. B. aufgrund eines Auslandsbezugs[993], neuer Schnittstellen,[994] höherer Anforderungen an die IT-Sicherheit[995] und der Anpassung von Überwachungs- und Kontrollsystemen,[996]

---

988 *Brühl/Kajüter/Fischer/Hirsch/Dornbusch/Hoffmann/Vollmer* in: Fischer/Vollmer, Erfolgreiche Führung von Shared Services, S. 4 und 7.

989 Für Outsourcing: *Klingebiel/Andreas*, DStR 2005, 981 (986).

990 *Klingebiel/Andreas*, DStR 2005, 981 (986); *Truijens/Neumann-Giesen/Weber*, Organisationsform Shared-Service-Center, S. 28 und 31 f.

991 Siehe oben D. VI. 2. a) aa) Neuer standardisierter Geschäftsprozess, S. 250.

992 Siehe oben D. V. 2. b) bb) (1) Bewertungsinstrument Investitionskostenrechnung, S. 244.

993 Siehe oben D. V. 1. b) dd) (2) Auslandsbezug, S. 231.

994 Siehe oben D. V. 1. b) dd) (3) Schnittstellen: Modifikation und Neueinrichtung, S. 232.

995 Siehe oben D. V. 1. b) dd) (4) IT-Sicherheit, S. 232.

996 Siehe oben D. V. 1. b) ee) Anpassung von Kontroll- und Überwachungssystemen, S. 234.

- ein möglicherweise abweichender (geringerer) Leistungsumfang der zentralen Servicefunktion gegenüber den Stellen im auslagernden Unternehmen, die abgebaut werden sollen,[997] sowie
- neu erforderliche Tätigkeiten wie die Implementierung eines Monitorings für den Service[998] und eine Dienstleistersteuerung.[999]

2. Regulatorische Aspekte

Bei der Frage, ob zentrale Servicefunktionen in Betracht kommen und wie diese eingesetzt werden können, sind regulatorische Anforderungen zu berücksichtigen. Diese können sich beispielsweise ergeben aus gesetzlichen Vorgaben an das auslagernde Unternehmen, die zentrale Servicefunktion, das herrschende Unternehmen, den jeweiligen Markt oder den ausgelagerten Geschäftsprozess. Besteht ein Auslandsbezug, können unter Umständen Vorgaben mehrerer Rechtssysteme zu beachten sein.[1000]

3. Strategische Aspekte

Zentrale Servicefunktionen haben Effekte, die im Hinblick auf die langfristige strategische Ausrichtung des Unternehmens zu berücksichtigen sind: Wesentlich sind vor allem (partielle) Kontrollverluste des auslagernden Unternehmens über

- Systeme und Daten,[1001]
- Geschäftsprozesse[1002] und
- Know-how.[1003]

Hieraus resultieren Abhängigkeiten von der Servicefunktion, die auch eigennützige Ziele verfolgt und dabei Informationsasymmetrien nutzen kann (Prinzipal-Agent-Theorie).[1004] Diese Abhängigkeiten haben Auswirkungen

---

997 Siehe oben D. V. 2. b) aa) Unterschiedliche Leistungsumfänge, S. 242.
998 Siehe oben D. VI. 2. c) Laufender Betrieb: Messung und Steuerung, S. 252.
999 Siehe oben D. V. 1. b) dd) (1) (d) Aufsplittung von Verantwortung und Befugnissen, S. 230.
1000 Siehe oben D. V. 1. b) dd) (2) Auslandsbezug, S. 231.
1001 Siehe oben D. V. 1. b) dd) (4) (a) Kontrollverlust über Systeme und Daten, S. 233.
1002 Siehe oben D. VI. Einflussmöglichkeiten auf den Geschäftsprozess, S. 248.
1003 Siehe oben D. V. 1. b) dd) (1) (c) Know-how Verlust, S. 229.
1004 Siehe oben D. V. 1. b) dd) (1) (b) Prinzipal-Agenten-Beziehungen, S. 229.

- sowohl für das operative Geschäft[1005] einschließlich des Änderungsmanagements[1006]
- als auch für die weitere Zusammenarbeit mit der Servicefunktion (Lock-in-Effekt[1007]).

Dies kann zu Machtasymmetrien in der Unternehmensarchitektur dergestalt führen, dass Servicefunktionen bestimmenden Einfluss auf strategische Entscheidungen ihrer Kunden erlangen.

Trifft das auslagernde Unternehmen die Entscheidung über die Auslagerung, die Wahl der Servicefunktion und die Art und Weise der Auslagerung autonom selbst, wird es die sich aus den Abhängigkeiten ergebenen Risiken in die Abwägung einbeziehen und die Entscheidung nach eigenem Interesse treffen.

Trifft ein herrschendes Unternehmen dagegen eine Auslagerungsentscheidung für ein abhängiges Unternehmen,[1008] kann diese für das auslagernde Unternehmen auch nachteilig sein. Das Aktiengesetz sieht in § 308 Abs. 1 S. 2 AktG vor, dass das herrschende Unternehmen auch zu für das abhängige Unternehmen nachteiligen Weisungen berechtigt ist, die den Belangen des herrschenden Unternehmens bzw. mit diesem verbundenen Unternehmen (§ 15 AktG) dienen. In diesem Fall muss der Vorstand des abhängigen Unternehmens die Weisungen des herrschenden Unternehmens befolgen (§ 308 Abs. 2 S. 1 AktG). Er darf allerdings bei Entgegennahme oder Umsetzung der Weisung nicht sorgfaltswidrig handeln.[1009] Bei hinreichend komplexen Sachverhalten und angesichts ohnehin bestehender Informationsasymmetrien[1010] erfordert die Einhaltung dieser Sorgfaltspflichten entsprechende personelle Ressourcen.

Diese – mögliche – Kombination aus Abhängigkeiten aufgrund von partiellen Kontrollverlusten einerseits und dem Entzug von Handlungsoptionen durch die Beherrschung andererseits machen zentrale Servicefunktionen

---

1005 Siehe oben D. VI. Einflussmöglichkeiten auf den Geschäftsprozess, S. 248.

1006 Siehe oben D. VI. 2. a) cc) Änderungsmanagement, S. 251.

1007 Siehe oben D. V. 1. b) dd) (1) (e) Lock-in-Effekt, S. 230.

1008 Siehe oben D. V. 1. b) dd) (1) (d) Aufsplittung von Verantwortung und Befugnissen, S. 230.

1009 *Altmeppen* in: Münchener Kommentar, AktG, § 310 Rn. 2; *Veil/Walla* in: BeckOGK, AktG, § 310 [Stand: 10/2023] Rn. 4.

1010 Siehe oben D. V. 1. b) dd) (1) (b) Prinzipal-Agenten-Beziehungen, S. 229.

für abhängige Unternehmen zu einem kritischen Werkzeug. Es kommt daher darauf an, dieses sinnvoll zu implementieren, um den wirtschaftlichen Beitrag der Servicefunktionen zum Unternehmenserfolg nutzen zu können und gleichzeitig den operativ tätigen Unternehmen die hierfür notwendigen Handlungsspielräume und Befugnisse zu belassen. Keine sinnvolle Implementierung hat stattgefunden, wenn es heißt

> *„… [Der] Enthusiasmus der ersten Jahre [ist] in vielen Unternehmen inzwischen einer nüchternen Betrachtung der realisierbaren Vorteile einer Shared-Service-Lösung gewichen. Nicht alle Erwartungen an die Qualität der Dienstleistung und der realisierbaren Kosteneinsparungen konnten in jedem Fall erfüllt werden. In Ausnahmefällen erfolgt sogar eine Rückabwicklung eingerichteter Shared-Service-Center, da sich die Zentralisierung der Dienstleistung als nicht praktikabel erwies.“*[1011]

Unabhängig davon, ob man die Friedman-Doctrine zur (nicht bestehenden) sozialen Verantwortung von Unternehmen[1012] für zutreffend hält: Maßnahmen, die vorhersehbar sowohl dem Unternehmen als auch Arbeitnehmern schaden, sollten jedenfalls nicht realisiert werden.

1011 *Truijens/Neumann-Giesen/Weber*, Organisationsform Shared-Service-Center, S. 9f.

1012 Siehe oben D. V. 3. b) Mitarbeiterbezogene Risiken, S. 245.

E. Wirkungen der Entflechtung auf zentrale Servicefunktionen

Im vorangegangenen Kapitel wurden Ziele und Risiken des Einsatzes zentraler Servicefunktionen aufgezeigt. Es wurde dargelegt, dass mit dem Einsatz in verbundenen Unternehmen (§ 15 AktG) besondere Problematiken für das auslagernde Unternehmen verbunden sind. Diese ergeben sich insbesondere, wenn nicht das von einer Prozessauslagerung betroffene (abhängige) Unternehmen die Auslagerungsentscheidung fällt, sondern das herrschende Unternehmen (§ 17 Abs. 1 AktG). Dies gilt generell sektor- und marktübergreifend.

Bei der Entscheidung, ob und wie zentrale Servicefunktionen eingesetzt werden können, sind unter anderem Regulierungsvorgaben zu berücksichtigen.[1013] Diese können an sektorspezifische, unternehmensspezifische oder prozessspezifische Eigenschaften anknüpfen. Dieses Kapitel befasst sich mit der Frage, inwieweit das Eisenbahnregulierungsrecht solche sektorspezifischen Vorgaben für den Einsatz zentraler Servicefunktionen enthält. Hierzu werden zunächst die wichtigsten Prinzipien und Strukturen der Entflechtung im Eisenbahnregulierungsgesetz (ERegG) noch einmal hervorgehoben (I.).

I. Prinzipien der Entflechtung im ERegG

Das Eisenbahnregulierungsgesetz (ERegG) regelt den Einsatz zentraler Servicefunktionen in entflochtenen Unternehmen nicht ausdrücklich.

1013 Siehe oben D. VII. 2. Regulatorische Aspekte, S. 255.

1. Gewährleistung der Organisationsfreiheit

Das ERegG enthält jedoch beispielsweise in §§ 8, 8d ERegG Regelungen zu vertikal integrierten Unternehmen. Hieraus folgt, dass das ERegG im Grundsatz die Freiheit der Eisenbahnunternehmen unangetastet lässt, sich in vertikal integrierten Unternehmen zu organisieren.[1014] Damit akzeptiert es im Grundsatz die rechtsformabhängigen gesellschaftsrechtlichen Regelungen der Zusammenarbeit innerhalb solcher vertikal integrierten Unternehmen auch in Form zentraler Servicefunktionen.

Hiermit befindet sich das ERegG in Übereinstimmung mit der Richtlinie (EU) 2016/2370[1015] des Vierten Eisenbahnpakets zur Änderung der Recast-Richtlinie 2012/34/EU,[1016] deren 1:1-Umsetzung[1017] das ERegG verfolgt. Die Richtlinie (EU) 2016/2370 führt in Erwägungsgrund 7 aus, dass es den Mitgliedstaaten weiterhin freigestellt sein soll, zwischen verschiedenen Modellen der Organisation, einschließlich der vertikalen Integration, zu wählen.[1018]

Bezogen auf diesen Grundsatz ist daher auch die Aussage zutreffend, Service-Agreements im integrierten Konzern (auch in Form von Shared Services) und sonstige Formen der Zusammenarbeit unterhalb der Managementebene seien nach den Regelungen des Vierten Eisenbahnpakets weiter zulässig.[1019]

1014 *Säcker* in: Kühling/Otte, AEG/ERegG, § 8a ERegG Rn. 8.

1015 Richtlinie (EU) 2016/2370 des Europäischen Parlaments und des Rates vom 14.12.2016 zur Änderung der Richtlinie 2012/34/EU bezüglich der Öffnung des Marktes für inländische Schienenpersonenverkehrsdienste und der Verwaltung der Eisenbahninfrastruktur, ABl. 2016 L 352, 1.

1016 Richtlinie 2012/34/EU des Europäischen Parlaments und des Rates vom 21.11.2012 zur Schaffung eines einheitlichen europäischen Eisenbahnraums, ABl. 2012 L 343, 32, in der durch die Richtlinie (EU) 2016/2370 des Europäischen Parlaments und des Rates vom 14.12.2016 zur Änderung der Richtlinie 2012/34/EU, ABl. 2016 L 352, 1 geänderten Fassung.

1017 Gesetzentwurf der Bundesregierung, Entwurf eines Gesetzes zur Umsetzung der Richtlinie (EU) 2016/2370 vom 14. Dezember 2016 zur Änderung der Richtlinie 2012/34/EU bezüglich der Öffnung des Marktes für inländische Schienenpersonenverkehrsdienste und der Verwaltung der Eisenbahninfrastruktur, BT-Drs. 19/9738 S. 1, 23, 24, 32, 34, 36, 111, 117, 121, 136, 140.

1018 Richtlinie (EU) 2016/2370 des Europäischen Parlaments und des Rates vom 14.12.2016 zur Änderung der Richtlinie 2012/34/EU bezüglich der Öffnung des Marktes für inländische Schienenpersonenverkehrsdienste und der Verwaltung der Eisenbahninfrastruktur, ABl. 2016 L 352, 1, Erwägungsgrund 7.

1019 *Säcker*, IR 2018, 198 (203).

Dies festzustellen lag aus dem Grund nahe, dass der – nicht realisierte[1020] – initiale Richtlinienvorschlag der Europäischen Kommission[1021] in Art. 7b Abs. 6 2. Halbsatz ein an den Infrastrukturbetreiber gerichtetes Verbot vorsah, die Ausübung seiner Funktionen oder diesbezügliche Tätigkeiten auf Einheiten des vertikal integrierten Unternehmens zu übertragen.[1022]

Durch die weitgehende 1:1-Umsetzung der europarechtlichen Vorgaben,[1023] ohne diese zu verschärfen, übernimmt das ERegG diesen Grundsatz. Das Eisenbahnregulierungsrecht ist also im Grundsatz kooperationsfreundlich.

2. Kooperationen zur Effizienzsteigerung, § 8c ERegG

Zum Ausdruck kommt dies auch in § 8c ERegG, der die Zulässigkeit von Auslagerungen und Kooperationen seitens des Betreibers von Eisenbahnanlagen regelt.[1024]

Der Betreiber von Eisenbahnanlagen darf nach § 8c Abs. 1 ERegG die Durchführung von Arbeiten und damit verbundenen Aufgaben hinsichtlich des Ausbaus, der Instandhaltung und der Erneuerung der Eisenbahninfrastruktur auslagern. Dies ist unter den Voraussetzungen möglich, dass

- keine Interessenkonflikte mit Eisenbahnverkehrsunternehmen bestehen (§ 8c Abs. 1 S. 1 ERegG) und

---

1020 Siehe oben C. II. 2. f) ee) (1) Politische Säule: Entschärfung der Vorschläge, S. 61; siehe oben C. V. 4. b) bb) (4) Genese des Art. 7c der Recast-Richtlinie, S. 170 sowie die Gegenüberstellung in Anlage 1 Abgleich Kommissionsvorschlag und Richtlinie 2012/34/EU, S. 392.

1021 Europäische Kommission, COM(2013) 29 final vom 30.01.2013, Vorschlag für eine Richtlinie des Europäischen Parlaments und des Rates zur Änderung der Richtlinie 2012/34/EU des Europäischen Parlaments und des Rates vom 21. November 2012 zur Schaffung eines einheitlichen europäischen Eisenbahnraums bezüglich der Öffnung des Marktes für inländische Schienenpersonenverkehrsdienste und der Verwaltung der Eisenbahninfrastruktur, CELEX 52013PC0029, Artikel 1 Nr. 4 zur Einfügung der Art. 7a bis 7e in die Richtlinie 2012/34/EU.

1022 Siehe oben C. V. 4. b) bb) Regelungsgehalt des Art. 7c Abs. 1 lit. a), S. 167.

1023 Zum Sonderfall der Funktionsauslagerung nach Art. 7c Abs. 1 lit. a), Abs. 2 und 3 der Richtlinie siehe oben C. V. 4. b) Sonderfall: Funktionsauslagerung, Art. 7c Abs. 1 - 3, S. 166.
Zum Grundsatz der 1:1-Umsetzung siehe oben C. V. 5. Fazit zur Umsetzung der Recast-Richtlinie 2012/34/EU, S. 175.

1024 *Säcker* in: Kühling/Otte, AEG/ERegG, § 8c Rn. 1.

- jede Stelle, die mit wesentlichen Funktionen befasst ist, den Anforderungen der §§ 8, 8a, 8b, 8d ERegG genügt (§ 8c Abs. 1 S. 3 ERegG).

Der Betreiber der Eisenbahnanlagen behält zudem die Aufsichtsbefugnis und trägt die endgültige Verantwortung (§ 8c Abs. 1 S. 2 ERegG).

Unter den Voraussetzungen des § 8c Abs. 2 ERegG darf der Betreiber der Eisenbahnanlagen außerdem Kooperationsvereinbarungen schließen, die Zugangsberechtigten oder Endnutzern Vorteile bieten wie niedrigere Kosten oder eine höhere Leistungsfähigkeit des Netzes. Hierdurch sollen Kooperationen zugelassen werden, die zu mehr Effizienz[1025] und Kosteneinsparungen führen.[1026]

Insoweit sind Kooperationen wie auch generell zentrale Servicefunktionen aus Sicht der Eisenbahnregulierung nicht allein kritisch zu beurteilen. Sie können auch dazu beitragen, die Attraktivität des Eisenbahnsektors auch gegenüber anderen Verkehrsträgern zu erhöhen und somit das Ziel der Recast-Richtlinie 2012/34/EU[1027] und des ERegG (§ 3 Nr. 1 ERegG) unterstützen, mehr Verkehr auf den Eisenbahnsektor zu verlagern.

3. Schutz der Unabhängigkeit der Infrastrukturbetreiber

Die Gewährleistung der Organisationsfreiheit der Mitgliedstaaten unter Einschluss der Möglichkeit von vertikal integrierten Unternehmen setzt nach der Richtlinie (EU) 2016/2370 jedoch voraus, dass die Mitgliedstaaten die Unabhängigkeit der Infrastrukturbetreiber unter den Bedingungen eines vertikal integrierten Unternehmens tatsächlich sicherstellen.[1028] Zu diesem Zweck führte die Richtlinie weitere Anforderungen zur Gewährung der

---

[1025] Richtlinie (EU) 2016/2370 des Europäischen Parlaments und des Rates vom 14.12.2016 zur Änderung der Richtlinie 2012/34/EU bezüglich der Öffnung des Marktes für inländische Schienenpersonenverkehrsdienste und der Verwaltung der Eisenbahninfrastruktur, ABl. 2016 L 352, 1, Erwägungsgrund 16.

[1026] *Säcker* in: Kühling/Otte, AEG/ERegG, § 8c ERegG Rn. 2.

[1027] Richtlinie 2012/34/EU des Europäischen Parlaments und des Rates vom 21.11.2012 zur Schaffung eines einheitlichen europäischen Eisenbahnraums, ABl. 2012 L 343, 32, Erwägungsgründe 3 u. 5.

[1028] *Säcker* in: Kühling/Otte, AEG/ERegG, § 8a ERegG Rn. 8.

Unabhängigkeit des Infrastrukturbetreibers ein,[1029] die durch das ERegG umgesetzt wurden.[1030]

Im Folgenden ist auf diese Anforderungen näher einzugehen. Hinsichtlich der Unabhängigkeitsregelungen ist zunächst zu differenzieren zwischen den verschiedenen Betreibern der Infrastruktur.

a) Unabhängigkeit des Betreibers von Serviceeinrichtungen

Die Unabhängigkeit des Betreibers von Serviceeinrichtungen (§ 2 Abs. 11 und Abs. 9 AEG)[1031] ist durch § 12 ERegG geschützt. Da § 12 ERegG in Abs. 3 auf die für den Betreiber von Eisenbahnanlagen geltenden Bestimmungen der §§ 7 ff. ERegG referenziert, werden im Folgenden zunächst diese näher erläutert.

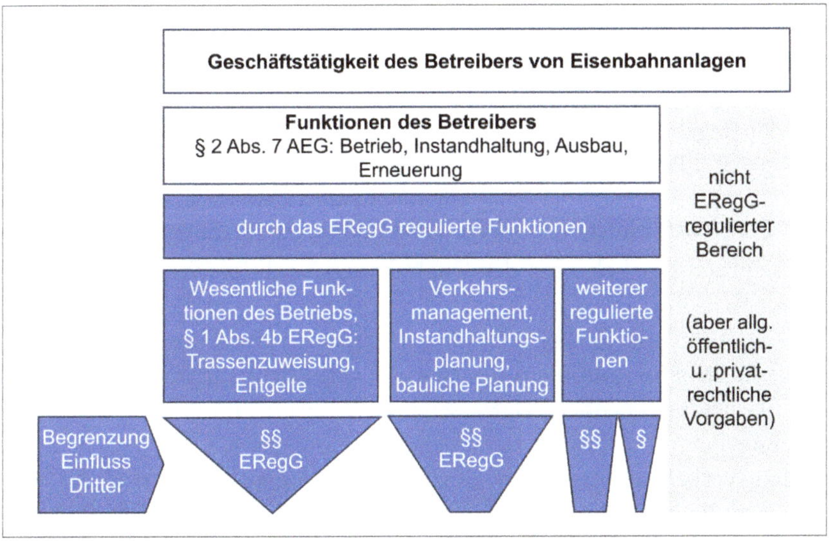

Übersicht 12: Funktionen des Betreibers von Eisenbahnanlagen

1029 Richtlinie (EU) 2016/2370 des Europäischen Parlaments und des Rates vom 14.12.2016 zur Änderung der Richtlinie 2012/34/EU bezüglich der Öffnung des Marktes für inländische Schienenpersonenverkehrsdienste und der Verwaltung der Eisenbahninfrastruktur, ABl. 2016 L 352, 1, Erwägungsgrund 7.

1030 Siehe oben C. V. Die Umsetzung der Recast-Richtlinie 2012/34/EU, S. 156.

1031 Zur Definition siehe oben C. I. 2. a) cc) Serviceeinrichtungen, S. 32. Die Begriffsbestimmungen des AEG finden nach § 1 Abs. 4 ERegG grundsätzlich auch im ERegG Anwendung.

b) Unabhängigkeit des Betreibers von Eisenbahnanlagen

Die Unabhängigkeit des Betreibers von Eisenbahnanlagen (§ 2 Abs. 7 und Abs. 6a AEG)[1032] ist durch die Entflechtungsvorgaben der §§ 7, 8, 8a, 8b, 8d ERegG geschützt. Das ERegG trifft hierzu spezifische Regelungen für die jeweiligen Funktionen des Betreibers der Eisenbahnanlagen.

Die Norm § 2 Abs. 7 AEG definiert die Funktionen, die konstitutiv für einen Betreiber von Eisenbahnanlagen sind. Hiernach ist Betreiber von Eisenbahnanlagen jedes Eisenbahninfrastrukturunternehmen, das innerhalb eines Netzes zuständig ist für

- den Betrieb (§ 1 Abs. 4a ERegG),
- die Instandhaltung (§ 2 Abs. 7c AEG),
- den Ausbau (§ 2 Abs. 7b AEG) sowie
- die Erneuerung von Eisenbahnanlagen (§ 2 Abs. 7d AEG).[1033]

Bei der Regelung des Entflechtungsbedarfs der knüpft der Gesetzgeber in den §§ 7 ff. ERegG an diese Funktionen bzw. Teile dieser Funktionen an.

aa) Durch das ERegG regulierte Funktionen, §§ 7 ff. ERegG

Hinsichtlich des Schutzes der Unabhängigkeit differenziert das ERegG zwischen

- wesentlichen Funktionen des Betriebs von Eisenbahnanlagen, also den Entscheidungen über Zugtrassenzuweisung und Entgelte (§ 1 Abs. 4b ERegG),[1034]
- dem Verkehrsmanagement, der Instandhaltungsplanung und der baulichen Planung sowie
- weitere regulierte Funktionen. Gegenstand dieser Regelungen sind vor allem buchhalterische, rechtliche oder das Personalwesen betreffende Tätigkeiten oder Eigenschaften des Betreibers von Eisenbahnanlagen.

1032 Zur Definition siehe oben C. I. 2. a) bb) Eisenbahnanlagen, S. 28.

1033 Zu den definitorischen Grundlagen siehe oben C. I. 2. a) bb) (4) (a) Definition der Zuständigkeiten, S. 31.

1034 Zur Definition siehe oben C. I. 2. a) bb) (4) (b) Wesentliche Funktionen, § 1 Abs. 4b ERegG, S. 31.

Übersicht 13: Zuordnung von Funktionen und ERegG-Regelungen

Funktion: **Entflechtungsart:**	**wesentl. Funktionen, § 1 Abs. 4b ERegG, Trassenzuweisung, Entgelte**	**Verkehrsmanagement, Instandhaltungs-planung, bauliche Planung**	**sonstige ERegG-regulierte Funktionen**
• buchhalterisch			§§ 7, 8d
• rechtlich	§ 8a Abs. 1		§ 8 Abs. 1
• operationell - Entscheidung - Grundsätze - eig. Personal - Auslagerung etc.	§ 8 Abs. 2 = § 8a Abs. 3 Nr. 1 § 8a Abs. 1, § 8a Abs. 2	§ 8b	§ 8c
• personell - Ernennungen - Mobilität - Doppelfunktion - Entgelt	§ 8 Abs. 6 = § 8a Abs. 3 Nr. 2, § 8a Abs. 3 Nr. 3 § 8 Abs. 3 Nr. 2 § 8 Abs. 4		§ 8 Abs. 3 Nr. 1, 3, 4
• informationell	§ 8 Abs. 5		

Die Schutzmaßnahmen zur Sicherstellung der Unabhängigkeit sind auf die jeweilige Funktion und ihre Bedeutung ausgerichtet und unterscheiden sich in Wirkweise und Intensität.

bb) Durch das ERegG nicht regulierter Bereich

Es verbleibt ein Bereich der Geschäftstätigkeit des Betreibers von Eisenbahnanlagen, der nicht durch die Bestimmungen des ERegG reguliert ist. In diesem Bereich kann der Betreiber oder das ihn beherrschende vertikal integrierte Unternehmen im Rahmen seiner Organisationshoheit frei über den Einsatz zentraler Servicefunktionen bestimmen. Vorausgesetzt ist – wie auch im regulierten Bereich – die Einhaltung allgemeiner öffentlich- und privatrechtlicher Vorgaben. Zu diesen zählen beispielsweise die Vorgaben, die sich aus der jeweiligen gesellschaftsrechtlichen Organisationsform (AktG, GmbHG etc.) ergeben sowie solche des Handels- und Arbeitsrechts.

Im Folgenden wird analysiert, welche Auswirkungen die Regelungen des ERegG auf den Einsatz zentraler Servicefunktionen in den jeweiligen Funktionen haben. Hierzu wird zunächst auf eine Entscheidung des Bundesverwaltungsgerichts (BVerwG) aus dem Jahr 2010 eingegangen (II.). Diese betraf den Einsatz zentraler Servicefunktionen nach dem damals im

Allgemeinen Eisenbahngesetzes (AEG) geregelten Entflechtungsregime. Die betreffenden Normen sind zwar nicht mehr in Kraft. Die in den damaligen Entscheidungsgründen entwickelten Argumente werden aber auch für die Auslegung der aktuellen Entflechtungsregelungen herangezogen. Diese werden hierauf aufbauend im Anschluss analysiert (III. bis VI.).

II. Die Konzernjuristen-Entscheidung des BVerwG

Die Entflechtungsregelungen waren bislang seltener im Fokus der Rechtsprechung als Zugangs- oder Entgeltansprüche.[1035] Wettbewerber im Eisenbahnverkehrsmarkt sind unmittelbar an Zugangsmöglichkeiten und -konditionen zum Netz interessiert. Die Frage, in welcher Aufbau- oder Ablauforganisation Entscheidungen hierüber getroffen werden, stellt sich häufig eher mittelbar. Über den Einsatz einer zentralen Servicefunktion bei Entscheidungen über die Trassenzuweisung und Entgeltfestsetzung hatte jedoch das Bundesverwaltungsgericht (BVerwG) im Jahr 2010 zu entscheiden. In der „Konzernjuristen-Entscheidung“ kam es zu dem Ergebnis, dass ein Schienenwegebetreiber sich in netzzugangsrelevanten Angelegenheiten nicht von Juristen rechtlich beraten oder vertreten lassen darf, die Angestellte eines konzernverbundenen Eisenbahnverkehrsunternehmens oder gemeinsamen Mutterunternehmens sind.[1036]

1. Problemstellung

Der Entscheidung lag ein Bescheid des Eisenbahn-Bundesamtes (EBA) aus dem Jahr 2006 zugrunde. Das EBA war zum damaligen Zeitpunkt für die Überwachung der Entflechtungsvorschriften zuständig.[1037] In diesem Bescheid untersagte das EBA der DB Netz AG, bei Entscheidungen über den Netzfahrplan, der sonstigen Zuweisung von Zugtrassen und bei Entscheidungen

---

[1035] Siehe beispielsweise zu den sog. „Altentgeltfällen“ oben C. IV. 6. c) dd) Die „Altentgeltfälle“, S. 144.

[1036] *BVerwG*, Urt. v. 18.05.2010 – 3 C 21.09 [ECLI:DE:BVerwG:2010:180510U3C21.09.0], BVerwGE 137, 58 (59) – Konzernjuristen.

[1037] Siehe oben C. II. 2. b) 2001: Erstes Eisenbahnpaket („Infrastrukturpaket“), S. 45; *Kühling/Weinbeck* in: Kühling/Otte, AEG/ERegG, Einf. Rn. 72. Derzeit übt die Befugnisse nach § 70 ERegG die Bundesnetzagentur aus. *Remmert* in: Staebe, ERegG, § 8 Rn. 2.

über die Wegeentgelte nebst der Vorbereitung dieser Entscheidungen Juristen der Deutschen Bahn AG mit der Rechtsberatung oder Rechtsvertretung zu beauftragen. Bis zu diesem Zeitpunkt wurden diese Tätigkeiten von Juristen der zentralen Rechtsabteilung der Deutschen Bahn AG wahrgenommen, die als zentrale Servicefunktion von der Deutschen Bahn AG für ihre Konzerntöchter vorgehalten wurde.[1038]

Die nach erfolglosen Widersprüchen erhobenen Anfechtungsklagen der DB Netz AG und der Deutschen Bahn AG wurden zunächst durch das VG Köln abgewiesen.[1039] Die Berufungen vor dem Oberverwaltungsgericht (OVG) Münster waren erfolgreich und führten zur Aufhebung des Bescheides des EBA.[1040] Die hiergegen eingelegte Revision vor dem BVerwG hatte Erfolg und führte zur Wiederherstellung des Urteils des VG Köln.[1041]

2. Maßgebliche Gründe

Das BVerwG hatte zu prüfen, ob die Untersagung des EBA auf eine Ermächtigungsgrundlage gestützt werden konnte.

a) Anzuwendendes Recht: Entflechtungsregime des AEG

Gegenstand der Entscheidung war die Auslegung der damaligen Regelungen des § 9a Abs. 1 AEG a. F. zur Entflechtung des Betreibers der Schienenwege. Diese wurden zur Umsetzung des Ersten Eisenbahnpakets durch Art. 1 Abs. 8 des Dritten Gesetzes zur Änderung eisenbahnrechtlicher Vorschriften („Dritte AEG-Novelle")[1042] mit Wirkung zum 30.04.2005 in das AEG aufgenommen.[1043]

1038 *BVerwG*, Urt. v. 18.05.2010 – 3 C 21.09 [ECLI:DE:BVerwG:2010:180510U3C21.09.0], BVerwGE 137, 58 (59 Rn. 4) – Konzernjuristen.

1039 *VG Köln*, Urt. v. 14.11.2007 – 18 K 1596/07 [ECLI:DE:VGK:2007:1114.18K1596.07.00], BeckRS 2007, 28401. Eine Klage von betroffenen Juristen der zentralen Rechtsabteilung wurde ebenfalls als unbegründet abgewiesen: *VG Köln*, Urt. v. 14.11.2007 – 18 K 1573/07 [ECLI:DE:VGK:2007:1114.18K1573.07.00], BeckRS 2009, 39847.

1040 *OVG Münster*, Urt. v. 20.05.2009 – 20 A 3607/07 [ECLI:DE:OVGNRW:2009:0520.20A3607.07.00], BeckRS 2009, 37327 = https://www.justiz.nrw.de/nrwe/ovgs/ovg_nrw/j2009/20_A_3607_07urteil20090520.html (aufgerufen am 07.03.2024).

1041 *BVerwG*, Urt. v. 18.05.2010 – 3 C 21.09 [ECLI:DE:BVerwG:2010:180510U3C21.09.0], BVerwGE 137, 58 (60 Rn. 12) – Konzernjuristen.

1042 Drittes Gesetz zur Änderung eisenbahnrechtlicher Vorschriften, BGBl. 2005 I 1138.

1043 Siehe oben C. II. 2. b) 2001: Erstes Eisenbahnpaket („Infrastrukturpaket"), S. 45.

Aufgehoben wurden sie zum 02.09.2016 durch Art. 2 Abs. 7 des Gesetzes zur Stärkung des Wettbewerbs im Eisenbahnbereich.[1044] Das Gesetz gliederte in Umsetzung der Recast-Richtlinie 2012/34/EU die Materie des Eisenbahnregulierungsrechts aus dem Allgemeinen Eisenbahngesetz (AEG) und der Eisenbahninfrastruktur-Benutzungsverordnung (EIBV)[1045] aus und fasste sie in dem neu geschaffenen Eisenbahnregulierungsgesetz (ERegG)[1046] zusammen.[1047]

Zu prüfen war, ob das Verbot der Beschäftigung der Konzernjuristen gestützt werden konnte auf

- die Regelungen zur Unabhängigkeit des Betreibers der Schienenwege in § 9a Abs. 1 S. 1 AEG a. F.,
- das Verbot von Doppelfunktionen, § 9a Abs. 1 S. 2 Nr. 3 AEG a. F. oder
- die Vorgabe der Unterbindung der Einflussnahme Dritter, § 9a Abs. 1 S. 2 Nr. 5 AEG a. F.

Übersicht 14: Auszug § 9a Abs. 1 AEG a. F.

§ 9a Unabhängigkeit des öffentlichen Betreibers der Schienenwege
(1) Öffentliche Betreiber der Schienenwege müssen rechtlich, organisatorisch und in ihren Entscheidungen von Eisenbahnverkehrsunternehmen unabhängig sein, soweit es Entscheidungen über die Zuweisung von Zugtrassen und über die Wegeentgelte betrifft. Zur Erreichung der in Satz 1 genannten Ziele sind

1. […]
2. […]
3. Entscheidungen über den Netzfahrplan, die sonstige Zuweisung von Zugtrassen und die Entscheidungen über die Wegeentgelte nur von dem Personal des Betreibers der Schienenwege zu treffen, das keine Funktionen in Eisenbahnverkehrsunternehmen oder mit diesen verbundenen Unternehmen ausübt;
4. […]

1044 Gesetz zur Stärkung des Wettbewerbs im Eisenbahnbereich, BGBl. 2016 I 2082.

1045 Verordnung über den diskriminierungsfreien Zugang zur Eisenbahninfrastruktur und über die Grundsätze zur Erhebung von Entgelt für die Benutzung der Eisenbahninfrastruktur vom 17.12.1997, BGBl. 1997 I 3153 ff.), aufgehoben durch Art. 6 des Gesetzes zur Stärkung des Wettbewerbs im Eisenbahnbereich, BGBl. 2016 I 2082, 2129.

1046 Eisenbahnregulierungsgesetz vom 29. August 2016 (BGBl. I S. 2082) zuletzt geändert durch Artikel 2 des Gesetzes vom 9. Juni 2021 (BGBl. I S. 1737).

1047 Siehe oben C. II. 2. e) bb) 2016: Eisenbahnregulierungsgesetz (ERegG), S. 51.

5. in Unternehmen gemäß § 9 Abs. 1 Satz 1 Nr. 2 und 3 unternehmensinterne Regelungen zu schaffen, aufrechtzuerhalten und zu veröffentlichen, die die Einflussnahme von Dritten außerhalb des Betreibers der Schienenwege auf die Entscheidungen über den Netzfahrplan, die sonstige Zuweisung von Zugtrassen und Entscheidungen über die Wegeentgelte unterbinden; darin ist insbesondere festzulegen, welche besonderen Pflichten die Mitarbeiter zur Verhinderung solcher Einflussnahme haben; Betreiber der Schienenwege sind zudem auf Verlangen der zuständigen Aufsichtsbehörde verpflichtet, dieser einen Beauftragten zu benennen, der über die Einhaltung der Regelungen wacht; der Beauftragte hat jährlich einen Bericht über die aufgetretenen Problemfälle und die getroffenen Maßnahmen der zuständigen Aufsichtsbehörde vorzulegen;
6. [...].

b) Ausschluss des Einflusses, § 9a Abs. 1 S. 2 Nr. 5 AEG a. F.

Das BVerwG entschied, dass die Beauftragung oder Vertretung des Schienenwegebetreibers in netzzugangsrelevanten Angelegenheiten durch Juristen eines konzernverbundenen Eisenbahnverkehrsunternehmens oder gemeinsamen Mutterunternehmens gegen § 9a Abs. 1 S. 2 Nr. 5 AEG a. F. verstößt.[1048] Diese Norm verpflichte den Betreiber der Schienenwege zur Schaffung unternehmensinterner Regelungen, die die Einflussnahme Dritter auf Entscheidungen über den Netzfahrplan, die sonstige Zuweisung von Zugtrassen und Entscheidungen über die Wegeentgelte unterbinden.

aa) Abstrakter Gefährdungstatbestand

§ 9a Abs. 1 S. 2 Nr. 5 AEG a. F. sichere die Unabhängigkeit der netzzugangsrelevanten Entscheidungen des Schienenwegebetreibers gegen fremde Einflussnahme. Damit umfasse sie nicht nur das Treffen der Entscheidung selbst oder die entscheidende Person. Erfasst sei auch die Entscheidungsvorbereitung und damit alle Handlungen, mit denen sachlich auf die zu treffende Entscheidung Einfluss genommen wird oder genommen werden kann. Nicht erfasst seien lediglich rein technische Handlungen wie Schreibarbeiten, Anmietungen von Räumen und dergleichen.[1049]

Ausgeschlossen werden soll jegliche Einflussnahme im Interesse des mit dem Schienenwegebetreiber verbundenen Eisenbahnverkehrsunternehmens.

[1048] *BVerwG*, Urt. v. 18.05.2010 – 3 C 21.09 [ECLI:DE:BVerwG:2010:180510U3C21.09.0], BVerwGE 137, 58 (67 Rn. 37) – Konzernjuristen.

[1049] *BVerwG*, Urt. v. 18.05.2010 – 3 C 21.09 [ECLI:DE:BVerwG:2010:180510U3C21.09.0], BVerwGE 137, 58 (67 Rn. 38) – Konzernjuristen.

Dies umfasse sowohl manipulative und sachwidrige als auch offene und sachorientierte Einflussnahmen auf die Entscheidung.[1050]

§ 9a Abs. 1 S. 2 Nr. 5 AEG a. F. fordere, dass die Einflussnahme unterbunden wird. Hieraus folge, dass nicht nur eine konkret drohende oder bereits erfolgte Einflussnahme zu bekämpfen ist, sondern bereits die Gefahr einer Einflussnahme. Die Unabhängigkeit des Schienenwegebetreibers müsse nicht nur rechtlich, sondern auch tatsächlich wirksam gesichert werden. Bei § 9a Abs. 1 S. 2 Nr. 5 AEG a. F. handele es sich daher um einen abstrakten Gefährdungstatbestand.[1051]

bb) Unterstützungsprozess Rechtsberatung und -vertretung

Eine solche Gefahr der Einflussnahme auf netzzugangsrechtliche Entscheidungen des Schienenwegebetreibers im Interesse eines konzernverbundenen Eisenbahnverkehrsunternehmens sei durch die Beauftragung der „Konzernjuristen“ gegeben.[1052] Dies gelte einerseits für die juristische Beratung, die Handlungsalternativen aufzeigt und die rechtliche Realisierbarkeit sowie ihre wirtschaftlichen Folgen bewertet. Andererseits träfe dies auch für die Vertretung des Schienenwegebetreibers im Rechtsverkehr mit Dritten zu, wenn beispielsweise getroffene Entscheidungen verteidigt oder Veränderungen ausgehandelt werden.[1053]

Sind juristische Berater oder Bevollmächtigte Angestellte eines mit dem Infrastrukturunternehmen verbundenen Eisenbahnverkehrsunternehmens oder gemeinsamen Mutterunternehmens, bestünde die Gefahr, dass sie bei ihrer Tätigkeit Einfluss im Interesse des verbundenen Eisenbahnverkehrsunternehmens ausüben. Zwischen dem Auftraggeber, dem Infrastrukturunternehmen und dem Arbeitgeber der Konzernjuristen, dem gemeinsamen Mutterunternehmen, bestünde eine Interessenkollision. Die Konzernjuristen seien als Arbeitnehmer persönlich von ihrem Arbeitgeber,

---

1050 *BVerwG*, Urt. v. 18.05.2010 – 3 C 21.09 [ECLI:DE:BVerwG:2010:180510U3C21.09.0], BVerwGE 137, 58 (67 f. Rn. 39) – Konzernjuristen.

1051 *BVerwG*, Urt. v. 18.05.2010 – 3 C 21.09 [ECLI:DE:BVerwG:2010:180510U3C21.09.0], BVerwGE 137, 58 (68 Rn. 41) – Konzernjuristen.

1052 *BVerwG*, Urt. v. 18.05.2010 – 3 C 21.09 [ECLI:DE:BVerwG:2010:180510U3C21.09.0], BVerwGE 137, 58 (69 Rn. 42) – Konzernjuristen.

1053 *BVerwG*, Urt. v. 18.05.2010 – 3 C 21.09 [ECLI:DE:BVerwG:2010:180510U3C21.09.0], BVerwGE 137, 58 (69 Rn. 43) – Konzernjuristen.

der Muttergesellschaft, abhängig. Die Beförderung der Interessen der mit dem Arbeitgeber verbundenen Eisenbahnverkehrsunternehmen läge damit zugleich in ihrem persönlichen Interesse. Es könne daher nicht ausgeschlossen werden, dass der Konzernjurist – bewusst oder unbewusst – die Interessen seines Arbeitgebers bei der Beratung der Infrastrukturgesellschaft zur Geltung bringe.[1054] Anwaltliches Standesrecht und Berufsethos wirkten einer solchen interessengeleiteten Rechtsberatung zwar entgegen. Sicher auszuschließen vermögen sie diese jedoch nicht und machten rechtliche Vorkehrungen gegen Interessenkollisionen daher nicht entbehrlich.[1055]

Die Gefahr einer Einflussnahme seitens der Konzernjuristen auf netzzugangsrelevante Entscheidungen des Infrastrukturunternehmens könnten durch unternehmensinterne Regelungen unterbunden werden. Nach diesen dürfe eine Beauftragung externer Juristen nur dann in Betracht kommen, wenn diese nicht Arbeitnehmer des Mutterunternehmens oder eines konzernverbundenen Eisenbahnverkehrsunternehmens seien.[1056]

cc) Angemessenheit der Untersagung

Die Untersagung der Beauftragung von Konzernjuristen der Muttergesellschaft schränke die Freiheit der beteiligten Unternehmen, sich als konzernverbundene Aktiengesellschaft zu organisieren, nicht übermäßig ein. Hierbei könne dahinstehen, ob dieses Recht nur einfachrechtlich oder auch als Grundrecht bestehe, da die Einschränkungen jedenfalls nicht außer Verhältnis zu dem Gewicht der verfolgten öffentlichen Belange seien.[1057]

Das Gesetz bezwecke, den Wettbewerb der Eisenbahnverkehrsunternehmen auf dem Eisenbahnnetz herzustellen und zu sichern. Aufgrund des faktischen Monopols des Netzbetreibers müsse daher sichergestellt werden, dass dieser Netzzugangsentscheidungen diskriminierungsfrei treffe. Da der Gesetzgeber Konzernstrukturen so weit wie möglich schone, müsse

---

[1054] *BVerwG*, Urt. v. 18.05.2010 – 3 C 21.09 [ECLI:DE:BVerwG:2010:180510U3C21.09.0], BVerwGE 137, 58 (70 Rn. 44) – Konzernjuristen.

[1055] *BVerwG*, Urt. v. 18.05.2010 – 3 C 21.09 [ECLI:DE:BVerwG:2010:180510U3C21.09.0], BVerwGE 137, 58 (71 Rn. 45) – Konzernjuristen.

[1056] *BVerwG*, Urt. v. 18.05.2010 – 3 C 21.09 [ECLI:DE:BVerwG:2010:180510U3C21.09.0], BVerwGE 137, 58 (71 Rn. 46) – Konzernjuristen.

[1057] *BVerwG*, Urt. v. 18.05.2010 – 3 C 21.09 [ECLI:DE:BVerwG:2010:180510U3C21.09.0], BVerwGE 137, 58 (73 Rn. 50) – Konzernjuristen.

zur Sicherstellung der Unabhängigkeit der Entscheidung jedoch jegliche Einflussnahme seitens der beteiligten Eisenbahnverkehrsunternehmen ausgeschlossen werden. Hierbei handele es sich um einen Gemeinwohlbelang von erheblichem Gewicht, der zudem auch durch das europäische Gemeinschaftsrecht vorgegeben sei.[1058]

Zudem stelle die Entscheidung nicht sämtliche zentralen Dienste („Shared Services") der Konzernmutter in Frage. Sie führe auch nicht dazu, dass die Konzernmutter keine zentrale Rechtsabteilung für ihre Konzerntöchter vorhalten könne. Eingeschränkt werde nur die Beratung und Vertretung, soweit es sich um Angelegenheiten des Netzzugangs und der Wegeentgelte handele. Zwar mögen infolge der untersagten Dienstleistung weitere Dienste wie etwa eine zentrale EDV-Abteilungen einer genaueren Überprüfung anhand von § 9a Abs. 1 S. 2 Nr. 5 AEG a. F. zu unterziehen sein. Jedoch werde die Grundentscheidung, Konzernverbindungen weiterhin zu akzeptieren, nicht unterlaufen.[1059]

c) Unabhängigkeit des Betreibers, § 9a Abs. 1 S. 1 AEG a. F.

Die Untersagung der Beauftragung der Konzernjuristen könne jedoch nicht auf § 9a Abs. 1 S. 1 AEG a. F. gestützt werden. Hiernach müssen öffentliche Betreiber der Schienenwege rechtlich, organisatorisch und in ihren Entscheidungen über die Zuweisung von Zugtrassen und Wegeentgelte von Eisenbahnverkehrsunternehmen unabhängig sein.

Diese Norm sei allerdings keine Generalklausel, die Grundlage für einen Eingriff der Aufsichtsbehörde sein könne. Sie formuliere vielmehr Ziele, denen die folgenden, in § 9a Abs. 1 S. 2 AEG a. F. genannten Maßnahmen dienten. Sie leite daher die Auslegung, könne jedoch selbst keine Pflicht des Betreibers von Schienenwegen begründen.[1060] Zwar müssten die Vorgaben des Gemeinschaftsrechts nicht nur rechtlich umgesetzt werden, sondern nach dem Grundsatz des „effet utile" hinsichtlich des Entflechtungsziels auch

---

[1058] *BVerwG*, Urt. v. 18.05.2010 – 3 C 21.09 [ECLI:DE:BVerwG:2010:180510U3C21.09.0], BVerwGE 137, 58 (73 Rn. 51) – Konzernjuristen.

[1059] *BVerwG*, Urt. v. 18.05.2010 – 3 C 21.09 [ECLI:DE:BVerwG:2010:180510U3C21.09.0], BVerwGE 137, 58 (74 Rn. 52) – Konzernjuristen.

[1060] *BVerwG*, Urt. v. 18.05.2010 – 3 C 21.09 [ECLI:DE:BVerwG:2010:180510U3C21.09.0], BVerwGE 137, 58 (62 Rn. 25) – Konzernjuristen.

tatsächlich wirksam sein.[1061] Die Regelung des § 9a Abs. 1 S. 1 AEG a. F. habe jedoch dieselbe Rechtsqualität als bloße Zielvorgabe wie die Bestimmung der europarechtlichen Richtlinie, die sie umsetze.[1062]

av) Keine Doppelfunktionen, § 9a Abs. 1 S. 2 Nr. 3 AEG a. F.

Die Untersagung der Beauftragung der Konzernjuristen könne zudem nicht auf § 9a Abs. 1 S. 2 Nr. 3 AEG a. F. gestützt werden.[1063] Dieser legt fest, dass Entscheidungen über den Netzfahrplan, die sonstige Zuweisung von Zugtrassen und die Entscheidungen über die Wegeentgelte nur von dem Personal des Betreibers der Schienenwege getroffen werden dürfen, das keine Funktionen in Eisenbahnverkehrsunternehmen oder mit diesen verbundenen Unternehmen ausübt.

Diese Vorschrift beziehe sich jedoch nur auf das Treffen der Entscheidung selbst und keine zu- oder vorarbeitenden Tätigkeiten. Umfasst seien damit nur die Organe des Schienenwegebetreibers sowie die nach den unternehmensinternen Regeln für das Treffen der Entscheidung zuständigen Mitarbeiter.[1064] Zu diesem Personenkreis zählten rechtliche Berater und Bevollmächtigte nicht.[1065]

d) Zwischenfazit zur Entflechtung nach dem AEG a. F.

Das BVerwG hat den Einsatz zentraler Servicefunktionen im Anwendungsbereich der operationellen Entflechtung also nicht grundsätzlich ausgeschlossen. Es hat vielmehr

- aufgrund einer spezifischen gesetzlichen Anforderung (§ 9a Abs. 1 S. 2 Nr. 5 AEG a. F.)

1061 *BVerwG*, Urt. v. 18.05.2010 – 3 C 21.09 [ECLI:DE:BVerwG:2010:180510U3C21.09.0], BVerwGE 137, 58 (63 f. Rn. 28) – Konzernjuristen.

1062 *BVerwG*, Urt. v. 18.05.2010 – 3 C 21.09 [ECLI:DE:BVerwG:2010:180510U3C21.09.0], BVerwGE 137, 58 (63 Rn. 27) – Konzernjuristen.

1063 *BVerwG*, Urt. v. 18.05.2010 – 3 C 21.09 [ECLI:DE:BVerwG:2010:180510U3C21.09.0], BVerwGE 137, 58 (64 Rn. 29) – Konzernjuristen.

1064 *BVerwG*, Urt. v. 18.05.2010 – 3 C 21.09 [ECLI:DE:BVerwG:2010:180510U3C21.09.0], BVerwGE 137, 58 (66 f. Rn. 35) – Konzernjuristen.

1065 *BVerwG*, Urt. v. 18.05.2010 – 3 C 21.09 [ECLI:DE:BVerwG:2010:180510U3C21.09.0], BVerwGE 137, 58 (67 Rn. 36) – Konzernjuristen.

- an eine spezifische Situation, nämlich (auch) die Vorbereitung von Entscheidungen über den Netzfahrplan, die Zuweisung von Zugtrassen und Wegeentgelte,
- bereits die abstrakte Gefahr der Einflussnahme
- durch die Rechtsberatung und -vertretung von Konzernjuristen ausgeschlossen.

3. Rezeption in der Literatur

Die restriktive Beurteilung des Einsatzes von Shared Services im Eisenbahnrecht[1066] und die Entscheidung des BVerwG haben in der Literatur überwiegend Zustimmung, aber auch Kritik erfahren.[1067]

a) Kritik der Entscheidung des BVerwG

Hinterfragt wurde beispielsweise, ob es sich bei der Vorgabe des § 9a Abs. 1 S. 2 Nr. 5 AEG a. F. zum Ausschluss der Einflussnahme Dritter auf netzzugangsrelevante Entscheidungen um einen abstrakten Gefährdungstatbestand handele. Wortlaut, Systematik sowie Sinn und Zweck der Norm deuteten eher auf einen konkreten Gefährdungstatbestand hin.[1068] Auch die Vorinstanz des OVG Münster prüfte eine konkrete Gefährdungslage, die es letztlich verneinte.[1069]

Außerdem sei der Einfluss der Juristen auf zugangsrelevante Entscheidungen nicht zutreffend bewertet. Bei der Aufstellung des Netzfahrplans, der Zuweisung von Zugtrassen und der Festsetzung von Wegeentgelten handele es sich zunächst um betrieblich-technische beziehungsweise unternehmerische Vorgänge. Die getroffenen Entscheidungen unterlägen allesamt der Regulierung durch die Bundesnetzagentur, die ein umfassendes Prüfungs- und Widerspruchsrecht habe und dieses auch nutze.[1070] Die (damalige)

[1066] Zur Rechtslage noch ohne Berücksichtigung der gerichtlichen Entscheidungen: *Koenig/Schellberg/Schreiber*, WuW 2007, 981 (989 f.).

[1067] Berichtend: *Ehricke*, N&R, 2011, 184 (187), *Scholtka/Helmes*, N&R 2010, 243 ff., *Sellmann*, NVwZ 2011, 724 (725 f.).

[1068] *Staebe*, DVBl 2010, 986 (988). Zustimmend dagegen *Kramer*, DVBl 2010, 1052 (1053); *Wachinger*, NVwZ 2010, 1343 (1345).

[1069] *OVG Münster*, Urt. v. 20.05.2009 – 20 A 3607/07 [ECLI:DE:OVGNRW:2009:0520.20A3607.07.00], BeckRS 2009, 37327 = https://www.justiz.nrw.de/nrwe/ovgs/ovg_nrw/j2009/20_A_3607_07urteil20090520.html, Rn. 45 (aufgerufen am 07.03.2024).

[1070] *Staebe*, DVBl 2010, 986 (988).

Zuständigkeit zweier Behörden für die Regulierung des Eisenbahnsektors, des EBA für die Entflechtungsbestimmungen und der Bundesnetzagentur für den Infrastrukturzugang und Nutzungsentgelte, könne zu Abstimmungsproblemen zwischen diesen Behörden führen.[1071]

Ferner wurden weitergehende Ausführungen zur Abwägung zwischen der Organisationsfreiheit des Konzerns und seiner Unternehmen sowie dem öffentlichen Entflechtungsinteresse vermisst. Eine Auseinandersetzung mit dem Sinn und Zweck und der gesetzgeberischen Intention zur Schaffung der unternehmensinternen Regelungen wäre erforderlich gewesen.[1072]

Hinsichtlich der Regelungen zur Unabhängigkeit der Schienenwege in § 9a Abs. 1 S. 1 AEG a. F. wird angezweifelt, ob es sich hierbei – wie vom BVerwG angenommen – um eine reine Zielbeschreibung handele. Diese Norm könne auch so interpretiert werden, dass sie selbständige Pflichten enthalte und somit eine Generalklausel sei.[1073]

Hinsichtlich des Verbots der Doppelfunktionen, § 9a Abs. 1 S. 2 Nr. 3 AEG a. F., wird angemerkt, dass es nicht überzeuge, dass der BVerwG hier von einem anderen Entscheidungsbegriff bzw. -vorgang ausgehe als bei seinen Ausführungen zu § 9a Abs. 1 S. 2 Nr. 5 AEG a. F. Hierfür biete die Norm keinen Anhaltspunkt.[1074] In diesem Sinne äußerte sich bereits das VG Köln als erste Instanz, das seine Klageabweisung allein auf eine Verletzung von § 9a Abs. 1 S. 2 Nr. 3 AEG a. F. gestützt hatte.[1075]

Weiterhin verliere durch ein enges Verständnis des Entscheidungsbegriffs des § 9a Abs. 1 S. 2 Nr. 3 AEG a. F. die Bestimmung weitgehend ihre praktische Wirksamkeit. Diese erfordere ein Fernhalten der Konzernjuristen von substanziellen Vorbereitungsphasen.[1076]

1071 *Koenig/Schellberg/Schreiber*, WuW 2007, 981 (994); *Staebe*, DVBl 2010, 986 (988 f.).

1072 *Eder*, IR 2010, 210 (211).

1073 *Kramer*, DVBl 2010, 1052 (153); *Wachinger*, NVwZ 2010, 1343 (1343 f.). Ähnlich bereits zur Vorinstanz VG Köln: *Kramer*, DÖV 2008, 1036 (1037 ff.).

1074 *Kramer*, DVBl 2010, 1052 (1053); *Staebe*, DVBl 2010, 986 (988); *Wachinger*, NVwZ 2010, 1343 (1344). Ähnlich bereits zur Vorinstanz VG Köln *Koenig/Schellberg/Spiekermann*, IR 2008, 170 (170 ff.); *Kramer*, DÖV 2008, 1036 (1039).

1075 *VG Köln*, Urt. v. 14.11.2007 – 18 K 1596/07 [ECLI:DE:VGK:2007:1114.18K1596.07.00], BeckRS 2007, 28401 Rn. 37 ff.

1076 Kritisch zur engen Auslegung des Begriffs der „Entscheidung" durch die Vorinstanz des OVG Münster *Koenig*, N&R 2009, 280.

Zudem überzeuge der Ausschluss rechtlicher Berater und Bevollmächtigter aus dem Anwendungsbereich der Norm nicht. Wenn diese über Entscheidungen des Betreibers der Schienenwege disponieren dürfen, seien diese auch zu rechtlich bindenden Entscheidungen mit Außenwirkung befugt.[1077]

b) Anwendbarkeit auf weitere zentrale Servicefunktionen

Potenzielle Einflussnahmemöglichkeiten auf Entscheidungen des Betreibers von Eisenbahnanlagen könnten – neben der Rechtsabteilung – auch Mitarbeitende anderer Konzerneinheiten haben, die als Shared Service Dienstleistungen für den Betreiber von Eisenbahnanlagen erbringen, beispielsweise in den Bereichen Controlling, IT/Datenverarbeitung,[1078] Rechnungswesen, Buchhaltung, Personalentwicklung, Wartung, Instandhaltung, Reparatur, technische Betriebsführung der Netze sowie Entgeltkalkulation.[1079]

Zusammenfassend wird hervorgehoben, das BVerwG habe durch seine Entscheidung eine Art „Vertrauenstatbestand" für den Wettbewerb und eine gefahrenabwehrrechtliche Vorschrift für die Eisenbahninfrastrukturunternehmen und die Aufsichtsbehörden geschaffen.[1080]

4. Stellungnahme zur Konzernjuristen-Entscheidung

Bemerkenswert an der Konzernjuristen-Entscheidung ist, dass diese sich mit § 9a Abs. 1 S. 2 Nr. 5 AEG a. F. auf eine Norm stützt, die prozessuale, ablauforganisatorische Vorgaben beinhaltet, wie kernzugangsrelevante Entscheidungen zu treffen sind („Einflussnahme von Dritten ... unterbinden"). Eine Einschränkung des Einsatzes zentraler Servicefunktionen ergibt sich nicht unmittelbar aus dem Wortlaut der Norm, sondern aus ihrer – vor allem teleologischen – Auslegung. Hierdurch besteht Auslegungsbedarf hinsichtlich des Regelungsgehalts der Norm, beispielsweise ob weitere Servicefunktionen außerhalb der Rechtsabteilung betroffen sind.

Eine Alternative hierzu wären ausdrückliche Regelungen zur Aufbauorganisation eines vertikal integrierten Unternehmens wie z. B. ein Verbot zur

---

[1077] *Wachinger*, NVwZ 2010, 1343 (1345).
[1078] Bereits vor der BVerwG-Entscheidung: *Koenig/Spiekermann/Schellberg*, IR 2007, 53 (56).
[1079] *Wachinger*, NVwZ 2010, 1343 (1346).
[1080] *Kramer*, DVBl 2010, 1052 (1054).

Nutzung bestimmter zentraler Servicefunktionen oder ein Gebot eigenen Personals für bestimmte Geschäftsprozesse. Für eine solche ausdrückliche Regelung hätte die Normklarheit gegenüber allen Beteiligten gesprochen (vertikal integriertes Unternehmen, Mitbewerber, Regulierungsbehörde, Gerichte). Eine ausdrückliche Regelung wäre auch unter dem Gesichtspunkt sinnvoll, dass Entflechtungsmaßnahmen einen Eingriff in die unternehmerische Freiheit der betroffenen Unternehmen darstellen können, der – jedenfalls bei nicht öffentlichen Unternehmen[1081] – grundrechtsrelevant sein kann.[1082]

Dennoch ist die Begründung des BVerwG wie auch die Entscheidung insgesamt nachvollziehbar.

5. Übergang der Entflechtungsmaterie aus dem AEG ins ERegG

Soweit sich die Begründung des BVerwG und die Kritik hieran auf eine Auslegung des Wortlauts oder der Systematik beziehen, hat sich durch die Aufhebung des § 9a AEG a. F. eine neue Rechtslage ergeben. Zum 02.09.2016 wurde die Materie des Regulierungsrechts in das neu geschaffene Eisenbahnregulierungsgesetz (ERegG) überführt[1083] und zwischenzeitlich mehrfach geändert. Dieses enthält jedoch – vor allem in den § 8 und § 8a ERegG – ebenfalls Anforderungen an die Unabhängigkeit des Betreibers von Eisenbahnanlagen hinsichtlich netzzugangsrelevanter Entscheidungen. Es stellt sich somit die Frage, wie unter dem Entflechtungsregime des heutigen ERegG der Einsatz zentraler Servicefunktionen bei netzzugangsrelevanten Entscheidungen zu beurteilen ist. Hierzu wurden in Anlage 3 die Regelung des § 9a Abs. 1 AEG a. F. den Nachfolgeregelungen in § 8 Abs. 2 und 3 sowie § 8a Abs. 1 und 3 ERegG gegenübergestellt.[1084]

Die Rechtsprechung hatte bislang noch keine Gelegenheit, umfassend zur Zulässigkeit zentraler Servicefunktionen nach dem neuen Entflechtungsregime des ERegG Stellung zu nehmen. Auf die Konzernjuristen-Entscheidung wurde zwar auch nach 2016 in einigen Entscheidungen Bezug genommen,

---

1081 Siehe oben C. III. 3. b) Meinungsstand: Grundrechtsfähigkeit öffentlicher Unternehmen, S. 98.

1082 Siehe oben B. III. 2. b) bb) (5) Auswahl der Entflechtungsmaßnahmen, S. 19.

1083 Siehe oben E. II. 2. a) Anzuwendendes Recht: Entflechtungsregime des AEG, S. 269.

1084 Siehe auch Anlage 3: Abgleich § 9a Abs. 1 AEG a. F. und §§ 8, 8a ERegG, S. 414 ff.

beispielsweise durch das BVerwG,[1085] den Verwaltungsgerichtshof (VGH) München[1086] und das OVG Bautzen.[1087] Bei diesen Bezugnahmen der Konzernjuristen-Entscheidung ging es allerdings nicht um materielle Entflechtungsregelungen, sondern häufig um die Schriftform als formaler Anforderung der Klageeinreichung.

Um zu bewerten, inwieweit die Begründungen der Konzernjuristen-Entscheidung weiterhin Geltung beanspruchen, ist der Einsatz zentraler Servicefunktionen anhand der aktuellen Entflechtungsregelungen des ERegG zu prüfen. Zunächst ist auf den Betrieb von Eisenbahnanlagen einzugehen.

III. Wesentliche Funktionen des Betriebs von Eisenbahnanlagen

Der Schutz der wesentlichen Funktionen des Betriebs von Eisenbahnanlagen – Entscheidungen über Zugtrassenzuweisung und Entgelte (§ 1 Abs. 4b ERegG) – ist ein Kernanliegen der Entflechtung. Auf sie beziehen sich mehrere Regelungen vor allem der operationellen und informationellen Entflechtung sowie der personellen Komponente.

Diese Regelungen zeichnen sich durch ein hohes Schutzniveau aus. Die Richtlinie (EU) 2016/2370 führt in Erwägungsgrund 10 aus, die Entscheidungen bezüglich Zugtrassenzuweisung und Wegeentgelte seien eine wesentliche Funktion, um einen gerechten und diskriminierungsfreien Zugang zur Eisenbahninfrastruktur zu gewährleisten. Es sollten strikte Schutzmaßnahmen eingerichtet werden, um jegliche unzulässige Einflussnahme auf Entscheidungen des Infrastrukturbetreibers in Bezug auf solche Funktionen zu verhindern.[1088]

1085 *BVerwG*, Urt. v. 23.4.2020 – 2 C 21.19 [ECLI:DE:BVerwG:2020:230420U2C21.19.0], BeckRS 2020, 13327 Rn. 38.

1086 *VGH München*, Urt. v. 16.01.2017 – 15 N 13.2283 [ECLI:DE:BAYVGH:2017:0116.15 N13.2283.0A], BeckRS 2017, 100386 Rn. 23; *VGH München*, Beschl. v. 05.01.2021 – 4 ZB 20.644 [ECLI:DE:BAYVGH:2021:0105.4ZB20.644.00], BeckRS 2021, 807 Rn. 11.

1087 *OVG Bautzen*, Urt. v. 30.04.2021 – 12 A 184/18.D [ECLI:DE:OVGSN:2021:0430.12A184.18.D.00], BeckRS 2021, 22608 Rn. 51.

1088 Richtlinie (EU) 2016/2370 des Europäischen Parlaments und des Rates vom 14.12.2016 zur Änderung der Richtlinie 2012/34/EU bezüglich der Öffnung des Marktes für inländische Schienenpersonenverkehrsdienste und der Verwaltung der Eisenbahninfrastruktur, ABl. 2016 L 352, 1, Erwägungsgrund 10.

Das ERegG hat die Vorgaben der Richtlinie (EU) 2016/2370 in mehreren Bestimmungen umgesetzt, auf die im Folgenden eingegangen wird.

1. Unabhängigkeit bei Entscheidungen, § 8 Abs. 2, § 8a Abs. 3 Nr. 1

Nach § 8 Abs. 2 S. 1 ERegG darf in einem vertikal integrierten Unternehmen keiner der anderen Bereiche einen bestimmenden Einfluss auf Entscheidungen des Betreibers von Eisenbahnanlagen hinsichtlich wesentlicher Funktionen ausüben. Die Regelung der entscheidungsbezogenen Unabhängigkeit des § 8 Abs. 2 S. 1 ERegG unterscheidet sich damit vom Wortlaut des § 9a Abs. 1 S. 2 Nr. 5 AEG a. F. in zwei zentralen Punkten: Die kernzugangsrelevanten Entscheidungen sind nicht mehr geschützt gegen „die Einflussnahme von Dritten“ sondern gegen

- bestimmenden Einfluss
- anderer Bereiche des vertikal integrierten Unternehmens.[1089]

Argumentiert das BVerwG in der Konzernjuristen-Entscheidung damit, dass „jegliche“ Einflussnahme auf die Entscheidung ausgeschlossen werden solle,[1090] könnte der Wortlaut „bestimmender Einfluss“ dafür sprechen, dass nunmehr höhere Voraussetzungen an den Einfluss gestellt werden. Auch soweit das BVerwG damit argumentierte, eine Einflussnahme könne auch ohne Weisung von dem Arbeitnehmer selbst ausgehen („von Dritten“),[1091] müsste es sich nunmehr um eine Einflussnahme eines Bereichs des vertikal integrierten Unternehmens handeln.

a) Bundesnetzagentur: Syndikusanwälte-Entscheidung

Im Jahre 2020 nahm die Bundesnetzagentur (BNetzA) in einer Entscheidung zur Auslegung von § 8 Abs. 2 S. 1 ERegG Stellung.[1092] In dem Syndikusanwälte-Beschluss untersagte die Bundesnetzagentur der DB Netz AG,

---

[1089] Siehe auch Anlage 3: Abgleich § 9a Abs. 1 AEG a. F. und §§ 8, 8a ERegG, S. 415.

[1090] *BVerwG*, Urt. v. 18.05.2010 – 3 C 21.09 [ECLI:DE:BVerwG:2010:180510U3C21.09.0], BVerwGE 137, 58 (67 f. Rn. 39) – Konzernjuristen.

[1091] *BVerwG*, Urt. v. 18.05.2010 – 3 C 21.09 [ECLI:DE:BVerwG:2010:180510U3C21.09.0], BVerwGE 137, 58 (70 Rn. 44) – Konzernjuristen.

[1092] *Bundesnetzagentur*, Beschl. v. 05.05.2020 – BK10-19-0199_U, https://www.bundesnetzagentur.de/DE/Beschlusskammern/1_GZ/BK10-GZ/2019/2019_bis0199/

Angestellte der Deutschen Bahn AG mit der Rechtsberatung oder Rechtsvertretung in Zugangsentscheidungen zu einer Serviceeinrichtung zu beauftragen, wenn diese auch für die DB Fernverkehr AG als Eisenbahnverkehrsunternehmen tätig sind.[1093] Geregelt ist die Unabhängigkeit des Betreibers von Serviceeinrichtungen zwar in § 12 ERegG. Wird diese aber von einem Unternehmen betrieben, das gleichzeitig Betreiber von Eisenbahnanlagen ist, reicht es nach § 12 Abs. 3 ERegG aus, wenn dieses die Anforderungen der §§ 7 und 8 ERegG entsprechend einhält. Daher war bei der Beurteilung der Unabhängigkeit eines Betreibers einer Serviceeinrichtung inzident zu prüfen, ob die in § 8 Abs. 2 S. 1 ERegG an den Betreiber von Eisenbahnanlagen gerichteten Unabhängigkeitsanforderungen erfüllt sind.

b) Der Begriff „bestimmenden Einfluss"

Aus dem Wortlaut des § 8 Abs. 2 S. 1 ERegG ergebe sich, dass ein bestimmender Einfluss auf Entscheidungen des Anlagenbetreibers ausreiche. Der Begriff „bestimmend" sei nicht eng auszulegen. Nicht erforderlich sei insbesondere eine tatsächliche „letzte" Entscheidung durch einen anderen Bereich des vertikal integrierten Unternehmens.[1094]

Die Bundesnetzagentur verweist zur Begründung neben der Konzernjuristen-Entscheidung des BVerwG[1095] auf den Sinn und Zweck der Entflechtungsregelungen, bei grundsätzlicher Akzeptanz vertikal integrierter Unternehmen die Unabhängigkeit des Infrastrukturbetreibers in netzzugangsrelevanten Entscheidungen zu sichern.

BK10-19-0199/BK10-19-0199_U_Beschluss_download_bf.pdf?__blob=publicationFile&v=1 – Syndikusanwälte (aufgerufen am 18.03.2024).

[1093] *Bundesnetzagentur*, Beschl. v. 05.05.2020 – BK10-19-0199_U, S. 2, https://www.bundesnetzagentur.de/DE/Beschlusskammern/1_GZ/BK10-GZ/2019/2019_bis0199/BK10-19-0199/BK10-19-0199_U_Beschluss_download_bf.pdf?__blob=publicationFile&v=1 – Syndikusanwälte (aufgerufen am 18.03.2024).

[1094] *Bundesnetzagentur*, Beschl. v. 05.05.2020 – BK10-19-0199_U, S. 30 f., https://www.bundesnetzagentur.de/DE/Beschlusskammern/1_GZ/BK10-GZ/2019/2019_bis0199/BK10-19-0199/BK10-19-0199_U_Beschluss_download_bf.pdf?__blob=publicationFile&v=1 – Syndikusanwälte (aufgerufen am 18.03.2024).

[1095] *BVerwG*, Urt. v. 18.05.2010 – 3 C 21.09 [ECLI:DE:BVerwG:2010:180510U3C21.09.0], BVerwGE 137, 58 (67 Rn. 38 ff.) – Konzernjuristen.

Bei der Umsetzung der Vorgaben des Vierten Eisenbahnpakets verfolgte der Gesetzgeber das Ziel einer 1:1-Umsetzung der Richtlinie (EU) 2016/2370[1096] zur Änderung der Recast-Richtlinie 2012/34/EU.[1097] Die Richtlinie (EU) 2016/2370 führt in den Erwägungsgründen aus, dass es den Mitgliedstaaten weiterhin freigestellt sein soll, zwischen verschiedenen Modellen der Organisation, einschließlich der vertikalen Integration, zu wählen. Hierzu sollten sie jedoch sicherstellen, dass der Infrastrukturbetreiber bei der Entgelterhebung und Kapazitätszuweisung organisatorisch und in seinen Entscheidungen unabhängig ist. Zu diesem Zweck führe die Richtlinie weitere Anforderungen zur Gewährung der Unabhängigkeit des Infrastrukturbetreibers ein (Erwägungsgrund 7).[1098]

Nach Erwägungsgrund 10 sollten strikte Schutzmaßnahmen eingeführt werden, um jegliche unzulässige Einflussnahme auf Entscheidungen des Infrastrukturbetreibers in Bezug auf solche Funktionen zu verhindern.[1099]

Hiernach ist nicht davon auszugehen, dass der europäische Normgeber, dessen Vorgaben der deutsche Gesetzgeber 1:1 umsetzen wollte, das Schutzniveau für den Infrastrukturbetreiber abschwächen und nur die „Letztentscheidung“ schützen wollte. Im Gegenteil wollte der europäische Normgeber die Unabhängigkeit noch zusätzlich durch weitere Anforderungen schützen.

1096 Richtlinie (EU) 2016/2370 des Europäischen Parlaments und des Rates vom 14.12.2016 zur Änderung der Richtlinie 2012/34/EU bezüglich der Öffnung des Marktes für inländische Schienenpersonenverkehrsdienste und der Verwaltung der Eisenbahninfrastruktur, ABl. 2016 L 352, 1.

1097 Siehe oben C. V. Die Umsetzung der Recast-Richtlinie 2012/34/EU, S. 156; Gesetzentwurf der Bundesregierung, Entwurf eines Gesetzes zur Umsetzung der Richtlinie (EU) 2016/2370 vom 14. Dezember 2016 zur Änderung der Richtlinie 2012/34/EU bezüglich der Öffnung des Marktes für inländische Schienenpersonenverkehrsdienste und der Verwaltung der Eisenbahninfrastruktur, BT-Drs. 19/9738 S. 1, 23, 24, 32, 34, 36, 111, 117, 121, 136, 140.

1098 Richtlinie (EU) 2016/2370 des Europäischen Parlaments und des Rates vom 14.12.2016 zur Änderung der Richtlinie 2012/34/EU bezüglich der Öffnung des Marktes für inländische Schienenpersonenverkehrsdienste und der Verwaltung der Eisenbahninfrastruktur, ABl. 2016 L 352, 1, Erwägungsgrund 7.

1099 Richtlinie (EU) 2016/2370 des Europäischen Parlaments und des Rates vom 14.12.2016 zur Änderung der Richtlinie 2012/34/EU bezüglich der Öffnung des Marktes für inländische Schienenpersonenverkehrsdienste und der Verwaltung der Eisenbahninfrastruktur, ABl. 2016 L 352, 1, Erwägungsgrund 10.

c) Unabhängigkeit aufgrund anwaltlichen Berufsrechts

Eine Kommentierung zu der vom 02.09.2016[1100] bis zum 15.07.2019[1101] geltenden, textlich abweichenden Fassung von § 8 ERegG weist auf eine neue gesetzliche Wertung hinsichtlich der Tätigkeit von Syndikusanwälten hin. Diese sei erst nach der Konzernjuristen-Entscheidung des BVerwG erfolgt und habe dort noch keine Berücksichtigung finden können.[1102] Nach § 46 Abs. 4 S. 2 BRAO ist die fachliche Unabhängigkeit des Syndikusanwalts vertraglich und tatsächlich zu gewährleisten. Nach § 46 Abs. 5 S. 2 Nr. 1 BRAO sind diese auch befugt, mit dem Arbeitgeber verbundene Unternehmen (§ 15 AktG) zu beraten und vertreten.

Nach Ansicht der Bundesnetzagentur seien Entflechtungsregelungen jedoch gegenüber § 46 Abs. 5 S. 2 Nr. 1 BRAO die speziellere Norm und hätten daher Vorrang. Die Vorgaben der Entflechtung würden daher nicht durch die BRAO durchbrochen.[1103]

Zwar dürfe – anders als das BVerwG dies getan habe – weniger auf die „persönliche Abhängigkeit“ der Syndikusanwälte abgestellt werden.[1104] Es bleibe jedoch die Gefahr eines Interessenkonflikts in konzernverbundenen Unternehmen.[1105]

1100 Art. 7 des Gesetzes zur Stärkung des Wettbewerbs im Eisenbahnbereich, BGBl. 2016 I 2082.

1101 Art. 3 des Gesetzes zur Umsetzung der Richtlinie (EU) 2016/2370 vom 14. Dezember 2016 zur Änderung der Richtlinie 2012/34/EU bezüglich der Öffnung des Marktes für inländische Schienenpersonenverkehrsdienste und der Verwaltung der Eisenbahninfrastruktur, BGBl. 2019 I 1040 ff.

1102 *Remmert* in: Staebe, ERegG, § 8 Rn. 14.

1103 *Bundesnetzagentur*, Beschl. v. 05.05.2020 – BK10-19-0199_U, S. 32, https://www.bundesnetzagentur.de/DE/Beschlusskammern/1_GZ/BK10-GZ/2019/2019_bis0199/BK10-19-0199/BK10-19-0199_U_Beschluss_download_bf.pdf?__blob=publicationFile&v=1 – Syndikusanwälte (aufgerufen am 18.03.2024).

1104 Siehe oben E. II. 2. b) bb) Unterstützungsprozess Rechtsberatung und -vertretung, S. 270.

1105 *Bundesnetzagentur*, Beschl. v. 05.05.2020 – BK10-19-0199_U, S. 33, https://www.bundesnetzagentur.de/DE/Beschlusskammern/1_GZ/BK10-GZ/2019/2019_bis0199/BK10-19-0199/BK10-19-0199_U_Beschluss_download_bf.pdf?__blob=publicationFile&v=1 – Syndikusanwälte (aufgerufen am 18.03.2024).

d) Fazit zur entscheidungsbezogenen Unabhängigkeit

Sowohl Auslegung als auch Entscheidungspraxis der Bundesnetzagentur sprechen dafür, dass es sich bei der Regelung des § 8 Abs. 2 S. 1 ERegG ebenso wie bei der Vorgängerregelung des § 9a Abs. 1 S. 2 Nr. 5 AEG a. F. um einen abstrakten Gefährdungstatbestand handelt, der auch den Schutz der Entscheidungsvorbereitung mit umfasst.[1106] Soweit die Deutsche Bahn AG Juristen für die Beratung und Vertretung für ihre verbundenen Unternehmen in einer zentralen Servicefunktion vorhält, dürfen diese von dem Betreiber von Eisenbahnanlagen nicht hinsichtlich seiner wesentlichen Funktionen hinzugezogen werden.

Dies gilt ebenso für § 8a Abs. 3 Nr. 1 ERegG. Diese Norm untersagt ebenfalls einen bestimmenden Einfluss auf den Betreiber von Eisenbahnanlagen hinsichtlich der wesentlichen Funktionen. Dabei verzichtet sie auf das Merkmal der „Entscheidung“. Daher hätte eine Argumentation, dass nur bestimmender Einfluss auf die konkrete Letztentscheidung unterbunden werden soll, keinen Anknüpfungspunkt im Gesetzestext.[1107]

2. Unabhängigkeit von Verkehrsunternehmen, § 8a Abs. 1 ERegG

Nach § 8a Abs. 1 ERegG muss der Betreiber von Eisenbahnanlagen rechtlich, organisatorisch und in seinen Entscheidungen in Bezug auf die wesentlichen Funktionen von Eisenbahnverkehrsunternehmen unabhängig sein.

In der bereits erwähnten[1108] Karenzzeit-Entscheidung nahm die Bundesnetzagentur zum Charakter von § 8a Abs. 1 S. 1 ERegG als (bloße) Zielbestimmung und Nachfolgeregelung von § 9a Abs. 1 S. 1 AEG a. F. Stellung[1109] und bestätigte auch insoweit[1110] die Entscheidung des BVerwG. Zuzustimmen ist der

---

1106 So auch *Säcker* in: Kühling/Otte, AEG/ERegG, § 8 ERegG Rn. 40.

1107 Im Ergebnis mit Hinweis auf § 9a Abs. 1 S. 2 Nr. 5 AEG als Vorgängernorm so auch *Säcker* in: Kühling/Otte, AEG/ERegG, § 8a ERegG Rn. 9.

1108 Siehe oben C. VI. 5. b) bb) Verwaltungspraxis zur Bewertung von Interessenkonflikten, S. 199.

1109 *Bundesnetzagentur*, Beschl. v. 13.10.2023 – BK10-23-0415_U, S. 24 f., https://www.bundesnetzagentur.de/DE/Beschlusskammern/1_GZ/BK10-GZ/2023/2023_0400bis0499/BK10-23-0415/BK10-23-0415_U_Beschluss_download_BF.pdf?__blob=publicationFile&v=4 – Karenzzeit (aufgerufen am 20.03.2024).

1110 Siehe oben E. II. 2. c) Unabhängigkeit des Betreibers, § 9a Abs. 1 S. 1 AEG a. F., S. 272.

Bundesnetzagentur, dass diese Regelung als Zielbestimmung[1111] aufzufassen ist, die unter anderem die nachfolgenden Detailregelungen zur organisatorischen und entscheidungsbezogenen Unabhängigkeit kontextualisiert. Das BVerwG führte zur – weitgehend wortgleichen[1112] – Regelung des § 9a Abs. 1 S. 1 AEG aus, sie sei keine Generalklausel, sondern die dort formulierten Ziele könnten der Auslegung der im Folgenden genannten Maßnahmen dienen.[1113]

3. Eigene Geschäftsführung, Verwaltung, Kontrolle, § 8a Abs. 2

Nach § 8a Abs. 2 i. V. m. Abs. 1 ERegG muss ein Betreiber von Eisenbahnanlagen bei Entscheidungen über wesentliche Funktionen über eine eigene Geschäftsführung, Verwaltung und interne Kontrolle verfügen. Die Bestimmungen des § 8a Abs. 2 ERegG haben keine direkte Vorgängerregelung im AEG, zu der sich das BVerwG hätte äußern können.[1114]

a) Begriff der Entscheidung in § 8a Abs. 2 ERegG

Die Regelung des § 8a Abs. 2 ERegG verweist hinsichtlich der Entscheidung ebenso wie die Bestimmung zur entscheidungsbezogenen Unabhängigkeit in § 8a Abs. 3 Nr. 1 ERegG auf § 8a Abs. 1 ERegG. Wortlaut und Systematik sprechen daher dafür, dass es sich bei § 8a Abs. 2 ERegG um den gleichen Entscheidungsbegriff handelt wie bei den Regelungen zur entscheidungsbezogenen Unabhängigkeit (§ 8 Abs. 2 S. 1 ERegG und § 8a Abs. 3 Nr. 1 ERegG), bei der auch die Entscheidungsvorbereitung in den Schutz der Norm einbezogen ist.[1115]

1111 *Bundesnetzagentur*, Beschl. v. 13.10.2023 – BK10-23-0415_U, S. 24 f., https://www.bundesnetzagentur.de/DE/Beschlusskammern/1_GZ/BK10-GZ/2023/2023_0400bis0499/BK10-23-0415/BK10-23-0415_U_Beschluss_download_BF.pdf?__blob=publicationFile&v=4 – Karenzzeit (aufgerufen am 20.03.2024).

1112 Siehe auch Anlage 3: Abgleich § 9a Abs. 1 AEG a. F. und §§ 8, 8a ERegG, S. 414 ff.

1113 *BVerwG*, Urt. v. 18.05.2010 – 3 C 21.09 [ECLI:DE:BVerwG:2010:180510U3C21.09.0], BVerwGE 137, 58 (62 Rn. 25) – Konzernjuristen.

1114 § 8 Abs. 3 AEG a. F. in der vor dem 02.09.2016 geltenden Fassung gab zwar vor, dass der Betreiber der Schienenwege über eine eigene Leitung, Geschäftsführung, Verwaltung und Rechnungsführung verfügen müsse, soweit es die Zuweisung von Zugtrassen und Wegeentgelte betrifft. Diese Vorgabe galt jedoch nur für Betreiber der Schienenwege, bei denen es sich nicht um Eisenbahnen des Bundes handelte.

1115 Siehe oben E. III. 1. d) Fazit zur entscheidungsbezogenen Unabhängigkeit, S. 284. Im Ergebnis auch *Säcker* in: Kühling/Otte, AEG/ERegG, § 8a ERegG Rn. 9.

Zudem entspricht es dem Sinn und Zweck des § 8a Abs. 2 ERegG, jegliche unzulässige Einflussnahme zu unterbinden, die Entscheidungsvorbereitung (sowie die Entscheidungsnachbereitung) als eine vom Schutz der Norm umfasste Tätigkeit anzusehen. Wäre nur die „Letztentscheidung" umfasst, müsste auch nur die Unabhängigkeit der Person geschützt werden, die diese Letztentscheidung trifft. Soweit jedoch eine eigene Verwaltung und interne Kontrolle gefordert wird, werden diese typischerweise bei der Vor- und Nachbereitung der Entscheidungen tätig sein.

Allerdings ist insoweit eine einschränkende Auslegung geboten, als nicht jedwede Verwaltungstätigkeit in Bezug auf Eisenbahnanlagen erfasst ist, für die Zugangsansprüche nach § 10 Abs. 1 S. 1 ERegG geltend gemacht werden können, sondern nur Tätigkeiten im Kontext eines konkreten Entscheidungsprozesses. Beispielsweise können Entscheidungen im Verkehrsmanagement sowie in der Instandhaltungs- und Erneuerungsplanung zwar die Basis legen, welche Eisenbahnanlagen überhaupt für eine Nutzung zur Verfügung stehen und so ebenfalls auf eine Zugangsentscheidung einwirken. Eine solche extensive Auslegung würde jedoch den Entscheidungsbegriff des § 8a Abs. 2 ERegG überdehnen. Zudem haben die Entscheidungen im Verkehrsmanagement, der Instandhaltungs- und Erneuerungsplanung in § 8b Abs. 1 ERegG eine spezielle Regelung erhalten.

b) Merkmale eigener Geschäftsführung, Verwaltung, Kontrolle

Fraglich ist weiterhin, welche Anforderungen der Gesetzgeber an die Merkmale einer eigenen Geschäftsführung, Verwaltung und internen Kontrolle stellt. Das ERegG beinhaltet keine Legaldefinition dieser Begriffe. In § 5 S. 1 ERegG enthält es aber eine Parallelregelung. Diese fordert für Eisenbahnverkehrsunternehmen eine unabhängige Stellung in Bezug auf die Geschäftsführung, die Verwaltung und die interne Kontrolle gegenüber staatlichen Einflüssen als Eigentümer.

aa) Formelle Anforderung: Arbeitnehmer des Betreibers

Das Adjektiv „eigen" lässt darauf schließen, dass es sich bei den in diesen Bereichen tätigen Mitarbeitenden formal um Arbeitnehmer des Betreibers von Eisenbahnanlagen handeln muss. Dies schließt Servicefunktionen aus, die von anderen – konzerninternen oder -externen – Unternehmen bereitgestellt werden.

bb) Praktische Wirksamkeit: Direktionsrecht des Betreibers

Soll die Vorgabe eigenen Personals nach dem Grundsatz des „effet utile“[1116] auch praktische Wirksamkeit entfalten, muss das Personal unter materiellen Gesichtspunkten dem fachlichen und persönlichen Direktionsrecht des Betreibers von Eisenbahnanlagen unterliegen. Dies umfasst unter anderem

- die Entscheidung über die Gestaltung der Prozesse für die Zugangs- und Entgeltentscheidungen einschließlich der Prozessbeteiligten und unterstützenden Werkzeuge sowie
- die interne Kontrolle dieser Prozesse im Sinne einer Überwachung und Steuerung.

Grundvoraussetzung hierfür ist die eigene Geschäftsführung des Betreibers von Eisenbahnanlagen. Der mögliche Umfang von Beherrschungsverträgen (§ 291 ff. AktG) und Weisungsrechten (§ 308 Abs. 1 S. 1 AktG) gegenüber dem Betreiber von Eisenbahnanlagen wird hierdurch eingeschränkt.

cc) Keine Übertragung der Funktionen an Dritte

Zurecht wird daher darauf hingewiesen, dass Geschäftsbesorgungsverträge und Betriebsführungsverträge (Generalmanagementverträge), die sich auf das gesamte Leistungsspektrum eines Unternehmens beziehen, unzulässig sind.[1117]

Nicht übertragen werden dürfen ferner die Geschäftsführung als die mit Direktionsrecht ausgestattete, letztlich verantwortliche Instanz für die Geschäftsprozesse sowie die interne Kontrolle.

dd) Verwaltung: Abgrenzung zu rein administrativen Tätigkeiten

Hinsichtlich des Erfordernisses der eigenen Verwaltung stellt sich die Frage, wie das Merkmal der „Entscheidungen über wesentliche Funktionen“ abzugrenzen ist gegenüber vor- oder nachgelagerten Tätigkeiten, die diese Entscheidung ermöglichen, unterstützen oder umsetzen. Hierzu bietet sich zunächst vergleichend ein Blick auf die Regelungen im Energiesektor zum Einsatz zentraler Servicefunktionen an.

[1116] *BVerwG*, Urt. v. 18.05.2010 – 3 C 21.09 [ECLI:DE:BVerwG:2010:180510U3C21.09.0], BVerwGE 137, 58 (63 f. Rn. 28) – Konzernjuristen.

[1117] *Säcker* in: Kühling/Otte, AEG/ERegG, § 8 ERegG Rn. 34 Fußnote 58.

(1) Energiesektor: Shared Services, § 9 Abs. 2 S. 2 EnWG

Eine Parallelbestimmung im Energiewirtschaftsgesetz (EnWG) für Unabhängige Systembetreiber (Independent System Operator, ISO) enthält § 9 EnWG. Diese müssen nach Maßgabe von § 9 Abs. 2 S. 2 EnWG über die materiellen, finanziellen, technischen und personellen Mittel verfügen, um die Aufgaben des Transportnetzbetreibers wahrzunehmen. Hieraus wird geschlossen, die Nutzung von Shared Services für Unabhängige Systembetreiber sei grundsätzlich unzulässig. Etwas anderes gelte nur für Tätigkeiten rein administrativer Natur und IT-Dienste.[1118]

(a) Nicht zulässige Shared Services

Unzulässig ist der Einsatz von Shared Services daher bei Leitungsaufgaben des Energienetzbetreibers, d. h. bei jeder Funktion mit unternehmerischer Verantwortung, Planung und operativer Gestaltung. Dies umfasse

- die zur Geschäftsführung und zur gesetzlichen Vertretung berufenen Personen wie Vorstände, Geschäftsführer und vertretungsberechtigte Gesellschafter.
- die operative Leitung des Unternehmens im mittleren Management, soweit dieses über einen eigenständigen, tatsächlichen Entscheidungsspielraum verfügt.
- Personen, die Aufgaben im Rahmen der Kerntätigkeit des Netzbetreibers wahrnehmen. Hierbei kann es sich zum Beispiel um die Steuerung oder Vermarktung des Netzes handeln.[1119]

Weiterhin unzulässig sind Shared Services

- im Bereich der Rechtsberatung, bei der es sich um eine Managementtätigkeit handele,
- in Form einer gemeinsamen Personalabteilung sowie
- im Bereich des betrieblichen Rechnungswesens.[1120]

1118 *Säcker/Mohr* in: Säcker, EnWG, § 9 Rn. 37.

1119 *Säcker/Mohr* in: Säcker, EnWG, § 9 Rn. 38.

1120 *Säcker/Mohr* in: Säcker, EnWG, § 9 Rn. 38.

(b) Zulässige Shared Services

Zulässig sind Shared Services dagegen bei administrativen Tätigkeiten mit rein dienender Funktion sowie bei gemeinsamer Nutzung von IT-Diensten. Dies umfasst beispielsweise

- die Wartung von Gegenständen, die nicht unternehmensspezifisch für den Netzbetrieb vorgehalten werden wie Telefonanlagen,
- medizinische Dienste und
- die Unterhaltung eines allgemeinen Fuhrparks.[1121]

Den umgekehrten Fall, also Dienstleistungen des Unabhängigen Transportnetzbetreibers als zentrale Servicefunktion für andere Teile des vertikal integrierten Unternehmens regelt § 10a Abs. 3 S. 2 Nr. 1 - 3 EnWG. Diese sind nur unter engen Voraussetzungen möglich. Unter anderem müssen die Dienstleistungen diskriminierungsfrei allen Nutzern des Transportnetzes zur Verfügung stehen und dürfen den Wettbewerb nicht behindern, § 10a Abs. 3 S. 2 Nr. 1 EnWG.

(2) Kriterien für die Betroffenheit zentraler Servicefunktionen

Die Konkretisierungen der Entflechtungsregelungen im EnWG lassen sich nicht automatisch auf die Regulierung des Eisenbahnsektors im ERegG übertragen. Das EnWG verfolgt insoweit einen anderen – weitergehenden – Ansatz als das ERegG. Dies kommt unter anderem in der Vorgabe des § 9 Abs. 2 S. 2 EnWG zum Ausdruck, dass der Infrastrukturbetreiber über eigenes Personal verfügen muss. Dies schließt Shared Services – anders als im Eisenbahnsektor – weitgehend aus.[1122]

Sachgerecht ist jedoch der Grundgedanke des EnWG, dass die Auslagerung von Geschäftsprozessen in zentrale Servicefunktionen zulässig ist, wenn hieraus kein Diskriminierungspotential folgt, d. h. die Auslagerung keine Auswirkung auf Zugangsentscheidungen haben kann. Zumindest für die im Anwendungsbereich des § 9 Abs. 2 S. 2 EnWG zulässigen

---

[1121] *Säcker/Mohr* in: Säcker, EnWG, § 9 Rn. 39.

[1122] Siehe oben E. III. 3. b) dd) (1) Energiesektor: Shared Services, § 9 Abs. 2 S. 2 EnWG, S. 287.

administrativen Tätigkeiten mit rein dienender Funktion kann ein Betreiber von Eisenbahnanlagen daher auch zentrale Servicefunktionen nutzen. Die Vorgabe des § 8a Abs. 2 ERegG, dass dieser bei Entscheidungen über wesentliche Funktionen über eine eigene Geschäftsführung, Verwaltung und interne Kontrolle verfügen muss, steht dem nicht entgegen.

Das BVerwG verfolgte einen ähnlichen Ansatz, indem es zu § 9a Abs. 1 S. 2 Nr. 5 AEG a. F. ausführte, erfasst seien alle Handlungen, mit denen sachlich auf die zutreffende Entscheidung Einfluss genommen werden könne. Hiervon nicht betroffen seien lediglich rein technische Handlungen wie Schreibarbeiten, Anmietungen von Räumen und dergleichen.[1123]

(a) In Betracht kommende zentraler Servicefunktionen

Zentrale Servicefunktionen werden vor allem bei Unterstützungsprozessen eingesetzt,[1124] da sie dort das größte Nutzenpotential entfalten können. Solche Unterstützungsprozesse lassen sich unter anderem den Funktionsbereichen Finanzen, Personal, Informationstechnologie, Recht und Beschaffung zuordnen.[1125]

Nach dem Konzernjuristen-Urteil[1126] wurde in der Literatur thematisiert, ob dieses auch Konsequenzen für die Bereiche Rechnungswesen, Buchhaltung, Entgeltkalkulation Datenverarbeitung, Personalentwicklung etc. haben könne.[1127]

Das ERegG geht nicht explizit auf bestimmte Servicefunktionen ein, die es untersagt oder beschränkt. Es stellt hingegen aus der Perspektive des Betreibers von Eisenbahnanlagen Anforderungen an die Unabhängigkeit seiner Funktionen.

1123 Siehe oben E. II. 2. b) aa) Abstrakter Gefährdungstatbestand, S. 269; *BVerwG*, Urt. v. 18.05.2010 – 3 C 21.09 [ECLI:DE:BVerwG:2010:180510U3C21.09.0], BVerwGE 137, 58 (67 Rn. 38) – Konzernjuristen.

1124 Siehe oben D. II. 2. Unterstützungsprozesse, S. 211.

1125 Siehe oben D. II. 2. Unterstützungsprozesse, S. 211.

1126 Siehe oben E. II. Die Konzernjuristen-Entscheidung des BVerwG, S. 266; *BVerwG*, Urt. v. 18.05.2010 – 3 C 21.09 [ECLI:DE:BVerwG:2010:180510U3C21.09.0], BVerwGE 137, 58 – Konzernjuristen.

1127 Siehe oben E. II. 3. b) Anwendbarkeit auf weitere zentrale Servicefunktionen, S. 276; *Wachinger*, NVwZ 2010, 1343 (1346).

(b) Anhaltspunkte für Diskriminierungspotential

Welche Servicefunktionen in welcher Art Unabhängigkeitsanforderungen gefährden können, ist anhand des jeweiligen Service, seiner Verwendung in dem betreffenden Geschäftsprozesses sowie der rechtlichen und tatsächlichen Einwirkungsmöglichkeit der Servicefunktion auf im Prozess getroffenen Entscheidungen zu bewerten. Anknüpfungspunkt für Diskriminierungspotential ist dabei insbesondere der Umstand, dass zur Umsetzung des Anspruchs auf angemessenen, nichtdiskriminierenden und transparenten Zugang aus § 10 Abs. 1 S. 1 ERegG die Zugänge im Einzelfall konkret geprüft, ausgehandelt und vereinbart werden müssen.

Die vom BVerwG beschriebene Gefahr der Kollision von Interessen zwischen Auftraggeber und Auftragnehmer (zentraler Servicefunktion)[1128] ist zwar grundsätzlich jeder Einbeziehung von Dienstleistern immanent (Prinzipal-Agent-Theorie).[1129] Generell dürften aber von Servicefunktionen ein höheres Diskriminierungspotential ausgehen, in denen Entscheidungen zu wesentlichen Funktionen vorbereitet oder getroffen werden als solche mit rein repetitiven Tätigkeiten. Kritisch sind also eher wissensbasierte als rein transaktionsbasierte Tätigkeiten.

Hinsichtlich zugangsrechtlicher Fragen haben die rechtliche Beratung und Vertretung eine wichtige Bedeutung, da sie einen hohen Einfluss auf die Entscheidung ausüben und diese unter Umständen vorzeichnen. Der rechtliche Aspekt ist allerdings nicht das einzige Kriterium für zugangsrechtliche Entscheidungen. Diese können auch durch technische oder kaufmännische Fragestellungen wie die Entgeltkalkulation beeinflusst werden.

(c) Entscheidung und Steuerung der Servicefunktion

Bei der Frage, ob ein Diskriminierungspotential besteht, kann ergänzend zu den genannten Kriterien auch in die Abwägung einbezogen werden, wer die Entscheidung zur Beauftragung der zentralen Servicefunktion trifft und diese steuert. Dies kann jedoch allenfalls ein Anhaltspunkt für das Vorliegen von Diskriminierungspotential sein, nicht für dessen Ausschluss.

1128 *BVerwG*, Urt. v. 18.05.2010 – 3 C 21.09 [ECLI:DE:BVerwG:2010:180510U3C21.09.0], BVerwGE 137, 58 (70 Rn. 44) – Konzernjuristen.

1129 Siehe oben D. V. 1. b) dd) (1) (b) Prinzipal-Agenten-Beziehungen, S. 229.

Trifft ein herrschendes Unternehmen (§ 17 AktG) Entscheidungen über die Auslagerung von Geschäftsprozessen eines abhängigen Unternehmens an eine zentrale Servicefunktion oder dessen Steuerung, indiziert dies eine fehlende Unabhängigkeit des abhängigen [sic] Unternehmens auch in Bezug auf die Tätigkeit der zentralen Servicefunktion in dem betreffenden Geschäftsprozess.

Umgekehrt kann aber daraus, dass ein abhängiges Unternehmen eine zentrale Servicefunktion aus freier unternehmerischer Entscheidung beauftragt und selbst steuert, nicht automatisch geschlossen werden, diese habe keinen potenziellen Einfluss auf die Entscheidungen des Unternehmens.

Vor allem existieren zwischen den Polen „Beherrschung" und „freier unternehmerischer Entscheidung" eine Vielzahl möglicher Abstufungen des Einflusses eines herrschenden Unternehmens.[1130] Die Frage der Beauftragung und Steuerung der zentralen Servicefunktion kann daher zwar ein Anhaltspunkt für Diskriminierungspotential sein. Es ist jedoch kein eindeutiges Kriterium für dessen Vorliegen.

4. Personelle Entflechtungskomponente bei wesentlichen Funktionen

Das ERegG trifft an mehreren Stellen Entflechtungsregelungen bezüglich des mit wesentlichen Funktionen befassten Personals.

a) Ernennung, Entlassung, § 8 Abs. 6, § 8a Abs. 3 Nr. 2 ERegG

Hinsichtlich des Einflusses auf Ernennungen und Entlassungen von Personen, die Entscheidungen über wesentliche Funktionen zu treffen haben, macht das ERegG zwei Vorgaben:

- Nach § 8 Abs. 6 ERegG müssen vertikal integrierte Unternehmen sicherstellen, dass andere rechtliche Einheiten dieser Unternehmen keinen entscheidenden Einfluss ausüben.
- Nach § 8a Abs. 3 Nr. 2 ERegG dürfen Eisenbahnverkehrsunternehmen oder andere Bereiche in einem vertikal integrierten Unternehmen keinen bestimmenden Einfluss ausüben.

1130 Siehe oben D. IV. Entscheidung zur Nutzung zentraler Servicefunktionen, S. 219.

Diese Vorgaben weisen Parallelen auf zu den Regelungen der entscheidungsbezogenen Unabhängigkeit in § 8 Abs. 2 S. 1 und § 8a Abs. 3 Nr. 1 ERegG. Beide bezwecken, die entscheidungsbezogene Unabhängigkeit des Betreibers von Eisenbahnanlagen sicherzustellen. Während die §§ 8 Abs. 2 S. 1, 8a Abs. 3 Nr. 1 ERegG, die sachliche Zugangs- und Entgeltentscheidung betreffen, sollen dies §§ 8 Abs. 6, 8a Abs. 3 Nr. 2 ERegG hinsichtlich der Personen sicherstellen, die diese Entscheidung zu treffen haben. Hierdurch soll verhindert werden, dass aus dem vertikal integrierten Unternehmen über die Auswahl der entscheidenden Person Einfluss auf die Entscheidung genommen wird. Insoweit deckt sich der Sinn und Zweck der Bestimmungen zur entscheidungsbezogenen Unabhängigkeit und zu Ernennungen und Entlassungen.

Auch der Wortlaut „bestimmender“ bzw. „entscheidender Einfluss“ und „sicherstellen“ spricht dafür, dass ähnlich wie § 8 Abs. 2 S. 1 und § 8a Abs. 3 Nr. 1 ERegG die Unabhängigkeit der Entscheidung gegen jedwede Einflussnahme bereits auf die Entscheidungsvorbereitung geschützt werden soll. Da die §§ 8 Abs. 6, 8a Abs. 3 Nr. 2 ERegG anders als die Regelungen zur sachlichen Unabhängigkeit der Zugangsentscheidung nicht von „Entscheidung“ sprechen, sondern von „Einfluss“, erübrigt sich eine Diskussion, ob nur die „Letztentscheidung“ geschützt ist.[1131] Auch bei den Regelungen zu Ernennungen und Entlassungen von Personen, die Entscheidungen über wesentliche Funktionen zu treffen haben, dürfte es sich daher um einen abstrakten Gefährdungstatbestand handeln.

Im Ergebnis dürfen daher keine (Personal-) Funktionen des Betreibers von Eisenbahnanlagen beispielsweise an eine externe Personalabteilung ausgelagert werden, die einen solchen Einfluss nimmt.

b) Begrenzung der beruflichen Mobilität, § 8a Abs. 3 Nr. 3 ERegG

Nach § 8a Abs. 3 Nr. 3 ERegG darf die berufliche Mobilität von Personen, die mit wesentlichen Funktionen betraut sind, nicht zu Konflikten zwischen den Interessen von Eisenbahnverkehrsunternehmen und Betreibern von Eisenbahnanlagen führen.

Soweit der Begriff des Konflikts nicht durch verbindliche Kriterien definiert wird, besteht bei der Anwendung dieser Vorschrift ein großer

---

1131 Zu Entscheidungsbegriff in § 9a Abs. 1 S. 2 Nr. 5 AEG a. F. siehe oben E. II. 2. b) aa) Abstrakter Gefährdungstatbestand, S. 269.

Beurteilungsspielraum auf Tatbestandsseite. Ferner besteht ein Handlungsermessen auf Rechtsfolgenseite hinsichtlich der Konsequenzen aus dem Vorliegen eines solchen Konflikts. Es ist daher sinnvoll, dass die Beurteilung, ob Interessen des Betreibers von Eisenbahnanlagen tangiert sind, letztlich diesem obliegt.

c) Ausschluss von Doppelfunktionen, § 8 Abs. 3 Nr. 2 ERegG

Nach § 8 Abs. 3 Nr. 2 ERegG darf eine Person nicht gleichzeitig tätig sein

- als Person, die Entscheidungen über wesentliche Funktionen des Betreibers von Eisenbahnanlagen zu treffen hat, und
- als Mitglied des Vorstands eines Eisenbahnverkehrsunternehmens.

Auch diese Bestimmung sichert die Unabhängigkeit des Betreibers von Eisenbahnanlagen bei seinen wesentlichen Entscheidungen gegenüber anderen Eisenbahnunternehmen. Diese Norm gilt allerdings unmittelbar, ohne dass zu ihrer Umsetzung ein Beurteilungsspielraum auszufüllen wäre oder es eines Vollzugsaktes bedürfte. Insoweit folgen aus dieser Bestimmung auch keine Einschränkungen für den Einsatz zentraler Servicefunktionen.

d) Vergütungsmodalitäten, § 8 Abs. 4 ERegG

Die Bestimmung des § 8 Abs. 4 ERegG schränkt die Vereinbarung von Vergütungsmodalitäten für Personen ein, die Entscheidungen über wesentliche Funktionen zu treffen haben:

- Nach § 8 Abs. 4 Nr. 1 ERegG darf ihnen von einer anderen Einheit im vertikal integrierten Unternehmen keine leistungsbezogene Vergütung gewährt werden sowie
- nach Nr. 2 auch keine Bonuszahlungen, die im Wesentlichen mit der finanziellen Leistungsfähigkeit einzelner Eisenbahnverkehrsunternehmen verknüpft sind.

Diese Vorgaben sind für die Beteiligten trotz eines gewissen Beurteilungsspielraums („im Wesentlichen“) so konkret, dass sie den Einsatz zentraler Servicefunktion nicht beschränken.

e) Zusammenfassung zur personellen Entflechtungskomponente

Die Regelungen der personellen Entflechtungskomponente des ERegG schränken – soweit wesentliche Funktionen betroffen sind – den Einsatz zentraler Servicefunktionen teilweise ein. Insbesondere die personelle Unabhängigkeit bei Ernennungen und Entlassungen (§§ 8 Abs. 6, 8a Abs. 3 Nr. 2 ERegG) setzt zentralen Servicefunktionen Grenzen.

Allerdings sind Personalaufgaben, die an zentrale Servicefunktionen ausgelagert werden sollen, ohnehin auf eine präzise Dekonstruktion der ursprünglichen Prozesse und genau festgelegte Schnittstellen zwischen zentraler Servicefunktion und der Linienfunktion im auslagernden Unternehmen angewiesen. Bei Personalaufgaben findet typischerweise keine vollständige Zentralisierung statt. Zumindest unmittelbare Führungsaufgaben verbleiben bei den auslagernden Unternehmen, da diese auf direktem Kontakt zwischen Führungskraft und Mitarbeitendem beruhen.[1132] Dezentrale Unternehmen benötigen daher einen engen Kontakt zu einer zentralen Personalfunktion und sind im Linienmanagement in Entscheidungsprozesse eingebunden. Funktionieren diese Prozesse nicht, macht sich dies tendenziell schnell bemerkbar und erzeugt Handlungsdruck zur Fehlerbeseitigung. Es ist daher unternehmensspezifisch ein „optimale[r] Grad der (De-)Zentralisation"[1133] zu finden, der die Vorteile zentraler Servicefunktionen realisiert und gleichzeitig die Bedürfnisse des auslagernden Unternehmens berücksichtigt.

Shared Services im Personalbereich sollten daher grundsätzlich offen sein für eine passgenaue Gestaltung der neuen Geschäftsprozesse, die auch regulatorische Anforderungen berücksichtigt.

5. Informationelle Entflechtung, § 8 Abs. 5 ERegG

Verfügen verschiedene Einheiten in einem vertikal integrierten Unternehmen über gemeinsame Informationssysteme, so muss nach § 8 Abs. 5 S. 1 ERegG der Zugang zu sensiblen Informationen betreffend wesentlicher Funktionen auf befugtes Personal des Betreibers von Eisenbahnanlagen beschränkt werden. Solche Informationen dürfen insbesondere nicht an andere Einheiten des vertikal integrierten Unternehmens weitergegeben werden, § 8 Abs. 5 S. 2 ERegG.

[1132] *Scherm/Kleiner* in: Keuper/Oecking, Corporate Shared Services, S.291.

[1133] *Scherm/Kleiner* in: Keuper/Oecking, Corporate Shared Services, S.291.

Vor dem Bestehen einer ausdrücklichen gesetzlichen Regelung der informationellen Entflechtung in § 8 Abs. 5 ERegG hatte das BVerwG in der Konzernjuristen-Entscheidung festgestellt, dass durch die Entscheidung zwar nicht sämtliche zentralen Dienste („Shared Services") der Konzernmutter in Frage gestellt werden, weitere zentrale Dienste wie etwa eine zentrale EDV-Abteilung aber einer genaueren Überprüfung anhand von § 9a Abs. 1 S. 2 Nr. 5 AEG a. F. zu unterziehen seien.[1134] Hier hat das BVerwG bereits eine mögliche Gefahr für die Unabhängigkeit des Betreibers von Eisenbahnanlagen angedeutet.

Auch in der Literatur wurde eine Überprüfung der Berechtigungen für konzerninterne IT-Datenbanken gefordert, die Informationen über sensible Bereiche wie Trassenzuweisung und Wegeentgelte erhalten. Überprüft werden solle die Vergabe von Berechtigungen durch den Betreiber selbst, da dieser die Gefahr von Einflussnahmemöglichkeiten am besten erkennen könne.[1135]

Dieser Gefahr für die Unabhängigkeit sind die EU durch Änderung des Art. 7 der Recast-Richtlinie 2012/34/EU[1136] und der deutsche Gesetzgeber durch Umsetzung der Richtlinie in § 8 Abs. 5 ERegG begegnet.

a) Schutzobjekt sensible Informationen

Das ERegG definiert den Begriff der sensiblen Informationen nicht ausdrücklich. Sinn und Zweck der Entflechtungsregelungen ist es jedoch, den in § 10 Abs. 1 S. 1 ERegG statuierten Anspruch der Zugangsberechtigten auf diskriminierungsfreien Zugang zur Eisenbahn sicherzustellen. Zu schützen sind daher solche Informationen des Betreibers der Eisenbahnanlagen, deren Vorliegen bei nur einem Eisenbahnverkehrsunternehmen diesem einen Informationsvorsprung und dadurch Wettbewerbsvorteile gegenüber seinen Mitbewerbern verschaffen könnte.

In Betracht kommen dabei

1134 Siehe oben E. II. 2. b) cc) Angemessenheit der Untersagung, S. 271; *BVerwG*, Urt. v. 18.05.2010 – 3 C 21.09 [ECLI:DE:BVerwG:2010:180510U3C21.09.0], BVerwGE 137, 58 (74 Rn. 52) – Konzernjuristen.

1135 *Koenig/Spiekermann/Schellberg*, IR 2007, 53 (57).

1136 Richtlinie 2012/34/EU des Europäischen Parlaments und des Rates vom 21.11.2012 zur Schaffung eines einheitlichen europäischen Eisenbahnraums, ABl. 2012 L 343, 32 („Recast-Richtlinie") – konsolidierte Fassung Stand 01.01.2019.

- einerseits technische und planerische Informationen, die der Betreiber der Eisenbahnanlagen aus der Durchführung des Betriebs gewinnt, beispielsweise über die Beschaffenheit der Schienenwege.[1137]
- Andererseits können auch wirtschaftlich relevante Informationen von Eisenbahnverkehrsunternehmen betroffen sein, die der Betreiber der Eisenbahnanlagen im Rahmen von Zugangsanfragen und -vereinbarungen erhält.[1138]

b) Energiesektor: Informationelle Entflechtung, § 6a EnWG

Der Begriff der sensiblen Informationen wird auch bei der informatorischen Entflechtung im Energiesektor verwendet. Nach § 6a Abs. 1 EnWG müssen die dort genannten Unternehmen – unter anderem Transportnetzeigentümer – sicherstellen, dass die Vertraulichkeit wirtschaftlich sensibler Informationen, von denen sie in Ausübung ihrer Geschäftstätigkeit Kenntnis erlangen, gewahrt wird.

aa) Sensible Informationen

Wirtschaftlich sensibel sind hierbei alle Informationen, die Diskriminierungspotential enthalten.[1139] Hierzu gehören insbesondere

- technische Bestimmungen des Netzanschlusses,
- physische und technische Maßnahmen bezüglich des Netzanschlusses,
- Informationen über Anlagen der Netznutzer,
- Lastprofile der Netznutzer,
- Lastprognosen,
- Informationen bezüglich der Vorbereitung und des Inhalts der Verträge, die zwischen Netzbetreiber und Netznutzer abgeschlossen werden,
- Informationen über Bonität und Zahlungsverhalten von Kunden.[1140]

Diese Kriterien sind Bestandteil der gemeinsamen Richtlinie der Regulierungsbehörden des Bundes und der Länder zur Umsetzung der informatorischen

1137 *Koenig/Schellberg/Schreiber*, WuW 2007, 981 (988 f.).

1138 Noch zum Entflechtungsregime des AEG: *Ernert* in: Schmitt/Staebe, Einführung in das Eisenbahnregulierungsrecht, Rn. 230 f.; *Koenig/Spiekermann/Schellberg*, IR 2007, 53 (57).

1139 *Säcker/Schönborn* in: Säcker, EnWG, § 6a Rn. 29.

1140 *Säcker/Schönborn* in: Säcker, EnWG, § 6a Rn. 30.

Entflechtung nach § 9 EnWG (a. F. – jetzt § 6a EnWG). In der dortigen Anlage 1 führt die Bundesnetzagentur beispielhaft knapp zwei Dutzend wirtschaftlich sensible bzw. vorteilhafte Netzdaten auf und betont gleichzeitig, dass es sich nicht um eine abschließende Aufzählung handele.[1141]

Keine wirtschaftlich sensiblen Informationen sind dagegen solche, die

- keinen wettbewerblichen Vorteil nach sich ziehen können,
- allgemein bekannt sind oder
- nur Netzkunden betreffen, die in die Veröffentlichung eingewilligt haben.[1142]

Inhalt der Verpflichtung des § 6a Abs. 1 EnWG ist die Sicherstellung der Vertraulichkeit. Hierzu bedürfe es nicht zwingend getrennter IT-Systeme. Ausreichend sei die Festlegung und Implementierung von Zugriffsrechten, die den Datenzugriff entsprechend begrenzen.[1143]

bb) Umgang von Servicefunktionen mit sensiblen Informationen

Eine Problematik hierbei ist jedoch das Abrechnungswesen, bei dem es sich im Hinblick auf die informationelle Entflechtung um einen besonders sensiblen Bereich handelt. Würden durch eine konzerneinheitliche Abrechnung sensible Informationen auch Wettbewerbsbereichen eines vertikal integrierten Unternehmens zugänglich gemacht, stünde dies im Widerspruch zu § 6a EnWG.[1144]

Soweit deren Nutzung von Shared Services unter den engen Grenzen § 9 Abs. 2 S. 2 EnWG und § 10a Abs. 3 S. 2 Nr. 1 – 3 EnWG überhaupt zulässig ist, muss sichergestellt sein, dass nicht über diesen Umweg wirtschaftlich sensible Informationen in die Wettbewerbsbereiche gelangen. Hierzu könnten beispielsweise „chinese walls“ zum Einsatz kommen, also Maßnahmen zur

---

[1141] *Bundesnetzagentur*, Gemeinsame Richtlinie der Regulierungsbehörden des Bundes und der Länder zur Umsetzung der informatorischen Entflechtung nach § 9 EnWG vom 13.06.2007, Anlage 1, S. 6, https://www.bundesnetzagentur.de/SharedDocs/Downloads/DE/Sachgebiete/Energie/Unternehmen_Institutionen/EntflechtungKonzession/Entflechtung/RichtlinieinformatorischenEntfId10485pdf.pdf?__blob=publicationFile&v=6 (aufgerufen am 29.02.2024).

[1142] *Säcker/Schönborn* in: Säcker, EnWG, § 6a Rn. 32.

[1143] *Säcker/Schönborn* in: Säcker, EnWG, § 6a Rn. 42.

[1144] *Säcker/Schönborn* in: Säcker, EnWG, § 6a Rn. 47.

abteilungsinternen Trennung, die einen Informationsaustausch verhindern sollen.[1145] Alternativ zu internen Shared Services seien auch Outsourcing-Angebote eine Möglichkeit zur Sicherstellung der Vertraulichkeit. Im Gegensatz zu internen Shared Services handele es sich bei dessen Mitarbeitenden nicht um solche des vertikal integrierten Unternehmens.[1146] Ein Outsourcing kann dafür allerdings andere spezifische Probleme mit sich bringen.[1147]

c) Zusammenfassung zur informationellen Entflechtung

Richtlinien und Kommentierung zur Entflechtung im EnWG lassen sich nicht automatisch für die Regulierung des Eisenbahnsektors übernehmen. Das EnWG verfolgt auch andere (weitergehende) Ansätze als das ERegG zur Entflechtung. Beispielsweise sieht § 8 Abs. 2 EnWG für Transportnetzbetreiber eine eigentumsrechtliche Entflechtung vor. Unabhängige Systembetreiber müssen nach § 9 Abs. 2 S. 2 EnWG über eigenes Personal verfügen, d. h. der Einsatz von Shared Services ist weitgehend ausgeschlossen.[1148] Diese Ansätze finden keine Entsprechung im ERegG, das die Entflechtung mit dem Blickwinkel auf bestimmte Funktionen regelt.

Das am Sinn und Zweck der informationellen Entflechtung ausgerichtete Verständnis des Begriffs der „sensiblen Informationen" im Energiesektor ist jedoch sachgerecht und kann grundsätzlich angepasst auch für den Eisenbahnsektor angewandt werden.

Die Regelungen des § 8 Abs. 5 ERegG schließen den Einsatz zentraler Servicefunktionen nicht per se aus. Sie setzen aber verbindliche Rahmenbedingungen für die Beauftragung von Serviceleistungen beispielsweise im Bereich des Rechnungswesens oder der IT. Um Dienstleister etwa mit Aufgaben im Bereich der Administration, Betriebsführung, Wartung oder Entwicklung von Informationssystemen qualifiziert zu beauftragen, überwachen und steuern zu können, muss der Betreiber von Eisenbahnanlagen über entsprechende eigene Ressourcen und Kompetenzen verfügen. Er muss so aufgestellt sein, dass es nicht zu relevanten Informationsasymmetrien[1149]

[1145] *Säcker/Schönborn* in: Säcker, EnWG, § 6a Rn. 50.
[1146] *Säcker/Schönborn* in: Säcker, EnWG, § 6a Rn. 51.
[1147] Siehe oben D. III. 2. Konzernexterne Organisationsform: Outsourcing, S. 216.
[1148] *Säcker/Mohr* in: Säcker, EnWG, § 9 Rn. 37.
[1149] Siehe oben D. V. 1. b) dd) (1) (b) Prinzipal-Agenten-Beziehungen, S. 229.

zwischen ihm und den Dienstleistern kommt, die eine entsprechende Steuerung der zentralen Servicefunktionen ausschließen.

IV. Verkehrsmanagement, Instandhaltungs-, Erneuerungsplanung, § 8b

Aufgaben in Zusammenhang mit dem Verkehrsmanagement, der Instandhaltungs- und Erneuerungsplanung müssen nach § 8b Abs. 1 S. 1 ERegG auf transparente und diskriminierungsfreie Weise ausgeführt werden. Diesbezügliche Entscheidungen dürfen nur von dem Personal des Betreibers von Eisenbahnanlagen getroffen werden, das keine Funktion in Eisenbahnverkehrsunternehmen oder mit diesen verbundenen Unternehmen ausübt, § 8b Abs. 1 S. 2 ERegG.

Investitionsprojekte bieten insoweit Diskriminierungspotential, als sie so getätigt werden könnten, dass sie den eigenen Transportgesellschaften im Besonderen nutzen beziehungsweise sogar Wettbewerbern im Transportmarkt schaden.[1150]

Fraglich ist, welche Personalkonstellationen § 8b Abs. 1 S. 2 ERegG konkret ausschließen will. Die Formulierung ähnelt der des § 9a Abs. 1 S. 2 Nr. 3 AEG a. F. Hiernach waren Entscheidungen über den Netzfahrplan, die sonstige Zuweisung von Zugtrassen und die Entscheidungen über die Wegeentgelte nur von dem Personal des Betreibers der Schienenwege zu treffen, das keine Funktionen in Eisenbahnverkehrsunternehmen oder mit diesen verbundenen Unternehmen ausübt.

Das Bundesverwaltungsgericht hatte in der Konzernjuristen-Entscheidung den Entscheidungsbegriff des § 9a Abs. 1 S. 2 Nr. 3 AEG a. F. dahingehend interpretiert, dass dieser nur das Treffen der Entscheidung selbst umfasse und keine zu- oder vorarbeitenden Tätigkeiten. Umfasst seien daher nur die Organe des Schienenwegebetreibers sowie die nach den unternehmensinternen Regeln für das Treffen der Entscheidung zuständigen (eigenen) Mitarbeiter.[1151] Der Begriff der „Funktionen" umschreibe vergleichbare Entscheidungskompetenzen in verbundenen Verkehrsunternehmen oder

---

1150 *Monopolkommission*, 7. Sektorgutachten Bahn (2019), Tz. 23.

1151 *BVerwG*, Urt. v. 18.05.2010 – 3 C 21.09 [ECLI:DE:BVerwG:2010:180510U3C21.09.0], BVerwGE 137, 58 (66 f. Rn. 35) – Konzernjuristen.

einem gemeinsamen Mutterkonzern.[1152] Die Anwendung dieser Norm auf rechtliche Berater und Bevollmächtigte hatte das BVerwG daher abgelehnt.[1153]

Dieser von § 9a Abs. 1 S. 2 Nr. 5 AEG a. F. abweichende Entscheidungsbegriff wurde allerdings in Teilen der Literatur kritisiert. Für diese Abweichung biete die Norm keinen Anhaltspunkt.[1154]

Für § 9a Abs. 1 S. 2 Nr. 3 AEG a. F. ist der Streit nicht mehr zu entscheiden. Bezogen auf § 8b Abs. 1 ERegG ist allerdings zu berücksichtigen, dass es hier um andere Entscheidungen geht als bei § 9a Abs. 1 S. 2 Nr. 3 AEG a. F., der den Netzfahrplan, sonstige Zuweisung von Zugtrassen und die Entscheidungen über die Wegeentgelte betraf. Hierbei kommt der „Letztentscheidung" Gewicht zu.

§ 8b Abs. 1 ERegG bezieht sich dagegen auf das Verkehrsmanagement sowie die Instandhaltungs- und Erneuerungsplanung. Planungen erfolgen mitunter in mehreren Detaillierungsgraden und Hierarchiestufen. Während in der Fachplanungsphase auf der operativen Ebene alle konkreten objektbezogenen Planungsentscheidungen getroffen werden, kann eine „Letztentscheidung" im Rahmen der Unternehmensplanung nur noch über die kaufmännischen Eckdaten der aggregierten Gesamtplanung erfolgen. Werden Maßnahmen auf der operativen Ebene bereits aus der Planung entfernt, werden diese in der Letztentscheidung unter Umständen nicht mehr separat betrachtet.

Sinnvoll wäre daher, § 8b Abs. 1 ERegG so zu interpretieren, dass nicht nur die Unabhängigkeit über die Letztentscheidung der aggregierten Gesamtplanung geschützt ist, sondern auch die Verkehrsmanagement- und Planungsentscheidungen auf der operativen Ebene. Dies würde dafür sprechen, hier keine zentralen Servicefunktionen einzusetzen, die maßgeblichen Einfluss auf die Entscheidung nehmen können, welche Maßnahmen geplant oder verworfen werden.

1152 *BVerwG*, Urt. v. 18.05.2010 – 3 C 21.09 [ECLI:DE:BVerwG:2010:180510U3C21.09.0], BVerwGE 137, 58 (66 Rn. 34) – Konzernjuristen.

1153 *BVerwG*, Urt. v. 18.05.2010 – 3 C 21.09 [ECLI:DE:BVerwG:2010:180510U3C21.09.0], BVerwGE 137, 58 (67 Rn. 36) – Konzernjuristen.

1154 *Kramer*, DVBl 2010, 1052 (1053); *Staebe*, DVBl 2010, 986 (988); *Wachinger*, NVwZ 2010, 1343 (1344). Ähnlich bereits zur Vorinstanz VG Köln *Koenig/Schellberg/Spiekermann*, IR 2008, 170 (170 ff.); *Kramer*, DÖV 2008, 1036 (1039).

V. Weitere regulierte Funktionen

Außerdem enthält das ERegG Regelungen zu buchhalterischen Entflechtung (§§ 7, 8d ERegG), zur rechtlichen Entflechtung (§§ 8 Abs. 1, 8a Abs. 1 ERegG) sowie weitere Regelungen zur personellen Entflechtungskomponente (§ 8 Abs. 3 ERegG).

1. Buchhalterische Entflechtung, § 7, § 8d ERegG

Eisenbahnen müssen nach § 7 Abs. 1 S. 1 ERegG für die Erbringung von Verkehrsleistungen durch Eisenbahnverkehrsunternehmen einerseits und den Betrieb von Eisenbahnanlagen andererseits jeweils gesonderte Bilanzen und Gewinn- und Verlustrechnungen aufstellen. Hierzu haben sie nach § 7 Abs. 2 S. 1 und 2 ERegG in Ihrer Buchführung die beiden Bereiche zu trennen und getrennte Konten zu führen. Öffentliche Gelder zugunsten eines dieser Tätigkeitsbereiche dürfen nicht auf den jeweils anderen übertragen werden, § 7 Abs. 3 S. 1 ERegG. Die Rechnungsführung muss nach § 7 Abs. 5 ERegG unter anderem ermöglichen, die Einhaltung dieses Verbotes sowie die Verwendung von Einnahmen aus Entgelten für die Nutzung von Eisenbahnanlagen zu überprüfen.[1155]

Diese Vorgaben wurden im Vierten Eisenbahnpaket in § 8d ERegG um weitere Vorgaben zur finanziellen Transparenz ergänzt.[1156]

a) Zweck der buchhalterischen Entflechtung

Die getrennte Rechnungsführung soll eine sachgerechte Kosten-, Erlös- und Subventionszuordnung gewährleisten und eine ordnungsgemäße Entgeltermittlung sowie deren Überprüfung durch die Regulierungsbehörde ermöglichen.[1157] Die hierdurch geschaffene Transparenz erlaubt es Marktteilnehmern, die Herkunft des Ergebnisses der Eisenbahnen aus einzelnen Tätigkeitsbereichen abzulesen und zu erkennen, welche Bereiche defizitär und welche gewinnbringend betrieben werden.[1158]

1155 Siehe zu den Anforderungen der buchhalterischen Entflechtung oben C. IV. 5. b) Regelungen zur buchhalterischen Entflechtung, S. 125.

1156 Siehe zu den § 8d ERegG C. IV. 5. b) bb) Betrieb von Eisenbahnanlagen, § 8d ERegG, S. 126 sowie *Ludwigs*, IR 2020, 60 (64); *Sacker* in: Kühling/Otte, AEG/ERegG, § 8d ERegG Rn. 2.

1157 *Gebauer* in: Kühling/Otte, AEG/ERegG, § 7 ERegG Rn. 7.

1158 *Gebauer* in: Kühling/Otte, AEG/ERegG, § 7 ERegG Rn. 8.

Die Bestimmungen zur buchhalterischen Entflechtung bilden den Kern der wirtschaftlichen Komponente der Trennung von Eisenbahninfrastrukturunternehmen einerseits und Eisenbahnverkehrsunternehmen bzw. vertikal integrierten Unternehmen andererseits. Diese Trennung des natürlichen Netzmonopols von den Verkehrsangeboten auf dem Netz ist Basis für die Förderung des Wettbewerbs auf dem Netz, der die Leistungsfähigkeit des Eisenbahnsystems stärken soll.[1159]

b) Zulässigkeit zentraler Servicefunktionen

Die Regelungen zur buchhalterischen Entflechtung schaffen die kostenrechnerischen Strukturen, die Voraussetzung sind für eine Organisation von Eisenbahnunternehmen in einem vertikal integrierten Unternehmen. Zwar beinhaltet die Konzeption buchhalterischer Vorgaben und Prozesse immer auch die Ausübung von Beurteilungsspielräumen und Gestaltungsoptionen. Die Anforderungen zur Erstellung von Bilanzen, Gewinn- und Verlustrechnungen sowie Konten sind jedoch durch den Verweis aus § 7 Abs. 2 S. 3 ERegG auf die handelsrechtlichen Grundsätze und die dortigen Vorgaben zur Führung der Handelsbücher, §§ 238 ff. HBG, konkretisiert. Dem zur Umsetzung verbleibenden Beurteilungs- bzw. Gestaltungsspielraum kommt daher – anders als bei netzzugangsrelevanten Entscheidungen – nur geringes Gewicht zu. Bei der Umsetzung können daher grundsätzlich auch zentrale Servicefunktionen beteiligt werden. Der Wortlaut der §§ 7 und 8d ERegG schränkt ihren Einsatz nicht ein.

Auch die Argumentation von BVerwG[1160] und Bundesnetzagentur,[1161] die zu einer Begrenzung der Rechtsberatung und -vertretung der zentralen Rechtsabteilung als Servicefunktion geführt haben, ist auf die buchhalterische

---

1159 Richtlinie 91/440/EWG des Rates vom 29.07.1991 zur Entwicklung der Eisenbahnunternehmen der Gemeinschaft, ABl. 1991 L 237, 25, Erwägungsgründe 1 und 2; Richtlinie 2012/34/EU des Europäischen Parlaments und des Rates vom 21.11.2012 zur Schaffung eines einheitlichen europäischen Eisenbahnraums, ABl. 2012 L 343, 32, Erwägungsgründe 2 und 3.

1160 Siehe oben E. II. Die Konzernjuristen-Entscheidung des BVerwG, S. 266; *BVerwG*, Urt. v. 18.05.2010 – 3 C 21.09 [ECLI:DE:BVerwG:2010:180510U3C21.09.0], BVerwGE 137, 58 – Konzernjuristen.

1161 Siehe oben E. III. 1. a) Bundesnetzagentur: Syndikusanwälte-Entscheidung, S. 279; *Bundesnetzagentur*, Beschl. v. 05.05.2020 – BK10-19-0199_U, https://www.bundesnetzagentur.de/DE/Beschlusskammern/1_GZ/BK10-GZ/2019/2019_bis0199/

Entflechtung nicht übertragbar. Die dort streitentscheidenden Normen § 9a Abs. 1 S. 2 Nr. 5 AEG a. F. bzw. § 8 Abs. 2 S. 1 ERegG zielen darauf ab, Einfluss auf den Entscheidungsprozess hinsichtlich wesentlicher, netzzugangsrechtlicher Entscheidungen zu unterbinden.[1162] Bei den Regelungen zur buchhalterischen Entflechtung geht es nicht um solche konkreten Zugangsentscheidungen, sondern um den Umfang der wirtschaftlichen Entflechtung und Anforderungen an Ergebnistypen des Rechnungswesens.

c) Keine umfassende wirtschaftliche Entflechtung

Im Ergebnis ist festzuhalten, dass die buchhalterische Entflechtung de lege lata nur einen Ausschnitt der wirtschaftlichen Tätigkeiten des Betreibers von Eisenbahnanlagen umfasst und keine vollständige wirtschaftliche oder finanzielle Entflechtung beinhaltet.[1163] Dies folgt bereits aus der Grundentscheidung der Richtlinie (EU) 2016/2370, es den Mitgliedstaaten freizustellen, zwischen verschiedenen Modellen der Organisation, einschließlich der vertikalen Integration, zu wählen.[1164] Stellt die EU den Mitgliedstaaten die Wahl des Organisationsmodells frei, akzeptiert sie im Grundsatz auch die zur wirtschaftlichen Zusammenarbeit innerhalb dieser Organisationsmodelle bestehenden gesellschaftsrechtlichen Regelungen. Für den Bereich der buchhalterischen Tätigkeiten fordert das ERegG zudem anders als in § 8a Abs. 2 ERegG keine eigene Geschäftsführung, Verwaltung oder interne Kontrolle. Anders als im Falle des § 8 Abs. 2 S. 1 ERegG wird auch kein bestimmender Einfluss auf buchhalterische oder wirtschaftliche Entscheidungen unterbunden.

BK10-19-0199/BK10-19-0199_U_Beschluss_download_bf.pdf?__blob=publicationFile&v=1 – Syndikusanwälte (aufgerufen am 18.03.2024).

1162 Siehe oben E. II. 2. b) Ausschluss des Einflusses, § 9a Abs. 1 S. 2 Nr. 5 AEG a. F., S. 269 und E. III. 1. b) Der Begriff „bestimmenden Einfluss", S. 280.

1163 Siehe oben C. VI. 2. d) Mofair: Vollständige finanzielle Entflechtung, S. 193; *Mofair (Hrsg.)*, Kapazität, Qualität und Kundenorientierung: Eine starke Schieneninfrastrukturgesellschaft für die Verkehrswende, 27.01.2022, S. 12, https://mofair.de/wp-content/uploads/2022/01/220127-Gemeinwohlorientierung-Schieneninfrastruktur.pdf (aufgerufen am 14.02.2024).

1164 Richtlinie (EU) 2016/2370 des Europäischen Parlaments und des Rates vom 14.12.2016 zur Änderung der Richtlinie 2012/34/EU bezüglich der Öffnung des Marktes für inländische Schienenpersonenverkehrsdienste und der Verwaltung der Eisenbahninfrastruktur, ABl. 2016 L 352, 1, Erwägungsgrund 7.

Hinsichtlich der buchhalterischen Unabhängigkeit wurde daher ein teilweise niedrigeres Schutzniveau realisiert als für netzzugangsrelevante Entscheidungen des Betreibers von Eisenbahnanlagen.

Der überwiegende Bereich kaufmännischen Handelns kann daher – vorbehaltlich der Regelungen der informationellen Entflechtung[1165] – einer Beherrschung (§ 291 Abs. 1 AktG) unterliegen. Dies kann beispielsweise auch geschäftsstrategische, personelle oder – rechtlich vorgesehene – bilanzpolitische Maßnahmen umfassen wie die Ausübung von Bilanzierungs-[1166] oder Bewertungswahlrechten.[1167]

Eine Beherrschung kann auch vermittelt durch den Einsatz zentraler Servicefunktionen ausgeübt werden. Weitgehend unbedenklich ist dies – die Wahrung der Vorgaben der informationellen Entflechtung (§ 8 Abs. 5 ERegG)[1168] vorausgesetzt – bei rein transaktionsbasierten Tätigkeiten.[1169] Bei wissensbasierten Tätigkeiten wie beispielsweise Governancefunktionen ist der Einsatz zentraler Servicefunktionen in gewissem Umfang notwendig, um eine Einheitlichkeit für die kaufmännische Planung, Steuerung und den Konzernabschluss sicherzustellen (§§ 290 ff. HGB, insbesondere §§ 297 ff. HGB). In Bereichen wie beispielsweise der Finanzierung[1170] mag die Bündelung von Kompetenzen darüber hinaus wirtschaftlich[1171] und aus Gründen des Risikomanagements[1172] sinnvoll sein.

Jenseits der formaljuristischen Anforderungen an die buchhalterische Unabhängigkeit (§ 7, § 8d ERegG) stellt sich de lege ferenda die Frage, wie die wirtschaftliche Verantwortung des Netzbetreibers und in Folge auch seine wirtschaftliche Unabhängigkeit in einem vertikal integrierten Unternehmen ausgestaltet sein soll. Diese Frage ist nicht zwingend durch das (europäische oder deutsche) Eisenbahnregulierungsrecht zu beantworten. Sie kann beispielsweise auch konsensual zwischen Bund und Bahn beantwortet werden,

---

1165 Siehe oben E. III. 5. Informationelle Entflechtung, § 8 Abs. 5 ERegG, S. 294.
1166 *Merkt* in: Hopt, HGB, § 264 Rn. 27; *Winnefeld*, Bilanz-Handbuch, Kapitel C Rn. 70.
1167 *Merkt* in: Hopt, HGB, § 252 Rn. 28; *Winnefeld*, Bilanz-Handbuch, Kapitel C Rn. 70.
1168 Siehe oben E. III. 5. Informationelle Entflechtung, § 8 Abs. 5 ERegG, S. 294.
1169 Siehe auch oben E. II. 5. d) (b) Anhaltspunkte für Diskriminierungspotential, S. 290.
1170 Siehe oben C. VI. 2. b) aa) (3) Konzernfinanzierung, S. 191.
1171 Siehe oben D. V. 2. a) Ziel: Kosteneinsparungen, S. 237.
1172 Siehe oben D. II. 1. Transaktions- und wissensbasierte Tätigkeiten, S. 210.

wenn diese im Zuge der Einführung der DB InfraGO AG die Finanzierung der Eisenbahninfrastruktur neu regeln.[1173]

2. Rechtliche Entflechtung, § 8 Abs. 1, § 8a Abs. 1 ERegG

Ein Betreiber von Eisenbahnanlagen muss nach § 8 Abs. 1 Nr. 1 ERegG von Eisenbahnverkehrsunternehmen sowie nach § 8 Abs. 1 Nr. 2 ERegG im vertikal integrierten Unternehmen von anderen Bereichen innerhalb des Unternehmens rechtlich getrennt sein.

Die Vorschrift des § 8a Abs. 1 ERegG gibt zudem vor, dass der Betreiber von Eisenbahnanlagen in Bezug auf seine wesentlichen Funktionen (§ 1 Abs. 4b ERegG) rechtlich von Eisenbahnverkehrsunternehmen unabhängig sein muss.

Die Vorgaben zur (gesellschafts-) rechtlichen Entflechtung schreiben die Herstellung eines bestimmten rechtlichen Zustands vor. Hierbei ist kein Beurteilungsspielraum auszufüllen oder ein Entschließungs- oder Entscheidungsermessen auszuüben. Der Einsatz zentraler Servicefunktionen bei der Herstellung der rechtlichen Unabhängigkeit beinhaltet somit kein Diskriminierungspotential.

Die Vorgaben zur rechtlichen Entflechtung in § 8 Abs. 1 und § 8a Abs. 1 ERegG schränken daher den Einsatz zentraler Servicefunktionen nicht ein.

3. Weitere personelle Entflechtungskomponenten, § 8 Abs. 3 ERegG

Über die bereits angesprochenen Regelungen zur personellen Entflechtung bei wesentlichen Funktionen[1174] hinaus enthält § 8 Abs. 3 Nr. 1, 3 und 4 ERegG weitere Vorgaben hinsichtlich der personellen Komponente der Entflechtung.[1175]

Gemeinsames Merkmal dieser Regelungen ist, dass sie Doppelfunktionen von Vorständen bzw. Aufsichtsräten des Betreibers von Eisenbahnanlagen bei Eisenbahnverkehrsunternehmen oder anderen Unternehmens eines vertikal integrierten Unternehmens untersagen.[1176] Auch diese Normen gel-

---

[1173] Siehe oben C. II. 3. a) bb) (2) 2024: DB InfraGO – Bündelung der Infrastruktur, S. 74.

[1174] Siehe oben E. III. 4. Personelle Entflechtungskomponente bei wesentlichen Funktionen, S. 291.

[1175] Siehe oben C. IV. 5. e) aa) Verbot von Doppelfunktionen, § 8 Abs. 3 ERegG, S. 133.

[1176] Siehe oben C. IV. 5. e) aa) Übersicht 6: Verbot von Doppelfunktionen § 8 Abs. 3 ERegG, S. 134.

ten unmittelbar, ohne dass zu ihrer Umsetzung ein Beurteilungsspielraum ausgefüllt werden müsste oder es eines Vollzugsaktes bedürfte. Der Einsatz zentraler Servicefunktionen wie einer zentralen Personalabteilung in diesem Bereich beinhaltet kein Diskriminierungspotential und ist somit durch § 8 Abs. 3 Nr. 1, 3 und 4 ERegG nicht beschränkt.

VI. Serviceeinrichtungen, § 12 ERegG

Die bisherigen Ausführungen bezogen sich auf die Unabhängigkeit des Betreibers von Eisenbahnanlagen. Auch für Betreiber von Serviceeinrichtungen besteht mit § 12 ERegG eine gesetzliche Regelung zum Schutz ihrer Unabhängigkeit.

1. Voraussetzungen des § 12 Abs. 1 ERegG

Die Regelung des § 12 Abs. 1 ERegG betrifft die in Anlage 2 Nr. 2 lit. a, b, c, d, g und h ERegG aufgeführten Serviceeinrichtungen, also Personenbahnhöfe (lit. a), Güterterminals (lit. b), Rangierbahnhöfe (lit. c), Abstellgleise (lit. d), Häfen mit Schienenverkehr (lit. g) und Hilfseinrichtungen (lit. h).[1177]

Sie betrifft ferner nur solche Betreiber dieser Serviceeinrichtungen, die unmittelbar oder mittelbar von einem Unternehmen kontrolliert werden, das auch in einem inländischen Schienenverkehrsmarkt tätig ist, für den die Serviceeinrichtung genutzt wird. Auf diesem Schienenverkehrsmarkt muss das kontrollierende Unternehmen zudem eine marktbeherrschende Stellung haben. Hierzu kann die kartellrechtliche Vermutung des § 12 Abs. 4 GWB herangezogen werden, dass ein Unternehmen marktbeherrschend ist, wenn es einen Marktanteil von mindestens 40 % hat.[1178]

2. Drei Möglichkeiten zur Gewährleistung der Nichtdiskriminierung

Betreiber von Serviceeinrichtungen, auf die diese Kriterien zutreffen, müssen die Nichtdiskriminierung in Bezug auf den Zugang zu den betreffenden

---

[1177] Siehe hierzu auch Anlage 2 (zu den §§ 10 bis 14) Für die Eisenbahnverkehrsunternehmen zu erbringende Leistungen, S. 412.

[1178] *Leitzke* in: Staebe, ERegG, § 12 Rn. 10; *Säcker/Steffensen* in: Kühling/Otte, AEG/ERegG, § 12 ERegG Rn. 5.

Serviceeinrichtungen sowie die Erbringung der betreffenden Leistungen gewährleisten. Hierzu haben sie alternativ drei Möglichkeiten:

- Der Betreiber muss so organisiert sein, dass die Serviceeinrichtungen organisatorisch und in den Entscheidungen von dem Dritten unabhängig sind, § 12 Abs. 1 S. 1 ERegG. Dies kann durch die Schaffung einer eigenständigen juristischen Person geschehen.
- Innerhalb ein und desselben Unternehmens können aber auch voneinander getrennte Bereiche eingerichtet werden, ohne dass es einer eigenständigen juristischen Person für die Serviceeinrichtung bedarf, § 12 Abs. 1 S. 2 ERegG.
- Wird schließlich die Serviceeinrichtung von einem Unternehmen betrieben, das auch Betreiber von Eisenbahnanlagen ist, gelten nach § 12 Abs. 3 ERegG die Unabhängigkeitsanforderungen von § 12 Abs. 1 und 2 ERegG als erfüllt, wenn die Vorgaben der §§ 7 und 8 ERegG von dem Eisenbahnverkehrsunternehmen und dem Betreiber der Serviceeinrichtung entsprechend eingehalten werden.

3. Bundesnetzagentur: Syndikusanwälte-Entscheidung

In dem bereits erwähnten Syndikusanwälte-Beschluss der Bundesnetzagentur[1179] ging es um den Zugang zu einem Abstellgleis, einer Serviceeinrichtung gem. Anlage 2 Nr. 2 lit. d ERegG, das von der DB Netz AG betrieben wurde.[1180] Diese Serviceeinrichtung wird auf dem Schienenpersonenverkehrsmarkt genutzt. Auf diesem ist auch die Deutsche Bahn AG (DB AG) tätig, die die DB Netz AG beherrscht. Aufgrund der Kontrolle der DB AG über das ebenfalls mit ihr verbundene Unternehmen DB Fernverkehr AG (§ 17 Abs. 2 AktG) hat die DB AG auf dem Schienenpersonenverkehrsmarkt eine marktbeherrschende Stellung.[1181]

1179 Siehe oben E. III. 1. a) Bundesnetzagentur: Syndikusanwälte-Entscheidung, S. 279.

1180 *Bundesnetzagentur*, Beschl. v. 05.05.2020 – BK10-19-0199_U, https://www.bundesnetzagentur.de/DE/Beschlusskammern/1_GZ/BK10-GZ/2019/2019_bis0199/BK10-19-0199/BK10-19-0199_U_Beschluss_download_bf.pdf?__blob=publicationFile&v=1 – Syndikusanwälte (aufgerufen am 18.03.2024).

1181 *Bundesnetzagentur*, Beschl. v. 05.05.2020 – BK10-19-0199_U, S. 29, https://www.bundesnetzagentur.de/DE/Beschlusskammern/1_GZ/BK10-GZ/2019/2019_bis0199/

Mithin lagen die Voraussetzungen des § 12 Abs. 1 ERegG vor. Die DB Netz AG muss den nichtdiskriminierenden Zugang zu dem Abstellgleis nach den Regelungen des § 12 ERegG gewährleisten.

Seitens der DB Netz AG wurde ein Mitarbeiter der Rechtsabteilung der DB AG in die Kommunikation eingebunden.[1182] Gegenstand des Verfahrens war, ob diese Einbindung nach den Anforderungen des § 12 Abs. 1 i. V. m. Abs. 3 ERegG rechtlich zulässig war.

a) Erfüllungsvermutung, § 12 Abs. 3 i. V. m. § 8 ERegG

Ausgeschlossen hatte die Bundesnetzagentur, dass die Einbeziehung der Syndikusanwälte den Anforderungen von § 12 Abs. 3 ERegG i. V. m. § 8 Abs. 2 S. 1 ERegG genügt.[1183] Hierbei nahm sie auf die Konzernjuristen-Entscheidung des BVerwG zu § 9a Abs. 1 S. 2 Nr. 5 AEG a. F. Bezug, dass jegliche Einflussnahme auch in der Phase der Entscheidungsvorbereitung unterbunden werden soll.[1184]

b) Eigene juristische Person, § 12 Abs. 2 S. 1 i. V. m. S. 2 ERegG

Ausgeschlossen hatte die Bundesnetzagentur ferner, dass die Unabhängigkeit der Serviceeinrichtung und ihrer Zugangsentscheidung durch die Schaffung einer eigenständigen juristischen Person gewährleistet ist, § 12 Abs. 1 S. 1 i. V. m. S. 2 ERegG. Die Unabhängigkeit müsse sichergestellt werden gegenüber dem kontrollierenden und auf dem Schienenverkehrsmarkt dominierenden Unternehmen, also der DB AG. Hierbei reiche es nicht aus, dass die DB Netz AG von der DB AG rechtlich getrennt ist. Bezugsobjekt der

---

BK10-19-0199/BK10-19-0199_U_Beschluss_download_bf.pdf?__blob=publicationFile&v=1 – Syndikusanwälte (aufgerufen am 18.03.2024).

[1182] *Bundesnetzagentur*, Beschl. v. 05.05.2020 – BK10-19-0199_U, S. 5, https://www.bundesnetzagentur.de/DE/Beschlusskammern/1_GZ/BK10-GZ/2019/2019_bis0199/BK10-19-0199/BK10-19-0199_U_Beschluss_download_bf.pdf?__blob=publicationFile&v=1 – Syndikusanwälte (aufgerufen am 18.03.2024).

[1183] Siehe oben E. III. 1. a) Bundesnetzagentur: Syndikusanwälte-Entscheidung, S. 279; *Bundesnetzagentur*, Beschl. v. 05.05.2020 – BK10-19-0199_U, S. 30 ff., https://www.bundesnetzagentur.de/DE/Beschlusskammern/1_GZ/BK10-GZ/2019/2019_bis0199/BK10-19-0199/BK10-19-0199_U_Beschluss_download_bf.pdf?__blob=publicationFile&v=1 – Syndikusanwälte (aufgerufen am 18.03.2024).

[1184] *BVerwG*, Urt. v. 18.05.2010 – 3 C 21.09 [ECLI:DE:BVerwG:2010:180510U3C21.09.0], BVerwGE 137, 58 (67 f. Rn. 38 f.) – Konzernjuristen.

Trennung sei vielmehr die Organisationseinheit, der die Syndikusanwälte zugeordnet sind.[1185] Die DB AG, die den Shared Service der Rechtsberatung und Vertretung durch die Syndikusanwälte zur Verfügung stellt, hat die Beratung und Vertretung hinsichtlich der Serviceeinrichtungen nicht einer hierfür eigenständigen juristische Person übertragen.[1186]

c) Getrennte Bereiche, § 12 Abs. 2 S. 2 ERegG

Schließlich hätte die Unabhängigkeit der Serviceeinrichtung und ihrer Zugangsentscheidung durch getrennte Bereiche innerhalb ein und desselben Unternehmens sichergestellt sein können, § 12 Abs. 1 S. 2 ERegG. Auch die Anforderungen, die § 12 Abs. 1 S. 2 ERegG an einen getrennten Bereich stellen, seien jedoch nicht gewahrt. Dies erfordere nach Ansicht der Bundesnetzagentur eine eigene Organisationseinheit, die eine informationelle Entflechtung sowie eine organisatorische und entscheidungsbezogene Unabhängigkeit sicherstellen kann.[1187]

Dies beinhalte eine eigenständige, fachlich unabhängige Leitung, die allenfalls gegenüber dem Betreiber der Serviceeinrichtung fachlich weisungsgebunden sei.[1188] Die Organisationseinheiten seien als „Vertraulichkeitsbereiche" aufzufassen. In deren Einrichtung seien organisatorische Vorkehrungen in Betracht zu ziehen wie

---

1185 *Bundesnetzagentur*, Beschl. v. 05.05.2020 – BK10-19-0199_U, S. 35 f., https://www.bundesnetzagentur.de/DE/Beschlusskammern/1_GZ/BK10-GZ/2019/2019_bis0199/BK10-19-0199/BK10-19-0199_U_Beschluss_download_bf.pdf?__blob=publicationFile&v=1 – Syndikusanwälte (aufgerufen am 18.03.2024).

1186 *Bundesnetzagentur*, Beschl. v. 05.05.2020 – BK10-19-0199_U, S. 35 f., https://www.bundesnetzagentur.de/DE/Beschlusskammern/1_GZ/BK10-GZ/2019/2019_bis0199/BK10-19-0199/BK10-19-0199_U_Beschluss_download_bf.pdf?__blob=publicationFile&v=1 – Syndikusanwälte (aufgerufen am 18.03.2024).

1187 *Bundesnetzagentur*, Beschl. v. 05.05.2020 – BK10-19-0199_U, S. 40 f., https://www.bundesnetzagentur.de/DE/Beschlusskammern/1_GZ/BK10-GZ/2019/2019_bis0199/BK10-19-0199/BK10-19-0199_U_Beschluss_download_bf.pdf?__blob=publicationFile&v=1 – Syndikusanwälte (aufgerufen am 18.03.2024).

1188 *Bundesnetzagentur*, Beschl. v. 05.05.2020 – BK10-19-0199_U, S. 41, https://www.bundesnetzagentur.de/DE/Beschlusskammern/1_GZ/BK10-GZ/2019/2019_bis0199/BK10-19-0199/BK10-19-0199_U_Beschluss_download_bf.pdf?__blob=publicationFile&v=1 – Syndikusanwälte (aufgerufen am 18.03.2024).

- eine Entflechtung hinsichtlich Entscheidungshierarchie und Informationsfluss,
- eine physische Trennung durch Vermeidung von Informationsschnittstellen und Entscheidungseinflüssen z. B. durch Unterbringung der Organisationseinheit in anderen Gebäuden oder Etagen,
- eine Trennung von E-Mail-Konten und ggf. Servern sowie
- eine Kodifizierung der Maßnahmen in entsprechenden Richtlinien oder gegebenenfalls Arbeitsverträgen.[1189]

Eine solche organisatorische Trennung würde allerdings auch zu einer Reduzierung von Synergieeffekten führen.[1190]

Im Ergebnis untersagte die Bundesnetzagentur der DB Netz AG konsequenterweise, Angestellte der Deutschen Bahn AG mit der Rechtsberatung oder Rechtsvertretung in Zugangsentscheidungen zu Serviceeinrichtungen zu beauftragen, wenn diese nicht vom Organisationsbereichen getrennt sind, welche auch rechtsberatend und rechtsvertretend für die DB Fernverkehr AG als Eisenbahnverkehrsunternehmen tätig sind.[1191]

Der Einsatz zentraler Servicefunktionen ist somit durch § 12 Abs. 1 S. 2 ERegG auch bei Zugangsentscheidungen zu Serviceeinrichtungen begrenzt.

VII. Zusammenfassung der Wirkungen auf Servicefunktionen

Das Eisenbahnregulierungsrecht lässt die Freiheit der Mitgliedstaaten unangetastet, eine Organisation von Unternehmen des Eisenbahnsektors in

---

1189 *Bundesnetzagentur*, Beschl. v. 05.05.2020 – BK10-19-0199_U, S. 41 f., https://www.bundesnetzagentur.de/DE/Beschlusskammern/1_GZ/BK10-GZ/2019/2019_bis0199/BK10-19-0199/BK10-19-0199_U_Beschluss_download_bf.pdf?__blob=publicationFile&v=1 – Syndikusanwälte (aufgerufen am 18.03.2024).

1190 *Bundesnetzagentur*, Beschl. v. 05.05.2020 – BK10-19-0199_U, S. 40 f., https://www.bundesnetzagentur.de/DE/Beschlusskammern/1_GZ/BK10-GZ/2019/2019_bis0199/BK10-19-0199/BK10-19-0199_U_Beschluss_download_bf.pdf?__blob=publicationFile&v=1 – Syndikusanwälte (aufgerufen am 18.03.2024).

1191 *Bundesnetzagentur*, Beschl. v. 05.05.2020 – BK10-19-0199_U, S. 2, https://www.bundesnetzagentur.de/DE/Beschlusskammern/1_GZ/BK10-GZ/2019/2019_bis0199/BK10-19-0199/BK10-19-0199_U_Beschluss_download_bf.pdf?__blob=publicationFile&v=1 – Syndikusanwälte (aufgerufen am 18.03.2024).

vertikal integrierten Unternehmen zuzulassen.[1192] Voraussetzung hierfür ist die Sicherung der Unabhängigkeit der Eisenbahninfrastrukturunternehmen innerhalb eines solchen vertikal integrierten Unternehmens. Hierzu ist eine Beschränkung der sich aus der Handlungs- und Organisationsfreiheit[1193] des herrschenden Unternehmens ergebenden gesellschaftsrechtlichen Entscheidungs- und Gestaltungsbefugnisse erforderlich.[1194]

Die diesbezüglichen Regelungen knüpft das ERegG – anders als § 9 Abs. 2 S. 2 EnWG[1195] – nicht an generelle unternehmensweite Vorgaben wie zum Beispiel das Erfordernis eigenen Personals. Es regelt die Unabhängigkeit der Infrastrukturbetreiber stattdessen für einzelne seiner Funktionen wie wesentliche netzzugangsrelevante Funktionen, das Verkehrsmanagement, die Instandhaltungs- und Erneuerungsplanung, personelle Fragestellungen, Buchhaltung etc.[1196]

Das Eisenbahnregulierungsrecht trifft daher keine grundsätzlichen Einschränkungen für den Einsatz zentraler Servicefunktionen in vertikal integrierten Unternehmen. Soweit es jedoch Anforderungen an die Unabhängigkeit der Infrastrukturunternehmen hinsichtlich einzelner Funktionen beinhaltet, können diese zur Sicherstellung ihrer praktischen Wirksamkeit („effet utile") zu Einschränkung des Einsatzes zentraler Servicefunktionen führen.[1197] Somit können Vorgaben, die nach ihrem Wortlaut zunächst die Ablauforganisation eines Unternehmens betreffen, auch auf dessen interne Aufbauorganisation wirken. Dies betrifft de lege lata allerdings nur einige der Regelungen, die sich auf die wesentlichen Funktionen des Betreibers von Eisenbahnanlagen[1198] und Serviceeinrichtungen[1199] beziehen.

1192 Siehe oben E. I. 1. Gewährleistung der Organisationsfreiheit, S. 260.

1193 Siehe oben C. III. 3. b) ee) Grundrechtsähnliche Rechte aus Art. 87e Abs. 3 S. 1 GG, S. 103.

1194 Siehe oben E. I. 3. Schutz der Unabhängigkeit der Infrastrukturbetreiber, S. 262.

1195 Siehe oben E. III. 3. b) dd) (1) Energiesektor: Shared Services, § 9 Abs. 2 S. 2 EnWG, S. 287.

1196 Siehe oben E. I. 3. b) Unabhängigkeit des Betreibers von Eisenbahnanlagen, S. 263.

1197 Siehe oben E. III. Wesentliche Funktionen des Betriebs von Eisenbahnanlagen, S. 278.

1198 Siehe oben E. III. 1. Unabhängigkeit bei Entscheidungen, § 8 Abs. 2, § 8a Abs. 3 Nr. 1, S. 279; siehe oben E. III. 3. Eigene Geschäftsführung, Verwaltung, Kontrolle, § 8a Abs. 2, S. 285; siehe oben E. III. 4. Personelle Entflechtungskomponente bei wesentlichen Funktionen, S. 291; siehe oben E. III. 5. Informationelle Entflechtung, § 8 Abs. 5 ERegG, S. 294.

1199 Siehe oben E. VI. Serviceeinrichtungen, § 12 ERegG, S. 306.

Betroffen hiervon sind zentrale Servicefunktionen, die – im Sinne eines abstrakten Gefährdungstatbestands – ein Diskriminierungspotential haben, d. h. die Entscheidungen zu wesentlichen Funktionen vorbereiten oder treffen. Hierzu gehört beispielsweise die Rechtsberatung und Rechtsvertretung in zugangsrechtlichen Fragen. Dies kann darüber hinaus aber auch technische oder kaufmännische Fragestellungen des Netzzugangs wie die Entgeltkalkulation betreffen.[1200]

[1200] Siehe oben E. III. 3. b) dd) (2) Kriterien für die Betroffenheit zentraler Servicefunktionen, S. 288.

F. Bewertung der Entflechtung

In diesem Kapitel wird zunächst als Grundlage für die Bewertung der bestehenden Entflechtungsregelungen herausgearbeitet, welche Kernanforderungen gegenwärtig an ein Eisenbahnsystem bestehen (I.). Die sich hieran anschließende Bewertung hat drei Komponenten:

- Zunächst ist die aktuelle Organisationsform der Eisenbahnen des Bundes zu bewerten, die auf eine eigentumsrechtliche Entflechtung[1201] verzichtet. Hierzu wird darauf eingegangen, welche Organisationsform zwischen den Polen des staatlichen Sondervermögens und einer möglichen materiellen Privatisierung mit eigentumsrechtlicher Entflechtung am besten geeignet ist, die Kernanforderungen an ein Eisenbahnsystem zu unterstützen (II.).
- Anschließend wird die Kritik[1202] an den aktuell bestehenden Entflechtungsregelungen und dem Entflechtungsniveau thematisiert (III.).
- Abschließend werden Möglichkeiten und Grenzen bewertet, die sich aus dem Zusammenwirken von Aktienrecht und Eisenbahnregulierungsrecht für den Einsatz zentraler Servicefunktionen ergeben (IV.).[1203]

1201 Siehe oben B. III. 2. b) aa) Eigentumsrechtliche Entflechtung, S. 16.
1202 Siehe oben C. VI. Kritik an den Entflechtungsregelungen, S. 175.
1203 Siehe oben E. Wirkungen der Entflechtung auf zentrale Servicefunktionen, S. 259.

I. Interessen und Anforderungen an ein Eisenbahnsystem

An dem System Eisenbahn sind eine Vielzahl von Akteuren (Stakeholder) beteiligt, die teilweise sehr unterschiedliche Interesse und Anforderungen an das System Eisenbahn haben. Zunächst wird auf die unterschiedlichen Stakeholder eingegangen (1.). Anschließend werden aus Sicht derjenigen Stakeholder, die das System finanzieren, Kernanforderungen herausgearbeitet (2.).

1. Stakeholder im Eisenbahnsektor

Anforderungen an ein Eisenbahnsystem bestehen seitens einer Vielzahl von Stakeholdern. Zu diesen zählen die im Eisenbahnsektor tätigen Unternehmen wie

- Eisenbahninfrastrukturunternehmen,
- Eisenbahnverkehrsunternehmen,
- vertikal integrierte Unternehmen, die Eisenbahninfrastruktur- und Eisenbahnverkehrsunternehmen beherrschen,
- weitere von vertikal integrierten Unternehmen beherrschte Unternehmen, die als zentrale Servicefunktionen fungieren sowie
- Zusammenschlüsse der vorgenannten Unternehmen in national oder international tätigen Verbänden.

Interesse an dem System Eisenbahn haben zudem die Akteure innerhalb dieser Unternehmen, d. h.

- die Eigentümer (Shareholder) und ihre Vertreter,
- die Vorstände oder Geschäftsführer der betroffenen Unternehmen,
- leitende Angestellte und weitere Führungskräfte sowie
- Arbeitnehmerinnen und Arbeitnehmer, deren betrieblichen Mitbestimmungsorgane und Gewerkschaften.

Stakeholder sind zudem Beteiligte aus dem öffentlichen Bereich wie

- die Europäische Union,
- öffentlich-rechtliche Gebietskörperschaften (Bund, Länder, Gemeinden etc.) und
- politische Parteien sowie sonstige Interessenvereinigungen.

Auch Geschäftspartner von Eisenbahnunternehmen sind wichtige Akteure des Eisenbahnsystems. Hierbei handelt es sich unter anderem um

- externe Auftragnehmer und Lieferanten der Eisenbahnunternehmen (die Eisenbahnindustrie),
- die (öffentlichen) Besteller von Transportleistungen und
- die Endkunden von Eisenbahnverkehrsunternehmen, die dort Transportleistungen beziehen.

Im Folgenden wird der Fokus auf Anforderungen der Stakeholder gelegt, die das Eisenbahnsystem als Mittelgeber wirtschaftlich tragen. Deren Anforderungen sind der Grund, aus dem ein Eisenbahnsystem geschaffen wurde und aufrechterhalten wird. Dies sind vor allem die Endkunden im operativen Geschäft als Bezieher von Transportleistungen sowie die öffentlich-rechtlichen Gebietskörperschaften in ihren Funktionen als Eigentümer, Finanzierer und Besteller von Transportdienstleistungen.

2. Kernanforderungen aus Sicht der Mittelgeber

Aus Sicht der genannten Stakeholder, die Mittel für das Eisenbahnsystem bereitstellen, muss sich dieses vor allem an vier gesellschaftlichen Kernanforderungen ausrichten. Zur Befriedigung der Verkehrsbedürfnisse der Allgemeinheit muss das Eisenbahnsystem Verkehrsangebote unterbreiten, die

- quantitativ und qualitativ bedürfnisgerecht (a)),
- krisensicher (b)),
- wirtschaftlich effizient (c)) sowie
- ressourcen- und umweltschonend (d)) sind.

a) Quantitativ und qualitativ adäquate Verkehrsangebote

Kernaufgabe der Eisenbahnen aus gesellschaftlicher Sicht ist das Angebot von Verkehrsleistungen als ein Element der Daseinsvorsorge. Die Gewährleistungspflicht des Bundes aus Art. 87e Abs. 4 S. 1 GG beinhaltet, dass den Verkehrsbedürfnissen der Allgemeinheit Rechnung getragen wird. Diese Pflicht besteht sowohl hinsichtlich des Schienennetzes als auch der Verkehrsangebote der Eisenbahnen des Bundes auf dem Schienennetz, soweit diese nicht den Schienenpersonennahverkehr betreffen. Hinsichtlich des öffentlichen Personennahverkehrs bestimmt § 1 Abs. 1 Regionalisierungsgesetz (RegG), dass die Sicherstellung einer ausreichenden Bedienung der Bevölkerung mit Verkehrsleistungen eine Aufgabe der Daseinsvorsorge ist. Verkehrsbedürfnisse bestehen

- örtlich regional, überregional und international,
- zeitlich grundsätzlich unbeschränkt, aber in unterschiedlicher Intensität,
- sachlich für den Verkehr von Personen und Gütern und
- persönlich unbeschränkt. Die Verkehrsangebote müssen also in dem Sinne öffentlich sein, als sie grundsätzlich jedem zur – ggf. entgeltlichen – Benutzung offenstehen.

Werden Angebote unterbreitet, müssen diese in qualitativer Hinsicht

- sicher in der Benutzung sein. Dies umfasst sowohl technische als auch organisatorische Anforderungen an den Betrieb.
- verlässlich sein, d. h. zugesagte Leistungen müssen in Art, Umfang und Qualität tatsächlich erbracht werden.

Verkehrsbedürfnisse sind grundsätzlich nicht an einen einzigen Verkehrsträger wie die Eisenbahn gebunden. Diese können auch durch die Kombination unterschiedlicher Verkehrsträger in einer Transportkette intermodal erfüllt werden.

Um den Verkehrsbedürfnissen der Allgemeinheit Rechnung zu tragen und entsprechende Verkehrsangebote unterbreiten zu können, ist das Bestehen korrespondierender leistungsfähiger Infrastrukturen eine Voraussetzung. Was die Gewährleistungspflicht des Bundes angeht, hat der Satz, „Rad und Schiene gehören zusammen“,[1204] daher seine Berechtigung. Hieraus folgt aber noch keine Festlegung auf eine bestimmte Organisationsform der Eisenbahnen, die der Bund zur Erfüllung der Gewährleistungspflichten wählen sollte.

[1204] Hartmut Mehdorn zitiert in *Der Spiegel (Hrsg.)*, Trennung vom Netz, Der Spiegel Heft 36/2000 vom 03.09.2000, https://www.spiegel.de/wirtschaft/trennung-vom-netz-a-3d53a1b7-0002-0001-0000-000017269630 (aufgerufen am 22.04.2024).

b) Krisensicherheit

In Krisen sollten Verkehrsleistungen weitgehend resilient sein. „Pandemie und Krieg zeigen den Bedarf an resilienten Transportketten."[1205] Hierzu können unter anderem die Vorhaltung von personellen und sachlichen Redundanzen sowie prozessual eine Härtung von Systemen beitragen. Die Angebote sollten auf quantitative Veränderungen des Bedarfs hin skaliert, d. h. im Krisenfall vor allem auch erweitert, werden können.

c) Wirtschaftliche Effizienz

Diese Verkehrsleistungen sollten wirtschaftlich effizient erbracht werden. Der Bezug der Leistungen soll sowohl für die Endkunden als auch ggf. zusätzlich für die Besteller, die diese Leistungen beauftragen, möglichst kostengünstig erbracht werden. Zur Erreichung dieses Ziels können Wettbewerb und Marktmechanismen[1206] ein geeignetes Mittel sein.

d) Umweltbezogene Anforderungen

Ferner müssen bei der Erbringung von Verkehrsleistungen die Belange der Umwelt berücksichtigt werden.

aa) Ressourcen- und umweltschonender Betrieb

Verkehrsleistungen müssen grundsätzlich möglichst so erbracht werden, dass sie natürliche Ressourcen und die Umwelt (auch) im Sinne der Ressourcenwirtschaft und Umweltökonomie schonen. Dies betrifft beispielsweise den Energieverbrauch, die CO^2-Emissionen wie auch die Lärmemissionen. Hier hat die Eisenbahn als netzgebundenes Massentransportmittel potenziell Vorteile gegenüber Individualverkehrsmitteln.

Soweit eine Belastung der Umwelt nicht vermeidbar ist, sollten die Kosten hierfür allerdings auch von den Marktteilnehmern getragen werden.

1205 Roderick Kefferpütz, Senior Fellow beim Atlantic Council, zitiert in *Bungert*, DB Schenker: Verkauf an Staatsfonds aus Abu Dhabi im Gespräch, Verkehrsrundschau vom 13.12.2023, http://www.verkehrsrundschau.de/nachrichten/transport-logistik/db-schenker-verkauf-an-staatsfonds-aus-abu-dhabi-im-gespraech-3463853 (aufgerufen am 21.04.2024).

1206 Siehe oben B. III. 2. Wettbewerbsförderung durch Regulierung, S. 14 und C. II. 2. Sekundärrecht: Wesentliche Rechtsakte und deren Umsetzung, S. 37.

bb) Marktversagen durch externe Effekte

Das Monopol des Netzbetreibers[1207] ist nicht der einzige Faktor, der zu einem Marktversagen führt. Auch sogenannte „externe Effekte" können zu einer nichtoptimalen Versorgung über den Markt führen.

Externe Effekte liegen vor, wenn der Nutzen eines Wirtschaftssubjekts nicht nur von den eigenen, sondern auch von den ökonomischen Aktivitäten anderer Wirtschaftssubjekte abhängig ist, ohne dass hierfür Entgelte oder Kompensationszahlungen geleistet werden. Externe Effekte in Form von sozialen Kosten treten beispielsweise immer dann auf, wenn Unternehmen die Umwelt ohne ausreichende Kompensation belasten.[1208]

cc) Ausgleich für Inanspruchnahme der Umwelt

Die Führung der Eisenbahnen des Bundes als Wirtschaftsunternehmen in privat-rechtlicher Form (Art. 87e Abs. 3 S. 1 GG) wurde dahingehend als positiv bewertet, als sie die Grundlagen für Transparenz und Ehrlichkeit durch Trennung der vom Staat und seinen Eisenbahnen verfolgten Zwecke und Mittel schaffe.[1209] Diese Transparenz ist allerdings nicht vollständig, wenn die Marktakteure bei der Benutzung von Verkehrsdienstleistungen davon profitieren, dass sie soziale Kosten zu Lasten der Allgemeinheit nicht ausgleichen. Soziale Kosten von Verkehren sollten daher in einem ersten Schritt sichtbar gemacht werden.

In einem zweiten Schritt ist zu entscheiden, wie diese bei dem Bezug der Dienstleistung zu berücksichtigen sind und ob gegebenenfalls an anderer Stelle – beispielsweise im Steuersystem – Ausgleiche erforderlich sind. Grundsätzlich sollten Preise auch die ökologische Wahrheit widerspiegeln,[1210] damit Marktakteure nicht Aufwände zu Lasten der Allgemeinheit sozialisieren.

Externe Effekte betreffen allerdings den gesamten Verkehrsbereich und nicht nur den Eisenbahnsektor. Damit nicht nur ein Sektor gegenüber anderen

---

[1207] Siehe oben B. II. 1. b). Prämisse: Gewinnmaximierendes Verhalten, S. 8.

[1208] *Engelkamp/Sell/Sauer*, Einführung in die Volkswirtschaftslehre, S. 531.

[1209] Siehe oben C. III. 4. Bewertung der verfassungsrechtlichen Stellung der Eisenbahn, S. 115; *Burgi*, NVwZ 2018, 601 (607).

[1210] *Bär/Schenuit/von Weizsäcker*, Preise müssen endlich die ökologische Wahrheit widerspiegeln, Zeit online vom 06.05.2022, https://www.zeit.de/wirtschaft/2022-05/energiepreise-entlastungspaket-umweltsteuer-finanzpolitik (aufgerufen am 22.04.2024).

Sektoren ohne sachlichen Grund benachteiligt wird, ist ein einheitliches, sektorübergreifendes Vorgehen für den gesamten Verkehrsbereich erforderlich.

Rein nationale Regelungen hätten zudem die Tendenz, Unternehmen an den jeweiligen Standorten zu benachteiligen, während Unternehmen an anderen Standorten ihre Dienstleistungen weiterhin (auch) auf Kosten der Allgemeinheit vermarkten können. Sinnvoll ist daher ein international koordiniertes Vorgehen beispielsweise im Rahmen der EU.

e) Zielkonflikte zwischen den Kernanforderungen

Zwischen diesen Anforderungen bestehen Zielkonflikte. Nicht jedes Verkehrsbedürfnis der Allgemeinheit kann beispielsweise zu jeder Zeit wirtschaftlich effizient und umweltschonend befriedigt werden. Bleiben Krisen aus, ist die Schaffung von resilienten Verkehrsleistungen und der erforderlichen Infrastrukturen aufgrund der hierzu vorzuhaltenden Kapazitäten wirtschaftlich auch nicht die effizienteste Lösung. Spannungsfelder bestehen daher auch bei den möglichen Maßnahmen zur Erreichung der Kernanforderungen.

II. Organisationsmodelle des Eisenbahnwesens

Die Fragen, wie ein Eisenbahnwesen sinnvoll zu organisieren ist, um die genannten Kernanforderungen zu erfüllen, und ob dies eine eigentumsrechtliche Entflechtung der Eisenbahnen des Bundes einschließt, ist Gegenstand von Diskussionen seit dem Abschluss der zweiten Stufe der Bahnreform 1999.[1211] Diskussionsbeiträge hierzu kamen von vielen der genannten Stakeholder teilweise mit Unterstützung externer Beratungsunternehmen.[1212]

Im Folgenden sollen die wesentlichen Gestaltungsoptionen angesprochen werden und die Gründe, die zu der gegenwärtigen Form eines Holdingmodells

---

[1211] Siehe oben C. II. 2. a) aa) (2) (b) 1999: Zweite Stufe Bahnreform, S. 41.

[1212] Mögliche Privatisierungsvarianten wurden in den Jahren 2006 bis 2008 umfassend diskutiert auf Basis eines Gutachtens: *Booz Allen Hamilton Inc.*, Privatisierungsvarianten der Deutschen Bahn AG „mit und ohne Netz“, https://netze.econ.kit.edu/downloads/PRIMON_Langfassung_060301.pdf (aufgerufen am 16.10.2024). Siehe zusammenfassend *Möstl* in: Dürig/Herzog/Scholz, GG, Art. 87e [Stand: 06/2017] Rn. 11 u. 131 ff. Seit 2020 unter anderem: Antrag der Fraktion der CDU/CSU, Schiene in die Zukunft führen – Deutsche Bahn AG neu aufstellen, BT-Drs. 20/7350; *Eisenbahn- und Verkehrsgewerkschaft*, EVG lehnt Zerschlagung des Deutsche-Bahn-Konzerns ab, https://www.evg-online.org/meldungen/details/news/evg-lehnt-zerschlagung-des-deutsche-bahn-

mit Teilentflechtung des Eisenbahninfrastrukturunternehmens geführt haben. Die folgende Darstellung ist eine schematische Übersicht über die Grundzüge der diskutierten Modelle.

Übersicht 15: Organisationsmodelle der Eisenbahnen des Bundes

<table>
<tr><th></th><th>Modell</th><th>vertikal integriertes Unternehmen</th><th>Eisenbahn-infrastruktur-unternehmen</th><th>Eisenbahn-verkehrs-unternehmen</th></tr>
<tr><td></td><td>Staatliches Sondervermögen</td><td colspan="3">Ausgeschlossen durch Art. 87 Abs. 3 S. 1 GG.
Weitere Voraussetzungen in § 5 ERegG.</td></tr>
<tr><td rowspan="3">Formelle Privatisierung</td><td>vertikale Integration</td><td colspan="3">Holdingmodell (mit Teilentflechtung)</td></tr>
<tr><td></td><td colspan="3">Sonderform: Eigentumsmodell mit Betriebsvergabe</td></tr>
<tr><td>vertikale Desintegration (Trennung)</td><td><s>vertikale Desintegration</s></td><td>Schienenweg-vorbehalt (Art. 87 Abs. 3 S. 2 GG).
- AG
- GmbH</td><td>nur formelle / auch materielle Privatisierung (= eigentumsrecht-liche Entflechtung)</td></tr>
</table>

1. Staatliches Sondervermögen

Eine Organisation der Eisenbahnen des Bundes als staatliches Sondervermögen war Ausgangspunkt vor der ersten Stufe der Bahnreform.[1213] Ein Vorteil dieses Modells lag in der Krisensicherheit: Der Bund konnte selbst über die für erforderlich gehaltenen sachlichen und personellen Ressourcen disponieren. Ein Nachteil war die unzureichende wirtschaftliche Effizienz des Modells. Diesem Nachteil sollte im Rahmen der Bahnreform durch privatwirtschaftliche Rechtsformen und die Nutzung marktwirtschaftlicher unternehmerischer Entscheidungsrationalität entgegengewirkt werden.[1214]

---

konzerns-ab-10604/ (aufgerufen am 16.10.2024); *Monopolkommission*, 8. Sektorgutachten Bahn (2021), K4, Tz. 45 und 54.
Zum 2021 geschlossenen Koalitionsvertrag zwischen SPD, den Grünen und FDP siehe oben C. II. 3. a) bb) 2021: Koalitionsvertrag SPD, Grüne, FDP, S. 72.

1213 Siehe oben C. II. 2 a) aa) 1994: Strukturreform und Eisenbahnneuordnungsgesetz, S. 39.

1214 Siehe oben C. II. 2 a) aa) 1994: Strukturreform und Eisenbahnneuordnungsgesetz, S. 39 sowie C. III. 2. a) bb) Führung als Wirtschaftsunternehmen, S. 82.

De lege lata ist diese Organisationsform seit der ersten Stufe Bahnreform durch die Vorgabe der Organisationsprivatisierung in Art. 87 Abs. 3 S. 1 GG ausgeschlossen, nach der die Eisenbahnen des Bundes als Wirtschaftsunternehmen in privat-rechtlicher Form zu führen sind.[1215]

Innerhalb der Vorgabe der privatwirtschaftlichen Form besteht die Möglichkeit, die Organisationsform zwischen zwei Polen auszurichten: vertikal – entlang der Wertschöpfungskette – integrierte[1216] (4.) oder desintegrierte (2.) Unternehmen. Zwischen diesen Polen sind graduelle Abstufungen und Sonderformen möglich wie das Eigentumsmodell mit Vergabe des Betriebs (3.).

2. Privatisierung mit vertikaler Desintegration

Als Alternative der aktuellen Organisationsform des vertikal integrierten Unternehmens (Holdingmodell mit Teilentflechtung) werden verschiedene Varianten der vertikalen Desintegration bzw. vertikalen Trennung diskutiert.[1217] Im Ergebnis dieser Varianten wären Eisenbahninfrastruktur- und Eisenbahnverkehrsunternehmen weder über eine Muttergesellschaft – wie die Deutsche Bahn AG – noch direkt miteinander verbunden. Im Folgenden wird betrachtet, welche Organisationsformen für Eisenbahninfrastruktur- und -verkehrsunternehmen im Falle einer vertikalen Desintegration in Betracht kommen.

1215 C. III. 2. a) Organisationsprivatisierung, Art. 87e Abs. 3 S. 1 GG, S. 81.

1216 Siehe zu dem Begriff der vertikalen Integration oben C. I. c) Vertikal integriertes Unternehmen, § 1 Abs. 25 ERegG, S. 34 sowie B. II. 4. Vertikale Integration von Unternehmen, S. 12.

1217 „Getrenntes Modell“ mit einer optionalen materiellen (Kapital-) Privatisierung: *Booz Allen Hamilton Inc.*, Privatisierungsvarianten der Deutschen Bahn AG „mit und ohne Netz“, S. 399 ff. https://netze.econ.kit.edu/downloads/PRIMON_Langfassung_060301.pdf (aufgerufen am 16.10.2024).
Seit 2020: Antrag der Fraktion der CDU/CSU, Schiene in die Zukunft führen – Deutsche Bahn AG neu aufstellen, BT-Drs. 20/7350; *Hofreiter/Kindler*, Die Bahn braucht nicht nur Geld, sondern auch neue Strukturen, Handelsblatt vom 26.02.2020, https://www.handelsblatt.com/meinung/gastbeitraege/gastkommentar-die-bahn-braucht-nicht-nur-geld-sondern-auch-neue-strukturen/25474638.html (aufgerufen am 21.11.2021); *Mofair (Hrsg.)*, Bahnreform II: Anforderungen an die Struktur der Eisenbahnen des Bundes, S. 20 ff., https://mofair.de/wp-content/uploads/2020/07/20703-Anforderungen-an-die-Struktur-der-Eisenbahnen-des-Bundes.pdf (aufgerufen am 16.10.2024).

a) Eisenbahninfrastruktur: Stärkung des Bundeseinflusses

Hinsichtlich der Eisenbahninfrastrukturunternehmen wird der Wunsch nach stärkeren Einflussmöglichkeiten des Bundes auf deren Entscheidungen artikuliert. Kontrolle und Steuerung des Konzerns seien gegenwärtig für Regierung und Parlament erschwert.[1218] Ein solcher Einfluss besteht im aktuellen, vertikal integrierten Organisationsmodell aktienrechtlich nur indirekt über den Aufsichtsrat der Holdinggesellschaft. Soweit der Bund darüber hinaus Leistungs- und Finanzierungsvereinbarungen mit dem Deutsche Bahn Konzern schließt,[1219] kann er hierüber weitere Einflussmöglichkeiten vereinbaren.

Kontroll- und Steuerungsmöglichkeiten können grundsätzlich genutzt werden, um alle Kernanforderungen an das Eisenbahnsystem zu fördern. Der Bedarf nach Kontrolle ist vor allem im Hinblick auf die Größenordnung der für die Infrastruktur erforderlichen Finanzmittel und der gesellschaftlichen Funktion des Eisenbahnwesens nachvollziehbar.

Zu beachten ist jedoch, dass bei einer vertikalen Desintegration nicht nur mehr Möglichkeiten zur Kontrolle und Steuerung bestehen, sondern vor allem auch das Erfordernis, diese tatsächlich auszuüben. Es stünde für den Bund nicht ein Ansprechpartner seiner Eisenbahnen in einer Holdinggesellschaft zur Verfügung, sondern er müsste zur Wahrnehmung seiner Gewährleistungspflicht und zur Umsetzung seiner verkehrspolitischen Ziele Koordinierungsaufgaben zwischen Eisenbahnunternehmen selbst wahrnehmen, die bislang die Deutsche Bahn AG als Holdinggesellschaft übernommen hat.

Auch bei Anerkennung eines grundsätzlichen Bedarfs nach Kontrolle und Steuerung bleibt die Frage nach der adäquaten gesellschaftsrechtlichen Form für deren Ausübung. Dem Sinn der verfassungsrechtlichen Vorgabe der Führung der Eisenbahnen des Bundes als Wirtschaftsunternehmen in privatrechtlicher Form (Art. 87 Abs. 3 S. 1 GG) würde es beispielsweise nicht entsprechen, wenn der Bund operative Geschäftsentscheidungen selbst treffen würde. Wurde die Bahnreform ab 1994 bereits kritisiert, sie oszilliere

---

1218 *Hofreiter/Kindler*, Die Bahn braucht nicht nur Geld, sondern auch neue Strukturen, Handelsblatt vom 26.02.2020, https://www.handelsblatt.com/meinung/gastbeitraege/gastkommentar-die-bahn-braucht-nicht-nur-geld-sondern-auch-neue-strukturen/25474638.html (aufgerufen am 21.11.2021).

1219 Siehe oben C. VI. 2. a) bb) Leistungs- und Finanzierungsvereinbarung LuFV III, S. 185.

„zwischen den Polen Staat und Markt, Staatsnähe und Staatsdistanz“,[1220] würde sie erneut – diesmal zu den Polen Staat und Staatsnähe – oszillieren.

Hinsichtlich der Rechtsform dieses vertikal desintegrierten Eisenbahninfrastrukturunternehmens kommen in erster Linie Kapitalgesellschaften wie die Aktiengesellschaft (AG) oder die Gesellschaft mit beschränkter Haftung (GmbH) in Betracht.

aa) Rechtsform der Aktiengesellschaft

Die Eisenbahninfrastrukturunternehmen könnten in der Rechtsform einer Aktiengesellschaft geführt werden. Dies entspräche der Rechtsform der DB InfraGO AG (oder früher der DB Netz AG), nur dass die vertikal desintegrierten Gesellschaften dann nicht mehr im Eigentum der Deutschen Bahn AG stünden.

(1) Einflussnahme: Kein Weisungsrecht des Aufsichtsrats

Eine wesentliche Einflussmöglichkeit des Aufsichtsrats ist sein Recht, über Bestellung und Abberufung des Vorstands zu entscheiden (§ 84 AktG).[1221] Allerdings hat der Vorstand einer Aktiengesellschaft diese nach § 76 Abs. 1 AktG unter eigener Verantwortung zu leiten. Es besteht kein Weisungsrecht seitens des Aufsichtsrats oder der Hauptversammlung gegenüber dem Vorstand. Der mögliche Einfluss des Bundes würde also insoweit keine direkten Weisungsrechte gegenüber dem Vorstand umfassen.

Es fragt sich daher zunächst, ob eine solche Konstruktion dem Bund nennenswert größere Einflussmöglichkeiten gäbe gegenüber seinen gegenwärtigen Einwirkungsmöglichkeiten über den Aufsichtsrat der Deutschen Bahn AG. Er könnte allerdings unmittelbar auf die Infrastrukturunternehmen Einfluss nehmen, während er dies gegenwärtig über den Aufsichtsrat der Deutschen Bahn AG nur mittelbar kann.

(2) Beherrschungsvertrag durch eine Gebietskörperschaft

Zwar hat der Aufsichtsrat kein Weisungsrecht gegenüber dem Vorstand. Berechtigt, dem Vorstand einer Gesellschaft Weisungen zu erteilen, ist nach

---

1220 *Möstl* in: Dürig/Herzog/Scholz, GG, Art. 87e [Stand: 06/2017] Rn. 8; siehe oben C. III. 4. Bewertung der verfassungsrechtlichen Stellung der Eisenbahn, S. 115.

1221 Zur Bewertung einer solchen Einflussmöglichkeit siehe auch C. VI. 5. a) aa) Aktuell zulässige Doppelfunktionen, S. 196.

§ 308 Abs. 1 S. 1 AktG aber ein aufgrund eines Beherrschungsvertrages (§ 291 Abs. 1 AktG) herrschendes Unternehmen. In der Literatur wird diskutiert, ob eine Gebietskörperschaft ein Vertragspartner eines Beherrschungsvertrags und damit herrschendes Unternehmen sein kann[1222] und ob sie dann im öffentlichen Interesse auch zu nachteiligen Weisungen für das abhängige Unternehmen berechtigt ist.

Zwar wird diese Möglichkeit in der Literatur teilweise bejaht.[1223] Im „Konzerninteresse“ bzw. Verbundinteresse des Hoheitsträgers lägen auch solche Maßnahmen, die keinen Gewinninteressen dienten, sondern den von dem Hoheitsträger verfolgten öffentlichen Interessen. Explizit wird das Aufrechterhalten einer wenig frequentierten Buslinie im öffentlichen Interesse genannt.[1224]

Andere Autoren sind jedoch der Ansicht, die öffentliche Hand habe bei der Einflussnahme die strikten Vorgaben des Aktienrechts zu beachten, die einer Einflussnahme enge Grenzen setzen. Hieran scheitere ein Weisungsrecht gegenüber dem Vorstand einer Aktiengesellschaft.[1225] Öffentliche Interessen seien den Interessen beliebiger Dritter gleichzusetzen. Sie schieden daher als Rechtfertigungsgrund für eine Schädigung der abhängigen Gesellschaft aus.[1226]

Selbst wenn unterstellt wird, eine Gebietskörperschaft könne eine Aktiengesellschaft beherrschen und zu für diese nachteiligen Weisungen nach § 308 Abs. 1 AktG berechtigt sein, müssen Eisenbahnen des Bundes zusätzlich die verfassungsrechtlichen Vorgaben der Organisationsprivatisierung aus Art. 87e Abs. 3 S. 1 GG erfüllen. Zumindest dem Sinn und Zweck dieser Vorgabe, die wirtschaftlichen Vorteile privatwirtschaftlicher Handlungsrationalitäten für die Eisenbahnen des Bundes nutzbar zu machen,[1227] dürfte es zuwiderlaufen, wenn diese durch Gebietskörperschaften – juristische

---

[1222] *Altmeppen* in: Münchener Kommentar, AktG, § 291 Rn. 24; *Servatius* in: Grigoleit, AktG, § 291 Rn. 19; *Veil/Walla* in: BeckOGK, AktG, § 291 [Stand: 02/2023] Rn. 74.

[1223] *Altmeppen* in: Münchener Kommentar, AktG, § 308 Rn. 111 ff.; *Servatius* in: Grigoleit, AktG, § 308 Rn. 17; *Veil/Walla* in: BeckOGK, AktG, § 308 [Stand: 02/2023] Rn. 30.

[1224] *Altmeppen* in: Münchener Kommentar, AktG, § 308 Rn. 113.

[1225] *Emmerich* in: Emmerich/Habersack, Aktien- und GmbH-Konzernrecht, § 15 AktG Rn. 30 und § 291 Rn. 9.

[1226] *Emmerich* in: Emmerich/Habersack, Aktien- und GmbH-Konzernrecht, § 308 AktG Rn. 50.

[1227] *BVerfG*, Urt. v. 07.11.2017 – 2 BvE 2/11 [ECLI:DE:BVerfG:2017:es20171107.2bve000211], BVerfGE 147, 50 (154 Rn. 272) – Informationsanspruch.

Personen des öffentlichen Rechts – beherrscht werden, die ihnen gegenüber weisungsberechtigt sind. Eine Beherrschung der Eisenbahnen des Bundes durch eine Gebietskörperschaft wäre daher mit Art. 87e Abs. 3 S. 1 GG nicht vereinbar.

bb) Rechtsform der GmbH

An der Rechtsform der Aktiengesellschaft der Deutschen Bahn AG wird kritisiert, sie erschwere für Regierung und Parlament Kontrolle und Steuerung des Konzerns.[1228] Der parlamentarische Informationsanspruch war im Jahr 2017 Gegenstand einer Entscheidung des Bundesverfassungsgerichts. Dieses legte fest, dass sich der parlamentarische Informationsanspruch auf alle Angelegenheiten im Verantwortungsbereich der Regierung bezieht und dies auch Tätigkeiten von sich in der Hand des Bundes befindlichen Unternehmen in Privatrechtsform umfasse.[1229] Hierbei sei die Regierung nicht auf die zivilrechtlich vorgesehenen Einwirkungs- und Kontrollrechte beschränkt.[1230] Insoweit[1231] hat dieses Urteil Klarheit geschaffen und die Informationsrechte des Parlaments gestärkt.

Eine Möglichkeit, dem Bund mehr Einfluss auf Entscheidungsprozesse hinsichtlich der Infrastruktur zu verschaffen, ist, die Eisenbahninfrastrukturunternehmen in der Rechtsform einer GmbH zu führen. Diese wird gerichtlich und außergerichtlich durch die Geschäftsführer vertreten § 35 Abs. 1 S. 1 GmbHG. Allerdings bestimmt der Gesellschaftsvertrag die Rechte, die den Gesellschaftern in Bezug auf die Führung der Geschäfte zustehen, § 45

1228 *Hofreiter/Kindler*, Die Bahn braucht nicht nur Geld, sondern auch neue Strukturen, Handelsblatt vom 26.02.2020, https://www.handelsblatt.com/meinung/gastbeitraege/gastkommentar-die-bahn-braucht-nicht-nur-geld-sondern-auch-neue-strukturen/25474638.html (aufgerufen am 21.11.2021).

1229 *BVerfG*, Urt. v. 07.11.2017 – 2 BvE 2/11 [ECLI:DE:BVerfG:2017:es20171107.2bve000211], BVerfGE 147, 50 (134 Rn. 216) – Informationsanspruch.

1230 *BVerfG*, Urt. v. 07.11.2017 – 2 BvE 2/11 [ECLI:DE:BVerfG:2017:es20171107.2bve000211], BVerfGE 147, 50 (135 Rn. 220) – Informationsanspruch.

1231 Die Ablehnung der Grundrechtsfähigkeit der Deutschen Bahn AG durch das BVerfG in dieser Entscheidung liegt zwar auf der Linie früherer Entscheidungen, ist jedoch trotzdem zu hinterfragen. *BVerfG*, Urt. v. 07.11.2017 – 2 BvE 2/11 [ECLI:DE:BVerfG:2017:es20171107.2bve000211], BVerfGE 147, 50 (144 Rn. 242) – Informationsanspruch. Siehe oben C. III. 3. b) bb) Keine Grundrechtsfähigkeit der DB AG, S. 99.

Abs. 1 AktG. Die Rechtsform der GmbH bietet somit den Gesellschaften größere Einflussmöglichkeiten als eine Aktiengesellschaft ihren Eigentümern.

Zur Nutzung der Rechtsform der GmbH gab es bereits Vorschläge:

(1) 2023 CDU/CSU-Antrag: Schieneninfrastruktur GmbH

Im Jahr 2023 stellte die Fraktion der CDU/CSU beispielsweise den Antrag, den Infrastrukturbereich des DB Konzerns vom Transportbereich zu trennen und in eine neue, weisungsgebundene Schieneninfrastruktur GmbH des Bundes zu überführen.[1232] Auf Empfehlung des Verkehrsausschusses[1233] beschloss der Bundestag 2024 jedoch eine Ablehnung des Antrages.[1234]

(2) 2020: Vorschlag einer gGmbH

Zwei Abgeordnete von BÜNDNIS 90/DIE GRÜNEN schlugen 2020 vor, die Bahn in eine gGmbH umzuwandeln und das Schienennetz einer öffentlichen Steuerung zu unterstellen.[1235] Dies sollte dem Bund mehr Kontrolle sowie eine öffentliche Steuerung des Schienennetzes ermöglichen. Zudem würde eine Abkehr von der Gewinnerzielungsabsicht auch in der Rechtsform festgehalten.[1236]

Auch dieser Vorschlag wurde nicht realisiert, sondern das grundsätzliche Anliegen einer Neustrukturierung der Infrastrukturaktivitäten wurde 2021 in den Koalitionsvertrag aufgenommen. Dies mündete zuletzt in Strukturreformen, deren Kernbestandteil die Bündelung von Infrastrukturaktivitäten in der DB InfraGO AG ist.[1237]

1232 Antrag der Fraktion der CDU/CSU, Schiene in die Zukunft führen – Deutsche Bahn AG neu aufstellen, BT-Drs. 20/7350.

1233 Beschlussempfehlung und Bericht des Verkehrsausschusses zu dem Antrag der Fraktion der CDU/CSU – Drucksache 20/7350 – Schiene in die Zukunft führen – Deutsche Bahn AG neu aufstellen, BT-Drs. 20/10413.

1234 Deutscher Bundestag, Plenarprotokoll 20/160 (20. Wahlperiode – 160. Sitzung, 21. März 2024), S. 20565, https://dserver.bundestag.de/btp/20/20160.pdf#P.20565 (aufgerufen am 25.04.2024).

1235 *Hofreiter/Kindler*, Die Bahn braucht nicht nur Geld, sondern auch neue Strukturen, Handelsblatt vom 26.02.2020, https://www.handelsblatt.com/meinung/gastbeitraege/gastkommentar-die-bahn-braucht-nicht-nur-geld-sondern-auch-neue-strukturen/25474638.html (aufgerufen am 21.11.2021). Differenzierend zwischen Gemeinwohl und Gemeinnützigkeit *Staebe*, N&R 2024, 20 (25 f.).

1236 Kritisch zur möglichen Rechtsform einer gGmbH *Staebe*, N&R 2024, 20 (25 f.).

1237 Siehe oben C. II. 3. a) bb) 2021: Koalitionsvertrag SPD, Grüne, FDP, S. 72 sowie C. II. 3. a) bb) (2) 2024: DB InfraGO – Bündelung der Infrastruktur, S. 74.

b) Eisenbahnverkehr: Mögliche materielle Privatisierung

Von einer vertikalen Desintegration wären auch die Eisenbahnverkehrsunternehmen DB Fernverkehr AG, DB Regio AG und DB Cargo AG betroffen. Als Aktiengesellschaften erfüllen sie die Vorgabe der (formellen) Organisationsprivatisierung aus Art. 87e Abs. 3 S. 1 GG.[1238]

Der Schienenwegevorbehalt[1239] des Art. 87e Abs. 3 S. 2 GG, dass die Gesellschaften im Eigentum des Bundes verbleiben müssen, gilt jedoch für die Eisenbahnverkehrsunternehmen nicht. Der Bund könnte also insoweit Anteile an ihnen veräußern und so eine auch materielle Privatisierung herbeiführen. Über eine materielle Privatisierung wird seit der zweiten Stufe der Bahnreform immer wieder diskutiert. Im April 2024 wurde beispielsweise wieder ein möglicher Verkauf der DB Cargo in der Presse thematisiert.[1240]

Nach Art. 87e Abs. 4 S. 1 GG muss der Bund jedoch gewährleisten, dass bei den Verkehrsangeboten der Eisenbahnen des Bundes auf dem Schienennetz dem Wohl der Allgemeinheit, insbesondere den Verkehrsbedürfnissen, Rechnung getragen wird.[1241] Hieraus wird teilweise geschlossen, dass dem Bund eine mehrheitliche Anteilsveräußerung nur dann erlaubt ist, wenn ausreichende Verkehrsangebote auch ohne seine (Mehrheits-) Beteiligung existieren.[1242]

Nach anderer Ansicht besteht dagegen nach einer Veräußerung der Eisenbahnen des Bundes jedenfalls aus Art. 87e Abs. 4 S. 1 GG keine fortdauernde verfassungsrechtliche Pflicht des Bundes zur Gewährleistung von Verkehrsangeboten.[1243]

1238 Siehe oben C. III. 2. a) Organisationsprivatisierung, Art. 87e Abs. 3 S. 1 GG, S. 81.

1239 Siehe oben C. III. 2. b) Schienenwegevorbehalt, Art. 87e Abs. 3 S. 2, 3 GG, S. 84.

1240 *Zinsmeister*, Massiver Stellenabbau droht: Deutsche Bahn könnte wichtige Sparte verkaufen, Merkur vom 15.04.2024, https://www.merkur.de/wirtschaft/deutsche bahn-stellenabbau-verluste-gueterverkehr-db-cargo-zukunft-offen-schienenverkehr-93013221.html (aufgerufen am 25.04.2024).

1241 Siehe oben C. III. 2. c) Gewährleistungsauftrag, Art. 87e Abs. 4 GG, S. 85.

1242 *Ludwigs*, IR 2020, 60 (68); *Remmert* in: Epping/Hillgruber, BeckOK Grundgesetz, Art. 87e [Stand: 06/2024] Rn. 18; *Uerpmann-Wittzack* in: von Münch/Kunig, GG, Art. 87e Rn. 32; *Wieland* in: Dreier, GG, Art. 87e Rn. 23.

1243 *Gersdorf* in: von Mangoldt/Klein/Starck, GG, Art. 87e Rn. 62 und 68; *Windthorst* in: Sachs, GG, Art. 87e Rn. 61; siehe oben C. III. 2. c) bb) (2) Kopplung an Bestand der Eisenbahnen des Bundes, S. 88.

Ein Entfallen der Gewährleistungsverpflichtung aus Art. 87e Abs. 4 S. 1 GG nach einer Veräußerung bedeute allerdings nicht, dass der Bund vollständig aus jeglicher verfassungsrechtlichen Verantwortung für die Verkehrsangebote entlassen werde. Dies folge unter anderem aus dem Sozialstaatsprinzip und aus dem Gedanken des Grundrechtsvoraussetzungsschutzes.[1244]

Dass die Funktion der Eisenbahnverkehrsunternehmen für das Gesamtsystem Eisenbahn nicht in gleichem Maße geschützt werden sollte wie die der Eisenbahninfrastrukturunternehmen, bedeutet nicht, dass diese gar nicht geschützt ist.

Die Gewährleistungsverpflichtung des Bundes besteht zudem während des gesamten Zeitraums, im dem er Eigentümer seiner Eisenbahnen ist. Sie erstreckt sich damit auch auf eine etwaige Veräußerungsentscheidung von Eisenbahnverkehrsunternehmen. Diese darf nicht allein nach rein fiskalischen Gesichtspunkten getroffen werden, sondern muss auch die Verkehrsbedürfnisse der Allgemeinheit berücksichtigen.

Jenseits einer verfassungsrechtlichen Verpflichtung aus Art. 87e Abs. 4 S. 1 GG ist eine Berücksichtigung der Verkehrsbedürfnisse der Allgemeinheit nach einer Veräußerung jedenfalls verkehrs- und wirtschaftspolitisch geboten. Die Wirkung des Schienenwegevorbehalt aus Art. 87e Abs. 3 S. 2 und 3 GG liefe weitgehend leer, wenn auf dem Netz keine Verkehrsangebote unterbreitet würden.

c) Wirkungen einer vertikalen Desintegration

Abgesehen von direkten Kontroll- und Steuerungsmöglichkeiten des Bundes für die Eisenbahninfrastruktur- und -verkehrsunternehmen stellt sich die Frage, welche Vorteile eine vertikale Desintegration und eine ggf. weitergehende eigentumsrechtliche Entflechtung der Eisenbahnunternehmen haben.

aa) Vorteile einer vertikalen Desintegration

Im Rahmen ihres Berichts zur Umsetzung des Ersten Eisenbahnpakets[1245] untersuchte die Kommission 2006 auch Vor- und Nachteile einer vertikalen Desintegration. Diese veröffentlichte sie in einem Anhang („Annex")

[1244] *Möstl* in: Dürig/Herzog/Scholz, GG, Art. 87e [Stand: 06/2017] Rn. 189.

[1245] Siehe oben C. II. 2. f) aa) 2006: Bericht zur Umsetzung des Ersten Eisenbahnpakets, S. 53; Kommission, Bericht über die Durchführung des ersten Eisenbahnpakets.

6 zu dem Bericht.[1246] Die Vorteile einer vertikalen Desintegration sah die Kommission in

- einer verbesserten Transparenz über Kapazitäten und Zugangsbedingungen zur Infrastruktur.
- der Stärkung der Neutralität der Infrastrukturunternehmen bei Zugangsentscheidungen und dem Netzwerkmanagement. Entscheidungen würden im besten Interesse des Netzwerks getroffen. Auch die Monopolkommission weist darauf hin, dass konzerninterne Anreize und Möglichkeiten entfallen, potenzielle Wettbewerber auf dem nachgelagerten Transportmarkt zu diskriminieren.[1247]
- der Stärkung des Wettbewerbs auf den Verkehrsmärkten und einer Förderung der Privatisierung wirtschaftlicher Aktivitäten.
- einer besseren Kosteneffizienz durch Spezialisierung auf das Kerngeschäft.

Eine vertikale Desintegration stärkt zwar die Unabhängigkeit der Eisenbahninfrastrukturunternehmen von den Eisenbahnverkehrsunternehmen. Aber auch diese Situation beinhaltet noch ein Diskriminierungspotential aufgrund des Umstands, dass die Eisenbahninfrastruktur- und -verkehrsunternehmen mit dem Bund weiterhin den gleichen Endeigentümer haben. Dieses Diskriminierungspotential würde nur durch eine – zusätzliche – eigentumsrechtliche Entflechtung beseitigt.

bb) Vorteile einer eigentumsrechtlichen Entflechtung

Eine eigentumsrechtliche Entflechtung erfolgt durch eine materielle Privatisierung der Eisenbahnverkehrsunternehmen des Bundes im Wege ihrer Veräußerung. In diesem Fall hätten Eisenbahnverkehrs- und Eisenbahninfrastrukturunternehmen unterschiedliche Eigentümer, da letztere aufgrund des Schienenwegevorbehalts (Art. 87e Abs. 3 S. 2 GG)[1248] weiter im Bundeseigentum verbleiben müssen. Damit würde das – auch bei einer vertikalen Desintegration fortbestehende – Diskriminierungspotential beseitigt, das aus denselben Eigentumsverhältnissen an den Unternehmen folgt. Nach Ansicht

---

1246 Kommission, Anhänge zum Bericht über die Durchführung des ersten Eisenbahnpakets, Annex 6, 3.2. Advantages of vertical separation in the rail sector.

1247 *Monopolkommission*, 7. Sektorgutachten Bahn (2019), Tz. 18.

1248 Siehe oben C. III. 2. b) Schienenwegevorbehalt, Art. 87e Abs. 3 S. 2, 3 GG, S. 84.

der Monopolkommission sollte daher eine strikte eigentumsrechtliche Trennung der Infrastrukturbetreiber von den übrigen rechtlichen Einheiten der DB Gruppe angestrebt und diese Einheiten veräußert werden.[1249]

Eine eigentumsrechtliche Entflechtung ist beispielsweise im Energiesektor in § 8 Abs. 2 EnWG für Transportnetzbetreiber vorgesehen, wenn diese sich nicht nach den Modellen des Independent System Operator (ISO, § 9 EnWG) oder Independent Transmission Operator (ITO, §§ 10 ff. EnWG) organisieren.[1250]

Im Hinblick auf die Kernanforderungen an das Eisenbahnsystem würde eine materielle Privatisierung die Eisenbahnen des Bundes und damit mittelbar auch den Bund selbst von finanziellen Betreiberrisiken freistellen. Ob materiell privatisierte Eisenbahnverkehrsunternehmen jedoch in gleicher Weise wie ein bundeseigenes Unternehmen die Verkehrsbedürfnisse der Allgemeinheit befriedigen und krisensichere sowie umweltschonende Verkehrsleistungen erbringen, ist fraglich. Materiell privatisierte Eisenbahnverkehrsunternehmen sind nicht in gleicher Weise wie der Bund verfassungsrechtlich dem Wohl der Allgemeinheit verpflichtet und müssen hinsichtlich der finanziellen Betreiberrisiken anders agieren. Tendenziell werden materiell privatisierte Unternehmen eher das Ziel der Gewinnmaximierung verfolgen.[1251]

3. Sonderform: Eigentumsmodell mit Vergabe des Betriebs

Eine Sonderform unter den diskutierten Organisationsformen nimmt das Eigentumsmodell mit Betreibervergabe ein. Dieses Modell sieht vor, dass das Eigentum an dem Netz auf eine 100 % im Bundeseigentum stehende Infrastrukturgesellschaft übergeht. Der Bund würde die Deutsche Bahn AG mit dem Betrieb des Netzes beauftragen.

Innerhalb dieses Auftragsverhältnis sind verschiedene Varianten denkbar.[1252] Der Bund könnte beispielsweise selbst Betreiber der Eisenbahnanlagen (§ 2 Abs. 7 AEG) sein und auch operative Aufgaben wahrnehmen. Er könnte aber auch der Deutschen Bahn AG das Netz zu einem vollständig operativ und wirtschaftlich eigenverantwortlichen Betrieb überlassen, so dass diese als Betreiberin der Eisenbahnanlagen fungiert.

1249 *Monopolkommission*, 7. Sektorgutachten Bahn (2019), Tz. 18 f.

1250 *Säcker/Mohr* in: Säcker, EnWG, § 8 Rn. 1.

1251 Siehe oben B. II. 1. b). Prämisse: Gewinnmaximierendes Verhalten, S. 8.

1252 *Möstl* in: Dürig/Herzog/Scholz, GG, Art. 87e [Stand: 06/2017] Rn. 131.

Zwischen diesen Polen ist eine Vielzahl gradueller Abstufungen der Aufgabenverteilung zwischen Bund und Bahn möglich. Beispielsweise kann sich der Bund für besonders wichtige Entscheidungen ein Genehmigungserfordernis vorbehalten.

Auch dieses Eigentumsmodell ist entweder der vertikalen Desintegration oder der vertikalen Integration zuzuordnen. Welcher Variante sie zuzuordnen ist, entscheidet sich nach § 1 Abs. 25 Nr. 1 ERegG danach, ob nach der Ausgestaltung des Auftragsverhältnisses die Infrastrukturgesellschaft des Bundes oder die Deutsche Bahn Betreiber der Eisenbahnanlagen ist.[1253] Wird diese Funktion der Deutschen Bahn übertragen, ist das Eigentumsmodell mit Betreibervergabe der vertikalen Integration zuzurechnen.

4. Privatisierung mit vertikaler Integration

In Deutschland wurde im Rahmen der Bahnreform für den Eisenbahnsektor das Modell der vertikalen Integration gewählt. Die Deutsche Bahn AG fungiert seit der zweiten Stufe der Bahnreform als Holdinggesellschaft für die als Aktiengesellschaften – bzw. im Falle der DB Energie als GmbH – rechtlich selbständigen Eisenbahninfrastruktur- und -verkehrsunternehmen.[1254] Dieses Modell wurde ergänzt durch die Umsetzung der europarechtlichen Entflechtungsregelungen zur buchhalterischen, rechtlichen, operationellen und informationellen Unabhängigkeit der Eisenbahninfrastrukturunternehmen,[1255] so dass nunmehr ein Holdingmodell mit einer Teilentflechtung besteht.

a) Vorteile einer vertikalen Integration

Im Rahmen ihres Berichts zur Umsetzung des Ersten Eisenbahnpakets[1256] führte die Kommission 2006 auch Vorteile einer vertikalen Integration gegenüber einer Desintegration auf.[1257]

[1253] Siehe oben C. I. 2. c) Vertikal integriertes Unternehmen, § 1 Abs. 25 ERegG, S. 34.

[1254] Siehe oben C. II. 2. a) aa) (2) (b) 1999: Zweite Stufe Bahnreform, S. 41.

[1255] Siehe oben C. II. 2. Sekundärrecht: Wesentliche Rechtsakte und deren Umsetzung, S. 37.

[1256] Siehe oben C. II. 2. f) aa) 2006: Bericht zur Umsetzung des Ersten Eisenbahnpakets, S. 53 und F. II. 2. c) aa) Vorteile einer vertikalen Desintegration, S. 331; Kommission, Bericht über die Durchführung des ersten Eisenbahnpakets.

[1257] Kommission, Anhänge zum Bericht über die Durchführung des ersten Eisenbahnpakets, Annex 6, 3.3. Disadvantages of vertical separation in the rail sector.

aa) Kein Transaktionsaufwand

Eine Änderung der bestehenden Organisationsstruktur des Eisenbahnwesens zu einer vertikalen Desintegration würde Transaktionsaufwände verursachen. Die Kosten für die formal-rechtlichen Maßnahmen zur Änderung der Gesellschaftsstrukturen wären hierbei noch der geringere Faktor. Es müssten aber sämtliche konzerninternen Prozesse, Verträge und gemeinsamen (IT-) Systeme auf einen Anpassungsbedarf hin geprüft werden. Der identifizierte Anpassungsbedarf ist dann umzusetzen.

Nach der ersten Stufe der Bahnreform 1994 dauerte es fünf Jahre, bis 1999 die zweite Stufe vollzogen wurde,[1258] bei der „lediglich" die Eisenbahninfrastruktur- und -verkehrsunternehmen ausgegliedert wurden, der Konzernverbund jedoch erhalten blieb. Eine vertikale Desintegration würde eine noch schärfere Trennung erfordern, weil dann keine Bereiche mehr als zentrale Servicefunktion in einer Holdinggesellschaft fungieren können. Eine Änderung der Organisationsstruktur muss somit deutliche Vorteile mit sich bringen, um die erforderlichen Transaktionsaufwände zu rechtfertigen.

bb) Skalen- bzw. Synergieeffekte

Die Kommission weist zudem darauf hin, dass eine Trennung von Infrastruktur- und Verkehrsunternehmen zu einem Verlust von Skaleneffekten (economies of scale)[1259] führen kann, die aus einer integrierten Durchführung von Aktivitäten resultieren.[1260]

Die Monopolkommission stellt ebenfalls fest, dass auch der Verlust von Synergie- beziehungsweise Verbundvorteilen (economies of scope),[1261] als Nachteil einer vertikalen Desintegration genannt werden. Aus der vorliegenden Studienlage ließe sich allerdings keine klare Evidenz ableiten.[1262]

[1258] Siehe oben C. II. 2. a) aa) (2) Deutsche Bahn Gründungsgesetz (DBGrG), S. 41.

[1259] Siehe zu dem Begriff oben B. I. 1. Entstehung von Monopolen, S. 5; *Piekenbrock*, Gabler Kompakt-Lexikon Volkswirtschaftslehre, Stichwort „Economies of Scale".

[1260] Kommission, Anhänge zum Bericht über die Durchführung des ersten Eisenbahnpakets, Annex 6, 3.3. Disadvantages of vertical separation in the rail sector.

[1261] Siehe zu dem Begriff Piekenbrock, Gabler Kompakt-Lexikon Volkswirtschaftslehre, Stichwort „Economies of Scope".

[1262] *Monopolkommission*, 7. Sektorgutachten Bahn (2019), Tz. 21.

cc) Vorteile aus geringerer Anzahl von Akteuren

Die weiter genannten Vorteile resultieren aus einer geringeren Anzahl von Akteuren in den Geschäftsprozessen im Falle einer vertikalen Integration gegenüber einer Desintegration.

(1) Geringere Koordinierungsbedarfe und -aufwände

Eine geringere Anzahl von Akteuren führe zu weniger Schnittstellen, die zu zur Sicherstellung von Qualität und Sicherheit des Schienenverkehrs zu koordinieren sind.[1263] Dies reduziere die Fehleranfälligkeit. Konflikte zwischen den Akteuren ließen sich zudem in einem vertikal integrierten Unternehmen hierarchisch und damit schneller und kostengünstiger beilegen als zwischen unabhängig agierenden, desintegrierten Unternehmen.[1264]

(2) Keine höheren Preise durch doppelte Marginalisierung

Im Falle einer vertikalen Desintegration seien sowohl Infrastruktur- als auch Verkehrsunternehmen mit schwankender Nachfrage konfrontiert und würden dies beide bei ihrer jeweiligen Preisgestaltung berücksichtigen (doppelte Marginalisierung). Das vertikal integrierte Unternehmen müsste diese Unsicherheit nur in seiner Preisgestaltung mit dem Endkunden berücksichtigen und würde daher tendenziell günstigere Preise anbieten.[1265]

(3) Geringeres Risiko unzureichender Investitionen

Bei einer vertikalen Integration seien die Anreize für Investitionen in die Infrastruktur im Allgemeinen höher als bei einer Desintegration, bei der der Netzwerkbetreiber seine Gewinne mit anderen Unternehmen in der Wertschöpfungskette zu teilen habe.[1266] Unzureichende Investitionen in die Infrastruktur können unter Umständen zu einer Gefährdung der

---

1263 Siehe oben F. II. 2. a) Eisenbahninfrastruktur: Stärkung des Bundeseinflusses, S. 322.

1264 Kommission, Anhänge zum Bericht über die Durchführung des ersten Eisenbahnpakets, Annex 6, 3.3. Disadvantages of vertical separation in the rail sector.

1265 Kommission, Anhänge zum Bericht über die Durchführung des ersten Eisenbahnpakets, Annex 6, 3.3. Disadvantages of vertical separation in the rail sector.

1266 Kommission, Anhänge zum Bericht über die Durchführung des ersten Eisenbahnpakets, Annex 6, 3.3. Disadvantages of vertical separation in the rail sector.

Betriebssicherheit führen. Die Kommission wies in Bezug auf die hohe Anzahl der Unfälle in Großbritannien jedoch darauf hin, dass nicht nachgewiesen sei, dass diese ein direktes Ergebnis der Privatisierung des Infrastrukturbetriebs seien.[1267]

Nach – zutreffender – Ansicht der Monopolkommission spiele dieser Faktor für die Situation in Deutschland allerdings keine wesentliche Rolle, da der überwiegende Teil der Investitionen in die Schieneninfrastruktur mit dem Bund im Rahmen der Leistungs- und Finanzierungsvereinbarung (LuFV)[1268] vertraglich vereinbart werde.[1269]

(4) Höhere Zuverlässigkeit

Im Falle einer Desintegration könnte die Zuverlässigkeit der Verkehrsangebote negativ beeinflusst werden durch das erhöhte Risiko eines opportunistischen, also nutzenmaximierenden Verhaltens der Akteure. Dies gilt insbesondere, wenn Verantwortungen von Infrastruktur- und Eisenbahnunternehmen nicht klar beschrieben und abgegrenzt sind.[1270]

(5) Keine Fragmentierung des Marktes

Vertikal integrierte Unternehmen bündeln Infrastruktur- und Verkehrskomponenten. Die agierenden Unternehmen sind daher tendenziell größer als vertikal desintegrierte Unternehmen. Desintegrierte Unternehmen können daher unter Umständen weniger finanzstark sein. Können sie zudem nur auf kleinen Märkten agieren, besteht die Gefahr, dass die Unternehmen nicht mehr profitabel oder kostendeckend operieren. Dies kann zu einer Reduzierung der Anzahl der Wettbewerber und in Folge auch von Wettbewerb auf dem Verkehrsmarkt führen.[1271]

1267 Kommission, Anhänge zum Bericht über die Durchführung des ersten Eisenbahnpakets, Annex 6, 3.3. Disadvantages of vertical separation in the rail sector.

1268 Siehe oben C. VI. 2. a) bb) Leistungs- und Finanzierungsvereinbarung LuFV III, S. 185.

1269 *Monopolkommission*, 7. Sektorgutachten Bahn (2019), Tz. 22.

1270 Kommission, Anhänge zum Bericht über die Durchführung des ersten Eisenbahnpakets, Annex 6, 3.3. Disadvantages of vertical separation in the rail sector.

1271 Kommission, Anhänge zum Bericht über die Durchführung des ersten Eisenbahnpakets, Annex 6, 3.3. Disadvantages of vertical separation in the rail sector.

b) Untersuchungen zur Quantifizierung der Effekte

Neben den Veröffentlichungen von Kommission und Monopolkommission existieren zahlreiche Studien zu möglichen Wirkungen unterschiedlicher Organisationsmodelle auf den Eisenbahnsektor.[1272] Teilweise wurden diese aus dem Kreis der genannten Stakeholder[1273] beauftragt. Insgesamt seien die Studienergebnisse uneinheitlich, so dass aus ihnen keine einheitliche Empfehlung abgeleitet werden könne.[1274]

Beispielsweise untersuchten Roland Berger Strategy Consultants 2012 Bahnstrukturen außerhalb von Europa. Die untersuchten Länder USA, Kanada, Japan, Russland und China wickelten seinerzeit 80 % des weltweiten Warentransports und 50 % des Personenverkehrs auf Schienen ab. Die Unternehmensberatung kam hierbei zu dem Ergebnis, dass auch bei einer Vereinigung von Infrastruktur und Schienenverkehrsbetrieb in einem Unternehmen Verkehrsvolumen, Produktivität sowie Investitionen deutlich gesteigert werden konnten.[1275]

Im Jahr 2006 führte die Kommission aus, die Erfahrungen aus den Mitgliedstaaten ließen es nicht zu, die Vorteile und Kosten zu quantifizieren, die sich aus den jeweiligen Organisationsformen ergeben.[1276] In Großbritannien – seinerzeit EG-Mitglied und ein Vorreiter der Privatisierung – wurde 2024 sogar erwogen, Teile des Personenverkehrs wieder in öffentliches Eigentum zu überführen. Offenbar haben sich die Erwartungen an die Sicherstellung der Verkehrsbedürfnisse und wirtschaftliche Effizienz nicht in dem Umfang realisiert, wie ursprünglich angenommen.[1277]

1272 *Monopolkommission*, 7. Sektorgutachten Bahn (2019), Tz. 21 Fn. 22.

1273 Siehe oben F. I. 1. Stakeholder im Eisenbahnsektor, S. 314.

1274 *Monopolkommission*, 7. Sektorgutachten Bahn (2019), Tz. 21 Fn. 22.

1275 *Philipp*, Roland Berger vergleicht Bahnstrukturen, MittelstandsWiki vom 08.11.2012, https://www.mittelstandswiki.de/2012/11/the-optimal-setup-of-a-rail-system-roland-berger-vergleicht-bahnstrukturen/ (aufgerufen am 26.04.2024).

1276 Kommission, Anhänge zum Bericht über die Durchführung des ersten Eisenbahnpakets, Annex 6, 4. Closing words.

1277 *Elgot/Topham*, Labour promises rail nationalisation within five years of coming to power, The Guardian, 24.04.2024, https://www.theguardian.com/politics/2024/apr/24/labour-promises-rail-nationalisation-within-five-years-of-coming-to-power (aufgerufen am 27.04.2024).

5. Bewertung der Organisationsmodelle

Jedes der genannten Organisationsmodelle vom staatlichen Sondervermögen über vertikal integrierte Unternehmen bis zu einer vertikalen Desintegration ohne oder mit eigentumsrechtlicher Entflechtung hat Vor- und Nachteile bezogen auf die Kernanforderungen an ein Eisenbahnsystem.

Aktuell stellt sich jedoch nicht die Frage, welches dieser Modelle erstmals eingeführt wird. Es ist vielmehr ein Modell der vertikalen Integration mit Teilentflechtung der Infrastrukturunternehmen eingeführt worden, das gegenwärtig fortbesteht. Um eine neue Transaktion mit dem Ziel eines Systemwechsels zu einer Variante der vertikalen Desintegration zu rechtfertigen, müsste das neue Modell mit hinreichender Wahrscheinlichkeit

- die weitere Entwicklung des Eisenbahnsektors im Hinblick auf die Kernziele mindestens ebenso gut unterstützen, wie dies im Modell der vertikalen Integration möglich ist,
- im Falle einer eigentumsrechtlichen Entflechtung die Erfüllung der Verkehrsbedürfnisse der Allgemeinheit sicherstellen sowie
- zusätzlich die Transaktionsaufwände des Systemwechsels rechtfertigen.

Die bestehenden Untersuchungen zur Quantifizierung der Effekte aus den unterschiedlichen Modellen[1278] ergeben kein einheitliches Bild und sprechend daher nicht für das Vorliegenden dieser Voraussetzungen. Im Gegenteil sprechen folgende Gesichtspunkte momentan gegen einen Systemwechsel zu einem anderen Organisationsmodell:

a) Kernanforderung: Sicherstellung der Verkehrsbedürfnisse

Eine Kernanforderung an ein Eisenbahnsystem ist, dass dieses den Verkehrsbedürfnissen der Allgemeinheit Rechnung trägt.[1279] Hinsichtlich der Eisenbahnen des Bundes besteht hierzu eine an den Bund gerichtete verfassungsrechtliche Verpflichtung aus Art. 87e Abs. 4 S. 1 GG.[1280]

1278 Siehe oben F. II. 4. b) Untersuchungen zur Quantifizierung der Effekte, S. 335.

1279 Siehe oben F. I. 2. a) Quantitativ und qualitativ adäquate Verkehrsangebote, S. 315.

1280 Siehe oben C. III. 2. c) Gewährleistungsauftrag, Art. 87e Abs. 4 GG, S. 85 und F. II. 2. b) Eisenbahnverkehr: Mögliche materielle Privatisierung, S. 327.

aa) Infrastruktur: Erhaltung und Ausbau

Voraussetzung hierfür ist, bestehende Infrastrukturen betriebsbereit instand zu halten und neue Infrastrukturen zu schaffen,[1281] auf denen Verkehrsangebote an die Allgemeinheit angeboten werden können. Um hierzu bessere Strukturen zu schaffen, wurden mit der Bündelung der Infrastrukturaktivitäten in der DB InfraGO AG als Gesellschaft des vertikal integrierten DB Konzerns und der beabsichtigten Neuregelung der Finanzierung bereits Maßnahmen im bestehenden Organisationsmodell initiiert. Ein Wechsel des Organisationsmodells würde dagegen zunächst neuen organisatorischen Anpassungsbedarf nach sich ziehen.

bb) Verkehrsleistungen: Planbarkeit und Verlässlichkeit

Verkehrsangebote zur Sicherstellung der Verkehrsbedürfnisse erfordern auf Seiten der Besteller von Leistungen und der Leistungserbringer Planbarkeit und Verlässlichkeit. Eisenbahnverkehrsunternehmen müssen Investitionen und Ressourcen rechtzeitig planen und aufbauen können.

Umgekehrt müssen sich die Besteller von Leistungen darauf verlassen können, dass vertraglich vereinbarte Leistungen nach Art, Umfang und Qualität auch erbracht werden.

Zur Erklärung der Wirkungen eines Monopols wird in der Volkswirtschaft die These vertreten, dass jedes Unternehmen das Ziel der Gewinnmaximierung verfolge.[1282] Ist diese These zutreffend, ist das marktwirtschaftlich-liberale Glaubensbekenntnis,[1283] dass Wettbewerb (automatisch) zu mehr Effizienz führt, um eine Prämisse zu ergänzen. Die Beteiligten müssen sich hierzu jedenfalls – um mit Friedman zu sprechen – „[...] within the rules of the game [...]“[1284] bewegen, d. h. ihre vertraglichen Verpflichtungen einhalten. Es sollten

---

1281 Siehe oben A. Einleitung: Zentrale Servicefunktionen und Entflechtung, S. 1.

1282 Siehe oben B. II. 1. b). Prämisse: Gewinnmaximierendes Verhalten, S. 8; *Mankiw/Taylor*, Grundzüge der Volkswirtschaftslehre, S. 376; *Pindyck/Rubinfeld*, Mikroökonomie, S. 487; *Sievering* in: Drewello/Sievering/Kupferschmidt, Markt und Staat, S. 92; *Varian*, Grundzüge der Mikroökonomik, S. 507 f.

1283 *Fehling*, DÖV 2002, 793 (794).

1284 Siehe oben D. V. 3. b) Mitarbeiterbezogene Risiken, S. 245; *Friedman*, A Friedman doctrine—The Social Responsibility of Business Is to Increase Its Profits, The New York Times vom 13.09.1970, https://www.nytimes.com/1970/09/13/archives/a-friedman-doctrine-the-social-responsibility-of-business-is-to.html (aufgerufen am 04.03.2024): „... there is one and only one social responsibility of business—to use its resources

mithin Mechanismen etabliert werden mit dem Ziel auszuschließen, dass Gewinnmaximierung dadurch betrieben wird, dass vertraglich vereinbarte Leistungen nicht oder in Art, Umfang und Qualität nicht der Vereinbarung entsprechend erbracht werden.

Eisenbahnverkehrsunternehmen, deren Eigentümer Bund einer verfassungsrechtlichen Gemeinwohlverpflichtung aus Art. 87e Abs. 4 S. 1 GG unterworfen ist, der er durch seine Eisenbahnen nachkommt,[1285] müssen einer Gewinnmaximierung jedenfalls nicht jedes andere Ziel unterordnen. Täten sie dies, hätten sie ihren Zweck für ihren Eigentümer verfehlt. Diese Eigenschaft kann genutzt werden, bis sich rechtliche und wettbewerbliche Mechanismen entwickelt haben, die für alle Beteiligten eine hinreichende Planbarkeit und Verlässlichkeit der Verkehrsangebote sicherstellen. Dies trägt auch zur Kernanforderung der Krisensicherheit der Verkehrsangebote bei.

b) Einwirkungsmöglichkeiten des Bundes

In der Literatur wird die Ansicht vertreten, aus Sicht des Regulierers gebe es gegenwärtig keine Anhaltspunkte für eine Diskriminierung aufgrund der Konzernstruktur. Wesentliche Vorteile einer eigentumsrechtlichen Entflechtung seien daher zum derzeitigen Zeitpunkt nicht wirklich belastbar. Etwaigen bestehenden Fehlanreizen könnten, wenn diese identifiziert werden, durch neu einzufügende regulatorische Elemente begegnet werden.[1286]

Dem ist insoweit zuzustimmen, als auch im Organisationsmodell der vertikalen Integration unterschiedliche Handlungsoptionen zur Einwirkung auf die Eisenbahnen des Bundes und damit auch auf den Eisenbahnsektor insgesamt zur Verfügung stehen.[1287] Es handelt sich vor allem um

- die rechtsgestalterische Wahl geeigneter gesellschaftsrechtlicher Rechtsformen,
- einseitig zivilrechtliche Optionen als Eigentümer,

---

and engage in activities designed to increase its profits so long as it stays within the rules of the game …".
Hinweis: In der Online-Version wurde der ursprünglich gesetzte Geviertstrich („—") im Titel durch zwei einfache Bindestriche („--") ersetzt.

1285 Siehe oben C. III. 2. c) bb) (1) Adressat der Gemeinwohlbindung, S. 87.

1286 *Strohbach*, IR 2024, 85 (90).

1287 Siehe oben C. III. 2. c) ee) Mögliche Handlungsoptionen des Bundes, S. 92.

- konsensuale Optionen und
- einseitig hoheitliche Optionen wie eine Anpassung von Regulierungsregelungen.

aa) Wahl geeigneter Rechtsformen

Auch nach der Organisation der Eisenbahnen des Bundes als vertikal integriertes Unternehmen verbleiben dem Bund weitere Möglichkeiten, über die Wahl der Rechtsform der Eisenbahnunternehmen Einfluss zu nehmen. Hierzu gehört beispielsweise die Zusammenfassung von Infrastrukturunternehmen in der DB InfraGO AG als Teil des vertikal integrierten DB Konzerns.[1288]

bb) Einflussmöglichkeiten des Bundes als Eigentümer

Zudem kann der Bund Kontroll- und Steuerungsmöglichkeiten über den Aufsichtsrat wahrnehmen. Nach § 111 Abs. 1 AktG hat der Aufsichtsrat die Geschäftsführung zu überwachen. Dies ist Ausdruck der dualistischen Struktur einer Aktiengesellschaft, die zwischen den Überwachungsrechten des Eigentümers und den Leitungsbefugnissen der Geschäftsführung differenziert.[1289] Zu diesem Zweck räumt § 111 Abs. 2 AktG dem Aufsichtsrat Informationsrechte und Rechte zur Einsichtnahme in Bücher und Schriften ein. § 90 AktG definiert darüber hinaus Berichtspflichten des Vorstands an den Aufsichtsrat. Zudem hat der Aufsichtsrat personelle Einwirkungsmöglichkeiten auf den Vorstand. Nach § 84 AktG entscheidet er über Bestellungen oder Abberufungen von Vorstandsmitgliedern.

Darüber hinaus hat nach § 111 Abs. 4 S. 2 AktG die Satzung oder der Aufsichtsrat zu bestimmen, dass bestimmte Arten von Geschäften nur mit Zustimmung des Aufsichtsrats vorgenommen werden dürfen. Dies umfasst nicht nur Rechtsgeschäfte, sondern auch interne Geschäftsführungsmaßnahmen.[1290]

Unzweckmäßig und mit Blick auf § 111 Abs. 4 S. 1 AktG nicht zulässig wäre, wenn der Aufsichtsrat auf diesem Weg Geschäftsführungsaufgaben des operativen Geschäfts an sich zöge. Das Vetorecht räumt dem Aufsichtsrat ein jedoch nicht unerhebliches Gewicht bei der Beeinflussung der Geschäftsführung

---

[1288] Siehe oben C. II. 3. a) bb) (2) 2024: DB InfraGO – Bündelung der Infrastruktur, S. 74.
[1289] *Hutzschenreuter*, Allgemeine Betriebswirtschaftslehre, S. 47.
[1290] *Grigoleit/Tomasic* in: Grigoleit, AktG, § 111 Rn. 79.

ein.[1291] Insbesondere auf grundlegende[1292] bzw. nach Art, Gegenstand oder Risiko bedeutsame Geschäfte[1293] kann der Aufsichtsrat Einfluss nehmen.

Der Bund verfügt somit auch im Organisationsmodell der vertikalen Integration aktienrechtlich durch den Aufsichtsrat über gewichtige Einflussmöglichkeiten auf die Bahn. Diese können genutzt werden, um den Kontroll- und Steuerungsbedürfnissen des Bundes nachzukommen. Ein weitergehender Bedarf an Weisungsrechten etwa hinsichtlich des operativen Tagesgeschäfts bzw. zu Maßnahmen des gewöhnlichen Geschäftsbetriebs[1294] drängt sich eher nicht auf.

cc) Konsensuale Maßnahmen

Die Neuregelung der Finanzierung der Infrastruktur im Rahmen der DB InfraGO AG[1295] bietet dem Bund die Möglichkeit, die Finanzierungsvereinbarungen mit der Deutschen Bahn[1296] neu zu gestalten. Diese Neugestaltung kann die Informations-, Kontroll- und Steuerungsbedürfnisse des Bundes hinsichtlich des Finanzmitteleinsatzes berücksichtigen.

Der Abschluss von konsensualen Verpflichtungszusagen[1297] kann ebenfalls ein geeignetes Mittel sein, um Eingriffe in die Handlungs- und Organisationsfreiheit[1298] der betroffenen Unternehmen zu vermeiden. Auch im Verfahren der Bundesnetzagentur (BNetzA) bezüglich des Einsatzes der Syndikusanwälte[1299] wurde das Bemühen um konsensuale Lösungen deutlich.

Konsensuale Maßnahmen haben den Vorteil, Eingriffe in die Handlungs- und Organisationsfreiheit der betroffenen Unternehmen zu vermeiden.

1291 *Spindler/Veil* in: BeckOGK, AktG, § 111 [Stand: 02/2024] Rn. 81.

1292 *Grigoleit/Tomasic* in: Grigoleit, AktG, § 111 Rn. 79.

1293 *Oetker* in: Erfurter Kommentar zum Arbeitsrecht, AktG, § 111, Rn. 9.

1294 *Oetker* in: Erfurter Kommentar zum Arbeitsrecht, AktG, § 111, Rn. 9.

1295 Siehe oben C. II. 3. a) bb) (2) 2024: DB InfraGO – Bündelung der Infrastruktur, S. 74.

1296 Siehe oben C. VI. 2. a) bb) Leistungs- und Finanzierungsvereinbarung LuFV III, S. 185.

1297 *Schmillen*, in: Bien/Ludwigs, Das europäische Kartell- und Regulierungsrecht der Netzindustrien, S. 157 (157 ff.).

1298 Siehe oben C. III. 3. b) ee) Grundrechtsähnliche Rechte aus Art. 87e Abs. 3 S. 1 GG, S. 103.

1299 *Bundesnetzagentur*, Beschl. v. 05.05.2020 – BK10-19-0199_U, https://www.bundesnetzagentur.de/DE/Beschlusskammern/1_GZ/BK10-GZ/2019/2019_bis0199/BK10-19-0199/BK10-19-0199_U_Beschluss_download_bf.pdf?__blob=publicationFile&v=1 – Syndikusanwälte (aufgerufen am 18.03.2024).

Nicht in jedem Fall sind diese jedoch die geeignete Handlungsform. So waren Verwaltungsverfahren zu den Trassen- bzw. Stationspreissystemen der Infrastrukturgesellschaften in den 2000er Jahren teilweise durch den Abschluss öffentlich-rechtlicher Verträge beendet worden, ohne dass es zu einer verbindlichen Entscheidung der Regulierungsstelle über die streitgegenständlichen Entgelte kam.[1300] Dies hat bei den „Altentgeltfällen“[1301] zu den Problemen der Eisenbahnverkehrsunternehmen beigetragen, die Rückforderung ihrer Entgelte gerichtlich durchzusetzen.

dd) Hoheitlich: Skalierung der Entflechtungsregelungen

Als einseitig hoheitliche Maßnahmen sind vor allem Anpassungen der Entflechtungsregelungen des ERegG möglich. Es existieren zahlreiche Möglichkeiten der materiell-rechtlichen wie auch der institutionellen Entflechtung, (Teil-) Entflechtungsregelungen für vertikal integrierte Organisationsmodelle zu skalieren und so an den Bedarf anzupassen.

(1) Maßnahmen der materiell-rechtlichen Regulierung

Eine Verschärfung der materiell-rechtlichen Entflechtungsmaßnahmen kann durch eine qualitative oder quantitative Fortschreibung bestehender Entflechtungsregelungen sowie durch neue Entflechtungsmaßnahmen erfolgen.

(a) Qualitative Fortschreibung

Eine qualitative Fortschreibung der bestehenden Systematik kann einerseits dadurch geschehen, dass beispielsweise die hohen Anforderungen an die Wahrnehmung kernzugangsrechtlicher, wesentlicher Funktionen (abstrakter Gefährdungstatbestand)[1302] auf weitere Funktionen ausgedehnt werden, an die aktuell niedrigere Anforderungen bestehen.

(b) Quantitative Fortschreibung

Andererseits könnten die Entflechtungsregelungen quantitativ dadurch fortgeschrieben werden, dass weitere Funktionen und Geschäftsprozesse in eine

---

[1300] *Staebe*, N&R 2022, Heft 6 Beilage, 1 (3).

[1301] Siehe oben C. IV. 6. c) dd) Die „Altentgeltfälle“, S. 144.

[1302] Siehe oben E. III. 1. Unabhängigkeit bei Entscheidungen, § 8 Abs. 2, § 8a Abs. 3 Nr. 1, S. 279.

Entflechtung einbezogen werden. Vorgeschlagen wurde beispielsweise die Finanzplanung.[1303]

Zwar kann von einer Finanzplanung Diskriminierungspotential ausgehen, wenn aus dieser folgt, welche Bereiche der Netze überhaupt betriebsbereit für die Verkehrsunternehmen zur Verfügung stehen. Der Eisenbahnsektor enthält allerdings in § 8b Abs. 1 ERegG Entflechtungsregelungen zur Instandhaltungs- und Erneuerungsplanung. Diese geben unter anderem vor, dass Entscheidungen nur von dem Personal des Betreibers von Eisenbahnanlagen getroffen werden dürfen, das keine anderen Funktionen in verbundenen Unternehmen ausübt (§ 8b Abs. 1 S. 2 ERegG).[1304] Hat ein Betreiber von Eisenbahnanlagen in diesem Bereich die „Letztentscheidung", verbleibt für die Finanzplanung kein eigener Entscheidungsspielraum, von dem ein Diskriminierungspotential ausgehen könnte.

Auf die Planung neuer Infrastrukturen hat zudem der Bund über deren Finanzierung maßgeblichen Einfluss.

(c) Nicht realisierte initiale Kommissionsvorschläge

Weiterhin könnten die Maßnahmen realisiert werden, deren Einführung die Europäische Kommission[1305] initial vorgeschlagen hatte, die aber nach den Abstimmungen im trilateralen Dialog[1306] letztlich nicht[1307] Bestandteil der Recast-Richtlinie 2012/34/EU[1308] wurden:

[1303] Siehe oben C. VI. 4. b) Funktionale Abgrenzung von Querschnittsbereichen, S. 195; *Monopolkommission*, 8. Sektorgutachten Bahn (2021), Tz. 76.

[1304] Siehe oben E. IV. Verkehrsmanagement, Instandhaltungs-, Erneuerungsplanung, § 8b, S. 299.

[1305] Europäische Kommission, COM(2013) 29 final vom 30.01.2013, Vorschlag für eine Richtlinie des Europäischen Parlaments und des Rates zur Änderung der Richtlinie 2012/34/EU des Europäischen Parlaments und des Rates vom 21. November 2012 zur Schaffung eines einheitlichen europäischen Eisenbahnraums bezüglich der Öffnung des Marktes für inländische Schienenpersonenverkehrsdienste und der Verwaltung der Eisenbahninfrastruktur, CELEX 52013PC0029.

[1306] Siehe oben C. II. 2. f) ee) 2016: Einigung im Rahmen eines Trilogs, S. 61.

[1307] Siehe oben C. II. 2. f) ee) (1) Politische Säule: Entschärfung der Vorschläge, S. 61; Übersicht 4: Gegenüberstellung initialer Vorschlag und Richtlinie 2012/34/EU, S. 64; Anlage 1: Abgleich Kommissionsvorschlag und Richtlinie 2012/34/EU, S. 383.

[1308] Richtlinie 2012/34/EU des Europäischen Parlaments und des Rates vom 21.11.2012 zur Schaffung eines einheitlichen europäischen Eisenbahnraums, ABl. 2012 L 343, 32, in der durch die Richtlinie (EU) 2016/2370 des Europäischen Parlaments und

- ein wechselseitiges Beteiligungsverbot von Infrastrukturbetreiber und Verkehrsunternehmen innerhalb eines vertikal integrierten Unternehmens (Art. 7a Abs. 2),
- die Vorgabe der eigenständigen Mittelaufnahme durch den Infrastrukturbetreiber (Art. 7a Abs. 4),
- eine Bildung des Aufsichtsrats des Infrastrukturbetreibers aus Vertretern des Endeigentümers des vertikal integrierten Unternehmens (Art. 7b Abs. 3 S. 1),
- feste Karenzzeiten für Wechsel von Aufsichtsräten, Verwaltungsratsmitgliedern und leitenden Mitarbeitenden (Art. 7b Abs. 4),
- die Vorgabe eigener Mitarbeiter und Räumlichkeiten des Infrastrukturbetreibers (Art. 7b Abs. 5. S. 1),
- die Vorhaltung eigener Kapazitäten sowie ein Übertragungsverbot von Funktionen (Art. 7b Abs. 6),
- Reziprozitätsmechanismus als Verfahren zur Kontrolle[1309] (Art. 7c Abs. 1 - 5).

(2) Maßnahmen der institutionellen Entflechtung

Neben Maßnahmen der materiell-rechtlichen Entflechtung kommen auch solche der institutionellen Entflechtung in Betracht.

(a) Billigungserfordernis der Regulierungsstelle

Die nicht umgesetzten initialen Kommissionsvorschläge beinhalteten beispielsweise ein Billigungserfordernis der Regulierungsstelle für Ernennungen und Vertragsbeendigungen von Vorstandsmitgliedern des Infrastrukturbetreibers (Art. 7b Abs. 3 S. 4 - 6).

(b) Auslagerung auf unabhängige Stelle

In der Recast-Richtlinie 2012/34/EU[1310] nur optional vorgesehen – und

des Rates vom 14.12.2016 zur Änderung der Richtlinie 2012/34/EU, ABl. 2016 L 352, 1 geänderten Fassung.

1309 Siehe oben C. II. 2. f) cc) (3) Verfahren zur Kontrolle der Einhaltung, Art. 7c, S. 59.

1310 Richtlinie 2012/34/EU des Europäischen Parlaments und des Rates vom 21.11.2012 zur Schaffung eines einheitlichen europäischen Eisenbahnraums, ABl. 2012 L 343, 32, in der durch die Richtlinie (EU) 2016/2370 des Europäischen Parlaments und des Rates vom 14.12.2016 zur Änderung der Richtlinie 2012/34/EU, ABl. 2016 L 352, 1 geänderten Fassung.

daher im ERegG nicht umgesetzt[1311] – ist die Möglichkeit, die Erhebung von Wegeentgelten und die Trassenzuweisung auf eine unabhängige Stelle auszulagern, Art. 7a Abs. 3 und 4 der Richtlinie.

(c) Zusätzliche außerordentliche Maßnahmen

Die Monopolkommission schlägt vor, die Bundesnetzagentur zu außerordentlichen behördlichen Maßnahmen zu ermächtigen. Diese sollen dann möglich sein, wenn die Regulierung innerhalb der bestehenden Strukturen zu keinem wirksamen Wettbewerb geführt hat. Diese Maßnahmen können Vorgaben an den DB-Konzern umfassen zur Abtrennung einzelner Geschäftsbereiche, zur Unabhängigkeit des Personals, zur Transparenz betrieblicher Verfahren sowie deren Überwachung etc. Eine entsprechende gesetzliche Ermächtigung der Bundesnetzagentur für den Telekommunikationssektor enthalte beispielsweise § 31 TKG.[1312]

Selbst wenn mit der überwiegenden Meinung die Deutsche Bahn AG als nicht grundrechtsfähig angesehen wird,[1313] können solche Maßnahmen die Handlungs- und Organisationsfreiheit der betroffenen Unternehmen[1314] sowie die Funktionsfähigkeit des Eisenbahnsystems tangieren. Im Hinblick darauf, dass der Bund im Eisenbahnsektor aus Art. 87e Abs. 4 GG Gewährleistungspflichten für das Wohl der Allgemeinheit hat,[1315] ist es nach der Wesentlichkeitstheorie[1316] angezeigt, dass grundlegende Entscheidungen letztlich vom Gesetzgeber nach den hierfür vorgesehenen Verfahren getroffen und verantwortet werden.

(d) Einführung von Bußgeldtatbeständen

Ferner seien auch Bußgeldtatbestände als neue regulatorische Elemente im ERegG denkbar, mit denen die Regulierungsbehörde Regelverstöße ahnden könne. Aktuell wird hierzu allerdings kein Bedarf gesehen, da es

---

1311 Siehe oben C. V. 3. Nichtausübung von Regelungsoptionen, S. 164.
1312 *Monopolkommission*, 8. Sektorgutachten Bahn (2021), Tz. 108.
1313 Siehe oben C. III. 3. c) dd) Fazit zum grundrechtlichen Schutz, S. 114.
1314 Siehe oben C. III. 3. b) ee) Grundrechtsähnliche Rechte aus Art. 87e Abs. 3 S. 1 GG, S. 103.
1315 Siehe oben C. III. 2. c) Gewährleistungsauftrag, Art. 87e Abs. 4 GG, S. 85.
1316 *Grzeszick* in: Dürig/Herzog/Scholz, GG, Art. 20 [Stand: 01/2022] Rn. 106.

keine stichhaltigen Anhaltspunkte für eine Diskriminierung durch die Konzernstruktur gebe.[1317]

c) Fazit zu den Organisationsmodellen

Für die aktuelle Situation ist die gegenwärtige Organisationsstruktur der Eisenbahnen des Bundes in einem Holdingmodell mit Teilentflechtung geeignet, um die Kernanforderungen an ein Eisenbahnsystem[1318] zu unterstützen. Dieses bietet einen geeigneten Rahmen für evolutionäre Anpassungen beispielsweise

- in Form weiterer Maßnahmen im Infrastruktur- und Verkehrsbereich zur Entwicklung des Eisenbahnsektors. Dies beinhaltet die Nutzung wettbewerblicher Elemente zur Effizienzsteigerung.[1319]
- der Nutzung von Handlungsoptionen des Bundes wie die Wahl geeigneter Rechtsformen, Einflussmöglichkeiten als Eigentümer, konsensuale Maßnahmen und eine Skalierung der Entflechtungsregelungen. Um konfligierende Regelungen zu den europarechtlichen Vorgaben zu vermeiden, sollte hinsichtlich grundlegender Regelungen nicht ohne wichtigen Grund von den europarechtlichen Vorgaben abgewichen werden.

Eine vertikale Desintegration würde dagegen zur Umsetzung Transaktionsaufwände erfordern, von denen fraglich ist, ob gegenwärtig ein möglicher Nutzen diese Aufwände überwiegt. Wesentliche Vorteile einer eigentumsrechtlichen Entflechtung können daher zum derzeitigen Zeitpunkt nicht mit belastbaren Zahlen und Fakten belegt werden.[1320]

III. Bewertung der Entflechtungsregelungen des ERegG

In einem nächsten Schritt ist zu prüfen, ob Änderungen an den bestehenden Entflechtungsregelungen sinnvoll sind, um etwaigen Fehlanreizen zu begegnen.

1317 *Strohbach*, IR 2024, 85 (90).
1318 Siehe oben F. I. 2. Kernanforderungen aus Sicht der Mittelgeber, S. 315.
1319 *Staebe*, N&R 2024, 20 (24).
1320 So auch *Strohbach*, IR 2024, 85 (90).

1. Entflechtungsregime für Serviceeinrichtungen und Bahnstrom

Hinsichtlich der Betreiber von Serviceeinrichtungen und Fahrstromnetzen schlug die Monopolkommission vor, die für den Betreiber von Eisenbahnanlagen geltenden Entflechtungsvorgaben generell auf die Betreiber von Serviceeinrichtungen und Fahrstromnetzen zu übertragen. Diese seien aus ihrer Sicht aktuell unterreguliert.[1321]

Für einen solchen Vorschlag spricht, dass eine Harmonisierung der Entflechtungsregelungen für die verschiedenen Betreiber von Infrastruktur im Eisenbahnsektor Möglichkeiten bietet zur Vereinfachung der Regelungen auf einem hohem Regulierungsniveau.

a) Entflechtung von Serviceeinrichtungen

Der Betrieb von Serviceeinrichtungen ist gegenwärtig durch § 12 ERegG reguliert. Die organisatorische und entscheidungsbezogenen Unabhängigkeit des Betreibers ist hierbei – wie die Entscheidung zum Einsatz der Syndikusanwälte zeigt[1322] – rechtlich effektiv geschützt.

Zudem ist auch im Hinblick auf die Leistungsfähigkeit des Eisenbahnsektors eine Verhältnismäßigkeit zu wahren zwischen dem Nutzen einer Regulierung und dem durch sie verursachten administrativen Aufwand. Aus Sicht des Regulierers bestehen gegenwärtig keine Anhaltspunkte für eine Diskriminierung aufgrund der Konzernstruktur.[1323] Es ist daher gegenwärtig weder erforderlich noch angemessen, den Betrieb bereits einer einzelnen Serviceeinrichtung wie eines Zuführungsgleises – Hilfseinrichtung nach Anlage 2 Nr. 2 lit. h ERegG – den weitergehenden Vorgaben für den Betrieb von Eisenbahnanlagen (§§ 7 ff. ERegG) zu unterwerfen. Insoweit unterscheidet sich der Betrieb einer Serviceeinrichtung von dem eines bundesweiten Schienennetzes.

[1321] Siehe oben C. VI. 1. b) Regulierungsregime für Serviceeinrichtungen und Bahnstrom, S. 180; *Monopolkommission*, 8. Sektorgutachten Bahn (2021), Tz. 80 und 92.

[1322] *Bundesnetzagentur*, Beschl. v. 05.05.2020 – BK10-19-0199_U, https://www.bundesnetzagentur.de/DE/Beschlusskammern/1_GZ/BK10-GZ/2019/2019_bis0199/BK10-19-0199/BK10-19-0199_U_Beschluss_download_bf.pdf?__blob=publicationFile&v=1 – Syndikusanwälte (aufgerufen am 18.03.2024).

[1323] *Strohbach*, IR 2024, 85 (90).

b) Entflechtung von Bahnstrom

Hinsichtlich der Thematik des Bahnstroms ist zu konstatieren, dass dieser als leitungsbezogene Energie sowohl Bezugspunkte zum Energie- als auch zum Eisenbahnsektor hat. Der Bezug zum Eisenbahnsektor folgt aus seiner Eigenschaft als notwendige Vorleistungsfunktion für den Betrieb insbesondere des Schienenpersonenverkehrs.[1324]

aa) Berücksichtigung energiewirtschaftlicher Besonderheiten

Die Thematik des Energiebezugs aus der energiewirtschaftlichen Regulierung herauszulösen[1325] und künftig wie Eisenbahnanlagen zu regulieren, dürfte ohne auf die Energielieferung angepasste Sonderregelungen im ERegG allerdings kaum sachgerecht sein. Aufgrund des Bezugs zu beiden Sektoren liegt die Perspektive einer „wettbewerbsanaloge[n] Regulierung der Netze“[1326] dagegen näher.

bb) Konsensuale Verpflichtungszusagen

Auch wenn die Entflechtungsregelungen für den Betreiber von Bahnstromfernleitungen nach dem EnWG weniger weitgehend sind als für Betreiber von Eisenbahnanlagen nach dem ERegG, sind mögliche Wettbewerbshindernisse in der Vergangenheit kartellrechtlich nicht unbeachtet geblieben. Für Eisenbahnverkehrsunternehmen ist Bahnstrom ein unentbehrliches Vorprodukt und daher wettbewerblich relevant.[1327] Die Europäische Kommission hatte 2012 daher die Preisgestaltung des Bahnstromangebots auf Basis von Art. 102 AEUV einer Prüfung unterzogen. Dieses Verfahren wurde 2013 durch einen Beschluss der Kommission[1328]

[1324] *Kühling/Gremm*, Wirtschaftswoche 2021, 878 (880); siehe oben C. VI. 1. b) Regulierungsregime für Serviceeinrichtungen und Bahnstrom, S. 180.

[1325] *Monopolkommission*, 8. Sektorgutachten Bahn (2021), Tz. 80 und 92; siehe oben C. VI. 1. b) Regulierungsregime für Serviceeinrichtungen und Bahnstrom, S. 180.

[1326] *Säcker*, IR 2018, 198 (199); siehe oben C. IV. 6. c) bb) Hauptwirkrichtung des allgemeinen Kartellrechts, S. 143.

[1327] *Schmillen*, in: Bien/Ludwigs, Das europäische Kartell- und Regulierungsrecht der Netzindustrien,S. 157 (161 f.).

[1328] Europäische Kommission, Beschluss vom 18. Dezember 2013 in einem Verfahren nach Artikel 102 des Vertrags über die Arbeitsweise der Europäischen Union (AEUV), COMP/AT.39678/Deutsche Bahn I und COMP/AT.39731/Deutsche Bahn II,

abgeschlossen, mit dem diese Verpflichtungszusagen der Deutschen Bahn akzeptierte.[1329]

Das Instrument der Verpflichtungszusage ist im Europarecht in einer Verordnung aus dem Jahre 2003 geregelt.[1330] Das deutsche Kartellrecht kennt in § 32b GWB ebenfalls das Instrument der Verpflichtungszusage. Sie bietet den Vorteil einer schnellen, einvernehmlichen Lösung von Wettbewerbsproblemen für die Zukunft.[1331] Solche konsensualen Maßnahmen, die Zugangs- oder Preisprobleme lösen, können Wettbewerbshindernisse schneller und direkter beseitigen als Maßnahmen der Entflechtungsregulierung.

Darüberhinausgehend zeigen die Argumente der Monopolkommission keinen aktuellen gesetzgeberischen Bedarf auf. Für die aktuelle Situation ist die erfolgte 1:1Umsetzung der Recast-Richtlinie 2012/34/EU[1332] eine angemessene Lösung der Entflechtung der Betreiber von Serviceeinrichtungen und Bahnstromleitungen.

2. Bewertung der buchhalterischen Entflechtung

Soweit die Monopolkommission eine bessere finanzielle Transparenz fordert[1333] und insbesondere eine Neuregelung der durch die Deutsche Bahn AG an den Bund zu zahlenden Dividende vorschlägt,[1334] besteht im Rahmen der Neuausrichtung der Infrastrukturaktivitäten in der DB InfraGO AG[1335] die Möglichkeit, die bestehenden Regelungen zu modifizieren.[1336] Andere Regelungen zur Gewinnabführung der Infrastrukturgesellschaft

---

https://ec.europa.eu/competition/antitrust/cases/dec_docs/39731/39731_800_7.pdf (aufgerufen am 13.11.2023).

1329 *Schmillen*, in: Bien/Ludwigs, Das europäische Kartell- und Regulierungsrecht der Netzindustrien, S. 157 (157).

1330 Verordnung (EG) Nr. 1/2003 des Rates vom 16. Dezember 2002 zur Durchführung der in den Artikeln 81 und 82 des Vertrags niedergelegten Wettbewerbsregeln, ABl. 2003 L 1, 1.

1331 *Schmillen*, in: Bien/Ludwigs, Das europäische Kartell- und Regulierungsrecht der Netzindustrien, S. 157 (166).

1332 Siehe oben C. V. Die Umsetzung der Recast-Richtlinie 2012/34/EU, S. 156.

1333 Siehe oben C. VI. 2 Kritik an der buchhalterischen Entflechtung, S. 182; *Monopolkommission*, 8. Sektorgutachten Bahn (2021), Tz. 76 und 86 ff.

1334 Siehe oben C. VI. 2. a) cc) Kritik der Monopolkommission, S. 186; *Monopolkommission*, 8. Sektorgutachten Bahn (2021), K7 und Tz. 68 ff.

1335 Siehe oben C. II. 3. a) bb) (2) 2024: DB InfraGO – Bündelung der Infrastruktur, S. 74.

1336 *Strohbach*, IR 2024, 85 (87).

direkt an den Bund wurde in der Presse bereits thematisiert.[1337] Eine einfacher zu handhabende – und daher auch transparentere – Dividendenregelung würde einen Hauptkritikpunkt an dem aktuellen Entflechtungsregime beseitigen.

3. Bewertung der rechtlichen Entflechtung

Hinsichtlich der rechtlichen Entflechtung schlug die Monopolkommission vor, diese auch für Betreiber von Serviceeinrichtungen und Fahrstromnetzen generell verpflichtend zu machen.[1338]

Eine rechtliche Entflechtung des Betreibers von Bahnstromfernleitungen vom vertikal integrierten Unternehmen ist zwar weder im ERegG noch im EnWG gefordert. Realisiert war diese allerdings bereits seit 1997 vor der zweiten Stufe der Bahnreform. Seither verfügt die DB Energie als Energiedienstleister des DB Konzerns bereits über eine eigene Rechtspersönlichkeit. Seit 1999 firmiert sie als DB Energie GmbH.[1339]

Im Rahmen der zweiten Stufe der Bahnreform 1999 erfolgte eine weitere Ausgliederung von Tochtergesellschaften aus der Deutschen Bahn AG.[1340] Seither firmieren beispielsweise die DB Netz AG als Betreiberin unter anderem von Abstellgleisen – Serviceeinrichtungen nach Anlage 2 Nr. 2 lit. d ERegG[1341] – als auch die DB Station&Service AG als Betreiberin von Personenbahnhöfen – Serviceeinrichtungen nach Anlage 2 Nr. 2 lit. a ERegG – als Aktiengesellschaften.[1342] Beide Gesellschaften wurden zum 01.01.2024 zur DB InfraGO AG verschmolzen.[1343]

1337 *Wiens*, Bahn-Aufsichtsrat macht Weg frei für Strukturreform – InfraGo kommt, Verkehrsrundschau vom 28.09.2023, https://www.verkehrsrundschau.de/nachrichten/transport-logistik/bahn-aufsichtsrat-macht-weg-frei-fuer-strukturreform-infrago-kommt-3439698 (aufgerufen am 30.10.2023).

1338 Siehe oben C. VI. 3. Kritik an der rechtlichen Entflechtung, S. 193; *Monopolkommission*, 8. Sektorgutachten Bahn (2021), Tz. 80 und 92.

1339 Siehe oben C. II. 2. a) aa) (2) (b) 1999: Zweite Stufe Bahnreform, S. 41.

1340 Siehe oben C. II. 2. a) aa) (2) (b) 1999: Zweite Stufe Bahnreform, S. 41.

1341 *Bundesnetzagentur*, Beschl. v. 05.05.2020 – BK10-19-0199_U, S. 17, https://www.bundesnetzagentur.de/DE/Beschlusskammern/1_GZ/BK10-GZ/2019/2019_bis0199/BK10-19-0199/BK10-19-0199_U_Beschluss_download_bf.pdf?__blob=publicationFile&v=1 – Syndikusanwälte (aufgerufen am 18.03.2024).

1342 Siehe oben C. II. 2. a) aa) (2) (b) 1999: Zweite Stufe Bahnreform, S. 41.

1343 Siehe oben C. II. 3. a) bb) (2) 2024: DB InfraGO – Bündelung der Infrastruktur, S. 74.

Da im Übrigen § 12 ERegG die Unabhängigkeit der Betreiber von Serviceeinrichtungen effektiv schützt,[1344] besteht aktuell kein gesetzgeberischer Handlungsbedarf für eine generelle rechtliche Unabhängigkeit des Betreibers von Serviceeinrichtungen.

4. Bewertung der operationellen Entflechtung

Hinsichtlich der operationellen Entflechtung wird einerseits eine Kündigung der Beherrschungsverträge[1345] vorgeschlagen und andererseits eine bessere funktionelle Abgrenzung von Querschnittsbereichen,[1346] d. h. zentralen Servicefunktionen.

a) Kündigung der Beherrschungsverträge

Vorab ist festzuhalten, dass die Beherrschungsverträge angepasst wurden, um den Anforderungen der §§ 8 ff. ERegG zu genügen.[1347] Es besteht somit keine unbeschränkte Beherrschung.

Gegen eine vollständige Kündigung der Beherrschungsverträge spricht, dass dies die Funktionalität und den Nutzen einer vertikalen Unternehmensintegration beeinträchtigen würde. Entscheidet sich ein Eigentümer gegen eine vertikale Desintegration und für ein Eisenbahnsystem in einem vertikal integrierten Unternehmen, muss er in der Lage sein, Strukturen herzustellen, die eine Führung des Unternehmens (auch) nach den gesetzlichen Vorgaben ermöglichen. Das wäre beispielsweise nicht mehr der Fall, wenn alle abhängigen Unternehmen im Rechnungswesen unterschiedliche Systematiken (Kontenpläne etc.) betreiben, die nicht mehr konsolidierbar sind. Hier bedarf es eines gewissen Maßes an Grundstrukturen und einheitlicher Systematik, die mittels Beherrschungsverträgen verbindlich gemacht werden können.

Zudem sollte die – gesetzlich zulässige – Entscheidung für ein vertikal integriertes Unternehmen auch einen wirtschaftlichen Nutzen für den Eigentümer sowie idealerweise für die Konsumenten nach sich ziehen. Einen solchen Nutzen kann eine vertikale Integration dann entfalten, wenn sie

---

[1344] Siehe oben F. III. 1. a) Entflechtung von Serviceeinrichtungen, S. 346.

[1345] Siehe oben C. VI. 4. a) Kündigung der Beherrschungsverträge, S. 194.

[1346] Siehe oben C. VI. 4. b) Funktionale Abgrenzung von Querschnittsbereichen, S. 195.

[1347] *Monopolkommission*, 8. Sektorgutachten Bahn (2021), Tz. 82 und 358; siehe oben C. VI. 4. a) Kündigung der Beherrschungsverträge, S. 194 und C. VI. 2. b) aa) (2) Leistungsbeziehungen mit der Konzernleitung, S. 190.

Synergien in Prozessen und Wertschöpfungsketten realisiert. Auch hierzu ist eine gewisse Verbindlichkeit in der Führung des vertikal integrierten Unternehmens erforderlich, die durch Beherrschungsverträge hergestellt werden kann.

Letztlich gilt wie bereits bei den aktienrechtlichen Auswirkungen eines Verbots von Doppelmandaten,[1348] dass Änderungen mit Auswirkungen auf das aktienrechtliche Standardmodell der Beherrschung nur dann erfolgen sollten, wenn ihr Nutzen die Nachteile mit hoher Wahrscheinlichkeit überwiegt. Für eine generelle Kündigung der Beherrschungsverträge als – im Gegensatz zur personellen Einflussnahme – sachliches Mittel der Beherrschung gibt es hierzu gegenwärtig keine Anhaltspunkte.

b) Abgrenzung von Querschnittsbereichen

Die Art und Weise der Ausübung von Leitungsmacht ist gleichwohl zu hinterfragen, insbesondere wenn diese durch Querschnittsbereiche – d. h. zentrale Servicefunktionen – erfolgt. Diese können tief in die Prozesse abhängiger Unternehmen eingreifen.[1349] Dies betrifft aber nicht nur die operative Entflechtung, sondern potenziell alle entflochtenen Funktionen. Daher wird auf die Bewertung der Regelungen zum Einsatz zentraler Servicefunktionen im Folgenden gesondert eingegangen (V.)

5. Bewertung der personellen Entflechtungskomponente

Hinsichtlich der personellen Komponente der Entflechtung werden einerseits der unzureichende Umfang des Verbots von Doppelfunktionen[1350] und andererseits die fehlende Konkretisierung des Ausschlusses von Interessenkonflikten bei beruflicher Mobilität[1351] kritisiert.

a) Umfang des Verbots von Doppelfunktionen

Hinsichtlich des Verbots von Doppelfunktionen wird bemängelt, dass § 8 Abs. 3 ERegG Vorständen und leitenden Mitarbeitenden des vertikal

1348 Siehe oben F. III. 4. a) cc) Fazit zum Umfang der Doppelfunktionen, S. 354.

1349 Siehe oben D. V. 1. b) Prozessbezogene Risiken, S. 226 und D. VII. 3. Strategische Aspekte, S. 255.

1350 Siehe oben C. VI. 5. a) Umfang des Verbots von Doppelfunktionen, S. 196.

1351 Siehe oben C. VI. 5. b) Ausschluss von Interessenkonflikten bei beruflicher Mobilität, S. 199.

integrierten Unternehmens nicht untersage, Aufsichtsrats- oder Vorstandsfunktionen eines Betreibers von Eisenbahnanlagen oder eines Eisenbahnverkehrsunternehmens auszuüben.[1352] Ein solches Verbot war allerdings durch die Recast-Richtlinie 2012/34/EU[1353] auch nicht eingefordert.

aa) Vorteil: Stärkung der Unabhängigkeit

Hätte der deutsche Gesetzgeber ein entsprechendes Verbot dennoch eingeführt, wären die Funktionen auf unterschiedliche Personen zu verteilen gewesen. Dies hätte zwar einerseits die Bindung von herrschendem (§ 17 AktG) vertikal integrierten Unternehmen zu den abhängigen Eisenbahninfrastruktur- und -verkehrsunternehmen gelockert. Andererseits können sich der Vorstand des herrschenden Unternehmens und der Aufsichtsrat des abhängigen Unternehmens auf ihre jeweilige Funktion konzentrieren. Wenn Verantwortlichkeiten und Entscheidungskompetenzen nicht in einer Person gebündelt werden, würde dies aus entflechtungsrechtlicher Perspektive die Eigenständigkeit der Eisenbahninfrastruktur- und Eisenbahnverkehrsunternehmen stärken.

bb) Nachteile eines umfassenderen Verbots

Bei einem umfassenderen Verbot von Doppelfunktionen sind jedoch weitere Wirkungen zu berücksichtigen.

(1) Koordination einer höheren Anzahl von Beteiligten

Kehrseite der Funktionsaufteilung auf mehrere Personen ist, dass sie mehr Beteiligte und neue Schnittstellen zwischen den Beteiligten erzeugt sowie Abstimmungsbedarfe und damit möglicherweise Reibungsverluste. Die Tochterunternehmen sind nicht mehr mit ihren Aufsichtsratsmitgliedern im Vorstand des vertikal integrierten Unternehmens vertreten und büßen

---

1352 Siehe oben C. VI. 5. a) aa) Aktuell zulässige Doppelfunktionen, S. 196; *Monopolkommission*, 8. Sektorgutachten Bahn (2021), K9 und Tz. 78.

1353 Richtlinie 2012/34/EU des Europäischen Parlaments und des Rates vom 21.11.2012 zur Schaffung eines einheitlichen europäischen Eisenbahnraums, ABl. 2012 L 343, 32, in der durch die Richtlinie (EU) 2016/2370 des Europäischen Parlaments und des Rates vom 14.12.2016 zur Änderung der Richtlinie 2012/34/EU, ABl. 2016 L 352, 1 geänderten Fassung.

damit auch direkten Einfluss auf Entscheidungen des vertikal integrierten Unternehmens ein.

(2) Auswirkungen auf Kontrollmöglichkeiten

Ein weitergehendes Verbot von Doppelfunktionen hätte auch Auswirkungen auf die Ausübung der Kontrollmöglichkeiten des herrschenden Unternehmens (§ 17 AktG) über ein abhängiges Unternehmen.

(a) Funktion des Aufsichtsrats

Zentrale Aufgaben des Aufsichtsrats sind die Überwachung der Geschäftsführung (§ 111 Abs. 1 AktG) sowie die Bestellung und Abberufung des Vorstands (§ 84 AktG). Die Bestellung der Aufsichtsratsmitglieder (§ 101 AktG) ist für herrschende Unternehmen eine aktienrechtlich vorgesehene Form der personellen Einflussnahme auf ein abhängiges, im Mehrheitsbesitz stehendes Unternehmen (§ 16 Abs. 1 AktG). Das Aktienrecht sieht in § 100 AktG grundsätzlich auch persönliche Kriterien hinsichtlich der Personen vor, die zu Aufsichtsratsmitgliedern bestellt werden können. So untersagt es im Grundsatz beispielsweise Doppelfunktionen von Aufsichtsräten und Vorständen in einer Gesellschaft (§ 105 AktG).

(b) Aktienrechtliche Auswirkung von Änderungen

Eine Erweiterung des Verbots von Doppelfunktionen in § 8 Abs. 3 ERegG dahingehend, dass Vorstände und leitende Mitarbeitende des vertikal integrierten Unternehmens nicht mehr als Aufsichtsräte oder Vorstände eines Betreibers von Eisenbahnanlagen oder einem Eisenbahnverkehrsunternehmen fungieren dürfen, würde jedenfalls die Handlungs- und Organisationsfreiheit des vertikal integrierten Eisenbahnunternehmens[1354] tangieren, eben diese Personen in diese Funktionen zu berufen. Dies würde auch das zentrale aktienrechtlich vorgesehene Kontrollinstrument zur Ausübung der Verantwortung des herrschenden Unternehmens betreffen.

Der Hinweis, dass damit jegliche Kontrolle der Obergesellschaft fehle und damit die Konzernstruktur aufgelöst würde,[1355] überzeichnet jedoch das

---

[1354] Siehe oben C. III. 3. b) ee) Grundrechtsähnliche Rechte aus Art. 87e Abs. 3 S. 1 GG, S. 103.

[1355] *Säcker* in: Kühling/Otte, AEG/ERegG, § 8 ERegG Rn. 28.

Gewicht des Eingriffs. Das herrschende Unternehmen (§ 17 Abs. 1 AktG) würde nach wie vor über die Aufsichtsräte der abhängigen Unternehmen bestimmen. Lediglich der Kreis der hierfür in Betracht kommenden Personen wäre eingeschränkt. Die Wahrnehmung der Kontrollfunktion würde möglicherweise aufwändiger, es bestünde größerer Abstimmungsbedarf zwischen mehr Beteiligten und die Gefahr von ineffizienten oder fehlerhaften Prozessen würde sich erhöhen. Generell behält das vertikal integrierte Unternehmen jedoch die Kontrollmöglichkeit über die abhängigen Unternehmen durch deren Aufsichtsrat.

Anders wäre dies, wenn der initiale Kommissionsvorschlag zur Änderung der Recast-Richtlinie 2012/34/EU umgesetzt worden wäre, dass der Aufsichtsrat des Infrastrukturbetreibers sich aus Vertretern des Endeigentümers des vertikal integrierten Unternehmens zusammensetzen müsse (Vorschlag für Art. 7b Abs. 3 S. 1).[1356] Dann wären die Kontrollfunktionen des vertikal integrierten Unternehmens über den Aufsichtsrat entfallen.

Gänzlich entfallen die Kontrollmöglichkeiten, wenn neben den Einflussmöglichkeiten über den Aufsichtsrat auch die (sachlich-inhaltliche) Steuerung durch Kündigung der Beherrschungsverträge (§ 291 ff. AktG)[1357] und damit die Möglichkeit von Weisungen in Ausübung der Leitungsmacht (§ 308 AktG) nicht mehr bestehen. In diesem Fall wäre die Funktion eines Konzerns nicht mehr gegeben. Würden beide Vorschläge umgesetzt, würde dies die Grundentscheidung der Richtlinie (EU) 2016/2370 unterlaufen, es den Mitgliedstaaten weiterhin freizustellen, zwischen verschiedenen Modellen der Organisation einschließlich der vertikalen Integration zu wählen.[1358]

cc) Fazit zum Umfang der Doppelfunktionen

Die Besetzung von Aufsichtsrats- und Vorstandsfunktionen in abhängigen Eisenbahninfrastruktur- und -verkehrsunternehmen ist auch im Kontext

---

1356 Siehe oben C. VI. 5. a) cc) Initialer Vorschlag der Europäischen Kommission, S. 198.

1357 Siehe oben C. VI. 4. a) Kündigung der Beherrschungsverträge, S. 194.

1358 Siehe oben E. I. 1. Gewährleistung der Organisationsfreiheit, S. 260; Richtlinie (EU) 2016/2370 des Europäischen Parlaments und des Rates vom 14.12.2016 zur Änderung der Richtlinie 2012/34/EU bezüglich der Öffnung des Marktes für inländische Schienenpersonenverkehrsdienste und der Verwaltung der Eisenbahninfrastruktur, ABl. 2016 L 352, 1, Erwägungsgrund 7.

des Wunsches stärkerer Kontroll- und Steuerungsmöglichkeiten des Bundes auf die Eisenbahninfrastrukturunternehmen[1359] zu sehen. Im Zuge der Neuausrichtung der Infrastrukturaktivitäten und Gründung der DB InfraGO AG[1360] wäre die Besetzung von deren Aufsichtsrats- und Vorstandsfunktionen eine Möglichkeit, den Bundeseinfluss zu stärken.

Konsensuale Lösungen schränken die Handlungs- und Organisationsfreiheit des vertikal integrierten Eisenbahnunternehmens[1361] weniger ein und sind daher vorzugswürdig gegenüber einer gesetzlichen Erweiterung des Verbots der Doppelfunktionen in § 8 Abs. 3 ERegG. Eine solche Erweiterung könnte beispielsweise erfolgen

- in Form einer Bildung des Aufsichtsrats des Infrastrukturbetreibers aus Vertretern des Endeigentümers des vertikal integrierten Unternehmens (Art. 7b Abs. 3 S. 1 des initialen Kommissionsvorschlags) oder
- eines Billigungserfordernisses der Regulierungsstelle für Ernennungen und Vertragsbeendigungen von Vorstandsmitgliedern des Infrastrukturbetreibers (Art. 7b Abs. 3 S. 4 - 6 des initialen Kommissionsvorschlags).[1362]

Einseitige gesetzliche Änderungen mit Auswirkungen auf das aktienrechtliche Standardmodell der Ausübung von Kontrolle und Beherrschung sollten jedoch nur dann erfolgen, wenn ihr Nutzen die Nachteile mit hoher Wahrscheinlichkeit überwiegt. Hinsichtlich des Umfangs der Doppelfunktionen gibt es hierzu gegenwärtig keine hinreichend sicheren Anhaltspunkte.

1359 Siehe oben F. II. 2. a) Eisenbahninfrastruktur: Stärkung des Bundeseinflusses, S. 322.

1360 Siehe oben C. II. 3. a) bb) (2) 2024: DB InfraGO – Bündelung der Infrastruktur, S. 74.

1361 Siehe oben C. III. 3. b) ee) Grundrechtsähnliche Rechte aus Art. 87e Abs. 3 S. 1 GG, S. 103.

1362 Siehe oben C. VI. 5. a) cc) Initialer Vorschlag der Europäischen Kommission, S. 198; Europäische Kommission, COM(2013) 29 final vom 30.01.2013, Vorschlag für eine Richtlinie des Europäischen Parlaments und des Rates zur Änderung der Richtlinie 2012/34/EU des Europäischen Parlaments und des Rates vom 21. November 2012 zur Schaffung eines einheitlichen europäischen Eisenbahnraums bezüglich der Öffnung des Marktes für inländische Schienenpersonenverkehrsdienste und der Verwaltung der Eisenbahninfrastruktur, CELEX 52013PC0029, Artikel 1 Nr. 4 zur Einfügung der Art. 7a bis 7e in die Richtlinie 2012/34/EU.

b) Ausschluss von Interessenkonflikten bei beruflicher Mobilität

Die berufliche Mobilität von Personen, die mit wesentlichen Funktionen betraut sind, darf nach § 8a Abs. 3 Nr. 3 ERegG nicht zu Konflikten zwischen den Interessen von Eisenbahnverkehrsunternehmen und den Betreibern von Eisenbahnanlagen führen. Kriterien für das Vorliegen von Interessenkonflikten oder Rechtsfolgen aus ihrem Vorliegen definieren jedoch weder das ERegG noch die Recast-Richtlinie 2012/34/EU ausdrücklich.[1363] Ein nationaler Rahmen zur Identifizierung und Bewertung von Interessenkonflikten hat sich jedoch in der Verwaltungspraxis der Bundesnetzagentur herausgebildet.[1364]

Die Bundesnetzagentur hat bei der Beurteilung der Angemessenheit ihrer Anordnung erkannt, dass Karenzzeiten die betroffenen Arbeitnehmerinnen und Arbeitnehmer sowie zumindest die nicht bundeseigenen[1365] Eisenbahnunternehmen in ihren Grundrechten tangieren. Dies betrifft vor allem das Grundrecht der Berufsausübungsfreiheit, Art. 12 Abs. 1 GG, und im Falle der Eisenbahnunternehmen auch das Grundrecht der Eigentumsfreiheit, Art. 14 Abs. 1 GG.[1366] Die Bundesnetzagentur wies darauf hin, dass ihr nur die Ermächtigungsgrundlage des § 67 Abs. 1 S. 1 ERegG zur Verfügung stehe, um Maßnahmen zur Verhütung von Interessenkonflikten zu treffen.

Mehrjährige Karenzzeiten stellen jedoch erhebliche Eingriffe vor allem in die Rechte der betroffenen Arbeitnehmerinnen und Arbeitnehmer dar, die zudem an den Verwaltungsverfahren nicht beteiligt sind. Vor diesem Hintergrund wäre eine ausdrückliche gesetzliche Regelung von Voraussetzungen und Rechtsfolgen von Interessenkonflikten die zumindest adäquatere Rechtsgrundlage als auf die Generalklausel des § 67 Abs. 1 S. 1 ERegG gestützte, inter partes wirkende Beschlüsse der Bundesnetzagentur. Im Energiewirtschaftsgesetz (EnWG) erfolgte eine ausdrückliche gesetzliche Regelung von

---

[1363] Siehe oben C. VI. 5. b) Ausschluss von Interessenkonflikten bei beruflicher Mobilität, S. 199.

[1364] Siehe oben C. VI. 5. b) bb) Verwaltungspraxis zur Bewertung von Interessenkonflikten, S. 199.

[1365] Siehe oben C. III. 3. Grundrechtlicher Schutz für die Deutsche Bahn, S. 95.

[1366] *Bundesnetzagentur*, Beschl. v. 13.10.2023 – BK10-23-0415_U, S. 36, https://www.bundesnetzagentur.de/DE/Beschlusskammern/1_GZ/BK10-GZ/2023/2023_0400bis0499/BK10-23-0415/BK10-23-0415_U_Beschluss_download_BF.pdf?__blob=publicationFile&v=4 – Karenzzeit (aufgerufen am 31.12.2023); siehe auch *Säcker* in: Kühling/Otte, AEG/ERegG, § 8 ERegG Rn. 37 ff.

Karenzzeiten § 10c Abs. 2 und 5 EnWG. Es bleibt daher abzuwarten, ob diese Praxis der Bundesnetzagentur vor den Verwaltungsgerichten Bestand haben wird.[1367]

6. Bewertung der informationellen Entflechtung

Die Regelung der informationellen Entflechtung des § 8 Abs. 5 ERegG, dass der Zugang zu sensiblen Informationen bezüglich wesentlicher Funktionen auf befugtes Personal des Betreibers der Eisenbahnanlagen zu beschränken ist, wird nicht grundsätzlich kritisiert. Der Begriff der sensiblen Informationen ist auslegungsbedürftig[1368] aber unter anderem durch die Heranziehung der Parallelregelungen im Energiesektor[1369] auch auslegungsfähig. Die Vorgabe der Beschränkung auf befugtes Personal des Betreibers der Eisenbahnanlagen hat auch Auswirkungen auf den Einsatz zentraler Servicefunktion.[1370]

7. Zusammenfassende Bewertung des Entflechtungsniveaus

Das sich aus den vorgenannten Regelungen ergebene Entflechtungsniveau wird in der Literatur unterschiedlich bewertet. Nach Ansicht der Monopolkommission sei der Eisenbahnsektor noch unterreguliert. Anpassungen des ERegG seien daher notwendig.[1371]

Dagegen wird auch die Ansicht vertreten, aus Sicht des Regulierers gebe es gegenwärtig keine Anhaltspunkte für eine Diskriminierung aufgrund der Konzernstruktur. Etwaigen Fehlanreizen könnten, wenn diese identifiziert werden, jedoch durch neu einzufügende regulatorische Elemente begegnet werden.[1372]

Die Entflechtung ist einerseits ein potenziell sehr wirkmächtiges Instrument mit erheblichem Eingriffspotential[1373] auf bestehende Unternehmensstrukturen.

1367 *VDV*, Informationen für Eisenbahnen 2023, S. 28, https://www.vdv.de/gotha.herbst-2023.eisenbahn.pdfx (aufgerufen am 31.12.2023).

1368 Siehe oben E. III. 5. a) Schutzobjekt sensible Informationen, S. 295.

1369 Siehe oben E. III. 5. b) Energiesektor: Informationelle Entflechtung, § 6a EnWG, S. 296.

1370 Siehe oben E. III. 5. c) Zusammenfassung zur informationellen Entflechtung, S. 298.

1371 *Monopolkommission*, 8. Sektorgutachten Bahn (2021), K11 und Tz. 111 ff.

1372 *Strohbach*, IR 2024, 85 (90).

1373 *Kühling* in: Ruffert, Europäisches sektorales Wirtschaftsrecht, § 22 Rn. 92.

Andererseits sind die Entflechtungsregelungen im Hinblick auf ihre Wirkweise kein Selbstzweck.[1374] Die Beurteilung des Regulierungsniveaus hängt also davon ab, mit welchem Ziel Entflechtungsmaßnahmen eingesetzt werden.

a) Verfolgung wirtschaftspolitischer Zielsetzungen

Soll der Einsatz der Entflechtungsmaßnahmen zur Förderung von allein wirtschafts- und wettbewerbspolitischen Zielvorstellungen eines Teils der Stakeholder erfolgen, wird das Instrument der Entflechtung im Eisenbahnsektor noch nicht mit seiner gesamten potenziellen Wirkmacht eingesetzt.

b) Entflechtung als Werkzeug der Regulierungstrias

Anders ist die Entflechtung jedoch zu beurteilen, wenn sie als Werkzeug genutzt wird zur Umsetzung der Vorgaben des europäischen sektorspezifischen Eisenbahnrechts. In diesem Fall ist die Entflechtung als Element der Regulierungstrias[1375] aus Zugangs-, Entgelt- und Entflechtungsregulierung ein erforderlicher Bestandteil, um unter den Bedingungen eines vertikal integrierten Unternehmens sicherzustellen, dass die wesentlichen netzzugangsrelevanten Entscheidungen diskriminierungsfrei erfolgen. Ihre Wirkung zielt somit ab auf die Sicherung der Unabhängigkeit des Netzbetreibers bei Entscheidungen der anderen beiden Trias-Bestandteile, der Zugangs- und Entgeltregulierung.

Die Ziele der Europäischen Union, die Leistungsfähigkeit des Eisenbahnsystems zu verbessern,[1376] und des deutschen Gesetzgebers, den Anteil des schienengebundenen Verkehrs am Verkehrsaufkommen zu steigern (§ 3 Nr. 1 ERegG),[1377] fördern die Entflechtungsregelungen des ERegG selbst somit nicht unmittelbar, sondern in Verbindung mit der Zugangs- oder

---

[1374] *Säcker*, IR 2018, 198 (199).

[1375] *Kühling/Meier*, N&R 2021, 281 (281).

[1376] Siehe oben C. II. 2. Sekundärrecht: Wesentliche Rechtsakte und deren Umsetzung, S. 37; Richtlinie 2012/34/EU des Europäischen Parlaments und des Rates vom 21.11.2012 zur Schaffung eines einheitlichen europäischen Eisenbahnraums, ABl. 2012 L 343, 32, Erwägungsgrund 3.

[1377] Siehe oben C. IV. 2. Ziele der Eisenbahnregulierung, § 3 ERegG, S. 119.

Entgeltregulierung als Teil der materiell-rechtlichen Regulierung. Diese wird wiederum von Instrumenten der institutionellen Regulierung[1378] flankiert.

c) Entflechtung allein führt nicht zu mehr Wettbewerb

Der Geschäftsführer des Verbands Deutscher Verkehrsunternehmen (VDV), Oliver Wolff, hat bereits 2012 formuliert, eine Entflechtung sei nicht entscheidend für mehr Wettbewerb im Eisenbahnsektor. Vielmehr sei eine qualifizierte Regulierung und ein zukunftsfähiger Finanzrahmen für die Eisenbahninfrastruktur notwendig.[1379] Michael Cramer, der damalige verkehrspolitische Sprecher der Grünen im Europäischen Parlament, bewertete an gleicher Stelle zwar die Entflechtung positiver. Zunächst müsse aber durch den Gesetzgeber sichergestellt werden, dass die Schiene im Vergleich mit anderen Verkehrsträgern wettbewerbsfähig bleibe.[1380]

d) Fazit zu den Entflechtungsregelungen des ERegG

Die aktuellen Entflechtungsregelungen des ERegG sind nicht dazu konzipiert, um jenseits ihrer Wirkungen auf die Zugangs- und Entgeltregulierung allgemeine wirtschaftspolitische Vorstellungen durchzusetzen. Solche Ziele würden für sich genommen Einschränkungen der Freiheit von Eisenbahnunternehmen und ihrer Eigentümer, den Aufgaben angemessene Organisationsformen zu wählen,[1381] nicht rechtfertigen. Dementsprechend sind aus rechtlicher Perspektive die Wirkungen der Entflechtung und das Entflechtungsniveau anhand der aktuellen europarechtlichen Vorgaben und ihrer Umsetzung durch den deutschen Gesetzgeber zu beurteilen.

Zwar ist punktuell eine Nachschärfung der Entflechtungsregelungen sinnvoll wie beispielsweise bei der fehlenden gesetzlichen Reglung von

---

1378 Siehe oben C. IV. 3. Instrumente der Regulierung, S. 120.

1379 *VDV*, „Entflechtung ist nicht entscheidend für den Wettbewerb", 12.11.2012, https://www.vdv.de/presse.aspx?id=427612e0-b0a5-4c6c-8c78-87ae5649c723&mode=detail&coriander=V3_8da89ee1-93c2-88fb-5583-9df98cf0618c (aufgerufen am 19.04.2024).

1380 *VDV*, „Entflechtung ist nicht entscheidend für den Wettbewerb", 12.11.2012, https://www.vdv.de/presse.aspx?id=427612e0-b0a5-4c6c-8c78-87ae5649c723&mode=detail&coriander=V3_8da89ee1-93c2-88fb-5583-9df98cf0618c (aufgerufen am 19.04.2024).

1381 Siehe oben C. III. 3. b) ee) Grundrechtsähnliche Rechte aus Art. 87e Abs. 3 S. 1 GG, S. 103.

Karenzzeiten bei der beruflichen Mobilität.[1382] Soweit die Konzernstruktur in der Vergangenheit Anlass für die Regulierungsbehörde oder Gerichte zur Anwendung der Entflechtungsregelungen gab, enthielt das ERegG hierfür grundsätzlich adäquate Regelungen. Die 1:1Umsetzung[1383] der Entflechtungsregelungen der Recast-Richtlinie 2012/34/EU[1384] im ERegG hat daher nicht zu einer Unterregulierung des Eisenbahnsektors geführt. Es besteht kein Erfordernis einer grundlegenden Änderung bestehender Entflechtungsregelungen.

IV. Bewertung des Einsatzes zentraler Servicefunktionen

Das Eisenbahnregulierungsrecht schränkt den Einsatz zentraler Servicefunktionen nicht generell ein. Es enthält allerdings funktionsbezogene Anforderungen an die Unabhängigkeit von Infrastrukturunternehmen. Diese können zu Einschränkungen des Einsatzes zentraler Servicefunktionen führen insbesondere bei kernzugangsrelevanten Entscheidungen.[1385]

1. Vertikal integrierte Unternehmen als föderale Systeme

Vertikal integrierte Unternehmen wie auch der Deutsche Bahn Konzern werden gelegentlich als föderales System beschrieben.[1386] Dies ist Ausdruck einer Verteilung von Verantwortung und Befugnissen zwischen einem herrschenden und abhängigen Unternehmen nach festgelegten Regeln.[1387] Das herrschende Unternehmen kann durch Beherrschungsverträge und

---

1382 Siehe oben F. III. 5. b) Ausschluss von Interessenkonflikten bei beruflicher Mobilität, S. 356.

1383 Siehe oben C. V. 5. Fazit zur Umsetzung der Recast-Richtlinie 2012/34/EU, S. 175.

1384 Richtlinie 2012/34/EU des Europäischen Parlaments und des Rates vom 21.11.2012 zur Schaffung eines einheitlichen europäischen Eisenbahnraums, ABl. 2012 L 343, 32, in der durch die Richtlinie (EU) 2016/2370 des Europäischen Parlaments und des Rates vom 14.12.2016 zur Änderung der Richtlinie 2012/34/EU, ABl. 2016 L 352, 1 geänderten Fassung.

1385 Siehe oben E. VII. Zusammenfassung der Wirkungen auf Servicefunktion, S. 310.

1386 Bernd Rattey zitiert von *Dose*, CIO Bernd Rattey ordnet die Bahn-IT neu, 28.03.2023, https://www.cio.de/a/cio-bernd-rattey-ordnet-die-bahn-it-neu,3707851 (aufgerufen am 05.05.2024).

1387 Siehe oben D. VII. 2. Regulatorische Aspekte, S. 255.

Ausübung von Weisungsrechten diese Regeln im Rahmen allgemeiner gesetzlicher Vorgaben gestalten.

a) Kein Verantwortungsübergang auf Servicefunktionen

Unterliegt das auslagernde Unternehmen gesetzlichen Pflichten, führt der Einsatz zentraler Servicefunktionen jedoch regelmäßig nicht zu einem Verantwortungsübergang mit der Wirkung, dass das auslagernde Unternehmen von diesen Pflichten gänzlich befreit wird.

Im Bereich des Eisenbahnregulierungsrechts regelt § 8c Abs. 1 S. 2 ERegG dies ausdrücklich für die Auslagerung von Arbeiten und Aufgaben hinsichtlich des Ausbaus, der Instandhaltung und der Erneuerung der Eisenbahninfrastruktur durch den Betreiber von Eisenbahnanlagen. Hiernach behält dieser die Aufsichtsbefugnis über und die endgültige Verantwortung für die Wahrnehmung der in § 2 Abs. 7 AEG genannten Funktionen, d. h. den Betrieb, die Instandhaltung, den Ausbau und die Erneuerung von Eisenbahnanlagen.

Der Grundsatz, dass sich ein Unternehmen durch die Beauftragung eines Dienstleisters von gesetzlichen Verantwortlichkeiten nicht gänzlich befreien kann, gilt aber auch jenseits der in § 8c Abs. 1 S. 2 ERegG genannten Funktionen überall dort, wo eine entsprechende Freistellung nicht gesetzlich vorgesehen ist. Aus der Zuweisung gesetzlicher Verantwortung folgen korrespondierende Handlungs- bzw. Entscheidungsbefugnisse.

Der Betreiber von Eisenbahnanlagen ist jeweils (auch) Adressat der gesetzlichen Entflechtungsregelungen des § 7,[1388] § 8,[1389] § 8a,[1390] § 8b[1391] und § 8d ERegG.[1392] Diesen gesetzlichen Verpflichtungen entledigt er sich nicht durch die Beauftragung von Dienstleistern.

b) Keine Trennung von Verantwortung und Befugnissen

Weisen Gesetze oder eigene föderale Regelungen des Unternehmens einem Akteur des Systems verbindlich Verantwortlichkeiten zu, dürfen ihm in dem föderalen System nicht faktisch die Befugnisse entzogen werden, dieser

---

1388 *Gebauer* in: Kühling/Otte, AEG/ERegG, § 7 ERegG Rn. 47 mit Verweis auf § 1 Abs. 4 ERegG und § 2 Abs. 1 AEG.

1389 *Säcker* in: Kühling/Otte, AEG/ERegG, § 8 ERegG Rn. 12.

1390 *Säcker* in: Kühling/Otte, AEG/ERegG, § 8a ERegG Rn. 3.

1391 *Säcker* in: Kühling/Otte, AEG/ERegG, § 8b ERegG Rn. 3.

1392 *Säcker* in: Kühling/Otte, AEG/ERegG, § 8d ERegG Rn. 3.

Verantwortung nachzukommen. Verantwortung und Befugnisse dürfen nicht auseinanderfallen.[1393]

2. Aktienrechtliche Kontroll- und Steuerungsaufgaben

Das Eisenbahnregulierungsrecht schreibt eine eigene interne Kontrolle des Betreibers von Eisenbahnanlagen in § 8a Abs. 2 i. V. m. § 8a Abs. 1 ERegG zwar ausdrücklich nur bei Entscheidungen über wesentliche Funktionen vor.

Das Aktienrecht beinhaltet dagegen umfassende Kontroll- und Steuerungspflichten der Vorstandsmitglieder einer Aktiengesellschaft. Nach § 76 Abs. 1 AktG hat der Vorstand die organgebundene Pflicht, die Gesellschaft unter eigener Verantwortung zu leiten.[1394]

Sorgfaltspflichten und Verantwortlichkeiten der Vorstandsmitglieder beschreibt zudem § 93 AktG. Nach § 93 Abs. 1 S. 1 AktG haben diese bei ihrer Geschäftsführung die Sorgfalt eines ordentlichen, gewissenhaften Geschäftsleiters anzuwenden. Dies umfasst unter anderem eine Unternehmenssteuerung mit geeigneten Lenkungs- und Kontrollinstrumenten[1395] sowie die laufende Überwachung der Unternehmensangehörigen zur Sicherstellung der ordnungsgemäßen Erfüllung der übertragenen Aufgaben.[1396]

Diese Überwachungs- und Steuerungspflichten beinhalten eine Kontrolle der wesentlichen Unternehmensprozesse mit dem Ziel, bei signifikanten Beeinträchtigungen oder Ausfällen der Geschäftstätigkeit steuernd eingreifen zu können. Dies gilt insbesondere bei kritischen Prozessänderungen und dem Einsatz unternehmensexterner Dritter in den Geschäftsprozessen.

Zur Erfüllung dieser Pflichten benötigt das Unternehmen entsprechende Kompetenzen, um seine Funktion als Auftraggeber wahrnehmen zu können. Dies erfordert eigenes fachliches Know-how,[1397] um Informationsasymmetrien[1398] zu reduzieren, einem Auseinanderfallen von (rechtlicher) Ver-

---

[1393] Siehe oben D. V. 1. b) dd) (1) (d) Aufsplittung von Verantwortung und Befugnissen, S. 230.

[1394] Siehe oben D. V. 1. b) ee) (1) Leitungsauftrag des Vorstands, § 76 Abs. 1 AktG, S. 234.

[1395] Siehe oben D. V. 1. b) ee) (2) Sorgfaltspflichten des Vorstands, § 93 Abs. 1 S. 1 AktG, S. 235; *Fleischer* in: BeckOGK, AktG, § 93 [Stand: 02/2024] Rn. 71 f.

[1396] *Fleischer* in: BeckOGK, AktG, § 93 [Stand: 02/2024] Rn. 138; ähnlich *Grigoleit/Tomasic* in: Grigoleit, AktG, § 93 Rn. 56.

[1397] Siehe oben D. V. 1. b) dd) (1) (c) Know-how Verlust, S. 229.

[1398] Siehe oben D. V. 1. b) dd) (1) (b) Prinzipal-Agenten-Beziehungen, S. 229.

antwortung und (tatsächlichen) Befugnissen[1399] entgegenzuwirken und Lock-in-Effekte[1400] zu vermeiden.

Sollten gemeinsame Steuerungsmaßnahmen mit einer zentralen Servicefunktion nicht erfolgreich sein, ist deren Tätigkeit im Unternehmen notfalls zu beenden und die Geschäftsprozesse müssen mit eigenen Ressourcen (Insourcing) oder anderen Dienstleistern durchgeführt werden.[1401]

Das Zusammenwirken beider Rechtssysteme – Eisenbahnregulierungsrecht und Aktienrecht – kann damit einen Beitrag dazu leisten, Zentralisierungsprojekte wirtschaftlich erfolgreich zu gestalten. Die Wahrnehmung der durch die föderale Struktur zugewiesenen diversifizierten Kontrollaufgaben – idealerweise unter Einbeziehung vorhandenen Know-hows – trägt dazu bei, Annahmen und Vorgehensweisen von Projekten unter mehreren Perspektiven zu hinterfragen und zu verifizieren. Dies reduziert die Gefahr von auf Enthusiasmus[1402] basierten Entscheidungen oder „Schnellschüssen",[1403] die letztlich Störungen oder Ausfälle von Geschäftsprozessen nach sich ziehen. Auch für Zentralisierungsprojekte gilt:

> *„For a successful technology, reality must take precedence over public relations, for nature cannot be fooled."*[1404]

3. Fazit zum Einsatz zentraler Servicefunktionen

Zentrale Servicefunktionen können grundsätzlich durch Realisierung von Qualitäts- und Kostenpotenzialen einen Beitrag zur Steigerung des Unternehmenserfolgs leisten. Eine Realisierung dieser Effekte setzt eine

---

1399 Siehe oben D. V. 1. b) dd) (1) (d) Aufsplittung von Verantwortung und Befugnissen, S. 230.

1400 Siehe oben D. V. 1. b) dd) (1) (e) Lock-in-Effekt, S. 230.

1401 Siehe oben D. VI. 2. d) Beendigung, S. 252.

1402 *Truijens/Neumann-Giesen/Weber*, Organisationsform Shared-Service-Center, S. 9 f. Siehe auch oben D. VII. 3. Strategische Aspekte, S. 255.

1403 *Eisenbahn- und Verkehrsgewerkschaft (EVG)*, DB Station&Service + DB Netz = InfraGO – GBRe und EVG sichern die Interessen der Beschäftigten, https://www.evg-online.org/fileadmin/user_upload/23-09-15-Aushang_InfraGO_230915.pdf (aufgerufen am 30.10.2023).

1404 *Feynman*, Report of the Presidential Commission on the Space Shuttle Challenger Accident, Volume 2: Appendix F – Personal Observations on Reliability of Shuttle, 06.06.1986, https://www.nasa.gov/history/rogersrep/v2appf.htm (aufgerufen am 06.06.2024).

Analyse der wirtschaftlichen, regulatorischen und strategischen Rahmenbedingungen sowie eine Machbarkeitsprüfung und qualifizierte Einführungsplanung voraus.

Als Teil der regulatorischen Rahmenbedingungen ist hierbei das sektorspezifische Eisenbahnregulierungsrecht zu beachten. Dieses enthält funktionsbezogene Vorgaben zum Schutz der Unabhängigkeit der Infrastrukturbetreiber. Diese können den Einsatz zentraler Servicefunktionen partiell beschränken oder ausschließen.

Soweit der Einsatz zentraler Servicefunktionen rechtlich möglich ist, entbindet dies auslagernde Unternehmen nicht von ihren gesetzlichen Verpflichtungen. Es obliegt ihnen, die Geschäftsprozesse, in denen Servicefunktionen eingesetzt werden, in geeignetem Umfang zu überwachen und zu steuern. Hierzu benötigen sie entsprechende Auftraggeberkompetenzen und qualifizierte personelle Ressourcen, um Lock-in-Effekte zu vermeiden und ihre Handlungsfähigkeit zu erhalten.

Literaturverzeichnis

Ante, Johann Das Verhältnis von Art. 102 AEUV zum Sekundärrecht in der jüngeren Rechtsprechung des EuGH, NZKart 2023, 457-462.

Ante, Johann Eisenbahnrechtliche Überprüfung von Altentgelten – Die Länderbahn u. a., Anmerkung zum Urteil des EuGH vom 7. März 2024 – Rs. C-582/22, N&R 2024, 113-119.

Becker, Florian Entflechtung im Wettbewerbsrecht und Eigentumsgrundrecht, ZRP 2010, 105-108.

Becker, Wolfgang / Bluhm, Katja / Kunz, Christian / Mayer, Benjamin Gestaltung von Shared Service Centern in internationalen Konzernen, Bamberg 2008.

Buba, Alexandra Buchhaltung in Polen? Wann eine Auslagerung ins Ausland lohnt, BBP 2017, 149-152.

Burgi, Martin Die Deutsche Bahn zwischen Staat und Wirtschaft. NVwZ 2018, 601-609.

Calliess, Christian / Ruffert, Matthias (Hrsg.) EUV/AEUV, 6. Auflage, München 2022 (zit.: Bearbeiter in: Calliess/Ruffert, EUV/AEUV).

Daus, Timo / Raschke, Jens Shared Service Center: Wertbeitrag und zukünftige Trends, Deine Bahn, Heft 2/2008, 17-23.

Dauses, Manfred A. (Begr.) / Ludwigs, Markus (Hrsg.) Handbuch des EU-Wirtschaftsrechts, Loseblattsammlung, München, Werkstand 60. Ergänzungslieferung, Februar 2024 (zit.: Bearbeiter in: Dauses/ Ludwigs, Handbuch des EU-Wirtschaftsrechts).

Dreher, Meinrad / Kulka, Michael Wettbewerbs- und Kartellrecht, 12. Aufl., Heidelberg 2023.

Dreier, Horst (Hrsg.) Grundgesetz-Kommentar, Band I: Präambel, Art. 1-19, 4. Aufl., Tübingen 2023, Band III: Art. 83-146, 3. Aufl., Tübingen 2018 (zit.: Bearbeiter in: Dreier, GG).

Dressler, Sören Shared Services, Business Process Outsourcing und Offshoring, Wiesbaden 2007.

Drewello, Hansjörg / Sievering, Oliver / Kupferschmidt, Frank Markt und Staat, 2. Aufl., Wiesbaden 2021 (zit.: Bearbeiter in: Drewello/Sievering/ Kupferschmidt, Markt und Staat).

Dürig, Günter / Herzog, Roman / Scholz, Rupert / Herdegen, Matthias / Klein, Hans Hugo (Hrsg.) Grundgesetz, Loseblattsammlung, München, Werkstand 104. Lieferung, April 2024 (zit.: Bearbeiter in: Dürig/ Herzog/Scholz, GG).

Eder, Jost Tätigkeit von Konzernjuristen der Deutschen Bahn für ihre Netztochter, IR 2010, 210-211.

Ehricke, Ulrich Die Entwicklung des Eisenbahnrechts in den Jahren 2010/2011, N&R 2011, 184-190.

Emmerich, Volker Kartellrecht, 12. Aufl., München 2012.

Emmerich, Volker / Habersack, Mathias Aktien- und GmbH-Konzernrecht, 10. Aufl., München 2022 (zit.: Bearbeiter in: Emmerich/Habersack, Aktien- und GmbH-Konzernrecht).

Engelkamp, Paul / Sell, Friedrich L. / Sauer, Beate Einführung in die Volkswirtschaftslehre, 8. Aufl., Berlin 2020.

Epping, Volker / Hillgruber, Christian BeckOK Grundgesetz, Werkstand 58. Edition, 15.02.2024 (zit.: Bearbeiter in: Epping/Hillgruber, BeckOK Grundgesetz).

Fehling, Michael Zur Bahnreform, DÖV 2002, 793-802.

Fischer, Thomas M. / Lueg, Kai-Eberhard (Hrsg.) Erfolgreiche Digitale Transformation von Shared Services, ZfbF-Sonderheft Band 74/20 (2020), Wiesbaden 2020 (zit.: Bearbeiter in: Fischer/Lueg, Erfolgreiche Digitale Transformation von Shared Services).

Fischer, Thomas M. / Vollmer, Marcell (Hrsg.) Erfolgreiche Führung von Shared Services, ZfbF-Sonderheft Band 70/17 (2017), Wiesbaden 2017 (zit.: Bearbeiter in: Fischer/Vollmer, Erfolgreiche Führung von Shared Services).

Geiger, Rudolf / Kahn, Daniel-Erasmus / Kotzur, Markus / Kirchmair, Lando (Hrsg.) Vertrag über die Arbeitsweise der Europäischen Union, 7. Aufl., München 2023 (zit.: Bearbeiter in: Geiger/Kahn/Kotzur/Kirchmair, AEUV).

Gersdorf, Hubertus Dogmatische Neujustierung des Art.87e GG?, DÖV 2018, 789-799.

Gersdorf, Hubertus Verfassungsrechtlicher Rahmen für die DB InfraGO AG, N&R 2024, 228-230.

Gerpott, Torsten Das neue Eisenbahnregulierungsgesetz. Wettbewerbsimpulse für den Bahnsektor?, N&R 2016, 277-283.

Gerstner, Stephan Das Gesetz zur Stärkung des Wettbewerbs im Eisenbahnbereich. Wichtige Weichenstellungen für die sektorspezifische Regulierung des Eisenbahnsektors, N&R 2016, 211-219.

Müller-Glöge, Rudi / Preis, Ulrich / Gallner, Inken / Schmidt, Ingrid (Hrsg.) Erfurter Kommentar zum Arbeitsrecht, 24. Aufl., München 2024 (zit.: Bearbeiter in: Erfurter Kommentar zum Arbeitsrecht).

Grabitz, Eberhard / Hilf, Meinhard / Nettesheim, Martin (Hrsg.) Das Recht der Europäischen Union, Loseblattsammlung, München, Werkstand 82. Ergänzungslieferung, Mai 2024 (zit.: Bearbeiter in: Grabitz/Hilf/Nettesheim, Das Recht der Europäischen Union).

Gramlich, Ludwig Bedarf es einer (sektor-)spezifischen „Regulierung" öffentlicher Unternehmen? IR 2020, 20-26.

Grigoleit, Hans Christoph (Hrsg.) Aktiengesetz, 2. Aufl., München 2020 (zit.: Bearbeiter in: Grigoleit, AktG).

Hammer, Thomas Die unternehmerische Freiheit der Eisenbahnen des Bundes, DÖV 2011, 761-769.

Haratsch, Andreas / Koenig, Christian / Pechstein, Matthias Europarecht, 13. Aufl., Tübingen 2023.

Hauf, Claus-Jürgen / Baumgartner, Marc Eisenbahninfrastrukturrecht: Trassenentgelte und Zuständigkeitsaufteilung zwischen der Regulierungsstelle und den nationalen Gerichten, Anmerkung zu EuGH, Urteil vom 27.10.2022 – C-721/20, EuZW 2022, 1066-1073.

von Hayek, Friedrich August Der Weg zur Knechtschaft, 4. Aufl., München 1981.

Heise, Elisabeth Die Deutsche Bahn AG zwischen Wirtschaftlichkeit und Gemeinwohlverantwortung: Eine Untersuchung des Art. 87e GG und der besonderen Bedeutung der Eigentümerstellung des Bundes, Baden-Baden 2013.

Herberger, Maximilian / Martinek, Michael / Rüßmann, Helmut / Weth, Stephan / Würdinger, Markus (Hrsg.) juris PraxisKommentar BGB, Band 2 - Schuldrecht, 10 Auflage, Saarbrücken, Werkstand 23.04.2024 (zit.: Bearbeiter in: jurisPK-BGB (Stand)).

Hopt, Klaus J. / Kumpan, Christoph / Leyens, Patrick C / Merkt, Hanno / Roth, Markus Handelsgesetzbuch, 43. Aufl., München 2024 (zit.: Bearbeiter in: Hopt, HBG).

Hutzschenreuter, Thomas Allgemeine Betriebswirtschaftslehre, 7. Aufl., Wiesbaden 2021.

Jarass, Hans D. / Pieroth, Bodo (Begr.) Grundgesetz für die Bundesrepublik Deutschland, 17. Aufl., München 2022 (zit.: Bearbeiter in: Jarass/Pieroth, GG).

Jochum, Georg Die Grundrechtsbindung der Deutschen Bahn, NVwZ 2005, 779-781.

Kalden, Friedrich Performance Measurement in Shared Services, Berlin 2021.

Keuper, Frank / Oecking, Christian (Hrsg.) Corporate Shared Services, 2. Aufl., Wiesbaden 2008 (zit.: Bearbeiter in: Keuper/Oecking, Corporate Shared Services).

Klinge, Johann Nutzung von Personenbahnsteigen als Bestandteil des Mindestzugangspakets, N&R 2019, 304-309.

Klingebiel, Norbert / Andreas, Jörn Michael Outsourcing im Rechnungswesen, DStR 2005, 981-986.

Klotz, Robert / Hofmann, Michael Entwicklungen des Unionsrechts in den Netzwirtschaften im Jahr 2013, N&R 2014, 2-13.

Klotz, Robert / Hofmann, Michael Entwicklungen des Unionsrechts in den Netzwirtschaften im Jahr 2023, N&R 2024, 2-13.

Knieps, Günter Netzökonomie, Wiesbaden 2007.

Koenig, Christian / Schellberg, Margret / Schreiber, Kristina Unbundling-Regulierung im Eisenbahnsektor, WuW 2007, 981-994.

Koenig, Christian / Schellberg, Margret / Spiekermann, Kerstin Unbundlingregulierung nach dem Konzernjuristen-Urteil des VG Köln vom 14.11.2007, IR 2008, 170-173.

Koenig, Christian / Spiekermann, Kerstin / Schellberg, Margret Die unternehmensinterne Unbundling-Regulierung öffentlicher Eisenbahnen gemäß § 9a I 2 Nr. 5 AEG, IR 2007, 53-57.

Koenig, Christian … entsprechen auf vertikale Unternehmenskohärenz konditionierte Konzernjuristen allenfalls den Buchstaben der Entflechtungsvorgaben!, N&R 2009, 280.

Körber, Torsten Regulierte Eisenbahnentgelte und kartellzivilgerichtliche Kontrolle, EuZW 2020, 804-810.

Körber, Torsten Regulierte Eisenbahnentgelte vor Kartellgerichten – zugleich Anmerkung zum EuGH-Urteil DB Station & Service AG, IR 2023, 55-61.

Kramer, Urs Die Zulässigkeit von „Shared Services" bei integrierten Netzbetreibern, DÖV 2008, 1036-1041.

Kramer, Urs Anmerkung zum Urteil des BVerwG vom 18. 5. 2010 – 3 C 21.09 – DVBl 2010 S. 986 mit Anmerkung Staebe, DVBl 2010, 1052-1055.

Kramer, Urs Die Entwicklung des Eisenbahnrechts in den Jahren 2014/2015, N&R 2015, 224-236.

Kramer, Urs Die Entwicklung des Eisenbahnrechts in den Jahren 2015/2016, N&R 2016, 220-230.

Kramer, Urs Die Entwicklung des Eisenbahnrechts in den Jahren 2018/2019, N&R 2019, 198-217.

Kramer, Urs Die Entwicklung des Eisenbahnrechts in den Jahren 2022/2023, N&R 2023, 212-228.
Krugmann, Paul / Wells, Robin Volkswirtschaftslehre, 3. Aufl., Stuttgart 2023.
Kühling, Jürgen Die Zukunft der Eisenbahnregulierung nach dem Urteil des EuGH zur Umsetzung des ersten Eisenbahnpakets in Deutschland, N&R 2013, 139-146.
Kühling, Jürgen / Gremm, Cornelia Deutsche Bahn: Entflechtung 2.0!, Wirtschaftsdienst 2021, 878-882.
Kühling, Jürgen / Eschweiler, Wilhelm / Hörster, Gerald (Hrsg.) Aktuelle Probleme des Eisenbahnrechts XXI, Regensburger Schriften zur verkehrsrechtlichen Forschung, Bd. 1, Baden-Baden 2016 (zit.: Bearbeiter in: Kühling/Eschweiler/Hörster, Aktuelle Probleme des Eisenbahnrechts XXI).
Kühling, Jürgen / Meier, Kim-Ines Die Novelle des ERegG im Zeichen der Verkehrswende, N&R 2021, 281-286.
Kühling, Jürgen / Otte, Karsten (Hrsg.) AEG/ERegG: Allgemeines Eisenbahngesetz/Eisenbahnregulierungsgesetz, München 2020 (zit.: Bearbeiter in: Kühling/Otte, AEG/ERegG).
Kühling, Jürgen / Rasbach, Winfried / Busch, Claudia Energierecht, 5. Aufl., Baden-Baden 2022.
Lerche, Christoph Die Neufassung des europäischen Eisenbahnregulierungsrechts, N&R 2013, 27-35.
Ludwigs, Markus Gesetz zur Stärkung des Wettbewerbs im Eisenbahnbereich. Welches Gesicht gibt das Artikelgesetz der Regulierung?, NVwZ 2016, 1655-1672.
Ludwigs, Markus Das neue Entflechtungsregime nach Umsetzung des Vierten Eisenbahnpakets, IR 2020, 60-68.
Ludwigs, Markus / Friedmann, Carolin Die Grundrechtsberechtigung juristischer Personen nach Art. 19 III GG, JA 2018, 807-815.
von Mangoldt, Herrmann / Klein, Friedrich / Starck, Christian (Begr.) Grundgesetz, 7. Aufl., München 2018 (zit.: Bearbeiter in: von Mangoldt/Klein/Starck, GG).
Mankiw, N. Gregory / Taylor, Mark P. Grundzüge der Volkswirtschaftslehre, 8. Aufl., Stuttgart 2020.
von Münch, Ingo / Kunig, Philip (Begr.) Grundgesetz, 7. Aufl., München 2021 (zit.: Bearbeiter in: von Münch/Kunig, GG).
Münchener Kommentar Münchener Kommentar zum Aktiengesetz, Hrsg.: Goette, Wulf/Habersack, Mathias/Kalss, Susanne, Band 2: §§ 76-117, 6. Aufl., München 2023, Band 5: §§ 278-328 AktG, ÖGesAusG, Österreichisches Konzernrecht, 6. Aufl., München 2023 (zit.: Bearbeiter in: Münchener Kommentar, AktG).

Neumann, Andreas Das Eisenbahnrecht in den Jahren 2012/2013, N&R 2013, 199-211.
Neumann, Andreas Telekommunikationsrecht kompakt, Frankfurt am Main 2022.
Otte, Karsten Angemessenheit, Transparenz und Diskriminierungsfreiheit – Gedanken zum regulierungsrechtlichen Prüfmaßstab, IR 2020, 196-203.
Piekenbrock, Dirk Gabler Kompakt-Lexikon Volkswirtschaftslehre, 3. Aufl., Wiesbaden 2009.
Pflug, Ludger Eisenbahnregulierung zwischen öffentlichem Recht und Privatrecht, Frankfurt am Main 2012.
Pindyck, Robert S. / Rubinfeld, Daniel L. Mikroökonomie, 8. Aufl., München u. a. 2016.
Regierungskommission Bundesbahn Bericht der Regierungskommission Bundesbahn, Bonn 1991 (zit.: Regierungskommission Bundesbahn).
Ruffert, Matthias / Gundel, Jörg / Janda, Constanze (Hrsg.) Europäisches sektorales Wirtschaftsrecht, Enzyklopädie Europarecht, Band 5, 2. Aufl., Baden-Baden 2020 (zit.: Bearbeiter in: Ruffert, Europäisches sektorales Wirtschaftsrecht).
Sachs, Michael (Hrsg.) Grundgesetz, 9. Aufl., München 2021 (zit.: Bearbeiter in: Sachs, GG).
Säcker, Franz Jürgen Die neuen Entflechtungsregeln im Vierten Eisenbahnpaket – Was ändert sich für deutsche Unternehmen?, IR 2018, 198-203.
Säcker, Franz Jürgen Das Verhältnis von Wettbewerbs- und Regulierungsrecht, EnWZ 2015, 531-536.
Säcker, Franz Jürgen (Hrsg.) Berliner Kommentar zum Energierecht, Band 1, Energiewirtschaftsrecht – Energieplanungsrecht – Energiesicherungsgesetz, 4. Aufl., Frankfurt am Main 2019 (zit.: Bearbeiter in: Säcker, EnWG).
Schaeffer, Yannick Das Zugangsrecht im Spannungsfeld von Eisenbahnregulierungs- und -aufsichtsrecht, IR 2022, 103-107.
Schmid, Christian Der Schutz des (wirksamen) Wettbewerbs im allgemeinen Wettbewerbsrecht, EuZW 2023, 733-739.
Schmillen, Markus Der Deutsche Bahn Fall – Verpflichtungszusagen im Schnittpunkt von Regulierungsrecht und Europäischer Missbrauchsaufsicht, in: Bien, Florian/Ludwigs, Markus (Hrsg.), Das europäische Kartell- und Regulierungsrecht der Netzindustrien, Baden-Baden, 2015, S. 157-168.

Schmitt, Thomas / Staebe, Erik (Hrsg.) Einführung in das Eisenbahnregulierungsrecht, München 2010 (zit.: Bearbeiter in: Schmitt/Staebe, Eisenbahnregulierungsrecht).

Scholtka, Boris / Helmes, Sebastian Ende der gemeinsamen Dienstleistungseinheiten („Shared Service Center") im vertikal integrierten Konzern?, N&R 2010, 243-245.

Schulte, Martin / Kloos, Joachim (Hrsg.) Handbuch Öffentliches Wirtschaftsrecht, München 2016 (zit.: Bearbeiter in: Schulte/Kloos, Handbuch Öffentliches Wirtschaftsrecht).

Sellmann, Klaus-Albrecht Die Entwicklung des öffentlichen Verkehrsrechts, NVwZ 2011, 724-730.

Sodan, Helge / Ziekow, Jan Verwaltungsgerichtsordnung, 5. Aufl., Baden-Baden 2018 (zit.: Bearbeiter in: Sodan/Ziekow, VwGO).

Spindler, Gerald / Stilz, Eberhard (Hrsg.) Beck'scher Online-Großkommentar, AktG, Werkstand 01.02.2024 (zit.: Bearbeiter in: BeckOGK, AktG).

Staebe, Erik Anmerkung zum Urteil des Bundesverwaltungsgerichts vom 18. Mai 2010 (Az. 3 C 21.09), DVBl 2010, 986-989.

Staebe, Erik Das neue Eisenbahnregulierungsgesetz, DVBl 2016, 1564-1571.

Staebe, Erik Das „Vierte Eisenbahnpaket" der EU und der deutsche Regulierungsrahmen, EuZW 2018, 146-152.

Staebe, Erik (Hrsg.) Eisenbahnregulierungsgesetz (ERegG), München 2018 (zit.: Bearbeiter in: Staebe, ERegG).

Staebe, Erik Datenregulierung im Einbahnsektor (Teil 1), IR 2020, 146-148.

Staebe, Erik Datenregulierung im Einbahnsektor (Teil 2), IR 2020, 172-176.

Staebe, Erik Zur Weiterentwicklung des Eisenbahnregulierungsrechts, N&R 2021, 104-110.

Staebe, Erik Eisenbahninfrastrukturnutzungsentgelte vor dem EuGH – „Jurisdiktionskonflikt" gelöst?, Zum Urteil des EuGH vom 27. Oktober 2022 in der Rechtssache C-721/20 – DB Station & Service. N&R 2022, Heft 6 Beilage, 1-5.

Staebe, Erik Die „Gemeinwohlorientierung" der Eisenbahninfrastruktur: DB InfraGO AG, N&R 2024, 20-26.

Staebe, Erik Die „Unabhängigkeit" mitgliedstaatlicher Eisenbahnen, N&R 2024, 162-167.

Strohbach, Anne Praktische Umsetzung der Vorschläge der Beschleunigungskommission Schiene und der Monopolkommission – ein Blick auf die rechtlichen Herausforderungen, IR 2024, 85-90.

Truijens, Thorsten / Neumann-Giesen, Axel / Weber, Jürgen Organisationsform Shared-Service-Center, Weinheim 2012.
Varian, Hal R. Grundzüge der Mikroökonomik, 9. Aufl., Berlin/Boston 2016.
Wachinger, Lorenz Tätigkeit der „Konzernjuristen" für Betreiber der Schienenwege verstößt gegen § 9a AEG, NVwZ 2010, 1343-1346.
Wilkens, Sarah Wettbewerbsprinzip und Gemeinwohlorientierung bei der Erbringung von Eisenbahndienstleistungen, Berlin 2006.
Winnefeld, Robert Bilanz-Handbuch, 5. Aufl., München 2015.
Wolf, Christian EuGH C-2010-18: zum Begriff der Eisenbahninfrastruktur, IR 2021, 40-44.

Sonstige Quellen

Bär, Holger / Schenuit, Carolin / von Weizsäcker, Ernst Ulrich Preise müssen endlich die ökologische Wahrheit widerspiegeln, Zeit online vom 06.05.2022, https://www.zeit.de/wirtschaft/2022-05/energiepreise-entlastungspaket-umweltsteuer-finanzpolitik (aufgerufen am 22.04.2024).

Booz Allen Hamilton Inc. (Hrsg.) Privatisierungsvarianten der Deutschen Bahn AG „mit und ohne Netz“, Berlin Januar 2006, Fassung vom 01.03.2006, https://netze.econ.kit.edu/downloads/PRIMON_Langfassung_060301.pdfv (aufgerufen am 16.10.2024).

Bundeseisenbahnvermögen Bahnreform, https://www.bev.bund.de/DE/BegleiterDerBahnreform/Bahnreform/bahnreform_node.html (aufgerufen am 26.01.2022).

Bundesministerium der Finanzen (Hrsg.) Grundsätze guter Unternehmens- und aktiver Beteiligungsführung im Bereich des Bundes, Stand 30.06.2022, https://www.bundesfinanzministerium.de/Content/DE/Standardartikel/Themen/Bundesvermoegen/grundsaetze-beteiligunsfuehrung-2020.pdf?__blob=publicationFile&v=7 (aufgerufen am 27.10.2023).

Bundesministerium für Digitales und Verkehr (Hrsg.) Beschleunigungskommission Schiene, Abschlussbericht, Stand Dezember 2022, https://bmdv.bund.de/SharedDocs/DE/Anlage/K/abschlussbericht-beschleunigungskommission-schiene.pdf?__blob=publicationFile (aufgerufen am 05.02.2024).

Bundesministerium für Verkehr und digitale Infrastruktur (Hrsg.) Masterplan Schienenverkehr, Juni 2020, https://www.bmvi.de/SharedDocs/DE/Anlage/E/masterplan-schienenverkehr.pdf?__blob=publicationFile (aufgerufen am 26.05.2022).

Bundenetzagentur (Hrsg.) Gemeinsame Richtlinie der Regulierungsbehörden des Bundes und der Länder zur Umsetzung der informatorischen Entflechtung nach § 9 EnWG, 13.06.2007, https://www.bundesnetzagentur.de/SharedDocs/Downloads/DE/Sachgebiete/Energie/Unternehmen_Institutionen/EntflechtungKonzession/Entflechtung/RichtlinieinformatorischenEntfId10485pdf.pdf?__blob=publicationFile&v=6 (aufgerufen am 29.02.2024).

Bundenetzagentur (Hrsg.) Marktuntersuchung Eisenbahnen 2023, 5. Sonderausgabe – Marktentwicklung 2022 unter den Bedingungen der Covid-19-Pandemie, Bonn Mai 2023, https://www.bundesnetzagentur.de/SharedDocs/Downloads/DE/Sachgebiete/Eisenbahn/Unternehmen_Institutionen/Veroeffentlichungen/Marktuntersuchungen/MarktuntersuchungEisenbahnen/MarktuntersuchungEisenbahnen2023Sonderausgabe5.pdf?__blob=publicationFile&v=1 (aufgerufen am 28.01.2024) (zit. Bundenetzagentur (Hrsg.), Marktuntersuchung Eisenbahnen 2023).

Bundenetzagentur (Hrsg.) Marktuntersuchung Eisenbahnen 2024, Kurzerhebung Berichtsjahr 2023, Bonn Mai 2024, https://www.bundesnetzagentur.de/SharedDocs/Downloads/DE/Sachgebiete/Eisenbahn/Unternehmen_Institutionen/Veroeffentlichungen/Marktuntersuchungen/MarktuntersuchungEisenbahnen/MarktuntersuchungEisenbahnen2023(Kurzerhebung).pdf?__blob=publicationFile&v=2 (aufgerufen am 14.07.2024) (zit. Bundenetzagentur (Hrsg.), Marktuntersuchung Eisenbahnen 2024).

Bundesrechnungshof (Hrsg.) Bericht an den Haushaltsausschuss des Deutschen Bundestages nach § 88 Absatz 2 BHO über die geplante Umsetzung der Richtlinie 2012/34/EU durch das Gesetz zur Stärkung des Wettbewerbs im Eisenbahnbereich, Bonn 29.06.2016, https://www.bundesrechnungshof.de/SharedDocs/Downloads/DE/Berichte/2016/umsetzung-der-richtlinie-2012-34-eu-volltext.html (aufgerufen am 21.11.2023).

Bundesrechnungshof (Hrsg.) Bericht nach § 99 BHO zur Dauerkrise der Deutschen Bahn AG, Hinweise für eine strukturelle Weiterentwicklung, Bonn 15.03.2023, https://www.bundesrechnungshof.de/SharedDocs/Downloads/DE/Berichte/2023/db-dauerkrise-volltext.html (aufgerufen am 20.03.2023).

Bungert, Thomas DB Schenker: Verkauf an Staatsfonds aus Abu Dhabi im Gespräch, Verkehrsrundschau vom 13.12.2023, http://www.verkehrsrundschau.de/nachrichten/transport-logistik/db-schenker-verkauf-an-staatsfonds-aus-abu-dhabi-im-gespraech-3463853 (aufgerufen am 21.04.2024).

BÜNDNIS 90/DIE GRÜNEN (Hrsg.) Deutschland. Alles ist drin. Bundestagswahlprogramm 2021, 13.06.2021, https://cms.gruene.de/uploads/documents/Wahlprogramm-DIE-GRUENEN-Bundestagswahl-2021_barrierefrei.pdf (aufgerufen am 03.01.2022).

CDU / CSU / SPD (Hrsg.) Ein neuer Aufbruch für Europa. Eine neue Dynamik für Deutschland. Ein neuer Zusammenhalt für unser Land, Koalitionsvertrag vom 12.03.2018, https://www.bundesregierung.de/resource/blob/974430/847984/5b8bc23590d4cb2892b31c987ad672b7/2018-03-14-koalitionsvertrag-data.pdf?download=1 (aufgerufen am 25.09.2021).

Centrum für Europäische Politik (Hrsg.) cepMonitor: 4. Eisenbahnpaket: Eisenbahnbinnenmarkt (Richtlinie), https://www.cep.eu/monitor/cep/4-eisenbahnpaket-eisenbahnbinnenmarkt-richtlinie.html (aufgerufen am 25.09.2021).

Council of the European Union Fourth Railway Package: Proposal for a Directive of the European Parliament and of the Council amending Directive 2010/34/EU establishing a single European railway area, as regards the opening of the market for domestic passenger transport services by rail and the governance of the railway infrastructure, Proposal for a Regulation of the European Parliament and of the Council amending Regulation (EC) No 1370/2007 concerning the opening of the market for domestic passenger transport services by rail, 12777/15 TRANS 317 CODEC 1308, 12.10.2015, https://data.consilium.europa.eu/doc/document/ST-12777-2015-INIT/en/pdf (aufgerufen am 24.10.2023) (zit.: Council of the European Union, Proposal for a Fourth Railway Package).

DB Cargo AG Geschäftsbericht 2023, https://ir.deutschebahn.com/fileadmin/user_upload/DB23_Cargo_web_01.pdf (aufgerufen am 25.05.2024).

DB Energie GmbH Über die DB Energie GmbH, https://www.dbenergie.de/dbenergie-de/ueber-uns (aufgerufen am 22.05.2023).

DB Netz AG Geschäftsbericht 2019, https://ir.deutschebahn.com/fileadmin/Deutsch/2019/Berichte/DB19_Netz_AG_web.pdf (aufgerufen am 17.03.2021).

Dehousse, Franklin / Marsicola, Benedetta The EU's fourth railway package: a new stop in a long regulatory journey, Egmont Paper 76, Gent 2015, https://www.egmontinstitute.be/content/uploads/2015/04/ep76.pdf?type=pdf (aufgerufen am 29.01.2022).

Der Spiegel (Hrsg.) Trennung vom Netz, Der Spiegel, Heft 36/2000 vom 03.09.2000, https://www.spiegel.de/wirtschaft/trennung-vom-netz-a-3d53a1b7-0002-0001-0000-000017269630 (aufgerufen am 22.04.2024).

Der Spiegel (Hrsg.) Deutsche Bahn braucht bis 2027 knapp 90 Milliarden Euro, 28.05.2024, https://www.spiegel.de/wirtschaft/unternehmen/deutsche-bahn-braucht-bis-2027-knapp-90-milliarden-euro-a-45adeb7b-ca1f-4ae1-9269-7263a155b8fc (aufgerufen am 22.04.2024).

Deutsche Bahn AG Geschäftsbericht 1997, https://www1.deutschebahn.com/resource/blob/1045174/3c668fba25ce6a2590b20bd1f6995a85/1997_gb_dbkonzern_de-data.pdf (aufgerufen am 09.11.2023).
Deutsche Bahn AG Geschäftsbericht 1999, https://ir.deutschebahn.com/fileadmin/Deutsch/vor_2000/1999_gb_dbkonzern_de.pdf (aufgerufen am 09.11.2023).
Deutsche Bahn AG Geschäftsbericht 2003, https://ir.deutschebahn.com/fileadmin/Deutsch/2003/Berichte/2003_gb_dbkonzern_de.pdf (aufgerufen am 09.11.2023).
Deutsche Bahn AG Integrierter Bericht 2017, https://www1.deutschebahn.com/resource/blob/1639254/28c1e7302880f614637263d298ecefa7/ib2017_dbkonzern_de-data.pdf (aufgerufen am 16.01.2024).
Deutsche Bahn AG Referentenentwurf eines Gesetzes zur Umsetzung der Richtlinie 2016/2370/EU vom 14. Dezember 2016 zur Änderung der Richtlinie 2012/34/EU bezüglich der Öffnung des Marktes für inländische Schienenpersonenverkehrsdienste und der Verwaltung der Eisenbahninfrastruktur vom 22. Juni 2018, Stellungnahme der Deutschen Bahn AG, 25.07.2018, https://www.bmvi.de/SharedDocs/DE/Anlage/Gesetze/Gesetze-19/gesetz-zur-umsetzung-der-richtlinie-2016-2370-eu-stellungnahme-7.pdf?__blob=publicationFile (aufgerufen am 18.10.2023).
Deutsche Bahn AG Konzernabschluss zum Geschäftsjahr vom 01.01.2020 bis zum 31.12.2020, aufrufbar unter https://www.bundesanzeiger.de/ (aufgerufen am 26.01.2022).
Deutsche Bahn AG Integrierter Bericht 2022, https://www.deutschebahn.com/resource/blob/10431118/7022b1241d1c0b4322ae6c752157c263/Integrierter-Bericht_Download-data.pdf (aufgerufen am 31.03.2024).
Deutsche Bahn AG DB-Aufsichtsrat bringt gemeinwohlorientierte Infrastrukturgesellschaft DB InfraGO AG auf den Weg, https://www.deutschebahn.com/de/presse/pressestart_zentrales_uebersicht/DB-Aufsichtsrat-bringt-gemeinwohlorientierte-Infrastrukturgesellschaft-DB-InfraGO-AG-auf-den-Weg-11872708 (aufgerufen am 30.10.2023).
Deutsche Bahn AG 30 Jahre Bahnreform, Berlin Januar 2024, https://www.deutschebahn.com/resource/blob/267436/b82841899961f6eccf0336316d3c8851/bahnreform_dt-data.pdf (aufgerufen am 24.05.2024).
Deutscher Bundestag Plenarprotokoll 20/160, 20. Wahlperiode – 160. Sitzung, 21. März 2024, https://dserver.bundestag.de/btp/20/20160.pdf#P.20565 (aufgerufen am 25.04.2024).
Dose, Jens CIO Bernd Rattey ordnet die Bahn-IT neu, 28.03.2023, https://www.cio.de/a/cio-bernd-rattey-ordnet-die-bahn-it-neu,3707851 (aufgerufen am 05.05.2024).

Eisenbahn-Bundesamt Recht und Regelwerk, EU-Recht, https://www.eba.bund.de/DE/RechtRegelwerk/EU-Recht/eu-recht_node.html (aufgerufen am 26.01.2022).
Eisenbahn-Bundesamt LuFV - Leistungs- und Finanzierungsvereinbarung, https://www.eba.bund.de/DE/Themen/Finanzierung/LuFV/lufv_node.html (aufgerufen am 31.10.2022).
Eisenbahn- und Verkehrsgewerkschaft EVG lehnt Zerschlagung des Deutsche-Bahn-Konzerns ab, 17.04.2023, https://www.evg-online.org/meldungen/details/news/evg-lehnt-zerschlagung-des-deutsche-bahn-konzerns-ab-10604/ (aufgerufen am 16.10.2024).
Eisenbahn- und Verkehrsgewerkschaft DB Station&Service + DB Netz = InfraGO – GBRe und EVG sichern die Interessen der Beschäftigten, Berlin 15.09.2023, https://www.evg-online.org/fileadmin/user_upload/23-09-15-Aushang_InfraGO_230915.pdf (aufgerufen am 30.10.2023).
Elgot, Jessica / Topham, Gwyn Labour promises rail nationalisation within five years of coming to power, The Guardian, 24.04.2024, https://www.theguardian.com/politics/2024/apr/24/labour-promises-rail-nationalisation-within-five-years-of-coming-to-power (aufgerufen am 27.04.2024).
Europäische Kommission Beschluss vom 18. Dezember 2013 in einem Verfahren nach Artikel 102 des Vertrags über die Arbeitsweise der Europäischen Union (AEUV), COMP/AT.39678/Deutsche Bahn I und COMP/AT.39731/Deutsche Bahn II, https://ec.europa.eu/competition/antitrust/cases/dec_docs/39731/39731_800_7.pdf (aufgerufen am 13.11.2023).
Europäische Kommission MEMO/16/1383 vom 20.04.2016, Fragen und Antworten – Viertes Eisenbahnpaket, https://ec.europa.eu/commission/presscorner/api/files/document/print/de/memo_16_1383/MEMO_16_1383_DE.pdf (aufgerufen am 25.09.2021).
Europäische Kommission Entscheidungen in Vertragsverletzungsverfahren, INFR(2019)2159, Aufforderung (Art. 258 AEUV), Brüssel 10.10.2019, https://ec.europa.eu/commission/presscorner/detail/de/INF_19_5950 (aufgerufen am 31.12.2023).
Europäische Kommission Siebter Bericht über die Überwachung der Entwicklung des Schienenverkehrsmarkts gemäß Artikel 15 Absatz 4 der Richtlinie 2012/34/EU des Europäischen Parlaments und des Rates, COM(2021) 5 final, 13.01.2021, https://eur-lex.europa.eu/legal-content/DE/TXT/PDF/?uri=CELEX:52021DC0005 (aufgerufen am 29.10.2023).

Europäische Kommission Entscheidungen in Vertragsverletzungsverfahren, INFR(2021)2095, Aufforderung (Art. 258 AEUV), Brüssel 12.11.2021, https://ec.europa.eu/commission/presscorner/detail/DE/INF_21_5342 (aufgerufen am 31.12.2023).

Europäische Kommission Achter Bericht über die Überwachung der Entwicklung des Schienenverkehrsmarkts gemäß Artikel 15 Absatz 4 der Richtlinie 2012/34/EU des Europäischen Parlaments und des Rates, COM(2023) 510 final, 13.09.2023, https://eur-lex.europa.eu/legal-content/DE/TXT/PDF/?uri=CELEX:52023DC0510 (aufgerufen 29.10.2023).

Europäische Kommission Entscheidungen in Vertragsverletzungsverfahren, INFR(2019)2159, Ergänzende Aufforderung (Art. 258 AEUV), Brüssel 21.12.2023, https://ec.europa.eu/commission/presscorner/detail/DE/INF_23_6211 (aufgerufen am 31.12.2023).

Europäische Kommission Der europäische Grüne Deal, https://commission.europa.eu/strategy-and-policy/priorities-2019-2024/european-green-deal_de (aufgerufen am 25.05.2024).

Europäische Union Verfahren 2013/0029/COD, https://eur-lex.europa.eu/legal-content/EN/HIS/?uri=COM:2013:0029:FIN (aufgerufen am 25.09.2021).

Europäisches Parlament Bericht über den Vorschlag für eine Richtlinie des Europäischen Parlaments und des Rates zur Änderung der Richtlinie 2012/34/EU des Europäischen Parlaments und des Rates vom 21. November 2012 zur Schaffung eines einheitlichen europäischen Eisenbahnraums bezüglich der Öffnung des Marktes für inländische Schienenpersonenverkehrsdienste und der Verwaltung der Eisenbahninfrastruktur. A7-0037/2014, 21.01.2014, https://www.europarl.europa.eu/doceo/document/A-7-2014-0037_DE.pdf (aufgerufen am 24.10.2023) (zit.: Europäisches Parlament, Bericht über den Vorschlag zur Änderung der Richtlinie 2012/34/EU).

European Commission Railway packages, https://transport.ec.europa.eu/transport-modes/rail/railway-packages_en (aufgerufen am 28.08.2022).

European Commission Recast of the first railway package (Directive 2012/34/EU), https://transport.ec.europa.eu/transport-modes/rail/railway-packages/recast-first-railway-package-dir-201234eu_en (aufgerufen am 28.01.2022).

European Commission Fourth railway package of 2016, https://transport.ec.europa.eu/transport-modes/rail/railway-packages/fourth-railway-package-2016_en (aufgerufen am 29.01.2022).

FDP (Hrsg.) Nie gab es mehr zu tun. Wahlprogramm der Freien Demokraten, vom 16.05.2022, https://www.fdp.de/sites/default/files/2021-06/FDP_Programm_Bundestagswahl2021_1.pdf (aufgerufen am 03.01.2022).

Feynman, Richard Phillips Report of the Presidential Commission on the Space Shuttle Challenger Accident, Volume 2: Appendix F – Personal Observations on Reliability of Shuttle, Washington, D.C. 06.06.1986 https://www.nasa.gov/history/rogersrep/v2appf.htm (aufgerufen am 06.06.2024).

Friedman, Milton A Friedman doctrine—The Social Responsibility of Business Is to Increase Its Profits, The New York Times vom 13.09.1970, https://www.nytimes.com/1970/09/13/archives/a-friedman-doctrine-the-social-responsibility-of-business-is-to.html (aufgerufen am 04.03.2024).

Hofreiter, Anton / Kindler, Sven-Christian Die Bahn braucht nicht nur Geld, sondern auch neue Strukturen, Handelsblatt vom 26.02.2020, https://www.handelsblatt.com/meinung/gastbeitraege/gastkommentar-die-bahn-braucht-nicht-nur-geld-sondern-auch-neue-strukturen/25474638.html (aufgerufen am 21.11.2021).

Höltschi, René Die Deutsche Bahn setzt zur «grössten Bahnreform seit dreissig Jahren» an, Neue Züricher Zeitung vom 23.01.2024, https://www.nzz.ch/wirtschaft/deutsche-bahn-groesste-bahnreform-seit-30-jahren-ist-am-start-ld.1775373 (aufgerufen am 23.05.2024).

Kramer, Urs Gelder gehen gewundene Gänge, Legal Tribune Online, 29.06.2017, https://www.lto.de/persistent/a_id/23317/ (aufgerufen am 30.11.2023).

Keuter, Christof / Waitschies, Markus Die AEG-Novelle – mehr Wettbewerb auf der Schiene, in: Wissenschaftliche Dienste des Deutschen Bundestages (Hrsg.), Der aktuelle Begriff, 29.11.2004, https://www.bundestag.de/resource/blob/514376/be2ddc00a9da71ac8aa3c92e786fccb7/die-aeg-novelle-data.pdf (aufgerufen am 17.03.2021) (zit.: Keuter/Waitschies, Die AEG-Novelle – mehr Wettbewerb auf der Schiene).

Kommission der Europäischen Gemeinschaften Bericht der Kommission der Europäischen Gemeinschaften an das Europäische Parlament, den Rat, den Europäischen Wirtschafts- und Sozialausschuss und den Ausschuss der Regionen über die Durchführung des ersten Eisenbahnpakets, KOM(2006) 189 endgültig vom 03.05.2006, https://eur-lex.europa.eu/legal-content/DE/TXT/?uri=CELEX%3A52006DC0189 (aufgerufen am 29.01.2022) (zit.: Kommission, Bericht über die Durchführung des ersten Eisenbahnpakets).

Kommission der Europäischen Gemeinschaften Commission Staff Working Document, Annexes to the Communication on the implementation of the railway infrastructure package Directives ('First Railway Package') {COM(2006) 189 final}, SEC(2006) 530, 03.05.2006, Document 52006SC0530, https://eur-lex.europa.eu/legal-content/EN/TXT/?uri=CELEX:52006SC0530 (aufgerufen am 20.04.2024) (zit: Kommission, Anhänge zum Bericht über die Durchführung des ersten Eisenbahnpakets).

KPMG AG Wirtschafts-prüfungsgesellschaft / Universität St. Gallen (Hrsg.) Shared Service Center für Controlling-Prozesse, Düsseldorf und St. Gallen, Juni 2013, https://assets.kpmg/content/dam/kpmg/pdf/2013/09/shared-services-controllingprozesse-neu-2013-kpmg.pdf (aufgerufen am 14.02.2024).

Mofair (Hrsg.) Bahnreform II: Anforderungen an die Struktur der Eisenbahnen des Bundes, 03.07.2020, https://mofair.de/wp-content/uploads/2020/07/20703-Anforderungen-an-die-Struktur-der-Eisenbahnen-des-Bundes.pdf (aufgerufen am 16.10.2024).

Mofair (Hrsg.) Kapazität, Qualität und Kundenorientierung: Eine starke Schieneninfrastrukturgesellschaft für die Verkehrswende, 27.01.2022, https://mofair.de/wp-content/uploads/2022/01/220127-Gemeinwohl orientierung-Schieneninfrastruktur.pdf (aufgerufen am 14.02.2024).

Monopolkommission (Hrsg.) Mehr Qualität und Wettbewerb auf die Schiene, 7. Sektorgutachten, 25.07.2019, https://www.monopolkommission.de/images/PDF/SG/7sg_bahn_volltext.pdf (aufgerufen am 26.04.2024) (zit: Monopolkommission, 7. Sektorgutachten Bahn (2019)).

Monopolkommission (Hrsg.) Bahn 2021: Wettbewerb in den Takt!, 8. Sektorgutachten, 21.07.2021, https://www.monopolkommission.de/images/PDF/SG/8sg_bahn_volltext.pdf (aufgerufen am 01.01.2023) (zit: Monopolkommission, 8. Sektorgutachten Bahn (2021)).

Monopolkommission (Hrsg.) Bahn 2023: Time to GO: Endlich qualitätswirksam in den Wettbewerb!, 9. Sektorgutachten, 04.07.2023, https://www.monopolkommission.de/images/PDF/SG/9sg_bahn_volltext.pdf (aufgerufen am 23.09.2023) (zit: Monopolkommission, 9. Sektorgutachten Bahn (2023)).

Philipp, Sabine Roland Berger vergleicht Bahnstrukturen, MittelstandsWiki vom 08.11.2012, https://www.mittelstandswiki.de/2012/11/the-optimal-setup-of-a-rail-system-roland-berger-vergleicht-bahnstrukturen/ (aufgerufen am 26.04.2024).

Perier, Alexis Le quatrième paquet ferroviaire: l'impossible libéralisation?, Bruges Political Research Papers 33 / 2014, Brügge 2014, https://www.coleurope.eu/sites/default/files/research-paper/wp33_perier_0_0.pdf (aufgerufen am 26.01.2022).

Rat der Europäischen Union Viertes Eisenbahnpaket: Vorschlag für eine Richtlinie des Europäischen Parlaments und des Rates zur Änderung der Richtlinie 2012/34/EU zur Schaffung eines einheitlichen europäischen Eisenbahnraums bezüglich der Öffnung des Marktes für inländische Schienenpersonenverkehrsdienste und der Verwaltung der Eisenbahninfrastruktur – Analyse des endgültigen Kompromisstextes im Hinblick auf eine Einigung, 8061/16 ADD 2 REV 1 TRANS 123 CODEC 488, 28.04.2016, https://eur-lex.europa.eu/legal-content/DE/TXT/PDF/?uri=CONSIL:ST_8061_2016_ADD_2_REV_1&qid=1618244630021&from=DE (aufgerufen am 30.01.2022) (zit: Rat der Europäischen Union, Viertes Eisenbahnpaket: Vorschlag zur Änderung der Richtlinie 2012/34/EU).

Sandvoß, Jörg Gemeinwohl statt Börse, Tagesspiegel-Background, 02.11.2023, https://background.tagesspiegel.de/mobilitaet/gemeinwohl-statt-boerse (aufgerufen am 06.02.2024).

Schwilling, Andreas / Bunge, Stephan 20 Jahre Bahnreform und Deutsche Bahn AG – Erfolge und künftige Herausforderungen, München 2014, https://www.deutschebahn.com/resource/blob/6859984/07d47d8eefcbcefd9e98d3a063dce541/Broschuere_20_Jahre_Bahnreform-data.pdf (aufgerufen am 23.05.2024).

Smith, Adam An Inquiry into the Nature and Causes of the Wealth of Nations, London 2001, https://ebookcentral-proquest-com.ub-proxy.fernuni-hagen.de/lib/fuhagen-ebooks/reader.action?docID=3008435# (aufgerufen am 31.05.2024).

SPD (Hrsg.) Aus Respekt vor der Zukunft. Das Zukunftsprogramm der SPD, 09.05.2021, https://www.spd.de/fileadmin/Dokumente/Beschluesse/Programm/SPD-Zukunftsprogramm.pdf (aufgerufen am 03.01.2022).

SPD / BÜNDNIS 90/DIE GRÜNEN / FDP (Hrsg.) Mehr Fortschritt wagen – Bündnis für Freiheit, Gerechtigkeit und Nachhaltigkeit, Koalitionsvertrag vom 24.11.2021, https://www.bundesregierung.de/resource/blob/974430/1990812/04221173eef9a6720059cc353d759a2b/2021-12-10-koav2021-data.pdf?download=1 (aufgerufen am 26.05.2022).

Verband Deutscher Verkehrsunternehmen (VDV) „Entflechtung ist nicht entscheidend für den Wettbewerb“, Pressemitteilungen des VDV, 12.11.2012, https://www.vdv.de/presse.aspx?id=427612e0-b0a5-4c6c-8c78-87ae5649c723&mode=detail&coriander=V3_8da89ee1-93c2-88fb-5583-9df98cf0618c (aufgerufen am 19.04.2024).

Verband Deutscher Verkehrsunternehmen (VDV) Fachinformationen der Landesgruppe Sachsen/Thüringen, Herbstsitzung am 24./25.10.2023 in Gotha, Vortrag Dr. Heike Höhnscheid, VDV „Informationen für Eisenbahnen“, https://www.vdv.de/gotha.herbst-2023.eisenbahn.pdfx (aufgerufen am 05.12.2023) (zit: VDV, Informationen für Eisenbahnen 2023).

Wiens, Marie Christin Bahn-Aufsichtsrat macht Weg frei für Strukturreform – InfraGo kommt, Verkehrsrundschau vom 28.09.2023, https://www.verkehrsrundschau.de/nachrichten/transport-logistik/bahn-aufsichtsrat-macht-weg-frei-fuer-strukturreform-infrago-kommt-3439698 (aufgerufen am 30.10.2023).

Zinsmeister, Nadja Massiver Stellenabbau droht: Deutsche Bahn könnte wichtige Sparte verkaufen, Merkur vom 15.04.2024, https://www.merkur.de/wirtschaft/deutsche-bahn-stellenabbau-verluste-gueterverkehr-db-cargo-zukunft-offen-schienenverkehr-93013221.html (aufgerufen am 25.04.2024).

Anlagen

Anlage 1: Abgleich Kommissionsvorschlag und Richtlinie 2012/34/EU

Der nachfolgende Abgleich des initialen Kommissionsvorschlags[1405] und der Recast-Richtlinie 2012/34/EU[1406] verwendet u. a. eine Übersicht des Centrums für Europäische Politik.[1407]

Um die relevanten Passagen direkt gegenüberzustellen, wurden zur Strukturierung des Textes zusätzliche Absätze eingefügt. Relevante Abweichungen sind durch Unterstreichungen gekennzeichnet.

1405 Europäische Kommission, COM(2013) 29 final vom 30.01.2013, Vorschlag für eine Richtlinie des Europäischen Parlaments und des Rates zur Änderung der Richtlinie 2012/34/EU des Europäischen Parlaments und des Rates vom 21. November 2012 zur Schaffung eines einheitlichen europäischen Eisenbahnraums bezüglich der Öffnung des Marktes für inländische Schienenpersonenverkehrsdienste und der Verwaltung der Eisenbahninfrastruktur, CELEX 52013PC0029.

1406 Richtlinie 2012/34/EU des Europäischen Parlaments und des Rates vom 21.11.2012 zur Schaffung eines einheitlichen europäischen Eisenbahnraums, ABl. 2012 L 343, 32 („Recast-Richtlinie") – konsolidierte Fassung Stand 01.01.2019.

1407 *Centrum für Europäische Politik (Hrsg.)*, cepMonitor: 4. Eisenbahnpaket: Eisenbahnbinnenmarkt (Richtlinie) https://www.cep.eu/monitor/cep/4-eisenbahnpaket-eisenbahnbinnenmarkt-richtlinie.html (aufgerufen am 23.10.2023).

Initialer Kommissionsvorschlag	Richtlinie 2012/34/EU
Artikel 7 Institutionelle Trennung des Infrastrukturbetreibers 1. Die Mitgliedstaaten stellen sicher, dass der Infrastrukturbetreiber sämtliche in Artikel 3 Absatz 2 genannten Funktionen ausübt und von jeglichem Eisenbahnunternehmen unabhängig ist.	**Artikel 7 Unabhängigkeit des Infrastrukturbetreibers** (1) Die Mitgliedstaaten stellen sicher, dass der Infrastrukturbetreiber für den Betrieb, die Instandhaltung und die Erneuerung des Schienennetzes verantwortlich ist und im Einklang mit dem jeweiligen nationalen Recht mit dem Ausbau der Eisenbahninfrastruktur dieses Netzes beauftragt wird. Die Mitgliedstaaten stellen sicher, dass keine der anderen rechtlichen Einheiten des vertikal integrierten Unternehmens einen bestimmenden Einfluss auf die Entscheidungen des Infrastrukturbetreibers hinsichtlich der wesentlichen Funktionen ausübt. Die Mitgliedstaaten stellen sicher, dass die Mitglieder des Aufsichtsrats und des Vorstands des Infrastrukturbetreibers und die ihnen unmittelbar unterstellten Führungskräfte in diskriminierungsfreier Weise handeln und dass ihre Unparteilichkeit durch keinerlei Interessenkonflikt beeinträchtigt ist.
Um die Unabhängigkeit des Infrastrukturbetreibers zu garantieren, stellen die Mitgliedstaaten sicher, dass die Infrastrukturbetreiber innerhalb einer von jeglichem Eisenbahnunternehmen rechtlich getrennten Einheit eingerichtet sind.	(2) Die Mitgliedstaaten stellen sicher, dass der Infrastrukturbetreiber als Stelle eingerichtet ist, die von einem Eisenbahnunternehmen und in vertikal integrierten Unternehmen von anderen rechtlichen Einheiten innerhalb des Unternehmens rechtlich getrennt ist.
2. Die Mitgliedstaaten stellen außerdem sicher, dass es ein und derselben juristischen oder natürlichen Person untersagt ist, (a) gleichzeitig direkt oder indirekt die Kontrolle im Sinne der Verordnung (EG) Nr. 139/2004 des Rates über ein Eisenbahnunternehmen und einen Infrastrukturbetreiber auszuüben, eine finanzielle Beteiligung an einem Eisenbahnunternehmen und einem Infrastrukturbetreiber zu halten oder Rechte an einem Eisenbahnunternehmen und an einem Infrastrukturbetreiber auszuüben, (b) Mitglieder des Aufsichtsrats, des Verwaltungsrats oder der zur gesetzlichen Vertretung eines Infrastrukturbetreibers berufenen Organe zu bestellen und gleichzeitig direkt oder indirekt die Kontrolle über ein Eisenbahnunternehmen auszuüben, eine finanzielle Beteiligung an einem Eisenbahnunternehmen zu halten oder Rechte an einem Eisenbahnunternehmen auszuüben,	*<gestrichen>*

Initialer Kommissionsvorschlag	Richtlinie 2012/34/EU
(c) sowohl bei einem Eisenbahnunternehmen als auch bei einem Infrastrukturbetreiber Mitglied des Aufsichtsrats, des Verwaltungsrats oder der zur gesetzlichen Vertretung des Unternehmens berufenen Organe zu sein,	(3) Die Mitgliedstaaten stellen im Zusammenhang mit Einstellungen und Ernennungen sicher, dass dieselben Personen nicht gleichzeitig tätig sein können a) als Mitglieder des Vorstands eines Infrastrukturbetreibers und als Mitglieder des Vorstands eines Eisenbahnunternehmens, b) als Personen, die Entscheidungen über die wesentlichen Funktionen zu treffen haben, und als Mitglieder des Vorstands eines Eisenbahnunternehmens, c) als Mitglieder des Aufsichtsrats eines Infrastrukturbetreibers und als Mitglieder des Aufsichtsrats eines Eisenbahnunternehmens, sofern ein Aufsichtsrat eingesetzt worden ist, d) als Mitglieder des Aufsichtsrats eines Unternehmens, das Teil eines vertikal integrierten Unternehmens ist und das sowohl ein Eisenbahnunternehmen als auch einen Infrastrukturbetreiber kontrolliert, und als Mitglieder des Vorstands dieses Infrastrukturbetreibers.
(d) die Eisenbahninfrastruktur des Infrastrukturbetreibers zu betreiben oder an seinem Betrieb beteiligt zu sein und gleichzeitig direkt oder indirekt die Kontrolle über ein Eisenbahnunternehmen auszuüben, eine finanzielle Beteiligung an einem Eisenbahnunternehmen zu halten oder Rechte an einem Eisenbahnunternehmen auszuüben, oder ein Eisenbahnunternehmen zu betreiben oder an seinem Betrieb beteiligt zu sein und gleichzeitig direkt oder indirekt die Kontrolle über einen Infrastrukturbetreiber auszuüben, eine Beteiligung an einem Infrastrukturbetreiber zu halten oder Rechte an einem Infrastrukturbetreiber auszuüben. 3. Handelt es sich bei der in Absatz 2 genannten Person um einen Mitgliedstaat oder eine andere öffentliche Stelle, so gelten für die Umsetzung dieses Artikels zwei unterschiedliche, rechtlich voneinander getrennte Behörden, die die Kontrolle und andere in Absatz 2 genannte Rechte einerseits über einen Infrastrukturbetreiber und andererseits über ein Eisenbahnunternehmen ausüben, nicht als ein und dieselbe(n) Person(en).	*<gestrichen>*

Initialer Kommissionsvorschlag	Richtlinie 2012/34/EU
	Artikel 7c Auslagerung und Aufteilung der Funktionen des Infrastrukturbetreibers
4. Sofern keine Interessenkonflikte entstehen und die Vertraulichkeit der Geschäftsgeheimnisse gewährleistet ist, kann der Infrastrukturbetreiber	(1) Entstehen keine Interessenkonflikte und ist die Vertraulichkeit der Geschäftsgeheimnisse gewährleistet, kann der Infrastrukturbetreiber a) Funktionen an eine andere Stelle auslagern, sofern diese Stelle kein Eisenbahnunternehmen ist, kein Eisenbahnunternehmen kontrolliert oder nicht von einem Eisenbahnunternehmen kontrolliert wird. Innerhalb eines vertikal integrierten Unternehmens dürfen wesentliche Funktionen an keine andere Einheit des vertikal integrierten Unternehmens ausgelagert werden, es sei denn, diese Einheit nimmt ausschließlich wesentliche Funktionen wahr;
bestimmte Ausbau-, Erneuerungs- und Instandhaltungsarbeiten, über die er die Entscheidungsgewalt behält, als Unteraufträge an Eisenbahnunternehmen oder jede andere Stelle vergeben, die unter Aufsicht des Infrastrukturbetreibers steht.	b) die Durchführung von Arbeiten und damit verbundenen Aufgaben hinsichtlich des Ausbaus, der Instandhaltung und der Erneuerung der Eisenbahninfrastruktur an Eisenbahnunternehmen oder Unternehmen auslagern, die das Eisenbahnunternehmen kontrollieren oder von dem Eisenbahnunternehmen kontrolliert werden. Der Infrastrukturbetreiber behält die Aufsichtsbefugnis über und trägt die endgültige Verantwortung für die Wahrnehmung der in Artikel 3 Absatz 2 genannten Funktionen. Jede Stelle, die wesentliche Funktionen wahrnimmt, muss den Artikeln 7, 7a, 7b und 7d genügen. […]
5. Ist der Infrastrukturbetreiber bei Inkrafttreten dieser Richtlinie Teil eines vertikal integrierten Unternehmens, so können die Mitgliedstaaten beschließen, von der Anwendung der Absätze 2 bis 4 abzusehen. In diesem Fall stellt der betreffende Mitgliedstaat sicher, dass der Infrastrukturbetreiber die in Artikel 3 Absatz 2 genannten Aufgaben wahrnimmt und organisatorisch sowie in seinen Entscheidungen gemäß den Anforderungen der Artikel 7a bis 7c von Eisenbahnunternehmen unabhängig ist.	*<gestrichen>*

Initialer Kommissionsvorschlag	Richtlinie 2012/34/EU
Artikel 7a Effektive Unabhängigkeit des Infrastrukturbetreibers innerhalb vertikal integrierter Unternehmen 1. Die Mitgliedstaaten stellen sicher, dass der Infrastrukturbetreiber als Stelle eingerichtet ist, die von jeglichem Eisenbahnunternehmen oder jeglicher Holdinggesellschaft, das bzw. die solche Unternehmen kontrolliert, oder anderen rechtlichen Einheiten des vertikal integrierten Unternehmens rechtlich getrennt ist.	**Artikel 7 Unabhängigkeit des Infrastrukturbetreibers** […] (2) Die Mitgliedstaaten stellen sicher, dass der Infrastrukturbetreiber als Stelle eingerichtet ist, die von einem Eisenbahnunternehmen und in vertikal integrierten Unternehmen von anderen rechtlichen Einheiten innerhalb des Unternehmens rechtlich getrennt ist. […]
2. Rechtliche Einheiten des vertikal integrierten Unternehmens, die auf den Märkten für Schienenverkehrsdienste tätig sind, halten keine direkten oder indirekten Beteiligungen am Infrastrukturbetreiber. Ebenso wenig hält der Infrastrukturbetreiber direkte oder indirekte Beteiligungen an rechtlichen Einheiten des vertikal integrierten Unternehmens, die auf den Märkten für Schienenverkehrsdienste tätig sind.	*<gestrichen>*

Initialer Kommissionsvorschlag	Richtlinie 2012/34/EU
	Artikel 7d Finanzielle Transparenz
3. Die Einnahmen des Infrastrukturbetreibers dürfen nicht zur Finanzierung anderer rechtlicher Einheiten des vertikal integrierten Unternehmens verwendet werden, sondern ausschließlich zur Finanzierung des Geschäftsbetriebs des Infrastrukturbetreibers und zur Auszahlung von Dividenden an den Endeigentümer des vertikal integrierten Unternehmens.	(1) Die Einnahmen aus dem Betrieb des Infrastrukturnetzes, einschließlich öffentlicher Gelder, dürfen vom Infrastrukturbetreiber unter Beachtung der in den einzelnen Mitgliedstaaten geltenden nationalen Verfahren ausschließlich zur Finanzierung seiner eigenen Geschäftstätigkeit, auch zur Bedienung seiner Darlehen, verwendet werden. Der Infrastrukturbetreiber kann diese Einnahmen für die Zahlung von Dividenden an die Eigentümer des Unternehmens verwenden, zu denen zwar private Anteilseigner gehören können, jedoch keineswegs Unternehmen, die Teil eines vertikal integrierten Unternehmens sind und die sowohl ein Eisenbahnunternehmen als auch diesen Infrastrukturbetreiber kontrollieren.
Der Infrastrukturbetreiber darf anderen rechtlichen Einheiten des vertikal integrierten Unternehmens keine Darlehen gewähren, und keine andere rechtliche Einheit des vertikal integrierten Unternehmens darf dem Infrastrukturbetreiber Darlehen gewähren.	(2) Infrastrukturbetreiber dürfen Eisenbahnunternehmen weder direkt noch indirekt Darlehen gewähren. (3) Eisenbahnunternehmen dürfen Infrastrukturbetreibern weder direkt noch indirekt Darlehen gewähren. (4) Darlehen zwischen rechtlichen Einheiten eines vertikal integrierten Unternehmens dürfen nur zu Marktsätzen und -bedingungen gewährt, ausgezahlt und bedient werden, die das individuelle Risikoprofil des betreffenden Unternehmens widerspiegeln. (5) Vor dem 24. Dezember 2016 gewährte Darlehen zwischen rechtlichen Einheiten eines vertikal integrierten Unternehmens laufen bis zu ihrer Fälligkeit weiter, sofern sie zu Marktsätzen geschlossen wurden und tatsächlich ausgezahlt und bedient werden.
Dem Infrastrukturbetreiber von anderen rechtlichen Einheiten angebotene Dienstleistungen werden aufgrund von Verträgen erbracht und nach Marktpreisen bezahlt.	(6) Die dem Infrastrukturbetreiber von anderen rechtlichen Einheiten eines vertikal integrierten Unternehmens angebotenen Dienstleistungen werden auf der Grundlage von Verträgen erbracht und entweder nach Marktpreisen bezahlt oder nach Preisen, die die Produktionskosten widerspiegeln, zuzüglich einer angemessenen Gewinnspanne.

Initialer Kommissionsvorschlag	Richtlinie 2012/34/EU
Die Schulden des Infrastrukturbetreibers werden eindeutig getrennt von den Schulden anderer rechtlicher Einheiten des vertikal integrierten Unternehmens ausgewiesen und bedient.	(7) Verbindlichkeiten des Infrastrukturbetreibers werden eindeutig getrennt von Verbindlichkeiten anderer rechtlicher Einheiten vertikal integrierter Unternehmen ausgewiesen. Derartige Schulden werden gesondert bedient. Dies stellt jedoch keinen Hinderungsgrund dafür dar, dass die abschließende Begleichung der Schulden über ein Unternehmen, das Teil eines vertikal integrierten Unternehmens ist und das sowohl ein Eisenbahnunternehmen als auch einen Infrastrukturbetreiber kontrolliert, oder über eine andere Einheit des Unternehmens erfolgt.
Die Bücher des Infrastrukturbetreibers und der übrigen rechtlichen Einheiten des vertikal integrierten Unternehmens werden so geführt, dass die Einhaltung dieser Bestimmungen sichergestellt ist und die Finanzkreisläufe des Infrastrukturbetreibers von denen der übrigen rechtlichen Einheiten des vertikal integrierten Unternehmens getrennt werden können.	(8) Die Konten des Infrastrukturbetreibers und der übrigen rechtlichen Einheiten eines vertikal integrierten Unternehmens werden so geführt, dass die Einhaltung dieses Artikels sichergestellt ist und eine getrennte Rechnungsführung sowie transparente Finanzkreisläufe innerhalb des Unternehmens ermöglicht werden.
4. Unbeschadet des Artikels 8 Absatz 4 nimmt der Infrastrukturbetreiber Mittel am Kapitalmarkt eigenständig und nicht über andere rechtliche Einheiten des vertikal integrierten Unternehmens auf. Andere rechtliche Einheiten des vertikal integrierten Unternehmens nehmen keine Mittel über den Infrastrukturbetreiber auf.	
5. Der Infrastrukturbetreiber führt detaillierte Aufzeichnungen über sämtliche kommerziellen und finanziellen Beziehungen zu den übrigen rechtlichen Einheiten des vertikal integrierten Unternehmens und stellt sie der Regulierungsstelle im Einklang mit Artikel 56 Absatz 12 auf Anfrage zur Verfügung.	(9) In vertikal integrierten Unternehmen führt der Infrastrukturbetreiber detaillierte Aufzeichnungen über sämtliche kommerziellen und finanziellen Beziehungen zu den übrigen rechtlichen Einheiten dieses Unternehmens.
	(10) Werden wesentliche Funktionen von einer unabhängigen entgelterhebenden Stelle und/oder Zuweisungsstelle gemäß Artikel 7a Absatz 3 wahrgenommen und wenden die Mitgliedstaaten Artikel 7 Absatz 2 nicht an, gilt dieser Artikel entsprechend. Verweise auf den Infrastrukturbetreiber, das Eisenbahnunternehmen und andere rechtliche Einheiten eines vertikal integrierten Unternehmens in diesem Artikel sind als Verweise auf die jeweiligen Unternehmensbereiche zu verstehen. Die Erfüllung der in diesem Artikel dargelegten Anforderungen wird in einer getrennten Rechnungsführung der jeweiligen Unternehmensbereiche nachgewiesen.

Initialer Kommissionsvorschlag	Richtlinie 2012/34/EU
Artikel 7b Effektive Unabhängigkeit von Personal und Management des Infrastrukturbetreibers innerhalb vertikal integrierter Unternehmen 1. Unbeschadet der Entscheidungen der Regulierungsstelle nach Artikel 56 verfügt der Infrastrukturbetreiber hinsichtlich sämtlicher in Artikel 3 Absatz 2 genannten Funktionen über effektive Entscheidungsbefugnisse und ist diesbezüglich von allen übrigen rechtlichen Einheiten des vertikal integrierten Unternehmens unabhängig. Durch die gesamte Verwaltungsstruktur und die Unternehmenssatzung des Infrastrukturbetreibers ist garantiert, dass keine der zu dem vertikal integrierten Unternehmen gehörenden rechtlichen Einheiten direkt oder indirekt das Verhalten des Infrastrukturbetreibers in Bezug auf diese Funktionen bestimmt.	**Artikel 7 Unabhängigkeit des Infrastrukturbetreibers** (1) Die Mitgliedstaaten stellen sicher, dass der Infrastrukturbetreiber für den Betrieb, die Instandhaltung und die Erneuerung des Schienennetzes verantwortlich ist und im Einklang mit dem jeweiligen nationalen Recht mit dem Ausbau der Eisenbahninfrastruktur dieses Netzes beauftragt wird. Die Mitgliedstaaten stellen sicher, dass keine der anderen rechtlichen Einheiten des vertikal integrierten Unternehmens einen bestimmenden Einfluss auf die Entscheidungen des Infrastrukturbetreibers hinsichtlich der wesentlichen Funktionen ausübt. […]
2. Mitglieder des Verwaltungsrats und leitende Mitarbeiter des Infrastrukturbetreibers sind weder Mitglieder des Aufsichtsrats oder des Verwaltungsrats noch leitende Mitarbeiter einer anderen rechtlichen Einheit des vertikal integrierten Unternehmens. Mitglieder des Aufsichtsrats oder des Verwaltungsrats und leitende Mitarbeiter der übrigen rechtlichen Einheiten des vertikal integrierten Unternehmens sind weder Mitglieder des Verwaltungsrats noch leitende Mitarbeiter des Infrastrukturbetreibers.	**Artikel 7 Unabhängigkeit des Infrastrukturbetreibers** […] (3) Die Mitgliedstaaten stellen im Zusammenhang mit Einstellungen und Ernennungen sicher, dass dieselben Personen nicht gleichzeitig tätig sein können a) als Mitglieder des Vorstands eines Infrastrukturbetreibers und als Mitglieder des Vorstands eines Eisenbahnunternehmens, b) als Personen, die Entscheidungen über die wesentlichen Funktionen zu treffen haben, und als Mitglieder des Vorstands eines Eisenbahnunternehmens, c) als Mitglieder des Aufsichtsrats eines Infrastrukturbetreibers und als Mitglieder des Aufsichtsrats eines Eisenbahnunternehmens, sofern ein Aufsichtsrat eingesetzt worden ist, d) als Mitglieder des Aufsichtsrats eines Unternehmens, das Teil eines vertikal integrierten Unternehmens ist und das sowohl ein Eisenbahnunternehmen als auch einen Infrastrukturbetreiber kontrolliert, und als Mitglieder des Vorstands dieses Infrastrukturbetreibers. […]

Initialer Kommissionsvorschlag	Richtlinie 2012/34/EU
3. Der Infrastrukturbetreiber verfügt über einen Aufsichtsrat, der sich aus Vertretern der Endeigentümer des vertikal integrierten Unternehmens zusammensetzt. Der Aufsichtsrat kann den in Artikel 7d genannten Koordinierungsausschuss zu Fragen in dessen Zuständigkeitsbereich konsultieren. Entscheidungen über Ernennungen, Wiederernennungen, Beschäftigungsbedingungen einschließlich Vergütung und Vertragsbeendigung für Verwaltungsratsmitglieder des Infrastrukturbetreibers werden vom Aufsichtsrat getroffen. Die Namen und die Regelungen in Bezug auf die Vertragslaufzeit und -beendigung für Personen, die vom Aufsichtsrat als Mitglieder des Verwaltungsrats des Infrastrukturbetreibers ernannt oder wiederernannt werden, und die Gründe für vorgeschlagene Entscheidungen über eine Vertragsbeendigung sind der in Artikel 55 genannten Regulierungsstelle mitzuteilen. Die in diesem Absatz genannten Regelungen und Entscheidungen werden erst verbindlich, nachdem die Regulierungsstelle sie ausdrücklich gebilligt hat. Die Regulierungsstelle kann gegen solche Entscheidungen Einspruch erheben, wenn Zweifel an der beruflichen Unabhängigkeit einer in den Verwaltungsrat berufenen Person bestehen oder wenn der Vertrag eines Mitglieds des Verwaltungsrats des Infrastrukturbetreibers vorzeitig beendet wird. Im Falle von Beschwerden von Mitgliedern des Verwaltungsrats gegen eine vorzeitige Beendigung ihres Vertrags wird ein wirksames Einspruchsrecht bei der Regulierungsstelle gewährleistet.	*<gestrichen>*
4. Die Mitglieder des Aufsichtsrats und des Verwaltungsrats sowie leitende Mitarbeiter des Infrastrukturbetreibers können nach ihrem Ausscheiden bei dem Infrastrukturbetreiber für die Dauer von drei Jahren keine leitenden Positionen in einer anderen rechtlichen Einheit des vertikal integrierten Unternehmens übernehmen. Die Mitglieder des Aufsichtsrats und des Verwaltungsrats sowie leitende Mitarbeiter der übrigen rechtlichen Einheiten des vertikal integrierten Unternehmens können nach ihrem Ausscheiden bei diesen Einheiten für die Dauer von drei Jahren keine leitenden Positionen beim Infrastrukturbetreiber übernehmen.	*<gestrichen>*

Initialer Kommissionsvorschlag	Richtlinie 2012/34/EU
	Artikel 7 Unabhängigkeit des Infrastrukturbetreibers […]
5. Der Infrastrukturbetreiber verfügt über eigene Mitarbeiter und ist in Räumlichkeiten untergebracht, die von denen der übrigen rechtlichen Einheiten des vertikal integrierten Unternehmens getrennt sind.	
Der Zugang zu Informationssystemen wird geschützt, um die Unabhängigkeit des Infrastrukturbetreibers sicherzustellen.	(5) Verfügen verschiedene Einheiten in einem vertikal integrierten Unternehmen über gemeinsame Informationssysteme, wird der Zugang zu sensiblen Informationen betreffend wesentliche Funktionen auf befugtes Personal des Infrastrukturbetreibers beschränkt. Sensible Informationen dürfen nicht an andere Einheiten in einem vertikal integrierten Unternehmens [sic] weitergegeben werden.
Durch interne Regelungen oder durch Arbeitsverträge werden die Kontakte mit den übrigen rechtlichen Einheiten des vertikal integrierten Unternehmens auf offizielle Mitteilungen im Zusammenhang mit der Ausübung derjenigen Funktionen des Infrastrukturbetreibers beschränkt, die er auch in Bezug auf Eisenbahnunternehmen außerhalb des vertikal integrierten Unternehmens ausübt.	[…] **Artikel 7a Unabhängigkeit bei den wesentlichen Funktionen**
Der Transfer von anderen als den unter Buchstabe c genannten Mitarbeitern zwischen dem Infrastrukturbetreiber und den übrigen rechtlichen Einheiten des vertikal integrierten Unternehmens ist nur möglich, wenn sichergestellt werden kann, dass keine sensiblen Informationen zwischen ihnen ausgetauscht werden.	[…] (2) Im Hinblick auf die Anwendung des Absatzes 1 tragen die Mitgliedstaaten insbesondere dafür Sorge, dass […] c) die Mobilität der Personen, die mit den wesentlichen Funktionen betraut sind, nicht zu Interessenkonflikten führt. […]
6. Der Infrastrukturbetreiber verfügt über die erforderlichen organisatorischen Kapazitäten, um alle seine Funktionen unabhängig von den übrigen rechtlichen Einheiten des vertikal integrierten Unternehmens auszuüben; es ist ihm nicht gestattet, die Ausübung dieser Funktionen oder diesbezügliche Tätigkeiten auf diese Einheiten zu übertragen.	*<gestrichen>*

Initialer Kommissionsvorschlag	Richtlinie 2012/34/EU
7. Die Mitglieder des Aufsichtsrats und des Verwaltungsrats sowie leitende Mitarbeiter des Infrastrukturbetreibers dürfen weder direkt noch indirekt Beteiligungen an den übrigen rechtlichen Einheiten des vertikal integrierten Unternehmens halten noch finanzielle Zuwendungen von diesen erhalten. Leistungsbezogene Elemente ihrer Vergütung sind nicht an die Betriebsergebnisse anderer rechtlicher Einheiten des vertikal integrierten Unternehmens oder sonstiger unter dessen Kontrolle stehender rechtlicher Einheiten gebunden, sondern ausschließlich an diejenigen des Infrastrukturbetreibers.	**Artikel 7 Unabhängigkeit des Infrastrukturbetreibers** […] (4) In vertikal integrierten Unternehmen erhalten die Mitglieder des Vorstands des Infrastrukturbetreibers und die Personen, die Entscheidungen über die wesentlichen Funktionen zu treffen haben, keine leistungsbezogene Vergütung von einer anderen rechtlichen Einheit im vertikal integrierten Unternehmen oder Bonuszahlungen, die im Wesentlichen mit der finanziellen Leistungsfähigkeit einzelner Eisenbahnunternehmen verknüpft sind. Ihnen können jedoch Anreize geboten werden, die im Zusammenhang mit der Gesamtleistung des Eisenbahnsystems zu sehen sind. […]
Artikel 7c Verfahren zur Kontrolle der Einhaltung 1. Auf Ersuchen eines Mitgliedstaats oder auf eigene Initiative stellt die Kommission fest, ob Infrastrukturbetreiber, die Teil eines vertikal integrierten Unternehmens sind, die Anforderungen der Artikel 7a und Artikel 7b erfüllen und dadurch hinreichend gewährleistet ist, dass für alle Eisenbahnunternehmen die gleichen Bedingungen gelten und der Wettbewerb in dem betreffenden Markt nicht verzerrt wird.	*<gestrichen>*
2. Die Kommission ist befugt, von dem Mitgliedstaat, in dem das vertikal integrierte Unternehmen niedergelassen ist, innerhalb einer vertretbaren Frist alle notwendigen Auskünfte zu verlangen. Die Kommission konsultiert die betreffende(n) Regulierungsstelle(n) und gegebenenfalls das in Artikel 57 genannte Netzwerk der Regulierungsstellen.	*<gestrichen>*

Initialer Kommissionsvorschlag	Richtlinie 2012/34/EU
3. Die Mitgliedstaaten können Eisenbahnunternehmen, die Teil des vertikal integrierten Unternehmens sind, zu dem der Infrastrukturbetreiber gehört, die Zugangsrechte nach Artikel 10 beschränken, wenn die Kommission den Mitgliedstaaten mitteilt, dass kein Antrag gemäß Absatz 1 gestellt wurde, oder bis zur Prüfung eines solchen Antrags durch die Kommission, oder wenn die Kommission einen Beschluss gemäß dem Verfahren nach Artikel 62 Absatz 2 gefasst hat, wonach (a) die Auskunftsersuchen der Kommission gemäß Absatz 2 nicht angemessen beantwortet wurden, oder (b) der betreffende Infrastrukturbetreiber die Anforderungen der Artikel 7a und 7b nicht erfüllt, oder (c) die Erfüllung der Anforderungen der Artikel 7a und 7b nicht ausreicht, um gleiche Bedingungen für alle Eisenbahnunternehmen zu gewährleisten und Wettbewerbsverzerrungen in dem Mitgliedstaat, in dem der betreffende Infrastrukturbetreiber niedergelassen ist, auszuschließen. Die Kommission beschließt innerhalb eines angemessenen Zeitraums.	*<gestrichen>*
4. Der betreffende Mitgliedstaat kann die Kommission ersuchen, ihren in Absatz 3 genannten Beschluss gemäß dem Verfahren nach Artikel 62 Absatz 2 aufzuheben, wenn der Mitgliedstaat der Kommission nachweist, dass die Gründe für den Beschluss nicht mehr gegeben sind. Die Kommission beschließt innerhalb eines angemessenen Zeitraums.	*<gestrichen>*
5. Unbeschadet der Absätze 1 bis 4 wird die Erfüllung der Anforderungen der Artikel 7a und 7b von der in Artikel 55 genannten Regulierungsstelle laufend überwacht. Jeder Antragsteller hat das Recht, die Regulierungsstelle zu befassen, wenn er der Auffassung ist, dass diese Anforderungen nicht erfüllt werden. Bei Beschwerden dieser Art entscheidet die Regulierungsstelle innerhalb der in Artikel 56 Absatz 9 genannten Fristen über die notwendigen Abhilfemaßnahmen.	*<gestrichen>*

Anlage 2: Abgleich Richtlinie 2012/34/EU und nationale Umsetzung

In der folgenden Übersicht sind gegenübergestellt

- die für die Entflechtung relevanten Bestimmungen der Recast-Richtlinie 2012/34/EU[1408] in der durch die Richtlinie (EU) 2016/2370 des Vierten Eisenbahnpakets[1409] konsolidierten Fassung und
- ihre Umsetzung durch den deutschen Gesetzgeber im Eisenbahnregulierungsgesetz (ERegG).[1410]

Um die relevanten Passagen von Richtlinien und ERegG-Umsetzung direkt gegenüberzustellen, wurden zur Strukturierung des Textes zusätzliche Absätze eingefügt. Relevante Abweichungen sind durch Unterstreichungen gekennzeichnet.

Der Abgleich stellt dem Normtext eines Artikels jeweils den Text eines Paragrafen gegenüber.

- Soweit ein Artikel Absätze beinhaltet, die in mehr als einem Paragrafen umgesetzt wurden, wurde dies durch eine Fußnote kenntlich gemacht. Dies ist z. B. bei Art. 4 der Recast-Richtlinie der Fall, dessen Absatz 1 durch § 5 ERegG umgesetzt wurde, während die Vorgaben von Art. 4 Absatz 2 durch § 8a Abs. 2 ERegG aufgenommen wurden.[1411]
- Ist ein Normtext für den Abgleich nicht relevant, wurde er aus Gründen der Übersichtlichkeit ausgelassen. Diese Auslassung wurde gekennzeichnet [...].

1408 Richtlinie 2012/34/EU des Europäischen Parlaments und des Rates vom 21.11.2012 zur Schaffung eines einheitlichen europäischen Eisenbahnraums, ABl. 2012 L 343, 32 („Recast-Richtlinie") – konsolidierte Fassung Stand 01.01.2019.

1409 Richtlinie (EU) 2016/2370 des Europäischen Parlaments und des Rates vom 14.12.2016 zur Änderung der Richtlinie 2012/34/EU bezüglich der Öffnung des Marktes für inländische Schienenpersonenverkehrsdienste und der Verwaltung der Eisenbahninfrastruktur, ABl. 2016 L 352, 1.

1410 Eisenbahnregulierungsgesetz vom 29. August 2016 (BGBl. I S. 2082) zuletzt geändert durch Artikel 2 des Gesetzes vom 9. Juni 2021 (BGBl. I S. 1737).

1411 Gesetzentwurf der Bundesregierung, Entwurf eines Gesetzes zur Umsetzung der Richtlinie (EU) 2016/2370 vom 14. Dezember 2016 zur Änderung der Richtlinie 2012/34/EU bezüglich der Öffnung des Marktes für inländische Schienenpersonenverkehrsdienste und der Verwaltung der Eisenbahninfrastruktur, BT-Drs. 19/9738, S. 40 ff. (42).

Recast-Richtlinie 2012/34/EU	Eisenbahnregulierungsgesetz (ERegG)
Artikel 4 Unabhängigkeit der Eisenbahnunternehmen und Infrastrukturbetreiber (1) Die Mitgliedstaaten stellen sicher, dass Eisenbahnunternehmen, die direkt oder indirekt Eigentum von Mitgliedstaaten sind oder von ihnen kontrolliert werden, in Bezug auf die Geschäftsführung, die Verwaltung und die interne Kontrolle der Verwaltungs-, Wirtschafts- und Rechnungsführungsfragen eine unabhängige Stellung haben, aufgrund deren sie insbesondere über ein Vermögen, einen Haushaltsplan und eine Rechnungsführung verfügen, die von Vermögen, Haushaltsplan und Rechnungsführung des Staates getrennt sind. (2) Der Infrastrukturbetreiber ist unter Beachtung der Rahmenbedingungen betreffend die Entgelterhebung und die Kapazitätszuweisung und der von den Mitgliedstaaten festgelegten Einzelvorschriften für seine eigene Geschäftsführung, Verwaltung und interne Kontrolle verantwortlich.	**§ 5 Unabhängigkeit der Eisenbahnverkehrsunternehmen** Eisenbahnverkehrsunternehmen, die unmittelbar oder mittelbar im Eigentum des Bundes, eines Landes oder einer kommunalen Gebietskörperschaft stehen oder von diesen kontrolliert werden, müssen in Bezug auf die Geschäftsführung, die Verwaltung und die interne Kontrolle der Verwaltungs-, Wirtschafts- und Rechnungsführungsfragen eine unabhängige Stellung haben. Die unabhängige Stellung der Eisenbahnverkehrsunternehmen muss insbesondere dadurch gewährleistet werden, dass deren Vermögen, Haushaltsplan und Rechnungsführung jeweils getrennt sind vom Vermögen, vom Haushaltsplan und von der Rechnungsführung des Bundes, eines Landes oder einer kommunalen Gebietskörperschaft.[1412]
Artikel 6 Trennung der Rechnungsführung (1) Die Mitgliedstaaten stellen sicher, dass getrennte Gewinn- und Verlustrechnungen und Bilanzen erstellt und veröffentlicht werden für die Erbringung von Verkehrsleistungen durch Eisenbahnunternehmen einerseits und den Betrieb der Eisenbahninfrastruktur andererseits.	**§ 7 Getrennte Rechnungslegung** (1) Eisenbahnen müssen ungeachtet ihrer Rechtsform für die Erbringung von Verkehrsleistungen durch Eisenbahnverkehrsunternehmen einerseits und für den Betrieb von Eisenbahnanlagen andererseits jeweils gesonderte Bilanzen und Gewinn- und Verlustrechnungen aufstellen und in entsprechender Anwendung der §§ 325 bis 328 des Handelsgesetzbuchs offenlegen. Handels- und steuerrechtliche Pflichten zur Rechnungslegung bleiben unberührt.

1412 Siehe zur Unabhängigkeit des Betreibers von Eisenbahnanlagen in Bezug auf wesentliche Funktionen § 8a Abs. 2 ERegG, S. 402.

Recast-Richtlinie 2012/34/EU	Eisenbahnregulierungsgesetz (ERegG)
	(2) Eisenbahnen nach Absatz 1 haben in ihrer Buchführung die beiden Bereiche Erbringung von Verkehrsleistungen und Betrieb von Eisenbahnanlagen zu trennen. Hierzu gehören getrennte Konten für die beiden genannten Bereiche und für einen außerhalb dieser Bereiche gelegenen Tätigkeitsbereich. Sie haben für jeden der nach Satz 2 umfassten Bereiche eine nach handelsrechtlichen Grundsätzen aufzustellende zusätzliche Bilanz und eine Gewinn- und Verlustrechnung in den Anhang ihres Jahresabschlusses aufzunehmen. Soweit dabei eine unmittelbare Zuordnung von Vermögensgegenständen, Schulden, Eigenkapital und Rechnungsabgrenzungsposten oder von Aufwendungen und Erträgen zu den einzelnen Bereichen nicht möglich ist oder mit unvertretbarem Aufwand verbunden wäre, hat die Zuordnung durch Schlüsselung der Konten, die sachgerecht und für Dritte nachvollziehbar sein muss, zu erfolgen. Im Anhang zum Jahresabschluss sind die Regeln anzugeben, nach denen die Positionen der Aktiva und Passiva sowie die ausgewiesenen Aufwendungen und Erträge jedem der nach Satz 2 umfassten Bereiche zugewiesen werden. Änderungen dieser Regeln in Ausnahmefällen sind zu erläutern und zu begründen.
Öffentliche Gelder, die einem dieser beiden Tätigkeitsbereiche zufließen, dürfen nicht auf den anderen übertragen werden.	(3) Öffentliche Gelder zugunsten eines der beiden Tätigkeitsbereiche nach Absatz 2 Satz 1 dürfen nicht auf den jeweils anderen übertragen werden. Dieses Verbot muss auch in der Rechnungslegung der beiden Tätigkeitsbereiche zum Ausdruck kommen. Dies gilt auch für Unternehmen nach Absatz 1.
(2) Für die Zwecke dieses Artikels verlangen die Mitgliedstaaten, die Artikel 7a Absatz 3 anwenden, dass innerhalb des Unternehmens voneinander getrennte Bereiche eingerichtet werden, die in demselben Unternehmen keine eigene Rechtspersönlichkeit haben.	[1413]

[1413] Keine Umsetzung erforderlich laut Gesetzentwurf der Bundesregierung, Entwurf eines Gesetzes zur Umsetzung der Richtlinie (EU) 2016/2370 vom 14. Dezember 2016 zur Änderung der Richtlinie 2012/34/EU bezüglich der Öffnung des Marktes für inländische Schienenpersonenverkehrsdienste und der Verwaltung der Eisenbahninfrastruktur, BT-Drs. 19/9738, S. 40 ff. (43).

Recast-Richtlinie 2012/34/EU	Eisenbahnregulierungsgesetz (ERegG)
(3) Die Mitgliedstaaten stellen sicher, dass getrennte Gewinn- und Verlustrechnungen und Bilanzen für die Erbringung von Schienengüterverkehrsleistungen einerseits und Schienenpersonenverkehrsleistungen andererseits aufgestellt und veröffentlicht werden. Öffentliche Zuwendungen für gemeinwirtschaftliche Verkehrsleistungen sind im Einklang mit Artikel 7 der Verordnung (EG) Nr. 1370/2007 in den entsprechenden Rechnungen getrennt auszuweisen und dürfen nicht auf Tätigkeitsbereiche übertragen werden, die andere Verkehrsleistungen oder sonstige Geschäfte betreffen.	(4) Für Eisenbahnverkehrsunternehmen, die sowohl Eisenbahnverkehrsleistungen im Personenverkehr als auch im Güterverkehr erbringen, gilt Absatz 2 entsprechend. Öffentliche Gelder für gemeinwirtschaftliche Verkehrsleistungen sind im Einklang mit Artikel 7 der Verordnung (EG) Nr. 1370/2007 in den entsprechenden Buchführungen getrennt auszuweisen und dürfen nicht auf Tätigkeitsbereiche übertragen werden, die andere Verkehrsleistungen oder sonstige Geschäfte betreffen.
(4) Die Rechnungsführung der verschiedenen Geschäftsbereiche gemäß den Absätzen 1 und 3 muss es ermöglichen, die Einhaltung des Verbots, öffentliche Gelder zugunsten eines der Geschäftsbereiche auf einen anderen zu übertragen, sowie die Verwendung der Einnahmen aus Wegeentgelten und des Gewinns aus anderen wirtschaftlichen Tätigkeiten zu kontrollieren.	(5) Die Rechnungsführung der verschiedenen in den Absätzen 1 bis 4 bezeichneten Tätigkeitsbereiche muss es ermöglichen, die Einhaltung des Verbots, öffentliche Gelder zugunsten eines der Tätigkeitsbereiche auf einen anderen zu übertragen, sowie die Verwendung der Einnahmen aus Entgelten für die Nutzung von Eisenbahnanlagen und des Gewinns aus anderen wirtschaftlichen Tätigkeiten zu überprüfen.
Artikel 7 Unabhängigkeit des Infrastrukturbetreibers	**§ 8 Unabhängigkeit des Betreibers von Eisenbahnanlagen**[1415]
(1) Die Mitgliedstaaten stellen sicher, dass der Infrastrukturbetreiber für den Betrieb, die Instandhaltung und die Erneuerung des Schienennetzes verantwortlich ist und im Einklang mit dem jeweiligen nationalen Recht mit dem Ausbau der Eisenbahninfrastruktur dieses Netzes beauftragt wird.	
[1414]	(1) Ein Betreiber von Eisenbahnanlagen muss rechtlich getrennt sein 1. von Eisenbahnverkehrsunternehmen, 2. in vertikal integrierten Unternehmen von anderen Bereichen innerhalb des Unternehmens.
Die Mitgliedstaaten stellen sicher, dass keine der anderen rechtlichen Einheiten des vertikal integrierten Unternehmens einen bestimmenden Einfluss auf die Entscheidungen des Infrastrukturbetreibers hinsichtlich der wesentlichen Funktionen ausübt.	(2) In vertikal integrierten Unternehmen darf keiner der anderen Bereiche einen bestimmenden Einfluss auf die Entscheidungen des Betreibers von Eisenbahnanlagen hinsichtlich der wesentlichen Funktionen ausüben.

1414 Siehe zur rechtlichen Trennung des Infrastrukturbetreibers siehe unten Art. 7 Abs. 2 der Recast-Richtlinie 2012/34/EU, S. 399.

1415 Siehe die Definition des Betreibers von Eisenbahnanlagen in § 2 Abs. 7 AEG.

Recast-Richtlinie 2012/34/EU	Eisenbahnregulierungsgesetz (ERegG)
Die Mitgliedstaaten stellen sicher, dass die Mitglieder des Aufsichtsrats und des Vorstands des Infrastrukturbetreibers und die ihnen unmittelbar unterstellten Führungskräfte in diskriminierungsfreier Weise handeln und dass ihre Unparteilichkeit durch keinerlei Interessenkonflikt beeinträchtigt ist.	Die Mitglieder des Aufsichtsrates und des Vorstands des Betreibers von Eisenbahnanlagen und die ihnen unmittelbar unterstellten Führungskräfte müssen in diskriminierungsfreier Weise handeln. Die Unparteilichkeit dieser Personen muss, insbesondere für den Fall auftretender Konflikte zwischen den Interessen von Eisenbahnverkehrsunternehmen und Eisenbahninfrastrukturunternehmen, durch unternehmensinterne Regelungen sichergestellt werden. Diese unternehmensinternen Regelungen sind zu veröffentlichen. In ihnen ist insbesondere festzulegen, welche besonderen Pflichten die Mitarbeiter zur Verhinderung solcher Einflussnahme haben. Betreiber von Eisenbahnanlagen sind zudem auf Verlangen der Regulierungsbehörde verpflichtet, dieser einen Beauftragten zu benennen, der über die Einhaltung der Regelungen wacht. Der Beauftragte hat der Regulierungsbehörde jährlich einen Bericht über die aufgetretenen Problemfälle und die getroffenen Maßnahmen vorzulegen.[1416]
(2) Die Mitgliedstaaten stellen sicher, dass der Infrastrukturbetreiber als Stelle eingerichtet ist, die von einem Eisenbahnunternehmen und in vertikal integrierten Unternehmen von anderen rechtlichen Einheiten innerhalb des Unternehmens rechtlich getrennt ist.	[1417]
(3) Die Mitgliedstaaten stellen im Zusammenhang mit Einstellungen und Ernennungen sicher, dass dieselben Personen nicht gleichzeitig tätig sein können	(3) Eine Person kann nicht zur gleichen Zeit in folgenden Positionen tätig sein:
a) als Mitglieder des Vorstands eines Infrastrukturbetreibers und als Mitglieder des Vorstands eines Eisenbahnunternehmens,	1. als Mitglied des Vorstands eines Betreibers von Eisenbahnanlagen und als Mitglied des Vorstands eines Eisenbahnverkehrsunternehmens,
b) als Personen, die Entscheidungen über die wesentlichen Funktionen zu treffen haben, und als Mitglieder des Vorstands eines Eisenbahnunternehmens,	2. als Person, die Entscheidungen über die wesentlichen Funktionen eines Betreibers von Eisenbahnanlagen zu treffen hat, und als Mitglied des Vorstands eines Eisenbahnverkehrsunternehmens,

1416 Bei § 8 Abs. 2 S. 4 bis 7 ERegG handelt es sich um eine Ergänzung zur Sicherstellung der Unabhängigkeit. Die Gesetzesbegründung verweist hier allerdings – vermutlich irrtümlich – auf die (nicht vorhandenen) § 8 Abs. 1 S. 4 bis 7. Siehe die Begründung des Gesetzentwurfs der Bundesregierung, Entwurf eines Gesetzes zur Umsetzung der Richtlinie (EU) 2016/2370 vom 14. Dezember 2016 zur Änderung der Richtlinie 2012/34/EU bezüglich der Öffnung des Marktes für inländische Schienenpersonenverkehrsdienste und der Verwaltung der Eisenbahninfrastruktur, BT-Drs. 19/9738, S. 56 und 8 f.

1417 Siehe zur rechtlichen Trennung des Betreibers von Eisenbahnanlagen oben § 8 Abs. 1 ERegG, S. 398.

Recast-Richtlinie 2012/34/EU	Eisenbahnregulierungsgesetz (ERegG)
c) als Mitglieder des Aufsichtsrats eines Infrastrukturbetreibers und als Mitglieder des Aufsichtsrats eines Eisenbahnunternehmens, sofern ein Aufsichtsrat eingesetzt worden ist,	3. als Mitglied des Aufsichtsrats eines Betreibers von Eisenbahnanlagen und als Mitglied des Aufsichtsrats eines Eisenbahnverkehrsunternehmens, sofern ein Aufsichtsrat eingesetzt worden ist, oder
d) als Mitglieder des Aufsichtsrats eines Unternehmens, das Teil eines vertikal integrierten Unternehmens ist und das sowohl ein Eisenbahnunternehmen als auch einen Infrastrukturbetreiber kontrolliert, und als Mitglieder des Vorstands dieses Infrastrukturbetreibers.	4. als Mitglied des Aufsichtsrats eines Unternehmens, das Teil eines vertikal integrierten Unternehmens ist und das sowohl ein Eisenbahnverkehrsunternehmen als auch einen Betreiber von Eisenbahnanlagen kontrolliert, und als Mitglied des Vorstands dieses Betreibers von Eisenbahnanlagen.
(4) In vertikal integrierten Unternehmen erhalten die Mitglieder des Vorstands des Infrastrukturbetreibers und die Personen, die Entscheidungen über die wesentlichen Funktionen zu treffen haben, keine leistungsbezogene Vergütung von einer anderen rechtlichen Einheit im vertikal integrierten Unternehmen oder Bonuszahlungen, die im Wesentlichen mit der finanziellen Leistungsfähigkeit einzelner Eisenbahnunternehmen verknüpft sind. Ihnen können jedoch Anreize geboten werden, die im Zusammenhang mit der Gesamtleistung des Eisenbahnsystems zu sehen sind. [1418]	(4) In vertikal integrierten Unternehmen darf den Mitgliedern des Vorstands des Betreibers von Eisenbahnanlagen und den Personen, die Entscheidungen über die wesentlichen Funktionen des Betreibers von Eisenbahnanlagen zu treffen haben, nicht gewährt werden 1. eine leistungsbezogene Vergütung von einer anderen rechtlichen Einheit im vertikal integrierten Unternehmen oder 2. Bonuszahlungen, die im Wesentlichen mit der finanziellen Leistungsfähigkeit einzelner Eisenbahnverkehrsunternehmen verknüpft sind. Ihnen können jedoch Anreize geboten werden, die im Zusammenhang mit der Gesamtleistung des Eisenbahnsystems zu sehen sind. Die Gesamtleistung des Eisenbahnsystems umfasst die Gesamtleistung aller Eisenbahnverkehrsunternehmen.
(5) Verfügen verschiedene Einheiten in einem vertikal integrierten Unternehmen über gemeinsame Informationssysteme, wird der Zugang zu sensiblen Informationen betreffend wesentliche Funktionen auf befugtes Personal des Infrastrukturbetreibers beschränkt. Sensible Informationen dürfen nicht an andere Einheiten in einem vertikal integrierten Unternehmens [sic] weitergegeben werden.	(5) Verfügen verschiedene Einheiten in einem vertikal integrierten Unternehmen über gemeinsame Informationssysteme, so muss der Zugang zu sensiblen Informationen betreffend wesentliche Funktionen auf befugtes Personal des Betreibers von Eisenbahnanlagen beschränkt werden. Sensible Informationen dürfen nicht an andere Einheiten in einem vertikal integrierten Unternehmen weitergegeben werden.

[1418] Bei § 8 Abs. 4 S. 3 ERegG handelt es sich um eine Klarstellung zu Satz 2, Gesetzentwurf der Bundesregierung, Entwurf eines Gesetzes zur Umsetzung der Richtlinie (EU) 2016/2370 vom 14. Dezember 2016 zur Änderung der Richtlinie 2012/34/EU bezüglich der Öffnung des Marktes für inländische Schienenpersonenverkehrsdienste und der Verwaltung der Eisenbahninfrastruktur, BT-Drs. 19/9738, S. 40 ff. (43).

Recast-Richtlinie 2012/34/EU	Eisenbahnregulierungsgesetz (ERegG)
[1419]	(6) Vertikal integrierte Unternehmen müssen sicherstellen, dass andere rechtliche Einheiten innerhalb dieser Unternehmen keinen entscheidenden Einfluss auf Ernennungen und Entlassungen von Personen ausüben, die Entscheidungen über die wesentlichen Funktionen zu treffen haben.
(6) Die Bestimmungen in Absatz 1 dieses Artikels gelten unbeschadet der Entscheidungsbefugnis der Mitgliedstaaten hinsichtlich des Ausbaus und der Finanzierung der Eisenbahninfrastruktur und der Zuständigkeiten der Mitgliedstaaten betreffend Infrastrukturfinanzierung und im Bereich Wegeentgelte sowie die Kapazitätszuweisung gemäß Artikel 4 Absatz 2 und den Artikeln 8, 29 und 39.	(7) Die Verfahren für Ausbau und Finanzierung der Eisenbahnanlagen und die Zuständigkeiten betreffend die Infrastrukturfinanzierung, die Entgelte für Eisenbahnanlagen und die Kapazitätszuweisung bleiben unberührt.
[1420]	(8) Die organschaftliche Haftung der Mitglieder von Organen des Mutterunternehmens für Vorgänge in Bereichen, auf die diese Mitglieder nach diesem Gesetz keinen Einfluss ausüben dürfen und tatsächlich keinen Einfluss ausgeübt haben, ist ausgeschlossen.

1419 § 8 Abs. 6 ERegG wurde eingeführt zur Umsetzung des Erwägungsgrundes 8 Satz 1 der Richtlinie (EU) 2016/2370 des Europäischen Parlaments und des Rates vom 14.12.2016 zur Änderung der Richtlinie 2012/34/EU bezüglich der Öffnung des Marktes für inländische Schienenpersonenverkehrsdienste und der Verwaltung der Eisenbahninfrastruktur, ABl. 2016 L 352, 1. Siehe den Gesetzentwurf der Bundesregierung, Entwurf eines Gesetzes zur Umsetzung der Richtlinie (EU) 2016/2370 vom 14. Dezember 2016 zur Änderung der Richtlinie 2012/34/EU bezüglich der Öffnung des Marktes für inländische Schienenpersonenverkehrsdienste und der Verwaltung der Eisenbahninfrastruktur, BT-Drs. 19/9738, S. 40 ff. (55).

1420 § 8 Abs. 8 ERegG ist eine notwendige Ergänzung zur Sicherstellung der Unabhängigkeit, Gesetzentwurf der Bundesregierung, Entwurf eines Gesetzes zur Umsetzung der Richtlinie (EU) 2016/2370 vom 14. Dezember 2016 zur Änderung der Richtlinie 2012/34/EU bezüglich der Öffnung des Marktes für inländische Schienenpersonenverkehrsdienste und der Verwaltung der Eisenbahninfrastruktur, BT-Drs. 19/9738, S. 40 ff. (56).

Recast-Richtlinie 2012/34/EU	Eisenbahnregulierungsgesetz (ERegG)
Artikel 7a Unabhängigkeit bei den wesentlichen Funktionen (1) Die Mitgliedstaaten stellen sicher, dass der Infrastrukturbetreiber in Bezug auf die wesentlichen Funktionen innerhalb der in Artikel 4 Absatz 2 und den Artikeln 29 und 39 festgelegten Grenzen organisatorisch und in seinen Entscheidungen unabhängig ist.	**§ 8a Unabhängigkeit des Betreibers von Eisenbahnanlagen in Bezug auf wesentliche Funktionen** (1) Ein Betreiber von Eisenbahnanlagen muss innerhalb der in § 8 Absatz 1, §§ 23 und 39 Absatz 1 und § 44 dieses Gesetzes festgelegten Grenzen rechtlich, organisatorisch und in seinen Entscheidungen in Bezug auf die wesentlichen Funktionen von Eisenbahnverkehrsunternehmen unabhängig sein.[1422]
[1421]	(2) Ein Betreiber von Eisenbahnanlagen muss, soweit es sich um Entscheidungen nach Absatz 1 handelt, über eine eigene Geschäftsführung, Verwaltung und interne Kontrolle verfügen.
(2) Im Hinblick auf die Anwendung des Absatzes 1 tragen die Mitgliedstaaten insbesondere dafür Sorge, dass	(3) Im Hinblick auf Absatz 1 darf insbesondere
a) ein Eisenbahnunternehmen oder eine andere juristische Person keinen bestimmenden Einfluss auf den Infrastrukturbetreiber hinsichtlich der wesentlichen Funktionen ausübt, und zwar unbeschadet der Rolle der Mitgliedstaaten bei der Festlegung der Rahmenbedingungen für die Entgelterhebung und für die Kapazitätszuweisung sowie spezifischer Vorschriften für die Entgelterhebung gemäß den Artikeln 29 und 39;	1. ein Eisenbahnverkehrsunternehmen oder eine andere juristische Person keinen bestimmenden Einfluss auf den Betreiber von Eisenbahnanlagen hinsichtlich der wesentlichen Funktionen ausüben; die gesetzlich vorgesehenen Aufgaben und Mitwirkungen des Bundes und der Länder bleiben unberührt;
b) ein Eisenbahnunternehmen oder eine andere rechtliche Einheit in einem vertikal integrierten Unternehmen keinen bestimmenden Einfluss auf die Ernennungen und Entlassungen der Personen ausübt, die Entscheidungen über die wesentlichen Funktionen zu treffen haben;	2. ein Eisenbahnverkehrsunternehmen oder ein anderer Bereich in einem vertikal integrierten Unternehmen keinen bestimmenden Einfluss auf die Ernennungen und Entlassungen der Personen ausüben, die Entscheidungen über die wesentlichen Funktionen zu treffen haben; und
c) die Mobilität der Personen, die mit den wesentlichen Funktionen betraut sind, nicht zu Interessenkonflikten führt.	3. die berufliche Mobilität der Personen, die mit den wesentlichen Funktionen betraut sind, nicht zu Konflikten zwischen den Interessen von Eisenbahnverkehrsunternehmen und Betreibern von Eisenbahnanlagen führen.

[1421] Siehe zur eigenen Geschäftsführung, Verwaltung und interne Kontrolle des Infrastrukturbetreibers Artikel 4 Abs. 2 der Recast-Richtlinie 2012/34/EU, S. 396.

[1422] Zur rechtlichen Unabhängigkeit des Infrastrukturbetreibers bzw. des Betreibers von Eisenbahnanlagen siehe Art. 7 Abs. 2 der Recast-Richtlinie 2012/34/EU (S. 399) bzw. § 8 Abs. 1 ERegG (S. 398).

Recast-Richtlinie 2012/34/EU	Eisenbahnregulierungsgesetz (ERegG)
(3) Die Mitgliedstaaten können entscheiden, dass die Erhebung von Wegeentgelten und die Trassenzuweisung von einer entgelterhebenden Stelle und/oder einer Zuweisungsstelle vorgenommen werden, die rechtlich, organisatorisch und in ihren Entscheidungen von Eisenbahnunternehmen unabhängig sind. In einem solchen Fall können die Mitgliedstaaten entscheiden, dass sie Artikel 7 Absatz 2 und Artikel 7 Absatz 3 Buchstaben c und d nicht anwenden. Artikel 7 Absatz 3 Buchstabe a und Artikel 7 Absatz 4 finden singgemäß auf die Bereichsleiter Anwendung, die für die Verwaltung der Infrastruktur und die Erbringung von Eisenbahnverkehrsdiensten zuständig sind.	[1423] [1424]
(4) Die Bestimmungen dieser Richtlinie mit Bezug auf die wesentlichen Funktionen eines Infrastrukturbetreibers finden auf die unabhängige entgelterhebende Stelle und/oder Zuweisungsstelle Anwendung.	

1423 Keine Umsetzung erforderlich laut Gesetzentwurf der Bundesregierung, Entwurf eines Gesetzes zur Umsetzung der Richtlinie (EU) 2016/2370 vom 14. Dezember 2016 zur Änderung der Richtlinie 2012/34/EU bezüglich der Öffnung des Marktes für inländische Schienenpersonenverkehrsdienste und der Verwaltung der Eisenbahninfrastruktur, BT-Drs. 19/9738, S. 40 ff. (43).

1424 Keine Umsetzung erforderlich laut Gesetzentwurf der Bundesregierung, Entwurf eines Gesetzes zur Umsetzung der Richtlinie (EU) 2016/2370 vom 14. Dezember 2016 zur Änderung der Richtlinie 2012/34/EU bezüglich der Öffnung des Marktes für inländische Schienenpersonenverkehrsdienste und der Verwaltung der Eisenbahninfrastruktur, BT-Drs. 19/9738, S. 40 ff. (43).

Recast-Richtlinie 2012/34/EU	Eisenbahnregulierungsgesetz (ERegG)
Artikel 7b Unparteilichkeit des Infrastrukturbetreibers hinsichtlich des Verkehrsmanagements und der Instandhaltungsplanung	**§ 8b Unparteilichkeit des Betreibers von Eisenbahnanlagen hinsichtlich des Verkehrsmanagements, der Instandhaltungsplanung und der baulichen Planung**
(1) Die Mitgliedstaaten stellen sicher, dass die Aufgaben im Zusammenhang mit dem Verkehrsmanagement und der Instandhaltungsplanung auf transparente und diskriminierungsfreie Weise ausgeführt werden und dass die für Entscheidungen über diese Funktionen zuständigen Personen frei von Interessenkonflikten sind.	(1) Die Aufgaben im Zusammenhang mit dem Verkehrsmanagement, der Instandhaltungsplanung und der Erneuerungsplanung müssen auf transparente und diskriminierungsfreie Weise ausgeführt werden. Entscheidungen nach Satz 1 dürfen nur von dem Personal des Betreibers von Eisenbahnanlagen getroffen werden, das keine Funktionen in Eisenbahnverkehrsunternehmen oder mit diesen verbundenen Unternehmen ausübt.
[1425]	(2) Zur Erreichung des in Absatz 1 genannten Ziels muss der Betreiber von Eisenbahnanlagen sicherstellen, dass die Eisenbahnverkehrsunternehmen Zugang zu einschlägigen Informationen haben.
(2) Was das Verkehrsmanagement anbelangt, so sorgen die Mitgliedstaaten dafür, dass die Eisenbahnunternehmen bei sie betreffenden Störungen umfassend und rechtzeitig Zugang zu den einschlägigen Informationen erhalten. Gewährt der Infrastrukturbetreiber weiteren Zugang zum Verkehrsmanagementprozess, so tut er dies für die betroffenen Eisenbahnunternehmen auf transparente und diskriminierungsfreie Weise.	(3) Im Rahmen des Verkehrsmanagements hat der Betreiber von Eisenbahnanlagen die betroffenen Eisenbahnverkehrsunternehmen über Störungen umfassend und rechtzeitig zu informieren. Gewährt der Betreiber von Eisenbahnanlagen Eisenbahnverkehrsunternehmen weiteren Zugang zum Verkehrsmanagementprozess, so muss er dies für die betroffenen Eisenbahnverkehrsunternehmen auf transparente und diskriminierungsfreie Weise tun.

[1425] Die Ergänzung von § 8a Abs. 2 ERegG erfolgte zur Umsetzung von Erwägungsgrund 11 Satz 2 der Richtlinie (EU) 2016/2370 des Europäischen Parlaments und des Rates vom 14.12.2016 zur Änderung der Richtlinie 2012/34/EU bezüglich der Öffnung des Marktes für inländische Schienenpersonenverkehrsdienste und der Verwaltung der Eisenbahninfrastruktur, ABl. 2016 L 352, 1. Siehe Gesetzentwurf der Bundesregierung, Entwurf eines Gesetzes zur Umsetzung der Richtlinie (EU) 2016/2370 vom 14. Dezember 2016 zur Änderung der Richtlinie 2012/34/EU bezüglich der Öffnung des Marktes für inländische Schienenpersonenverkehrsdienste und der Verwaltung der Eisenbahninfrastruktur, BT-Drs. 19/9738, S. 40 ff. (55).

Recast-Richtlinie 2012/34/EU	Eisenbahnregulierungsgesetz (ERegG)
(3) Hinsichtlich der langfristigen Planung größerer Instandhaltungs- und/oder Erneuerungsarbeiten an der Eisenbahninfrastruktur konsultiert der Infrastrukturbetreiber die Antragsteller und trägt den vorgebrachten Anliegen im bestmöglichen Umfang Rechnung. Die Planung von Instandhaltungsarbeiten wird vom Infrastrukturbetreiber in diskriminierungsfreier Weise durchgeführt.	(4) Hinsichtlich der langfristigen Planung größerer Instandhaltungs- oder Erneuerungsarbeiten an den Eisenbahnanlagen hat der Betreiber von Eisenbahnanlagen die Zugangsberechtigten zu konsultieren. Er hat den vorgebrachten Anliegen im bestmöglichen Umfang Rechnung zu tragen. Der Betreiber von Eisenbahnanlagen hat die Planung von Instandhaltungs- <u>und Erneuerungsarbeiten</u> in diskriminierungsfreier Weise durchzuführen.
Artikel 7c Auslagerung und Aufteilung der Funktionen des Infrastrukturbetreibers (1) Entstehen keine Interessenkonflikte und ist die Vertraulichkeit der Geschäftsgeheimnisse gewährleistet, kann der <u>Infrastrukturbetreiber</u> a) <u>Funktionen an eine andere Stelle auslagern, sofern diese Stelle kein Eisenbahnunternehmen ist, kein Eisenbahnunternehmen kontrolliert oder nicht von einem Eisenbahnunternehmen kontrolliert wird. Innerhalb eines vertikal integrierten Unternehmens dürfen wesentliche Funktionen an keine andere Einheit des vertikal integrierten Unternehmens ausgelagert werden, es sei denn, diese Einheit nimmt ausschließlich wesentliche Funktionen wahr;</u>	**§ 8c Auslagerung und Aufteilung der Funktionen des Betreibers von Eisenbahnanlagen** (1) Entstehen keine Konflikte <u>zwischen den Interessen von Eisenbahnverkehrsunternehmen und Eisenbahninfrastrukturunternehmen</u> und ist die Vertraulichkeit der Betriebs- und Geschäftsgeheimnisse gewährleistet, kann der <u>Betreiber von Eisenbahnanlagen</u> [1426]

[1426] Keine Umsetzung erforderlich laut Gesetzentwurf der Bundesregierung, Entwurf eines Gesetzes zur Umsetzung der Richtlinie (EU) 2016/2370 vom 14. Dezember 2016 zur Änderung der Richtlinie 2012/34/EU bezüglich der Öffnung des Marktes für inländische Schienenpersonenverkehrsdienste und der Verwaltung der Eisenbahninfrastruktur, BT-Drs. 19/9738, S. 40 ff. (43).

Recast-Richtlinie 2012/34/EU	Eisenbahnregulierungsgesetz (ERegG)
b) die Durchführung von Arbeiten und damit verbundenen Aufgaben hinsichtlich des Ausbaus, der Instandhaltung und der Erneuerung der Eisenbahninfrastruktur an <u>Eisenbahnunternehmen</u> oder Unternehmen auslagern, die das Eisenbahnunternehmen kontrollieren oder von dem Eisenbahnunternehmen kontrolliert werden. Der Infrastrukturbetreiber behält die Aufsichtsbefugnis über und trägt die endgültige Verantwortung für die Wahrnehmung der in Artikel 3 Absatz 2 genannten Funktionen. Jede Stelle, die wesentliche Funktionen wahrnimmt, muss den Artikeln 7, 7a, 7b und 7d genügen.	die Durchführung von Arbeiten und damit verbundenen Aufgaben hinsichtlich des Ausbaus, der Instandhaltung und der Erneuerung der Eisenbahninfrastruktur an <u>Eisenbahnverkehrsunternehmen</u> oder Unternehmen auslagern, die das Eisenbahnverkehrsunternehmen kontrollieren oder von dem Eisenbahnverkehrsunternehmen kontrolliert werden. Der Betreiber von Eisenbahnanlagen behält die Aufsichtsbefugnis über und trägt die endgültige Verantwortung für die Wahrnehmung der in § 2 Absatz 7 des Allgemeinen Eisenbahngesetzes genannten Funktionen. Jede Stelle, die wesentliche Funktionen wahrnimmt, muss den §§ 8, 8a, 8b und 8d genügen.
(2) <u>Abweichend von Artikel 7 Absatz 1 können Funktionen des Infrastrukturbetriebs von verschiedenen Infrastrukturbetreibern, einschließlich Parteien öffentlich-privater Partnerschaften, wahrgenommen werden, sofern sie alle die Anforderungen gemäß Artikel 7 Absätze 2 bis 6 sowie den Artikeln 7a, 7b und 7d erfüllen und die volle Verantwortung für die Wahrnehmung der jeweiligen Funktionen übernehmen.</u>	[1427]
(3) <u>Werden wesentliche Funktionen nicht einem Betreiber der Energieversorgung übertragen, so wird dieser von den für Infrastrukturbetreiber geltenden Vorschriften ausgenommen, sofern die Einhaltung der einschlägigen Bestimmungen für den Ausbau des Netzes, insbesondere Artikel 8, sichergestellt ist.</u>	[1428]

[1427] Keine Umsetzung erforderlich laut Gesetzentwurf der Bundesregierung, Entwurf eines Gesetzes zur Umsetzung der Richtlinie (EU) 2016/2370 vom 14. Dezember 2016 zur Änderung der Richtlinie 2012/34/EU bezüglich der Öffnung des Marktes für inländische Schienenpersonenverkehrsdienste und der Verwaltung der Eisenbahninfrastruktur, BT-Drs. 19/9738, S. 40 ff. (44).

[1428] Keine Umsetzung erforderlich laut Gesetzentwurf der Bundesregierung, Entwurf eines Gesetzes zur Umsetzung der Richtlinie (EU) 2016/2370 vom 14. Dezember 2016 zur Änderung der Richtlinie 2012/34/EU bezüglich der Öffnung des Marktes für inländische Schienenpersonenverkehrsdienste und der Verwaltung der Eisenbahninfrastruktur, BT-Drs. 19/9738, S. 40 ff. (44).

Recast-Richtlinie 2012/34/EU	Eisenbahnregulierungsgesetz (ERegG)
(4) Vorbehaltlich der Überwachung durch eine von den Mitgliedstaaten bestimmte Regulierungsstelle oder andere unabhängige zuständige Stelle kann ein Infrastrukturbetreiber in diskriminierungsfreier Weise Kooperationsvereinbarungen mit einem oder mehreren Eisenbahnunternehmen schließen, die den Kunden Vorteile bieten sollen, wie niedrigere Kosten oder höhere Leistungsfähigkeit des von der Vereinbarung erfassten Teils des Netzes. [1429] Die genannte Stelle überwacht die Durchführung dieser Vereinbarungen und kann in begründeten Fällen dazu raten, sie zu beenden.	(2) Vorbehaltlich der Überwachung durch die Regulierungsbehörde kann der Betreiber von Eisenbahnanlagen in diskriminierungsfreier Weise Kooperationsvereinbarungen mit einem oder mehreren Eisenbahnverkehrsunternehmen schließen, die den Zugangsberechtigten oder Endnutzern Vorteile bieten sollen, wie niedrigere Kosten oder höhere Leistungsfähigkeit des von der Vereinbarung erfassten Teils des Netzes. Die Kooperationsvereinbarungen sind der Regulierungsbehörde unverzüglich nach Abschluss anzuzeigen. Im Rahmen der Überwachung der Durchführung dieser Vereinbarungen kann die Regulierungsbehörde in begründeten Fällen dazu raten, sie zu beenden. § 67 bleibt unberührt.
Artikel 7d Finanzielle Transparenz (1) Die Einnahmen aus dem Betrieb des Infrastrukturnetzes, einschließlich öffentlicher Gelder, dürfen vom Infrastrukturbetreiber unter Beachtung der in den einzelnen Mitgliedstaaten geltenden nationalen Verfahren ausschließlich zur Finanzierung seiner eigenen Geschäftstätigkeit, auch zur Bedienung seiner Darlehen, verwendet werden. Der Infrastrukturbetreiber kann diese Einnahmen für die Zahlung von Dividenden an die Eigentümer des Unternehmens verwenden, zu denen zwar private Anteilseigner gehören können, jedoch keineswegs Unternehmen, die Teil eines vertikal integrierten Unternehmens sind und die sowohl ein Eisenbahnunternehmen als auch diesen Infrastrukturbetreiber kontrollieren.	**§ 8d Finanzielle Transparenz** (1) Die Einnahmen aus dem Betrieb von Eisenbahnanlagen, einschließlich Zuwendungen durch öffentliche Gelder dürfen vom Betreiber von Eisenbahnanlagen unter Beachtung der gesetzlich vorgesehenen Verfahren ausschließlich zur Finanzierung seiner eigenen Geschäftstätigkeit, einschließlich der Bedienung seiner Darlehen, verwendet werden. Der Betreiber von Eisenbahnanlagen kann Gewinne auch für die Zahlung von Dividenden an die Eigentümer des Unternehmens verwenden. Zu diesen Eigentümern dürfen Gebietskörperschaften oder private Anteilseigner gehören, nicht jedoch Unternehmen, die Teil eines vertikal integrierten Unternehmens sind und die sowohl ein Eisenbahnverkehrsunternehmen als auch diesen Betreiber von Eisenbahnanlagen kontrollieren.[1430]

1429 § 8c Abs. 2 S. 2 ERegG ist eine notwendige Ergänzung zur Sicherstellung des Vollzugs, Gesetzentwurf der Bundesregierung, Entwurf eines Gesetzes zur Umsetzung der Richtlinie (EU) 2016/2370 vom 14. Dezember 2016 zur Änderung der Richtlinie 2012/34/EU bezüglich der Öffnung des Marktes für inländische Schienenpersonenverkehrsdienste und der Verwaltung der Eisenbahninfrastruktur, BT-Drs. 19/9738, S. 40 ff. (57).

1430 Die Umsetzung erfolgte mit einer präziseren Formulierung der Erwägungsgründe (EW 18), Gesetzentwurf der Bundesregierung, Entwurf eines Gesetzes zur Umsetzung der Richtlinie (EU) 2016/2370 vom 14. Dezember 2016 zur Änderung der Richtlinie 2012/34/EU bezüglich der Öffnung des Marktes für inländische Schienenpersonen-verkehrsdienste und der Verwaltung der Eisenbahninfrastruktur, BT-Drs. 19/9738, S. 40 ff. (44).

Recast-Richtlinie 2012/34/EU	Eisenbahnregulierungsgesetz (ERegG)
[1431]	(2) Ist die Gebietskörperschaft mit dem Betreiber von Eisenbahnanlagen über eine Muttergesellschaft verbunden, ist eine Gewinnabführung an die Muttergesellschaft zulässig, soweit diese den Gewinn ihrerseits an die Gebietskörperschaft abführt.
(2) Infrastrukturbetreiber dürfen Eisenbahnunternehmen weder direkt noch indirekt Darlehen gewähren.	(3) Ein Betreiber von Eisenbahnanlagen darf einem Eisenbahnverkehrsunternehmen weder direkt noch indirekt Darlehen gewähren.
(3) Eisenbahnunternehmen dürfen Infrastrukturbetreibern weder direkt noch indirekt Darlehen gewähren.	(4) Eisenbahnverkehrsunternehmen dürfen Betreibern von Eisenbahnanlagen weder direkt noch indirekt Darlehen gewähren.
(4) Darlehen zwischen rechtlichen Einheiten eines vertikal integrierten Unternehmens dürfen nur zu Marktsätzen und -bedingungen gewährt, ausgezahlt und bedient werden, die das individuelle Risikoprofil des betreffenden Unternehmens widerspiegeln.	(5) Abweichend von den Absätzen 3 und 4 dürfen Darlehen zwischen rechtlichen Einheiten eines vertikal integrierten Unternehmens gewährt, ausgezahlt und bedient werden, wenn dies zu Marktsätzen und -bedingungen geschieht, die das individuelle Risikoprofil des betreffenden Unternehmens widerspiegeln.
(5) Vor dem 24. Dezember 2016 gewährte Darlehen zwischen rechtlichen Einheiten eines vertikal integrierten Unternehmens laufen bis zu ihrer Fälligkeit weiter, sofern sie zu Marktsätzen geschlossen wurden und tatsächlich ausgezahlt und bedient werden.	[1432]
(6) Die dem Infrastrukturbetreiber von anderen rechtlichen Einheiten eines vertikal integrierten Unternehmens angebotenen Dienstleistungen werden auf der Grundlage von Verträgen erbracht und entweder nach Marktpreisen bezahlt oder nach Preisen, die die Produktionskosten widerspiegeln, zuzüglich einer angemessenen Gewinnspanne.	(6) Die dem Betreiber von Eisenbahnanlagen von anderen rechtlichen Einheiten eines vertikal integrierten Unternehmens angebotenen Dienstleistungen werden auf der Grundlage von Verträgen erbracht und 1. entweder nach Marktpreisen oder 2. nach Preisen, die die Produktionskosten widerspiegeln, zuzüglich einer angemessenen Gewinnspanne bezahlt.

[1431] Die Regelung des § 8d Abs. 2 ERegG wurde in Umsetzung des Artikel 7d Abs. 1 S. 2 der Recast-Richtlinie 2012/34/EU eingefügt, Gesetzentwurf der Bundesregierung, Entwurf eines Gesetzes zur Umsetzung der Richtlinie (EU) 2016/2370 vom 14. Dezember 2016 zur Änderung der Richtlinie 2012/34/EU bezüglich der Öffnung des Marktes für inländische Schienenpersonenverkehrsdienste und der Verwaltung der Eisenbahninfrastruktur, BT-Drs. 19/9738, S. 40 ff. (44).
Zudem aufgenommen wurde die Formulierung des Erwägungsgrundes 18 der Richtlinie (EU) 2016/2370 des Europäischen Parlaments und des Rates vom 14.12.2016 zur Änderung der Richtlinie 2012/34/EU bezüglich der Öffnung des Marktes für inländische Schienenpersonenverkehrsdienste und der Verwaltung der Eisenbahninfrastruktur, ABl. 2016 L 352, 1.

[1432] Die Regelung zu den vor dem 24. Dezember 2016 gewährten Darlehen wurde mit Ergänzungen im ERegG in den Übergangsvorschriften umgesetzt, § 80 Abs. 2 ERegG.

Recast-Richtlinie 2012/34/EU	Eisenbahnregulierungsgesetz (ERegG)
(7) Verbindlichkeiten des Infrastrukturbetreibers werden eindeutig getrennt von Verbindlichkeiten anderer rechtlicher Einheiten vertikal integrierter Unternehmen ausgewiesen. Derartige Schulden werden gesondert bedient. Dies stellt jedoch keinen Hinderungsgrund dafür dar, dass die abschließende Begleichung der Schulden über ein Unternehmen, das Teil eines vertikal integrierten Unternehmens ist und das sowohl ein Eisenbahnunternehmen als auch einen Infrastrukturbetreiber kontrolliert, oder über eine andere Einheit des Unternehmens erfolgt.	(7) Verbindlichkeiten des Betreibers von Eisenbahnanlagen werden eindeutig getrennt von Verbindlichkeiten anderer rechtlicher Einheiten vertikal integrierter Unternehmen ausgewiesen. Derartige Verbindlichkeiten werden gesondert bedient. Zulässig ist jedoch, dass die abschließende Begleichung der Verbindlichkeiten über ein Unternehmen, das Teil eines vertikal integrierten Unternehmens ist und das sowohl ein Eisenbahnverkehrsunternehmen als auch einen Betreiber von Eisenbahnanlagen kontrolliert, oder über eine andere Einheit des Unternehmens erfolgt.
(8) Die Konten des Infrastrukturbetreibers und der übrigen rechtlichen Einheiten eines vertikal integrierten Unternehmens werden so geführt, dass die Einhaltung dieses Artikels sichergestellt ist und eine getrennte Rechnungsführung sowie transparente Finanzkreisläufe innerhalb des Unternehmens ermöglicht werden.	(8) Die Konten des Betreibers von Eisenbahnanlagen und der übrigen rechtlichen Einheiten eines vertikal integrierten Unternehmens werden so geführt, dass die Einhaltung dieses Paragrafen sichergestellt ist und eine getrennte Rechnungsführung sowie transparente Finanzkreisläufe innerhalb des Unternehmens ermöglicht werden.
(9) In vertikal integrierten Unternehmen führt der Infrastrukturbetreiber detaillierte Aufzeichnungen über sämtliche kommerziellen und finanziellen Beziehungen zu den übrigen rechtlichen Einheiten dieses Unternehmens.	(9) In vertikal integrierten Unternehmen führt der Betreiber von Eisenbahnanlagen detaillierte Aufzeichnungen über sämtliche kommerziellen und finanziellen Beziehungen zu den übrigen rechtlichen Einheiten dieses Unternehmens.
	(10) Handels- und steuerrechtliche Pflichten zur Rechnungslegung bleiben unberührt.
(10) Werden wesentliche Funktionen von einer unabhängigen entgelterhebenden Stelle und/oder Zuweisungsstelle gemäß Artikel 7a Absatz 3 wahrgenommen und wenden die Mitgliedstaaten Artikel 7 Absatz 2 nicht an, gilt dieser Artikel entsprechend. Verweise auf den Infrastrukturbetreiber, das Eisenbahnunternehmen und andere rechtliche Einheiten eines vertikal integrierten Unternehmens in diesem Artikel sind als Verweise auf die jeweiligen Unternehmensbereiche zu verstehen. Die Erfüllung der in diesem Artikel dargelegten Anforderungen wird in einer getrennten Rechnungsführung der jeweiligen Unternehmensbereiche nachgewiesen.	[1433]

[1433] Keine Umsetzung erforderlich laut Gesetzentwurf der Bundesregierung, Entwurf eines Gesetzes zur Umsetzung der Richtlinie (EU) 2016/2370 vom 14. Dezember 2016 zur Änderung der Richtlinie 2012/34/EU bezüglich der Öffnung des Marktes für inländische Schienenpersonenverkehrsdienste und der Verwaltung der Eisenbahninfrastruktur, BT-Drs. 19/9738, S. 40 ff. (44).

Recast-Richtlinie 2012/34/EU	Eisenbahnregulierungsgesetz (ERegG)
Artikel 13 Bedingungen für den Zugang zu Leistungen […] (3) Wird der Betreiber einer der in Anhang II Nummer 2 Buchstaben a, b, c, d, g und i aufgeführten Serviceeinrichtungen direkt oder indirekt von einer Stelle oder einem Unternehmen kontrolliert, die bzw. das auch in den nationalen Schienenverkehrsmärkten, für die die betreffende Serviceeinrichtung genutzt wird, tätig ist und eine beherrschende Stellung hat, so muss der Betreiber dieser Serviceeinrichtungen — zur Gewährleistung der vollständigen Transparenz und Nichtdiskriminierung in Bezug auf den Zugang zu den betreffenden Serviceeinrichtungen und zur Gewährleistung der Erbringung der betreffenden Leistungen — so organisiert sein, dass diese Serviceeinrichtungen organisatorisch und in den Entscheidungen von der betreffenden Stelle bzw. dem betreffenden Unternehmen unabhängig sind. Diese Unabhängigkeitsvorgabe begründet nicht das Erfordernis, dass eine eigenständige juristische Person für Serviceeinrichtungen zu schaffen ist; sie kann dadurch erfüllt werden, dass innerhalb ein und derselben juristischen Person voneinander getrennte Bereiche eingerichtet werden.	**§ 12 Unabhängigkeit von Entscheidungen für Serviceeinrichtungen; getrennte Rechnungsführung** (1) Wird ein Betreiber einer der in Anlage 2 Nummer 2 Buchstabe a, b, c, d, g und h aufgeführten Serviceeinrichtungen unmittelbar oder mittelbar von einem Unternehmen kontrolliert, das auch auf einem inländischen Schienenverkehrsmarkt tätig ist, für den die betreffende Serviceeinrichtung genutzt wird, und das auf diesem Markt eine beherrschende Stellung hat, so muss der Betreiber dieser Serviceeinrichtungen, zur Gewährleistung der vollständigen Transparenz und Nichtdiskriminierung in Bezug auf den Zugang zu den betreffenden Serviceeinrichtungen und zur Gewährleistung der Erbringung der betreffenden Leistungen, so organisiert sein, dass diese Serviceeinrichtungen organisatorisch und in den Entscheidungen von dem Dritten unabhängig sind. Diese Vorgabe kann dadurch erfüllt werden, dass innerhalb ein und desselben Unternehmens voneinander getrennte Bereiche eingerichtet werden, ohne dass eine eigenständige juristische Person für Serviceeinrichtungen zu schaffen ist.
Für alle in Anhang II Nummer 2 aufgeführten Serviceeinrichtungen müssen der Betreiber und die betreffende Stelle bzw. das betreffende Unternehmen eine getrennte Rechnungsführung einschließlich getrennter Bilanzen und getrennter Gewinn- und Verlustrechnungen haben.	(2) Eisenbahnen haben in ihrer Buchführung die beiden Bereiche Erbringen von Verkehrsleistungen und Betrieb von Serviceeinrichtungen zu trennen. Hierzu gehören getrennte Konten für die beiden genannten Bereiche und für einen außerhalb dieser Bereiche gelegenen Tätigkeitsbereich. Sie haben für jeden der nach Satz 2 umfassten Bereiche eine nach handelsrechtlichen Grundsätzen aufzustellende zusätzliche Bilanz und eine Gewinn- und Verlustrechnung in den Anhang ihres Jahresabschlusses aufzunehmen. Soweit dabei eine unmittelbare Zuordnung von Vermögensgegenständen, Schulden, Eigenkapital und Rechnungsabgrenzungsposten oder von Aufwendungen und Erträgen zu den einzelnen Bereichen nicht möglich ist oder mit unvertretbarem Aufwand verbunden wäre, hat die Zuordnung durch Schlüsselung der Konten, die sachgerecht und für Dritte nachvollziehbar sein muss, zu erfolgen.

Recast-Richtlinie 2012/34/EU	Eisenbahnregulierungsgesetz (ERegG)
	Im Anhang zum Jahresabschluss sind die Regeln anzugeben, nach denen die Positionen der Aktiva und Passiva sowie die ausgewiesenen Aufwendungen und Erträge jedem der nach Satz 2 umfassten Bereiche zugewiesen werden. Änderungen dieser Regeln in Ausnahmefällen sind zu erläutern und zu begründen.
Wird die Serviceeinrichtung von einem Infrastrukturbetreiber betrieben oder wird der Betreiber der Serviceeinrichtung direkt oder indirekt von einem Infrastrukturbetreiber kontrolliert, so gilt die Erfüllung der Anforderungen dieses Absatzes als nachgewiesen, wenn die Anforderungen des Artikels 7 eingehalten werden. [...]	(3) Wird die Serviceeinrichtung von einem Betreiber von Eisenbahnanlagen betrieben oder wird der Betreiber einer Serviceeinrichtung unmittelbar oder mittelbar von einem Betreiber von Eisenbahnanlagen kontrolliert, so gelten die Anforderungen der Absätze 1 und 2 als erfüllt, wenn die Anforderungen der §§ 7 und 8 für Eisenbahnverkehrsunternehmen und für Betreiber einer Serviceeinrichtung entsprechend eingehalten werden.
ANHANG I VERZEICHNIS DER EISENBAHNINFRASTRUKTURANLAGEN Die Eisenbahninfrastruktur umfasst folgende Anlagen, sofern diese zu den Haupt- und Dienstgleisen gehören, ausgenommen Gleise innerhalb der Ausbesserungswerke, Bahnbetriebswerke oder Lokomotivschuppen sowie private Gleisanschlüsse: — Grundstücke; — Bahnkörper und Planum, insbesondere Dämme, Einschnitte, Dränagen und Entwässerungsgräben, Öffnungen geringer Lichtweite, Futtermauern und Anpflanzungen zum Schutz der Böschungen usw., Personenbahnsteige und Laderampen, auch in Personenbahnhöfen und Güterterminals, Seitenstreifen und Seitenwege, Einfriedungsmauern, Hecken und Zäune, Feuerschutzstreifen, Heizanlagen für Weichen, Gleiskreuzungen, Schneezäune; — Kunstbauten: Brücken, Durchlässe und sonstige Bahnüberführungen, Tunnel, überdeckte Einschnitte und sonstige Bahnunterführungen, Stützmauern und Schutzbauten gegen Lawinen, Steinschlag usw.; — schienengleiche Übergänge einschließlich der zur Sicherung des Straßenverkehrs erforderlichen Anlagen;	**Anlage 1 Verzeichnis der Eisenbahnanlagen** Die Eisenbahnanlagen umfassen folgende Anlagen, sofern diese zu den Haupt- und Nebengleisen gehören, ausgenommen Gleise innerhalb der Ausbesserungswerke, Bahnbetriebswerke oder Lokomotivschuppen sowie private Gleisanschlüsse: 1. Grundstücke; 2. Bahnkörper und Planum, insbesondere Dämme, Einschnitte, Dränagen und Entwässerungsgräben, Öffnungen geringer Lichtweite, Futtermauern und Anpflanzungen zum Schutz der Böschungen usw., Personenbahnsteige und Laderampen, auch in Personenbahnhöfen und Güterterminals, Seitenstreifen und Seitenwege, Einfriedungsmauern, Hecken und Zäune, Feuerschutzstreifen, Heizanlagen für Weichen, Gleiskreuzungen, Schneezäune; 3. Kunstbauten, insbesondere Brücken, Durchlässe und sonstige Bahnüberführungen, Tunnel, überdeckte Einschnitte und sonstige Bahnunterführungen, Stützmauern und Schutzbauten insbesondere gegen Lawinen, Steinschlag; 4. schienengleiche Übergänge einschließlich der zur Sicherung des Straßenverkehrs erforderlichen Anlagen;

Recast-Richtlinie 2012/34/EU	Eisenbahnregulierungsgesetz (ERegG)
— Oberbau: Schienen, Rillenschienen und Leitschienen, Schwellen und Langschwellen, Kleineisen zur Schienenverbindung, Bettung einschließlich Kies und Sand, Weichen und Gleiskreuzungen, Drehscheiben und Schiebebühnen (ausgenommen diejenigen, die nur den Triebfahrzeugen dienen); — Zugangswege für Passagiere und Güter, einschließlich der Zufahrtsstraßen und des Zugangs für Fußgänger; — Sicherungs-, Signal- und Fernmeldeanlagen auf freier Strecke, auf Bahnhöfen und Rangierbahnhöfen, einschließlich der Anlagen zur Erzeugung, Umwandlung und Verteilung von elektrischem Strom für das Signalwesen und die Fernmeldeanlagen; die zu den vorgenannten Anlagen gehörenden Gebäude, Gleisbremsen; — Beleuchtungsanlagen für den Ablauf und die Sicherung des Verkehrs; — Anlagen zur Umwandlung und Zuleitung von Strom für die elektrische Zugförderung: Unterwerke, Stromversorgungsleitungen zwischen Unterwerk und Fahrdraht, Fahrleitungen mit Masten, dritte Schiene mit Tragestützen; — Dienstgebäude des Wegedienstes, einschließlich eines Teils der Anlagen für die Erhebung von Beförderungsentgelten.	5. Oberbau: Schienen, Rillenschienen und Leitschienen, Schwellen und Langschwellen, Kleineisen zur Schienenverbindung, Bettung einschließlich Kies und Sand, Weichen und Gleiskreuzungen, Drehscheiben und Schiebebühnen (ausgenommen diejenigen, die nur den Triebfahrzeugen dienen); 6. Zugangswege für Passagiere und Güter, einschließlich der Zufahrtsstraßen und des Zugangs für Fußgänger; 7. Sicherungs-, Signal- und Fernmeldeanlagen auf freier Strecke, auf Bahnhöfen und Rangierbahnhöfen, einschließlich der Anlagen zur Erzeugung, Umwandlung und Verteilung von elektrischem Strom für das Signalwesen und die Fernmeldeanlagen, die zu den vorgenannten Anlagen gehörenden Gebäude, Gleisbremsen; 8. Beleuchtungsanlagen für den Ablauf und die Sicherung des Verkehrs; 9. Anlagen zur Umwandlung und Zuleitung von Strom für die elektrische Zugförderung: Unterwerke, Stromversorgungsleitungen zwischen Unterwerk und Fahrdraht, Fahrleitungen mit Masten, dritte Schiene mit Tragestützen; 10. Dienstgebäude des Wegedienstes, einschließlich eines Teils der Anlagen für die Erhebung von Beförderungsentgelten.
ANHANG II FÜR DIE EISENBAHNUNTERNEHMEN ZU ERBRINGENDE LEISTUNGEN (gemäß Artikel 13) […] 2. Der Zugang — einschließlich des Schienenzugangs — wird zu folgenden Serviceeinrichtungen, soweit vorhanden, und zu den Leistungen, die in diesen Einrichtungen erbracht werden, gewährt: a) Personenbahnhöfe, deren Gebäude und sonstige Einrichtungen, einschließlich Einrichtungen für die Anzeige von Reiseauskünften sowie geeigneter Örtlichkeiten für den Fahrscheinverkauf, b) Güterterminals, c) Rangierbahnhöfe und Zugbildungseinrichtungen einschließlich Rangiereinrichtungen, d) Abstellgleise,	**Anlage 2 (zu den §§ 10 bis 14) Für die Eisenbahnverkehrsunternehmen zu erbringende Leistungen** […] 2. Der Zugang, einschließlich des Schienenzugangs, wird zu folgenden Serviceeinrichtungen, soweit vorhanden, und zu den Leistungen, die in diesen Einrichtungen erbracht werden, gewährt: a) Personenbahnhöfe, deren Gebäude und sonstige Einrichtungen, einschließlich Einrichtungen für die Anzeige von Reiseauskünften sowie geeigneter Örtlichkeiten für den Fahrscheinverkauf; b) Güterterminals; c) Rangierbahnhöfe und Zugbildungseinrichtungen einschließlich Rangiereinrichtungen; d) Abstellgleise;

Recast-Richtlinie 2012/34/EU	Eisenbahnregulierungsgesetz (ERegG)
e) Wartungseinrichtungen — mit Ausnahme von Leistungen im Rahmen der schweren Instandhaltung, die für Hochgeschwindigkeitszüge oder andere Arten von Fahrzeugen erbracht werden, die besonderer Einrichtungen bedürfen,	e) Wartungseinrichtungen, mit Ausnahme von Leistungen im Rahmen der schweren Instandhaltung, die für Hochgeschwindigkeitszüge oder andere Arten von Fahrzeugen erbracht werden, die besonderer Einrichtungen bedürfen;
f) andere technische Einrichtungen einschließlich Reinigungs- und Wascheinrichtungen,	f) andere technische Einrichtungen einschließlich Reinigungs- und Wascheinrichtungen;
g) See- und Binnenhafenanlagen mit Schienenverkehr,	g) See- und Binnenhafenanlagen mit Schienenverkehr;
h) Hilfseinrichtungen,	h) Hilfseinrichtungen; zu Hilfseinrichtungen gehören auch Zuführungsgleise und Verladeeinrichtungen für Autozugverkehre;
i) Einrichtungen für die Brennstoffaufnahme und Bereitstellung von Brennstoffen in diesen Einrichtungen, deren Preis auf der Rechnung getrennt auszuweisen ist.	i) Einrichtungen für die Aufnahme von Brennstoffen und alternativen Kraftstoffen und Bereitstellung von Brennstoffen und alternativen Kraftstoffen in diesen Einrichtungen, deren Preis auf der Rechnung getrennt auszuweisen ist;
	j) Ladeeinrichtungen, in denen die Ladung der Fahrzeuge mit Strom ausschließlich während des Fahrzeugstillstandes erfolgt, und die Bereitstellung von Ladestrom, dessen Preis auf der Rechnung getrennt von den für die Nutzung der Ladeeinrichtung erhobenen Entgelten auszuweisen ist, unbeschadet der Vorschriften des Energiewirtschaftsgesetzes.
[…]	[…]

Anlage 3: Abgleich § 9a Abs. 1 AEG a. F. und §§ 8, 8a ERegG

In der folgenden Übersicht sind gegenübergestellt

- die Regelungen des § 9 Abs. 1 des Allgemeinen Eisenbahngesetzes (AEG) a. F. zur Entflechtung, auf die die Konzernjuristen-Entscheidung des Bundesverwaltungsgerichts (BVerwG)[1434] Bezug nimmt. Dieser wurde mit Wirkung zum 30.04.2005 in das AEG aufgenommen. Zum 02.09.2016 wurde die Materie des Regulierungsrechts in das damals neu geschaffene Eisenbahnregulierungsgesetzes (ERegG) überführt.[1435]
- die entsprechenden Nachfolgeregelungen des Eisenbahnregulierungsgesetzes (ERegG) in § 8 Abs. 2, 3 und § 8a Abs. 1 ERegG.

Um die relevanten Passagen von AEG und ERegG direkt gegenüberzustellen, wurden zur Strukturierung des Textes zusätzliche Absätze eingefügt. Abweichungen, auf die besonders hinzuweisen sind, wurden durch Unterstreichungen gekennzeichnet.

[1434] *BVerwG*, Urt. v. 18.05.2010 – 3 C 21.09 [ECLI:DE:BVerwG:2010:180510U3C21.09.0], BVerwGE 137, 58 – Konzernjuristen.

[1435] Siehe E. II. 2. a) Anzuwendendes Recht: Entflechtungsregime des AEG, S. 267.

Allgemeines Eisenbahngesetz	Eisenbahnregulierungsgesetz (ERegG)
§ 9a Unabhängigkeit des öffentlichen Betreibers der Schienenwege (1) Öffentliche Betreiber der Schienenwege müssen rechtlich, organisatorisch und in ihren Entscheidungen von Eisenbahnverkehrsunternehmen unabhängig sein, soweit es Entscheidungen über die Zuweisung von Zugtrassen und über die Wegeentgelte betrifft. Zur Erreichung der in Satz 1 genannten Ziele sind […]	**§ 8a Unabhängigkeit des Betreibers von Eisenbahnanlagen in Bezug auf wesentliche Funktionen** Ein Betreiber von Eisenbahnanlagen muss innerhalb der in § 8 Absatz 1, §§ 23 und 39 Absatz 1 und § 44 dieses Gesetzes festgelegten Grenzen rechtlich, organisatorisch und in seinen Entscheidungen in Bezug auf die wesentlichen Funktionen von Eisenbahnverkehrsunternehmen unabhängig sein. (2) Ein Betreiber von Eisenbahnanlagen muss, soweit es sich um Entscheidungen nach Absatz 1 handelt, über eine eigene Geschäftsführung, Verwaltung und interne Kontrolle verfügen. (3) Im Hinblick auf Absatz 1 darf insbesondere 1. ein Eisenbahnverkehrsunternehmen oder eine andere juristische Person keinen bestimmenden Einfluss auf den Betreiber von Eisenbahnanlagen hinsichtlich der wesentlichen Funktionen ausüben; die gesetzlich vorgesehenen Aufgaben und Mitwirkungen des Bundes und der Länder bleiben unberührt; […]
3. Entscheidungen über den Netzfahrplan, die sonstige Zuweisung von Zugtrassen und die Entscheidungen über die Wegeentgelte nur von dem Personal des Betreibers der Schienenwege zu treffen, das keine Funktionen in Eisenbahnverkehrsunternehmen oder mit diesen verbundenen Unternehmen ausübt;	**§ 8 Abs. 3 ERegG** (3) Eine Person kann nicht zur gleichen Zeit in folgenden Positionen tätig sein: 1. […] 2. als Person, die Entscheidungen über die wesentlichen Funktionen eines Betreibers von Eisenbahnanlagen zu treffen hat, und als Mitglied des Vorstands eines Eisenbahnverkehrsunternehmens,
4. […]	[…]
5. in Unternehmen gemäß § 9 Abs. 1 Satz 1 Nr. 2 und 3 unternehmensinterne Regelungen zu schaffen, aufrechtzuerhalten und zu veröffentlichen, die die Einflussnahme von Dritten außerhalb des Betreibers der Schienenwege auf die Entscheidungen über den Netzfahrplan, die sonstige Zuweisung von Zugtrassen und Entscheidungen über die Wegeentgelte unterbinden;	**§ 8 Abs. 2 ERegG** (2) In vertikal integrierten Unternehmen darf keiner der anderen Bereiche einen bestimmenden Einfluss auf die Entscheidungen des Betreibers von Eisenbahnanlagen hinsichtlich der wesentlichen Funktionen ausüben. Die Mitglieder des Aufsichtsrates und des Vorstands des Betreibers von Eisenbahnanlagen und die ihnen unmittelbar unterstellten Führungskräfte müssen in diskriminierungsfreier Weise handeln.

Allgemeines Eisenbahngesetz	Eisenbahnregulierungsgesetz (ERegG)
	Die Unparteilichkeit dieser Personen muss, insbesondere für den Fall auftretender Konflikte zwischen den Interessen von Eisenbahnverkehrsunternehmen und Eisenbahninfrastrukturunternehmen, durch unternehmensinterne Regelungen sichergestellt werden. Diese unternehmensinternen Regelungen sind zu veröffentlichen.
darin ist insbesondere festzulegen, welche besonderen Pflichten die Mitarbeiter zur Verhinderung solcher Einflussnahme haben; Betreiber der Schienenwege sind zudem auf Verlangen der zuständigen Aufsichtsbehörde verpflichtet, dieser einen Beauftragten zu benennen, der über die Einhaltung der Regelungen wacht; der Beauftragte hat jährlich einen Bericht über die aufgetretenen Problemfälle und die getroffenen Maßnahmen der zuständigen Aufsichtsbehörde vorzulegen;	In ihnen ist insbesondere festzulegen, welche besonderen Pflichten die Mitarbeiter zur Verhinderung solcher Einflussnahme haben. Betreiber von Eisenbahnanlagen sind zudem auf Verlangen der Regulierungsbehörde verpflichtet, dieser einen Beauftragten zu benennen, der über die Einhaltung der Regelungen wacht. Der Beauftragte hat der Regulierungsbehörde jährlich einen Bericht über die aufgetretenen Problemfälle und die getroffenen Maßnahmen vorzulegen.
[…]	
	§ 1 Abs. 4b ERegG (4b) Wesentliche Funktionen des Betriebs von Eisenbahnanlagen sind 1. Entscheidungen über die Zugtrassenzuweisung, einschließlich sowohl der Bestimmung als auch der Beurteilung der Verfügbarkeit und der Zuweisung von einzelnen Zugtrassen, und 2. Entscheidungen über die Entgelte für die Nutzung von Eisenbahnanlagen, einschließlich ihrer Festlegung und Erhebung.

www.ingramcontent.com/pod-product-compliance
Ingram Content Group UK Ltd.
Pitfield, Milton Keynes, MK11 3LW, UK
UKHW021821290926
8980IPUK00004B/188

9 783631 941850